南京大学文科卓越研究计划"十层次"项目

洪银兴　刘志彪　范从来　主编

南大长三角发展研究

第一卷

Nanjing University Research
on the Development of Yangtze River Delta

南京大学出版社

关于主编

洪银兴

南京大学长江三角洲经济社会发展研究中心名誉主任、学术委员会主任，南京大学人文社会科学资深教授，教育部社会科学委员会副主任委员，中央马克思主义研究和建设工程专家组首席专家，全国综合大学《资本论》研究会会长，国务院学位委员会理论经济学学科评议组成员（第四届、第五届）。曾任南京大学党委书记，1987年获中国人民大学经济学博士学位，2009年被加拿大滑铁卢大学授予名誉法学博士学位。1993年经国务院学位委员会评审获得博士研究生导师资格。曾获孙冶方经济科学奖（1987），霍英东教育基金会高等院校青年教师奖（研究类）（1989），"做出突出贡献的中国博士学位获得者"称号（1991）。2009年入选"影响新中国60年经济建设的100位经济学家"。2017年获吴玉章人文社会科学奖一等奖。2018年获国家级教学成果一等奖，教育部高等学校科学研究优秀成果一等奖。2019年获中国经济理论创新奖。

刘志彪

南京大学长江三角洲经济社会发展研究中心学术委员会副主任。国家高端培育智库"长江产业经济研究院"院长。南京大学经济学教授、博士生导师，教育部社会科学委员会经济学部委员，教育部首批文科长江学者特聘教授（经济学）。全国第十二届政协委员，江苏省第十二届纪律检查委员会委员。主编《南大商学评论》，并担任《南京大学学报》等数家杂志编委；兼任国家工商总局市场监督专家委员会委员、商务部GVC工作专家委员会委员。学术论文和著作曾数十次获得省部级以上政府部门的奖励。曾参与过国家一些重大政策制定的咨询工作，所撰写的政策咨询报告获得过中央领导肯定性批示20多次。主要从事产业经济、区域经济和全球价值链问题研究。曾先后担任南京大学经济学院院长，江苏省社会科学院党委书记、院长，南京财经大学校长、副书记。

范从来

南京大学长江三角洲经济社会发展研究中心主任。曾任南京大学校长助理，南京大学商学院党委书记、常务副院长、经济学院院长，国务院学位委员会理论经济学学科评议组成员（第六届、第七届），教育部高等学校金融教学指导委员会委员，教育部长江学者特聘教授（2006）。曾获国务院学位委员会"全国优秀博士学位论文奖"（2002），第十届孙冶方经济科学论文奖（2003），教育部国家级教学名师奖（2004），教育部高等学校科学研究优秀成果二等奖（2018），宝钢教育基金会优秀教师特等奖。

主编的话

长江三角洲地区是我国经济发展最活跃、开放程度最高、创新能力最强的区域之一,在国家现代化建设大局和全方位开放格局中具有举足轻重的战略地位。2018年11月5日,习近平主席在首届中国进博会上向全世界宣布,将支持长三角区域一体化发展并上升为国家战略。南京大学长江三角洲经济社会发展研究中心是教育部于2001年2月批准设立的国家级人文社会科学重点研究基地,体现了教育部领导及评审专家对这一科学问题的前瞻性重视。

中心立足系统和深入研究长三角区域经济社会发展的重大现实问题,在此基础上,积极探索中国发展经济学理论体系,以及国家和区域的发展战略,通过实践、认识、再实践、再认识的融合循环,为构建具有中国特色的发展经济学,做出应有的贡献。在"十三五"建设期间,本中心在以下几方面形成特色。

第一,对长三角区域践行新发展理念集中攻关,取得丰硕成果。新发展理念是针对我国经济发展现阶段的重大问题提出的重要理论创新。"十三五"期间,中心结合长三角区域全面建设小康社会的战略任务,并根据五大新发展理念,组织力量集中攻关,取得了丰硕的研究成果:《长三角地区全面建设小康社会中的协调发展问题研究》,经济科学出版社,2019年;《长三角地区全面建设小康社会中的开放发展问题研究》,经济科学出版社,2019年;《长三角地区全面建设小康社会中的绿色发展问题研究》,经济科学出版社,2020年;《"一带一路":长三角地区高质量的对外开放》,经济科学出版社,2020年;《长三角城市群均衡发展研究》,经济科学出版社,2016年;《经济全球化变化中长三角经济增长方式转型研究》,经济科学出版社,2015年;《全面深化改革与中国长三角地区的试验》,中国人民大学出版社,2015年;《供给侧结构性改革:长三角地区的探索和实践》,中国人民大学出版社,2018年;《长江三角洲经济社会发展数据报告·综合》,科学出版社,2019年;《长江三角洲经济社会发展数据报告·人口与劳动力》,科学出版社,2020年。

第二,从实践出发建设中国特色发展经济学,支撑经济学科的建设。2017年,中心获中宣部批准成为全国中国特色社会主义政治经济学研究中心,是全国获批的7个中心之一。2020年,中心学术委员会主任洪银兴作为第二主持人的"国家调节市场、市场引导企业的经济运行机制研究"获第九届中国经济理论创新奖。中心近年研究成果还包括:《以创新的经济发展理论阐释中国经济发展》,《中国社会科学》2016年第11期;《以创新的理论构建中国特色社会主义政治经济学的理论体系》,《经济研究》2016年第4期;《新时代现代化理论的创新》,《经济研究》2017年第11期;《探索中国特色社会主义共同富裕道路》,《经济研究》2017年第5期;《益贫式增长与中国共同富裕道路的探索》,《经济研究》2017年第12期;《中国特色社会主义政治经济学财富理论的探讨》,《经济研究》2020年第5期;《进入新时代的中国特色社会主义政治经济学》,《管理世界》2020年第9期;《坚持"两个毫不动摇"是一条基本经验》,《求是》2018年第20期;《以供给侧结构性改革夯实中国经济增长基础》,《求是》2017年第10期;《改革开放以来发展理念和相应的经济发展理论的演进》,《经济学动态》2019年第8期;《进入新阶段后中国经济发展理论的重大创新》,《中国工业经济》2017年第5期;《结构转换、全要素生产率与高质量发展》,《管理世界》2020年第7期;《中国制度与中国发展是中国经济学的基本内涵》,《教学与研究》2020年第7期;《新时代发展经济学》(高等教育出版社,2019年),2020年10月该书获第八届张培刚发展经济学优秀成果奖。

第三,面向国家重大需求建言献策,22份报告获副部级以上领导人批示。比如,"关于减税降费效应的研究成果"(2019),获正副国级领导人批示;"地方政府隐形债务调查研究"(2018),获副国级领导人批示;"'化工围江'治理的经验、难点与建议"(2020),获国务院领导批示。

第四,创办的"江苏发展高层论坛"成为重要的智库创新平台。论坛于1997年1

月创办,2001年中心成立后即由中心举办至今。自成立以来,论坛已经成功举办了37次,每次江苏省委书记和省长都亲临现场,全程参与,并对论坛给予了高度评价。

第五,创办刊物,对中国经济学学术话语体系的构建做出了贡献。2018年12月4日,中心创刊 China Political Economy(ISSN: 2516-1652),每年2期,每期12篇文章/300页。办刊的目的是,推进中国经济学发展,让世界知道发展中的中国、开放中的中国,为经济学理论的发展提供中国智慧。期刊以英文刊印,接受中英文投稿,刊物编辑部组织对中文投稿进行专业翻译,确保优秀的中文作者能够将自己的研究成果和观点准确展示于世界学术舞台。刊物由 Emerald 集团出版发行。2020年期刊论文的下载量已经达到 28 127 次。

第六,组织编写《现代经济学大典》(经济科学出版社,2016年),总字数442万字,除了分为上下两卷发行外,还按照涉及学科划分为14册分开发行。《现代经济学大典》作为一部中国经济学辞典,已与施普林格出版集团正式签订了英文出版合同,将成为国内首部成功输出海外的综合类经济学辞典。该成果2020年获教育部第八届高等学校科学研究优秀成果一等奖。

为更好地服务于长三角区域一体化发展的国家战略,我们编辑出版《南大长三角发展研究》系列图书,推出我们的最新研究成果。

目 录

围绕产业链部署创新链 …………………………………………………… 1

长三角区域一体化发展的特征、问题及基本策略 ……………………… 13

长三角更高质量一体化发展的三个基本策略问题 ……………………… 33

长三角区域市场一体化与治理机制创新 ………………………………… 45

长三角一体化发展示范区建设：对内开放与功能定位 ………………… 59

运输带变黄金带：长江经济带高质量发展新定位 ……………………… 69

空间自相关性与长三角区域一体化发展的整体推进 …………………… 80

产业关联、结对扶贫与区域协调发展：对江浙沪及其帮扶地区的投入—产出分析
………………………………………………………………………… 101

自由贸易试验区对长三角经济增长的外溢影响 ………………………… 120

开发区转型升级路径与发展模式：以常熟经济技术开发区为例 ……… 147

江浙沪地区最低工资对环境污染的影响 ………………………………… 164

地方债务对创新的挤出效应 ……………………………………………… 179

要素市场扭曲对区域创新效率的影响 …………………………………… 200

中国 TFP 增速减缓的结构分解与区域特征 …………………………… 223

政府研发资助促进企业创新的有效性 …………………………………… 240

经济自由度增加与经济增长质量之间的关系 …………………………… 270

经济发展水平、政府资源配置与城市群集中度 …………………… 296

城市规模增长与城镇体系协调发展 …………………………………… 309

我国城镇化的模式与演进路径 ………………………………………… 325

市场规模、劳动力成本与异质性企业区位选择 …………………… 340

最优银行业结构的地区差异 …………………………………………… 370

外资进入、地方政府补贴与体制性产能过剩 ……………………… 387

外资进入、产业关联与本土企业单位劳动成本 …………………… 407

出口企业的空间集聚对出口国内附加值的影响 …………………… 433

自由贸易协定与全球价值链嵌入 ……………………………………… 465

服务业对全球价值链分工的影响 ……………………………………… 487

自贸区战略的质量评估 ………………………………………………… 512

"一带一路"国内段节点城市创新空间差异及溢出效应 ………… 546

"一带一路"建设与中国制度型开放 ………………………………… 558

围绕产业链部署创新链

洪银兴[①]

在创新驱动发展的背景下,科技创新的着力点在哪里？这就是习近平总书记提出的围绕产业链部署创新链,发展科技含量高、市场竞争力强、带动作用大、经济效益好的战略性新兴产业,把科技创新真正落到产业发展上(中共中央文献研究室,2017)。这为我国实施创新驱动实现高质量发展指明了方向,同时也指出了创新的目标导向。近期愈演愈烈的中美贸易战实际上转向了技术战。美国阻碍中国技术进步的重要路径就是打压中国的高科技企业。其方法是利用产业链对华为等高科技企业断供技术、中间产品和市场。这从反面印证了围绕产业链部署创新链的重要性。

一、产业链、供应链、价值链,核心是创新链

当今经济全球化的重要特征是国际分工转向产品内贸易。产品内贸易就产生了产业链。在产业链上所产生的不同环节上的中间品供应就产生了供应链。产业链不同环节上附加值的不同就产生价值链。产业链的国际分工涉及的是产品的研发、生产、服务和销售在全球多个国家布局。能够作为全球价值链布局的产品一般是当时科技含量高、市场需求大并且较为稳定的产品。产业链的各个环节在全球布局,是要

[①] 洪银兴,南京大学经济学院教授、博士生导师。在《经济理论与经济管理》先后发表两论产业化创新的论文,即2015年第11期的《产业化创新及其驱动产业结构转向中高端的机制研究》(洪银兴,2015)和2016年第9期的《再论产业化创新:科技创新和产业创新的衔接》(洪银兴,2016)。本文可以说是三论产业化创新。

吸纳和整合全球最优资源和市场。在哪个国家布局价值链的何种环节,就看该地能否为特定的环节提供最合适的资源和配套条件。因此,一个国家的产业水准和产业竞争力,很大程度上取决于其在全球价值链中所处的位置或阶段,取决于有多少条以该国为主导的产业的价值链在全球布局。这也是我国所要建设的现代化产业体系的参照系。

当代国际竞争突出表现为全球价值链竞争。一方面是全球价值链之间的竞争,如在智能手机领域,就有华为手机、苹果手机、三星手机在各自价值链之间的竞争。其决定性因素是各自在相应布局的国家和地区所能获取物质、技术和人力资源的能力和市场的范围。另一方面是全球价值链内部的竞争,表现为争夺其中的主导地位和高附加值环节的竞争。

我国产业发展目前的整体水平如习近平总书记所判断的:"我国关键核心技术受制于人的局面尚未根本改变,创造新产业、引领未来发展的科技储备远远不够,产业还处于全球价值链中低端。"(习近平,2017)因此创新发展的关键是推动产业迈上全球价值链中高端。突破口就是习近平总书记指出的"围绕产业链部署创新链",也就是十九大报告要求的,在现代供应链领域培育新增长点、形成新动能。

在当前的全球化经济中,产业创新的重要路径是布局全球产业链,也就是全球价值链。一国产业在全球价值链中的地位是其科技和产业竞争力的集中体现。过去中国的科技基本上处于发达国家之后的跟随创新阶段,产业大都处于全球价值链的中低端。现在中国许多领域的科技创新已经进入同发达国家并跑或领跑阶段,但产业水准仍然处于中低端。因此,并跑或领跑的科技创新必须聚力在全球产业链上构建起创新链,推动我国产业迈上全球价值链中高端。

长期以来,欧美发达国家的跨国公司大都处于全球价值链的研发和营销环节,掌握核心技术和关键技术,因而在全球价值链中居主导地位。跨国公司依靠其在全球价值链中的主导和掌控地位所形成的核心竞争力占据了国际竞争制高点,并且通过对价值链的各个环节在各个国家进行深度分解和对全球资源的不断战略组合,成为全球价值链的治理者。现在华为以其世界领先的5G技术在世界布局全球价值链,实际上是要打破发达国家在高科技产业领域的垄断地位。美国挑起贸易战,举其全国之力来阻碍华为进军世界,其中包括高通断供芯片、ARM断供芯片研发技术、谷歌断供安卓操作系统、AT&T不与华为合作销售华为手机,所有这些都是在产业链上采取的打压措施。其结果是直接破坏全球供应链(价值链),反过来也可能导致全球供应链的重组,其中包括华为等高科技企业的倒闭。高端技术为主导的全球价值链需要在全球布局创新链。某些发达国家从全球价值链(供应链)上打压中国的高科技企业,必然会提出全球价值链(供应链)重组问题。面对逆全球化的冲击,我国企业需要依靠自身创新能力的提升进入可能被打压的供应链环节。这正是围绕产业链部署创新链的重要方面。当然,在以我高端技术为主导的全球价值链上部署我们自己的创新链绝不是搞封闭式的供应链,不排除利用全球供应链,但为了使以我高端技术为主导的全球价值链自主并可控,部署相应的以我为主的创新链还是必要的。

二、产业迈上全球价值链中高端上的创新链

我国产业所处的全球价值链地位依靠创新迈上全球价值链中高端的方向主要有两个。

一是建立以我为主导的全球价值链,这是指拥有核心高端技术的产品的研发生产销售服务。现代化国家的重要特征是能够在世界范围布局并主导多条全球价值链。高端技术有较高的潜在价值,但高端技术只有在全球价值链中才能获得实在的高附加值。这就提出了依托所拥有的高端技术布局全球价值链的要求。迅速发展中的中国已经成为世界经济的动力源。中国目前所达到的国际经济地位以及参与全球经济治理呼唤建立以我为主导的全球价值链。我国已经拥有了一批在世界上处于前沿的高科技及其产品,如高铁、装备制造业、电子信息产业等,也包括服装等传统产业,甚至也有一批"独角兽"企业。拥有自主知识产权核心技术的优势产业以价值链的形式走出去,实际上是围绕创新链布局产业链。以我为主导的全球价值链参与国际竞争,能够获取更大的全球化利益,开发全球生产要素和市场的潜在价值,极大地释放全球生产力。

以我国高端技术为主导的全球价值链的国际竞争力体现在哪里?不仅要拥有核

心关键技术,还要有竞争优势的供应链。面对全球价值链的国际竞争,基于中国设计和研发、自身的系统集成能力和中国营销这个制高点的全球价值链的国际布局的思路在于建立达到世界先进水平的产业链,不仅设计方案、集成创新的水平达到世界先进水平,而且加入价值链的零部件供应商也必须是世界先进水平的。高科技产品的所有零部件不可能都由我国制造和供应,需要在全球布局。选择供应商的导向是竞争优势,更为关注供应环节的科技水平,目前大都偏向于发达国家供应商。只有这样,以我为主的全球价值链在国际市场上才有竞争力,才能得到世界的认可。就如华为智能手机,在中国设计、在全球采购零部件,实现了高科技的集成。仅在日本一国,华为智能手机就从100多家企业购买零部件。

依托高端技术的以我为主导的全球价值链的国际布局,需要的是与高端技术水准相匹配的零部件配套。其零部件的供应商都是世界级的高科技企业,否则所形成的全球价值链就没有国际竞争力。但是在保护主义盛行的今天,需要提出自主可控的要求,防备受制于人。有些零部件的断供对整条价值链可能会"一剑封喉"。面对保护主义可能的封杀,以我为主的价值链的"链主"就要未雨绸缪,对关键技术进行科技攻关。就像华为在采用高通芯片的同时培育专门研发高端芯片的子公司海思公司,高通一旦断供,海思的芯片就能顶上。这是在产业链上布局创新链的成功案例。随着中国科技和产业水平的提高,在以我为主的全球价值链中,会有越来越多的关键技术的零部件由国内制造和配套,国内企业根据创新链在国内布局产业链,由此推动我国产业整体水平的提升。

二是处于全球价值链中低端的环节攀升至中高端环节。在当前的全球化经济中,大部分前沿产业都形成了全球价值链。我国产业的转型升级不应脱离全球价值链。我国许多产业和企业实际上是通过嵌入全球价值链而融入全球化经济的。由于科技和产业创新能力不足,我国大部分企业(包括外商直接投资企业)是靠资源禀赋的比较优势,也就是靠劳动力和土地资源的价格优势而嵌入的,所处的环节主要是加工装配之类的低端环节。拥有核心技术和关键技术的中高端环节不在我国。在低端环节上面临的问题,第一是附加值低,第二是受制于人,第三是随着劳动成本和土地价格上涨越来越没有竞争力。这就提出了产业迈向全球价值链中高端的目标。目前处于加工组装之类的低端环节进行产业创新的主要目标是依靠创新进入所处全球价值链的中高端环节。布局全球价值链的产业一般是科技和产业达到国际先进水平的产业。在全球价值链上即使是处于低端环节,也可以依靠学习和研发,消化吸收再创新。攀升全球价值链中高端固然不乏一步上处于顶端的研发和营销环节的案例,但更多的还是一步步向价值链的中高端环节攀升。根据图1,价值链附加值的U形曲线(微笑曲线)在处于底部的加工组装环节向两端向上延伸时,左边向研发和设计环节延伸,其中包括多种零部件、元器件的加工制造;右边向销售环节延伸,其中包括物流、服务等环节。两边向上延伸所经过的环节与底部的组装环节相比,都需要更高的技术和劳动技能,其附加值会更高。在加工组装环节左边的关键零部件,如汽车和飞机的发动机、半导体的芯片、手机的智能系统、紧密元器件等,右边的"互联网+"提供的跨境电子商务平台,都属于价值链的高端,是攀登价值链中高端的方向。现在几乎每条我国尚处于中低端的全球价值链都可以找到明确不能企及的技术"短板",这些都是围绕产业链部署创新链的内容。

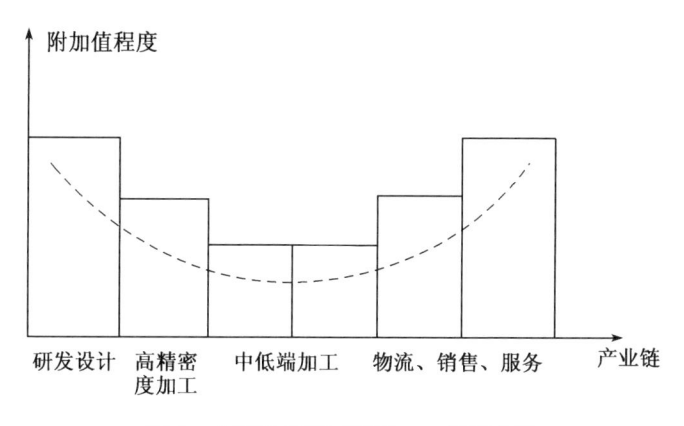

图 1　全球价值链示意图——微笑曲线

依靠产业链上的创新进入中高端环节实际上是对价值链上更高环节产品的替代。在全球价值链背景下的产品内贸易表现为,处于低端的加工组装环节所需要的零部件和元器件一般都需要进口价值链上国外的中间产品。在外贸中称为中间品进口。我国企业瞄准这些中间产品进行科技攻关。但要想进入全球价值链上技术和质量要求更高的元器件制造环节并被全球价值链上的企业采用,就要出现另一种进口替代,即价值链环节的替代,替代处于中高端环节的中间品进口。在价值链中替代的技术绝不是模仿的复制技术。替代所需要具备的必要条件是,有自主知识产权,其替代的生产环节(如更精密的元器件)在技术上符合甚至高于该价值链标准且成本更低。就如福耀玻璃在多种外国品牌轿车组装环节替代了进口轿车玻璃。只有这样才能获得其价值链更上一级环节的认可,并能得到下一环节的订单。这是产业链上布局的创新链的成果。

攀升全球价值链中高端的道路并不是平坦的。处于全球价值链中高端地位的发达国家及其跨国公司是不会轻易让出其在全球价值链中的主导地位的。面对包括我国在内的攀升全球价值链中高端的冲击,它们会采取一系列的对策进行阻击。除了像美国政府那样不惜动用国家力量打压华为外,所采取的经济措施包括以下几个方面。一是加大 R&D 经费投入和强化高水平基础研究,提升附加值曲线的高端部分。二是用高人力资本优势改造低附加值领域,提升价值链低端的门槛,集成发达国家在创意与设计、精细加工、生产管理与服务等领域仍然保有的相对优势,通过品牌化、定制化、设计与功能优化、服务品质体验提升以及制造业回归的再工业化等方式,最大限度地挤压发展中国家的获利空间。三是发达国家有可能利用其在科技创新、现代基础设施、社会管理等方面的综合优势,通过提高技术环境壁垒等准入门槛、构建新型生产—流通—消费模式,对教育体制、创新体制、金融制度和社会管理制度等进行优化改革,直至构建基于物联网、人工智能、云计算大数据等新技术的新型社会管理、生产生活方式,建立技术性、制度性和适用性等多领域的壁垒,阻断发展中国家进入全球价值链中高端的通道。所有这些措施都会形成我国产业迈向全球价值链中高端的障碍。我国只有以更强的技术创新力度,更灵活的商业模式,尤其是掌握处于国际最前沿的科技,才能突破其阻力达到攀升全球价值链中高端的目标。

三、在产学研深度融合中构建创新链

在产业链上部署创新链,关键是在相应的产业链环节上创新处于国际前沿的核心技术。习近平总书记强调核心技术是国之重器。所谓核心技术是有自主知识产权的原创性、颠覆性、撒手锏的技术。在产业链上创新核心技术本身就是个创新链。就如克拉克所说:每个产业都会遵循以下这种创新模式,它始于基础性创新,一段时间以后会趋于改良性创新;当改良性创新趋于稳定之后,增长就来自营销创新,通过创造新的市场缝隙和市场区域实现;当然,重大的技术突破又会带来根本性变化,打断原来的创新进程(廖理等,2000)。其中,基础性创新,即科学新发现产生重大的创新成果,推翻了现有方法,根本地改变了技术的各个成分之间的关系,创造出全新的生产线,对技术和市场都会产生影响。改良性创新,是建立在新发现的成果和现有的市场之上的创新。改良性创新即以转化为新技术,改变生产的手段和技术,改变产品的技术基础,改变产品的制造流程,也可能是产生新产品。一个重大的科学发现可能产生多项新技术,它每时每刻都在发生。营销创新,即寻找和扩大市场,包括改变营销渠道和方式等途径,改变产品与顾客之间的各种关系。以上全球价值链攀升的两个方向实际上指出了围绕产业链部署创新链的方向。

上述创新阶段的内涵对产业链上部署创新链提出了三个问题。

第一,创新核心技术的创新链以哪个阶段为起点?答案是应该从基础研究开始。原创的核心高科技来源于科学新发现。就像华为作为企业,其大量的研发投向基础研究领域,明显的效果是研发出处于国际前沿的核心高新技术。这就给从事基础研究的科学家提出研究核心高技术的目标导向问题。

第二,围绕核心高技术研发组建产业链。研发出的高端技术是否具有高端价值最终要由其应用价值来体现。如果研发出的新技术束之高阁没有得到应用,那么即使新技术有价值,也只是潜在价值。高端核心技术要能得到应用就要以此为基础建立产业链,在产业链上实现高端价值。这就是围绕创新链建立产业链。

第三,围绕产业链建立创新链。这要求在产业链的每一个环节上都将科技创新与产业创新融合,打通从科技强到产业强、经济强、国家强的通道,解决好从"科学"到"技术"的转化。产业链和创新链深度融合就能产生作为国之重器的核心技术。在全球价值链上,由低端环节攀升中高端环节的,不只限于已经处于全球价值链的企业,价值链外的企业和科研机构也要参与。一方面是链内的,即已经布局在我国的处于全球价值链中的企业通过学习和再创新掌握处于其前端的关键技术；另一方面是处于链外的企业和科研机构瞄准处于全球价值链中高端的核心技术和关键技术进行研发和创新。掌握了这些核心技术，就进入了全球价值链的中高端。这里特别要指出链内和链外创新力量的协同。现有的处于价值链低端的加工组装企业固然是直接的创新者，但仅仅依靠它们还是不够的。在国内科技和产业创新的背景下，国内企业也能制造处于价值链低端组装环节所需要的配套元器件。加工组装企业与这类企业协同创新，制造出达到并超过价值链技术标准的有自主知识产权的元器件、新产品替代价值链上的进口品，可以大大降低交易成本。例如攻关汽车发动机、智能系统，掌握中高端环节的核心技术、关键技术，实现对原有中高端环节的替代。

攀升全球价值链中高端环节涉及的是价值链替代，这个替代过程不可能靠过去的模仿创新就能实现。在价值链中替代的技术绝不是模仿的技术，只有自主创新的水准比所处价值链高端的环节的原有水准更高，才有能力替代它，从而实现全球价值链环节的攀升。因此中高端环节技术的攻关，更需要大学和科学家的介入，进行产学研的协同创新。产业创新链是有效衔接知识创新和技术创新的创新链。目前由科技创新向产业创新转化的产业创新链有三条途径：一是技术转移，二是科技创业，三是产学研协同。相比起来产学研协同更适合产业创新链的构建。

首先，产业创新链构建需要产学研深度融合。既要依靠大学和科研机构的科学发现，又要依靠处于产业链上的企业的创新需求。两者结合才能成功地形成产业创新链。重要路径是产学研协同创新，也就是产学研各方共同介入创新链。这种协同也可以在很大程度上降低产业创新的风险。

其次，产业创新链需要有两个导向。一是在产业链上技术"短板"导向。技术创新主体的企业及企业家的介入，就能提出需求。二是科技水平导向，也就是技术先进性导向。知识创新主体大学及其科研人员的介入就起这个作用。这两个导向结合，就形成产业创新链。产学研协同创新是两个创新主体的协同。大学作为知识创新的主体，向前走一步进入孵化新技术的平台。企业作为技术创新主体也进入孵化新技术的平台。这两个主体在同一个创新平台上互动合作。本来，科学家的科学研究追求的是学术价值，企业家追求的是商业价值和市场前景。但当两者进入协同创新平台时,创新链目标就非常明确,企业家提出产业链上替代中间产品进口的需求,科学家为之提供科技信息和科学发现。两者协同就能达到产业创新链要求。

再次,科学家进入产业创新链就使创新链成为开放式创新链。科学家的基础研究本身就是开放的。他们可以通过国际科学研究的合作、信息的交流、人员的国际交流获取国际最新科学研究成果。依靠对国际最新科技成果的学习进行产业创新就能使产业创新链进入国际前沿。

从产业创新链的视角定义产学研协同创新的内涵,就不是企业、大学和研究机构之间的机构意义的协同,而是产学研功能意义的协同。具体地说,产,指的是产业发展;学,指的是新技术、新产业人才的培养;研,指的是研发新技术。进入产学研平台的各方在这三个方面协同,就可能不断产生实现产业化的新技术,并且加快产业创新链的形成进程。第一,大学和产业界有共同的研发平台,产学研各方进入共同的平台介入创新。协同创新平台有的建在大学,有的建在企业,相当多的建在政府主导的科技园。第二,有协同创新机制,科学家和企业家相互导向,科学地发现和市场需求互动。第三,协同创新平台不是一次性研发新技术,而是源源不断开发新技术并通过进入平台的企业不断地进行产业化。相比科技创业,产学研协同创新是有组织的创新方式,更为高端。与科技创业相比,产学研协同创新是高校和企业有组织的行为,高校中的科学家(包括优秀的科学家)都能参与,高校中的基础研究成果可以源源不断地顺畅进入,而且适合现有的企业参与。创新成果能够迅速在参与的企业中转化。

在实践中,产学研协同创新平台不仅要提供新技术,还要为采用新技术培训人才。新技术的孵化和采用都需要有掌握相应科学知识的人才。全球价值链上不同环节的附加值差别归根到底还是人的能力和素质的差别。我国许多产业处于全球价值链中低端,很大程度上是由于人力资本供给不足。因此,攀升全球价值链中高端的核心是人的素质和能力的攀升。这主要涉及三个方面。第一,改变低人力成本战略。攀升价值链中高端依靠的不再是处于价值链低端环节时的低劳动成本优势,而是技术和创新能力的优势。这种优势需要在创新投入中创造,其中包括以高薪引进和培养进入价值链中高端的高素质科技人才、掌握核心技术的人才和高技能劳动者。第二,推进管理创新。研究发现,处于价值链中高端的精密度更高的元器件的研发技术相当部分我们也能掌握,问题是进入这些环节的劳动者素质跟不上,根本原因是管理不科学不严格。只有严格的管理才会有一丝不苟的工艺,才会有高精密度的元器件。因此进行管理创新,尤其是加强质量管理是攀升全球价值链中高端的重要保证。第三,高技能劳动者的培养。知识型、创新型劳动者是产业创新链中的重要一环。根据上述产学研协同创新的特点,围绕产业链部署创新链实际上是要把产学研各方集合进产业创新链。根据三重螺旋模式理论,大学、产业、政府各自保持传统作用和独特身份,同时又在一定程度上承担着创新链的部分功能,从而形成相互作用、共同演化的三重螺旋。把具有不同价值体系的大学、企业和政府在产业创新链上统一起来,形成知识领域、制造领域和行政领域的三力合一。各参与者共同推动创新螺旋的上升,促进创新价值的最终实现。

首先是建立产学研各方互利共赢的体制机制,形成创新的利益共同体。除了产学研各方以投资入股的方式建立的产学研共同体所采取的按股分红的利益分配机制之外,进入产学研平台的各方实际上都有特定的价值目标。这意味着所要建立的互利共赢的体制机制不仅仅是收入分配机制,还需要建立适合各自价值目标的经济机制。不同于完全商业性的企业,对大学及其科学家来说,科技水平及成果价值是其追求的主要目标。其进入产学研协同创新平台需要解决的是科学研究的延续以及所需要的资金投入,最终充分实现其科学研究的价值。与此相关,其利益追求就是协同创新平台能够为之提供充分的延伸研究的资金和相关的条件,以及知识产权的归属或分享。相应地,其享有的知识产权就成为参与创新收益分配的依据。而对企业来说,其追求的目标是创新收益最大化。创新的收益无疑可以收敛到进入创新平台的企业囊中,尤其是在创新成果成功地实现产业化后。因此,企业应该成为协同创新平台的投资主体。当然,由于企业承担了对进入平台的科学家的延伸创新的投资,如果创新不成功,企业也就是这部分投资的风险承担者。

其次是科技金融的支持。虽然产学研协同创新从研发一直延伸到创新技术进入产业化的阶段,但产学研协同创新的核心还是在研发新技术阶段。这个阶段需要足够的资金把产学研各方凝聚进来。但是这个阶段离市场较远,信息不完全,相应的风险也大。在一般情况下,一般金融为了避险不敢进入这个阶段,即使进入协同创新平台的企业愿意投入,也需要金融的支持。这就提出科技金融问题。这意味着产学研协同中的"产"不仅仅指生产企业,还涉及以风险投资者为代表的科技金融。由此建立从实验研究、中试到生产的全过程科技创新融资模式,实现科技创新和金融的深度融合。

再次是政府集成、组织和推动。大学及其科学家,企业及其企业家分属于不同的系统,各自追求的目标和考核指标不尽相同,而且各自在不同的轨道上运行。企业在市场轨道,大学并不在市场轨道,因此只是靠市场作用难以把它们引入协同创新平台,只有政府才有这种能力。根据中关村等科技园的经验,将知识创新和技术创新两大系统集成和衔接的主体是政府。政府建科技园,支持科技孵化器建设,对产学研协同提供引导性资金。尤其是围绕产业链部署创新链需要政府制定相应的激励政策,组织和推动协同创新平台的形成和建设。这也就在实际上建设起国家创新体系。正因为如此,从产业化创新的视角,产学研协同应扩展为政产学研金的协同,它们都是产业创新链上重要的功能性环节。

参考文献

[1] 洪银兴.产业化创新及其驱动产业结构转向中高端的机制研究[J].经济理论与经济管理,2015(11).

[2] 洪银兴.再论产业化创新:科技创新和产业创新的衔接[J].经济理论与经济管理,2016(9).

[3] 廖理,汪韧,陈璐.探求智慧之旅[M].北京:北京大学出版社,2000.

[4] 习近平.习近平谈治国理政(第二卷)[M].北京:外文出版社,2017.

[5] 中共中央文献研究室.习近平关于社会主义经济建设论述摘编[M].北京:中央文献出版社,2017.

长三角区域一体化发展的特征、问题及基本策略

刘志彪　孔令池

一、引　言

　　区域经济一体化既是全球发展的大势所趋,也是中国发展的内生需要。从全球经济发展态势来看,世界多极化发展格局日趋明显,主要经济体的发展关联和交互影响程度日益加深,形成相互开放、相互依存、合作共赢的命运共同体成为国际地区间合作的主要趋势;从国内宏观形势和国家战略要求来看,加快健全区域合作机制,以整合资源、优势互补、分工协作、共生共享,协同应对发展挑战,培育新的增长动力与竞争优势,实现区域协调、有序、可持续发展,成为区域经济转型升级的紧迫内生需求。改革开放以来,长三角地区经历了快速的一体化过程,但由于区域外延不断扩展,内部发展的不平衡问题依然比较突出,实现更高质量一体化发展仍面临一些亟待解决的深层次问题。对长三角区域一体化发展进程进行科学评估,厘清更高质量一体化发展的主要特征和短板问题,从而有针对性地提出对策建议,具有重要的现实价值。

　　现有文献的关注点聚焦于长三角地区更高质量一体化发展路径及政策方面。关于长三角区域一体化发展水平的评估,一些学者选取单一指标从不同角度进行了测算。侯赟慧等(2009)采用社会网络分析方法对长三角城市群的经济结构进行了分析。张学良等(2018)通过梳理产业政策,并采用标准区位熵等方法,分析和测算了长三角地区产业一体化发展进程。李培鑫等(2019)从城市规模分布、空间形态分布和联系网络分布多个角度对长三角地区的空间结构进行了测算。我们不难发现,单一

指标的测算方法各有千秋,但同时也各有偏颇。它们反映了区域一体化发展进程中的某个重要方面,或者某个重要影响因素,但都不够全面(刘志彪等,2009)。区域一体化发展是一个复杂的系统,包含了众多因素,只有将其放在经济社会发展全局的视角考量,才更具参考性。

一些学者通过综合各类指标,构建一体化评价指标体系,评估区域一体化发展进程。如Estrada(2013)通过构建GDRI模型,从政治、社会、经济、技术四个维度,运用98个变量,构建综合测度区域发展水平和区域一体化程度的体系。周立群等(2010)从市场一体化和政策一体化方面,利用层次分析法和标准差值法对1989—2007年京津冀、长三角和珠三角三大经济圈区域经济一体化程度进行测度和比较。顾海兵等(2017)从市场、产业、基础设施、公共服务以及政策体制一体化等方面,构建区域经济一体化内力和外力的评价指标体系。李世奇等(2017)从市场统一性、要素同质性、发展协同性和制度一致性四个层面,对长三角一体化评价进行了全新探索。曾刚等(2018)借助加权平均、标准化、空间分析等方法,从经济发展、科技创新、交流服务和生态保护等方面,构建长三角区域一体化发展评价指标体系。现有的综合测度法虽涵盖了区域一体化的不同方面,但均欠缺评价指标选取的理论依据,设计的指标体系也未能很好地凸显长三角"一体化"的属性。部分学者采用主观赋值或主客观加权赋值的方法确定指标权重结构,缺乏对数据自身变化的考虑,可能存在主观判断的局限性。

有鉴于此,本文在系统归纳长三角区域一体化发展逻辑主线的基础上,量化测度了2000—2018年长三角区域一体化发展的进程,并分析其一体化发展的特征及问题,为加快推进长三角更高质量一体化发展提出具有针对性的政策建议。本文可能的创新之处主要体现在:(1)构建包含空间、市场、产业、创新、交通、信息、贸易、公共服务、生态环境以及制度共10个维度的综合指标体系,对长三角一体化进行系统的客观评价,为后续深入研究拓展了视角;(2)系统归纳区域一体化发展的逻辑主线,揭示了区域一体化发展的载体、基础、支撑、动力、要求、保障等,为合理选取评估指标提供了理论依据,是对现有文献资料的有益补充。

二、长三角区域一体化发展水平测度逻辑、体系与方法

（一）测度逻辑

区域一体化发展是指在一个尺度较大的区域经济范围中，各个边界清晰的行政单元之间，通过改革和开放，逐步清除各种人为的阻碍资源和要素自由流动的体制障碍，通过相互合作、竞相开放和充分竞争，实现区域高质量发展（刘志彪，2019）。推动长三角地区更高质量一体化发展，就是要有效发挥该区域联合体的发展功能，发挥它的"累积效应"和"扩散效应"，构建经济联系紧密、区域市场统一、产业分工合理、创新协同、交通完备、信息资源共享、贸易开放、公共服务便利、生态环境优质、制度协调的发展体系。因此，本文从空间、市场、产业、创新、交通、信息、贸易、公共服务、生态环境以及制度10个维度归纳长三角区域一体化发展的逻辑主线。具体构思如下。

（1）空间一体化。空间一体化是区域一体化发展的重要载体。根据新经济地理学的理论，在区域一体化发展中，空间经济过程的变化是非单调的，经济活动遵循"分散—集聚—再扩散"的分布规律，地区差距也随之发生"倒U"形的变化。从经济发展的角度看，积极调整区域发展的空间格局，平衡区域间的空间相互作用，增强发达地区对落后地区的辐射和带动作用，有助于缩小经济发展的差异。

（2）市场一体化。市场一体化是区域一体化发展的微观基础。市场一体化是消除区域内经济和非经济壁垒，平等区内竞争条件，实现产品互相准入、生产要素自由流动、企业跨区经营的基础机制。为了推进市场一体化，必须打造充满活力、运行有序的市场环境，形成各种商品和要素市场的有机统一体，如一体化的消费品市场、一体化的资本市场、一体化的劳动市场等。

（3）产业一体化。产业一体化是区域一体化发展的强力支撑。产业一体化就是要在地区间形成合理的产业分工体系，最大限度地发挥规模经济和范围经济效应，促使产业按一定比例合理布局，避免产业的盲目扩张和重复建设。

（4）创新一体化。创新一体化是区域一体化发展的内生动力。创新一体化是通过创新系统内部的企业、高校、科研机构、政府等创新主体间的协同互动，组织整合创

新资源,促进区内地区间创新成果的交流共享,并逐步发展成为关键共性技术研究、前沿引领技术、现代工程技术和颠覆性创新的源头高地。

(5) 交通一体化。交通一体化是区域一体化发展的硬件基础。当前,长三角交通一体化最重要的是要基本建成现代化综合交通运输体系,实现交通基础设施共建共享,形成区内各地区间的互联互通、无缝对接,大力增强区域综合交通服务和管理能力。

(6) 信息一体化。信息一体化是区域一体化发展的技术基础。打破信息封锁和阻碍、畅通信息流,构建区域信息交互网,完善信息传输机制,有助于弱化地理空间及物理距离对生产和消费的分割影响,使更多的跨地区合作、资源整合、产业链构建等成为现实,有效降低发展的物质资本投入和市场运行的交易成本。

(7) 贸易一体化。贸易一体化是区域一体化发展的内在要求。在国际贸易领域内国与国之间(省际贸易领域内不同地区之间)减少或消除国际(省际)贸易障碍,有助于发挥经济影响的反馈与溢出效应,建立国际(省际)之间直接与间接的技术经济联系,逐步形成统一的世界(国内)市场。

(8) 公共服务一体化。公共服务一体化是区域一体化发展的本质要求。公共服务一体化就是要加强行政协调,让区内人民平等享受教育、医疗卫生、文化服务和社会保障等权利,不断优化公共服务供给,健全公共服务共建共享机制,推动教育资源共享、医疗卫生跨地区服务、文化产业联动发展、社会保障互联互通等,使区内人民群众有更多的获得感。

(9) 生态环境一体化。生态环境一体化是区域一体化发展的必然要求。坚持绿色发展、建设生态文明,有助于社会生产力持续发展和人民生产生活质量不断提高。当前,推动长三角生态环境一体化,关键就在于加强区域环境保护协调,努力促成共同行动纲领和实践措施的落实。

(10) 制度一体化。制度一体化是区域一体化发展的基本保障。不同地区行政主体的政策和制度存在很大的差异,如果分散的行政权力没有协调发展的制度机制作支撑,那么必然会发生各种或明或暗的相互冲突或矛盾。从根本上解决区域一体化发展,需要协调区域政策制度以化解行政区划的阻力。

（二）测度体系

基于上述逻辑，兼顾指标选取的科学性、可操作、可比性和针对性原则，构建包括空间一体化、市场一体化、产业一体化、创新一体化、交通一体化、信息一体化、贸易一体化、公共服务一体化、生态环境一体化及制度一体化10个子系统36个测度指标的区域一体化发展水平指标体系，具体如表1所示。

表1 区域一体化发展水平测度体系

子系统	准则层	具体测度指标
空间一体化	地区经济差距	基尼系数
	经济辐射能力	经济联系强度
市场一体化	商品市场一体化	消费品相对价格方差法
	要素市场一体化	固定资产投资品相对价格方差法
		职工平均实际工资相对价格方差
产业一体化	产业分工	克鲁格曼专业化指数
	产业布局	区位商
创新一体化	产学研协同创新	研究与开发机构和高等学校R&D经费中企业资金的比重
	创新成果合作交流	输出技术、吸纳技术
交通一体化	交通网密度	铁路交通网密度、公路交通网密度
信息一体化	信息化基础设施	每平方公里长途光缆线路长度、每百人互联网宽带接入端口个数
	信息化应用水平	移动电话普及率、互联网普及率、人均电信业务量
贸易一体化	省际贸易	国家铁路行政区域间货物交流
	国际贸易	外贸依存度、外资依存度
公共服务一体化	教育	小学、初中、普通高中生师比
	医疗卫生	每万人拥有卫生技术人员数、每万人医疗机构床位数
	文化	人均拥有公共图书馆藏量

(续表)

子系统	准则层	具体测度指标
	社会保障	城镇常住人口基本养老保险覆盖率、城镇常住人口基本医疗保险覆盖率
生态环境一体化	节能减排	单位GDP用电量、单位GDP废水排放量、单位GDP固体废物排放量
	环境质量	细颗粒物（PM2.5）、可吸入颗粒物（PM10）、酸雨频率
制度一体化	政策体制协调	规划或协议出台情况、议事协调与争端解决等

（三）测度方法与数据来源

上述空间、市场、产业、创新、贸易等指标能较好反映区域一体化发展的进程。但是，对于交通、信息、公共服务和生态环境等尚未有更好反映区域一体化程度的指标。尽管我们知道"一体化"并不等同于"一样化"或者"一起化"。但是，从一定程度上来讲，促进区域内部交通及信息化基础设施、信息化应用水平、教育、医疗卫生、文化、社会保障、环保支出和环境质量差距不断缩小，也是区域一体化发展的一种重要表现。因此，对于部分指标，本文采用变异系数 CV(Coefficient of Variation)分析序列内部差异，即指标内部数据的离散程度。计算公式为：

$$CV = S/EQ$$

其中，标准差 $S = \sqrt{\dfrac{\sum_{i+1}^{n}(x_{ij}-\bar{x}_j)^2}{O_m}}$ ，均值 $EQ = \dfrac{\sum_{i+1}^{n} x_{ij}}{n}$ 。

选用指标数据主要来源于国家统计局网站、中国铁路12306网站、wind数据库、中国经济与社会发展统计数据库及《中国统计年鉴(2018)》《中国工业经济统计年鉴(2017)》《中国科技统计年鉴(2017)》《中国交通年鉴(2017)》《2018年全国技术市场统计年度报告》《中华人民共和国2018年国民经济和社会发展统计公报》(上海市、江苏省、浙江省、安徽省)。

三、长三角区域一体化发展的特征及问题

(一) 地区间差距持续缩小,上海的龙头作用尚未充分发挥

长三角是我国综合经济实力最强的地区之一。以 2018 年为例,长三角三省一市以占全国不到 4% 的土地面积,聚集了约全国 16% 的常住人口,产出了约占全国 23.5% 的经济总量。从人均 GDP 来看,长三角地区内部经济规模差距明显。2018 年,上海市人均 GDP 超过 13 万元,江苏省人均 GDP 超过 11 万元,浙江省人均 GDP 接近 10 万元,安徽省人均 GDP 不足 5 万元。但从基尼系数来看,2000—2018 年,长三角地区总体呈现逐年递减的走势,地区经济差距持续缩小,如图 1 所示。

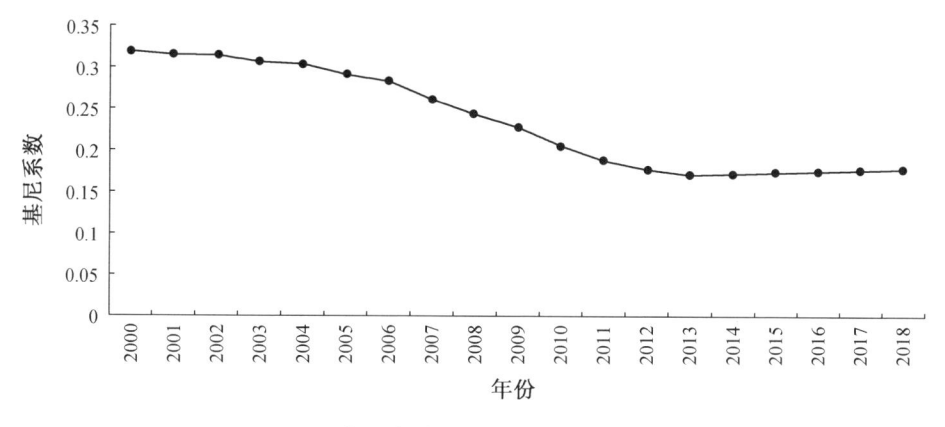

图 1 长三角地区基尼系数的演变趋势

从经济联系强度指标来看,江苏、浙江、安徽对上海的经济联系量均不高。可见,目前上海作为"龙头"的扩散效应仍不如极化效应。此外,安徽对上海和浙江的经济联系程度不高,且在高质量一体化发展的各项指标中,绝大多数指标值均落后于沪苏浙(见表 2)。因此,安徽目前尚未深度融入长三角地区。

表 2 2018 年长三角地区三省一市的经济联系强度

地区	指标	上海	江苏	浙江	安徽
上海	联系量	—	6.981 1	4.750 6	0.772 3
	隶属率	—	55.83%	38.00%	6.18%
江苏	联系量	6.321 8	—	12.753 7	13.909 7
	隶属率	19.17%	—	38.66%	42.17%
浙江	联系量	7.891 9	12.753 7	—	1.298 8
	隶属率	35.96%	58.12%	—	5.92%
安徽	联系量	0.772 3	13.909 7	1.317 8	—
	隶属率	4.83%	86.94%	8.24%	—

（二）要素市场一体化发展滞后于商品市场

商品和要素的流动主要取决于价格差或回报率变化,故而衡量市场一体化程度通常采用基于"一价定律"的相对价格方差法,衡量地区间价格或回报率(变化)是否趋于一致。如图 2 所示,我们不难发现,消费品和资本品市场分割指数的演变趋势没有显著差异,均呈现出不断震荡波动但波幅逐渐变小的稳定收敛趋势,即长三角地区消费品和资本品的市场一体化程度趋于增强。劳动市场一体化可以通过区域劳动力

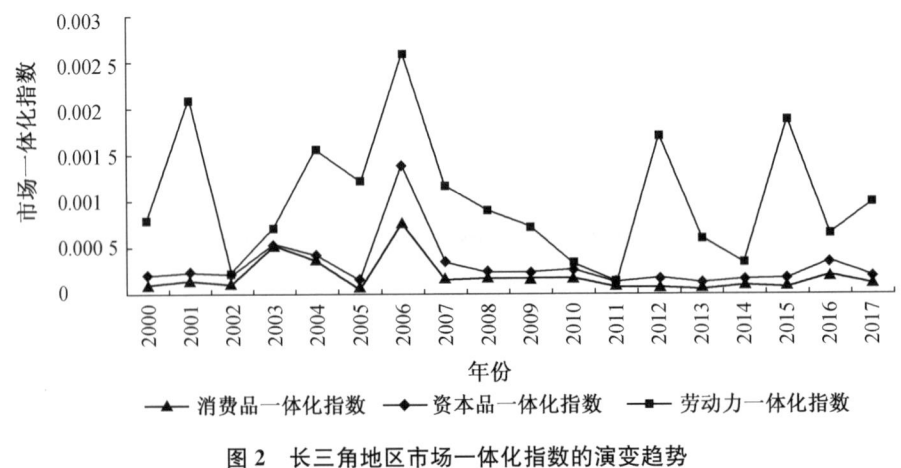

图 2 长三角地区市场一体化指数的演变趋势

的集聚和扩散,推动劳动要素的优化与重组,对于促进区域一体化发展具有重要意义。但从图2中,我们不难发现,劳动力市场的相对价格方差波动幅度较大,表明长三角地区劳动力市场一体化发展趋势不够明显。综合来看,消费品市场的分割指数低于资本品和劳动力市场的分割指数,即商品市场的一体化发展水平优于要素市场。

(三)地区间专业化分工水平不高,尚未充分发挥整体联动效应

从克鲁格曼专业化指数来看,2010年以来,长三角地区产业结构逐渐显现差异化的走势,地区间专业化分工协作程度持续提升,产业呈现一体化发展趋势。但进一步观察,可以发现,长三角地区克鲁格曼专业化指数基本保持在0.2左右,数值偏低,地区间专业化分工水平仍然不高(见图3)。

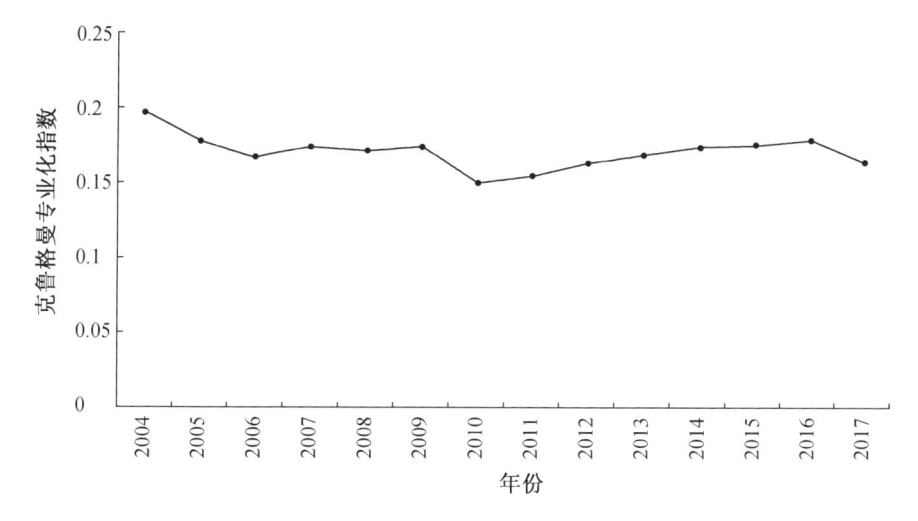

图3 长三角地区克鲁格曼专业化指数的演变趋势表

结合制造行业区位商指数,由表3不难看出,上海、江苏与浙江区位商大于1的行业主要集中于中高端制造业,安徽区位商大于1的行业主要集中于中低端制造业。可见,长三角地区产业布局各有优势,存在着一定的互补性。但进一步观察发现,长三角地区优势产业重合度依然较高。比如,浙江省几乎所有区位商大于1的制造业行业均与江苏省重合,江苏省几乎所有区位商大于1的高端制造业行业均与上海重合。由此可见,长三角地区尚未充分发挥整体联动效应,生产力布局出现重复的盲目

性,产业结构趋同化现象依然比较突出。从制造业来看,推进长三角产业一体化发展,就是要强化上海在食品制造业、专用机械制造业、交通运输设备制造业等;江苏在化学原料及化学制品制造业、通信设备、计算机及其他电子设备制造业、仪器仪表及文化、办公用品机械制造业等;浙江在纺织业、造纸及纸制品业、化学纤维制造业、通用机械制造业、电气机械及器材制造业等;安徽在农副食品加工业、饮料制造业、烟草制品业、医药制造业、非金属矿物制品业等行业的比较优势,不断提升产业一体化发展水平。

表3 2016年长三角地区区位商大于1的制造行业

地区	制造行业
上海	食品制造业、金属制品业、通用设备制造业、专用机械制造业、交通运输设备制造业、电气机械及器材制造业、通信设备、计算机及其他电子设备制造业、仪器仪表及文化、办公用品机械制造业
江苏	纺织业、化学原料及化学制品制造业、化学纤维制造业、金属制品业、通用设备制造业、专用机械制造业、电气机械及器材制造业、通信设备、计算机及其他电子设备制造业、仪器仪表及文化、办公用品机械制造业
浙江	纺织业、造纸及纸制品业、化学纤维制造业、金属制品业、通用设备制造业、交通运输设备制造业、电气机械及器材制造业、仪器仪表及文化、办公用品机械制造业
安徽	农副食品加工业、饮料制造业、烟草制品业、医药制造业、非金属矿物制品业、通用设备制造业、专用机械制造业、交通运输设备制造业、电气机械及器材制造业

(四)创新合作能力不断增强,产学研协同创新潜力较大

科技成果的交易是创新成果合作交流的一种重要方式,也是创新一体化的重要内容。输出技术和吸纳技术可以在一定程度上反映区域创新的极化和扩散效应。如表4所示,上海市和江苏省输出技术和吸纳技术的合同数、成交额均远远高于浙江省和安徽省,创新合作能力强,是长三角地区的重要创新极;浙江省创新合作的活力比较突出,其输出技术和吸纳技术的增长速度较快。

表 4　2017 年长三角地区技术交易情况

地区	输出技术 合同数(项)	成交额(亿元)	增长(%)	吸纳技术 合同数(项)	成交额(亿元)	增长(%)
上海	21 223	810.62	3.79	22 661	712.14	64.85
江苏	37 258	773.99	21.77	38 911	919.55	1.54
浙江	13 704	324.73	63.70	18 444	469.87	62.97
安徽	18 211	249.57	14.81	17 953	270.68	34.22

从资金往来的情况,可以对产学研协同创新的水平进行间接度量。综合来看,长三角地区研究与开发机构和高等学校 R&D 经费中企业资金的比重偏低,产学研协同创新潜力较大(见图 4)。

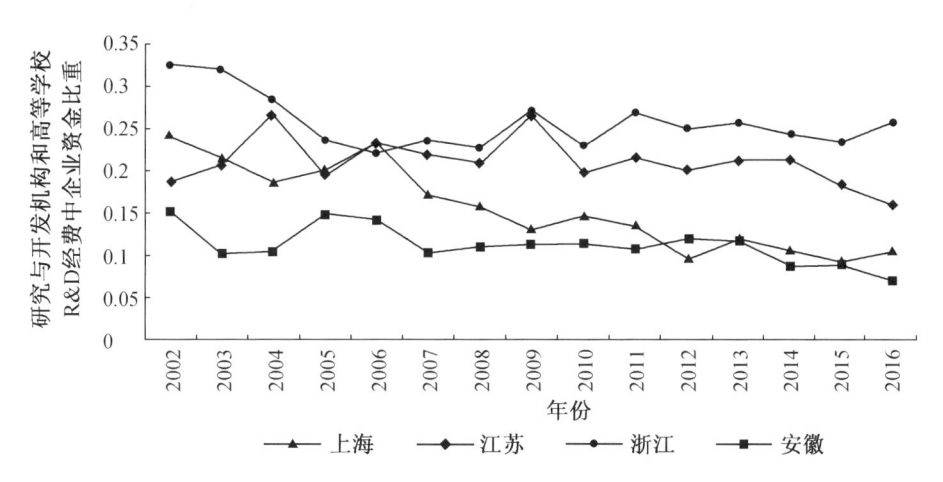

图 4　长三角地区研究与开发机构和高等学校 R&D 经费中企业资金比重的演变趋势

(五)铁路交通地区分布差异较大,亟须打通省际公路断头路

2000 年以来,长三角地区交通一体化发展已经取得了一定的成果,为促进更高质量一体化发展奠定了优越的交通载体条件。如图 5 所示,铁路交通网密度的变异系数总体呈现出下降的趋势,公路交通网密度的变异系数始终维持在较低水平。进一步观察发现,铁路交通网密度的变异系数远远高于公路交通网,长三角地区间铁路交通地区分布差异较大,公路交通网密度的变异系数始终维持在 0.2 左右,进一步打

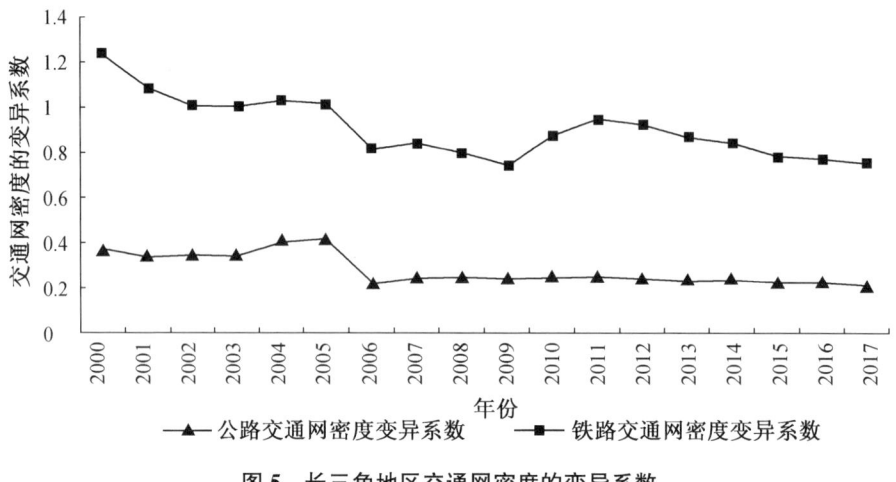

通省际断头路,可能是提升长三角地区省际公路通达力和运输能力的有效途径。

图 5　长三角地区交通网密度的变异系数

(六) 信息基础设施建设和信息化应用水平不断提升

加快推进信息基础设施协同发展和信息资源共同利用,对于长三角地区更高质量一体化发展具有重大意义。由图 6 不难看出,长三角地区信息基础设施建设和信息化应用的内部差异不断缩小,为信息一体化水平的提升提供了技术支撑和方向引领。

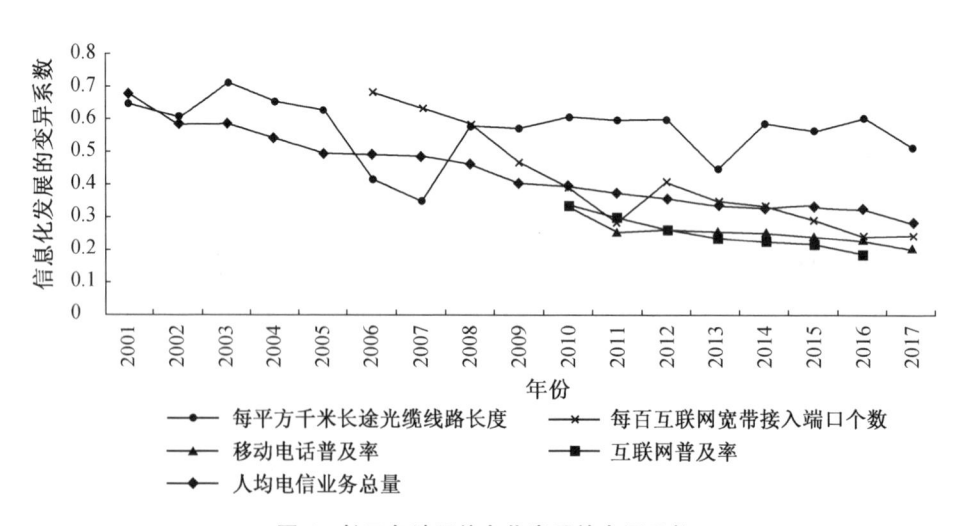

图 6　长三角地区信息化发展的变异系数

(七) 存在一定程度的地方保护和各自为战

从国家铁路行政区域间货物交流的数据来看,除上海外,江苏、浙江和安徽货物内部发送量均占较大比重,一定程度上反映了苏浙皖地方政府在相对封闭的条件下,推行自给自足(见表5)。因此,对于苏浙皖而言,鼓励本地同类产业的发展可以理解,但是要注意防止采取保护措施限制外省产品进入本地市场,或者优先购买本地产品的行为,因为这种做法将会引起严重的地方保护和市场封锁,不利于长三角地区贸易往来和一体化发展。

表5　2016年国家铁路行政区域间货物交流　　　(单位:万吨)

地区	上海	江苏	浙江	安徽	全国货物发送量合计
上海	3	15	14	12	444
江苏	49	816	34	448	5 335
浙江	50	26	1 822	20	3 219
安徽	36	1 686	317	5 221	9 263
全国货物到达量合计	737	7 354	3 836	8 624	

国际贸易一体化是缓解各个地区之间的经济竞争,共同分享国际大市场的重要手段。从图7我们不难看出,长三角地区外贸依存度的区内差异较高,即对外贸易的地区发展水平差距较大。主要原因在于,改革开放以来,苏浙沪对外贸易的"爆炸式"增长,导致外向化程度高的产业在苏浙沪高度集聚,并加速了这些地区"世界工厂""国际制造基地"的形成,客观上加大了其与安徽的差异。现阶段推进长三角地区对外贸易一体化发展,应该注重建立"以我为主"的价值链分工体系,促使苏浙沪皖合理分布于价值链的不同环节,共同参与全球竞争。

进一步观察图7,可以发现,长三角地区外资依存度的区内差异较小,即外商直接投资的地区分布相对平衡。这既说明各地投资环境差异趋于缩小,也说明政府在利用税收优惠、土地或产业补贴等政策手段进行招商引资中趋于基本一致。长三角区域经济发展一体化战略的推进,有利于克服过去对一些投资周期短,资金回收快的"短平快"项目"一哄而上"的现象,避免为争夺相对有限的市场和资源各自为战,恶性竞争。

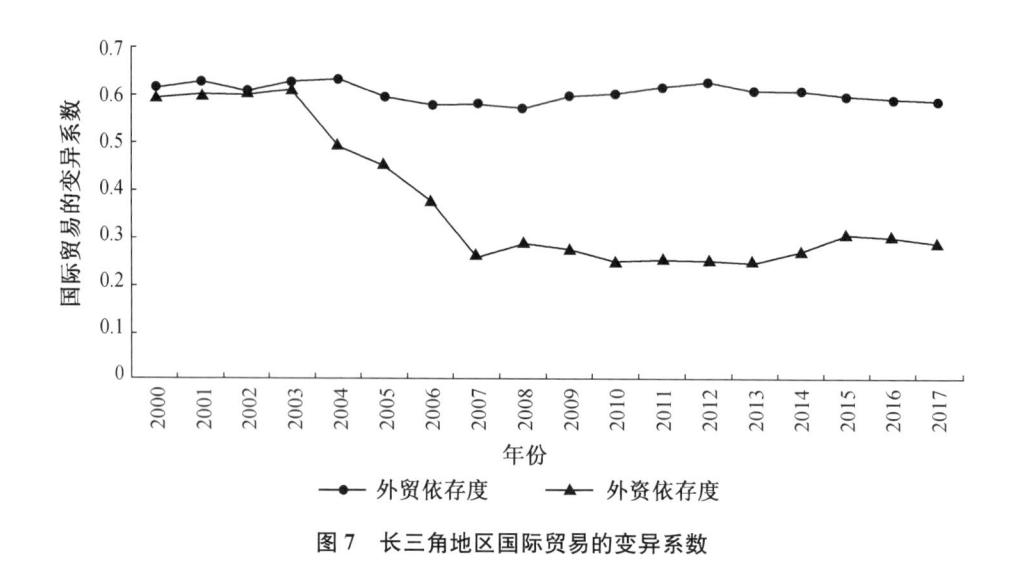

图 7　长三角地区国际贸易的变异系数

（八）社会保障的差距明显扩大，文化基础设施的差距趋于缩小

如图 8 所示，长三角地区教育、医疗卫生的内部差异逐渐趋于收敛，即教育和医疗卫生的区内差异正缓慢缩小。城镇常住人口养老保险和基本医疗保险覆盖率的变异系数增长较为明显，表明长三角内部社会保障的差距趋于扩大。此外，人均拥有公

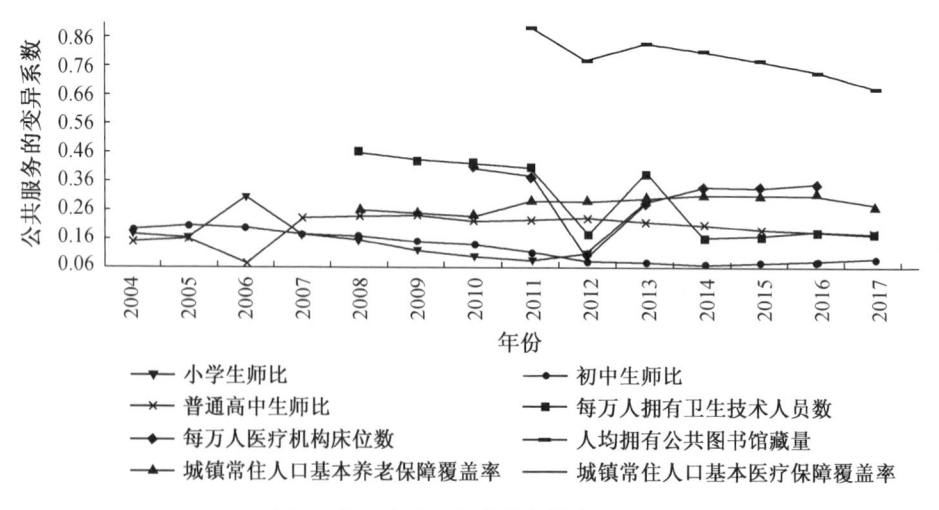

图 8　长三角地区公共服务的变异系数

共图书馆藏量的变异系数明显高于其他指标,也在一定程度上反映了长三角地区文化基础设施的内部差距较大,但是有不断缩小的趋势。

(九) 生态环境相对脆弱

长三角地区工业发达,生态环境相对脆弱,是新发展理念下实施更高质量一体化发展的短板。如表6所示,2017年上海市的单位GDP废水排放量相对较高,江苏省的单位GDP耗电量、固体废物排放量相对较高,浙江省的单位GDP耗电量、废水排放量相对较高,安徽省的单位GDP耗电量、废水排放量、固体废物排放量均相对较高。2017年江苏省和安徽省的细颗粒物(PM2.5)、可吸入颗粒物(PM10)年均浓度均远高于《环境空气质量标准》(GB3095—2012)二级评价标准,大气污染较为严重。[①] 上海市和浙江省的空气质量优于江苏省和安徽省,但是上海市和浙江省的细颗粒物(PM2.5)年均浓度也略高于或刚刚达到《环境空气质量标准》(GB3095—2012)二级评价标准,且上海市和浙江省的酸雨发生率均远远高于江苏省和安徽省,空气质量不容乐观。

表6 2017年长三角地区生态环境指标

项目	上海	江苏	浙江	安徽
单位GDP耗电量(千瓦小时/万元)	498.48	676.37	809.96	711.01
单位GDP废水排放量(万吨/亿元)	6.92	6.70	8.77	8.65
单位GDP固体废物排放量(万吨/亿元)	0.05	0.14	0.09	0.44
细颗粒物(PM2.5)年均浓度(微克/立方米)	39	49	35	56
可吸入颗粒物(PM10)年均浓度(微克/立方米)	55	81	57	88
酸雨发生率(%)	47.6	15.6	62.6	7.4

---

① 《环境空气质量标准》(GB3095—2012)二级评价标准:PM2.5为35微克/立方米,PM10为70微克/立方米。

（十）区域合作不断走向纵深，但依然存在制度掣肘

长三角地区经济发达、地域相近、人缘相亲、文化相通，发展一体化的民间呼声和行动由来已久。1982年，国务院成立的上海经济区，成为长三角经济圈概念的最早雏形。1992年，长三角地区联合成立城市经济协作办主任联席会议，同年6月，国务院召开长江三角洲及沿江地区规划座谈会，明确了长江三角洲的规划范围。1997年成立了长江三角洲城市经济协调会。2004年城市经济协调会由原来的每两年召开一次调整为每年召开一次。进入21世纪，长三角地区一体化发展机制的建设由最初的城市联谊活动上升为全方位务实合作，上升为苏浙沪战略性协作，区域协作层级不断提升，城市经济协调会制度持续完善。2001年苏浙沪发起成立了由常务副省（市）长参加的"沪苏浙经济合作与发展座谈会"制度。2004年苏浙沪主要领导座谈会制度的召开，标志着长三角区域一体化发展机制上升到省级层面。2008年安徽省出席长三角地区主要领导座谈会，标志着长三角区域合作范围拓展至安徽省。经过多年努力，长三角政府层面的合作形成了"高层领导沟通协商、座谈会明确任务、联络组综合协调、专题组推进落实"的省（市）级政府合作机制。2011年以来，长三角地区陆续签订《关于开展人事争议仲裁业务协助和工作交流协议》《长三角地区跨界环境污染纠纷处置的应急联动工作方案》《长三角跨界水体生态补偿机制总体框架》《长三角地区司法协作框架》《长三角地区政法综治协作交流框架协议》《泛长三角地区劳动保障监察工作合作协议》等框架协议，议事、协调与争端解决机制不断健全。

为进一步完善常态长效体制机制，2018年2月长三角区域合作办公室正式挂牌成立，并重点研究制定了《长三角一体化发展行动计划（2018—2020）》等，区域合作不断走向纵深。2018年4月，习近平总书记对推动长三角一体化发展做出重要指示，明确了"更高质量一体化发展"的目标追求，"上海进一步发挥龙头带动作用，苏浙皖各扬所长"的推进路径，"凝心聚力抓好落实"的关键保障，为新时代长三角合作与发展指明了方向。2018年11月，在首届中国国际进口博览会开幕式上，习近平总书记在主旨演讲中宣布支持长三角区域一体化发展上升为国家战略，着力落实新发展理念，构建现代化经济体系，推进更高起点的深化改革和更高层次的对外开放，同"一带一路"建设、京津冀协同发展、长江经济带发展、粤港澳大湾区建设相互配合，完善中

国改革开放空间布局。2019年3月,李克强总理在政府工作报告中提出,将长三角区域一体化发展上升为国家战略,编制实施发展规划纲要。长三角地区一体化发展迎来了历史性重大机遇,一体化发展迈入崭新阶段。

真正可能长期地、持续地扭曲一体化进程的主要力量,可以归结为制度方面的阻碍因素。长三角跨地区协调机制的建设,仍然面临政策配套、立法和资金等保障机制不完善、利益协调机制不健全等现实挑战。中国经济转轨过程中,无论中央政府还是地方政府惯常使用的"非均衡战略",本质上是创造政策差异,形成政策"洼地",实质上就是一种政策歧视,是时下中国地区间难以一体化发展的主要制度掣肘(刘志彪,2019)。

四、推进长三角地区更高质量一体化发展的基本策略

上述分析表明,这些年来长三角地区间经济差距不断缩小,经济联系更加紧密,产业分工趋于合理,市场机制持续完善,科技创新能力显著增强,交通、信息等基础设施明显改善,公共服务均等化稳步推进,体制机制日益健全。但是,更高质量地推动长三角地区一体化发展,还存在一些深层次问题亟待根本性解决。在长三角更高质量一体化发展阶段,应着力于深化供给侧结构性改革,加快推动质量变革、效率变革、动力变革,推动一体化机制朝着更深层次发展迈进,促使长三角地区在创新驱动、经济转型升级、改革开放和区域一体化等方面继续走在全国前列,从而更好引领长江经济带发展,更好服务国家发展大局的要求,努力成为全球资源配置的亚太门户,建成具有全球竞争力的世界级城市群。

第一,发挥上海的"龙头带动"作用,苏浙皖各展所长。在更高质量推进长三角地区一体化发展的背景下,上海与长三角其他省市之间的关系,应是合作、平行、协同的关系,注重衔接,整合资源,不断促进功能布局互动,形成分工合理、优势互补、各具特色的空间格局。过去,上海在一体化当中的作用主要体现在对外开放方面,在更高质量一体化发展阶段尚未充分发挥其"龙头作用"。对于上海而言,应加快创建系统性制度化的对内开放体系和平台载体,主动逐步退出一般性的、劳动密集型、能耗高的

制造业,集中发展现代服务经济,加快壮大国内民营经济参与国际竞争;对于江苏和浙江而言,应加快建设世界级先进制造业集群,协调发展好制造业集群与服务业集群,以产业集群为载体将行政边界模糊化,形成合理的空间布局和产业链配套,从而将长三角地区打造成为交易成本和制造成本综合较低、具有全球竞争力的世界级城市群。对于安徽而言,应立足实际,加快经济追赶步伐,避免高端要素被虹吸的边缘化风险,同时主动与苏浙沪对接,努力凸显以一体化为突破口,实现区域协调发展的重大战略意义。

第二,转变政府职能,打造区域统一市场。改革形成地区封锁和市场分割的行政权力,促使经济建设型政府转向公共服务型政府,将地方政府职能切实转变到提供公共服务、社会管理、维护社会秩序等方面(孔令池,2019)。注重要素市场化改革,深化市场准入、户籍制度、金融体制、财政体制、投融资体制、价格、上市制度等改革,大幅度减少政府直接配置资源,使市场在要素配置中发挥决定性作用。

第三,发挥企业主体作用,构建统一竞争规则。依靠产权链,建立企业之间的联系;依靠供应链,在更大范围内进行细化和分工基础上的合作,通过企业推动区域一体化发展。建立统一竞争规则,不断放松对经济主体经营活动的种种干预,逐步修正和废除与区域一体化发展有冲突的地区性政策和法规,对所有经济主体实行"国民待遇",协调好各地产业政策和经济发展战略,加速经济政策扩散的一体化,努力形成一个政策无差异的良好外部环境。

第四,深入实施创新驱动发展战略,形成区域协同创新网络。以构建区域技术转移体系、创新资源共建共享共用为抓手,加快区域协同创新网络建设,依托行业领军企业,建立一批跨地区、跨行业的前沿科技创新研究机构,发挥领军企业在协调政产学研用,各地区制造业创新中心建设中的组织协调作用,努力将长三角建成具有全球影响的科技创新高地和产业高地。

第五,大力发展智能交通,建立现代化综合交通体系。长三角地区交通一体化不能仅仅是停留在表面、量变的阶段,还需要进一步打通省际断头路,提升多式联运的集疏运体系能级。促进各地港口与货物主要生产地、货物主要消费市场的连接,加强重要交通基础设施与主要港口的有效衔接,加强与航空运输的对接,形成运距短、成本低、效率高、现代化的集疏运体系。

第六，创新构建工业互联网平台，深化重点领域大数据应用。系统打造区域一体化发展感知服务网络，促进基于数据的跨区域、分布式生产和运营；大力提升社会领域信息化协同和融合发展，鼓励提供基于物联网、大数据、人工智能的专业化服务，推动区域政务数据开放共享，深化重点领域大数据应用，如加强医疗卫生、社会保障领域信息一体化建设、加强环境治理信息共享、完善交通智能化服务等。

第七，协调发展国内价值链与全球价值链，构筑区域开放市场。重视内需和国内市场，强化区域贸易往来和一体化发展，通过我国本土企业控制的国内价值链，带动关联产业发展，促使苏浙沪皖合理分布于价值链的不同环节，共同参与全球竞争。

第八，健全公共服务共建共享机制，优化公共服务供给。着力于让区域内的人民平等享受教育、医疗卫生、文化服务和社会保障等一系列权利，推动教育资源共享、医疗卫生跨地区服务、文化产业联动发展、社会保障互联互通等，不断优化公共服务供给，拓展合作领域和深度。

第九，坚持生态优先，完善区域环保合作机制。更加注重强化生态系统和生态空间保护，严格保护跨省界重要生态空间，加快形成保护和开发的良性循环，深入推进大气污染协同防治，强化区域环境协同监管，促成优质生态产品供给能力不断提升。建立长三角生态环境基金，对区域性生态保护功能区建设建立补偿机制，促成优质生态产品供给能力不断提升。

第十，加强顶层设计，探索区域协同决策机制。着眼于服务国家发展大局，立足长三角整体发展和长远利益，一盘棋考虑、一条心谋划，努力形成共同行为准则，深入推进各类规划充分对接，充分发挥规划在区域一体化发展中的统筹和引领作用。加快形成共同事务处理机制，促使区域内部各地区利益空间得以向外延伸，缓解地区间的利益矛盾，维护各地区的利益均衡。

参考文献

[1] 顾海兵,张敏.基于内力和外力的区域经济一体化指数分析:以长三角城市群为例[J].中国人民大学学报,2017(03):71-79.

[2] 侯赟慧,刘志彪,岳中刚.长三角区域经济一体化进程的社会网络分析[J].中国软科学,2009(12):90-101.

[3] 孔令池.以现代市场体系推进长三角更高质量一体化发展[N].经济日报,2019-02-15(12).

[4] 李培鑫,张学良.长三角空间结构特征及空间一体化发展研究[J].安徽大学学报(哲学社会科学版),2019(02):148-156.

[5] 李世奇,朱平芳.长三角一体化评价的指标探索及其新发现[J].南京社会科学,2017(07):33-40.

[6] 刘志彪.长三角区域经济一体化[M].北京:中国人民大学出版社,2009:94-96.

[7] 刘志彪,陈柳.长三角区域一体化发展的示范价值与动力机制[J].改革,2018(12):65-71.

[8] 刘志彪.长三角区域高质量一体化发展的制度基石[J].人民论坛·学术前沿,2019(04):6-13.

[9] 曾刚,王丰龙.长三角区域城市一体化发展能力评价及其提升策略[J].改革,2018(12):103-111.

[10] 张学良,李丽霞.长三角区域产业一体化发展的困境摆脱[J].改革,2018(12):72-82.

[11] 周立群,夏良科.区域经济一体化的测度与比较:来自京津冀、长三角和珠三角的证据[J].江海学刊,2010(04):81-87.

[12] ESTRADA M A R. The Global Dimension of the Regional Integration Model (GDRI-Model)[J]. Modern Economy, 2013(4): 346-369.

长三角更高质量一体化发展的三个基本策略问题

刘志彪

长三角更高质量一体化发展上升为国家战略,意味着国家充分肯定了长三角过去二十多年来在一体化发展方面所做的努力和探索,意味着在中美贸易战的背景下,借助于区域协调机制发掘中国经济新动能、发挥中国经济的韧性这一优势进入战略实施和推动阶段,意味着中国将要在区域一体化基础上建设统一、竞争、开放、有序的强大国内市场。

中央要求长三角实现更高质量的一体化发展,这是对长三角这个中国先行地区的高标准要求,也是作为榜样、示范和探路者发挥作用的基本方向。这个高标准要求,要实现"一体化"和"高质量"的双重融合发展,而不能仅仅是片面突出某一个方面。从"一体化"和"高质量"的内涵看,这是一个非常宏大的、值得深入研究的现实课题。

本文中笔者选择了三个比较重要而且有趣的问题进行阐述,这不意味着其他问题不重要。

一、长三角更高质量一体化发展要促进形成国内强大市场

把长三角区域一体化发展这个局部经济问题上升到国家战略高度,我们当然可以从很多方面进行解释,如从经济实力和潜力的角度,长三角地区的发展对中国现代化战略具有带头羊的作用;再如从形成和完善中国改革开放区域布局的角度,过去区域性的国家战略大多是解决落后地区的振兴问题,现在这个关于发达地区的国家战

略的制定,有助于提升东部地区和长江经济带的高质量发展速度。当然,也可以从一体化发展有助于区域分散治理转向协调治理的角度,分析中国治理体系和治理能力现代化的过程。本文的视角再宏观一些,试图从全球化战略转型、培育和利用国内强大市场的角度,看长三角更高质量一体化发展对全国统一市场的形成以及建设高水平开放经济的战略意义。

众所周知,推进区域经济一体化发展,是习近平总书记长期坚持的治国理政的基本主张和战略措施。习近平总书记早年在福建就推动海峡两岸经济区建设,主政浙江、上海后力推长三角一体化,到中央后,不仅推进京津冀一体化发展,而且把长三角区域经济更高质量一体化发展上升为国家战略。这些实践活动足以证明,区域经济一体化发展,是大国经济转轨发展中的一个特殊问题;在超级规模国家中推进区域经济一体化发展,也是习近平新时代中国特色社会主义经济发展理论的重要组成部分。

习近平总书记高度重视推进区域经济发展一体化的背后,其实存在着一个逻辑清晰的理论基础。中国作为疆域辽阔、人口众多的超级规模国家,改革开放以来经济发展取得了巨大的成就,但长期以来一直不是一个超级规模的经济体或超级规模市场。其中主要的原因,一是人均可支配收入增长虽快,但是相对水平与发达国家差距巨大,所以有支付能力的现实市场需求大大小于其潜在需求,即市场的实际容量并不大;另外一个原因是市场存在分割效应。往往是市场加总的规模不算小,但是实际可利用的规模经济水平不够高。因此,中国作为超级规模国家,并没有真正形成全国统一、竞争、开放、有序的大市场体系。这极大地影响了国内产业分工水平的提高,影响了中国企业规模经济利用的能力,从而影响了资源配置效率。

这一问题与中国经济在转轨时期形成的一个重要的体制现象有直接的关系,那就是地方政府参与市场竞争对市场整体所做的分割。分散竞争的体制格局一方面给中国经济以巨大的增长动力,另一方面也带来了行政权力分割市场的"碎片化"现象,使整个国家难以发挥超级大规模市场的优势作用,如由于企业只能在区域市场而难以在统一大市场格局中实现规模经济,就极大地降低了资源配置的效率。因此推进区域一体化,是建设全国统一市场的前奏。在区域市场一体化的基础上,推动区域统一市场的开放,那么建设全国统一市场、融入世界市场的进程就要顺利得多。所以推进区域一体化是放大超级市场规模效应的重要思路：一方面，只有坚决地拆除有形与无形的行政壁垒，鼓励企业充分竞争，才能逐步实现区域经济发展一体化；另一方面，只有在区域经济一体化的基础上，才能逐步形成统一、开放、竞争、有序的强大国内市场。

国内市场规模的狭小同时具有一定的分割特性，是我们过去几十年中实施出口导向的1.0版本经济全球化战略的一个重要约束条件。1.0版本经济全球化的基本特征，是依靠西方发达国家的市场，利用我们具有比较优势的物美价廉的要素，结合引进西方技术，进行初级产品的生产加工和出口活动。这种经济全球化取得了巨大的红利，但是自从2008年世界金融危机之后，这一经济全球化战略的前提条件发生根本性变化：第一，当今世界逆全球化趋势甚嚣尘上，中美关系由战略伙伴关系，可能演化为战略竞争关系，遏制中国成为美国的基本战略选择；第二，国内生产要素低廉的比较优势日益削弱，国际市场出现了大量的低成本的竞争者，而国内创新驱动、提升生产率的要求内生化出现；第三，一方面，西方不再容忍为中国增长提供市场，另一方面，我国也演化为超级大规模市场国家。为了在新的战略机遇期内更多地利用国内强大市场，有必要尽快把出口导向的1.0版本的经济全球化战略，升级为2.0版本的经济全球化战略，即实施基于内需的经济全球化战略。

这一崭新的全球化战略的基本特征是：① 在超级国家基础上，因人均可支配收入不断增长而演变为超级大规模经济或超级市场国家；② 人民币国际化趋势和其他非经济的优势，吸引其他国家对中国进行出口导向；③ 国内强大市场产生众多发展机会，以全球化城市作为虹吸全球先进技术和人才的平台。这样，基于人才和技术基础上的创新驱动国家才有可能真正建立。

显然，实施2.0版的经济全球化战略，基本前提假设是国内形成了强大的内需或超级市场规模，且这个市场可以给全球的资源和要素提供更多的发展机会。为此，我们需建立新的战略资源观：过去的比较优势是低价优质的生产要素，现在是国内强大市场。这样，我们就把促进形成国内强大市场这个因素，作为长三角一体化发展与转变经济全球化战略、进行更高质量的开放之间的中介变量：一方面，长三角一体化发展可以作为促进形成国内强大市场的重要推动机制；另一方面，只有形成国内强大市场,才是转换中国经济全球化战略、实现更高质量开放的基础和前提。据此,打破市场分割、实现一体化发展,便成为统一、协调、开放、竞争、有序大市场建设的关键,也成为能否向2.0版经济全球化战略转换的关键问题。

二、长三角更高质量一体化发展的顺序和重点领域

长三角一体化,说到底就是指在四省市经济区域中,各行政区的政府之间不断地消除各种阻碍资源和要素流动的障碍,实现各自针对外部的竞相开放和市场充分竞争的过程。一般来说,阻碍资源和要素流动的障碍,主要有两类:一类是与自然条件有关的资源和技术因素,如较低水平的基础设施,将直接提高一体化的运行成本;另一类是跟体制机制有关的制度因素,如各种阻碍一体化的法律、政策、条例和垄断等,它们直接提高一体化的制度性交易成本。这样,推进长三角一体化发展就有两个维度:一是要加强以交通、通信等为代表的基础设施建设,实现各区域互联互通,为一体化扫清技术的障碍;二是解放思想,大胆进行制度改革和制度创新,扫清一体化发展的体制机制障碍。

其实,影响地区间各主体的竞相开放的主要障碍,在于政府的超经济强制力量。制度高于技术。基础设施等条件是可以通过投资迅速改善的,企业垄断因素阻碍资源配置的状态,也是可以用反垄断法来打破的,但是很难有一种力量,去主动打破政府出于行政边界的利益考虑而对市场进行的分割。这些阻碍资源和要素流动的政府方面的障碍,绝大多数都是地方政府在经济转轨时期参与市场竞争的过程中慢慢形成的,有的还固化为地方性的或明或暗的规则。所以解铃还须系铃人,需要在中央的统一协调下,各地方政府运用竞争政策对照自己过去颁布的各种地方法规、条例、政策和措施,主动拆除与统一市场形成不吻合的制度障碍,在任何新的经济政策出台前,要经过竞争政策的审查。这些事情都是实施长三角一体化国家战略中,眼前急需要去做的。

根据推进长三角高质量一体化发展中可能遇到的各种显性和隐形障碍,必须按照先易后难的原则,对其进行分类改革和制度创新。一体化发展的推进要有顺序和

重点领域,应就具体问题一项一项分析和解决,避免在一体化的广泛领域发抽象的议论,仅仅留在文字和口头上而长期没有实质性的行动。

第一,竞争性产业部门。这个领域推进更高质量一体化发展的重点,不是政府去详细地规划、规定哪个地区布局什么产业,生产什么产品和服务,而是要减少政府管制,实现开放的充分竞争,以竞争实现市场协同,达到资源配置最优的目标。竞争性产业部门如果按照统一规划、协同发展的思路,必然陷入计划经济巢穴。过去一直有一种流行的分析,认为长三角地区在产业布局上各自为政,重复布点严重,产业结构趋同状况加剧。判断的依据一是认为三大产业结构或者工业结构相似度很高;二是认为各地产业规划的建设目标经常瞄准类似的产业,如根据统计,过去16个城市口径下的长三角城市群中,各地"十三五"规划选择电子信息产业的有12个,选择汽车产业作为重点发展产业的城市有11个,选择石化产业的有8个,高新技术产业的发展也主要集中在IT产业、生物医药、新材料产业等方面。其实,现在统计上得出产业趋同的判断,依据的是一两位数的产业分类方法。如果把产业分类精细到四五位数的水平,即具体的产品层次分类的情况下,根据我们观察,就根本不存在所谓的"产业趋同"现象。另外,即使各地的企业在投资领域的项目有所重复,但也是市场竞争无法避免的,是分散决策中的合理现象,也是市场竞争所需要的。市场其实不怕竞争也不怕项目的重复投资,怕的是没有竞争的垄断,怕的是缺乏收购兼并机制,怕的是无法正常退出。这才是问题的根本所在。

第二,公共品生产领域。这是相对容易实现更高质量一体化发展的领域。在这个领域推进一体化发展的重点工作,主要在基础设施的超前规划、建设的统一指挥和连接点的互通、管理协调上的一致性等方面。说它相对容易实现更高质量一体化发展,主要原因一是它们不能通过市场竞争来提供,而是要发挥政府的有为作用,必须是政府间就公共利益来进行有效的协调;二是在现阶段中国的治理体制中,只要有上级政府来协调推动,一般不会再存在什么大的障碍和摩擦;三是这些基础设施可以用建设成本共担、利益共享的机制来推进。因基础设施建设的统一性、不可分割性特征,各地政府必须主动让渡有关的规划、建设和管理的权力,根据一体化协议交给某个机构统一行使,只有这样才能有效地协调公共利益。如长三角一体化示范区的建设,如果青浦、吴江、嘉善等地不是按照这个原则来规划建设和管理基础设施,那么在横跨三个行政区的边界内运营示范区,必然存在严重的协调和效率问题。

第三,民生性消费领域。这个领域的更高质量一体化发展,其实质效应是均等地区间、城乡间在公共福利上的差距。因此它涉及最广泛的既得利益群体,也是最难以实现的领域,需要十分慎重。尤其是与户籍、地方财政投入有关或挂钩的各种本地人的福利,如教育、医疗、养老、基本住宅等领域的一体化,现在基本上没有可以立即实施的社会条件。这些领域直接涉及本地居民个人利益。在供给资源较为丰富的发达地区,公共资源会在所谓的民生一体化中变得拥挤不堪,大城市的本地居民利益也会迅速被稀释,从而一定会遭到本地居民的强烈抵制和反对。因此一体化战略在现阶段,不能脱离现实发展阶段制约,不能从均贫富的理念和要求出发陷入盲动,不可能在发展差距很大的地区间搞民生的"一样化",更不可以是"一起化"。地区间民生发展水平差距的平抑,要通过生产率差距的缩小和分配调节逐步来实现。

第四,投资活动领域。投资可以实现增量资本或存量资本的股权联合,因而可以作为实现一体化发展的有效工具。就增量资本来说,各地以政府为主的投资,或政府投资引导民间投资的活动,可以在企业一级实现地区间就某一项事业的实质性联合,为通过企业内部的治理机制实现区域高质量一体化奠定现实的微观基础,如可以考虑在长三角一体化示范区内,由上海领头三省一市政府带领企业共同投资举办科技创新企业;也可以在沿一带一路走出去的过程中,引导和帮助长三角地区的民营企业联合起来投资经济技术开发区,以此来达到国际产能合作的目的。就存量资本来说,鼓励企业在长三角区域内的收购兼并,除了可以消除区域内长期存在的严重的产能过剩问题外,还可以实现产业发展和市场运作的实质性一体化。

第五,科技创新合作。长三角高质量一体化发展的一个重要目标,是试图利用一体化发展中的统一大市场的功能,以及各地资源互补的能力去发展实现创新驱动发展。这样,科技创新合作就应该是长三角一体化的重要内容,也是从高速度发展进入高质量发展的基本要求。国家已经赋予上海要建设有全球影响力的科技创新中心的重任,这仅仅依靠上海现有的科技资源和人才力量,是不容易实现的目标。如果能够在长三角一体化中充分利用苏浙皖的科教资源、人力资本和产业基础,实现这一目标的时间进程将会被大大压缩。但是我们应该看到,科技创新合作是外部性最大的事情,制度设计稍有疏忽,就很容易出现搭便车的情况,从而使合作进程受阻。从西方发达国家企业间进行科技创新合作的实践看,真正成功的案例并不多,可总结的经验或规律也很少见。这提示我们,对长三角科技创新一体化的问题,要有严密的机制设计,对政府出面干预研发合作的实际效果,也要有清醒的预判。

第六,地方政府的制度创新。从根本上说,要实现共同发展、协调和协同发展,最重要的是四省市地方政府要在中央指导下,建立一个具有实施竞争政策功能的新机构,这个机构从精兵简政的角度看,可以由现在各地的法院通过合作形成,作为具体的执行机构。竞争政策是保证统一市场顺利运行的最根本规则,也是市场一体化基础制度,其他的经济政策必须首先服从竞争政策的要求。在竞争政策指导下,一是可以对一体化区域内的市场竞争进行有效规范,保护竞争而不保护竞争者,从而提升长三角竞争效率;二是可以对区域内政府管辖的某些具有半竞争性事业竞争整合,发挥规模经济和范围经济的作用,如对长三角区域内的港口码头、机场等,可由上海相关主体出面按照股份公司原则进行整合。2002年上海港"租借"洋山港,由上海方投资为主在2005年建成了上海洋山深水港一期,2006年宁波港、舟山港合并,这些已经收到了1+1>2的巨大效果。这两个行政区在港口业务上的一体化尝试,突破了行政区划对于港口业务乃至经济事务的掣肘。如果上海港、宁波舟山港、南京港、连云港等进一步实现一体化,将会收到更高质量一体化的效果。

三、沪宁合创新带建设:长三角更高质量一体化发展的空间布局

长三角更高质量一体化发展,必须对其产业的空间布局进行优化。目前长三角经济发达的核心地带,如苏南地区的国土开发强度按照国际警戒线已经达到了极限,即地区国土开发强度达到30%以上。而与此相对应的是,比苏南更发达的香港土地开发强度,仅为20%左右。为了在一体化发展中改善人的生存环境,这一优化产业布局的任务必须与产业政策的调整紧密结合起来。

撇开生态功能区的界定和严格执行问题不谈,均衡长三角地区国土开发强度,优

化长三角地区的产业布局,主要任务是两个:一是对已经达到高强度国土开放的地区,要按照提高亩均投资的投入标准和亩均附加值的产出标准,重点配置和建设更高技术和附加值的战略性新兴产业,而把不符合上述两个标准的一般性制造业尽快转移出去,实现腾笼换鸟、机器换人;二是要通过四通八达网状的基础设施体系的建设,使长三角广大的周边地区具备吸收产业转移和建设制造业集群的条件,从而提高这些地区的国土开发强度。这样就把建设长三角地区"科技创新走廊"或者"技创新带"的问题提到议事日程。

科技创新带的布局,可以起到集聚和辐射的高质量一体化发展的效应。科技创新带的一体化发展,既可以提升长三角集聚全球科技要素的能力,在全球更大范围内吸引资金、技术和人才,整体提升区域能级和核心竞争力,更能增强经济增长中心的辐射带动能量,使长三角的广大周边地区都能够通过长三角科技创新带的平台及其通道,利用国内外资源实现产业的更高质量的发展,更好的均衡地区间关系,能整体上代表国家参与国际合作与国际竞争。集聚和辐射兼容的一体化,必将是最高质量的一体化。

综合来看,在长三角资源配置的现有格局中,已有的 G60 科技创新走廊规划,在区域发展特性上目前主要还是区域内生态环境的标杆和是示范地带,它只是一个科技创新的潜在走廊,在产业配置上既不集中也不集聚。从空间上看,长三角地区真正需要改善产业"过密"配置、进一步提升沪宁合产业创新和科技创新带优势。目前这个地带尤其是上海、南京、合肥三个节点城市,云集了中国沿海地区主要的、最重要的科技研发机构和高水平大学;而苏州、无锡、常州等城市,是沿海地区产业创新能力最强的地区之一;这条带的其他地区,尤其是南北两侧的苏北和安徽境内,则拥有大量可以进行科技和产业融合的土地资源、人力资源和其他资源。因此建设好 G60 这条经济活动与创新潜力突出的科技走廊,还需要高度重视对沪宁合产业和科技创新带的充分利用。只有如此,才能使其成为长三角更高质量一体化发展的重要引擎,成为上海建设具有全球影响力科创中心的重要承载区。显然,仅仅具有现有的 G60 科技创新走廊计划是完不成这一使命的。

同时,我们应该看到,在青浦、吴江、嘉善三地规划建设中的长三角一体化示范区,由于肩负着要为"上海建设具有全球影响力科创中心"进行示范的重要任务,因此必须通过集聚科技资源、创新资源、人才资源,探索有利于人才、资本、信息、技术等创新要素跨境流动和区域融通的政策举措,实现长三角示范区内高技术企业优势互补、资源共享、合作共赢,打造战略性新兴产业创新策源、应用示范、制度供给、人才集聚的新高地。如果不去有效地利用沪宁合产业和科技创新带的创新资源和能力,要圆满地完成这些任务,恐怕目标十分遥远。

沪宁合创新带的建设,是长三角高质量一体化发展的重要内容,也是中国区域协调发展的榜样和示范。如何把这种一体化发展的空间布局概念,变成一个高质量发展的概念? 我们提出下列几条建设性意见。

第一,以建设高质量发展区域产业集群的思路,规划发展沪宁合协调发展的科技创新带和产业创新带,要研究两者如何融合一体化发展的目标和路径。科技创新不同于产业创新,一个是花钱创造知识,另一个是把知识转化为财富;前者需要的是科学家的劳动,后者需要企业家的运作。实践证明,最难的是如何把两个结合起来。创新驱动国家建设的难点也在于此。长期以来,沪宁合地带尤其是江苏,在科技创新与产业创新的融合上存在着比较严重的问题,科技创新水平虽然投入很大,但是其体系目标和行为脱离产业创新的基础要求,同时产业创新的技术来源大都为国外引进。总体上这个地带科技创新能力和水平与世界的差距,要小于产业创新能力和水平与世界的差距。未来要形成协调发展的科技创新带和产业创新带的意思,就是强调一是科学家要专心做科学家的创造性的事情,企业家要专心做自己的资源配置的事情,两者职能不应该混同;二是政府要创造好集群发展的环境,设置好市场的运行规则,也可以做一些两大集群牵线搭桥的中介事务;三是重点要发展市场化、民间化的科技—产业中介组织和市场;四是利用好资本市场的风险资金,上海科创板在当下担负着支持和补贴高科技产业发展的重任。

第二,基础设施的互联互通要先行,进一步优化和完善长三角综合立体交通网布局。具体来说就是要打造世界级港口群、机场群,构建一体化轨道网、高密度干线公路网和现代化高等级航道网。这便是未来长三角世界级城市群面向世界新扇面的"一体化骨架"。面向世界的长三角,每个城市中的机场、港口、金融机构、仓储、基站等都是重要的链接节点。随着改革开放进一步深化,人、资金、信息、货物将穿越行政边界,在这些节点之间自由往来流动。为此,长三角地区各地政府要让渡一部分权力交给协议机构,或者委托某些成熟组织,专门行使统一规划、设计、建设和运行管理事务。没有这种机制创新,很难想象可以做到一盘棋和高质量一体化。

第三,以负面清单管理方式界定科技创新带和产业创新带的进入方式,同时主要用竞争政策管理区内企业和市场行为,真正实施竞争中性取向的基础性经济政策。现在搞产业集群规划,地方政府都习惯于用正面清单来规划和控制产业进入目标和行为。其实,进入这种高风险的行为,既不是政府可以控制的,甚至也不是企业家可以控制的。历史证明,产业集群从来不可能如政府所愿那样计划性成长,它的形成和具体的产业内容,往往都是自发和随机的,你所希望发展的产业,它不一定会遂愿而来;来的企业不一定是正面清单里的,但是它可能也是高科技产业。以正面清单管理产业的进入方式,其实是高估了政府的理性和作为判断产业发展的能力,同时限制了自己在发展上的有所作为。而改用负面清单方式管理产业的进入目标和行为,不仅简单而且可以克服上述正面清单的一系列弊端:只要是满足预设标准的高技术产业,无论什么所有制、企业规模和产业性质,都可以自由进入。这将为用市场来筛选真正的高技术产业、以竞争政策来管理区内企业和市场行为创造可行的空间。

第四,以制度创新的供给者角色重新定义地方政府的职能,提倡政府要为沪宁合科技创新带全力提供无差异、一体化发展的营商环境和公共产品供给。产业集群建设的质量,表面上是看集群中企业间关系和主导性企业的质量,其实最重要的还是要看政府的制度创新和制度供给能力。地方政府要把创新的理念输入到日常的工作体系、政策体系和管理评估体系,从而给企业创新激励。沪宁合科技产业创新带要聚焦国家战略的一体化、高质量、一盘棋三大要求,通过提供具有世界水准的科技创新服务,让科技人员更自由轻松地进行研究开发和创新,企业更便利、更低成本地使用科技资源。近年来苏州、上海两地率先推出政府"科技创新券"两地通用政策,实现本地的科研补贴异地使用。长三角三省一市也共同打造了"大型科学仪器设备共享网",价值 30 万元以上的大型科学仪器已经有 26 000 多台,大科学装置和设施有 23 个。2018 年 9 月,G60 科创走廊中的九城市"一网通办"开通,通过许可服务事项"一窗收件、一网通办、一次办成",实现了九城市"一体受理,一体发证"。

第五,沪宁合创新带的建设,要提倡新时代的"星期日工程师"精神。科技走廊也好,创新带也罢,都只是一个地理概念,它们不是一个企业创新的概念。要把沪宁合这个地理空间范畴转换为科技创新的能力和发展的范畴,还需要真正发挥这个走廊中科学家、工程师、企业家的积极性和创造性。为此,20世纪七八十年代流行于上海和江浙地区的"星期日工程师"现象,其精神到现在也仍然可以学习借鉴。要倡导沪宁合科技创新带中的科学家、研发设计师与产业创新带中的企业家、工程师多交流和合作,密切信息、知识和技能等方面的沟通和交流,引导科研的需求方向,培育和完善新的科技与产业联系机制。

参考文献

[1] 范剑勇.更高质量一体化,长三角产业如何布局?[J].环境经济,2019(06):64-67.

[2] 权衡.长三角高质量一体化发展:发挥上海的龙头带动作用[J].上海城市管理,2018,27(04):2-3.

[3] 刘志彪.长三角区域高质量一体化发展的制度基石[J].人民论坛·学术前沿,2019(04):6-13.

长三角区域市场一体化与治理机制创新

刘志彪

长三角区域高质量一体化发展国家战略,聚焦的是"高质量"和"一体化"两个关键的发展问题。这个国家战略的目标是要通过转变发展方式和重塑经济地理格局,使长三角地区成为全国发展强劲活跃的增长极,成为全国高质量发展的样板区,成为率先基本实现现代化的引领区,成为区域一体化发展的示范区,成为新时代改革开放的新高地。[①]

对这个经过了三十多年的努力才上升为国家层面的战略规划,问题的核心早已不是"怎么看",而在于"怎么办"和"怎么干"。也就是说,现在长三角区域一体化发展问题的焦点,主要集中在过去一直没有顺利解决的操作上的老问题:利益边界相对独立、行政权力相对完整、发展水平和结构上各有千秋的四省市之间,如何根据"高质量"和"一体化"的要求,打破一亩三分地的思维方式和地方保护主义的传统做派,通过建设有效的区域治理机制,提高区域资源配置效率和全球资源吸纳能力,实现协同、协调和协商的发展?

过去的实践经验证明,长三角区域高质量一体化发展的内涵十分丰富,其中至少包括"规划一张图、交通一张网、环保一根线、市场一体化、治理一个章、民生一卡通、居民一家亲"等若干方面的要求和内容。高质量一体化发展首先从哪里着手和率先突破?这是一个很重要的操作次序选择问题,直接决定一体化过程的成败。毫无疑

[①] 关于区域一体化明显有利于经济增长,实证研究可参见张治栋、吴迪、周妹豆:《生产要素流动、区域协调一体化与经济增长》,《工业技术经济》2018年第11期。

问,在经济体制转轨时期,市场一体化是长三角区域高质量一体化发展的"牛鼻子",是所有问题的基础和关键。因为只有以市场导向的发展为龙头、以市场一体化发展为基础,才有可能在这个过程中充分调动一体化的主体即企业的积极性,才可以据此界定政府与市场的边界、职能和任务,才能驱动长三角地区资源配置体制机制的根本转型,才可以在此基础上实现这个国家战略所承担的宏伟目标和艰巨使命。

有鉴于此,本文将在分析以市场一体化为核心推进长三角区域一体化发展这个重要命题的基础上,指出长三角高质量一体化发展需要建设、完善和创新与市场一体化发展相适应的区域治理机制。未来我们应该根据社会主义市场经济体制深化的要求,把竞争政策作为推进长三角区域市场高质量一体化发展"一盘棋"的手段和机制。最后,我们以区域股权交易市场为例,对长三角区域金融市场一体化发展问题进行案例分析,进一步指出中国在市场取向的改革进程中,必须以竞争政策为基础协调其他经济政策,为市场一体化创造政策的协同环境。

一、以市场一体化为核心推进长三角区域一体化

长三角区域一体化三十多年来的实践说明,在中央政府向地方政府放权让利、塑造出分散竞争主体的转轨经济体制中,中国经济的市场化程度虽然有了巨大的提升,地方保护主义有所缓解,省间市场一体化水平有所提高,但正如许多国内外研究者所观察到的那样,作为转轨经济体制的固有顽疾——"行政区经济"即经济运行中的市场行政分割和市场碎片化竞争的问题,在中国经济运行中并没有彻底解决,甚至在有些方面出现了新的市场分割形式。[①]

"行政区经济"中的碎片化竞争最有损于资源配置的经济效率,既无法通过强大市场形成对资源吸纳的能力,也无法用统一市场促进企业达到规模经济状态从而增强国际竞争力。党的十八届三中全会指出,建设统一开放、竞争有序的市场体系,是

---

① 邓慧慧、杨露鑫:《高质量发展目标下市场分割的效率损失与优化路径》,《浙江社会科学》2019年第6期;林丽花、张军涛、黎晓峰:《市场分割研究综述与展望》,《生产力研究》2018年第9期。

使市场在资源配置中起决定性作用的基础。党的十九大报告进一步强调要清理废除妨碍统一市场和公平竞争的各种规定和做法,指出经济体制改革必须以完善产权制度和要素市场化配置为重点,实现产权有效激励、要素自由流动、价格反应灵活、竞争公平有序、企业优胜劣汰。建设统一市场、要素市场化配置从哪里开始做起比较好?在大国经济中,当然首推区域市场一体化发展。因为,区域市场一体化发展就是消除区域分割,就是拆除要素流动的各种壁垒实施相互开放,让产品和要素可以按照市场规律去高效率地配置。这正是全国统一市场建设的核心内容和基础机制。另外,从发展阶段看,像中国这种处于发展中的大国经济,各地情况复杂,区域发展差异很大,全国统一市场建设、要素市场化配置的任务不可能一蹴而就,而必须分区域、分步骤和分阶段推进,比如,要首先从长三角这样的文化相通、地域相近、经济发达的区域做起。在推进区域市场一体化的基础上,如果再强调各个一体化经济区之间的相互开放,以此推进全国统一市场的建设,可能就是最优的改革次序选择和工作步骤。①

长三角地区作为中国经济最发达的区域,党中央决定首先把其高质量一体化发展上升为国家战略,这是中央对长三角过去三十多年来一体化发展努力和探索的充分肯定,是在中美贸易摩擦的大背景下,国家借助于区域协调机制来完善中国改革开放总布局、发掘经济发展新动能、发挥中国经济韧性的具体行动。当然,更意味着中国已经准备好了在区域市场一体化基础上,开始建设统一、竞争、开放、有序的强大国内市场的行动。

如果说建设统一市场、要素市场化配置要从区域市场一体化开始,那么长三角区域高质量一体化发展应该首先从哪里做起呢?答案是也应该从鼓励和支持长三角区域市场一体化开始。主要理由如下。

第一,长三角区域一体化发展只有以市场一体化为核心,才可以逐步把处于分割状态的"行政区经济"聚合为开放型区域经济,把区域狭小规模市场演变为区域巨大规模市场。长三角地区的加总经济规模虽然在全国各区域处于首位,而且由区域内

---

① 刘朝明:《经济一体化进程中的区域发展与政策模型》,《数量经济技术经济研究》2002年第11期。

人均收入水平决定的购买力也不能算小,但是就企业发挥规模经济效应所需要的现实市场规模来看,却不能算大。这是因为,长三角与全国其他地区一样,因省际行政关系的分割,该区域市场并不是统一市场,也不是一个可以被企业高质量利用的一体化的市场。不要说长三角三省一市间,即使在一个省的内部,也存在着大量的市场非一体化现象。例如,存在着大量的实际产出远低于设计产能的制造企业、港口码头等等。如果市场是一体化的,这些产能严重过剩的企业将被并购,从而生存下来的企业达到最佳规模,实现合理的产业分工。① 但实际情况是各自为战,竞争性项目缺乏市场协调,省际企业收购兼并阻力重重。显然,如果打破市场分割实施区域间相互开放,放手让区域内有效率的企业收购兼并低效率的企业,让企业成为微观一体化的决策主体,就有可能真正形成一体化统一的大市场,实现以市场一体化为核心的区域一体化发展。

第二,长三角区域一体化发展只有以市场一体化为核心,才可以据此转换经济全球化的发展模式和机制。在过去以出口导向为特征的经济全球化中,长三角地区对全球市场的利用是十分积极而且充分的,但是对区域的、国内的市场利用,却是非常不够的,尤其是江浙地区的制造业,借助于全面实施外向型经济发展战略,把大量的过剩产能都销售到了海外市场。在当今逆全球化趋势下,国际市场不可能再像过去那样为长三角的经济发展提供增长动力,未来必须主要利用国内市场,因而培育和形成一个国内强大市场规模的问题显得越来越迫切和重要。只有通过区域市场一体化的手段和工具聚合起强大的区域市场,以及在此基础上逐步形成国内超级市场规模,才有可能构建起类似于美国那种基于大国经济强大内需的经济全球化模式,并在超级规模的内需支撑下,通过企业间的竞争形成合理的产业分工和企业规模,才能为实现基本现代化而需要的、持续的经济增长提供动力机制。

第三,长三角区域一体化发展只有以市场一体化为核心,才可以据此虹吸全球先进的创新要素,发展中国的创新经济,实现产业链向中高端攀升,实现高质量发展。

---

① 过去的几十年中,国内产能严重过剩条件下还能生存下来那么多企业,主要是一方面我们大量利用了国外的市场进行出口导向,另一方面政府补贴也起到了相当大的作用。

长三角过去的比较优势是物美价廉的生产要素,利用其加工制造出口长期获取低附加值收入。由于进行国际代工的产品都是由跨国公司事先已经研发和设计好的,代工厂只需要按图纸生产制造就可以了,因此代工企业并不掌握创新的技术和诀窍。现在长三角低价要素这个优势,随着国内生产成本的提高和外国企业的进入正在逐步地衰减。新的比较优势正在崛起,它就是随着区域市场一体化进程加快而日益壮大的国内市场规模。这种强大的区域统一市场或国内强大市场,既有利于促进中国企业取得规模经济效应和国际产业竞争力,又有利于中国企业走出去投资办企业,还有利于中国企业利用自己的巨大需求把研发、设计等知识密集环节向国外企业发包,在这个过程中学习外国企业的知识和技术。总之,可以有利于中国企业广泛吸收东道国的知识资本、技术资本和人力资本,形成新的全球分工或产品内分工格局,使中国企业从全球价值链低端的成员,成为全球创新链中的一个有机组成部分。

第四,长三角区域一体化发展只有以市场一体化为核心,才可以使长三角地区突破分割治理的传统模式,进入经济一体化协同治理的新阶段。生产要素市场化配置,即在更广范围内实现自由流动与组合,尤其是劳动力的自由流动与竞争性配置,是市场一体化的核心和重要内容。只有以劳动力为中心的生产要素实现了市场化配置,区域经济一体化才能真正实现,否则任何所谓的一体化都是不完整的,都没有摆脱"分割式治理"的基本特征和属性。而且,所谓的"分割治理",其实主要就是对生产要素市场化配置进行行政限制。在此基础上所展开的区域发展竞争,也主要体现在要素流动不充分条件下的高速度、高投入、低质量的经济发展。基于市场一体化基础上的区域间协同式治理,就是要求各地以区域统一开放市场建设为目标,坚决破除本位主义的思维定式,在统一规划管理、统筹土地管理、制定促进要素自由流动的制度、创新财税分享机制、推动基础设施共建共享、统筹协调公共服务、联防共治生态环境等方面,合力探索有利于长三角一体化发展的治理结构和治理机制。

根据阻碍区域市场一体化的因素,推进长三角区域一体化高质量发展最重要的问题可能有如下几个方面。

第一,过去提倡和鼓励地方政府间的竞争发展,现在实施一体化国家战略要提倡和鼓励地方政府间的合作协调发展。地方政府间的竞争是中国过去经济发展的重要动力,但它同时也是导致市场行政分割和市场碎片化问题的关键因素。解决"行政区经济"这个问题的关键还在于以下三点。一是要改革对地方政府官员的业绩考核评价体系,把实现一体化发展而不仅仅是生产总值、财政收入等作为区域内官员的主要业绩,以此扭转其行为准则和外在压力机制。二是要限制地方政府参与市场活动、干预市场的权力边界。这个权力应该主要局限于对市场的公共利益调节,而不能成为市场营利活动的追求者。三是可以根据一些具体的一体化发展协议,通过各地政府协商方式,让渡某些公共权力给相应的长三角一体化机构,把竞争转化为合作。

第二,推进市场的一体化,要从区域内具体的项目做起,要学习欧洲人搞欧共体时的那种务实精神,避免在范围广泛的领域中进行抽象的议论,避免议而不决。欧共体当年就是从煤钢、原子能利用委员会的协调功能开始的,一直发展到成功建设欧元体系。[①] 长三角地区市场一体化需要协调的领域非常广泛,可以本着先易后难的原则,从破除政府公共项目的合作障碍开始,如消除断头路、区域轻轨建设,港口码头的委托管理或股权一体化,等等,逐步往消除户籍障碍、教育等民生一体化这些难点方面努力。等长三角区域内的民众都逐步得到了市场一体化的好处后,自然都会衷心拥护这个国家战略,这个战略推进起来力度就会更大,更容易成功。

第三,在推进区域市场一体化中,要注意发挥企业尤其是企业集团的主体作用。一是要鼓励区域内企业的收购兼并活动。微观层面的收购兼并活动,把区域间企业的市场协调方式,转化为企业内部的协调方式,会导致强烈的一体化效应,因而是长三角区域市场一体化的最有效的工具。二是要发挥大企业或企业集团在建设产业集群中的一体化作用。产业集群模糊了行政区域的界限,是市场一体化的空间载体。产业集群也可以实现按经济区域"极化—扩散"增长的现代生产力配置方式。例如,假设我们在长三角宁杭沿线建设基于生态走廊的科技创新产业集群,那么沿线一体化发展的高技术产业将会覆盖苏浙皖三省。三是要依据国内企业之间的产品内分工,构建链接各区域的一体化的价值链。如基于市场公平交易的价值链,半紧密型式的被俘获的价值链以及紧密型式纵向一体化的企业集团,等等。依据这些价值链,可

---

① 梁琦:《欧盟一体化过程给我们哪些启示》,《学术研究》2009年第8期。

以把长江经济带开发战略与"一带一路"倡议结合起来,在企业抱团走出去的过程中,共同投资"一带一路"国家,转移中国丰富的有竞争力的产能。

二、把竞争政策作为推进长三角市场一体化的主要治理机制

推进长三角区域市场一体化,难点在于实现市场一体化的治理机制创新和建设。在这方面的认识差异很大,有些观点甚至是完全相反的。例如,对具有独立利益边界的长三角"行政区经济"的市场一体化问题,一种较为流行的观点是,必须加强对各行政主体一体化国家战略"一盘棋"意识的教育,必须通过设置高一级的行政机构,或者通过行政机构的撤并,或者通过强化政府协调职能才能进一步推进。也有观点认为,只有通过竞争政策破除行政主体设置的各种有形和无形的行政壁垒,才能强化市场主题的活力,才能进一步完善竞争关系,才能在开放中实现竞争协调的一体化。同时,有更多的人认为,只有建设、完善和创新长三角区域治理机制,才是在现有的行政体制中实现市场高质量一体化发展的最有效途径。

这个治理机制究竟是什么?是不是就应该围绕长三角区域"一盘棋"要求,建立各种相关的行政机制去协调?中国经济从计划经济体制脱胎而来,遇到市场机制发育不良所导致的问题时,很容易重新陷入计划经济的思维方式和运作习惯。针对过去分散化治理中出现的市场混乱和无序现象,有些人不是去尽快放开市场竞争和完善市场秩序,而是归咎于转轨经济体制的缺陷,认为还是应该树立"一盘棋"的思想,把分散的事务"收回去再想办法统一管起来"。在这样一种理念下,推进市场一体化遇到了障碍和利益冲突。首先提出的主张就是合并行政区,或者要求中央在长三角三省一市之上成立某个级别更高的行政协调机构。其实,以行政手段解决"行政区经济"体制中遇到的行政问题,是没有出路的。如果行政手段真的如此有效,那么过去的计划经济体制何至于会土崩瓦解呢?如果行政合并总是有效的,那么把沪苏浙皖合并起来,恢复原华东区的建制不就好了吗,国家何必费那么大的劲去搞什么长三角一体化发展战略呢?因此,重点是要寻求与市场一体化发展相适应的区域治理机制,

想重回旧体制,肯定是错误的,是没有前途的。①

很明显的是,市场一体化发展的最终结果之一,必定是长三角区域经济实现"一盘棋"的发展格局。但是,显然我们不应该把统一的行政机制作为长三角区域市场一体化发展的"一盘棋"手段,而应该根据社会主义市场经济体制发展的要求,把内生于发达市场经济体制的竞争政策,作为推进长三角区域市场高质量一体化发展"一盘棋"的手段和机制。②

第一,竞争政策是保护竞争的法治化、强制性的治理机制,它保护竞争而不保护竞争者,有利于实现由市场竞争协调的市场一体化。在统一的竞争政策协调下,所有各种针对市场主体的歧视性约束都取消了,竞争条件也公平和均等了,对各种所有制、技术水平、企业规模、各个地区的企业都是一视同仁的,这样市场留下的就是关于效率的竞争。谁效率低,谁就被无情地淘汰;谁效率高,谁就在市场上留下。这样生存下来的企业就是真正能为社会创造价值和财富的优秀企业,也就真实地展现了高质量发展的进程。

第二,竞争政策是限定政府在市场中职能的法治化、强制性的治理机制,它不仅反对行政垄断,从而有利于破除各种反市场一体化的行政力量,而且,竞争政策主张清理和废除一切妨碍统一市场和公平竞争的各种规定和做法,限制政府干预市场的空间和领域,从而有利于界定政府在市场中的职能和权力边界。政府干预导致市场非一体化的一个重要力量,就是政府授予市场中的企业尤其是国有企业的行政垄断权力。行政垄断排斥其他企业进入市场,强制对所服务的企业收取高额费用,指定客户购买它们的产品或服务,这一系列的垄断行为都会有损于社会福利,有损于市场效率,因而反行政垄断就是鼓励市场一体化发展。在国际市场上,中国正从过去遵守执行世界规则向参与制定和执行的地位转变,更要首先在国内实施严厉的竞争政策。③

---

① 刘志彪:《长三角区域高质量一体化发展的制度基石》,《人民论坛·学术前沿》2019年第4期。
② 一些研究认为,中国现在已经具备了以市场化推进区域协同发展的基础。参见洪涛、马涛:《区域间协调发展具备市场基础了吗?——基于国内市场整合视角的研究》,《南京大学学报》2017年第1期。
③ 王晓晔、陶正华:《WTO的竞争政策及其对中国的影响——兼论制定反垄断法的意义》,《中国社会科学》2003年第5期。

如果真正能够做到，那么政府的行政权力对市场的干预空间和领域是非常有限的，而且，由于任何其他经济政策的出台，都必须以竞争政策为基础进行矫正和校对，任何违反竞争法的经济政策都会打回去重新审理和制定，因此，一切来自政府的这种超经济强制的力量，都会受到竞争法的限制。

第三，竞争政策是限制企业运用市场势力垄断市场的法治化、强制性的治理机制，它反对企业运用各种攻击性、掠夺性的手段获取垄断地位，从而有利于破除各种反市场一体化的市场势力。企业可以在市场竞争中通过创新、管理、广告、收购兼并等行为形成市场势力。市场势力体现为垄断，但是不一定具有垄断能力就要被起诉。只有在具有市场势力且运用这种势力攻击竞争对手、对竞争对手和客户造成实质性危害的企业，才会受到竞争法的指控。允许企业形成市场势力是鼓励企业进行基于效率的竞争，不允许企业运用市场势力损害竞争者，是保护市场公平竞争。竞争政策的这种协调效应，表明它是市场一体化发展的制度基石。

第四，竞争政策是鼓励企业运用收购兼并实现市场一体化的法治化、强制性的治理机制，它可以作为宏观经济一体化的微观基础手段和方法。很多通过政府强力干预的非一体化事务或者低效率现象，通过企业的市场化运作，就可以轻松实现。如严重的产能过剩问题，政府冒着刺破金融泡沫和引起经济波动的风险强力去干预，强制去产能，费力不讨好、成本高昂暂且不论，其实际效果也是值得重新评估的。但是如果放开和鼓励行业内的优势企业去进行收购兼并，那么不仅可以很快消除产能过剩问题，而且可以借势成长起超大规模企业，从而在竞争中塑造出中国的跨国公司。有时候，一个行业内的产能过剩问题，只需要行业内高效率企业并购后，开几个产业调整布局的董事会就可以解决。正是因为收购兼并具有实现市场一体化的巨大功能，所以我们主张，长三角区域市场一体化要大力推进兼并收购活动，国家的竞争政策也要为今后全国各地实施一体化战略留下一定的灵活操作的空间。[①]

在现有的行政体制中实现市场高质量一体化发展，有效的途径除了要建设、完善

---

① 刘志彪:《论中国统一市场建设的重点和突破口——兼析"场外交易"市场竞争环境均等化问题》，《江苏行政学院学报》2015年第4期。

和创新竞争政策的治理机制外,还可以提倡和鼓励政府间的协调与合作性治理。尤其是在涉及规划、交通、环保、治理、民生等领域,不是市场机制可以通过竞争自动解决的,而是政府必须承担的天然职能,因此,必须加强政府间的合作协商治理。这对解决市场的外部性、提高市场效率尤为重要。进行这种协商和合作,有时往往需要根据"成本共担、利益共享"的原则,相互之间通过协商签订一定的协议,或者约定一定的章程,也需要把所涉及的某些政府权力,让渡给或委托给某个龙头部门去运作。操作的龙头部门必须接受参与者的集体监督。长三角区域市场一体化,要把这种让渡部分治理权作为政府协调与合作的重要方法。

三、长三角区域股权交易市场一体化发展:案例分析[①]

长三角区域市场一体化发展的主要障碍,除了与长三角行政分割的体制有关外,还与国家主管部门的行政管理格局和机制有关。这是过去对"行政区经济"研究所忽视的重要问题。过去一般认为,破除"行政区经济"的难点,就在于权力分散的地方政府干预市场活动。现在看来,破除"行政区经济"也需要有中央政府及其主管部门的作为。现阶段对长三角区域股权交易市场的跨区域经营的政策限制,就是一个关于在国家主管部门的行政管理格局下,中国"行政区经济"形成的很有趣的故事。从这个案例中,我们可以看到长三角金融市场一体化发展的主要问题的症结所在,也可以深刻理解为什么要以竞争政策为基础协调其他经济政策制定的必要性。

目前,不单是长三角区域,全国各省市股权交易市场的跨区域经营都是受到严格限制的,每个省市都有一个股权交易市场,都只能接受本地企业来市场挂牌交易,不能接受外地企业来本地交易市场挂牌。这对地方市场尤其是经营水平高地区的业务拓展和服务功能发挥造成了巨大障碍。阻碍这个市场一体化的因素,不是地方政府,也不是金融企业,而是金融主管部门限制金融企业跨地区经营的政策。做出这种严

[①] 本案例分析依据的调研活动,得到了上海股权托管交易中心张云峰总经理和韩梅梅女士的大力帮助,为笔者提供了十分有用的情况和资料信息,特此感谢。

格限制的最初目的,是为了防止区域股权市场野蛮生长、缺乏有效监管可能由此带来的金融风险和发生投资者群体性事件。《关于规范发展区域性股权市场的通知》(国办发〔2017〕11号)和《区域性股权市场监督管理试行办法》(证监会令第132号)这两个文件,把限制区域性股权市场跨区域经营明确写入其中,主要是为了解决因对异地挂牌企业的"监管责任主体不明"而导致的"非法发行股票和非法集资问题"。

我们的一线调研发现,这些规定不仅没能强化来自资本市场的监管能力,反而滋生了监管缺位问题。如果以区域市场一体化发展的思路,允许符合条件的股权交易市场开展跨区域经营,如允许上海股权交易市场与苏浙皖股权交易所在长三角区域率先实施一体化挂牌交易,这将除了有利于缓解中小微企业的融资难融资贵难题,还有利于在区域金融市场一体化中,可以通过促进资本市场化配置,来协调地区间发展差距和发展的不均衡问题。

调研发现,目前主管部门用上述文件限制股权交易市场跨区域经营,这种非一体化的管理思路,并不能真正能解决相关的金融风险问题。

第一,非法集资案件不降反升。根据最高人民检察院公开的数据,2016—2018年,全国检察机关办理非法吸收公众存款罪、集资诈骗罪的案件数量呈逐年上升态势,其中2018年,起诉涉嫌非法吸收公众存款犯罪案件被告人15 302人,起诉涉嫌集资诈骗犯罪案件被告人1 962人。客观数据表明,此项限制跨区域经营的政策,并未扭转此类案件的上升态势,非法集资犯罪行为的发生,与企业选在何地挂牌,两者之间并没有直接的相关关系。

第二,投资者群体性事件未能有效预防。2017年粤股交"侨兴债事件"导致约上万投资人陷入兑付危机,2018年P2P集中爆雷,大量投资人维权。由于目前制度规定区域性股权市场对投资者是不设行政区划限制的,是面向全国开放的,因此无论市场是否跨区域经营,都必须同样面对跨区域的投资者,面对他们的权益受损的风险,以及面对投资者群体性风险的挑战。由此担心地方市场跨区域展业后,一定会出现投资者群体性事件是缺乏根据的。

第三,混淆了"市场监管"和"行政监管"概念。这容易滋生监管缺位,出现市场管不到、行政不作为的真空地带。将区域性股权市场服务的企业限于所在地省级行政区划内,是将市场监管与行政监管概念以及权力边界混为一谈。其实,"市场监管"的内容主要指挂牌企业信息披露和投资者的交易行为,监管针对的是包括挂牌企业在内的市场主体,与挂牌企业注册地和企业运营管理无关。对于属地行政区划外的挂牌或上市企业,区域股权交易市场仍然能够在信息披露等方面很好地发挥监管效力,保护投资者利益。而对治安、工商、纳税等"行政监管",中国实行的是属地化管理,司法裁决等遵循双方的约定。"市场监管"和"行政监管"两者监管的内容和角度不同,中国沪深交易所及新三板从未强调"市场覆盖范围应与监管覆盖范围相匹配",并不表示交易所可以发挥地方政府行政监管作用,也不表示地方政府因为企业挂牌或上市后就发挥不了监管作用。

限制股权交易市场跨区域经营,这种反一体化的政策措施引发的问题主要体现在以下方面。

第一,使一些区域性股权市场生存困难,一些经营较好的市场作用发挥不佳,造成浪费资源。限制跨区域和开展异地企业清理后,根据行业统计数据,2018年,全国区域股权市场整体净利润降幅28.49%,超过三分之一的区域性股权市场亏损,多数市场依靠政府行政力量支撑经营。其中的缘由,一方面,大多数区域性股权市场经营管理水平不高,尚未建立可持续的盈利模式;另一方面,部分过去以发行私募债,尤其是地方政府债收取佣金来维持生存的区域股权市场,在证监会第132号令出台,要求只能发行和转让公司股票、发行公司可转债后,陷入严重困境。

第二,不通过统一市场的竞争,就无法优化行业结构,促进股权交易市场发展。限制股权交易市场跨区域经营,通过行政权力来限定企业只能选择本地区域股权市场,不仅忽视了企业的自身意愿,影响了公司自主做出经营决策的合法权益,有失公平原则,而且限制了市场间的良性竞争,无法改善服务,促进整个行业的持续健康发展。实践证明,只有经过统一市场的充分竞争,才有利于改善交易市场的服务,实现市场的优胜劣汰和社会资源的合理配置。

第三,无法通过发展直接融资来支持实体经济发展和新动能形成。区域股权市场每省一家,但每省的金融环境差异很大,特别是经济相对落后地区,在专业化人才、运营经验和手段、市场公信力、地缘优势、投资者数量等方面资源不足,也就造成了其融资功能发挥不佳。在本地市场融资难,去外地市场又不允许的境况下,对实体经济发展、新动能形成难以带来增量和促进作用,反而产生阻滞和减量效应。另外,限制资源禀赋良好的市场的服务范围,就无法实现资本的跨区域自由流动,也无法有利于区域协调发展。

其实,建设一体化发展的区域股权交易市场,其发展效应将是十分显著的,可以极大地促进中小企业快速成长,同时促进挂牌企业所在地的经济发展。目前长三角地区的股权交易市场完全有能力开展跨区域经营,尤其上海股权交易所在专业化人才、运营经验和手段、市场公信力、地缘优势、投资者数量等方面均具备优势。2017年有关区域化限制政策发布之时,全国约有1500家跨区域挂牌企业,主要分布于上海、天津、重庆等股权交易市场,这些企业的挂牌得到当地政府的同意和大力支持,且融到了企业亟须的发展资金。许多中小科技企业在获得了挂牌后的直接融资资金支持后,企业的经营业绩迅速增长,对当地就业、财税、技术创新等方面做出了突出贡献,成为当地的名牌企业。因此,根据长三角区域高质量一体化发展的国家战略要求,我们提出解决当前股权交易市场非一体化问题的对策和建议。

第一,取消按行政区域的经营限制,在区域一体化发展中提高资源配置效率。应清理和废除妨碍统一市场和公平竞争的各种规定和做法,优化配置和节约资源,鼓励良性竞争,打破行政性垄断,让市场检验股权市场的价值,决定市场的取舍。经过竞争筛选出来的市场,规范程度更高,将更便于监管。更为重要的是,通过资源的配置,能够让企业获得来自金融要素丰富市场的资金支持,实现引入外来资金促进当地经济发展的目的。建议这个措施可以首先从长三角一体化发展国家战略中开始试行,以积累经验进行示范。试行这个措施必须以竞争政策为基础协调其他经济政策,国家部门出台的所有经济政策都要经过竞争政策的校验和矫正,才能为市场一体化创造政策协同的优良环境。

第二,施行"三统一"。为了推动各地区域性股权交易市场进入规范发展轨道,在现行证监会"统一监管"的基础上,重新建设统一的后台系统,包括:证券托管登记、交易撮合、代理买卖系统、证券资金结算等;"统一基础制度",制定统一的市场自律监管规则,重点是设定统一的投资者利益保护标准,设定统一的挂牌企业审核原则和信息披露规则等,保证市场的公平、公正、公开。实现"三统一"有利于创造公平竞争环境,也将有利于实现企业多地挂牌,满足企业的多样化融资需要,也为各层级资本市场间的互联互通奠定基础。

第三,鼓励大胆探索和制度创新。党的十九大报告提出,要推动金融创新增强服务实体经济能力。在股权交易市场实施先行先试、开展探索,将有利于提升区域一体化的市场功能,助力更多科技创新企业成长壮大,为上海证券交易所的科创板孵化更多的科技企业储备资源。为此建议在监管统一的基础上,允许具备条件的长三角区域股权市场大胆创新,如在长三角区域打破行政区域经营限制,试行长三角区域股交所联合挂牌制度等。

长三角一体化发展示范区建设：对内开放与功能定位[①]

刘志彪

长三角一体化发展上升为国家战略，是习近平新时代中国特色社会主义经济思想的重要实践。2018年长三角一体化进入国家战略以来，发展进程显示了一个过去所没有过的重大特征，就是长三角的区域治理模式，开始突破分割式治理和经济协作式治理等传统模式的窠臼，进入经济社会一体化协同式治理的新阶段，区域内各省市彼此主动对接、深度互动的新时代来临，具体表现为上海目前正会同苏浙两省抓紧研究制定长三角一体化发展示范区的建设方案。[②] 过去是把整个长三角地区作为国家基本实现现代化的示范区，认为长三角地区作为我国东部地区发展的领头羊，理应承担为国家实现基本现代化探路的职责。现在看来，这不仅范围上有些大了，而且在操作上也存在着一定的困难。比如，现行国家规划口径下的长三角，不仅省际存在着严重的发展不均衡（如苏浙皖之间），而且在一个省的内部，也存在着极为明显的发展阶段的区分，如江苏的长江以北与远离杭州湾的浙西南地区，都是发展有待进一步深化的地区。再如，建设有国际影响力的科技创新中心，光是上海一地完成这个目标是有一定困难的，如果长三角三省一市在科技创新和产业创新方面相互配合，可能性也会大大增强。但是我们不可能把整个长三角都建设成为全球有重要影响的科技创新中心，而最有可能的是选择适当的、有基础条件的区域进行合作和示范。

[①] 基金项目：国务院参事室长江经济带研究中心2018—2019年课题"长江经济带建设现代化经济体系研究"的阶段性成果（本文作者主持）。

[②] 唐亚林、于迎：《主动对接式区域合作：长三角区域治理新模式的复合动力与机制创新》，《理论探讨》2018年第1期，第28—35页。

本文就此对长三角一体化发展示范区建设的战略意义、功能定位和推进策略进行论述。基本观点是认为,对内开放是决定进一步对外开放的基础和前提,中国目前已经到了对内开放的紧迫性超过对外开放的关键时期。作为我国现代化经济体系建设最发达的地区,上海在长三角一体化发展中的龙头作用,已经由带动长三角地区对外开放的角色,转变为通过长三角一体化发展示范区的建设,来带动长三角、长江流域甚至全国的对内开放的角色。把长三角一体化发展示范区定位为建设全球有重要影响的科技创新中心的示范区,是完成这一角色转变的重要战略选择。

一、长三角一体化发展示范区建设的战略意义和对内开放

长三角高质量一体化发展的示范区的具体发展目标,据上海市委书记李强在2019年"两会"上透露,主要有三:一是打造成为贯彻新发展理念的新标杆;二是成为一体化体制机制的试验田;三是作为引领长三角更高质量一体化发展的新引擎。李强书记在解释设置这个示范区的动机时说:"长三角一体化发展示范区"建设重大意义主要有二:其一,打造进一步扩大对内开放的载体,对党的十八届三中全会以来,党中央明确的全面深化改革举措,可以在地方试点的,进行集中落实、率先突破、系统集成;其二,上海对内开放,特别是面向长三角和长江流域,一直缺少一个核心承载区。长三角一体化发展示范区的建设,补上了个"缺"。它与自贸试验区新片区一道,将有力带动上海一东一西"两翼齐飞"的发展格局,更好发挥对外、对内开放"两个扇面"的枢纽作用,做强上海更好为全国服务的大平台。

显然,"长三角一体化发展示范区"的设置,基本动因是上海出于打造扩大对内开放的核心承载区,更好地平衡对外开放与对内开放之间的关系,更好地发挥上海在长三角一体化国家战略中的龙头作用。这也正好说明,过去尤其是20世纪90年代初以来,上海在长三角一体化发展中的龙头作用,主要体现在发展外向型经济方面。而在对内开放的引领作用发挥得不够,既没有形成面向长三角和长江流域的核心承载区,没有一个对内开放的载体,也没有系统化的制度性的对内开放体系。一些让上海享受的国家战略优势和具体的优惠政策,也大多是从强化其国际经济、贸易、金融、航

运中心地位的角度去设计的,不仅长三角其他地区无法复制和享受,而且对其他地区的生产要素产生了严重的虹吸和极化效应。这其中的主要原因有三。

一是与国家出口导向型战略的趋势推动有关。

1992年浦东开发开放尤其是2001年中国加入WTO以来,我国发展战略的空间指向是向东开放,面向蔚蓝色的海洋,加入发达国家尤其是美国跨公司主导的全球价值链,以加工出口、利用海外市场驱动发展。因此,这个时期的对外开放就是发展,对外部市场利用的重要性大于利用国内市场,对外开放的紧迫性大大高于对内开放。这就不难理解,在这个时期,上海不会把扩大对内开放作为工作的重心,不会当作必须完成的首要任务,不会去想如何建设好与长三角其他地区的协同机制问题,更不会去主动考虑建设什么链接苏浙皖的核心承载区。

二是与中心和周围关系的发展阶段有关。长三角一体化发展的内核是上海。这与国内其他地区如京津冀、珠三角有很大的不同,后者要么去中心化如北京去"非首都"功能;要么缺乏明显的中心,而上海是长三角地区公认的龙头。上海与周边的苏浙皖地区存在着长期稳定的"中心—外围"关系,在发展上总体上处于极化资源的阶段,表现为上海除了转移了一些没有比较优势的传统产业外,在大多数时期都是其极化能力高于扩散能力,强烈地虹吸全球、全国尤其是长三角周边地区的生产要素和资源。因此,如果说一体化发展就是要苏浙皖对接上海,那么在极化效应大于扩散效应的情况下,各地就既想通过对接上海获取溢出效应,又担心自己的发展势能被上海虹吸。这样,各地在推进区域一体化发展中的矛盾心理和谨慎措施就变得非常容易理解。

三是与分散化竞争的转轨经济体制有关。1978年以来,我国以放权让利为特征的改革塑造了利益边界十分清晰和相对独立的地方政府主体,它们深度地参与经济运行、对经济干预的程度很深。这一格局使其可以利用行政权力干扰生产要素的市场化流动,从而出现各种反市场一体化的倾向。[①] 在长三角一体化发展的问题上,上

---

① 张学良、林永然、孟美侠:《长三角区域一体化发展机制演进:经验总结与发展趋向》,《安徽大学学报(哲学社会科学版)》2019年第1期,第138—147页。

海虽然一直是各地口头上坚决承认的"龙头",但是各地出于自身利益的考虑,心底里却都在打各自的"小算盘"。过去,即使是上海自身,也被其他地区抱怨为"不像大哥的样子"。尤其是邻近的江苏,由于关系到一体化发展的最基本的跨地区基础设施,也存在很多的"断头路"等不通畅的问题,所以说起一体化发展便非常谨慎。如长三角地区的机场建设问题,由于全球 IT 产业主要集中在苏南特别是苏州工业园区一带,因此江苏方面非常希望虹桥机场能够建设更多的国际航线。但上海方面的决策是建设远离江苏南部的浦东国际机场,于是江苏不得不修建了苏南的硕放国际机场,但很快上海又回过头来建设虹桥枢纽。[①]

利用示范区的形式打造进一步扩大对内开放的载体,其体现的国家层面上的战略意义有以下几点。

其一,它是国家发展战略转向高度重视对内开放的重要信号。中美贸易摩擦的经验和世界经济未来的走势都告诉我们,未来中国经济长期平稳发展的一个重要问题,是我们如何快速转向对内开放的发展。中国目前已经到了对内开放的紧迫性超过对外开放的关键时期,对内开放是决定进一步对外开放的基础和前提。对内开放主要是对本土企业尤其是民营企业开放。如果对其开放不足,就会严重制约作为中国财富主要创造者的实力;而实力虚弱的中国企业在国门高度打开后,是无法与外资企业进行有效竞争的,也无能力代表国家走出去参与国际竞争。因此,作为我国现代化经济体系建设最发达的地区,上海在长三角一体化发展中的龙头作用,必然由带动长三角、长江流域甚至全国的对外开放的角色,转变为如何通过长三角一体化发展示范区的建设,来带动长三角、长江流域甚至全国的对内开放的角色。

其二,它是从过度利用发达国家市场转向利用我们自己的庞大内需市场的重要信号。中国现在迫切需要纠正对内开放与对外开放之间不对称、出口导向与内需导向之间不对称以及向东开放与向西开放之间不对称等一系列非均衡问题。解决这些问题的核心,在于培育和壮大国内市场。培育和壮大国内市场,除了直接要改善收入

---

① 刘志彪:《区域一体化发展的再思考——兼论促进长三角地区一体化发展的政策与手段》,《南京师大学报(社会科学版)》2014 年第 6 期,第 37—46 页。

分配和再分配状态外,更重要的是要从生产端提升生产率,做大可供分配的蛋糕。因此,对经济增长原动力的民营经济的刺激和鼓励政策,将直接影响和制约国内收入水平提升和国内潜在市场的扩大,将抑制我们利用内需吸收国外先进要素的可能性。一体化示范区给本土企业发展机遇,对于利用我们自己的庞大内需市场发展新经济业态,增强自身的发展动力,也具有举足轻重的意义。

其三,它是市场取向的改革不断加快的重要信号,是地方政府竞争体制转向协调合作治理机制的重要决策。地方政府之间就经济增长和税收方面的竞争,是中国过去经济发展的重要动力之一,但也形成了严重的经济结构失衡状态。区域经济一体化发展,是习近平经济发展思想中的重要组成部分,在国家治理能力现代化建设中占有重要地位。为此,长三角一体化示范区要在两个方面进行探索:一是市场的一体化,最重要的是撤除地方政府对市场的干预,消除行政壁垒,进行市场的充分开放和企业的高度竞争;二是政府层面的一体化,三省一市政府要让渡一部分行政权力交给由合约形成的公共机构,加快实施比如城际交通建设、医疗保障、养老、制度复制等方面的一体化。在企业层面,最重要的是应该淡化并逐步取消所有制分类管理办法,取消企业的行政等级和身份标识,建设统一有序开放协调的竞争性市场体制。

二、长三角一体化发展示范区建设的功能定位

"长三角一体化发展示范区"的功能如何定位呢?有人说,这个示范区的功能应该定位于生态环保区。生态环保问题是任何地区都应遵守的基本原则,犯不着在这么重要的区域干这事。而且,如果是生态环保示范区,定位在沪宁杭高速公路带沿线,可能更加合适。此外,行政区域交界处,过去大都是"三不管"地区,是行政管理的"真空地带",往往也是污染性的产业集聚区。因此,长三角示范区要严格进行环境保护,但是把它建设成为生态环保示范区,可能并不合适。

也有人说,这个区域的功能应该定位于一体化的体制创新示范区。形成一体化的体制机制,是实现这个示范区功能的手段,它并不是示范区建设的主要目的。况且,体制机制改革的示范,并不必然要在一个具体的、狭小的区域中进行,完全可以通

过一些具体的项目,在长三角大范围内实施,这样更有现实的推广复制价值。

对长三角一体化发展示范区进行准确的功能定位非常重要。如果现在定位不正确,极有可能把这个示范区搞成普通的经济技术开发区,或者一般的、放大了的高科技园区。这将有违于建设长三角一体化发展示范区的初衷。从各方面的分析来看,定位为建设有世界影响力的科技创新中心示范区,是一种具有全球视野和中国方案的战略选择。我们不妨对此进行更多以事实为基础的逻辑分析。

第一,定位为建设有世界影响力的科创中心示范区,是中国必须适应世界竞争的基本态势所决定的。目前,中国面对复杂严峻的外部环境和形势,中美贸易摩擦的结果显示,是否拥有独立科技自主创新能力,直接关系到国家竞争优势和民族的崛起。

第二,定位为建设有世界影响力的科创中心示范区,是由我国已由高速增长阶段转向高质量发展阶段的发展性质所决定的。高质量经济的重要引擎,新旧动能转换点在哪里? 在科技创新。习近平总书记指出,谋科技创新就是谋发展,谋发展也需要谋科技创新,创新是引领发展的第一动力。因此科技创新就是高质量发展,从而需要经济发达的长三角地区提供一个试验田。

第三,定位为建设有世界影响力的科创中心示范区,是落实习近平总书记为核心的党中央所做出的重要战略决策的具体行动。习近平总书记关于科技创新方面的重要论述,是长三角高质量一体化发展的重要的指导思想。加快向具有全球影响力的科技创新中心进军,是十八大以来党中央坚定不移的目标,十九大之后更是在逐步实施各项有力的推进行动。长三角一体化发展示范区的功能定位,不能忘记这样一个最重要的任务。

努力在推进科技创新、实施创新驱动发展战略方面走在全国前头、走到世界前列,加快向具有全球影响力的科技创新中心进军,这是中央在十八大之后对北京、上海两个世界级城市功能定位的明确要求。2018 年 11 月 5 日,习近平主席在首届中国国际进口博览会主旨演讲中,再次要求上海这个中国最大的经济中心和改革开放前沿继续扩大开放,并给了它三项任务:一是增设中国(上海)自由贸易试验区的新片区;二是在上海证券交易所设立科创板并试点注册制,支持上海国际金融中心和科技创新中心建设;三是支持长三角区域一体化发展并上升为国家战略。在中美贸易摩擦谈判进入当时这个关键的时点上,国家交给上海的这三大任务寓意深远。

其一,这意味着中央在上海原来的经济、贸易、金融、航运四大国际中心建设的基础上,增加了"全球科技创新中心"这一新目标和新任务。而且,这一新目标和新任务是基础性的,是放在第一位的。在科技发展决定国家实力的当今,形成全球科创中心的政治经济地位,要远远高于其他四个目标,完成这个目标也需要付出更多的努力。

其二,习近平总书记给上海的这个三大任务,都可以作为完成"全球科技创新中心"目标的战略支撑手段,它们之间具有特定的内在逻辑联系:增加自由贸易试验区的新片区,看起来似乎只是开放型经济区域的扩张,其实是有利于长三角区域在开放中吸收国外的先进生产要素,从而进行实现自主创新,同时,扩大自贸区的新片区,也有利于把开放的能量向长三角其他地区进行渗透和延展;设立科创板并试点注册制,不仅支持了上海国际金融中心建设,而且更重要的是在中美贸易摩擦的背景下,利用资本市场机制直接支持科技创新事业的发展。未来,大量利用政府直接补贴支持战略性新兴产业的传统做法已经不合时宜。发达国家的实践证明,对处于幼稚状态的高科技产业,最好的办法是利用风险资金和资本市场的支持。而长三角一体化上升为国家战略,不仅仅是为了建立统一的市场,利用规模经济加快提升长三角区域的国际竞争力,更多的是通过一体化发展机制,把上海向东的对外开放与向西的对内开放连接起来,实现三省一市的科技资源、人才优势和教育成果的协同利用和开发,加快把长三角建设成为科技创新的主导示范区,成为经济发展的新引擎。

其三,长三角一体化发展示范区定位为科技创新示范区,具有优良的文化、科教资源和产业的基础条件。40年来建立的产业实力、基础设施以及广泛的经济社会联系,是长三角一体化发展的物质基础。长三角地区由东向西的两条走廊,即G60科创走廊和沪宁合之间的沿江地区,分布着长三角乃至全国最丰富、最密集的大学、科研院所等科教资源。长三角一体化示范区可以依托于大学、科研院所,尤其是长三角数量众多的双一流大学进行创新创业。同时,也可以依托长三角的人才优势、企业创新主体优势、开放型经济优势、科技园集聚优势以及高科技产业集聚优势等,致力于科技创新成果的产业化。上海、南京作为科创中心,科技创新成果转化受制于高昂的土地成本、人工成本和其他制造成本,而安徽和江苏其他地区的沿江不仅有丰富的发展空间,而且这一带科技园区众多,高科技产业发展基础好,成果转化能力强,因而完全可能在"科技创新—产业创新"的协调方面做出示范。

其四,长三角一体化发展示范区定位为建设全球有重要影响的科技创新中心的示范区,与其主要承担的对内开放任务也是一致的。过去以出口导向为特征的全球化,主要是吸引外资进行出口加工,进入的外资企业往往把中国作为制造基地加工出口或直接作为销售平台,往往不在中国设置重要的研发中心;在这种外向型经济模式下,本土企业做的也往往是跨国企业早就设计和研发好的订单,自己本身没有多少创新功能,只有加工制造装配生产功能。而对内开放尤其是对民营企业开放,利用的是我们自己的内需,需要企业自己进行独立的研究开发和产品设计活动,由此必将逐步培育出我们自己的品牌和自主技术,从而有利于为建设创新驱动国家做出显著的示范。

三、推进长三角一体化发展示范区建设的制度创新

推进长三角一体化发展示范区的科技创新功能建设,需要有高强度、大力度的制度创新措施。这种制度创新需要在市场需求刺激、人才技术推动和政府大胆创新等诸多方面互为支持、共同推进。具体主要有以下三个方面。

其一,各地政府在制度层面的有效合作和协调。这是长三角一体化发展示范区正常运转的基础和基石。现在有一些学者认为,一体化暗含强势政府的介入和推动的假定,认为这不利于区域经济健康发展。其实,一体化是否暗含强势政府的假定,取决于对一体化的定义。本人认为,一体化是一个拆除行政壁垒、实现市场相互开放的过程。在这个意义上,一体化需要的减项,恰恰是强势政府在市场活动中的逐步退出。如果说阻碍一体化的主要是行政的壁垒,那么解铃还须系铃人,打破一体化障碍主要依赖于政府自身的力量。根据过去各地推进一体化发展的经验教训,为了使地方政府打破一体化的行政障碍,进行高起点的制度协调、协商、协作和协同,最起码需要做到以下几点:① 各省市政府要以竞争政策的基本取向和原则,审查过去出台的各种经济政策的合法、合规性,坚决撤除各种有碍于一体化发展的政策壁垒;② 对新出台的各种经济政策,要经过一体化机制中的竞争法的审查,否则一律不得向外公开

颁布;③ 按照最惠化原则,各地过去现有的各种国家战略和优惠政策,要能够在示范区内复制和推广;④ 按照最优化原则,为了提高政府效能,建设精炼、高效、廉洁的政府,应该允许和鼓励在示范区内复制各地政府最有效的管理制度;⑤ 必要时,可以按照示范区内公共基础项目的要求,按照一体化协议让渡某些地方政府的行政权,交给按协议成立的某种机构,让其行使公共的协调职能,保证一体化事业的正常推进,不发生某些不利于一体化的外部性问题。

其二,推进基础设施的共建共享。这是长三角一体化发展示范区建设的基本内容,也是一体化高效率运行的基本保证。从一体化是开放发展的内涵来看,基础设施的建设水平不影响各地相互开放的要求,但是决定着一体化的成本和效率,从而事实上决定着一体化的水平和进程。由于基础设施的投资和运行具有规模经济和范围经济效应,涉及长三角各地的基础设施建设,必须在一个权威机构的统一领导下,进行超前的规划、投资、运营和管理。① 例如,当前长三角一体化示范区内,最紧迫的基础设施建设项目是区域内的生态环境,还有环长三角地区的四通八达的城际高速铁路建设等,对此必须加强各地政府间的合作。另外,一般来说对硬件的基础设施建设,我们有丰富的经验和较强的能力,而对软件的基础设施建设,如超强的规划设计、营商环境塑造、管理制度执行等,往往是我们的短板。这方面必须充分吸取过去各类经济技术开发区的经验教训,多向发达国家学习,真正把软件基础设施的建设放在第一位。

其三,做好示范区的顶层设计,创新一体化发展的激励机制。一体化发展需要科学的激励机制,以消除区域内的内耗力量。在一体化起始阶段,需要顶层设计;而在运营阶段,则需要鼓励基层创新,再由顶层认可和推广。现阶段长三角地区各参与主体的体制机制、利益格局、管理理念和习惯等都各有特点,要使其相互之间协调一致共同致力于示范区建设,必须首先开展顶层设计,同时要大胆鼓励激励机制和政策工具的创新,否则很难说不会发生各种冲突。例如,示范区的产值和财税分享问题如何确定?即进入示范区所创造的产值、税收、专利等经济绩效,如何在各地区间进行分

---

① 徐琴:《多中心格局下的长三角一体化发展》,《现代经济探讨》2018 年第 9 期,第 36—40 页。

配？如果都归上海，那其他地区为什么要跟上海合作？如果按属地原则各归各的，那激烈的竞争必然会使人疑惑为什么要搞这个一体化发展示范区？再如，示范区的生态环境保护，如何划分责任？管理标准用谁的？区域内的公共服务如何一体化？这些问题都需要精准的科学设计。智慧来自实践者，只要充分尊重各参与主体的利益和话语权，丰富的实践活动必然会解决政策制定者面临的各种难题。

除此之外，本人提出推进长三角一体化发展示范区功能建设基本原则，必须尽量要做到"两多与两少"。

要多用市场化、法治化的手段去推进，少用行政化、命令化的手段。这不是说不要政府的有效作为，而是说要政府在市场的基础上运用法治化的手段去推进。即使是必须运用行政手段，也要充分地尊重市场主体的利益，在法治范围内实施。行政手段最适用于政府间的合作，适合于政府主导的基础设施建设、运营和管理的协调。要多从具体的项目出发来考虑一体化的协同和联合，不要在广泛的、无边界的、难操作的范围内，发抽象的一体化建设的议论。这要求一体化的过程必须从一个个具体的项目做起，当长三角地区的民众不断地从具体的项目中享受到一体化的好处，而且这种好处多了，民众自然会由衷地拥护一体化的进程。

现阶段的长三角一体化发展，可以从十分具体的、关系到区域内民众的基本公共利益入手。如区内的生态环境保护，能不能加强保护规划和政策的工作互通，建立统一的排放标准、共享监测数据、协同监督过程的合作机制，尽快建立危险固体废物的运输、储存、处理的一体化监管体系？长三角地区的城际铁路能不能立即上马？运输体系优化能不能由权威的机构协调？各地老百姓的看病、养老，能不能先解决医保卡、养老机制的互联互通问题？三省一市能不能首先放开对二三类城市的户籍管理，实现人口的相对自由流动？对于一体化发展示范区的建设来说，就更需要彻底解放思想，允许市场主体大胆设想、勇于试验和不断创新。

运输带变黄金带：长江经济带高质量发展新定位

刘志彪

长江经济带作为中国经济的重镇和明星地带，占全国21%的国土面积和40%以上的人口，创造了超过全国40%的经济总量，是我国现代经济体系最发达的地区，也成为我国社会经济发展与资源环境承载力矛盾最突出的地区之一。在这个货运量位居全球内河运输第一的黄金水道地区打造高质量发展的模板，对于推动我国经济社会发展尽快实现动力、效率、质量"三大变革"，率先建成现代化经济体系，无疑具有十分重要的战略意义和强烈的示范效应与带头作用。

在以往的经济发展实践中，我们习惯于把长江流域定位为黄金水道。对长江经济带发展的定位是利用和开发其资源功能，即利用其大运输、大用水、大耗能、大资源承载力等功能，大力发展和加速发展重化工业。遵循这样一种定位和发展思路，长江经济带现有的134个地级以上城市中，竟然有80多个城市政府在其"十三五"规划中，明确表示要重点发展石油化工产业。重化工业加速发展和全面开花的布局及态势，虽然促推了中国工业化的速度和进程，却使长江经济带沿线积累了一系列关于生态环境质量方面的矛盾和问题，如工业结构性污染严重，土壤、空气和水环境安全事件与隐患增多，江湖关系紧张，湖泊湿地生态功能退化，等等，严重影响了中国经济的可持续健康发展。因此，为了保护这条中华民族的母亲河，长江经济带的治理能力和治理体系现代化的任务十分艰巨与紧迫。

2016年1月和2018年4月，习近平总书记亲自主持召开了两次推动长江经济带发展座谈会。在这两个会议上，他都强调推动长江经济带发展必须从中华民族长远利益考虑，把修复长江生态环境摆在压倒性位置，要"共抓大保护、不搞大开发、努力把长江经济带建设成为生态更优美、交通更顺畅、经济更协调、市场更统一、机制更科学的黄金经济带,探索出一条生态优先、绿色发展新路子"。共抓大保护、不搞大开发,并不是不搞开发,而是要在明确生态环境保护的前提和规则下,进行有限制的保护性开发。制定这些限制前提和开发规则,必须在实现新发展理念和高质量发展要求下,首先对长江经济带的功能重新进行定位。

努力把长江经济带建设成为黄金经济带,依托这条黄金水道打造全球高水平的经济发展带,是党中央对长江经济带高质量发展目标的崭新定位,是习近平生态文明思想的战略体现,是推进供给侧结构性改革、实现高质量发展的重大举措,是进行新一轮扩大内需、更大力度对外开放的重点和抓手。为了顺利地实现这一定位和战略目标,长江经济带各地区必须改变过去那种把长江经济带的功能定位为运输带进行发展的错误理念和错误做法。过去我们在这一理念和认识的基础上,以充分利用长江带丰富资源优势的名义,密集地搞了许多具有重大污染性质的重化工业项目。加速发展重化工业,虽然与我们所处的工业化发展阶段有关,但是也与上述的认识局限性和急功近利的短期行为有直接的关系。众所周知,用好内河运输功能,只是发挥长江经济带作用的一个最基本的自然属性。长江经济带适宜人类居住的广泛特性,决定了我国经济在进入高质量发展阶段中,最需要充分利用的是长江经济带丰富的其他资源禀赋功能,如可以利用其资源集中、人口集中、市场集中、产业集中、城市集中等发展优势,基于集聚经济原理建设世界级先进制造业集群,推进现代产业体系建设;在沿江城市基础设施超前一体化的基础上,通过地区间的竞相开放、撤除政策壁垒,加速建设统一、开放、竞争、有序的市场体系,等等。总之,可以利用长江经济带广泛而丰富的资源禀赋,充分发挥长江经济带的范围经济与规模经济效应,实现合理的产业竞争与参与全球分工格局,使之成为中国经济的黄金经济带,成为世界经济增长的明星地带。即是说,建设黄金运输带,只是长江经济带发展的一个基础性功能而已。如果我们在战略上仅仅把经济带看成运输带,那么在产业配置上,必然偏好那些一定会影响环境保护的对运输成本敏感的重化工业大项目,必然倾向于那些大用电、大耗水、大消耗的产业,由此绝不会主动去配置那些环境友好型的现代产业项目,也就无法真正解决长江经济带的生态环境污染问题。显然,这种运输带的低定位,彻底贬低了长江经济带的真正价值,也会毁掉这条中华民族的母亲河。

长江经济带具备怎样的发展特征,才能符合五大新发展理念的要求,实现高质量发展,成为黄金经济带呢? 根据习近平总书记提出的标准,主要是在五个方面。它们也是长江经济带成为引领我国经济高质量发展的生力军的基本标准。

一是长江经济带一轴、两翼、三极、多点的生态环境能得到更多的修复和保护,沿江地区生态环境更加优美。① 目前,长江经济带各地方政府响应中央号召,在增量上坚决不批准新的有可能带来重大污染的重化工项目,同时在存量上主动关停并整治那些有污染的企业。据不完全统计,从 2016 年初至 2018 年上半年,仅江苏省就关闭了 1 421 家落后化工企业、10 372 家禽畜养殖场,整治了 118 个沿江非法码头。但是,目前长江经济带一轴、两翼、三极、多点的生态环境的演化态势仍不容乐观。2018年 4 月,习近平总书记在武汉会议上告诫人们:"长江流域生态环境形势依然十分的严峻,沿江产业发展惯性较大,污染物排放基数大,废水、化学需氧量、氨氮排放量分别占全国的 43%、37%、43%……干线港口危险化学品年吞吐量达 1.7 亿吨、超过 250 种,运输量仍以年均近 10% 的速度增长,固体危废品跨区域违法倾倒呈多发态势,污染产业向中上游转移风险隐患加剧等。"这是问题的一个方面。另一方面,我国的大国经济特征以及工业化的成熟水平和发展阶段,都决定了我国对重化工产品具有强大的市场需求。对于这些内需,我们既不能漠视,也不能都寄希望于通过放弃国产转而通过进口来满足,而必须通过自主可控地发展自己的重化工业来实现。这就需要很好地协调重化工发展与长江经济带环境保护之间的关系,而不是简单地一律关闭、一律限产了事。

目前江苏省的做法是在全国率先划定并严守省级生态保护红线,对沿江地区实现三个"一律不批":长江干流及主要支流岸线 1 公里范围内的重化工业园区、危险品码头一律不批;沿江两岸燃煤火电项目一律不批;不符合生态管控红线的要求、威胁饮用水源安全的项目一律不批。这三个"一律不批",管的是重化工的增量项目。其

---

① "一轴"是指以长江黄金水道为依托,构建沿江绿色发展轴。"两翼"是指向南北两侧腹地延伸拓展,提升南北两翼支撑力。"三极"是指长江三角洲城市群、长江中游城市群、成渝城市群三大增长极。"多点"是指三大城市群以外地级城市。

实,根据我国重化工项目密集配置在长江经济带的现实,在共抓大保护、不搞大开发的基本原则下,还应该对重化工项目进行存量调整,即对其进行重大的布局结构调整。否则,长江经济带的生态环境不可能得到更为迅速、有效的修复和保护。从世界各国产业布局的一般规律和我国生产力的优化布局看,目前急需贯彻落实集聚发展、集中环保的政策取向,即要把沿长江流域密集配置的那些重大的基础性的重化工业项目,通过适当的利益激励机制,集中到沿海地区集聚化布局。这是把修复长江生态环境摆在压倒性位置、协调好长江经济带开发与保护关系的最重要的战略性措施。这也有利于加快形成党的十九大报告提出的培育和建设世界级先进制造业集群,促进我国产业迈向全球价值链中高端的产业布局。

二是长江经济带一轴、两翼、三极、多点的综合交通运输体系一体化水平更高,运输设施更加发达,生产要素流动更加顺畅。建设发达而网络化链接的现代化综合交通运输体系,是推进长江经济带经济一体化发展的硬件基础。随着这些年各种"断头路"和交通死角的消灭,现在长江下游交通一体化目标基本达到,任务基本完成,已经充分享受了现代化综合交通运输体系一体化给整个长三角地区高质量一体化发展所带来的外溢效应,但是整个长江流域的综合交通运输体系还不能说已经很顺畅。这主要表现在以下几方面。首先,交通运输硬件设施并不完善,如长江流域上中下游之间在人流方面缺少通达的高铁客运,在物流方面既缺少重型铁路,水路运输体系也不够发达。其次,交通运输体系之间缺乏顺畅的衔接,例如,长三角地区到武汉、重庆的水运物流体系就不是很通畅。为了让长江经济带真正成为生产要素顺畅流动的黄金经济带,既要建设一条横贯东西 11 个省市、蛛网般连接的高速铁路系统,也要高度重视长江水运系统的建设。从经济性来看,内河运输成本往往只有公路的 1/10,国家如果花费 1 000 多亿元的水运投资所创造的货物周转量,就能与 10 000 亿元的公路投资相媲美。这是相当具有经济性的战略决策。

目前因种种原因,尤其是市场严重分割的缘故,交通运输体系之间缺乏顺畅的衔接。这使高企的物流成本成为阻隔长江中上游与下游地区联系的主要因素,由此严重地阻碍了沿长江经济带形成完整的国内价值链,未来将会极大地影响长江流域各地区参与"一带一路"倡议的潜力和空间。这必然会影响长三角地区对中上游的带动能力，影响区域协调发展和开放发展。例如，据一些地方反映，目前从武汉运到上海的货物，并不能直接进洋山深水港码头，而是要从上海其他地方卸货，走陆上运输进洋山港再出口海外。采用这种迂回曲折的运输方式，可能会增加一些地方的货物运输量，但其"负外部性"是整体性地降低了中西部的水运成本优势，并影响中西部地区发展水平。

未来在扩大内需中，如果要形成完整的国内价值链，那么可能企业总部的功能要留在长三角地区，而生产制造功能可能需要放在长江中上游地区，原材料供给可能要放在西北地区。只有形成这样的发展格局，才能带动我国东中西部经济一体化，才能让转型升级后的生产制造环节"转移"到长江中上游流域，而不是都让其"外移"到东南亚地区，出现国内产业空心化趋势。大力发展水运是解决地区之间市场分割的有效手段，为此我们设想，如果可以借鉴宝钢并购武钢从而实现钢铁生产营运一体化的成功经验，让上海洋山港并购其他上中游港口，那么将可以形成利益共同体来避免类似的地方利益割据的问题。现在这些港口大都是地方性国有企业，不如国资委属下的宝港和武钢那么便于整合，所以我们建议：可以成立国家层面的港务集团公司，整合沿长江水运资源，打通长江黄金水道，以利于后续的制造业转移，否则运输成本过高，制造企业都不会愿意向内陆转移。港口码头都是地方政府经营的公共性极强的资产，不上升到国家层面整合，各自为政，就存在恶性竞争，货物运输节点分散，就难以形成规模经济效应。因此，长江经济带的黄金水道功能还有很大的提升空间。

三是长江经济带一轴、两翼、三极、多点的经济发展要更加协调，通过建设沿流域的国内价值链，逐步缩小东中西地区发展差距。以建设国内价值链为目标，大力促进产业链的空间分离和生产环节向中上游地区的转移，是缩小长江经济带三大区域发展水平的差异、实现区域协同发展的最重要的途径和内在机制。过去长江经济带的下游沿江沿海地区，在出口导向的战略下，处在全球价值链的低端环节上为国际跨国企业代工，价值链上的中高端环节大多为发达国家的国际跨国企业所主导。长江经济带产业转型升级的一个重要内容，就是其主导产业的主导环节(非全部产业和全部环节，这既不需要也不可能)要逐步迈向全球价值链的中高端。这不是一蹴而就的事情，需要有一个利用国内市场、以内需为依托建设自主知识产权和品牌的过程，即建立本土企业自主可控的国内价值链的过程。由此,长江经济带各区域协同发展的长效机制也可以逐步建立。首先,在国内价值链的分工格局下,本土企业是价值链高端环节的掌控者,具有"链主"地位的这些本土企业因掌控技术端或市场端,因而可以在治理结构中具有更多的话语权和协调资源配置能力。其次,这些本土企业不仅可能取得更多的资本利得,更可能把经营利润留在国内继续投资,而不是主要外流,或者汇出分配给外国投资者,这为缩小地区差距提供了强大的物质基础。再次,在国内价值链的分工格局下,长江经济带横跨东中西三大地带的产业纵深优势,为各区域协同发展留下了巨大的回旋余地和调节空间。例如,长三角地区可以成为企业总部集聚地区,主要从事研发、销售等价值链高端的服务环节,而一般的加工制造环节就可以向中西部内陆地区转移。这种治理模式有利于对不同地区的资源要素禀赋进行集约式整合,进而充分发挥国内产业间关联效应,深化生产的迂回和专业化效应。最后,随着国内市场的开拓和国内价值链治理经验的积累,我国的发展战略可以把长江经济带中上游地区作为加大向西开放的桥头堡,沿着"一带一路"进行产业链的拓展和延伸,转移我国丰富的有竞争力的产能。

现在有人担心,按照国内价值链方式进行产业的梯度转移,被转移的地区是否只能被动接受相对落后的制造业,而永远没有机会发展先进的战略性新兴产业和高技术产业,更无法赶上发达地区?这种担心其实是完全没有必要的。因为,产业梯度转移是被各国历史事实证明了无法超越的客观规律,世界上没有哪个国家或地区可以持续出现"反梯度产业转移"效应,无法在沙滩上一步就跨入现代产业体系。如果相对落后地区在政府支持下,强行将一些高附加值产业迁入中西部地区,或者盲目、强行地发展高技术产业,那么在当地的基础设施、人力资本、政府管理水平等软硬件条件根本不能匹配的前提下,这种"反梯度产业转移"只能以失败告终。如果这些产业能够成功嵌入相对落后地区的本地化的产业集群中,同时嵌入国内价值链或全球价值链,那么,将极大地促进这些企业的规模化与专业化,进而促使不同区域发展差异的收敛。

四是长江经济带一轴、两翼、三极、多点地区要坚决地撤除地方行政壁垒,使市场体系更加统一、开放、竞争、有序,让资源配置具有更高的效率。建设长江经济带的统

一、开放、竞争、有序的市场体系,使市场在该区域的资源配置中起决定性作用,是我们推进长江经济带区域一体化高质量发展的微观基础、基本战略思路和战略目标。总的来看,在区域经济发展中,影响资源和要素流动的因素主要有两类:第一类是自然和技术的因素,如地形地貌、气候气象、基础设施、交通运输等客观因素;第二类是习惯、文化、政策、制度、机制、体制等人文或人为因素。前者直接决定区域一体化发展的效率和成本,只要存在技术水平和空间区位的差异,就会有不同的发展成本,进而呈现不同的发展水平;后者是衡量某个区域一体化发展程度的主要标准。因为,那些自然和技术的因素只是决定一体化的成本大小,并不影响一体化的过程;只有制度和政策的差异,才可以长期、系统、大幅度地影响和扭曲要素与资源的合理配置,从而形成人为的发展差异。

这样,推进长江经济带一体化发展主要存在两种基本的办法:一是加大基础设施投资,并高度重视各区域之间基础设施建设的衔接性和通达性,这将产生降低区域一体化成本的效应;二是通过充分的对内开放和改革,破除各地已经存在的各种人为的制度和政策障碍,这将实质性地使一体化进程加速。交通运输与基础设施的改善,有利于迅速推进市场一体化和有效改进制度分割状态,成为区域一体化发展的重要前提;市场一体化的迅速推进和制度分割状态的有效改进,反过来又有利于技术在更大的市场范围内集约化、规模化的利用,有利于深入推进基础设施跨区域合作。因此,最大限度地实施地区间的竞相开放,破除各地的行政壁垒,应该成为推进区域经济一体化的主要措施。

为了完善长江经济带区域一体化的发展机制,我们这些年基于市场的决定作用,不断地提出了一些可以选择的政策与手段。它们主要有五个方面。首先,各地的合作协调工作,要从微观事务做起,要从具体的项目合作做起。要通过某些具体项目的实实在在的联合,而不是在议题空泛的范围中,逐步打破区域行政壁垒,发展企业间及区域间的自我联合、自我协调和自我发展机制。这些具体的联合项目,可以是某些基础设施如航空和港口的联合,也可以是某个重大的科技合作研究项目,如G60科技走廊、新能源汽车使用和充电设施的一体化,等等。其次,要把企业作为推进长江经济带区域一体化高质量发展的实现主体。企业跨地区发展将形成你中有我、我中有你的融合格局,因而必将自动产生经济一体化发展的内生效应。让企业成为一体化发展的主角,由它们基于利益诉求进行讨价还价,政府则尽量作为合作的牵线搭台人,是促进市场一体化的最佳办法和选择,否则很难起到实质性的一体化效果并可能出现新的折腾。再次,在空间上,我们主张以产业集群升级作为区域一体化的重要载体。产业集群按经济区域自动产生"极化—扩散"效应,是现代经济增长的生产力配置方式。在新的全球化趋势下,产业集群还可能与全球价值链交互耦合,在共同的演化中实现高水准的创新和产业升级。第四,政府的政策手段要从注重产业政策转向注重竞争政策。竞争规则可以避免经济歧视,限制各地政府对区域间贸易投资以及相应的生产要素流动的人为的政策限制,具体作用主要表现在:(1)可以清除妨碍区域间生产要素流动的地方性政策;(2)可以为民营和外资经济创造公平竞争的市场条件;(3)可以产生跨地区的基础设施区域合作条件。最后,要鼓励区域内企业的收购兼并活动。大力鼓励长江经济带地区的兼并收购活动,鼓励企业在"走出去"的过程中联合起来收购国外的企业。在这个过程中,必然会实现企业集中、市场集中和产业集聚。各地企业之间的资产兼并重组活动,是实现长江经济带一体化发展的最有效的微观基础和制度平台。

五是长江经济带一轴、两翼、三极、多点地区的体制机制的设计要科学合理,要使高质量发展的动力不断增强。科学合理的体制机制是长江经济带率先建成现代化经济体系的制度基础。新时代中国特色社会主义市场经济的主要特征,是在充分发挥市场决定性作用的同时更好地发挥政府作用,实现市场机制有效率、微观主体有活力、宏观调控有尺度。由于资源禀赋、历史文化不同以及现实生产力发展的差异,长江经济带各地区的战略选择和运作机制也千差万别,在迈向社会主义市场经济制度的过程中,通过制度创新涌现了各具特色的体制机制的实践模式。例如,仅仅长三角地区,就形成了江苏的"苏南模式"、浙江的"温州模式"、上海的"经济国际化模式"等重要的差异化发展方式。其中,江苏是在市场基础上的以强势政府为特征的制度变迁与发展模式。浙江是高度开放的以市场和民营为主要特征的内生型发展模式。上海则是在国际化大背景下的政府推动高定位的大都市发展模式。虽然三地的体制机制实践模式有差异,但是它们都取得了与自身发展条件和发展阶段相匹配的发展绩效。

未来长江经济带现代化经济体系的建设,需要在原有体制模式的基础上相互学习和借鉴,需要更加重视市场机制的作用,需要更好地对政府与市场的关系进行再定位。例如,现代化经济体系建设的重要基础是产业转型升级,长江中上游地区的产业,尤其是在一些相对落后地区的早期发展阶段,适当多一些政府干预是必要的;但是当其产业发展到长三角发达地区的水平时,就必须更多地强化市场机制的作用,弱化全能型政府的干预模式。在工业化的初期,"强政府"的发展模式无疑作用很大,可以通过产业集聚等方式实现工业的规模效应。当前我国经济发展进入高质量发展阶段,现代服务业和先进制造业的发展更为关键,对研发设计、网络营销、金融保险、物流仓储等高端第三产业部门来说,其发展对市场机制的依赖作用就要超过对政府的作用。

今后长江经济带各地区坚持走高质量发展的道路,在体制机制模式上需要解决的最重要问题有三个方面。

一是要对"强政府"模式的功能进行重新定位,对其活动内容进行重新界定。实践证明,处在发展阶段的大国经济中,通过战略赶超来建设现代化经济体系,离开强势政府不仅难以建立动态比较优势,更难以走出中等收入陷阱。但应该讨论的是,强势政府究竟应该强在哪里?长三角地区发展的正反教训说明,强势政府不是干预经济更频繁、干预程度更深入、干预力度更大、干预手段更多,而是要始终坚守自己的职能边界,只做适合于自己在市场经济中的角色的政府。就政府行为动机来说,相对于干预经济,控制住自己干预的冲动,让自己少干预直接的经济活动,其实是更加困难的行为。因此可以控制住自己干预经济冲动的政府,才是真正强势的政府。长江经济带各地区走高质量发展的道路,各地政府首先应该通过职能和机构改革,从繁杂的微观事务中退出,将更多的精力放在为市场和社会提供优质的公共服务上。只有如此,各地政府才能克服软预算约束,才可以为市场主体腾出提高效率的空间,才可以做自己真正擅长的事情,提高发展质量和效率。

二是重点要把"弱市场"变为"强市场",让市场成为资源配置的决定性机制。目前,学界公认的是长江经济带除浙江省外,很多省市的体制模式都呈现为弱市场强政府的普遍现象;或者说,是过强的政府功能代替了市场机制的作用,压抑了市场发挥作用的空间。这种现实跟政府与市场的边界划分不清有直接的关系,往往表现为政府在市场活动中强势而不是公共领域中强势。如对营利性项目的决策,经常看到的是政府有形的手的干预,但是环境保护协调等非营利性的公共事务,政府却被产值、盈利和税收等市场信号所牵引。这种职能错位是长江经济带各地方政府积极追求重化工业布局的内在的体制原因。实现向"强市场"转型,坚定不移地发挥市场配置资源的决定性作用,就是要使政府逐步退出营利性活动领域,让分散的企业、社会和民众成为市场活动的主体,让其成为创造社会财富的主要力量。而政府的作用则要通过划定竞争领域、保护市场主体的合法权益和公平竞争等活动体现出来,以此激发社会财富创造主体的积极性和主动性,增强经济发展的内在动力。"强市场"会不会导致公共事务的市场化? 会不会导致企业用市场原则入侵公共领域? 其实在政府职能边界清晰的前提下,这些都不应该是我们担心的现实问题。

三是在实现"强市场"的基础上,让"强政府"成为公共领域而非市场赢利领域的有效主体,成为强有力的公共产品提供者。对长江经济带的协调发展来说,重点目标要放在对长江经济带实现高质量发展的"外部性"协调这方面。各地政府要在跨江发展、飞地经济、港口整合、通关一体化等区域合作机制方面有所创新和突破,总体上需要综合性的政府管理机构与系统性的政策支撑,需要在区域与部门之间建立有效的协调机制,需要突破区域市场一体化的行政壁垒制约,建设流域开发管理的法律法规保障等。为此,首先需要那些超脱地方本位利益、专职于公共责任的"强势政府"的发展管理体制机制的保障,在此基础上才可能成立长江经济带开发管理委员会,建立多层次协调平台与机构,促进市场一体化发展,实行多样化的生态补偿模式,等等。

总之,在中央对长江经济带新定位、新使命的要求下,这个区域将成为我国新时代贯彻五大发展理念、推进经济高质量发展的样板,成为实现"绿水青山就是金山银山"的试验田,成为引领我国经济高质量发展的生力军,成为构建现代化经济体系的主引擎。

参考文献

[1] 曹智杰,陈永宁.推进长江经济带一体化建设的发展战略及对策研究[J].宏观经济研究,2000(3).

[2] 陈启斐,巫强.国内价值链、双重外包与区域经济协调发展:来自长江经济带的证据[J].财贸经济,2018(7).

[3] 打造高质量发展的黄金经济带(卷首语)[J].小康,2018(14).

[4] 段学军,邹辉,王磊.长江经济带建设与发展的体制机制探索[J].地理科学进展,2015(11).

[5] 付保宗.长江经济带产业绿色发展形势与对策[J].宏观经济管理,2017(1).

[6] 黄成,吴传清.长江经济带综合立体交通走廊绿色发展研究[J].区域经济评论,2018(5).

[7] 刘志彪.长三角区域合作建设国际制造中心的制度设计[J].南京大学学报(哲学·人文科学·社会科学),2005(1).

[8] 刘志彪.区域一体化发展的再思考——兼论促进长三角地区一体化发展的政策与手段[J].南京师大学报(社会科学版),2014(6).

[9] 孙久文,张可云,安虎森,等."建立更加有效的区域协调发展新机制"笔谈[J].中国工业经济,2017(11).

[10] 习近平.在深入推动长江经济带发展座谈会上的讲话[EB/OL]. http://www.xinhuanet.com/politics/leaders/2018-06/13/c_1122981323.htm.

[11] 佚名.打造高质量发展的黄金经济带(卷首语)[J].小康,2018(14).

空间自相关性与长三角区域一体化发展的整体推进[①]

张安驰　范从来

一、研究背景

长三角作为我国开放程度高、经济实力强、要素流动活跃的地区,其区域一体化发展于2018年正式上升为国家战略。孟庆民(2001)将"经济一体化"定义为不同空间经济主体之间为了生产、消费、贸易等利益的获取,在商品流动中产生市场一体化的过程。部分学者认为区域间的贸易流量、价格水平差(物价、汇率、利率)、劳动力流动、交通设施、语言多样性是影响区域经济一体化的因素(Kumar, 1994; Naughton, 1999; Poncet, 2003;刘生龙和胡鞍钢,2011;石林等,2018;丁从明等,2018)。蔡进丁(1995)在研究了区域经济统合的模式和特性后认为,随着区域经济一体化程度不断加深,要素流动的形式会逐渐从商品流动转变为资本流动,故而把握资本流动的方向与规模是认识区域经济一体化的关键。Feldstein & Horioka(1980)通过构建"跨期—储蓄模型"(F-H检验法),研究表明一国的储蓄率与投资率之间的相关度越高,则国家间资本流动性越小,与周边地区的经济联系越弱。当储蓄率与投资率的相关度越低时,资本流动性越高,与周边地区的经济一体化程度越高。

根据上述分析,经济一体化的一个特征是通过要素充分自由流动,使地区间经济联系逐步增强。但要素流动的结果不应是使中心城市产生"极化效应",而应产生"涓流效应",即中心城市的经济能量能够向外扩散,使整个地区经济收敛增长。如潘文

[①] 基金项目:教育部人文社会科学重点研究基地重大项目"长江三角洲全面建设小康社会中的共享发展研究"(编号:城镇16JJD790024)。

卿(2012)认为消除不同省区间的市场壁垒,加速一体化进程有利于扩大地区经济增长的空间溢出效应。宣昌勇、张纪凤(2017)的研究表明经济一体化的重点在于促进区域经济的共同发展以实现区域经济的收敛增长。近年来,内外环境的变化使长三角城市经济合作模式发生改变,但区域内城市经济发展水平仍呈现"东强西弱"的特征。要实现长三角一体化发展的整体推进,应在理清长三角一体化进程及影响因素的基础上,加快打造以南京为首的长三角西部增长极,通过合适的经济路径将上海的经济能量向西传导,以更好辐射安徽苏北地区。

本文第二部分运用 Moran 检验测定长三角整体区域经济发展水平空间自相关性的变化规律,结合经济周期分析原因。进而详细测算长三角各城市经济发展水平的局域空间自相关性。第三部分将构建一个条件收敛的动态空间计量模型,按经济发展水平空间自相关性变化的时间节点检验长三角城市经济发展的联系程度与经济增长是否收敛。进一步通过城市群分析与路径检验,寻找打造长三角西部增长极的合适路径。第四部分为结论与政策建议。

二、城市经济的空间自相关性

通常在空间经济学中,可以通过莫兰指数法(Moran I)、吉尔里指数法(Geary)以及 Getis-Ord 指数法等方法检验城市经济的空间自相关性。考虑到莫兰检验运用最广泛,本文首先采用莫兰指数验证长三角内部经济发展水平的空间自相关性。

莫兰指数分为"全局莫兰指数 I"与"局部莫兰指数 I_i",前者考察的是整个区域的空间自相关性,后者考察的是某一个体与周边区域的空间自相关性,计算方式如下:

$$I = \frac{\sum_{i=1}^{n}\sum_{j=1}^{n}W_{ij}[x_i - \bar{x}(x_j - \bar{x})]}{S^2 \sum_{i=1}^{n}\sum_{j=1}^{n}W_{ij}} \tag{1}$$

$$I = \frac{x_i - \bar{x}}{S^2}\sum_{i=1}^{n}W_{ij}(x_i - \bar{x}) \tag{2}$$

其中,x_i 和 x_j 分别表示第 i 和第 j 空间单元的经济发展水平,刘夏明(2004)在比较生产总值、国民可支配收入、物质产品和消费支出等指标后认为,较长一段时期的人均GDP是验证地区间经济差距演变趋势的较好指标。本文沿用其思想采用各城市人均GDP进行检验;为样本方差 $S^2 = \dfrac{\sum_{i=1}^{n}(x_i - \bar{x})}{n} W_{ij}$ 为空间权重矩阵,用来度量区域之间的空间关系,一般而言,有空间邻接矩阵和空间逆距离矩阵两种设置方式:

$$W_{ij}(邻接) = \begin{cases} 1, & 城市\ i\ 与城市\ j\ 邻接 \\ 0, & i=j\ 或城市\ i\ 与城市\ j\ 不邻接 \end{cases} \quad (3)$$

$$W_{ij}(距离) = \begin{cases} \dfrac{1}{D_{ij}}, & i \neq j \\ 0, & i=j \end{cases} \quad (4)$$

如(3)、(4)式,在空间邻接矩阵中,若城市 i 与城市 j 相邻,则取1;若不相邻,则取0,在空间距离矩阵中,D_{ij} 表示城市 i 与城市 j 几何中心间的球面距离,一种通常的处理方式为取距离之倒数作为空间权重(陈强,2014)。对于二者的区别,陈彦光(2009)的研究指出,选择合适空间矩阵的前提是明确空间相互作用的特征。邻接矩阵为典型的局域性关联,即一个地理区域仅仅与相邻的区域发生作用,而对间隔的区域没有直接影响。距离矩阵更多表示长程关联,即任意距离的两点都发生相互作用,距离越近,相互作用的程度越强。显然长三角城市经济发展水平的空间自相关性更符合长程关联的特征,故本文使用空间逆距离矩阵进行研究。

本研究首先使用Stata14.0软件,对长三角地区经济发展水平的空间自相关性进行检验,再描绘Moran散点图对长三角城市进行局部检验,长三角全局Moran I指数如表1所示。

表1 2002—2017年长三角全局Moran I指数

指标	2002	2003	2004	2005	2006	2007	2008	2009
Moran I	0.217***	0.219***	0.216***	0.223***	0.226***	0.230***	0.232***	0.220**
GDP实际增速	9.1%	10.0%	10.1%	11.4%	12.7%	14.2%	9.7%	9.4%
指标	2010	2011	2012	2013	2014	2015	2016	2017
Moran I	0.208***	0.199***	0.195***	0.190***	0.204***	0.208***	0.229***	0.225***
GDP实际增速	10.60%	9.50%	7.90%	7.80%	7.30%	6.90%	6.70%	6.80%

注:***、**、*分别表示在1%、5%与10%的统计水平上显著。表5、表6同。

如表1所示,长三角经济全局Moran I指数均为正且在1%的水平显著。结合经济周期来看,2002—2008年为经济的高速增长期,同时也是长三角全局空间自相关性逐步增强的阶段,自2001年中国加入WTO以来,长三角一体化发展迎来了新的机遇。制造业的生产部分逐渐向中国沿海地区转移,外资大量进入长三角地区,并形成中国总部、研发中心在上海,生产基地在长三角其他城市的"前店后厂"格局,旧模式下长三角各城市分工明确,空间自相关性逐步加强。2009—2013年,我国逐渐进入经济换挡期,经济增速下降,长三角其他城市依靠"工厂经济"已无法实现高质量增长。原来在经济高速发展中被掩盖的行政壁垒与产业同质化等问题开始凸显,长三角全局空间自相关性在此时期下降明显,由2008年0.232的高点跌落至2013年的0.190。2014—2017年,经济进入新常态时期,Moran I指数又逐渐回升。长三角政府间以联席会议办公室、重点合作专题组、城市经济合作组为执行层的"三级运作"协调机制逐步形成,旅游合作、科技资源共享等市场合作机制不断完善,园区平台合作、专利转让平台建设等合作机制也在稳步推进(张学良等,2019)。长三角地区逐渐从旧时期依靠外资"前店后厂"式的一体化,走向新时代创新驱动更高质量的一体化。

为了更加细致地考察长三角城市之间的局部空间自相关性,本文选择描绘Moran散点图进行说明,这么做的原因在于Moran I值对应着多种可能性,其中Moran I值为正代表观测城市的经济发展水平高,且周边城市经济发展水平也高("高—高"类型),或观测城市的经济发展水平低,且周边城市经济发展水平也低("低—低"类型),是经济发展水平空间正自相关的两种不同可能。Moran I值为负代表观测城市的经济发展水平高,但周边城市经济发展水平低("高—低"类型),或观测城市的经济发展水平低,但周边城市经济发展水平高("低—高"类型),是经济发展水平空间负自相关的两种不同可能。Moran散点图以z为横坐标,表示标准化后空间单元本身的观测值;Wz为纵坐标,表示该空间单元的空间滞后因子,即相邻单元标准化后观测值的平均值。横—纵坐标将空间分解成4个象限,其中观测值落入第1、2、3、4象限分别对应该区域为"高—高""低—高""低—低""高—低"四种类型,Moran散点图如图1所示。

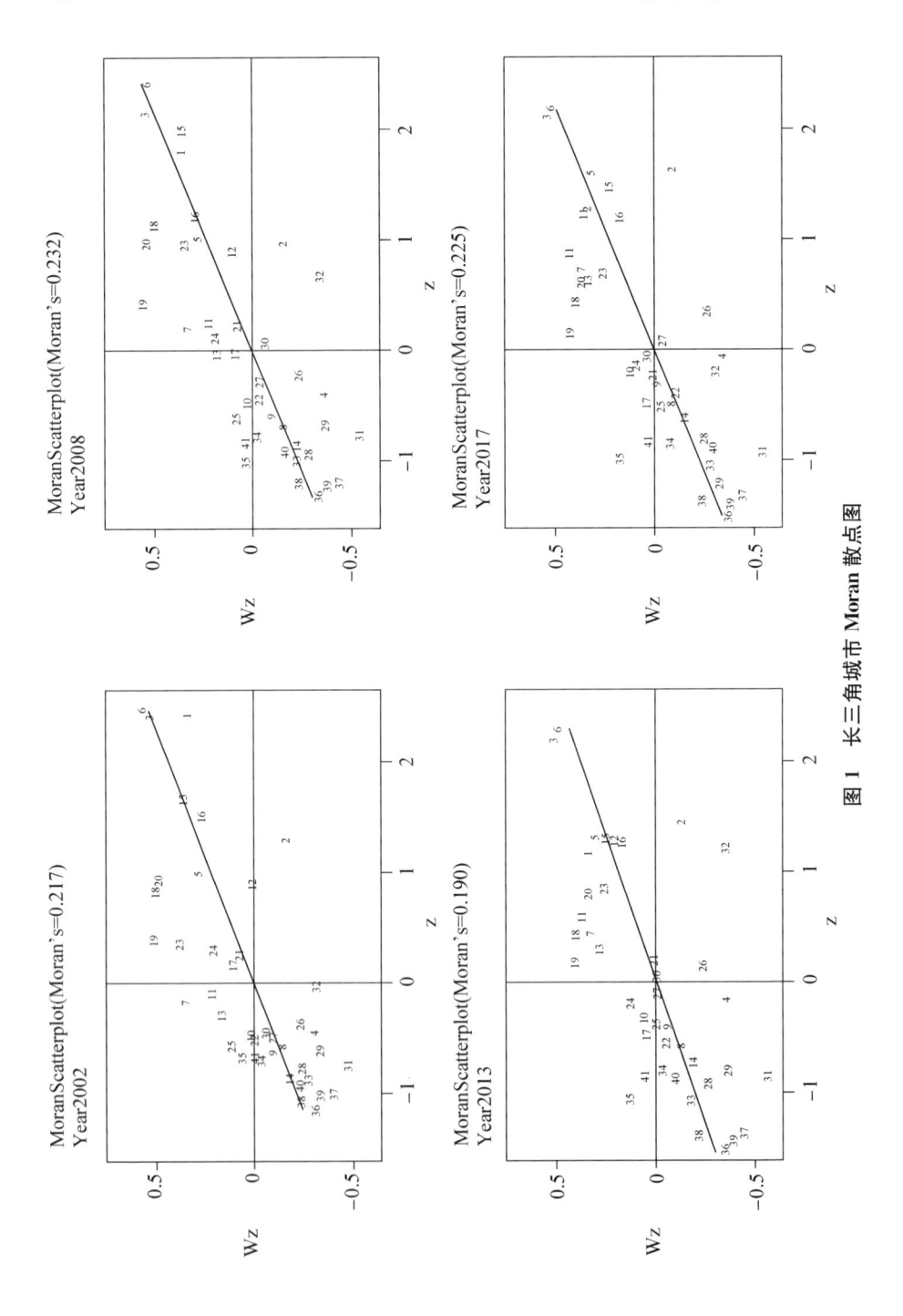

图 1 长三角城市 Moran 散点图

本研究选择样本期初期末(2002年、2017年)以及上文研究所得的两个极值所在年份(2008年、2013年)为四个时间节点,分别做出长三角城市的Moran散点图,其中1表示上海,2~14表示江苏城市,分别为南京(2)、无锡(3)、徐州(4)、常州(5)、苏州(6)、南通(7)、连云港(8)、淮安(9)、盐城(10)、扬州(11)、镇江(12)、泰州(13)、宿迁(14);15~25表示浙江城市,分别为杭州(15)、宁波(16)、温州(17)、嘉兴(18)、湖州(19)、绍兴(20)、金华(21)、衢州(22)、舟山(23)、台州(24)、丽水(25);26~41表示安徽城市,分别为合肥(26)、芜湖(27)、蚌埠(28)、淮南(29)、马鞍山(30)、淮北(31)、铜陵(32)、安庆(33)、黄山(34)、滁州(35)、阜阳(36)、宿州(37)、六安(38)、亳州(39)、池州(40)、宣城(41),将图1进行整理,得到表2。

表2 样本期内各城市象限分布及变动情况

样本期内象限变化	城市
第一象限(高—高)	上海、无锡、常州、苏州、镇江、杭州、宁波、嘉兴、湖州、绍兴、舟山
第二象限(低—高)	盐城、丽水、滁州、宣城
第三象限(低—低)	徐州、连云港、宿迁、芜湖、蚌埠、淮南、淮北、安庆、阜阳、宿州、六安、亳州、池州
第四象限(高—低)	南京
第一象限→第二象限	温州(2008)、金华(2009)、台州(2010)
第二象限→第一象限	南通(2006)、扬州(2005)、泰州(2009)
第二象限→第三象限	衢州(2016)、黄山(2016)
第三象限→第二象限	淮安(2012)、马鞍山(2014)
第三象限→第四象限	合肥(2011)
第三→第四→第三象限	铜陵(2004、2016)

注:括号内年份为该城市象限变动的时间。

可以发现,上海、无锡、常州、苏州、镇江、杭州、宁波、嘉兴、湖州、绍兴、舟山在样本期内属于第一象限,即自身与周边地区经济发展水平都较高。这些城市基本位于以上海为核心的长三角东部地区,与"上海2035"规划中的上海大都市圈成员高度重合,是长三角一体化的直接得益者。盐城、丽水、滁州、宣城在样本期内始终位于第二象限,自身经济发展水平较低但周边地区发展势头良好,这些城市受周边城市经济发展带动的可能性较大,具有一定的后发优势。安徽、苏北的大部分城市位于第三象限,即自身经济发展水平较低,且周边城市发展水平也不高,属于短期内无法直接带动区域。笔者认为应加快打造长三角西部增长极,将上海的经济能力通过南京等长三角西部地区核心城市辐射出去,让后进城市完成第三象限→第二象限→第一象限的转变,实现长三角一体化的整体推进。

南京是长三角所有城市中唯一在样本期内始终处于第四象限的城市,为"高一低"类型,即自身经济发展水平较高,但周围地区经济发展水平较低,与周边地区存在空间负自相关,说明南京明显存在"中心城市功能不足"的问题。关注南京的横坐标可以发现,南京的经济发展经历了先回落再上升的阶段,特别是在2008—2017年进入属于南京的高速增长期,期间淮安与马鞍山分别在2012、2014年由第三象限跨入第二象限,说明南京展现出愈发强大的经济活力,虽然暂时还未能带动淮安、马鞍山进入第一象限,但南京在长三角区域一体化中逐渐起到了愈发积极的作用。同时,南京腹地东部的经济发展水平明显优于腹地西部,东部镇江、扬州很早便进入第一象限,但是西部芜湖、宣城等城市自身经济发展水平仍然较低。参差不齐的发展现状既不利于南京的发展,也不利于上海经济能量的向西辐射。南京处于苏皖交界处,为长三角一市三省的地理中心,是东长三角地区经济能量向西传导的关键节点。要实现长三角的经济一体化发展,就绝不能忽视南京的重要作用。

长三角南部地区经济呈现相对衰退态势,温州、金华、台州分别与2008、2009、2010年由第一象限退回至第二象限,与我国经济"换挡"的时间高度吻合。体现了浙江南部城市从劳动密集型的轻工业向技术密集型产业转型升级的迫切性,在此过程中,浙江南部城市应进一步对接北面大上海都市圈,依靠第一象限地区的经济能量融合发展。同时,由于温州、金华、台州等城市的相对衰退,邻近后进城市也受到了影响,衢州、黄山于2016年同时从第二象限转移至第三象限,呈现出自身与周边经济发展水平都较低的特征。

合肥于2011年从第三象限逐渐进入第四象限,由"低—低"类型转变为"高—低"

类型,体现了合肥21世纪以来经济实力的迅速提升,但自身发展并没有带动周边地区的发展,周边地区经济发展水平仍较低。

总体而言,长三角经济发展"东强西弱"的特点较为明显,就经济路径而言,长江以南的沪宁合经济带、G60科创走廊经过城市发展较好。同时,苏中地区呈现明显的崛起态势,苏中地区扬州、南通、泰州三市从期初的第二象限(低—高),分别于2005年、2006年、2009年跨入第一象限(高—高),与周边城市的经济发展水平呈现空间正自相关。在良好的发展势头下,苏中地区与上海、南京等中心城市的联系日益紧密,随着交通设施与产业结构等因素的变化,未来区域内可能孕育出长三角承东启西发展的新路径。

综上所述,本节通过Moran I 指数检验了长三角整体以及各城市经济发展水平的空间自相关性。本文将进一步构建空间计量模型,检验长三角经济一体化的推进情况,并对区域内主要城市群以及可能存在的经济传导路径进行检验分析。

三、长三角区域一体化的进程及影响因素分析

1. 模型设定

当区域内城市经济联系不断增强时,区域内部可以通过上海等中心城市的溢出效应,实现区域经济发展的收敛,此谓一体化发展的整体推进。增长理论中经济收敛指落后地区经济体在人均产出增长率等项目上比发达地区经济体以更快的速度增长,整个区域内经济呈现收敛发展趋势。一般形式的 β 收敛检验方程为:

$$\ln y_{i,t+T} = \theta + \beta \ln y_{it} + v_{it} \tag{5}$$

式中,U_{it} 为扰动项,反映系统所受暂时性的冲击。一般假定 U_{it} 在不同经济个体之间是独立分布的,均值为零。β 为收敛系数,$\beta<0$,则系统内经济体间呈现 β 收敛。β 值越小,收敛性越强。考虑到使用空间计量模型比普通计量模型更能说明区域一体化的空间特征,本文参考王钺、白俊红(2016)的模型构建方式,构建一般形式的条件 β 收敛空间计量模型进行分析。

$$\begin{cases} Y_{it} = \tau Y_{i,t-1} + \rho W Y_{it} + \beta \ln perGDP_{it-T} + \delta W X_{it} + X_{it}\theta + \varepsilon_{it} \\ 其中, Y_{it} = \dfrac{\ln(perGDP_{it} - perGDP_{i,t-T})}{T} \\ \varepsilon_{it} = \lambda W_{\varepsilon_{it}} + v_{it} \end{cases} \quad (6)$$

其中,ρ 与 λ 分别为被解释变量与误差项的空间相关系数,表示区域内相邻地区经济发展的互相影响程度,其中 ρ 又称为空间滞后系数或空间溢出系数,作为衡量城市间经济联系程度的参数,为本文的重点关注对象,其数学含义如下:

$$Y_i^* = Y_i + \rho \sum_{m=1}^{n} \omega_{it} Y_{it}^* \quad (7)$$

式(7)中 Y_i^* 为第 i 地区的有效经济增长,其变动来源于自身经济增长 Y_i 与周边地区经济增长对 i 地区的带动作用。ρ 值越大,说明区域内城市经济发展的相互联系越紧密,经济关联性越强。

Y_{it} 表示经济的期内增长率,本文参照 Solow(1956)的设定取 $T=1$,以经济的当期增长率作为被解释变量进行研究。δ 为邻近地区自变量对本地区的影响系数;β 为空间收敛系数,若 $\beta<0$,表示收敛,说明区域内部经济一体化程度升高,$\beta>0$ 表示发散,说明区域内部经济差距呈扩大趋势;W 为空间距离权重矩阵;ε_{it} 与 u_{it} 均表示随机误差项。

通常而言,城市的经济发展水平,可能受区域内部整体经济环境的影响,还可能与周边地区经济活动所带来的某些不可观测的随机冲击相关。鉴于此,多数文献会使用静态空间自回归模型(SAR 模型,$\tau=\lambda=\delta=0$)或空间误差模型(SEM 模型,$\tau=\rho=\delta=0$)两种静态空间计量模型进行研究,考虑到相较于静态分析,动态分析更能系统刻画出经济运动的全过程,从而揭示经济运动的规律性,本文最终选择动态 SAR 模型 $\lambda=\delta=0$ 进行分析。

2. 变量说明与数据来源

影响区域一体化的关键变量一般可以分为资本流动、城市特征、政府力量三大类,考虑到数据的可得性。本文以物质资本流动率(K)与实际利用外资比例(fdi)代表资本流动情况;以交通设施($road$)与产业结构(sec,thi)代表城市特征;以政府财力(fin)与政府权力($power$)代表政府力量,各变量具体含义如下:

物质资本流动(K),要获得城市资本流动数据,首先需要理清各城市资本存量。一直以来,由于数据可得性问题,地级市层面的研究无法像省级层面一样采用资本形成总额作为代理变量,导致分析地级市层面资本流动情况非常困难。在早期文献中,王小鲁(2000)曾利用"全社会固定资本投资"代表地区投资水平。单豪杰等(2008)认为相比全社会固定资产投资额与固定资本形成总额,新增固定资产投资额可以较好地代表地区投资水平。基于此,本文参照刘常青等(2017)的计算方法,利用永续盘存法构建如下方程测算各城市的资本存量。

$$K_z = K_{t-1}(1-\delta) + I_t^* p_t^* \tag{8}$$

$$I_z^* = (I_t + I_{t-1} + I_{t-2})/3 \tag{9}$$

$$K_0 = I_0 \left(\frac{1-\delta}{1+g}\right) \tag{10}$$

其中,I_t^*为城市新增固定资产投资,取前三年平均值得到。价格指数p_t^*使用省级层面建筑安装工程、设备工具器具购置和其他费用进行加权平均获得。建设周期设定为三年,与新增固定资产投资中的时间设定一致。计算折旧率δ时将其他费用摊入前两类资本品,然后根据计算固定资产投资价格指数时所用的建筑安装工程(折旧年限设定为38年)和机器设备(折旧年限设定为16年)的历年比重对两种折旧率进行加权,得到分地区历年折旧率。其中残值率设定为5%[1]。K_0为基期资本存量,由Reinsdorf & Cover(2005)推算的基期资本存量公式进行计算,g是不变投资的年平均增长率。

估算出各城市资本存量后,本文依照王钺、白俊红(2016)的方式,计算出2002—2017年间长三角各城市的资本存量占地区比重的变动,并以此为依据来衡量各省区的年度资本流动情况。

实际利用外资(fdi),长三角作为沿海开放地区,不能忽视外资对地方经济发展的促进作用。本文采用各城市外商直接投资占国内生产总值比重作为控制变量,对外直接投资数据按当年期末美元对人民币汇率调整成人民币计价。

---

[1] 折旧年限与残值率设定方法与刘常青(2017)一致。

交通设施(road),刘生龙、胡鞍钢(2011)的研究表济明交通基础设施的改善对区域经济一体化有促进作讨用。本文参照丁博等(2019)的变量构建方法,采用各城市每平方公里内公路公里数来衡量地区交通基础设施水平。

产业结构(sec、thi),产业结构的升迁对缩小地区间差距有重要的作用。王士香(2019)的研究认为不同产业结构会影响地区的投资能力。同时,落后地区有更强的意愿调整产业结构,但是发达地区更容易吸引高端产业落户。由于先进技术设备集中投资在第二和第三产业,因此本研究选用各城市第二产业增加值占国内生产总值的比重(sec)与第三产业增加值占国内生产总值的比重(thi)作为衡量各城市产业结构的指标。

政府力量变量包括政府财力(fin)与政府权力(power),其中,政府财力为城市当年一般公共预算收入与国内生产总值的比值,表示城市单位产出的财力支撑。政府权力用城市一把手主官的级别表示,一般而言,如果城市主官拥有更高级别或党内地位,他将能够调动更多资源,为城市谋求更大发展空间。故本文设置虚拟变量power,其中power取1,表示城市主官在当年由省委常委兼任,且时间在6个月以上。power取0,表示该城市主官在当年不由省委常委兼任。

在2016年《长江三角洲城市群发展规划》中,长江三角洲范围为江浙沪皖26个城市。其余城市被划入"泛长三角"区域。但据国家相关规划,长江三角洲区域将进一步扩展至一市三省41个城市,故而本文选取2002—2017年长三角全部41个城市的面板数据作为样本进行研究分析。数据主要来源于一市三省统计年鉴、地级市和县级市相关年份统计公报、CEIC数据库、Wind数据库、中经网统计数据库以及中国统计信息网。并对以上相关数据做了相应处理。一是行政区划调整问题,由于2011年撤销地级巢湖市,新设立县级巢湖市,原地级巢湖市所辖的一区四县分别划归合肥、芜湖、马鞍山三市管辖。本文将巢湖2010年以前有关数据在县级市层面分别与三个地级市进行合并处理。二是在数据处理时,对于少数缺失数据,本文使用线性插值法进行补全。对于非比例的指标数据均进行了对数化处理,变量的描述性统计如表3所示。

表3 变量描述性统计(N=41)

变量	单位	平均值	标准差	最小值	最大值
经济增长情况(Y)	/	1.136 3	0.085 2	0.615 2	1.505 4
经济发展水平(per GDP)	亿元	41 865.13	32 419.52	2 348	162 388
资本流动率(K)	/	0.024 4	0.030 2	0.002 3	0.336 7
利用外资比例(fdi)	/	0.030 6	0.024 4	0.000 1	0.201
交通设施($road$)	/	1.133 7	0.445	0.253 1	2.249 1
第二产业比重(sec)	/	0.491 2	0.085 7	0.218 5	0.747 3
第三产业比重(thi)	/	0.395 5	0.070 9	0.233 7	0.697 8
政府财力(fin)	/	0.078 6	0.028 4	0.022 3	0.227 3
政府权力($power$)	/	0.154	0.361 2	0	1

3. 实证结果与分析

由于动态SAR为联立方程系统,如果进行OLS估计容易产生联立方程偏误(Simultaneity bias),故本文使用极大似然法(MLE)进行估计。经Hausman检验后选择固定效应,为了减少潜在不随时间和个体变化的非观测因素所产生的内生性问题,本文采取时间个体双固定的形式进行回归。

(1) 分时段长三角空间回归。本文选择分时段回归,按Moran检验中得到的时间节点,将样本期分为2002—2008年的城市经济发展水平相关性上升期;2009—2013年的相关性下降期以及2014—2017年的相关性回升期。其整体回归结果如表4所示。

表4 分时段长三角空间回归结果

变量	2002—2017	2002—2008	2009—2013	2014—2017
ρ	3.440*** (0.000)	3.309*** (0.000)	−0.561 (0.350)	3.208*** (0.000)
β	−0.057*** (0.000)	−0.084** (0.012)	−0.341*** (0.000)	−0.971*** (0.000)

(续表)

变量	2002—2017	2002—2008	2009—2013	2014—2017
L_1, Y	0.072*** (0.000)	0.135*** (0.042)	0.223*** (0.121)	0.380*** (0.000)
K	−0.145 (0.499)	−0.077 (0.870)	−0.042 (0.962)	−6.617** (0.048)
fdi	−0.131 (0.585)	0.630 (0.171)	−1.017* (0.084)	−2.068 (0.291)
$road$	0.029* (0.087)	0.045 (0.110)	0.120* (0.079)	−0.083 (0.694)
sec	0.264 (0.116)	0.234 (0.322)	−0.820*** (0.000)	0.347 (0.803)
thi	0.236 (0.146)	0.129 (0.567)	−1.345*** (0.000)	2.912*** (0.003)
fin	0.412 (0.069)	0.343 (0.614)	0.815 (0.270)	−2.900*** (0.001)
$power$	−0.010 (0.670)	0.043*** (0.000)	—	−0.036 (0.192)

注：***、**、*分别表示在1%、5%与10%的统计水平上显著；括号内数值为 p 值。

由表4可知，样本期内长三角区域 β 收敛系数在1%的水平显著为负，区域呈现经济收敛发展态势，空间溢出系数显著为正，说明观测城市经济发展水平的提升可以显著地促进周围城市经济发展，长三角城市的经济联系紧密。分时段来看，2002—2008年空间溢出系数显著为正。同时，城市权力增大在该时期可以显著地促进经济增长，原因可能在于早年更高级别的城市主官往往可以在招商引资的竞争中胜出，从而为本地拉来更多的优质企业，促进城市的经济增长。值得关注的是，2009—2013年，空间溢出系数的显著性消失了，长三角城市间的经济联系不再紧密，核心城市对周边城市的带动作用减弱，发展"各自为政"，这与 Moran 检验此时期城市经济发展水平空间自相关性逐渐下降的结论保持高度一致。笔者认为这是由于在加入 WTO 的市场红利逐渐消失后，原有低技术、低附加值、无创新的产业已不再能够支撑城市的经济发展。中国在全球价值链中的提升也使长三角城市对外资的要求在不断提高。内外环境的变化打破了传统"前店后厂"的格局,然而一市三省间原本就存在的行政壁垒与诸侯经济问题没有得到改善,对高附加值产业的追逐造成的同质化发展加剧了城市间竞争,甚至出现"以邻为壑"的局面。控制变量组的系数也验证了这个猜想,2009—2013 年的回归结果表明外商投资与产业结构对经济发展甚至都呈现负效应,原有外资与产业结构已不能很好地促进本地区经济发展,长三角一体化进程进入转型期。2014—2017 年的空间溢出系数为 3.208,且在 1% 的水平显著,说明长三角城市间的经济联系重新变得紧密。经济收敛程度逐步提升,且在该时期到达峰值−0.971,长三角区域的整体收敛发展程度不断加强表明长三角一体化上升为国家战略是一种必然。同时,该时期第三产业规模的提升能够显著促进经济发展,一般预算收入占比对经济发展呈现负效应,说明长三角地区减税降费,减少土地财政依赖的重要性。城市权力对经济发展的促进作用消失,显示出近年来行政力量不再是影响长三角地区城市发展的重要因素。长三角地区正逐步从"前店后厂"的协同发展旧模式,走向长三角地区一体化高质量发展的新时代。

(2) 长三角东西两大都市圈发展情况分析。要真正实现长三角一体化发展的整体推进,不能忽视中心城市的重要作用,中心城市与其经济腹地的一体化发展,不能被行政区划粗暴割裂,应站在长三角一体化的大背景下通盘考虑。在 2016 年发布的《长江三角洲城市群发展规划》中,"一核五圈"的概念被首次提出。"一核"为长三角的龙头上海;"五圈"分别为包含宁镇扬三市的南京都市圈,包含杭嘉湖绍四市的杭州都市圈,包含合芜马三市的合肥都市圈,包括苏锡常三市的苏锡常都市圈以及包括甬舟台三市的宁波都市圈。"一核五圈"分为两个"阵营"。"上海 2035"规划中的上海大都市圈,囊括了杭州、宁波与苏锡常都市圈中的全部核心城市。可以说,这三个都市圈在各自发展的同时,也构成了上海的经济腹地。另外,南京、合肥相对远离上海,有条件构成相对独立的城市群。宁合地理相近、地缘相亲,在马芜一带的经济腹地高度重合,"规划"中也明确要求南京都市圈与合肥都市圈进行融合发展,形成长三角西部都市圈。与合肥相比,南京对周边地区有着更强的辐射带动作用,南京应以国家中心城市的担当,在省内实现宁镇扬同城化发展,省外与合马芜深度融合,双元推进打造长三角西部增长极。

2018年,上海大都市圈常住人口为8 554.2万人、生产总值达116 772.8亿元、一般预算公共收入达6 064.8亿元,分别是以南京为首的长三角西部都市圈的2.8、4.9和3.3倍。长三角东强西弱的发展现状,一个重要成因在于中心城市与其经济腹地的发展。本文进一步通过实证检验了两大都市圈经济发展的空间格局,结果如表5所示。

表5 长三角城市群空间回归结果

变量	上海大都市圈 系数	上海大都市圈 P值	长三角西部都市圈 系数	长三角西部都市圈 P值
ρ	6.254***	0	1.098	0.218
β	−0.123***	0.001	−0.049	0.151
$L_1.Y$	0.073*	0.064	0.13	0.122
K	−0.021	0.961	1.01	0.59
fdi	0.055	0.911	−0.388	0.241
$road$	0.071***	0	0.011	0.805
sec	0.434*	0.059	−0.436*	0.073
thi	1.032***	0	−0.520*	0.058
fin	−0.328	0.657	0.018	0.982
$power$	—	—	0.012	0.527

样本期内上海大都市圈β收敛系数在1%的水平上显著为负,表明区域内部收敛性在不断增强,上海与都市圈内其他城市的经济发展差距呈缩小态势。长三角西部都市圈的β收敛系数在样本期内不显著,表明南京等核心城市与周边地区经济发展没有收敛关系。上海大都市圈的空间溢出系数显著为正,说明上海大都市圈城市的经济联系较强,一体化发展态势明显。长三角西部都市圈空间溢出系数在样本期内不显著,体现出南京等核心城市的经济发展没有显著的溢出效应,不能很好地带动其他地区的经济发展。种种迹象表明,长三角西部都市圈与上海大都市圈相比,无论

(3) 长三角经济能量向西传导的路径。故要打破长三角"东强西弱"的格局,改变上海对安徽、苏北地区"鞭长莫及"的现状,应充分利用可能存在的经济路径,联通起上海大都市圈与长三角西部都市圈,打造以南京为首的长三角西部增长极。通过长三角西部核心城市的"涓流效应",辐射带动长三角西部后进地区的发展,实现长三角一体化发展的整体推进。

长期以来上海的经济能量向西入徽的路径主要存在于长江以南区域,包括沪宁合通道与2018年提出的G60科创走廊(北线)。由上文Moran检验可以发现,苏中地区南通、泰州、扬州等城市展现出了越来越活跃的经济动能,北沿江通道作为沿江经济带的重要组成部分,不能忽视其连接上海与南京两大中心城市的重要作用。故本文进一步将长三角经济能量向西传导路径的两片主要区域进行回归,探究长江以南以北路径区域的经济发展空间格局,回归结果如表6所示。

表6 长三角东西向经济路径区域的回归结果

变量	长江以南路径区域		长江以北路径区域	
	系数	P值	系数	P值
ρ	8.261***	0	9.265***	0.004
β	−0.081**	0.016	−0.015	0.599
$L_1.Y$	0.104**	0.044	0.154***	0
K	0.208	0.398	0.17	0.636
fdi	0.690**	0.041	0.811***	0
$road$	0.078***	0.005	0.012	0.673
sec	−0.546	0.207	−0.263	0.179
thi	0.04	0.904	−0.025	0.937
fin	−0.581	0.347	−0.207	0.605
$power$	—	—	—	—

由表6可知,样本期内长江以南路径区域发展较为成熟,其β收敛系数为负,区域整体呈现收敛发展。空间溢出系数为8.261,且在1%的水平显著,说明城市间经

济发展相互依赖,受邻近城市经济发展水平的影响较大,经济能量传导的路径是通畅的。长江以南地区沪宁通道与 G60 通道构成上海经济能量向安徽传递的重要路径,在长三角区域经济一体化中的作用不容忽视。同时,道路建设、利用外资能显著促进该片区的经济发展水平。长三角以南路径区域需进一步扩大开放,加大交通基础设施建设,打通省界断头路,加快产业升级转型,获得经济增长的新动能。

另一方面,苏中地区与上海、南京等中心城市的经济联系愈发紧密。样本期内空间溢出系数为 9.265,且在 1% 的水平显著,上海溢出的经济能量能够显著地带动苏中地区地发展,带动作用甚至强于长江以南区域,该结果验证了 Moran 检验中对苏中地区的预测。随着南通、泰州、扬州等地区逐步崛起,跨江公铁大桥等铁路设施不断完善,长江以北地区从需要被帮扶照顾的经济"塌陷"区,逐渐转变为与上海、南京等中心城市共同发展的经济"协同"区。上海向西长三角传递经济能量的方式,如今不仅可以向西南利用长江以南路径,向西北通过北沿江通道辐射长三角西部地区,也是一个较好的选择。

四、结论与政策建议

本文运用 Moran I 指数法对于长三角城市经济发展的相关性进行检验,进一步构建条件收敛动态空间计量模型,分时段分区域实证检验了 2002—2017 年间长三角一体化发展的整体推进情况,研究结果表明:

长三角城市经济发展水平存在显著的空间正自相关性,且呈现 2002—2008 年上升、2009—2013 年下降、2014—2017 年再上升的规律。具体而言,上海大都市圈内城市是长三角一体化的直接得益者,区域内基本为发达地区被发达地区包围的"高—高"类型;南京与周边地区存在显著的空间负自相关,为发达地区被后进地区包围的"高—低"类型;合肥经历快速发展期,从"低—低"格局步入"高—低"类型,但自身发展并未带动周边地区。分区域来看,长三角区域发展存在明显东强西弱的特征,苏中地区逐渐从"低—高"转变为"高—高"类型,从"后进"区域逐渐步入"发达"区域,体现出自身快速的成长性。浙南地区整体从"高—高"变为"低—高"类型,经济发展相对滞后。安徽、苏北城市多数属于"低—低"类型，自身经济发展与周边地区发展都较弱，短期想要带动发展较为困难，要将上海的经济能力传到长三角西部地区应首先建设好以南京为首的长三角西部增长极，利用南京等长三角西部地区中心城市的能力，辐射带动安徽、苏北等地区发展，实现长三角一体化整体推进的目标。

在样本期内，整体上长三角城市间经济联系较强，且为发达地区经济溢出的收敛型发展，说明长三角经济一体化整体推进的态势良好。分阶段来看长三角城市间的经济联系经历了强—弱—强的三个阶段，原因在于长三角城市经济合作的模式发生了改变。中国正经历从"世界工厂"到"创新中心"的身份转变，长三角内部的城市关系，也将逐步从"前店后厂"模式，走向"协作创新"新模式。长三角需要通过体制机制创新，克服行政壁垒所产生的诸侯经济等问题，避免产业的同质化竞争；需要通过产业协作，实现重点产业的升级转型与合理分工；需要通过扩大开放，引入高质量外资带动区域内相关产业，并进一步带动内陆地区的发展。长三角各城市应进一步深化合作，实现更高质量的一体化发展。

长三角东强西弱的问题，本质是由于东西两大城市群存在发展差距，上海大都市圈内城市经济联系愈发紧密，且经济发展呈收敛态势。但南京的中心城市功能稍显不足，长三角西部都市圈的城市经济联系较弱，未能很好地带动周边城市的发展，更无法带动西部长三角地区的其他城市。要使上海的经济能量不仅限于辐射上海大都市圈，需进一步加强长三角内部两大都市圈的联系，使上海的经济能量能够通过长三角西部都市圈，真正辐射到西长三角地区。

本文在整理沟通两大城市圈的路径后发现，包含沪宁合发展带、G60科创走廊的长江以南路径所在区域，内部城市间经济联系较强，是上海经济向西传导的优良路径。但更值得关注的是，长江以北的苏中地区与上海、南京等中心城市的经济联系愈发紧密，其构成的北沿江通道连接长三角东西两大都市圈，正逐渐形成长三角经济一体化发展的经济新路径，使上海经济能量向西通过南京传导至安徽区域有了新的选择，为长三角经济一体化发展的整体推进提供了有力支撑。

鉴于此，地方政府应树立"一体化"意识和"一盘棋"思想，利用沪宁合发展带、G60科创走廊等已有政策通道，充分发挥沪宁杭核心区基础设施发达、资本流动活跃的优势,将上海的经济动能向长三角西部地区引导。同时,不能忽视江苏长江以北地区所展现出愈发强大的经济活力。充分利用北沿江通道,加快交通基础设施的互联互通,承接中心城市的产业转移与要素流动,与上海、南京等城市共享发展。江苏长江以北地区作为长三角内部承东启西的新动脉,应更加积极主动地参与到长三角经济一体化建设中来。

参考文献

[1] 蔡进丁.全球经济未来[M].台北:书华出版公司,1995.

[2] 陈强.高级计量经济学及 Stata 应用[M].北京:高等教育出版社,2014.

[3] 陈彦光.基于 Moran 统计量的空间自相关理论发展和方法改进[J].地理研究, 2009(6).

[4] 丁博,曹希广,邓敏,等.生产性服务业对制造业生产效率提升效应的实证分析——基于中国城市面板数据的空间计量分析[J].审计与经济研究,2019(2).

[5] 丁从明,吉振霖,雷雨,等.方言多样性与市场一体化:基于城市圈的视角[J].经济研究,2018(11).

[6] 刘常青,李磊,卫平.中国地级及以上城市资本存量测度[J].城市问题,2017(10).

[7] 刘生龙,胡鞍钢.交通基础设施与中国区域经济一体化[J].经济研究,2011(3).

[8] 刘夏明,魏英琪,李国平.收敛还是发散?——中国区域经济发展争论的文献综述[J].经济研究,2004(7).

[9] 孟庆民.区域经济一体化的概念与机制[J].开发研究,2001(2).

[10] 潘文卿.中国的区域关联与经济增长的空间溢出效应[J].经济研究,2012(1).

[11] 单豪杰.中国资本存量 K 的再估算:1952—2006 年[J].数量经济技术经济研究,2008(10).

[12] 石林,傅鹏,李柳勇.高铁促进区域经济一体化效应研究[J].上海经济研究, 2018(1).

[13] 王士香,董直庆.高质量投资的区域异质性:经验证据与政策建议[J].学习与实践,2019(2).

[14] 王小鲁.中国经济增长的可持续性与制度变革[J].经济研究,2000(7).

[15] 王钺,白俊红.资本流动与区域创新的动态空间收敛[J].管理学报,2016(9).

[16] 宣昌勇,张纪凤.区域经济一体化与东亚经济增长——基于经济收敛效应的解析[J].江海学刊,2017(4).

[17] 张学良,林永然,孟美侠.长三角区域一体化发展机制演进:经验总结与发展趋向[J].安徽大学学报(哲学社会科学版),2019(1).

[18] FELDSTEIN M, HORIOKA C. Domestic Saving and International Capital Flows[J]. Economic Journal, 1980,90(358):314-329.

[19] KUMUR A. Economic Reform and the Internal Division of Labor in China: Production, Trade and Marketing[M]//GOODMAN D., SEGAL G. China Deconstructs: Politics, Trade and Regionalism. London: Routledge, 1994:99-130.

[20] NAUGHTON B. How Much Can Regional Integration Do to Unify China's Markets[M]. Stanford: The Stanford University Press, 1999.

[21] PONCET S. Measuring Chinese Domestic and International Integration[J]. China Economic Review, 2003, 14(1): 1-22.

[22] REINSDORF M, COVER M. Measurement of Capital Stocks, Consumption of Fixed Capital, and Capital Services[R] Santo Domingo: The Central American *Ad Hoc* Group on National Accounts, 2005:1-6.

[23] SOLOW R M. A Contribution to the Theory of Economic Growth[J]. Quarterly Journal of Economics, 1956, 70: 65-94.

产业关联、结对扶贫与区域协调发展：
对江浙沪及其帮扶地区的投入—产出分析

崔建刚　孙宁华

一、引　言

改革开放以来,在我国经济高速增长的同时,经济发展不平衡的区域性特征也越来越明显,形成了差距显著的东、中、西三大地带,这与我国全面、协调的发展目标是不相符的。针对我国东部地区和西部地区发展差距较大、贫困人口集中于西部地区的特点,我国于"八七扶贫攻坚计划"时期就提出了东西结对扶贫的构想,并从1996年开始正式付诸实施。2016年7月,习近平总书记在银川主持召开东西部结对扶贫座谈会上进一步强调,东西部结对扶贫和对口支援,是推动区域协调发展、协同发展、共同发展的大战略,是加强区域合作、优化产业布局、拓展对内对外开放新空间的大布局,是实现先富帮后富、最终实现共同富裕目标的大举措。东西部结对扶贫作为党中央落实到2020年消除农村贫困并继续推进区域协调可持续发展的重要举措之一,自开展以来,取得了丰硕的成果,也积累了一定的经验。但是,东西部结对扶贫仍存在与精准扶贫、精准脱贫要求不相适应的问题。一方面,地区之间协作扶贫的优势互补、互惠互利协作关系有待进一步加强,有些发达地区对落后地区还是以单向的"输血式"扶贫为主,落后地区的"造血"机制尚未具备。另一方面,西部落后地区普遍缺乏具有竞争力的能够支撑该地区发展的主导性产业,而东西部结对扶贫的产业转移还倾向于零散的、不系统的产业搬迁。充分发挥东部地区产业的带动作用,形成地区间优势互补的协作关系,显然对推动区域协调发展具有一定的积极作用。

回顾已有文献,学术界普遍认为我国区域经济发展的差异呈现阶段性扩大趋势①,即中西部地区经济增长速度不及东部地区经济增长的速度。影响区域经济发展不均衡的原因有多种,由于区位条件、资源禀赋、发展基础等原因存在发展不平衡,是几乎所有国家在发展过程中都不同程度存在过的现象。王小鲁和樊纲通过分析资本、劳动力、人力资本等生产要素在各地区间的配置和流动状况,认为生产率的差别和由此引起的资本流动是导致东西部差距扩大的主要因素。朱承亮等运用随机前沿模型分析中国1985—2007年经济增长效率,认为中国区域经济差异的原因在于较低的技术效率水平和由此导致的技术进步对经济增长较低的贡献率。陈长石等运用新的发展不平衡分解方法,通过对广东、辽宁等七个省份的分析,认为不同省份之间的发展不平衡程度差距较大,并且导致不同省份发展不平衡的空间因素差异明显,从行业分解结果来看,农业是影响省际发展不平衡的首要因素,而后是建筑业。覃成林等运用人口加权变异系数二重分解法,指出影响中国区域发展不平衡的最主要原因是四大区域间发展不平衡,其次是四大区域内发展不平衡,而更深层次的原因是四大区域间的产业发展差异大于其各自内部的产业发展差异。就产业而言,工业对中国区域发展不平衡影响最大,其次是其他服务业和批发零售及住宿餐饮业,金融业和房地产业的影响在增强。

近些年国内一些学者从区域空间溢出和产业关联等方面入手,探索区域经济之间的联系和带动作用。潘文卿和李子奈通过多区域投入产出模型,从最终产品对总产品的影响角度分析了长三角以及环渤海、珠三角对中国内陆地区经济发展的带动作用发现,三大增长极对内陆地区的增长效应只有10.9%,且主要集中在中部,对西部、东北、西南的增长带动力较小。吴福象和朱蕾通过对我国三大地带间的产业关联的溢出和反馈效应研究表明,我国东部地区对中西部的溢出效应不及后者对前者的显著,中部地区没有发挥区域经济的纽带作用,这在很大程度上限制了区域协调作用的发挥。潘文卿以新经济地理学模型为基础,通过计量发现空间溢出效应是中国地

---

① 通过梳理近年来我国各省份GDP的年度增长率,发现重庆、贵州、西藏等西部省份的经济增长速度连续几年处于前列,区域经济发展差异是否还呈现出阶段性扩大趋势,需要进一步论证。

区经济发展不可忽视的重要影响因素,市场潜能每增长1%,地区人均GDP增长率将提高0.47%,同时实证分析也发现这种空间溢出效应会随着地区间距离间隔的增加而减少。孙宁华和洪银兴认为发达地区率先发展可以通过扩散效应带动欠发达地区的发展,东部地区的劳动和资源密集型产业向中西部地区转移,有利于实现全国范围内快速、协调发展。他们以江苏省为例探索了东部地区如何在现代化过程中发挥"先试先行"的作用。覃成林和杨霞通过构建包含空间外溢的区域经济增长收敛模型分析指出先富地区通过经济增长的空间外溢带动了部分邻近的地区共同富裕,但这种带动作用的有效范围有限,而且其程度也存在差异。陆铭通过空间政治经济学视角,认为在区域发展方面,人口的自由流动有助于实现区域经济"在集聚中走向平衡",而朱江丽和李子联则认为我国东西部地区存在明显经济差距,深化户籍改革、促进人口流动会造成地区差距的进一步扩大。程进文和杨利宏认为提高我国中西部地区的空间关联性可促进地区均衡发展和提高空间效率。

以上研究对影响区域均衡发展的因素做了分析,并从东部、中部、西部、大经济区等层面来分析区域间的相互联系和影响,但是,上述研究以整体分析和邻近的区域分析为主,而且,所得到的相关结论也并不完全一致。然而,在现实经济活动中,发达地区对落后地区的结对扶贫作为推动区域均衡发展的重要方式之一,协作地区往往都是非地理邻近的。非地理邻近的发达地区对落后地区溢出效应是否明显,以及两地产业之间存在怎样的联系?基于此,本文尝试运用投入产出分析技术,以江苏、浙江、上海和对应协作帮扶的陕西、四川、云南为研究对象,以产业关联为突破口,通过比较分析苏陕、浙川、沪滇相互之间的溢出效应和反馈效应,对帮扶协作地区的交互关系进行实证分析,从而为我国东西部地区精准扶贫,进而为区域协调发展提供决策上的理论支持。

二、区域间投入产出模型框架

区域间投入产出模型首先是由 Isard 提出的,其前期基础是运用区域间商品和劳务流动情况,计算出各区域之间的数据流量,再与各区域投入产出模型相结合得到的模型。在此基础上，Miller 于 1963 年最早运用投入产出技术来测度不同地区间的经济反馈效应。他建立的两地区间投入产出模型为：

$$\begin{bmatrix} A^{11} & A^{12} \\ A^{21} & A^{22} \end{bmatrix} \begin{bmatrix} X^1 \\ X^2 \end{bmatrix} + \begin{bmatrix} Y^1 \\ Y^2 \end{bmatrix} = \begin{bmatrix} X^1 \\ X^2 \end{bmatrix} \tag{1}$$

其中，A^r 是区域 r 内的直接消耗系数矩阵，如矩阵 A^{11} 中元素 a^{11} 为区域 1 部门 j 生产出的单位产品对部门 i 产品的直接消耗数量；A^{tr} 为区域 t 与 r 之间直接消耗系数矩阵，如矩阵 A^{21} 中元素 a^{21} 为区域 1 部门 j 生产出的单位产品对区域 2 部门 i 产品的直接消耗数量；X^1、X^2 分别代表区域 1 和区域 2 的总产出；Y^1、Y^2 分别代表区域 1 和区域 2 的最终产品。式(1)中中间产品加最终产品之和即是总产品。

求解上述方程可以得到区域 1 和区域 2 的总产出为：

$$X^1 = [(I-A^{11}) - A^{12}(I-A^{22})A^{21}]^{-1}Y^1 + [(I-A^{11}) - $$
$$A^{12}(I-A^{22})A^{21}]^{-1}A^{12}(I-A^{22})^{-1}Y^2 \tag{2}$$

$$X^2 = [(I-A^{22}) - A^{21}(I-A^{11})A^{12}]^{-1}Y^2 + [(I-A^{22}) - $$
$$A^{21}(1-A^{11})A^{12}]^{-1}A^{21}(I-A^{11})^{-1}Y^1 \tag{3}$$

以区域 1 为例，式(2)中区域 1 的总产出被分解成了两个部分：第一部分是为满足本地区的最终需求而产出的总产品，包括本地区内不同部门间的相互作用效应以及本地区与其他地区间的相互作用效应；第二部分是为了达到区域 2 的最终需求而产出的总产品，它是地区 2 最终产出的变化对区域 1 总产出的一种溢出效应。

为了将区域内乘数效应、区域间溢出效应与反馈效应分解开，或者说清晰地考察它们之间的关系，Round 认为可以将区域 1 的 Leontief 逆矩阵提出，那么式(2)可以更改成：

$$X^1 = [I - (I-A^{11})^{-1}A^{12}(I-A^{22})^{-1}A^{21}]^{-1}(I-A^{11})^{-1}Y^1 + $$
$$[I - (I-A^{11})^{-1}A^{12}(I-A^{22})^{-1}A^{21}]^{-1}(I-A^{11})^{-1}A^{12}(I-A^{22})^{-1}Y^2 \tag{4}$$

简写为：

$$X^1 = F^{11}L^{11}Y^1 + F^{11}S^{12}L^{22}Y^2 \tag{5}$$

其中：

$$L^{11} = (I-A^{11})^{-1} \tag{6}$$

$$L^{22} = (I - A^{22})^{-1} \tag{7}$$

$$S^{12} = (I - A^{11})^{-1} A^{12} \tag{8}$$

$$F^{11} = [I - (I - A^{11})^{-1} A^{12} (I - A^{22})^{-1} A^{21}]^{-1} = (I - S^{12} S^{21})^{-1} \tag{9}$$

公式中 L^{11} 为区域1的 Leontief 逆矩阵，可用来测度区域内的乘数效应，它反映了区域内不同部门间相互影响的结果。由此可知，由乘数效应所带来的产出增加量只是区域1总产出增加量的一部分而非全部。因为区域1产出增加量除了区域内的乘数效应还有区域2对区域1的溢出效应和反馈效应。

S^{12} 为区域2对区域1的溢出效应的测度公式，其与区域2的总产出 $L^{22}Y^2$ 相乘即为区域2总产出的变化对区域1总产出变化的影响。

F^{11} 为区域1反馈效应的测度公式，区域1的反馈效应可看成是区域1总产出的变化通过影响区域2总产出的变化再反过来对区域1总产出变化的影响。$S^{12}S^{21}$ 代表区域1总产出的变化对区域2总产出变化的影响以及由此再反过来由区域2对区域1总产出产生的影响，但这种反馈性影响是直接影响，既包含直接影响又包含间接影响的全部反馈效应用逆矩阵 $(I - S^{12}S^{21})-1$ 来测度。

从上面的理论研究可以发现，区域内乘数效应能够对区域间溢出效应产生影响，而区域间的溢出效应又对区域间反馈效应产生了影响。基于以上定义，两区域的投入产出模型可以进行如下的乘法分解，表示为：

$$\begin{bmatrix} X^1 \\ X^2 \end{bmatrix} = \begin{bmatrix} F^{11} & 0 \\ 0 & F^{22} \end{bmatrix} \begin{bmatrix} I & S^{12} \\ S^{21} & I \end{bmatrix} \begin{bmatrix} L^{11} & 0 \\ 0 & L^{22} \end{bmatrix} \begin{bmatrix} Y^1 \\ Y^2 \end{bmatrix} \tag{10}$$

也就是说，区域间投入产出模型中 Leontief 逆矩阵可以分解为：

$$L = \begin{bmatrix} F^{11} & 0 \\ 0 & F^{22} \end{bmatrix} \begin{bmatrix} I & S^{12} \\ S^{21} & I \end{bmatrix} \begin{bmatrix} L^{11} & 0 \\ 0 & L^{22} \end{bmatrix} = \begin{bmatrix} F^{11}L^{11} & F^{11}S^{12}L^{22} \\ F^{22}S^{21}L^{11} & F^{22}L^{22} \end{bmatrix} \tag{11}$$

从式(11)可以看出，区域间投入产出模型中反映最终产出对总产出影响的 Leontief 逆矩阵可以分解成区域内乘数效应、区域间溢出效应与区域间反馈效应的乘积。但这样的分解并不能把三种效应完全区分开来。例如，对 $F^{11}L^{11}$ 而言，既包括区域1最终产出增加对区域1总产出造成的影响(体现在 L^{11} 上)，也包括区域1最终产出增加对区域2总产出造成影响进而由区域2带给区域1的反馈效应(体现在 F^{11}

上),因此这一反馈效应既包括了区域内的乘数效应又包括了区域间的反馈效应。又如,对 $F^{22}S^{21}L^{11}$ 来说,既包括区域1最终产出增加单元对区域2总产出造成的影响(体现在 $S^{21}L^{11}$ 上),又包括了由区域1对区域2的外溢性影响所带来的区域2的反馈性影响(体现在 F^{22} 上)。因此,为了测算纯粹的区域间反馈效应而排除区域内的乘数效应,Round 把式(10)进一步表示成加法分解的形式:

$$\begin{bmatrix} X^1 \\ X^2 \end{bmatrix} = \left\{ \begin{bmatrix} L^{11} & 0 \\ 0 & L^{22} \end{bmatrix} + \begin{bmatrix} 0 & S^{12} \\ S^{21} & 0 \end{bmatrix} \begin{bmatrix} L^{11} & 0 \\ 0 & L^{22} \end{bmatrix} + \begin{bmatrix} F^{11}-I & 0 \\ 0 & F^{22}-I \end{bmatrix} \right.$$

$$\left. \begin{bmatrix} I & S^{12} \\ S^{21} & I \end{bmatrix} \begin{bmatrix} L^{11} & 0 \\ 0 & L^{22} \end{bmatrix} \right\} \begin{bmatrix} Y^1 \\ Y^2 \end{bmatrix}$$

$$= \begin{bmatrix} L^{11}Y^1 \\ L^{22}Y^2 \end{bmatrix} + \begin{bmatrix} S^{12}L^{22}Y^2 \\ S^{21}L^{11}Y^1 \end{bmatrix} + \begin{bmatrix} (F^{11}-I)L^{11}Y^1 + (F^{11}-I)S^{12}L^{22}Y^2 \\ (F^{22}-I)S^{21}L^{11}Y^1 + (F^{22}-I)L^{22}Y^2 \end{bmatrix} \quad (12)$$

式(12)中,右边第一部分是测度区域内的乘数效应,第二部分是测度区域间的溢出效应,第三部分是测度区域间的反馈效应。从第三部分可以看出,区域间的反馈效应包括两个部分:一部分是由本地的最终产出变化诱发的,另一部分是由另一地区最终产出变化诱发的。

为了将乘数效应、溢出效应、反馈效应所反映的产出变化所产生的影响一致起来,潘文卿和李子奈将区域内乘数效应、区域间溢出效应和区域间反馈效应分别改进为:

$$L^v = (1-A^n)^{-1} \quad (13)$$

$$S^r L^u = (I-A^u)^{-1} A^v L^u \quad (14)$$

$$(F^u - I)L^u = [(1-S^u S^r)^{-1} - I]L^v \quad (15)$$

其中,r、$t=1$、2 代表区域1和2。这里区域间反馈效应式(15),已排除了区域内的乘数效应。通过对乘数、溢出和反馈矩阵的各列向数值进行求和,就可以得到区域间溢出和反馈效应。

记求和算子 $e=(1,1,\cdots,1)$,e' 为其转置矩阵,则区域间溢出效应和反馈效应的测度矩阵如下。

首先是后向测度的效应,区域间溢出效应为:

$$SO^r = eS^r L^r \quad (12)$$

区域间反馈效应为：
$$FB^r = e(F^r - I)L^r \tag{13}$$

这里，SO^r 为 $1 \times n$ 行向量，其中元素 SO^r 表示 r 地区第 j 个部门最终产出增加 1 个单位时所引发的 t 地区总产出的增加量。FB^r 也为 $1 \times n$ 行向量，元素 fb^r 表示 r 地区第 j 部门最终产出增加 1 个单位，由于引发 t 地区总产出的增加而反过来再次引发本地区总产出的增加量。

其次是前向测度的效应，区域间溢出效应为：
$$SO^r = S^r L^r e' \tag{18}$$

区域间反馈效应为：
$$FB^r = (F^r - I)L^r e' \tag{19}$$

与后向测度的主要分析行向量产生的效应不同，前向测度主要分析列向量产生的效应。

同时，为了从总体上分析一个区域对另一个区域的溢出效应以及对本区域的反馈效应，可以通过部门结构向量对后向测度的行向量进行加权相加，计算加权的区域间溢出效应与反馈效应。

加权区域间溢出效应为：$aeS^r L^r$；加权区域间反馈效应为：$ae(F^r - I)L^r$。其中，a 为 r 地区最终使用的部门结构行向量。

三、数据来源与区域间投入产出表编制说明

（一）数据来源

本文使用的数据主要来源于《中国地区投入产出表 2012》。结合国家统计局发布的《2017 年国民经济行业分类(GB/T4754—2017)》和《高技术产业(制造业)分类(2013)》，将制造业划分为低端制造业、中低端制造业、中高端制造业和高端制造业，同时依据辛格曼服务业四分法把服务业划分为生产性、分配性、消费性和社会性服务业等四大类型。最终将投入产出表中的 42 个行业部门经过分类合并，调整为 12 个行业(见表 1)。表 1 我国行业部门的调整与合并，调整为 12 行业(见表 1)

表 1　我国行业部门的调整与合并

序号	行业名称	调整说明
1	农林牧渔业	不变
2	采矿业	投入产出表中代码为 02~05 的行业
3	低端制造业	投入产出表中代码为 06~10、22~24 的行业
4	中低端制造业	投入产出表中代码为 11~15 的行业
5	中高端制造业	投入产出表中代码为 16~19 的行业
6	高端制造业	投入产出表中代码为 20、21 的行业
7	电力、热力、燃气及投入产出表中代码为 25~27 的行业水生产和供应业	投入产出表中代码为 25~2 的行业
8	建筑业	不变
9	生产性服务业	投入产出表中代码为 32~34 的行业
10	分配性服务业	投入产出表中代码为 29~30、35 的行业
11	消费性服务业	投入产出表中代码为 31、41 的行业
12	社会性服务业	投入产出表中代码为 36~40、42 的行业

（二）区域间投入产出表编制说明

区域间投入产出研究的前提是区域间投入产出表的编制 21~24，本文采用 MRIO 模型进行区域间投入产出表的编制。编制过程简要说明如下。

1. 区域间流量的估算和调整

本文采用由 Leontief & Strout 提出的引力模型估算区域间商品的流量，进而求解区域间贸易矩阵。

引力模型的计算公式为：

$$t_i^{RS} = \frac{X_i^R d_i^s}{\sum_R X_i^R} Q^{RS} \tag{20}$$

式(20)中，t_i^{RS} 是部门 i 从地区 R 到地区 S 的流出量，X_i^R 是 R 地区部门 i 的总产

出量，d_i^S 是地区 S 对部门 i 的总需求量，$\sum_R X_i^R$ 是所有地区部门 i 的总产出量，Q^{RS} 为从地区 R 到地区 S 产品流动的摩擦系数。上面后三项从投入产出表中能直接求出，而摩擦系数的计算根据常用的运输量分布系数来测算。

计算模型为：

$$Q^{RS} = \frac{H^{RS}}{\frac{H^{RO}H^{OS}}{H^{OO}}} \tag{21}$$

式(21)中，H^{RS} 为从地区 R 到地区 S 产品的运输量，H^{RO} 为地区 R 产品总的发送量，H^{OS} 为地区 S 产品总的到达量，H^{OO} 为全部地区产品总的发送量。计算数据来源于《中国交通年鉴 2013》中国家铁路行政区域间货物交流表。

根据引力公式计算出区域间的流量之后，以各区域国内省外流出的行乘数和国内省外流入的列乘数对所有部门产出进行区域间流动矩阵的 RAS 调整，经过反复迭代使行、列同时满足约束，最终形成所有部门产出的区域间流动矩阵。

2. 系数矩阵的计算

区域间投入产出表的行向平衡关系为：

$$CAX + CF + E - M = X \tag{22}$$

其中，X 为总产出，F 为各区域的最终需求，E、M 分别为各区域的出口和进口向量，A 为所有区域的直接消耗系数矩阵，C 为区域间贸易系数矩阵。

根据前文计算，X、F、E、M 这几个向量都为已知向量，现在主要确定直接消耗系数矩阵 A 和区域间贸易系数矩阵 C。

其中，直接消耗系数矩阵由直接消耗系数 a^{ij} 构成，计算公式为：

$$a_{ij} = x_{ij}/X_j \tag{23}$$

贸易系数矩阵由 c_i 构成，计算公式为：

$$c_i^{RS} = t_i^{RS} / \sum_R t_i^{RS} \tag{24}$$

其中，c^{RS} 为前面由引力模型计算的区域间贸易流量。

3. 区域间投入产出表的编制

根据前面公式计算出每个矩阵中的元素，按照各自的排列方式放置到各个矩阵中,再加上出口和进口就可以根据区域间投入产出表的行列平衡关系编制出初步的区域间投入产出表。在此基础上利用各省份总投入和总产出作为控制变量进行RAS调整,进行反复迭代,直到行比例与列比例接近1,为了便于处理,合并数据时将出口、进口和误差项合并为一项列入其他类,这就完成了区域间投入产出表的编制工作。

四、实证结果

本文根据中共中央办公厅、国务院办公厅于2016年12月7日印发的《关于进一步加强东西部结对扶贫工作的指导意见》中的省际帮扶结对关系,选取长三角的江苏、浙江、上海与对应结对的陕西、四川、云南为研究对象,为了便于比较省际帮扶结对的产业联系强弱,分别将苏陕、浙川、沪滇作为三个整体进行研究。根据研究需要,本文分别编制了苏陕、浙川、沪滇三组区域间投入产出表,下面研究过程中只列出了以上六个地区的相关数据。

(一) 三组结对地区的产业关联

通过对各组结对地区区域间投入产出表进行计算,得出的每组地区的乘数效应、溢出效应和反馈效应汇总如下(见表2)。

表 2 三组结对地区乘数、溢出、反馈效应汇总

	江苏			陕西		
	乘数效应	溢出效应	反馈效应	乘数效应	溢出效应	反馈效应
12部门加总	30.2110	0.7341	0.4107	14.1421	9.1872	0.2139
12部门平均	2.5176	0.0612	0.0342	1.1785	0.7656	0.0178
	浙江			四川		
	乘数效应	溢出效应	反馈效应	乘数效应	溢出效应	反馈效应
12部门加总	37.3486	0.7765	0.0643	16.1010	1.1808	0.0389
12部门平均	3.1124	0.0647	0.0054	1.3418	0.0984	0.0032

(续表)

	上海			云南		
	乘数效应	溢出效应	反馈效应	乘数效应	溢出效应	反馈效应
12部门加总	26.2962	0.7261	0.1297	13.2216	2.9332	0.0706
12部门平均	2.1914	0.0605	0.0108	1.1018	0.2444	0.0059

从表2可以看出,江浙沪与各自结对扶贫的地区产业关联差异非常明显。从各地区内部产业关联程度来看,江浙沪各省份内部的产业联系紧密程度远远高于陕川滇,从数值表现为长三角两省一市12部门加总的乘数效应分别为30.2110、37.3486、26.2962,而对应的西部地区分别为14.1421、16.1010、13.2216。从以上数值可知[①],浙江的产业关联程度最高,江苏次之,西部地区的产业关联程度都比较低,云南的产业关联程度最弱。

从产业的溢出效应来看,被帮扶地区对帮扶地区的溢出效应全部大于后者对前者的溢出效应,其中,陕西对江苏的溢出效应最高,达到9.1872,而江苏对陕西的溢出效应仅为0.7341,不足前者的1/12;云南对上海的溢出效应为2.9332,反之则为0.7261,约为前者的1/4;而浙江和四川之间的溢出效应相互之间都不高,四川对浙江的溢出效应为1.1808,后者对前者的溢出效应为0.7765,两者仅相差0.443。

再从区域间反馈效应来看,在数值上表现为长三角两省一市均高于各自的结对地区,江苏的反馈效应最高,为0.4107,上海次之,浙江最弱,仅为0.0643,从组间来看,江苏和陕西的反馈效应均远远高于其他两组,上海和云南次之,浙江和四川的反馈效应最弱。

通过以上分析可以发现,从帮扶结对地区之间产业的关联程度来看,江苏和陕西的产业关联程度最强,上海和云南的产业关联程度次之,浙江和四川的产业关联程度最弱。但从总体上看,被帮扶地区内部的产业关联相对偏低,帮扶地区对其产业的溢出效应也比较低。

---

① 由区域内乘数效应的计算公式 $L^r=(I-A^r)-1$ 可知,各地区的乘数效应只与本地区直接消耗系数有关,故所有地区的乘数效应相互之间可以直接进行比较,下同。

(二) 三组结对地区产业的后向关联

表 3 为三组结对地区各产业后向关联的乘数效应、溢出效应和反馈效应的测度结果。从数据来看,三组地区不同产业各种效应表现有如下特征。

从三组地区各产业区域内乘数效应来看,既表现出一致性特征,也表现出明显的差异性。一致性主要表现在帮扶地区各产业的乘数效应均高于被帮扶地区,这表明与帮扶地区相比,被帮扶地区的产业仍呈现分散化特征,产业的集聚能力较弱。而从同一地区不同产业的贡献度来看,各地区产业又呈现出差异化特征,主要表现为:江苏、浙江的制造业和建筑业的乘数效应排名均靠前,江苏的服务业数值居中,农业和采矿业排名靠后,而浙江省排名居中的为水电气业和采矿业,服务业和农业的数值则排名靠后;上海高端制造业、服务业、建筑业对经济的拉动作用靠前,其他制造业和农林牧渔业居中,采矿业和水电气业最弱;四川的水电气业、中低端以上制造业和建筑业排名靠前,采矿业和低端制造业居中,服务业和农业排名靠后;陕西和云南除水电气、低端制造业和建筑业靠前外,其他产业对经济的拉动作用差距并不明显。由以上分析可以发现,长三角两省一市内部产业结构集聚化特征明显,上海已经形成了三、二、一产业发展格局,江苏处于制造业占主导,服务业和其他产业均衡发展阶段,浙江则是制造业占绝对主导地位,服务业发展相对滞后的产业格局[①]。而被帮扶三省内部的产业结构呈现明显的分散化特征,没有突出性主导产业,三省乘数效应排名前两位的均为水电气的生产供应业和中低端制造业,这两个行业恰恰是能源富集行业,说明被帮扶地区经济增长对能源依赖还比较严重,仍没有摆脱"靠山吃山、靠水吃水"的发展现状。

从三组结对地区产业溢出效应来看,除浙江的低端制造业和水电气业两个产业对四川的溢出效应大于后者对前者的溢出效应外,其余被帮扶地区的各产业溢出效应均大于对应帮扶地区产业的溢出效应,特别是陕西各产业对江苏的产业溢出效应非常明显,多数产业对江苏的溢出效应是江苏对陕西溢出效应的 15 倍以上,浙江与

---

① 由于本文的数据来源为 2012 年,随着阿里巴巴等一批具有国际竞争力的服务企业崛起,目前浙江的服务业发展现状也有待进一步论证。

产业关联、结对扶贫与区域协调发展：对江浙沪及其帮扶地区的投入—产出分析

表 3 三组结对地区各产业后向关联的乘数效应、溢出效应和反馈效应的测度结果汇总

	行业	1	2	3	4	5	6	7	8	9	10	11	12
乘数效应	江苏	2.3516	2.2663	2.5902	2.6608	2.8393	3.0361	2.2981	2.6776	2.3259	2.3614	2.4430	2.3607
	陕西	1.1229	1.1190	1.1793	1.2763	1.1915	1.1665	1.3361	1.2257	1.1172	1.1336	1.1470	1.1270
	浙江	2.6226	3.1256	3.1017	3.4639	3.8054	3.7476	3.2338	3.4307	2.4756	2.8855	2.8359	2.6209
	四川	1.1989	1.3881	1.3469	1.4666	1.4348	1.4593	1.4790	1.4125	1.1960	1.2412	1.2506	1.2270
	上海	2.1213	2.0979	2.1757	2.1599	2.1823	2.4181	2.0440	2.2212	2.1848	2.3041	2.2015	2.1853
	云南	1.0927	1.1142	1.1009	1.1514	1.0869	1.0619	1.1649	1.1483	1.0648	1.0695	1.0975	1.0685
溢出效应	江苏	0.0316	0.1023	0.0555	0.0853	0.0694	0.0597	0.1194	0.0762	0.0284	0.0324	0.0411	0.0327
	陕西	0.5136	0.5082	0.8877	0.7961	1.3389	1.2569	0.3305	1.0807	0.5705	0.5600	0.7083	0.6358
	浙江	0.0460	0.0684	0.1579	0.0775	0.0606	0.0573	0.0780	0.0641	0.0273	0.0362	0.0737	0.0296
	四川	0.0701	0.0806	0.0709	0.0835	0.1376	0.1123	0.0649	0.0917	0.0524	0.0763	0.1761	0.0780
	上海	0.0667	0.0421	0.0318	0.0805	0.0418	0.0241	0.0974	0.0783	0.0361	0.0617	0.0737	0.0526
	云南	0.0855	0.2450	0.1090	0.2318	0.4244	0.5329	0.1877	0.3274	0.2411	0.2379	0.1295	0.1813
反馈效应	江苏	0.0188	0.0497	0.0318	0.0475	0.0469	0.0408	0.0548	0.0446	0.0158	0.0173	0.0228	0.0198
	陕西	0.0043	0.0115	0.0185	0.0219	0.0343	0.0301	0.0067	0.0298	0.0101	0.0106	0.0139	0.0146
	浙江	0.0030	0.0047	0.0167	0.0057	0.0046	0.0043	0.0042	0.0047	0.0024	0.0028	0.0071	0.0025
	四川	0.0030	0.0021	0.0071	0.0025	0.0030	0.0023	0.0016	0.0025	0.0015	0.0024	0.0082	0.0027
	上海	0.0092	0.0055	0.0099	0.0155	0.0084	0.0054	0.0181	0.0169	0.0074	0.0125	0.0110	0.0100
	云南	0.0025	0.0063	0.0031	0.0067	0.0100	0.0087	0.0042	0.0098	0.0055	0.0058	0.0035	0.0046

注：表中区域间溢出效应为本地区对同组其他地区的溢出效应。

四川各产业相互间的溢出效应相对均衡,差别不是特别明显。再从结对地区各产业相互之间溢出效应的大小来看,江苏对陕西溢出效应靠前的两个产业为水电气业和采矿业,其次为制造业和建筑业,最后为服务业和农业,而后者对前者溢出效应的产业排序为制造业和建筑业靠前,服务业居中,农业、采矿业和水电气业最后。从江苏和陕西各产业相互溢出效应来看,江苏对陕西溢出效应靠前的几个产业均是陕西的主导产业,而陕西对江苏溢出效应靠前的几个产业同样为江苏的主导产业。与江苏和陕西产业相互间的溢出效应类似,浙江对四川溢出效应靠前的几个产业依次为低端制造业、水电气业、中低端制造业、消费性服务业和采矿业,四川对浙江溢出效应靠前的几个产业依次为消费性服务业、低端制造业、中高端制造业、高端制造业、建筑业、中低端制造业,两个地区相互间溢出效应最强的产业基本上也都是对方的主导产业。上海和云南产业间溢出效应也遵循这一规律,即本地区对另一地区溢出效应较强的产业均为另一地区乘数效应较高的产业。同时也发现一个地区乘数效应最高的产业对另一个地区的溢出效应却最小,比如水电气业作为陕西、四川和云南乘数效应最高的产业,对对方的溢出效应都比较小。这也解释了为什么东部地区的制造业和服务业迟迟不能对西部地区对应产业形成有效的带动作用。

从三组结对地区产业反馈效应来看,江苏各产业的反馈效应均高于陕西各产业。浙江的消费性服务业和社会性服务业反馈效应相比四川较低,其余从数据的一致性来看,帮扶地区各产业的乘数效应仍远高于被帮扶地区的乘数效应,区域间溢出效应和反馈效应总体上与产业后向关联一致,即被帮扶地区各产业的溢出效应相对帮扶地区较大,而各产业的反馈效应相对帮扶地区较小。同时区域间溢出效应也基本遵循本地区对另一地区溢出效应较强的产业均与另一地区乘数效应较高的产业相对应这一规律。

从数据的差异性来看,对乘数效应而言,上海、陕西和云南产业乘数效应与后向产业关联差异并不明显,而其他地区差异却非常明显,以中低端制造业乘数效应为例,江苏、浙江、四川的乘数效应分别为4.552 6、6.058 4、2.093 9,而在后向产业关联的乘数产业则相反。上海则在采矿业、中高端制造业和高端制造业的反馈效应低于云南。同时发现帮扶地区的反馈效应与本地区的乘数效应存在一致性,即本地区乘数效应较大的产业,反馈效应也较大,而被帮扶地区产业反馈效应的规律性并不明显。表明帮扶地区大多数产业受被帮扶地区相对较大的外溢性效应的影响,其自身的发展通过与被帮扶地区的相互作用,主导产业能获得更大的发展空间。

(三)三组结对地区产业的前向关联

表4为三组结对地区各产业前向关联的乘数效应、溢出效应和反馈效应的测度结果。从数据来看,表4与表3既存在一致性,也表现出明显的差异,具体表现为:

从数据的一致性来看,帮扶地区各产业的乘数效应仍远高于被帮扶地区的乘数效应,区域间溢出效应和反馈效应总体上与产业后向关联一致,即被帮扶地区各产业的溢出效应相对帮扶地区较大,而各产业的反馈效应相对帮扶地区较小。同时区域间溢出效应也基本遵循本地区对另一地区溢出效应较强的产业均与另一地区乘数效应较高的产业相对应这一规律。

从数据的差异性来看,对乘数效应而言,上海、陕西和云南产业乘数效应与后向产业关联差异并不明显,而其他地区差异却非常明显,以中低端制造业乘数效应为例,江苏、浙江、四川的乘数效应分别为4.552 6、6.058 4、2.093 9,而在后向产业关联的乘数效应分别为2.660 8、3.463 9、1.466 6。同时,不同地区最终产出对一些部门表现出的乘数效应排序也与后向产业关联不同,比如江苏后向关联乘数效应前三位的是高端制造业、中高端制造业和建筑业,而前向关联乘数效应前三位则为中低端制造业、低端制造业和分配性服务业。对溢出效应而言,与结对地区后向关联各个产业相互溢出不同,前向关联的个别产业之间存在溢出效应非常微弱甚至为0的情况。比如陕西的采矿业和水电气业最终产出的变化对江苏相关产业的溢出效应为0。反馈效应存在与之类似的情况。

五、结论及政策建议

本文运用传统的两区域投入产出模型,编制了苏陕、浙川、沪滇三组区域间投入产出表,分别比较分析了三组结对地区产业前、后向关联的区域内乘数效应、区域间溢出效应和反馈效应。通过实证分析,得到的结果既与已有文献有一致之处,同时又

表 4 三组结对地区产业前向关联的乘数、溢出、反馈效应汇总

	行业	1	2	3	4	5	6	7	8	9	10	11	12
乘数效应	江苏	2.2174	2.0000	2.9257	4.5526	2.5677	2.5512	2.0000	2.0117	2.3305	2.8322	2.1139	2.1087
	陕西	1.1393	1.3639	1.2070	1.4489	1.1097	1.0215	1.3583	1.0181	1.1279	1.2075	1.0588	1.0810
	浙江	2.3195	2.0973	2.7039	6.0584	3.4525	2.7220	3.9814	2.0000	3.7796	3.6956	2.1703	2.3681
	四川	1.3919	1.5255	1.2040	2.0939	1.4173	1.3195	1.3747	1.0000	1.3105	1.3160	1.1476	1.0000
	上海	2.0055	2.0000	2.2770	2.3776	2.0814	2.3714	2.0000	2.0354	2.2866	2.7988	2.0253	2.0368
	云南	1.1640	1.1131	1.0663	1.2635	1.0285	1.0038	1.1985	1.0553	1.0629	1.1606	1.0496	1.0555
溢出效应	江苏	0.0405	0.2241	0.0504	0.1884	0.0286	0.0072	0.0595	0.0018	0.0333	0.0736	0.0128	0.0139
	陕西	0.3479	0.0000	1.8531	3.1625	0.9378	0.6924	0.0000	0.0496	0.5716	1.0896	0.2183	0.2646
	浙江	0.0613	0.0838	0.2643	0.1350	0.0218	0.0162	0.0824	0.0000	0.0586	0.0329	0.0098	0.0104
	四川	0.0312	0.0038	0.4001	0.2464	0.1780	0.0539	0.0000	0.0000	0.0723	0.1058	0.0141	0.0057
	上海	0.0436	0.0599	0.1342	0.1519	0.0035	0.0024	0.1071	0.0211	0.0550	0.1151	0.0155	0.0168
	云南	0.0167	0.0007	0.1004	0.4831	0.5893	0.4291	0.0000	0.0611	0.2449	0.8572	0.0604	0.0904
反馈效应	江苏	0.0134	0.0000	0.0000	0.1528	0.0361	0.0143	0.0000	0.0011	0.0290	0.0506	0.0077	0.0090
	陕西	0.0159	0.0440	0.0967	0.0758	0.0075	0.0020	0.0135	0.0004	0.0085	0.0226	0.0030	0.0029
	浙江	0.0029	0.0002	0.0183	0.0115	0.0057	0.0007	0.0039	0.0000	0.0036	0.0052	0.0006	0.0003
	四川	0.0042	0.0021	0.0295	0.0055	0.0005	0.0004	0.0022	0.0000	0.0018	0.0013	0.0003	0.0002
	上海	0.0011	0.0001	0.0056	0.0244	0.0202	0.0073	0.0000	0.0015	0.0146	0.0478	0.0028	0.0043
	云南	0.0015	0.0050	0.0078	0.0204	0.0004	0.0004	0.0054	0.0009	0.0064	0.0183	0.0020	0.0019

注：表中区域间溢出效应为本地区对同组其他地区的溢出效应。

有一些新的发现。

与已有文献相一致的结论主要有:江浙沪为代表的东部地区各产业的乘数效应均远大于以陕川滇为代表的西部地区,区域间溢出效应上则是东部省份对西部结对帮扶省份各产业的溢出效应总体上小于后者对前者的溢出效应,而区域间反馈效应又表现出与区域间溢出效应相反的结果。

本文研究新的发现主要有,第一,从区域内乘数效应来看,江浙沪均形成了层次分明的产业结构,服务业和制造业成为推动地方经济增长最主要的推动力;而陕川滇的产业结构仍然呈现分散化特征,经济增长的主要推动力仍然以资源型产业为主。第二,对结对地区各产业相互溢出效应而言,存在溢出错位现象,即本地区对另一个地区溢出效应较强的产业未必是本地区的主导产业,而是与另一个地区的主导产业相对应的产业。可以表述为对甲乙两个地区而言,A、B产业为甲地区的主导产业,C、D产业为乙地区的主导产业,甲地区对乙地区溢出效应最强的两个产业为C、D产业,乙地区对甲地区溢出效应最强的两个产业为A、B产业。第三,对结对地区各产业的反馈效应而言,由于发达地区的主导产业本身的集聚效应较强,加上结对地区对本地区主导产业的溢出效应也较强,发达地区产业的反馈效应存在强者恒强的马太效应。

上述结论的政策意义在于:第一,促进区域均衡发展,东部地区的带动作用不可或缺,但从目前来看,东部地区对西部地区产业的溢出效应仍然较弱,扶贫必先扶产,针对西部地区产业结构普遍分散的现状,培育经济增长点,实现产业转型升级,形成有稳定"造血"功能的主导性产业应该是结对扶贫的主攻方向;第二,要根据结对扶贫地区间产业关联特征,发挥产业间比较优势,创造产业转移的便利条件,通过提高区域间结对扶贫效率,达到东西部协作双赢的局面;第三,东西部结对扶贫的形式可以多样化,兼顾结对扶贫的经济效应和社会效应,通过教育、培训、医疗等社会性服务业扶贫,培养专业人才,提高整体素质,最终形成"扶贫"与"扶志"、"扶智"和"扶产"相结合的区域协调发展新格局。

参考文献

[1] 陈长石,刘和骏,刘晨晖.中国省际发展不平衡动因及变化解析[J].数量经济技术经济研究,2015(11):58-73.

[2] 陈秀山,徐瑛.中国区域差距影响因素的实证研究[J].中国社会科学,2004(5):117-129.

[3] 程进文,杨利宏.空间关联、劳动集聚与工资分布[J].世界经济,2018(2):145-168.

[4] 贺灿飞,梁进社.中国区域经济差异的时空变化[J].管理世界,2004(8):8-17.

[5] 陆铭.城市、区域和国家发展——空间政治经济学的现在与未来[J].经济学(季刊),2017(4):1499-1532.

[6] 潘文卿,李子奈.三大增长极对中国内陆地区经济的外溢性影响研究[J].经济研究,2008(6):85-94.

[7] 潘文卿.中国的区域关联与经济增长的空间溢出效应[J].经济研究,2012(1):54-65.

[8] 孙宁华,洪银兴.为基本现代化当先导探新路:东部发达地区的神圣使命[J].江苏社会科学,2013(5):1-6.

[9] 覃成林,杨霞.先富地区带动了其他地区共同富裕吗——基于空间外溢效应的分析[J].中国工业经济,2017(10):44-61.

[10] 覃成林,张华,张技辉.中国区域发展不平衡的新趋势及成因——基于人口加权变异系数的测度及其空间和产业二重分解[J].中国工业经济,2011(10):37-45.

[11] 王小鲁,樊纲.中国地区差异的变动趋势和影响因素[J].经济研究,2004(1):33-44.

[12] 吴福象,朱蕾.中国三大地带间的产业关联及其溢出和反馈效应:基于多区域投入产出分析技术的实证研究[J].南开经济研究,2010(5):140-152.

[13] 吴国宝.东西部结对扶贫困境及其破解[J].改革,2017(8):57-61.

[14] 许召元,李善同.近年来中国地区差距的变化趋势[J].经济研究,2006(7):106-116.

[15] 朱承亮,岳宏志,李婷.中国经济增长效率及其影响因素的实证研究:1985—2007年[J].数量经济技术经济研究,2009(9):52-63.

[16] 朱江丽,李子联.户籍改革、人口流动与地区差距——基于异质性人口跨期流动模型的分析[J].经济学(季刊),2016(2):797-816.

[17] ISARD W. Interregional and Regional Input-Output Analysis:A model of a Space-Economy[J]. Review of Economics and Statistics, 1951(12):318-328.

[18] MILLER R E. Comments on the "General Equilibrium" Model of Professor Moses[J]. Metroeconomica, 1963(40):82-88.

[19] ROUND J I. Feedback Effects in Interregional Input-Output Models:What Have We Learned? [M]. LAHR M L, DIETZENBACHER E(Eds). Input-Output Analysis:Fronties and Extensions. New York:Palgrave, 2001.

自由贸易试验区对长三角经济增长的外溢影响

冯 帆 许亚云 韩 剑

一、引 言

诺斯(1994)认为制度创新是经济长期稳定增长的根本来源。林毅夫等(1993)认为中国的改革开放是一种摸索、实验、积累的渐进性的制度创新过程。以往中国的商品和要素流动型开放不仅顺应了第三阶段的经济全球化形式,而且抓住了战略机遇,从而获得了巨大发展成就。当前,经济全球化逐渐发展出了一些新形势、新特点,中国也进入新一轮高水平开放的阶段,即由传统的商品和要素流动型开放转向规则等制度型开放,后者的本质在于从"边境开放"向"境内开放"的拓展和延伸,通过促进规则变革,优化制度设计,形成一套与国际经贸活动通行规则相对接的基本规则及制度体系,引领新一轮国际经贸规则的调整和完善。自贸区建设是中国新一轮的开放和制度创新,致力于形成一套可复制推广的制度经验,其对经济增长的重要性不言而喻。

2018年11月5日,习近平总书记在首届中国进博会上发表主旨演讲时,表示支持长三角洲一体化的发展上升为国家战略。长三角地区一体化不断发展,由以往简单的经济一体化向更宽的领域如制度一体化发展。随着长三角一体化发展的推进,区域发展表现出了一些新变化,如战略定位的变化、发展动力的转化、影响发展要素的强化、区域空间更加网络化等,长三角区域一体化由此进入更高层次的协同发展阶段。长三角一体化发展不仅有利于加快创新驱动和经济转型升级,而且对提升长三角地区发展质量和水平,从而使之成为中国经济增长新引擎、具有竞争力的世界级城市集群和世界资源配置的亚太门户都具有重大意义。那么,设立自贸区作为新一轮制度创新与经济增长的探索,是否真的产生了"制度红利"呢?深入研究长三角一体化背景下上海、浙江自贸区的设立对长三角经济增长的影响,科学总结自贸区实际发展经验,对新一轮自贸区建设的经验借鉴和复制推广具有很大的现实意义。

二、文献综述

为积极应对新一轮经济全球化,自由贸易试验区得以建立和发展,不仅有利于促进全球贸易与投资自由化,也有利于振兴地方经济。自贸区成立以来,大量文献从制度创新、功能定位和国际经验等不同角度定性分析了其设立的影响。例如,陈琪和刘卫(2014)分析讨论了设立上海自贸区的原因、进一步发展的方向以及可能产生的经济效应。余颖丰(2013)的文章表明上海自贸区的管理模式的改变能在一定程度上提高政府办事效率。裴长洪(2013)认为,设立上海自贸区有利于加快政府职能的转变,形成配套的制度环境,扩大贸易和投资的开放。张幼文(2014)研究表明,自贸区主要功能为利用制度创新促进国内改革,形成可复制推广的经验。

上述研究表明自贸区作为制度创新的试验田,主要任务在于转变政府职能,释放制度红利,从而为经济增长提供新的驱动力。量化分析方面,由于上海自贸区设立时间较早,所以已经有不少学者就上海自贸区对上海经济及对外贸易的影响进行了量化分析。项后军和何康(2016)使用2010—2015年的季度数据,利用双重差分法分析了上海自贸区对区内资本的促进作用。项后军、何康、于洋(2016)使用2010—2015年的月度数据,分析结果表明上海自贸区的设立对货物贸易进口存在显著促进作用,同时对本地资本流动也具有显著的正面影响。然而,利用双重差分法评估政策效应要求实验组和控制组的是随机选择的,模型设定上也可能存在遗漏变量,现实中很难同时解决这些问题。Hsiao等(2012)提出了一种政策效应评估方法,利用横截面数据来构建反事实预测结果,不要求实验组和控制组随机选择,故反事实分析法是一种有效的评估政策效应的方法。谭娜等(2015)在此基础上研究了自贸区的经济增长效应,结论表明设立自贸区对上海市工业增加值和贸易的增长有显著正向影响。王利辉和刘志红(2017)评估了上海自贸区的政策效应,结果表明其对当地人均国民生产总值、固定资产投资以及进出口贸易都产生了显著的促进作用。

可见,以往文献主要研究设立自贸区对区内经济的影响,而研究其对周边地区经济增长的影响的文献却很少。事实上,上海、浙江自贸区的设立也会对我国其他地区尤其是长三角地区的经济产生带动、溢出、政策示范等方面的影响,既带来机遇(为其他地区的制度改革和对外开放提供方向和经验借鉴,形成示范效应和溢出效应),也带来挑战(地区之间存在一定的资源流动和竞争,会对其他地区产业发展产生一定的冲击,从而会影响长三角一体化发展进程)。滕永乐和沈坤荣(2014)分析表明,上海自贸区建成后短期内会吸引大量拥有先进技术或高效管理能力的企业,这一集聚效应将对周边地区尤其是江苏产生巨大的影响,在产生正向溢出效应的同时也会产生所谓"虹吸效应",即大量企业从周边地区转移到上海,对周边地区经济增长带来负面影响;但是从长期来看,随着时间的推移其影响逐渐外溢,周边地区也会受到自贸区带来的技术和资金支持。叶红玉(2013)认为上海自贸区建设给周边地区同时带来了机遇和挑战,包括示范效应,对投资、贸易等的带动作用等,各地方政府应积极参与上海自贸区的建设,从中总结宝贵经验,并探索在本地设立自贸区的可能性和发展路径。但上述学者都是从定性的角度来分析的,本文不仅研究设立上海、浙江自贸区对当地经济增长的影响,还将进一步考虑其对长三角其他地区经济增长的溢出效应作用,并从GDP、贸易、投资和工业增加值四个不同角度,同时运用双重差分以及反事实方法进行全面检验。

三、影响机制探讨及评估方法介绍

本文使用GDP、进出口贸易、固定资产投资以及工业增加值这四个衡量地区经济增长的指标进行实证分析,各指标都由中经网统计数据库数据计算得到其同比增长率,好处在于不需要进行季节调整,在此基础上使用双重差分和反事实分析法估计自贸区对当地及长三角其他地区(江苏省、安徽省)经济绩效的影响。

（一）自贸区对地区经济的影响机制分析

经济增长重在制度创新。自贸区承担的角色与改革开放初期的经济特区相似，但不仅以经济开放为目标，而是关于经济体制的改革与创新，通过试验探索出适合中国实际情况的开放型市场经济体制。自贸区的核心任务是通过先试先行，以开放倒逼改革，探索高效管理体制，以形成相应制度创新经验，为对外开放和经济增长提供新的动力。

第一，政府职能转变是事中事后监督制度的核心所在。以往的市场管理体制存在监管效率低下等问题，主要是因为其以政府行政审批为主，从而制约了经济增长。自贸区实行的备案制和"负面清单"的管理模式有利于降低经济运行成本，提高全球资源配置的效率，充分发挥市场作用，从而促进经济增长。

第二，投资管理制度降低了准入门槛，部分消除了外资进入壁垒。区内对外资的准入前国民待遇加负面清单管理的模式，降低了跨国企业的交易费用和生产成本，使得FDI将进一步向自贸区集聚，带来一系列如税收贡献、劳动就业、消费带动等正面溢出效应，这将对自贸区及周边地区的经济增长产生显著促进作用（史忠良、沈红兵，2005）；同时，外资企业往往拥有先进的技术和高效的管理经验，也会对投资地产生正向溢出效应。

第三，贸易监管制度使通关更加便利。自贸区建设要求以制度创新和建设为核心，建立高效的进出口管理制度。这将有利于提高政策透明度以及进出口效率，降低企业行政管理费用等。例如，国际贸易"单一窗口"制度的实行便利了贸易相关监管数据的共享，简化了海关操作环节，提高了贸易商和监管部门的效率。除此之外，服务业（金融、航运、文化和社会服务等）的对外开放程度也将进一步扩大，这一举措对吸引国外服务业优质资本、知识和人才，并推动经济增长都有重要的意义。

（二）双重差分的固定效应模型

本节重点在于检验自贸区对地区经济增长的作用，2006年第一季度至2018年第三季度期间，长三角地区成立了上海、浙江两个自贸区，分别于2013年9月和2017年4月正式挂牌成立。首先，当考虑自贸区对当地经济的影响时，我们将上海、浙江作为实验组,将未设立自贸区的其他省市作为对照组;当考虑自贸区对长三角其他地区的影响时,将江苏、安徽作为实验组,将没有自贸区的其他地区设为对照组。此外,由于长三角经济区经济联系相对紧密,在考虑上海自贸区时,将江苏、浙江、安徽排除在备选的控制组之外;同样,在考虑浙江自贸区时,将上海、江苏、安徽以及江西排除。借鉴叶修群(2018)等的相关研究,运用双重差分法进行实证检验。根据自贸区建成时间,构造核心解释变量 FTZ,该地区自贸区成立之前赋值为 0,成立之后赋值为 1。构造了如下模型:

$$\ln y_{it} = \alpha + \beta FTZ_{it} + \eta X_{it} + \delta_i + \gamma_i + \varepsilon_{it} \tag{1}$$

式(1)中,下标 i 和 t 分别表示地区和时间,$\ln y_{it}$ 为被解释变量,分别使用季度 GDP、月度进出口额、季度固定资产投资、月度工业增加值的同比增长率的自然对数来表示,X_{it} 为其他控制变量,主要包括固定资产投资水平(使用固定资产投资额与 GDP 的比值表示)和开放度(使用进出口贸易额与 GDP 的比值表示)等。δ_i 和 γ_i 分别表示地区和时间固定效应,ε_{it} 为误差项。回归时均取对数,数据来源为中经网统计数据库,但叶修群(2018)、刘瑞明和赵仁杰(2015)的研究结果均表明,是否加入控制变量对核心解释变量影响不大,故在接下来的分析中将其省略。FTZ_{it} 即核心解释变量,当地区 i 在时间 t 设立自贸区时,设立之后赋值为 1,之前赋值为 0,如果 β 显著为正,则说明设立自贸区确实促进了经济增长和对外开放。

(三) 反事实分析

根据以往政策评估文献,一般将地区性政策视为自然实验或准自然实验,某地区在设立自贸区(政策实施)后属于实验组,未设立的其他地区则属于控制组,进而采用双重差分模型来评估政策效果,但这一方法要求是实验组和控制组随机选择的,然而自贸区的选择是在考虑了地区经济增长、政治、地理等多种因素后的结果,并不是随机选取的。另外,建立模型时也很可能存在遗漏变量问题。所以,下面我们进一步运用 Hsiao 等(2012)提出利用横截面数据构建反事实的分析方法来评估设立自贸区的政策效应。

借鉴 Forni & Reichlin(1998),Gregory & Head(1999)的处理方式,假设截面个

体(各地区)之间的相关性受到一些公共因子的影响，y_{it}^0可以由下式表示：

$$y_{it}^0 = a_i + b_i f_t + \varepsilon_{it}, \quad i=1,\cdots,N; t=1,\cdots,T \tag{2}$$

其中，a_i 表示个体即地区的固定效应，f_t 代表 $K*1$ 维随着时间变化但不可观测的公共影响因子，b_{i1} 代表 $1*K$ 维随 i 变化的系数。如果 N 和 T 都很大，需要确定共同因子的数量 K(Bai and Ng, 2002)，并使用最大似然法估计得到 f_t。但在实际操作中，N 和 T 往往都不是很大，此时建议使用 $y_t = (y_{2t}, \cdots, y_{Nt})'$ 来预测 y_{it}^0。

由于长三角经济区经济联系相对紧密，在考虑上海自贸区时，将江苏、浙江、安徽排除在备选的控制组之外；同样，在考虑浙江自贸区时，将上海、江苏、安徽以及江西排除，并且第二批自贸区于 2015 年成立，故也将福建、天津、广东排除在备选的控制组之外。因各个地区都会受到宏观共同因子的影响，故可以使用控制组中的其他地区的经济变量指标 $y_t = (y_{2t}, \cdots, y_{Nt})'$ 替代 f_t 拟合预测 y_{it}^0。

以上海自贸区为例，利用自贸区设立之前的时间序列数据，y_{it}^0 的估计值可以表示为：

$$\hat{y}_{it}^0 = \bar{a} + \sum_{j\neq i}^{N} \hat{\alpha}_j y_{jt}^0, t=1,\cdots,T_1 \tag{3}$$

再利用得到的系数进行预测，得到反事实值 $\hat{y}_{it}^0, t=T_1+1,\cdots,T$：

$$\hat{y}_{it}^0 = \bar{a} + \sum_{j\neq 1}^{N} \hat{\alpha}_j y_{jt}^0, t=T_1+1,\cdots,T \tag{4}$$

处理效应 $\hat{\Delta}_{it}$ 可以通过

$$\hat{\Delta}_{it} = y_{it}^1 - \hat{y}_{it}^0, t=T_1+1,\cdots,T \tag{5}$$

得到。Hsiao 等(2012)也认为 $\hat{\Delta}_{it}$ 是 Δ_{it} 的一致估计。根据叶修群(2018)逐步回归法并依据拟合优度最大的原则找最优控制组。最后根据向量 $B=(b_1,\cdots,b_N)$ 来构造反事实值。下面分别使用这两种进行分析。

四、实证结果分析

图 1 绘制了长三角地区 GDP、固定资产投资、进出口贸易以及工业增加值在 2006 年至 2018 年间的发展概况，横轴表示时间，纵轴表示各指标本期数或同比增长

图 1 长三角地区经济增长概况

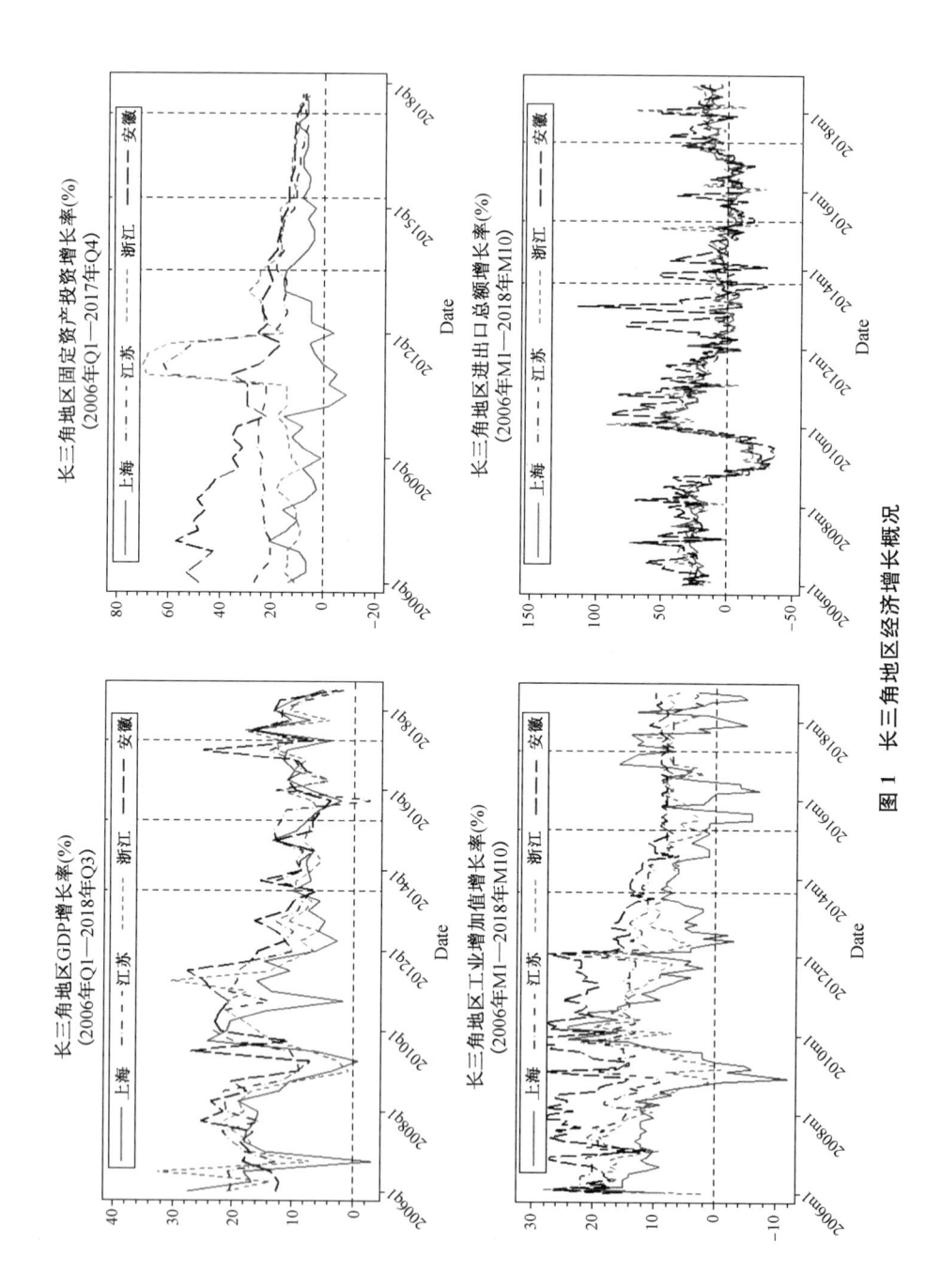

率,实线表示上海,点横线表示江苏,短虚线表示浙江,长虚线表示安徽,三条垂直虚线分别表示三批自贸区的设立时间(2013m9、2015m4、2017m4,下同)。其中,对于工业增加值,由于数据库没有报告本期数,所以这里只分析其增长率情况。另外,数据中多个年份1月份和2月份的数据缺失,但由于我们所考虑的是同比增长率,即与上年同期比较,而与相邻月份没有关联,故这里直接将这些数据当作缺失值处理。从图1中可以看出,在不同年份的四个季度或十二个月份内,就各指标增长率大小而言,安徽最大,上海最低,江苏和浙江处于中间,这主要与基数有关,安徽各项经济指标基数都较低,故相对于其他地区有更大的增长空间。就增长率波动趋势而言,各地区差异不大,在2008年左右受到金融危机的影响,各指标出现了明显的减弱,并在一段时间之后得到相应回调。最后,观察三次自贸区设立时点后各指标的变化并不能直观看出自贸区设立对各省市经济增长是否有正面影响,需要进一步分析探讨。

(一)自贸区对当地经济的影响

1. 双重差分回归结果

下面考察自贸区设立对当地经济增长的影响,首先,运用双重差分法来分析政策效应,GDP和固定资产投资(invest)使用2006Q1—2018Q3时间段31个省市的季度同比增长率数据作为研究样本,而进出口贸易(trade)和工业增加值(VA)使用2006M1—2018M10时间段的月度同比增长率数据作为研究样本。并且,考虑到邻近省份可能同样会受到设立自贸区这一政策的影响,故排除在控制组之外,另外也排除样本期间设立自贸区的其他地区。表1报告了模型(1)的回归结果。

表1 自贸区设立对当地经济增长的影响

	上海				浙江			
	GDP	Invest	trade	VA	GDP	Invest	trade	VA
FTZ	0.059** (0.025)	0.152*** (0.032)	0.107** (0.054)	0.043*** (0.009)	−0.026 (0.069)	0.088 (0.063)	0.074 (0.091)	0.054*** (0.014)
常数项	0.143*** (0.021)	0256*** (0.026)	0.095 (0.070)	0.206*** (0.011)	6.625*** (0.039)	0.096*** (0.028)	−4.20** (0.090)	0.212*** (0.013)

(续表)

	上海				浙江			
	GDP	Invest	trade	VA	GDP	Invest	trade	VA
样本数	1 275	1 200	3 850	3 400	918	864	2 772	2 448
R^2	0.393	0.445	0.303	0.591	0.986	0.402	0.283	0.534
地区 FE	Yes	Yes	Yes	Yes	Yes	Yes	Yes	Yes
时间 FE	Yes	Yes	Yes	Yes	Yes	Yes	Yes	Yes

注：***、**、* 分别表示在 1%、5%、10% 的水平下显著，下同。

对于上海自贸区，自贸区变量 FTZ 的回归系数都在 1%～5% 的显著性水平上显著为正，表明上海自贸区建设促进了当地经济增长；而对浙江自贸区，自贸区建设对其 GDP、固定资产投资、进出口贸易的增长都没有表现出显著影响，只有对工业增加值，FTZ 的系数是显著为正的，说明浙江自贸区对当地经济暂时还没有表现出明显的促进作用。一方面可能是因为政策对经济产生影响需要一定时间，即存在滞后性，早期促进作用通常不明显，随后这一效应将逐步凸显；另一方面，自贸区对不同地区经济增长的影响存在异质性，不同自贸区有着不同的功能定位。具体而言，上海自贸区是中国首个自由贸易试验区，自贸区以国际水准的贸易投资自由、监管高效、法制完善的为建设目标，而浙江自贸区的定位在于促进国际大宗商品贸易自由化以及资源有效配置。所以，浙江自贸区对当地经济增长暂时没有表现出显著的影响。下面我们将使用反事实分析法进一步检验。

2. 反事实分析

下面利用反事实方法分析自贸区设立对当地经济增长的影响。首先，需找到一组最优回归元备选集，然后利用政策实施前（自贸区设立前）时间段的样本拟合模型，根据逐步回归法选择出最优的回归元子集。同样，对于上海自贸区，由于浙江省、江苏省、安徽省与上海市地域相连、经济联系密切，第二批自贸区于 2015 年设立，故将这些省份（福建省、天津市与广东省）预先排除在控制组之外；对于浙江自贸区，则预先排除邻近省份和第二、第三批自贸区所在省份。表 2 报告了不同情况下最优回归组的选择及其系数。可以看出，各模型的拟合优度都较高。

表 2 控制组权重（政策实施前数据拟合得到）

省份	上海				浙江			
	GDP	Invest	trade	VA	GDP	Invest	trade	VA
云南		−0.330**	0.038**	−0.251**	−0.264**			
内蒙古				−0.232**	−0.154*	−0.080	−0.148***	−0.148***
北京	0.186**		0.079	0.300***	0.350***	0.299***	0.230***	0.230***
吉林		−0.804**	0.077***	−0.166*	0.363***			
四川	0.317**	−1.301***						
宁夏						0.270**	−0.175***	−0.175***
山东	0.855***		0.417***	0.274**		0.423**	0.457***	0.457***
山西	−0.455***	0.620***	0.090***	0.179***		0.260**	0.108***	0.108***
广西	0.199*	−0.203*	0.060**	−0.502**		−3.06**	−0.155***	−0.155***
新疆	0.083	−0.240**			0.110**			
江西	0.421***		0.138***	0.635***				
河北		0.675***	−0.185***		0.366***	−0.962***		
河南		1.561***	0.044**					
海南		−0.240**	0.020*	0.056**	−0.158*		0.105***	0.105***
湖北	−0.227**		0.131**	0.445***				
湖南			−0.071**		0.253	0.636***	0.151***	0.151***
甘肃		−0.624***		−0.171				
西藏		0.199**	−0.010**				0.048***	0.048***
贵州	0.250***		−0.035**					
重庆	0.121**			−0.180				
青海					0.192**	−0.236	0.564***	0.099**	0.099**
黑龙江	−0.201**	0.854***		0.464***	0.151			
截距项	−0.149***	0.049	−0.061***	−0.041**	0.034**	−0.032	0.003	0.003
R^2	0.948	0.872	0.927	0.839	0.861	0.913	0.856	0.856

首先,分析上海、浙江自贸区对当地的 GDP 增长率的影响。图 2 上图垂直虚线左侧显示了上海自贸区设立之前的 GDP 当季同比增长率,实线表示的是实际 GDP 增长率的走势,虚线表示的是由表 2 回归系数预测的上海 GDP 增长率,实际值和利用选出的最优控制组计算的拟合值基本一致,即自贸区设立之前的 GDP 增长率可以较准确地由所选择的最优回归控制组来拟合。根据前述方法利用最优控制组回归元(权重如表 2 所示)构建预测回归方程,刻画了反事实情况下的预测值,将预测值与实际值比较(见图 2 左图垂直虚线右侧),实线表示真实值走势,虚线则刻画了反事实预

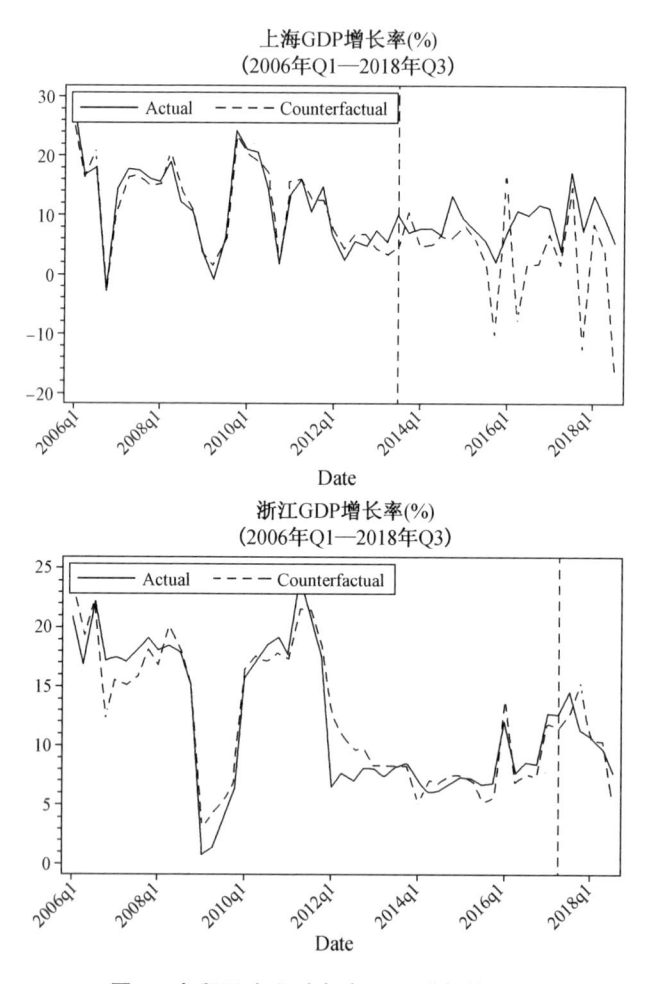

图 2　自贸区建设对当地 GDP 增长的影响

测值,可以看出,在样本区间内大部分时期处理效应(实际值－预测值)为正,大部分时间政策实施的积极作用明显。更重要的是,通过计算平均处理效应还发现,2013Q4 至 2014Q4 时间段为 2.0%,而 2015Q1 至 2015Q4 时间段的为 4.5%,后者显然更高,而上海自贸区于 2014Q4 实行了扩区,表明扩区后的经济增长效应更加显著,主要是因为新片区内包含众多金融业、服务业、先进制造业等有着先进技术和管理经验的企业,故自贸区的制度创新效应进一步扩大。总体而言,在自贸区设立后上海市的 GDP 增长加快,积极作用较为明显。

图 2 下图绘制了浙江自贸区设立前后 GDP 增长率真实值与预测值情况。垂直虚线指明浙江自贸区设立的时间,虚线左边为设立之前部分,使用最优控制组拟合的结果较好,右边为实施之后的部分,实际值大多数时间并没有在反事实预测值之上,处理效应不显著。这进一步表明浙江自贸区的设立对当地 GDP 增长的影响暂不显著,还有待以后进一步研究。

第二,分析上海、浙江自贸区对当地的固定资产投资的影响。图 3 绘制了自贸区设立前后的固定资产投资月度同比增长率,比较预测值与实际值并给出处理效应如图 3 上图所示,在样本区间内大部分时期处理效应为正。数据表明,在自贸区设立后的样本期间,上海市固定资产投资增长率的处理效应均值为 6.4%(真实值 7.2%～反事实值 0.8%),即与不设立自贸区相比,自贸区建设对区内固定资产投资的增长有显著促进作用。图 3 下图绘制了浙江自贸区对其固定资产投资增长率影响的反事实分析结果。不同于双重差分回归结果,设立浙江自贸区之后,固定资产投资增长率的实际值显著高于反事实预测值,根据数据计算可知,利用最优控制组所预测的反事实进出口增长率为 4.0%,低于真实的增长率 8.1%,故处理效应为正(4.1%),即相比于没有这一政策,浙江自贸区建设对当地固定资产投资的增长有显著的正向影响。

第三,分析上海、浙江自贸区对当地的进出口贸易的影响。图 4 上图绘制了上海自贸区设立之前的进出口总额当月同比增长率,将预测值与实际值比较可以看出,在样本区间内大部分时期真实值大于预测值,平均处理效应为正,并且数据表明,在自贸区设立后的样本期间,上海市进出口贸易增长率反事实值为－2.4%,小于实际值 4.0%,处理效应的均值为 6.4%,即相比于没有设立自贸区,自贸区建设对上海市进

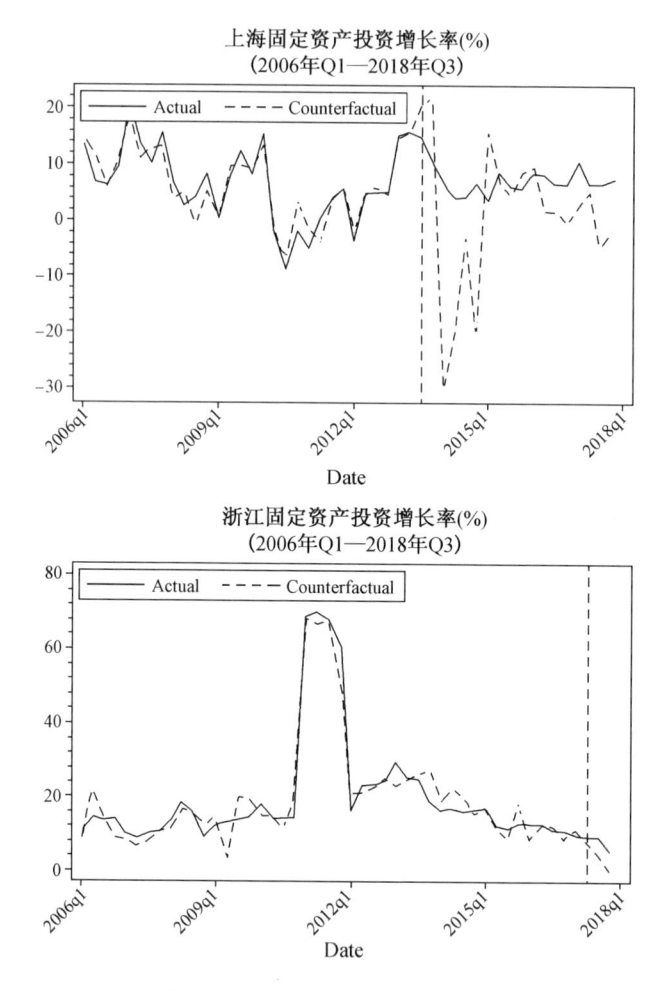

上海固定资产投资增长率(%)
(2006年Q1—2018年Q3)

浙江固定资产投资增长率(%)
(2006年Q1—2018年Q3)

图3 自贸区设立对当地固定投资增长的影响

出口贸易的增长起到了显著的促进作用。在国际经济增长疲软和市场需求下降的背景下,由自贸区建设带来的制度创新使上海市进出口贸易保持了稳步增长。

浙江自贸区对其净出口贸易增长率影响的反事实分析结果如图4下图所示。不同于双重差分回归结果,反事实分析的结果表明,设立浙江自贸区之后,当地进出口贸易增长率的实际值显著高于反事实预测值,根据数据计算可知,利用最优控制组所预测的反事实进出口增长率为7.4%,低于真实的增长率15.8%,故处理效应为正

(8.4%),即相比于没有设立自贸区,自贸区建设对浙江省进出口贸易的增长也有着显著的正面效应。

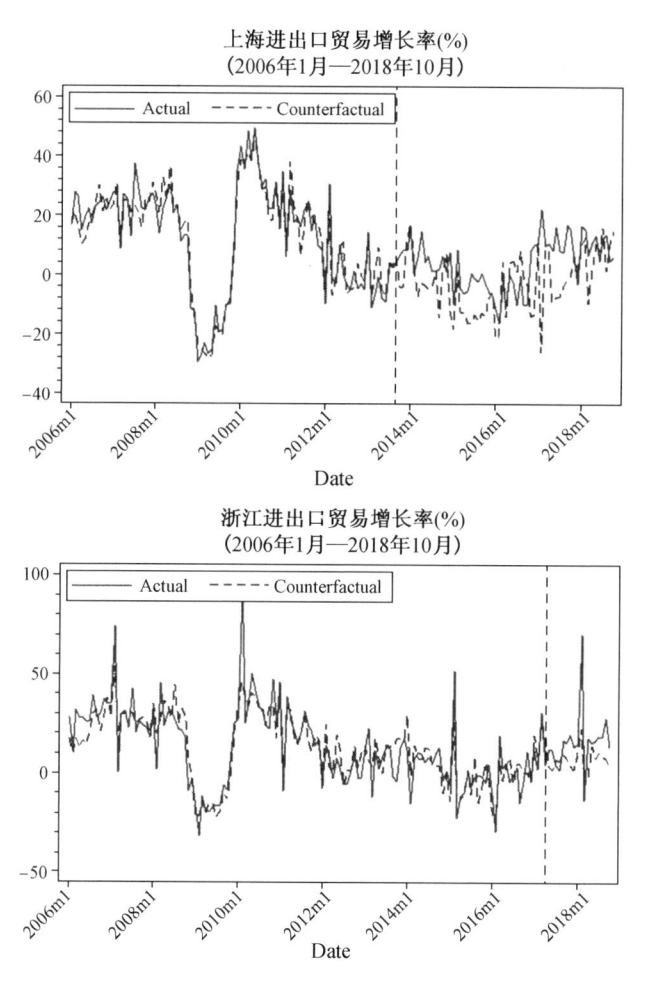

上海进出口贸易增长率(%)
(2006年1月—2018年10月)

浙江进出口贸易增长率(%)
(2006年1月—2018年10月)

图4 自贸区设立对当地进出口贸易增长的影响

最后,分析上海、浙江自贸区对工业增加值的影响。图5上图绘制了上海自贸区设立前后其工业增加值增长率变化情况,自贸区设立之后,在样本区间内大部分时间处理效应为正,平均而言,利用最优控制组所预测的反事实值为1.7%,低于真实值3.8%,平均处理效应为2.1%,即上海自贸区的成立使得上海市工业增加值增长率增加了2.1%,促进作用显著。

浙江自贸区对其工业增加值增长率影响的反事实分析结果如图5下图所示。可以看出,在自贸区设立之后,大多数时间真实值都处于预测值之上,处理效应为正,具体而言,政策实施后的样本期间反事实工业增加值增长率为5.6%,而真实值为8.0%,那么可知处理效应为2.4%,进一步证明了设立自贸区对当地工业增加值的增长存在显著促进作用。

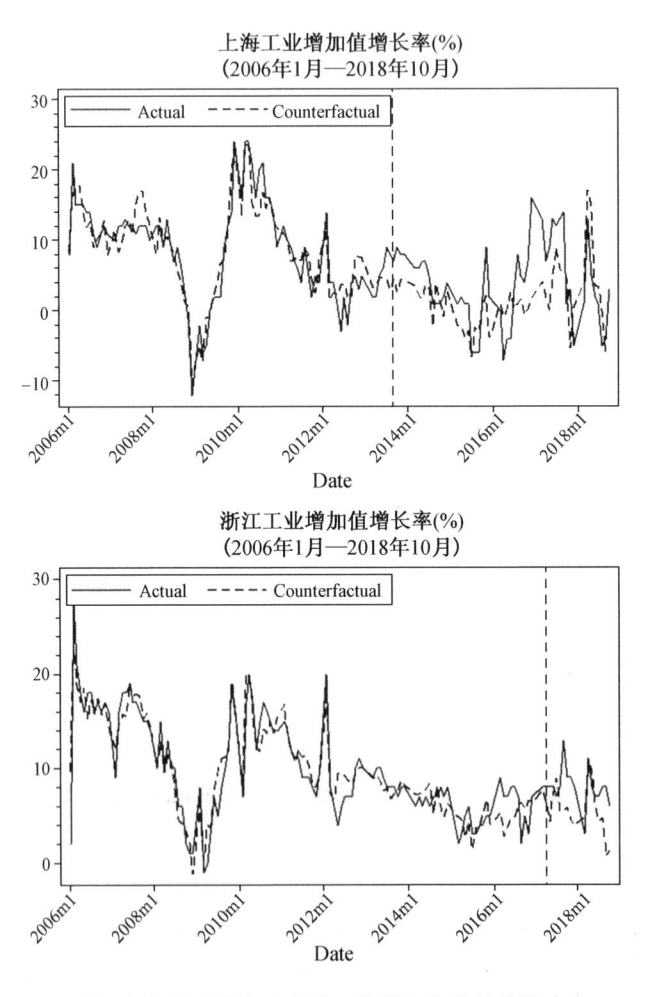

图5 自贸区设立对当地工业增加值增长的影响

表 3　虚拟设立时间检验

	上海				浙江
	GDP	$Invest$	$Trade$	VA	VA
L3.FTZ	0.026 (0.026)	0.093*** (0.032)	0.012 (0.055)	0.014 (0.009)	0.042*** (0.010)
常数项	0.044** (0.021)	0.259*** (0.026)	−0.295*** (0.070)	0.185** (0.011)	0.212*** (0.013)
样本数	1 275	1 200	3 850	3 400	2 448
R^2	0.391	0.438	0.303	0.589	0.535
地区 FE	Yes	Yes	Yes	Yes	Yes
时间 FE	Yes	Yes	Yes	Yes	Yes

3. 稳健性检验

下面对上述双重差分结果进行虚拟设立时间检验,即人为改变政策发生时点,一般是将政策发生时点提前2~3年。如果FTZ不显著,说明各经济指标的增长来源于自贸区的设立,反之,意味着经济增长可能是由其他因素引起的。我们将自贸区设立时间提前3年,由于浙江自贸区对GDP、$invest$、$trade$增长率影响的系数本身就不显著,所以这里不予考虑,只对工业增加值增长率进行分析。回归结果显示,若将自贸区设立时间提前3年,对于上海的GDP、$trade$、VA,核心解释变量L3.FTZ的系数不显著,意味着上海的GDP、进出口贸易以及工业增加值的增长来源于自贸区的设立,而不是由其他政策引起的;但是对于上海固定资产投资和浙江的工业增加值,L3.FTZ的系数为正,说明上海固定资产投资增长、浙江工业增加值的增长也可能来源于其他政策,而不全是由自贸区的设立引起的,将L3.FTZ与FTZ的系数对比可知,前者均小于后者,说明自贸区建设对上海固定资产投资增长、浙江工业增加值的增长有促进作用,但是没有那么大,反事实分析的结果证明了这一点。

4. 长期效应

为了检验自贸区建设的长期效应,运用简单的ARMA模型建立下列方程进行分析。由于浙江自贸区设立时间较晚,且GDP、固定资产投资增长率均为季度数据,处理效应时间较短,工业增加值增长率数据存在缺失值,所以这里我们使用上海进出口增长率的处理效应来做进一步分析。以上海自贸区成立时间为起点,建立一阶滞后的 AR(1)模型来进行实证检验,得到如下结果:

$$\hat{\Delta}_{1t}=0.051+0.216\,\hat{\Delta}_{1,t-1}+e_t$$
$$(0.016)(0.128)$$

其中,$\hat{\Delta}_{1t}$ 表示上海自贸区设立对当地的短期效应,括号里的是标准差。经计算,长期效应为 6.5%[0.051/(1−0.216)],即上海自贸区建设产生的"制度红利"对上海经济增长的正面影响是长期的。上海自贸区用制度创新代替政策优惠,深化改革,扩大开放,对区内经济增长具有显著的长期促进作用。

上述分析结果表明,上海自贸区的建立对当地 GDP、投资、进出口贸易以及工业增加值增长有显著的正向促进作用。由于浙江自贸区成立时间较晚,所以相比于上海对经济增长的影响更不显著。并且通过简单的 AR(1)模型拟合数据所得结果可知,自贸区建设产生的"制度红利"具有显著的长期经济增长效应。

(二)自贸区对长三角其他地区经济的影响

上述分析表明,自贸区的设立对当地经济增长有显著的正向影响,但是这样的制度红利是否对周边地区同样具有正面影响呢? 预期上海、浙江自贸区的设立将对邻近的江苏、安徽的发展产生不容忽视的溢出效应,作用方向和作用大小取决于机遇与挑战的大小,即示范效应、溢出效应等于"虹吸效应"、竞争效应等的大小。下面我们以在研究期间长三角地区未设立自贸区的两个省份江苏省、安徽省为对象进行分析。由于反事实分析法得出的结论更为科学,另外,浙江自贸区设立时间较短,对当地经济的影响暂时都很难显现出来,所以,下面使用反事实分析法分析上海自贸区设立对长三角其他地区经济增长的影响。

1. 反事实分析

反事实分析的第一步仍然是找到一组最优回归元备选集,然后利用自贸区设立前时间段的样本拟合模型,根据逐步回归法选择出最优的回归元子集。对于江苏,预先排除上海、安徽、浙江及第二批自贸区所在地,对于安徽,预先排除上海、江苏、浙江及第二批自贸区所在地,从而得到控制组权重。

| 自由贸易试验区对长三角经济增长的外溢影响 |　　137

第一,分析上海自贸区对江苏、安徽的 GDP 增长率的影响。江苏作为与上海直接毗邻的省份,理论上受到上海自贸区这一政策实施的影响应该更大。从图 6 上图可以看出,2013Q4—2014Q4 期间处理效应为 1.0%,而 2015Q1—2015Q4 期间为 2.5%,后者高于前者,对 GDP 增长率得到促进效应显著,但是总体而言都低于对上海当地的影响。

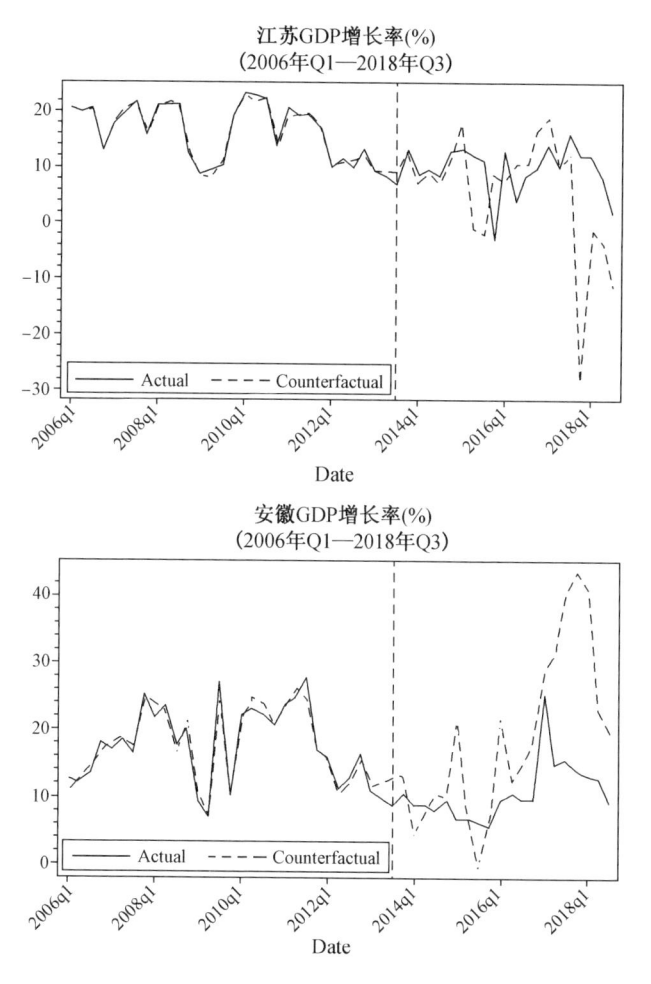

图 6　上海自贸区设立对江苏、安徽 GDP 的影响

对于安徽而言,由于其并没有与上海直接相邻,故理论上受到上海自贸区这一政策实施的影响应该不大,图6下图也证实了这一点。实际值与反事实预测值交错出现,处理效应不显著,表明安徽的GDP增长并没有受到上海自贸区成立这一政策的显著影响。

第二,分析上海自贸区对江苏、安徽的固定资产投资增长率的影响。图7上图显示,上海自贸区成立之后,江苏省固定资产投资增长率的处理效应显著为负,说明上海自贸区的成立对江苏省固定资产投资的增长有阻碍作用。这可能是因为上海自贸

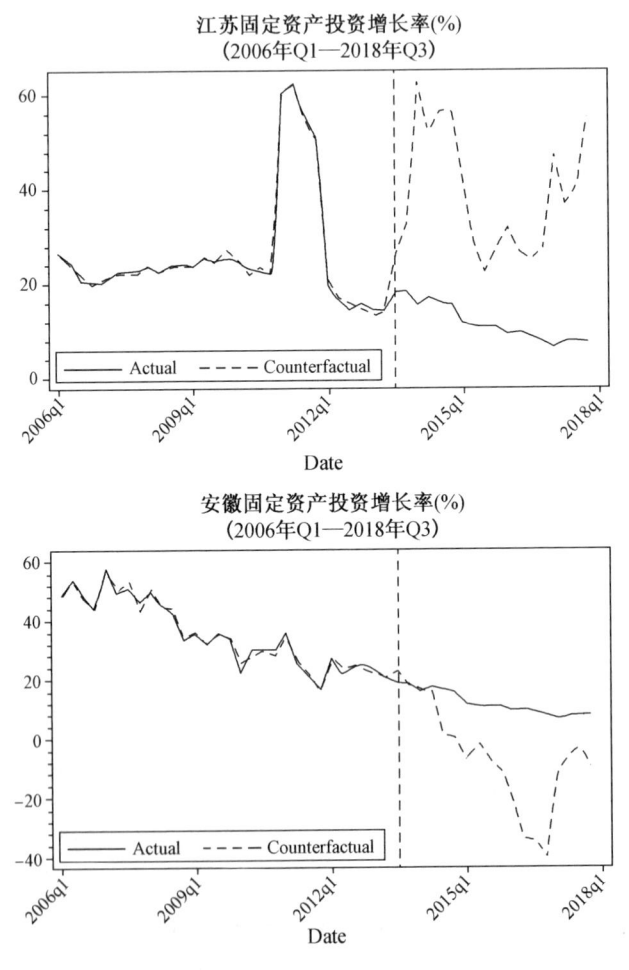

图7 上海自贸区设立对江苏、安徽固定资产投资的影响

区建成后,自贸区内企业享有国际化运营、利率市场化等优惠政策,必将会吸引周边地区的企业,导致企业将总部或者业务中心迁往自贸区内,这就给江苏省的招商引资造成了一定的困难。对于江苏省来说,要应对这一情况,可利用其地理优势主动接轨上海自贸区,接受上海自贸区的辐射,达到全面协调发展。例如,可充分利用江苏本地先进的制造业并加强基础设施建设与共享以吸引投资,提高企业服务质量以赢得竞争优势等。上海自贸区对江苏而言既有机遇也有挑战,江苏省自身应把握住发展机会并积极应对挑战,只有这样,才能促进江苏省积极健康有序发展。

对于安徽,上海自贸区建设减缓了安徽固定资产投资下降的趋势。虽然安徽在地理优势上不如江苏,但这也使其所受的冲击较小。从图7下图可以看出,上海自贸区设立之前,安徽省固定资产投资增长率呈现大幅下降的趋势,但是自贸区建成滞后,下降趋势明显减缓,固定资产投资处理效应显著为正,表明上海自贸区建设对安徽固定资产投资有一定的正面影响。

第三,分析上海自贸区对江苏、安徽的进出口贸易的影响。其中,江苏更容易获得"窗口"优势,可以凭借上海自贸区的成立大力推动对外开放,理论上其进出口贸易受上海自贸区这一政策实施的影响应该更大。图8上图显示了上海自贸区设立之前江苏净出口贸易月度同比增长率,而右边的图为根据自贸区设立之后的实际值与反事实预测值。数据表明,在自贸区设立之后,江苏省进出口贸易增长率的反事实值为0.2%,低于真实值4.2%,处理效应的均值为4.0%;表明相比于没有设立自贸区,上海自贸区建设对江苏省出口贸易的增长有显著促进作用,但小于对上海市进出口贸易的直接促进效应。

由于安徽并没有与上海直接相邻,故理论上受到上海自贸区这一政策实施的影响应该相对较小。图8下图显示实际值与反事实预测值纵横交错出现,通过计算可知,上海自贸区设立后,安徽省进出口贸易增长率真实值为8.9%,高于反事实预测值6.8%,处理效应为2.1%,小于对上海和江苏的影响,所以,与没有设立上海自贸区相比,上海自贸区建设也促进了安徽省贸易的增长,只是促进效应相对较小,这与我们的预期一致。

最后,分析上海自贸区对江苏、安徽的工业增加值的影响。图9绘制了上海自贸

江苏进出口贸易增长率(%)
(2006年1月—2018年10月)

安徽进出口贸易增长率(%)
(2006年1月—2018年10月)

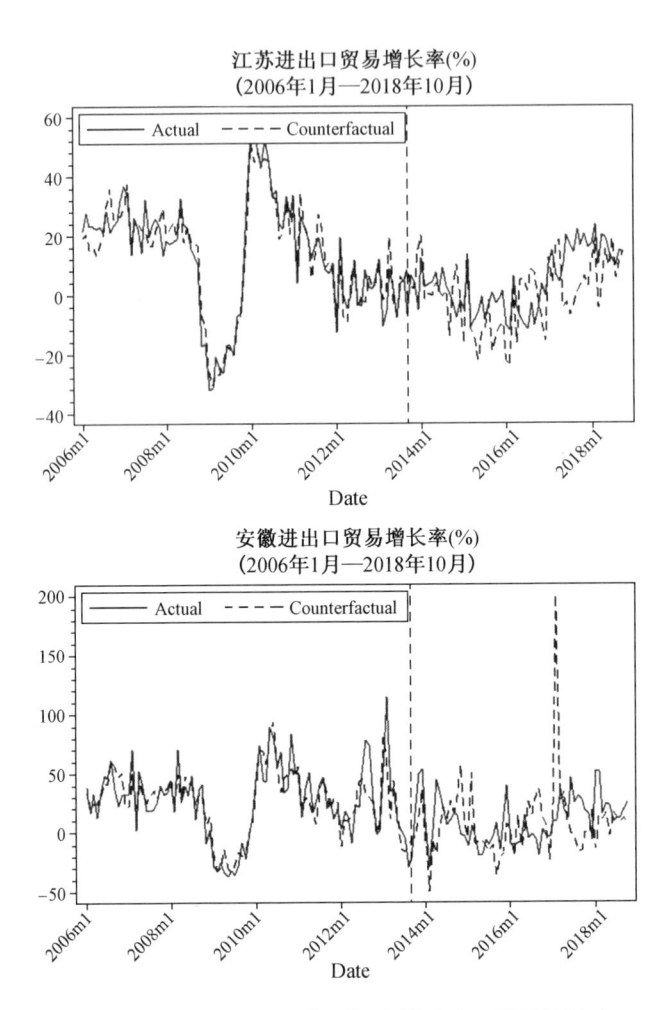

图8　上海自贸区设立对江苏、安徽进出口贸易的影响

区设立对江苏、安徽工业增加值增长的影响情况。图9上图为对江苏的影响,与固定资产投资情况类似,工业增加值增长率处理效应为负,说明上海自贸区对江苏省工业增加值增长产生了阻碍作用,原因同样可能是"虹吸效应"给江苏带来的负面影响;从图9下图中可以看出,上海自贸区的建设对安徽省工业增加值的增长则产生了正面影响,大多数时间增长率的实际值都是在反事实预测值的上方,即处理效应为正,上海自贸区的建设一定程度上带动了安徽省工业增加值的增长。

| 自由贸易试验区对长三角经济增长的外溢影响 |

江苏工业增加值增长率(%)
(2006年1月—2018年10月)

安徽工业增加值增长率(%)
(2006年1月—2018年10月)

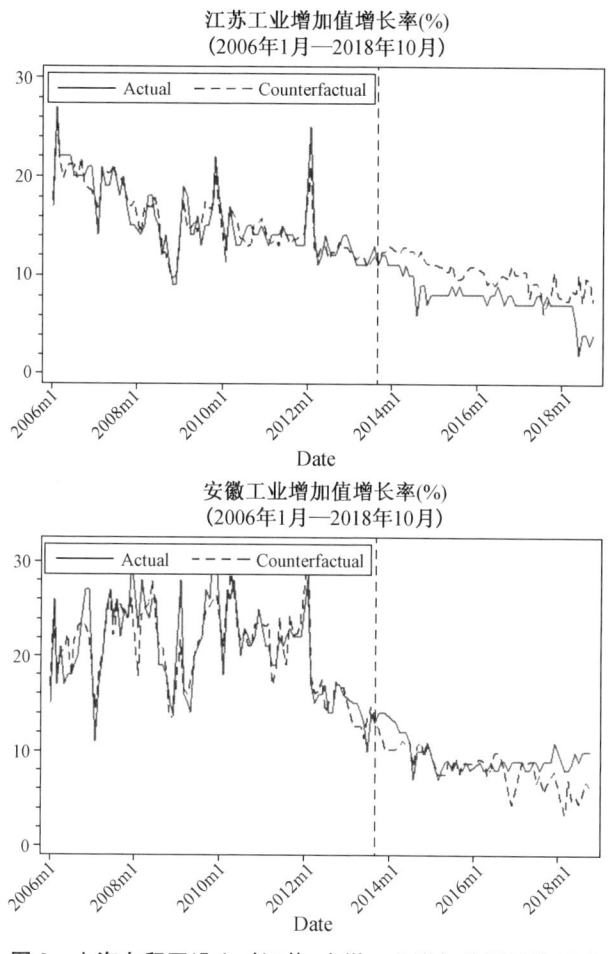

图 9　上海自贸区设立对江苏、安徽工业增加值增长的影响

2. 长期效应

以上海自贸区对江苏、安徽进出口贸易的长期影响为例进行长期效应分析,建立含有一阶滞后项的 AR(1)模型来拟合数据,结果如下:

$$\hat{\Delta}_{2t}=0.021+0.475\,\hat{\Delta}_{2,t-1}+e_t$$
$$(0.013)(0.114)$$

$$\hat{\Delta}_{3t}=0.020+0.230\,\hat{\Delta}_{3,t-1}+e_t$$
$$(0.045)(0.126)$$

其中，$\hat{\Delta}_{2t}$、$\hat{\Delta}_{3t}$分别表示上海自贸区设立对江苏、安徽进出口贸易的短期效应，括号里为标准差。对于江苏，长期效应为$4.0\%[0.021/(1-0.475)]$，显著为正，但小于对上海当地影响，对安徽贸易的长期效应为$2.6\%[0.020/(1-0.230)]$，小于对上海和江苏的促进作用，同上面的样本期间平均处理效应的结果一致。这表明，上海自贸区建设产生的"制度红利"不仅对当地经济有显著的长期效应，并且对周边地区也有不同程度的正面促进效应。

综上所述，上海、浙江自贸区的设立不仅对区内经济增长有影响，而且对周边地区的发展产生了不同程度的作用。具体而言，上海自贸区的成立对江苏省的影响较大，但有正有负：一方面，上海自贸区建设带动了江苏省GDP增长、进出口贸易发展；但另一方面，又阻碍了其固定资产投资、工业增加值的增长；上海自贸区设立对安徽省经济增长的外溢影响较小，但总体为正。此外，其对江苏、安徽经济增长的影响还具有长期效应，而不仅仅是短期的，因此，长三角未建立自贸区的地区应努力抓住机遇，主动接轨上海、浙江自贸区，加强基础设施建设与共享，提高服务质量，赢得竞争优势，从而促进本地区经济健康有序的发展。

五、结论与政策建议

本文使用2006—2018年的省级季度或月度数据，从GDP、贸易、投资以及工业增加值四个不同角度，运用双重差分以及反事实方法进行全面分析上海、浙江自贸区的设立对长三角开放型经济的影响。研究结果表明，长三角自贸区的设立不仅对长三角当地经济增长有影响，而且对周边地区的发展产生了不同程度的作用。第一，上海自贸区的建立对当地GDP、固定资产投资、进出口贸易以及工业增加值增长有显著的正向促进作用，浙江自贸区由于设立时间较晚，所以相比于上海对经济增长的影响更不显著，并且自贸区建设产生的制度红利存在长期经济增长效应。第二，上海、浙江自贸区的设立对江苏、安徽两地产生了较大的溢出效应，其中，上海自贸区的成立对江苏省的影响较大，但有正有负：一方面，上海自贸区建设带动了江苏省GDP增长、进出口贸易发展，但另一方面，又阻碍了其固定资产投资、工业增加值的增长；对安徽省的影响较小,但总的来说都是正面影响。此外,上海自贸区建设对江苏、安徽经济增长的影响也具有长期效应,而不仅仅是短期的。

上述结论表明,自贸区不仅影响对当地经济增长,同时也给长三角其他地区带来了机遇和挑战。本文结论不仅具有理论价值,同时还对我国地方政府和企业有重要的启发意义。就自贸区自身而言,设立自贸区不应止步于短期经济增长,而应该通过制度创新促进管理体制改革,继续推动贸易和投资的自由化和便利化进程,带动地方经济的长期发展。就长三角其他地区而言,自贸区设立带来的机遇是大于挑战的,所以,各地区应该借力自贸区,抓住上海、浙江自贸区建设的契机,利用其辐射能力来发展自身经济,提高贸易与投资的自由化、便利化水平,发挥不同产业的比较优势和竞争优势,形成错位发展。具体而言:第一,要转变政府理念,各地方政府应关注政策动向,把握改革趋势,根据自身实际情况实行管理体制创新,促进本地经济的长期稳定协调发展;第二,要坚持错位发展策略,力争错位打造次区域金融中心,分流上海、浙江自贸区的资本外溢,在贸易方面,应充分利用自贸区改革后的通关便利化措施,稳定出口并扩大本地产业升级所需先进设备和先进技术的进口,优化产业结构;第三,要积极参与上海自贸区建设,对于那些国际化程度较高、创新要求高的企业可以进驻自贸区,从而直接享受其政策带来的便利和优惠;第四,要积极探索本地自贸区建设,由于自贸区建设的方针是可复制和可推广的,故这一政策可能会进一步推开,各地区应积极探索本地特色的自贸区建设,更好地促进本地经济增长。

参考文献

[1] 陈林,罗莉娅.中国外资准入壁垒的政策效应研究——兼议上海自由贸易区改革的政策红利[J].经济研究,2014,49(4).

[2] 陈钊,熊瑞祥.比较优势与产业政策效果——来自出口加工区准实验的证据[J].管理世界,2015(8).

[3] 江若尘,陆煊.中国(上海)自由贸易试验区的制度创新及其评估——基于全球比较的视角[J].外国经济与管理,2014,36(10).

[4] 金泽虎,李青青.上海自贸区经验对促进长江经济带贸易便利化的启示[J].国际贸易,2016(4).

[5] 李金果.中国(浙江)自由贸易试验区贸易便利化建设的经验借鉴[J].特区经济,2018(9).

[6] 刘瑞明,赵仁杰.国家高新区推动了地区经济发展吗?——基于双重差分方法的验证[J].管理世界,2015(8).

[7] 裴长洪.全球治理视野的新一轮开放尺度:自上海自贸区观察[J].改革,2013(12).

[8] 盛斌.天津自贸区:制度创新的综合试验田[J].国际贸易,2015(1).

[9] 史忠良,沈红兵.中国总部经济的形成及其发展研究[J].中国工业经济,2005(5).

[10] 谭娜,周先波,林建浩.上海自贸区的经济增长效应研究——基于面板数据下的反事实分析方法[J].国际贸易问题,2015(10).

[11] 滕永乐,沈坤荣.中国(上海)自由贸易试验区对江苏经济的影响分析[J].江苏社会科学,2014(1).

[12] 王利辉,刘志红.上海自贸区对地区经济的影响效应研究——基于"反事实"思维视角[J].国际贸易问题,2017(2).

[13] 项后军,何康,于洋.自贸区设立、贸易发展与资本流动——基于上海自贸区的研究[J].金融研究,2016(10).

[14] 项后军,何康. 自贸区的影响与资本流动——以上海为例的自然实验研究[J]. 国际贸易问题,2016(8).

[15] 叶红玉. 上海自贸区对长三角地区经济的影响及对策[J]. 新经济,2014(8).

[16] 叶修群. 自由贸易试验区与经济增长——基于准自然实验的实证研究[J]. 经济评论,2018(4).

[17] 叶修群. 自由贸易园区(FTZ)的区位选择——基于中国省级面板数据的实证研究[J]. 当代经济科学,2016,38(2).

[18] 殷华,高维和. 自由贸易试验区产生了"制度红利"效应吗？——来自上海自贸区的证据[J]. 财经研究,2017,43(2).

[19] 竺彩华,李锋. 上海自贸区建设的主要成就与问题分析[J]. 亚太经济,2016(1).

[20] DONALD S G, LANG K. Inference with Difference-in-differences and Other Panel Data[J]. The Review of Economics and Statistics, 2007, 89(2).

[21] FORNI M, REICHLIN L. Let's Get Real: A Factor Analytical Approach to Disaggregated Business Cycle Dynamics[J]. Review of Economic Studies, 1998, 65(3).

[22] GREGORY A W, HEAD A C. Common and Country-specific Fluctuations in Productivity, Investment, and the Current Account[J]. Journal of Monetary Economics, 199, 44(3).

[23] HSIAO C, WAN S K. Is There an Optimal Forecast Combination? [J]. Journal of Econometric, 2014,178(2).

[24] HSIAO C, STEVE CHING H, KI WAN S. A Panel Data Approach for Program Evaluation: Measuring the Benefits of Political and Economic Integration of Hong Kong with Mainland China[J]. Journal of Applied Econometrics, 2012, 27(5).

[25] JI MINGJIE, LI MIMI, KING BRAIN. The Impacts of China's New Free-trade Zones on Hong Kong Tourism[J]. Journal of Destination Marketing & Management, 2015,4(4).

[26] OUYANG M, PENG Y. The Treatment-effect Estimation: A Case Study of the 2008 Economic Stimulus Package of China[J]. Journal of Econometrics, 2015, 188(2).

[27] WAN Z. Policy and Politics behind Shanghai's Free Trade Zone Program[J]. Journal of Transport Geograph, 2014, 34(1).

[28] YAO D, WHALLEY J. The Yuan and Shanghai Pilot Free Trade Zone[J]. Journal of Economic Integration, 2015, 30(4).

[29] YAO D, WHALLEY J. An Evaluation of the Impact of the China(Shanghai) Pilot Free Trade Zone (SPFTZ) [R]. National Bureau of Economic Research, 2015.

开发区转型升级路径与发展模式：
以常熟经济技术开发区为例

余义勇　张　骁

引　言

目前，我国经济已由高速增长转向高质量发展阶段，坚持质量第一、效益优先、以供给侧结构性改革为主线是推动经济发展质量变革、效率变革、动力变革的先行军和试验田，这不仅是地区产业集聚的主阵地、科技创新的主载体，而且承载着地区经济发展的功能和使命，现已成为经济发展的新增长极。改革开放40年，随着开发区政策优势的弱化及中国城镇化速度的加快，作为地区经济发展与城镇化进程中重要发力点和成就集中点的开发区已历经起步、成长和成熟阶段，目前正逐渐步入寻求转型升级的复杂时期。中国开发区发展受到政府引导行为及市场选择行为的双重影响，不仅有"计划性"政府意志的体现，还有"市场性"多方博弈的结果：既体现了自身发展路径及功能配置特征，也受到内部企业的影响。为全面贯彻党的十九大精神，开发区转型升级必须坚持创新、协调、绿色、开放、共享的新发展理念，按照布局集中、产业集聚、用地集约、特色鲜明、规模适度、配套完善的要求，完善开发区管理体制和运行机制。但由于我国开发区对园区内企业创新投入及产业结构优化不够重视，以及随着开发区面积的不断扩大和长期偏重于经济增长功能，导致开发区相应城市服务功能短板效应日益凸显、空间布局失衡，使开发区转型升级尤为困难。因此，"新常态"背景下，中国开发区转型升级路径及发展模式亟待进一步探索。

目前，有关开发区转型升级的研究大多集中在影响因素、动力、目标与方向及路径等方面。在转型影响因素方面,国内学者主要集中于探讨开发区管理体制、创新环境、外资水平、产业结构等因素;在转型动力方面,主要围绕政府、市场与企业宏微观外部与内部动力进行了探讨;在转型目标与方向方面,主要围绕拓宽转变视角、整合资源以寻求新发展定位、由"集聚功能"向"创新功能"转变等方面展开;在转型路径方面,国内学者主要从管理体制、空间层面、产业层面对开发区转型路径进行探讨。综上所述,关于开发区转型升级的研究虽然已经取得一定成果,但仍存在以下问题:① 开发区转型升级是多因素共同作用的结果,但现有研究主要从单个要素视角对其进行简单分析,缺乏对开发区转型升级多视角的系统研究;② 开发区如何通过园区内部产业结构优化及产业升级从而带动整个园区转型升级的内在作用机理仍不清晰;③ 开发区城市服务功能缺失现已成为制约开发区转型升级的重要因素,但现有研究没有从开发区内部产业优化与园区建设相结合视角探讨开发区转型升级问题。

基于此,本文依据产业升级理论,从产业集聚和产城融合视角探讨开发区转型升级问题。研究采用纵向案例研究法,以常熟经济技术开发区作为研究对象,通过梳理其改革开放以来的发展历程、发展理念,从而对其转型升级路径及发展模式进行探讨,旨在为促进国内开发区转型升级提供参考与借鉴。

一、理论基础

1.1 产业升级

产业升级不仅指产业结构改善,还指产业效率与质量提升。研究表明,加速产业升级是促进经济增长的关键所在。传统研究多将产业升级理解为产业结构比例优化,即积极促进产业结构从低级形态向高级形态转变。但该观点并不全面,产业升级还可从以下3个层面理解:在微观层面上,产业升级是产业内企业优化资源配置、不断提高投入与产出比从而获取更高利润的过程;在中观层面上,产业升级可分为基于工艺(流程)、产品和功能升级的产业内部升级以及基于产业结构调整的产业间升级;在宏观层面上,产业升级表现为生产要素禀赋由初级(简单劳动力、物质资本、自然资源)向高级(人力资本、知识、技术、制度等)演化,生产要素由低效率向高效率产业转移,国家整体产业体系层次结构向低投入、高产出方向转型,从而实现产业结构动态优化。

对于开发区而言,培育区域发展新高地,实现从"集聚功能"向"创新功能"转变,是提高开发区整体经济发展水平并实现成功转型的关键所在。传统情况下,开发区主要以优惠政策及区位优势积极吸引外资企业入驻,从而形成产业集聚效应以促进园区产业发展。但通过该方式引进的产业大多处于"微笑曲线"底端,产业附加价值较低。而开发区未来转型发展趋势则是向新兴产业、高技术产业和现代服务业转型,即园区产业向"微笑曲线"两端延伸,向产品研发设计、技术开发、品牌推广、市场开发、销售和物流等高附加值产业端转型。研究表明,开发区可通过促进各生产要素在园区内部不同产业间的优化再配置来推动地区产业升级。同时,安礼伟和张二震也指出,在开发区转型升级中应注重开发区"功能创新",不仅要关注产业创新,更要搞好城市功能创新。

1.2 产业集聚

产业集聚表现为同一产业在特定区域内逐步汇聚的过程,对当地经济发展具有一定推动作用。开发区作为外资进入中国的集聚地,资源占优企业集聚使得与其相关联的企业为获取最大外部规模经济效应纷纷加入其中,进而自发形成产业集聚现象。产业集聚通过规模效应和知识溢出效应等优势,在提升开发区产业竞争力、优化资源配置等方面发挥了积极作用。季书涵等指出,产业集聚能降低资本门槛、优化劳动力结构,当资本配置过度和劳动力配置不足时能够改善资源错配现象。因此,产业集聚既是开发区内产业价值链的有机组成部分,又是开发区维持竞争优势的根本所在。一方面,产业集聚不仅可使开发区内企业间分工更加细化,而且还可以提高开发区内各企业间的协作效率及劳动产出率;另一方面,产业集聚能够在短时间内将优势资源集中在开发区,使各要素资源和产业相互融合发展,形成规模效应和溢出效应。

产业集聚优势主要体现为其外部性,早在 20 世纪初 Marshall 就提出产业集聚能够在本产业内形成较为产业集聚能够产生正外部性,促进企业生产率显著提升。此外,也有学者对不同行业产业外部性进行探索,认为由于存在知识溢出效应,多样化产业更能促进产业空间集聚且更有利于企业创新。但也有研究认为产业集聚会带来不利影响,即存在拥塞效应。目前,产业集聚效应分为两类:一是专业化集聚效应,意指同一行业中大量企业向某个地区集中;二是多样化集聚效应,意指不同甚至不相关行业中的许多企业向某个地区集中。然而,究竟哪种外部性对经济起作用却莫衷一是:有学者认为专业化集聚效应无效,多样化集聚效应有效;有学者则认为专业化集聚效应有效,多样化集聚效应无效;还有学者认为两者均有效。

1.3 产城融合

新时代背景赋予了开发区新使命与新内涵,开发区作为生态工业示范区、城市化进程助推器,其发展亟待转型升级。由于持续城镇化正不断推动着工业化和现代化进程,如何通过新型城镇化实现工业化,并保持与城镇化和谐并行是开发区转型期亟待解决的问题。过去,开发区承载的使命是经济发展"增长极",而新形势下开发区更大的使命是营造现代化新城区。因此,有学者指出,促进开发区发展与新型城镇化建设相融合是开发区转型升级的有效途径。安礼伟和张二震也指出,开发区发展应与城镇化发展相结合,这才是"产城融合"的内核所在。此外,开发区功能创新除指产业创新外,还包含城市创新,其发展轨迹已呈现出"工业区—新城区—行政区"发展趋势,开发区城市功能提升是转型升级必经之路。因此,"产城融合"理论为探讨开发区转型升级提供了一个绝佳的研究视角。

尽管"产城融合"理念已提出多年,但目前学者对其理解仍存在差异。现有关于开发区产城融合的研究大致分为两类:一类是探讨城区和开发区融合议题;另一类是探讨开发区内部产业与园区建设相融合的发展策略。从城区与开发区视角,杨立勋和姜增明指出城市发展要以产业为基础,而产业发展则必须以城市为载体,二者间要有相对应的匹配度。从开发区内部产业与园区自身融合视角,孔翔和杨帆认为"产城融合"是指开发区城市功能优化需要园区产业发展为其提供经济支撑,而园区产业发展则需要城市功能优化为其创造优越的要素和市场环境;钟睿和张捷也指出,"产城融合"是园区就业与居住要素的完美匹配,从而促进开发区城市功能完善;李文彬和陈浩认为当开发区进入成熟期后,其发展方向已由产业功能主导区逐渐向产城融合发展新城区转变。由此可见,开发区内部产业与园区建设"产城融合",就是要把产业园完善促进产业区转型发展的要求。

"产城融合"下园区与产业互动虽为开发区转型升级提供了较好的研究视角,但目前中国开发区转型升级容易陷入要么只关注产业升级,要么只注重园区城市功能建设的单边效应误区,如何实现"产城"有效链接、协调互促是目前开发区亟待探讨的问题。有学者认为开发区建设应从"功能导向"转向"人本导向",注重并大力发挥人的作用,关键在于城镇居民福利提升。谢呈阳等研究指出,"产城融合"是"产""人""城"三者的融合,"人"是"产""城"互动的连接点;阳镇和许英杰指出"产城融合"应包含功能耦合、结构匹配和人—居—环相互融合3个特征,产业发展不仅应与人的发展紧密结合,还要以园区生态环境承载力为前提;丛海彬等认为,"产"决定了城镇可消费本地商品种类及居民就业和收入状况,"城"决定了产业发展成本及居民生活成本,而"人"决定了"产"和"城"能否相互融合并发挥协同效应。为此,在开发区转型升级过程中需更加关注"以人为本"的产城互动模式。

二、研究设计与方法

针对现有理论缺口,本文采用单案例研究方法对常熟经开区转型升级路径及发展模式进行探讨,理由如下。首先,由于研究的是"如何(How)"的问题,案例研究能够深入描述和剖析现象背后的复杂作用机制,适合观察和总结开发区转型升级演化路径。此外,单案例研究可对研究对象的系列行为进行详尽梳理与挖掘,从而概括出核心事件及彼此间的逻辑演化关系,进而有利于捕捉开发区转型发展模式的具体做法。所以,从本文研究目的看,采用单案例研究方法比较合适。

2.1 案例选择

为保证研究案例的独特性和典型性,本文选取常熟经济技术开发区(以下简称:常熟经开区)作为研究对象,原因如下:① 常熟经开区成立于1992年,经历了改革开放以来的发展时机与挑战,见证了开发区发展全过程,这为本文探讨中国改革开放以来开发区发展路径及发展模式提供了合适的素材;② 常熟经开区发展经历了城区拓展、沿江开发和产业聚焦3个阶段,每个阶段面临不同的发展困境及机遇且采取的发展理念也各不相同,历史数据较完整;③ 由于常熟经开区特点鲜明、成绩突出,2017

年在全国 219 家国家级经济技术开发区中排名前 30 强。因此,相关二手资料较多,保证了数据来源的多样性与丰富性。结合本文研究主旨和调研资料,本文对常熟经开区主要发展脉络进行初步总结,具体如表 1 所示。

表 1　常熟经济技术开发区发展脉络

类别/阶段	第一阶段	第二阶段	第三阶段
时间范围	1992—2001 年	2001—2010 年	2010 年至今
阶段特征	城区拓展	沿江开发	产业聚焦
产业特征	传统民营企业	五大传统产业	特色汽车产业
发展方向	内外并举	由低向高	由重向优
主要产业	纺织、服装、五金零配件等	电力能源、精细化工、高档造纸、钢铁建材、港口物流	汽车及零部件、装备制造、新能源新材料、现代物流、创新创意
重要事件	引进夏普等外资企业	引进了芬欧汇川、达涅利、夏普电子、长春化工等一批规模企业	引进观致和奇瑞捷豹路虎两大整车项目

2.2　数据收集

案例研究需要通过收集多样性来源数据,从而形成不同数据来源间的三角验证、交叉验证,并以此保证研究信度和效度。因此,本研究采用多种方式、多种渠道获取信息,具体收集以下一手、二手资料和信息:① 通过深度访谈获取一手资料,采取半结构化访谈方式对熟悉常熟经开区发展过程的园区领导、各部门负责人进行多次正式和非正式访谈,每次访谈时间控制在 1~1.5 小时。该项工作主要是为了解开发区在发展过程中经历了哪些阶段,每个阶段遇到的发展机遇与挑战以及开发区转型升级的驱动力和主要做法。为保证对访谈资料的准确理解,访谈人员在 12 小时内对访谈录音和笔记进行整理并交叉核对;② 公开发表的与此案例主题相关的文献;③ 直接从开发区获得相关材料,包括领导发表的讲话、内部刊物、年度工作总结和其他文件;④ 门户网站、公共媒体报道。通过实时数据和档案数据同时收集和验证,有效避免了回溯性解释、印象管理等严重影响研究信度的问题。

三、案例分析

常熟经开区成立于1992年8月,1993年11月被江苏省政府批准为首批11个省级开发区之一,2010年11月被国务院批准升级为国家级经济技术开发区。经过20多年发展,目前全区共有外资企业近600家,世界500强企业投资项目58个,外资总投资达333亿美元。2017年,实现地区生产总值836亿元,综合实力跻身全省经济技术开发区"第一方阵"。近年来,常熟经开区积极培育汽车产业,先后引进观致和奇瑞捷豹路虎两大整车项目,正全力打造千亿级的汽车主导产业。2017年常熟经开区在全国219家国家级经济技术开发区中排名前30强。回顾过去20多年发展历程,常熟经开区经历了城区拓展、沿江开发和产业聚焦3个阶段,形成了一个较为完备的现代特色产业体系。

(1) 城区拓展阶段(1992—2001年)。自古以来,常熟就以鱼米之乡著称,农业、纺织业十分发达。改革开放以后,常熟曾迎来了乡镇企业的繁荣发展,闯出了一条闻名全国的"碧溪之路"。在发展初期,常熟经开区担负着从乡镇企业向外资经济转型的重任,开始发展民营企业。常熟经开区的传统民营企业主要包括服装、纺织、红木、五金零配件等产业,属于比较传统的中小型、低附加值产业。另外,常熟经开区还积极引进外资企业,在城区拓展阶段重点引进了以夏普办公设备为代表的一批外资企业,以此提升开发区实力。

(2) 沿江开发阶段(2001—2010年)。21世纪以来,常熟经开区紧紧抓住"沿江开发"这一战略机遇,由城区转战港区,在江边"白地"开展"二次创业"。依托得天独厚的濒江临港和"二路一桥"(苏嘉杭高速、沿江高速、苏通长江大桥)交通区位优势,开发建设以沿江工业区、常熟出口加工区为核心的工业板块及综合配套服务的滨江新市区。但是,常熟传统产业由于规模有限、产业层次较低,面临巨大的转型压力。为此,常熟经开区紧扣临江经济特色,依托滨江临港优势,积极引进外资。2010年前后,常熟经开区先后引进芬欧汇川、达涅利、夏普电子、长春化工等一批规模企业,初步形成了一批以"电力能源、精细化工、高档造纸、钢铁建材、港口物流"等为代表的具有时代特征的五大传统产业集群。

(3) 产业聚焦阶段(2010年至今)。2008年金融危机以后,传统产业面临巨大的转型压力,绿色和创新发展需求越发突出。常熟经开区经多方考察,决定将引进汽车整车项目作为转型升级的突破口。2010年和2011年,常熟经开区成功引进观致和奇瑞捷豹路虎两个整车项目。两大汽车企业落户不仅带动了相关产业的加入,如吸引40多家国际知名汽车零配件企业落户,还带动了开发区内传统产业转型升级,引导传统产业向汽车产业靠拢。同时,常熟经开区大力发展新兴产业,引进并培育了"汽车及零部件、装备制造、新能源新材料、现代物流、创新创意"五大新兴主导产业,初步形成了"新老齐飞"的产业发展新格局。新时代下,常熟经开区按照高质量发展要求,围绕坚守实体经济,打造特色产业,在创新引领和转型发展上狠下功夫,正积极推动开发区制造向开发区创造转型、开发区速度向开发区质量转型、开发区产品向开发区品牌转型。

四、案例讨论

4.1 基于产业升级的常熟经开区转型升级路径分析

本文基于产业升级理论,从开发区发展过程、各阶段转型驱动因素及发展理念3个维度对常熟经开区转型升级路径进行深入剖析,并最终将其转型升级路径总结为以下3个阶段:"内外并举"城区拓展阶段、"由低向高"沿江开发阶段和"由重向优"产业聚焦阶段(见图1)。

(1) "内外并举"城区拓展阶段。常熟由于农业、纺织业十分发达,改革开放后,其乡镇企业迎来了繁荣发展期。但由于乡镇企业普遍规模较小且层次较低,带动能力不强,无法形成规模经济效应,因此必须引进经济带动能力强的产业促进开发区经济发展。同时,在改革开放初期,有大量外资企业涌入中国,各开发区都以招商引资作为开发区发展的主要途径,为此常熟经开区也积极引进外资企业。在成立初期,常熟经开区并没有明确的发展理念,只是顺应大的时代背景引进外资推动园区发展。

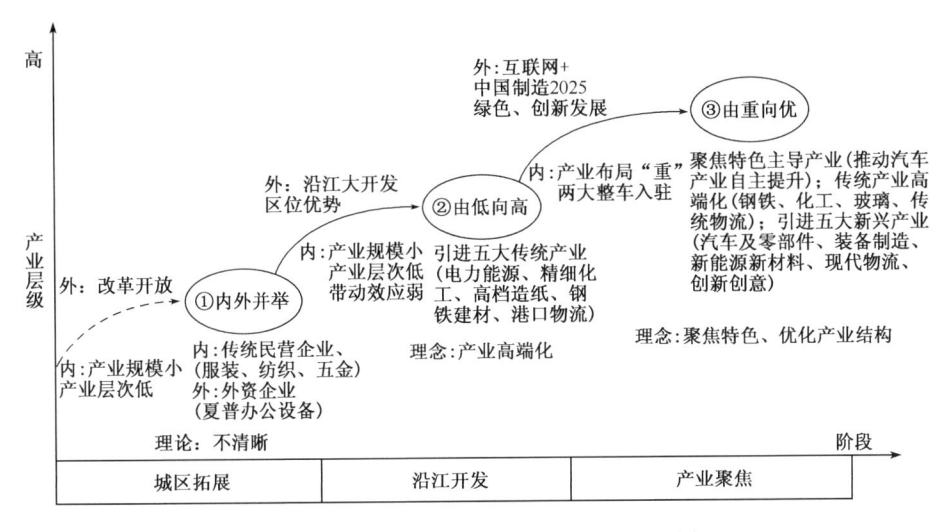

图 1　常熟经济技术开发区产业转型升级路径

资料来源:作者绘制

因此,在内外驱动因素下,该阶段常熟经开区主要采取"内外并举"发展策略,一方面继续引进以服装、纺织、五金零件加工等传统民营企业入驻;另一方面,借助改革开放发展机遇及开发区优惠政策条件积极引进以夏普办公设备等为代表的一批外资企业,并以此实现乡镇企业向传统产业转型。

(2)"由低向高"沿江开发阶段。进入21世纪后,常熟经开区园区产业结构不合理现象越发凸显,园区内既有传统民营企业,又有外资企业,两类企业不协调,无法形成相互促进作用。此外,初期引进的企业都是中小型、低附加值企业,处于产业链条低端环节,属于粗放型经济发展模式。而此时恰逢"沿江大开发"战略机遇期,政府大力号召园区退出城区、进驻港区,到江边"白地"搞产业开发。该时期,常熟经开区发展理念主要是由低端传统产业向高端制造业方向转变,以求借助战略发展机遇实现产业高端化。因此,在内外驱动因素作用下,该阶段常熟经开区主要采取"由低向高"发展模式,一方面将传统民营企业剥离,使其继续留在老城区发展;另一方面,借助新城区极佳的区位优势,积极引进高端外资企业,推进园区产业向规模化及引进芬欧汇川、达涅利、夏普电子、长春化工等一批规模企业,初步形成了电力能源、精细化工、环保造纸、钢铁建材、港口物流五大传统产业。

(3)"由重向优"产业聚焦阶段。2008年金融危机以后,绿色和创新成为发展的主旋律,而且随着"互联网+"、大数据和《中国制造2025》的提出,开发区高端化、智能化发展趋势已成必然。而常熟经开区由于前期产业布局明显偏"重",具有用电量、用水量、用工量、用地量和环境容量大等特征,如何培育带动性强、科技含量高、环境污染少的产业成为常熟经开区转型升级的当务之急。该时期,常熟经开区发展理念主要是聚焦特色主导产业,并以此为突破口优化园区产业结构,带动园区产业由高污染、高能耗重工业向环保化、高端化及智能化方向转变。因此,在内外驱动因素作用下,该阶段常熟经开区主要采取"由重向优"发展模式,一方面聚焦园区特色主导产业,积极推动两大整车产业自主提升,努力打造活力汽车城;另一方面,促使园区产业向高端化方向转型,将已有的钢铁、玻璃、化工和港口物流等传统产业向主导产业汽车行业靠拢。此外,园区还大力引进新兴产业,目前常熟经开区已引进包括汽车及零部件、装备制造、新能源新材料、现代物流和创新创意在内的五大新兴产业。

4.2 基于产城融合的常熟经开区转型升级发展模式分析

本文基于产业集聚和产城融合理论,通过对常熟经开区发展模式进行分析,将其转型升级发展模式总结并提炼为以下两点:一是从园区产业升级视角,常熟经开区聚焦特色主导产业,并发挥其带动与引导作用,以促进开发区产业转型升级;二是从产城融合视角,构建基于"产—人—环"一体化的开发区发展新模式。在区建设间的桥梁,促使特色产业园区与生态园区相互吸引、相互促进,并以此共同驱动开发区转型发展,具体路径如图2所示。图2基于"产城融合"双核驱动的开发区转型升级发展模型。

(1)聚焦特色主导产业,发挥其带动与引导作用。目前,开发区发展定位不明确、产业特色不突出、园区间同质化现象严重已成为我国开发区面临的主要问题。曹贤忠和曾刚指出,开发区转型升级必须依据自身资源禀赋,紧紧围绕新兴产业、龙头企业等开展招商引资,积极培育规模集中、产业集聚的特色产业园区。安礼伟和张二震基于江苏开发区转型升级实践指出,在开发区由粗放型向集约型转型升级过程中,各地政府应依据自身资源享赋和发展条件加强特色产业园区建设,打造园区特色主

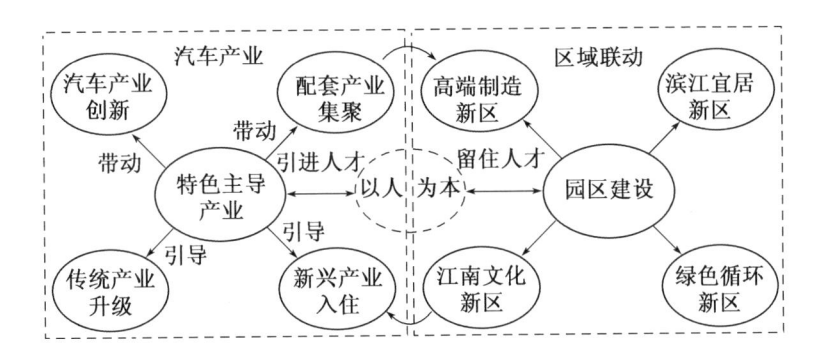

图 2　基于"产城融合"双核驱动的开发区转型升级发展模型

资料来源:作者绘制

导产业。一方面,特色产业是其他园区不易具备和模仿的,便于开发区与其他园区区别开来以形成竞争优势;另一方面,特色产业引进与培育能够产生专业化集聚效应,从而有利于优化开发区内各产业资源配置,进而促进开发区转型升级。

基于此,常熟经开区因地制宜以汽车特色主导产业为抓手,大力发挥特色产业的带动和引领作用。2010年和2011年,常熟经开区成功引进观致和奇瑞捷豹路虎两大整车项目落户,大力发展汽车产业,积极打造"汽车城"。常熟经开区特色主导产业的带动与引领作用主要体现在以下4个方面。① 带动汽车产业自主提升。常熟经开区按照"以整车和新能源汽车研发为主、以关键零部件研发为辅、其他研发为补充"的发展理念,着力提升特色产业自主研发能力,全力做大汽车产业总量,增强整车企业贡献力。同时,常熟经开区围绕安全、环保、节能等理念,推动汽车产业技术向轻量化、节能化、智能化方向发展,形成中高端车型独特竞争优势。② 带动相关配套产业入驻。常熟经开区发挥两大整车项目的带动作用,积极引进相关汽车配套设施入驻,着力构建集研发设计、整车生产、核心零部件制造、汽车后市场等为一体的汽车全产业链,拓展产业增长空间。目前,经开区已吸引40多家国际知名汽车零配件企业落户,正全力打造一个千亿级汽车特色主导产业。③ 引导园区五大传统产业转型升级。例如,烨辉科技由生产普通钢板转向生产汽车钢板,不仅调优了产品结构,还提高了生产效益。长春化工积极向汽车用锂电池负极材料产品转型,耀皮玻璃加速向汽车玻璃和高档镀膜玻璃转型,港口物流行业加速向汽车销售中转港转型等。④引导其他新兴产业培育。常熟经开区不仅依托第一上海、清华同方云谷等重点项目,积极打造国内一流大数据云计算产业基地,还大力发展屋顶太阳能发电、风光农电互补、置重空气能等新能源产业,以及引进天银机电军工产品、汽车用北斗导航等新材料产业,积极打造新能源、新材料产业集群。

(2)构建"产—人—环"一体化开发区转型发展新模式。2008年金融危机以后,传统产业面临巨大转型压力,绿色和创新发展需求越发凸显。目前,江苏开发区发展正由粗放型向集约型转变,进而向特色化、精细化一区多园形态发展。孔翔和杨帆认为,开发区发展既要以产业发展为城市功能优化提供经济支撑,更要以城市功能优化为产业发展创造优越的要素和市场环境;安礼伟和张二震指出,开发区转型重点在于推进园区内特色产业园区和生态工业园区建设,以形成相互促进、共同发展的新格局;韩亚欣等也认为,开发区应以产业化和城市化"双核驱动"实现开发区转型升级,使其从简单的工业园区逐渐过渡到集产业与生活于一体的新型城区。通过调研发现,常熟经开区转型发展正暗含该发展理念,即以"产城融合"发展理念为基础,积极推进"产—人—环"一体化开发区转型发展新模式。产业发展需要大量人才支撑,而人才去留取决于生产生活环境的优劣。常熟经开区一方面努力培养壮大特色产业,发挥特色产业集聚效应和带动作用,打造特色产业园区以吸引人才;另一方面,努力搞好园区环境评估及绿色发展规划,打造生态园区以留住人才。常熟经开区通过人才的链接作用,使特色产业园区与生态园区相互促进、相互吸引,共同驱动园区转型发展。

在生态工业园区建设方面,常熟经开区一方面积极推进开发区城市社会服务功能建设,完善商业配套和城市功能配套设施建设以提升城市魅力;另一方面牢牢守住生态红线,建立招商引资安全环保评估机制,对高安全风险项目、高污染项目、不符合产业方向和减排需求项目,坚决拒之门外。此外,常熟经开区坚持发展绿色循环经济,走可持续健康发展道路,现正积极实施"绿色呼吸""碧水滨江""绿色能源"三大工程,以切实提升园区环境质量。另外,常熟经开区积极推动高端制造新区、创新创业新区、滨江宜居新区、绿色循区域联动实现开发区高效协同发展。

目前,开发区普遍存在产业发展与园区建设相割裂的现象,即只注重单边效应发展。现有研究表明,如何促使开发区产业发展与园区建设有效链接以形成协同效应,是目前开发区亟待解决的问题。本文通过案例分析发现,促进产业发展和园区建设的关键在于"人",人才引进与保留是架起二者间的有效桥梁,以人才为突破口,有助于破解只追求以产业升级或园区城市功能建设促进开发区转型的单边效应难题。因此,常熟经开区紧紧围绕人才建设,以产兴城、以城留人,大力发展特色产业吸引人才,而生态园区建设则是为了留住人才。在园区人才引进方面,一方面应加快复合型创新创业人才引进,大力招引具有引领性和跨领域融合创新能力的一流创新团队,集聚"高精尖缺"人才,以形成梯队协调、活力迸发的金字塔式人才结构;另一方面,常熟经开区积极与国内9所高校合作,支持和引导高层次科研单位在园区内设立研究院或分支机构,通过完成政产学研合作项目实现园区人才培养。截至2015年,园区内大专及以上学历人才占总数的45%,拥有硕士及以上学历或副高以上职称的高级人才突破1 000人,成为全市科技人才资源重要集聚区之一。

五、结论与展望

5.1 研究结论

本文基于产业集聚和产城融合视角,对常熟经开区自改革开放以来的发展历程进行纵向案例研究,通过对其转型路径及发展模式进行系统分析发现以下几个结论。① 常熟经开区转型升级路径共经历了"内外并举""由低向高"和"由重向优"3个发展阶段。首先,在改革开放初期,常熟经开区一方面引进传统民营企业入驻;另一方面借助改革开放发展机遇及优惠政策积极引进外资企业,实现由乡镇企业到传统产业转型;其次,进入21世纪,传统产业规模较小、产业层次较低等内部矛盾逐渐凸显,常熟经开区积极引进一批规模较大且产业层次较高的优势产业,实现园区产业由低端向高端转型;最后,在新时代背景下,绿色、创新以及打造核心竞争力已成为开发区转型发展的主旋律。此时,常熟经开区大力优化产业结构,使其由重工业向新科技、新材料等高新技术产业转型。② 聚焦特色主导产业,发挥园区主导产业引领与带动作用。常熟经开区通过聚焦汽车特色主导产业,不仅带动园区汽车产业自主提升,向具有高技术含量的创新研发端转移,而且还带动40多家国此外,聚焦特色产业带动园区五大传统产业优化升级及新兴产业入驻。③ 基于"产城融合"理念,构建基于"产—人—环"一体化的开区转型发展新模式。新时期下,产业升级与园区发展相互促进、相互协同的互动新关系已成为开发区转型升级的新模式。常熟经开区不仅大力培育特色产业、积极促进生态园区建设,而且特别注重人才引进与培养,通过引进人才有效链接并促进特色产业与生态园区互动,进而促进开发区转型升级。

5.2 理论贡献与实践意义

(1) 本研究丰富了转型升级理论,揭示了开发区转型升级路径。本研究从开发区转型背景、转型内外部驱动力、发展理念等视角,通过对常熟经开区各阶段转型升级路径进行探索,全面分析了开发区转型升级过程,避免了只从单个因素分析所带来的片面性,揭示了开发区转型升级内在作用机理。此外,本研究还发现,聚焦特色产业、打造核心竞争优势是开发区实现转型升级的突破口。聚焦特色产业不仅可以有效发挥带动作用,促进相关产业集聚,增强专业化和多样化集聚效应,还可以引导园区传统产业升级、带动新兴产业入驻,进而促进产业向价值链高端攀升。因此,本研究不仅丰富了开发区转型升级理论研究,还加深了对产业集聚的认识。

(2) 本研究构建基于"产—人—环"一体化的开发区转型发展新模式,拓展了"产城融合"理论。开发区转型升级不仅需要发展好园区产业,而且还要搞好园区环境优化、完善园区城市功能,使园区产业功能与城市功能相互促进,进而共同驱动园区转型升级。该模式的提出不仅对现有"产城融合"理论框架进行了拓展,增强了"产城融合"理论在开发区转型升级过程中的解释力,而且还强调在开发区转型升级过程中"以人为本"的发展理念,回应了谢呈阳等提出的"人"是"产""城"互动关键连接点的观点。总之,该模式纠正了以往开发区转型只依赖于产业升级或园区建设的单边效应误区,为开发区转型升级提供了新发展方向。

此外,本研究对我国开发区转型发展具有一定启示与借鉴意义。① 现今,我国开发区发展同质化现象较为严重,开发区彼此间竞争优势不明显。因此,开发区转型首先应聚焦特色,依据开发区资源禀赋发展特色产业,并积极发挥特色产业带动作用,提升园区竞争力。② 开发区转型升级不仅体现在技术上的高端化,同时还体现在园区产业功能结构完善等方面。开发区不仅要鼓励企业积极向研发端等高端技术方向转型,而且也要鼓励相关配套产业入驻,鼓励企业改变以往只善企业功能。③ "产城融合"虽为开发区转型升级提供了较好的研究视角,但如何促进产业发展与园区建设相互协调,发挥协同效应是目前亟待解决的发展难题;而本研究认为"以人为本"的产城互动模式能够有效架起二者间的"桥梁",激发其协同效应以共同驱动开发区转型升级。因此,开发区在关注园区产业发展及园区城市功能完善的同时,还需大力引进人才、留住人才,并以此促进"产城"有效融合与互动。

5.3 研究局限与展望

尽管本文采用纵向单案例研究对于理论构建有独特优势,但所得结论仍需谨慎对待。首先,由于资源禀赋不同,不同地域开发区转型升级模式可能存在较大差异。常熟经开区位于东部发达地区,对于西部地区开发区转型升级路径及发展模式,未来可进行深入探索。其次,虽然对常熟经开区转型升级作了细致研究,并提炼出其发展模式,但由于受案例研究本身的局限性,即使在东部发达地区其发展模式也可能存在不同,未来可通过多案例比较,以提高研究结论的有效性。

参考文献

[1] 安礼伟,张二震.论开发区转型升级与区域发展开放高地的培育——基于江苏的实践[J].南京社会科学,2013(3):11-17.

[2] 曹贤忠,曾刚.基于熵权TOPSIS法的经济技术开发区产业转型升级模式选择研究——以芜湖市为例[J].经济地理,2014,34(4):13-18.

[3] 程虹,刘三江,罗连发.中国企业转型升级的基本状况与路径选择——基于570家企业4794名员工入企调查数据的分析[J].管理世界,2016,269(2):57-70.

[4] 丛海彬,段巍,吴福象.新型城镇化中的产城融合及其福利效应[J].中国工业经济,2017(11):62-80.

[5] 韩亚欣,吴非,李华民.中国经济技术开发区转型升级之约束与突破——基于调研结果与现有理论之分析[J].经济社会体制比较,2015(5):150-163.

[6] 胡彬.开发区管理体制的过渡性与变革问题研究——以管委会模式为例[J].外国经济与管理,2014,36(4):72-80.

[7] 黄新华,于潇.环境规制影响经济发展的政策工具检验——基于企业技术创新和产业结构优化视角的分析[J].河南师范大学学报:哲学社会科学版,2018(3):42-48.

[8] 季书涵,朱英明,张鑫.产业集聚对资源错配的改善效果研究[J].中国工业经济,2016(6):73-90.

[9] 《开放型经济转型升级研究》课题组,葛守昆.整合资源、放大功能推动开发区率先转型升级[J].唯实,2012(7):44-49.

[10] 孔翔,杨帆."产城融合"发展与开发区的转型升级——基于对江苏昆山的实地调研[J].经济问题探索,2013(5):124-128.

[11] 李文彬,陈浩.产城融合内涵解析与规划建议[J].城市规划学刊,2012(s1).

[12] 刘乃全,吴友,赵国振.专业化集聚、多样化集聚对区域创新效率的影响——基于空间杜宾模型的实证分析[J].经济问题探索,2016(2):89-96.

[13] 彭向,蒋传海.产业集聚、知识溢出与地区创新——基于中国工业行业的实证检验[J].经济学:季刊,2011,10(3):913-934.

［14］沈宏婷,陆玉麒.开发区转型的演变过程及发展方向研究[J].城市发展研究,2011,18(12):69－73.

［15］谢呈阳,胡汉辉,周海波.新型城镇化背景下"产城融合"的内在机理与作用路径[J].财经研究,2016,42(1):72－82.

［16］阳镇,许英杰.产城融合视角下国家级经济技术开发区转型研究——基于增城国家级经济技术开发区的调查[J].湖北社会科学,2017(4):79－87.

［17］杨立勋,姜增明.产业结构与城镇化匹配协调及其效率分析[J].经济问题探索,2013(10):34－39.

［18］钟睿,张捷.基于"就业—居住"空间视角的产城融合内涵分析——以西宁为例[J].上海城市规划,2016(4):125－130.

［19］周茂,陆毅,杜艳,等.开发区设立与地区制造业升级[J].中国工业经济,2018(3):62－79.

［20］BRULHART M, MATHYS N A. Sectorial Agglomeration Economies in a Panel of European Regions[J]. Regional Science & Urban Economics, 2008, 38(4): 348－362.

［21］ELSENHARDT K M. Building Theories from Case Study Research[J]. Academy of Management Review, 1989, 14(4): 532－550.

［22］ELSENHARDT K M, GRAEBNER M E. Theory Building from Cases: Opportunities and Challenges[J]. Academy of Management Journal, 2007, 50(1): 25－32.

［23］GEREFFT G. International Trade and Industrial Upgrading in the Apparel Commodity Chain[J]. Journal of International Economics, 1999, 48(1):37－70.

［24］GLAESER E L, KALLAL H D, SCHEINKMAN J A. Growth in Cities[J]. Journal of Political Economy, 1992, 100(6):1126－1152.

［25］MARTIN P, MAYER T, MAYNERIS F. Spatial Concentration and Plant-level Productivity in France[J]. Journal of Urban Economics, 2011, 69(2): 182－195.

江浙沪地区最低工资对环境污染的影响

李晓春 伍云云 梁梦宇

一、研究意义

自 1993 年中国劳动与社会保障部发布《企业最低工资规定》及 1994 年中国通过《中华人民共和国劳动法》以来,最低工资制度在我国的实施效果就备受社会各界关注。随着 2004 年《最低工资规定》和 2008 年《中华人民共和国劳动合同法》的制定,地方开始屡次提升最低工资标准,政府调整最低工资标准的出发点一般是就业与劳动者基本生活水平,但往往忽视最低工资标准对其他因素的影响。

改革开放后,我国经历了一个经济快速发展阶段。但在以粗放式工业化进程中,也带来资源、环境、生态方面的一系列问题,这些问题严重制约了我国经济发展的质量,严重的环境污染使得环境问题成为政府宏观决策时重要性越来越高的因素。一个值得注意的事实是:伴随最低工资标准的实施,我国的环境污染也一直在恶化。这让人不禁思考二者之间是否存在直接或间接的影响关系——若该影响确实存在,政府对提高最低工资标准就必须考虑环境污染问题。因此,现阶段下,探寻二者间的影响机制、制订正确的最低工资标准政策,就成为经济工作中不能忽视的问题。

为回答这个问题,本文将尝试提出最低工资标准对环境污染的影响机制,并根据对江浙沪地区所进行实证分析的结果,提出相关政策建议以供参考、选择。

二、文献回顾

最低工资是产生于 19 世纪末的一种制度,是指在法定劳动时间内,劳动者在正常劳动强度下,国家以法律方式保证其应得的、可满足其生活及供养家庭所需最低费用的制度。它最早起源于新西兰,学界自其出现便予以高度关注,对最低工资标准实施效果的关注点往往落在就业效果上,很少有人关注最低工资对环境污染影响的研究,我们可以找到一些相关的文献,大致可以将已有文献分为以下三部分。

(一)最低工资标准的就业效应

提高最低工资标准会引致劳动力向劳动密集型产业的转移。一般认为,在完全竞争的情况下,市场能够通过自发地调节达到均衡工资,此时最低工资标准在超出均衡工资的部分必然引起不必要的失业,如马双等(2012)认为,最低工资每降低 1%,制造业企业雇佣人数会增加约 0.06%。但也有人持不同观点,如 Card & Krueger(1995)对宾州、新泽西州的快餐行业进行研究,认为最低工资标准的提高并不会减少雇佣工人的数量,只会增加企业压力;罗小兰(2007)经过实证提出在中国存在一个值,未达到该值时,提高最低工资对农民工就业产生促进效果,只有大于该值时才会产生反效果。对这种现象的解释有两种,分别基于完全竞争市场假定与买方垄断市场假定。第一种以王梅(2012)为代表,即维持完全竞争市场的条件不变,认为最低工资标准的提高可以移动劳动力需求曲线从而创造新的就业量,并认为影响这种效应效果的原因包括最低生活保障、就业者负担、产业结构变动和技术进步。第二种则基于更符合低端劳动力市场现状的买方垄断市场,如李晓春、何平(2010),对这种最低工资标准的阈值现象构建出理论模型进行解释;进一步,李晓春、董哲昱(2017)剖析了持续性的买方垄断劳动力市场下,最低工资标准如何促进就业的特点;以上文献都同意,劳动力市场只要存在买方垄断的因素,提高最低工资标准就可能存在一个"既提高农民工基本生活水平、又促进就业的效果"的双赢区间。此外,还有学者认为,最低工资标准的提高可能倒逼企业创新,间接影响产出(李后建,2017)。

(二) 就业与经济增长

一般认为,就业与增长具备着稳定的正向相关关系。例如,Solow(1956)基于改进的 C-D 函数将经济增长的直接原因进行分解,认为经济增长是就业增长的正向函数;Arthur M. Okun(1962)提出 GDP 增长率变化与失业率变化存在的稳定负向关系,即"奥肯定律"(Okun's Law);王经绫(2014)通过实证发现,我国农村剩余劳动力的减少与经济增长之间存在明显的同步性与协调性,提出这种正向相关关系的主要来源——农村剩余劳动力的进入。

(三) 经济增长与环境污染

经济增长对环境污染影响的研究一般认为始于 1991 年 Grossman & Krueger 和世界银行的两份独立实证研究报告,二者都提出了环境污染在低收入水平上与人均 GDP 水平正相关、在高收入水平上负相关的"倒 U 形"关系。Panayotou(1993)将 Kuznet 曲线应用到环境中用以描述这种关系,称为"环境 Kuznet 曲线"(简称为 EKC),并提出二氧化硫、氮氧化物排放量转折点在人均收入 3 000、5 500 美元左右。在学术界,通常认为 EKC 是一个经验图形,一般从经济规模、产业结构和技术进步对环境的影响进行研究,如 Lopez(1994)等。而 Deacon(1994)认为,EKC 下降阶段主要是环境规制的结果,而非人均 GDP 的提高所致;王玉君、韩冬临(2016)则认为经济发展通过对个人行为与公众行为的影响,会促进全社会的环保行为,从而缓解环境污染状况;陈向阳(2015)认为,EKC 的形成机制受经济因素、政策因素和公民意识因素等多重影响,并且具有非单一的形式,即倒 U 形与 N 形可能出现在不同的污染指标上。

以上文献都没有直接研究最低工资标准对环境污染的影响,但是我们从上述文献中可以看出一条清楚的脉络:最低工资变化→产出的变化→经济增长变化→环境变化,这就是最低工资影响环境的路径。由于缺乏相关研究,最低工资标准变动究竟对环境如何影响,我们还不得而知,不能不说是一种缺憾。基于此原因,下文将提出最低工资标准对环境污染的影响机制理论模型。

三、理论模型

劳动者市场走向取决于人力资本状况及其所在行业(孙妍,2011),最低工资只影响低收入劳动者,选择买方垄断市场研究对象较符合实际情况;同时,冼国明和徐清(2013)通过实证验证了中国城市几乎都存在工资低于劳动力边际产出的事实,中国的劳动力买方市场特征突出。

考虑一个总人口不变、农村生产力过剩、没有人口净流出、城市第二产业具有完全劳动买方垄断特征的经济。图1中各图的解释如下。

图1-1。劳动力市场买方垄断是指:企业在劳动力市场上享有完全的议价优势的市场。即:AB为企业所面对的正斜率的劳动供给曲线,OC为雇佣的边际成本曲线,斜率两倍于劳动供给的曲线,CB为负斜率的劳动需求曲线。市场是完全竞争的,以B点作为均衡点。考察最低工资标准的大小,容易看出:最低工资标准处于零到A点对应的工资之间时,对企业决策没有影响;从A点开始,最低工资标准开始影响企业决策,其中,AB段的最低工资标准将会创造就业,同时没有失业产生;BC段,在创造就业的同时,也会引起失业;C点以上,既会减少就业又引起失业。故而不妨称AC为"可行区",且A、C点对应的就业量是相同的。

图1-2。最低工资处于AC段时,任意一点的对应就业量相对于初始状态A都有就业的提高和相应的就业增长率 $g_L = \dfrac{(L-L_A)}{L_A}$。值得一提是,因最低工资标准提高而新增的劳动力绝大多数是来自农村,假定农村劳动力并不能带来社会总产出的增加。这样就不需要在考虑城市新增产出的同时农业产出是否因劳动力转移而减少。(当然,考虑到第二产业和第一产业的产值差异,即使农业产值有减少的部分,整个社会总产值也是提高的。)

图1-3。将经济增长率(g_Y)分解为全要素增长率(g_A)、资本存量增长率(g_K)、就业增长率(g_L)。即:$g_Y = g_A + \alpha g_L + (1-\alpha) g_K$,也就是 $g_L = \dfrac{g_Y}{\alpha} - \dfrac{[(g)A+(1-\alpha)gK]}{\alpha}$ (其中$0<\alpha<1$)这样就建立了就业增长与经济增长的联系。

图 1-4。假定经济体总人口不变,那么人均 GDP 增长幅度等于总量 GDP 增长的幅度。然而在不同地方,初始的经济发展程度是存在差异的,初始人均 GDP 不同,A、B 点造成的影响也因之不同。为方便比较,本文分别以 High 和 Low 分别表示人均 GDP 初始水平高、低两种典型情况,此时 A、B 在不同初始水平下对应有 A_2、B_2 以及 A_1、B_1。

图 1-5。为了增强模型可视化,将人均 GDP 进行坐标轴转换。

图 1-6。环境库兹涅茨曲线(EKC)描述的是污染随着经济水平的上升"先恶化、到拐点之后再改善"的过程,图 1-6 的横轴为人均 GDP 水平、纵轴为环境压力。由于初始人均 GDP 不同,A、B 点在 EKC 上的位置是不确定的,最低工资标准对环境压力的效果取决于 A、B 点的相对位置不同,最低工资给环境带来的影响可以是积极或消极的:若 A 点低于 B 点,在 AC 内提高最低工资标准可能引起环境的恶化;若 A 点高于 B 点,AC 内最低工资的提高可以改善环境压力。

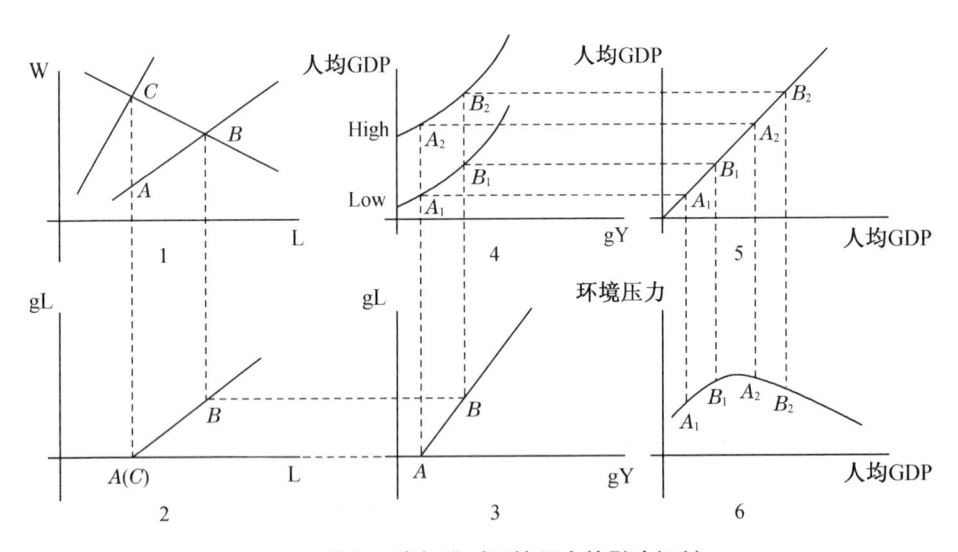

图 1　最低工资标准对环境压力的影响机制

当认为政府完全以提高市场有效性、保证就业和减少失业作为政策目标时,自然有均衡工资比最低工资高的假定,最低工资将在初始点 A 与完全竞争市场均衡点 B 之间移动。实际上,在买方垄断市场下,二者的这种大小关系确实是事实。

提高最低工资标准时,A、B 在图 1-6 上可能处于三种位置:均在拐点左边、分别在拐点两边、三均在拐点右边,如图 2 所示。一般地,最低工资标准不会超过完全竞争均衡点 B,最低工资与环境污染之间分别有三种关系与之对应:

(1) 当 A、B 点均在 EKC 左边时,随最低工资提升环境污染压力递增,如图 2-1;

(2) 当 A、B 点在 EKC 两边时,倒 U 形,随最低工资提升环境污染压力先递增后递减,如图 2-2;

(3) 当 A、B 点均在 EKC 右边时,随最低工资提升环境污染压力递减,如图 2-3。

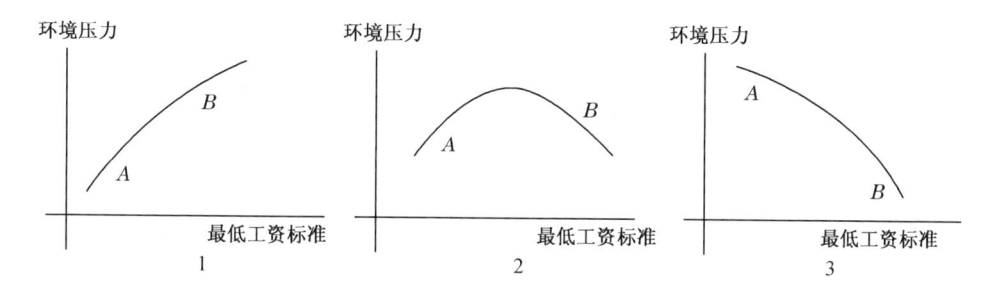

图 2 最低工资标准与环境压力的关系

四、实证分析

(一) 研究对象

本文选取经济发展水平较高的江浙沪地区作为研究对象,主要探寻最低工资标准的提高对各省环境污染造成的影响情况。鉴于选用污染指标物的不同可能会有不同的 EKC 位置结果,本文选取碳排放量和废水排放总量两个指标作为被解释变量以符合严谨性要求。

(二) 研究变量

(1) $Carb$:碳排放量(单位:万吨)。本文使用碳排放量作为环境污染的指标物,之所以使用排放量而非其大气浓度,是因为根据王敏、黄滢(2015)的结论,对同一种类污染物而言,以大气浓度、排放量计算的污染物与经济增长之间的回归结果分别为

U形与倒U形,所以使用碳排放量而非大气浓度更适用于本文需求。

政府间气候变化专门委员会(IPCC)认为,可以假定燃料在使用过程中,同一种能源具有稳定的碳排放系数。本文碳排放量数据基于各省 8 种主要碳排放来源燃料(原煤、焦炭、原油、汽油、煤油、柴油、燃料油、液化石油气)的使用量,根据 IPCC 提供的碳排放系数进行转化得到。数据来源于三省市 2003—2016 年统计年鉴,如图 3 所示。

图 3 江浙沪 2003—2016 年碳排放量

数据来源:三省市 2003—2016 年统计年鉴。

(2) Wat:废水排放总量(单位:万吨)。废水排放总量即生活废水与工业废水之和。本文使用废水排放总量作为污染物指标之一。数据来源于国家统计局,如图 4 所示。

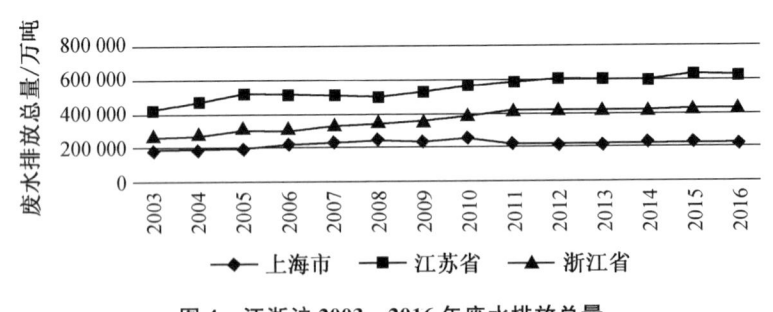

图 4 江浙沪 2003—2016 年废水排放总量

数据来源:国家统计局。

(3) $Wage$:最低工资标准(单位:元)。最低工资标准是本文主要研究的解释变量。其中,截至 2016 年底,上海市、江苏省、浙江省最低工资分别为 2 190 元、1 770

元和 1 860 元。

该数据来源于各省政府历年相关文件。

(4) TFP：全要素生产率。本文根据杨再贵(2008)对全要素生产率的估计方法，以索洛余值代表全要素生产率，即 $A=g_r-\infty g_k-(1-\infty)g_l$，其中 ∞ 表示资本的产出弹性，直接取 0.35，g_r 表示实际经济增长率，以名义 GDP 的增长率去除 CPI 的影响得到；K 表示资本存量，本文结合了贾润崧等(2014)采用的永续盘存法和 D－Z(Dadkhah & Zahedi, 1986)方法，估算出 2003—2016 年的各省资本存量；g_k 是资本增长率，由估计出的资本存量所得的同比增长率表示；g_l 是劳动力增长率，以各省份劳动力资源(就业人数＋失业人数)的同比增长率表示。

以上数据来源于 2003—2016 年各省统计年鉴、《中国统计年鉴》《中国国内生产总值核算历史资料(1952—2004)》《新中国 60 年统计资料汇编》。

(5) Gov：政府环境污染治理支出(单位：万元)。本文以三省市"工业污染治理完成投资"表示该变量。该数据来源于国家统计局。

(6) $Stru$：产业结构。一般认为，第三产业产生及排放的污染可以忽略不计，第一、二产业才是造成环境污染的罪魁祸首。例如，李鹏(2015)认为，经济体从第一产业主导到第二产业主导，会造成环境恶化，从第二产业主导到第三产业主导，环境问题会有所缓解。本文采用李鹏的方法，采用各省当年第三产业 GDP 占名义 GDP 的比重表示产业结构的影响。这部分的数据来源于三省市 2003—2016 年统计年鉴。

(三) 回归结果

基于理论模型部分的设定，做出以下回归模型：

$$Carb_{it}, Wat_{it} = \infty_{0it} + \infty_{1it} Wage + \infty_{2it} Wage2 + \infty_{3it} Z + u_{it}$$

其中，下标 $i=1,2,3$，分别代表上海、江苏、浙江；t 代表不同年份；∞_{0it} 是模型的常数项，∞_{1it}、∞_{2it}、∞_{3it} 是待估计参数，u_{it} 是数学期望为 0 的残差项。

$Carb_{it}$, Wat_{it} 为象征环境污染的被解释变量，用逗号隔开说明根据被解释变量的不同做两个方程分别回归。分别为碳排放量和污水排放量。

Z 为控制变量，包括 Gov、Stru、TFP；选取三者作为控制变量，是因为这三个变量与被解释变量均明显具有相关性，且与最低工资标准明显不存在共线性。$Wage2=$

$Wage*Wage$,即最低工资标准的平方项。加入 $Wage2$ 是为了识别最低工资标准与环境污染是否存在二次曲线关系。当 $Wage2$ 系数显著时,最低工资标准与环境污染之间是二次曲线的关系:具体而言,$Wage2$ 系数显著为正时为 U 形曲线,显著为负时为倒 U 形;$Wage$ 系数显著不为 0 时,曲线有或正或负的最值点。

在回归前,观察 $Wage$ 与 $Carb$,Wat 的散点图,表现为近似的倒 U 形曲线或近似的正斜率直线,猜测最低工资标准与碳排放量、废水排放总量之间存在倒 U 形关系,且 2016 年最低工资标准处于拐点附近。考虑到最低工资标准是各省市独立制定的,故而对三省市分别回归,三省市两个回归模型所得结果如下。

其中,为方便分析,本文也同时将控制变量的系数回归结果列出。各变量(包括控制变量)第一行数字是系数,第二行数字是对应 P 值,倒数第四行是 R 的平方值,数值越大表明拟合的效果越好。最后三行是根据回归结果,最低工资标准及其平方项性质所拟合出曲线的特征,包括是否为倒 U 形曲线、曲线取最值时对应的最低工资标准数额、2016 年底最低工资标准与最值情况的相对位置关系。

1. 碳排放量

	上海	江苏	浙江
WAGE2	−0.003 77 0.000 0	−0.015 97 0.000 0	−0.005 77 0.000 0
WAGE	11.420 02 0.000 1	41.401 86 0.000 1	18.968 89 0.000 1
TFP	1 086.562 0.641 3	2 947.34 0.606 3	41.656 54 0.977 4
STRU	5 652.617 0.039 8	44 758.5 0.086 7	26 709.41 0.000 2
GOV	0.003 696 0.000 5	0.004 883 0.113 7	−0.000 98 0.125
R-square	0.985 1	0.981 1	0.989 5
是否倒 U 形	是	是	是
最高点对应工资	1 515.798	1 296.645	1 645.177
2016 年相对最值位置	右	右	右

2. 废水排放总量

	上海	江苏	浙江
WAGE2	−0.045 71 0.024 4	−0.130 49 0.006 6	−0.109 71 0.000 0
WAGE	103.232 4 0.079 5	547.912 1 0.000 3	370.593 7 0.000 1
TFP	76 645.52 0.414 5	−125 048 0.088 4	8 542.333 0.813 4
STRU	159 523.2 0.127 1	−762 431 0.181 1	393 154.9 0.066 7
GOV	0.065 676 0.031 3	−0.058 41 0.167 1	−0.051 98 0.001 9
R-square	0.669 0	0.950 1	0.989 6
是否倒 U 形	是	是	是
最高点对应工资	1 129.284	2 099.425	1 689
2016 年相对最值位置	右	左	右

(四) 结果分析

三省市 Wage 系数均显著为正,而 Wage2 均显著为负,表明存在 Wage 与 Carbin,Wat 存在倒 U 形的库兹涅茨曲线关系,验证了前文的猜想。即在 2003—2016 年间,在控制了技术、政策和产业结构的前提下,三省市的最低工资与环境压力之间均是倒 U 形曲线关系。

最低工资与环境污染之间有倒 U 形曲线关系(意味着三省份在以人均 GDP 作为解释变量的环境库兹涅茨曲线上均在拐点附近。进一步地,两个方程的结果显示,2016 年三省市都已经跨越了 EKC 拐点。)分别观察最低工资标准与两种污染指标的倒 U 形曲线:碳排放量上,2016 年三省份都已经处于曲线后半段,而废水排放总量上,2016 年上海、浙江处于曲线后半段,江苏处于左半段。对应于 EKC,上海、浙江在两个污染指标上都跨越了 EKC 拐点,江苏则在碳排放量上超越了 EKC 拐点,同一地区在不同污染指标上处于 EKC 曲线不同位置。

李永刚、王硕(2017)通过对 1995—2014 年的污染物与人均 GDP 的省际 EKC 实证研究,得出我国仅北京、上海处于 EKC 后半段的结论,而本文的实证研究结果却证实,江浙沪三省市份都达到了 EKC 拐点附近,且江浙沪三地在碳排放量上都达到 EKC 后半段。2016 年,浙江、江苏省在部分指标已经越过 EKC 的拐点,可能的原因有以下几点。

1. 基层劳动力的议价能力提升

完全买方垄断劳动力市场是在企业具有完全议价能力的前提下成立的,在现实中,经济水平的不断发展,劳动者的学习,都将提高了基层劳动力的议价能力,形成不完全买方垄断市场,这在理论模型中体现为 MC 曲线顺时针旋转,其中 ED 为增加就业区并且随着议价能力的提高,MC 逐渐接近供给曲线,如图 5 所示。

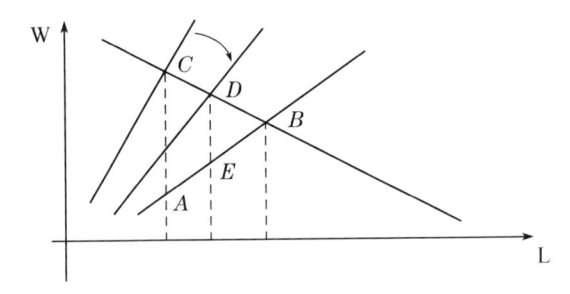

图 5 不完全买方垄断劳动力市场

如此,初始点位置由 A 移动到 E,以同样幅度提高最低工资标准,将更早到达 EKC 拐点(如图 6)。同样地,对应于最低工资标准与环境压力的倒 U 形曲线关系,也会比预计更早跨越拐点。

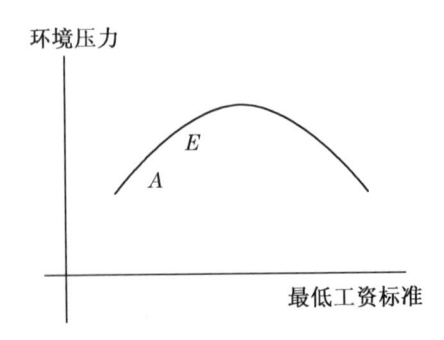

图 6 不完全买方垄断的初始位置(E 点)

2. 科技创新加速

近年来,层出不穷的国际环境问题,使得发展低碳型、减排型科技已成为各国的必然选择。随着此类科技创新的不断出现、生产的环保水平的不断提高,单位产出的污染随之减少,因而总产出的增加并不一定意味着环境压力的增加。

3. 经济水平高

本文理论模型中,经济水平越高往往意味着初始位置在 EKC 位置越靠后。江浙沪作为我国现代化程度最高的代表性地区,对环保事业重视程度在不断提高,部分污染物指标达到 EKC 拐点也是情理之中。同时,经济的发展能够促进个人环保行为(王玉君等,2016),该效应会给环境污染带来一个滞后的降低作用,也将加速到达拐点。

4. 地理位置的特点使得三地有较强的正外部性

江浙沪由于地理位置较近,经济发展水平虽有差异,但同处长三角地带的地理特征使得三省市的经济发展步调有一定的同步性,可能存在一定的跨行政区污染,但也可能在治理环境污染上取得一致性。

五、结论及政策建议

本文认为,最低工资不仅关系着就业水平和生活水平的问题,也包含的环境问题。我们基于买方垄断下的劳动力市场,通过构建最低工资与环境污染的理论模型,就最低工资对环境污染的影响机制做出理论解释,并提出因初始经济条件不同,最低工资与环境污染之间存在的不同的对应关系,即正相关、负相关和倒 U 形曲线关系。同时,本文通过对江浙沪三省市 2003—2016 年最低工资标准与碳排放量、废水排放总量的关系进行实证分析,验证了最低工资标准与环境污染之间存在的倒 U 形曲线关系及曲线转折点上对应的最低工资标准,并得出江浙沪在两种污染指标上都已经跨越 EKC 拐点的结果。因此,我们提出制订最低工资标准时,必须考虑环境污染因素的政策建议。

有鉴于江浙沪三地的同一地区在不同污染指标上处于 EKC 曲线不同位置,以及提升最低工资标准对于环境的影响不一,我们建议江浙沪的有关部门调整最低工资标准需要考虑对环境的影响,但还要注意以下三点。

第一,就环境条件而言,上海市、浙江省有继续提高最低工资的空间;但对于江苏省则不然。短期内,江苏需要在碳排放量和废水排放总量两个指标中做出取舍;长期来看,提升最低工资标准可以使得环境跨越 EKC 曲线拐点,但在此之前可能会出现环境恶化的阶段,也会因此产生失业。

第二,鉴于最低工资政策是省级行政区政府制订的,幅度相同的最低工资变动对各市、各县区的影响可能是有差异的。例如,江苏省在废水排放总量上处于环境库兹涅茨曲线左半段,此时提升最低工资标准会使得废水的环境恶化,应适当控制提高最低工资的幅度。但根据李晓春、张平(2017)的测算,江苏省常州市已经处于 EKC 曲线的右半段,如果不提高最低工资标准或提高的慢,对常州市的环境保护反而不利。这就要求全省统一最低工资标准下,还应该顾及各地级市、县区的特殊情况。

第三,仅根据本文结论,各地在原有基础上提高最低工资标准会有碳排放量缓解的环境效益,但最低工资标准提高到市场均衡以后会造成失业,形成新的社会问题,且可能改变最低工资标准对环境污染的影响机制,导致得不偿失,因此最低工资的提高要注意幅度,不宜盲目拔高。

参考文献

[1] 陈向阳.环境库兹涅茨曲线的理论与实证研究[J].中国经济问题,2015,(3).

[2] 贾润崧,张四灿.中国省际资本存量与资本回报率[J].统计研究,2014,(11).

[3] 李后建.最低工资标准会倒逼企业创新吗?[J].经济科学,2017,(5).

[4] 李鹏.产业结构调整恶化了我国的环境污染吗?[J].经济问题探索,2015,(6).

[5] 李晓春,董哲昱.最低工资与买方垄断劳动市场的持续存在——江浙沪最低工资线的就业效果比较[J].审计与经济研究,2017,(6).

[6] 李晓春,何平.最低工资线的农民工就业效应——以长三角地区为例[J].江苏社会科学,2010,(4).

[7] 李永刚,王硕.中国环境库兹涅茨曲线EKC的研究——基于面板门限回归[J].现代经济,2017(20).

[8] 罗小兰.我国最低工资标准农民工就业效应分析——对全国、地区及行业的实证研究[J].财经研究,2007,(11).

[9] 马双,张劼,朱喜.最低工资对中国就业和工资水平的影响[J].经济研究,2012,(5).

[10] 孙妍.中国劳动力市场结构解析[M].中国劳动社会保障出版社,2011.

[11] 王梅.最低工资与中国劳动力市场[M].中国经济出版社,2012.

[12] 王敏,黄滢.中国的环境污染与经济增长[J].经济学(季刊),2015,(1).

[13] 王玉君,韩冬临.经济发展、环境污染与公众环保行为[J].中国人民大学学报,2016,(2).

[14] 冼国明,徐清.劳动力市场扭曲是促进还是抑制了FDI的流入[J].世界经济,2013,(9).

[15] 杨再贵.企业职工基本养老保险、养老金替代率和人口增长率[J].统计研究,2008,(5).

[16] CARD D, KRUEGER A B. Minimum Wages and Employment: A Case Study of the Fast-Food Industry in New Jersey and Pennsylvania[J]. American

Economic Review, 1994(9): 772 - 793.

[17] DADKHAH K M, Zahedi F. Simultaneous Estimation of Production Functions and Capital Stocks for Developing Countries[J]. Review of Economic and Statistics, 1986(3): 1126 - 1150.

[18] GROSSMAN G M, KRUEGER A B. Environmental Impact of the North American Free Trade Agreement[J]. NBER Working Paper, No. 3914, 1991.

[19] LOPEZ R. The Enviroment as a Factor of Production: The Effect of Economic Growth and Trade Liberalization[J]. Journal of Environmental Economics and Management, 1994, 27(2): 163 - 184.

[20] OKUN A. Potential GNP: Its Measurement and Significance[R]. Coles Foundation, Yale University, 1962.

[21] PANAYOTOU T. Empirical Tests and Policy Analysis of Environmental Degradation at Different States of Economic Development[Z]. International Labor Office Technology and Employment Program Working Paper, 1993, WP238.

地方债务对创新的挤出效应

熊 虎 沈坤荣

一、引 言

在世界经济不确定性风险加剧、中国经济进入新常态的形势下,党中央提出了"创新、协调、绿色、开放、共享"的新发展理念,其中创新发展居于首位。十九大报告强调,创新是引领发展的第一动力,要坚定实施创新驱动发展战略,加快建设创新型国家。作为创新驱动发展战略的具体执行者,地方政府对地区创新活动具有不可忽视的作用。地方政府通过教育和科技投入,可以增加人力资本和知识积累直接促进创新,也可以吸引研发人才和资本的流入间接促进创新。

长期以来,在财政分权体制和政治晋升激励下,地方政府主要依靠基础设施等公共投资来促进地区经济增长,导致财政压力过大,迫使地方政府通过举债融资的方式为地区发展筹集资金。为应对2008年金融危机,中央政府鼓励地方政府进行公共投资,进一步增加了地方政府财政的支出压力。地方发展当地经济的主观动机、中央刺激计划的客观要求使得地方政府债务迅速增长。财政部数据显示,截至2018年底,全国地方政府显性债务余额18.39万亿元,占名义GDP的比重为20.42%。事实上,2015年新《预算法》实施后,地方政府继续违法违规举债融资,形成规模较大的隐性债务。虽然缺乏权威和完整的隐性债务数据,但增速很快,某些地方的隐性债务规模甚至远超显性债务(刘尚希,2018)。在某种程度上,地方政府举债放松了地区财政约束,但也固化了地方政府依靠公共投资驱动增长的模式。与此同时,地方政府债务的急剧膨胀也可能对地区创新活动产生重要的影响。那么,地方政府债务如何影响地区创新活动？到底是起到促进还是抑制作用？其机制是什么？针对这些问题的回答，不仅有助于全面认识地方政府在我国高质量发展中的作用，而且可以为落实创新发展战略提供理论上的支持。

近年来，中国地方政府债务与地区经济增长的关系研究取得较大的进展。范剑勇和莫家伟(2014)认为，地方债务不但可以直接通过政府投资增加产出，而且可以通过工业用地低价出让和基础设施投资两条渠道来吸引工业投资，但借助债务推动地区增长的模式在所有地区都不可持续。徐长生等(2016)的实证研究表明，地方政府债务促进了我国地区经济增长，但在不同经济发展水平的分位数上系数存在差异。而毛捷和黄春元(2018)则认为，地方政府债务到底是促进还是抑制经济增长取决于债务水平是否超过债务平衡点。遗憾的是，上述文献更多地聚焦于地方政府债务与经济增长数量和速度的关系研究，忽视了地方政府债务对经济增长质量的影响。中国经济已经进入高质量发展阶段，对经济增长质量的追求是高质量发展的本质要求。经济增长质量包括经济增长结构的协调性、态势的稳定性、可持续性等(钞小静和任保平，2011)。创新是经济增长的动力，在一定程度上体现了经济增长的可持续性，反映了经济增长的质量。因此，本文从创新的角度研究地方政府债务的增长质量效应。

另外，还有一组文献讨论了制度激励下地方政府行为对创新活动的影响。顾元媛和沈坤荣(2012)认为，在财政分权和官员晋升竞争下，地方政府没有对研发需求做出回应的激励，减少了研发补贴，抑制了企业研发支出。但现有研究对于研发补贴是否能促进企业技术创新这一问题仍然存在争议(Görg & Strobl,2007；安同良等,2009)。此外，王砾等(2018)在顾元媛和沈坤荣(2012)的基础上，进一步使用微观企业数据发现以GDP考核为主的官员晋升压力显著抑制了企业创新活动。而台航等(2018)却认为，提高财政分权程度，增加了地方政府生产性服务的供给，提高了企业从事技术创新带来的边际生产率，从而激励企业扩大研发投资。事实上，无论是地方政府财政补贴，还是基础设施投资或生产性服务供给，都存在资金约束，然而上述文献恰好忽略了地方政府所面临的财政资金约束。本文从地方政府举债融资的视角，重新审视地方政府行为与地区创新的关系，可以进一步判断地方政府行为对创新的影响，从而对相关研究形成有益补充。基于此，本文分析了地方政府债务影响创新活动的机理,在此基础上使用2010—2016年中国内地30个省份和1 296个上市公司的面板数据,基于宏观地区及微观企业的双重视角,实证分析地方政府债务对创新的影响。与已有研究相比,本文从以下方面进行拓展。第一,从创新活动这一反映经济增长动力的视角考察了地方政府债务与经济增长质量的关系,有助于全面理解地方政府债务的经济增长效应,为中央政府控制地方政府债务规模提供了可靠的实证依据,也为进一步制定地方政府债务管理相关政策提供参考。第二,本文从一个新的角度研究了中国体制下的地方政府行为对企业创新活动的影响。地方政府债务在一定程度上反映了地方政府动用资金的能力,也体现了地方政府财政自主权,研究地方政府债务对创新的影响拓展了自主创新的相关研究。第三,本文分别利用省级层面的宏观数据和企业层面的微观数据进行计量分析,两类数据相互印证,可以更为准确地估计地方政府债务与创新的关系。

二、理论分析

在当前经济全球化日益深入、外部不确定性日趋复杂的国际环境下,只有企业的创新能力得到提升,才能真正提升国家的自主创新能力和核心竞争力。下面分析地方政府债务对地区创新的影响机理,主要是从地方政府债务来源、债务投向以及偿债依赖等对企业创新活动的影响展开论述。地方政府债务影响创新的传导机制如图1所示。

(一)债务来源与技术创新

融资约束是影响企业创新活动的重要因素。融资约束理论认为,由于资本市场的不完全性,企业因资金可得性受到限制,难以达到最优投资水平。融资约束更为显著地抑制企业创新活动的原因主要表现在以下几个方面。第一,无论是支付研发人员薪酬、购买相关设备等用于内部研发和合作研发,还是通过外部采购或并购等形式获取外部研发成果,企业开展创新活动都需要大量资金投入。第二,创新具有较高的风险。研发创新的周期一般都较长,失败率较高,且创新产出具有高度不确定性,难以在短期内实现回报。第三,相比固定资产投资,企业创新投资更易受到融资约束的

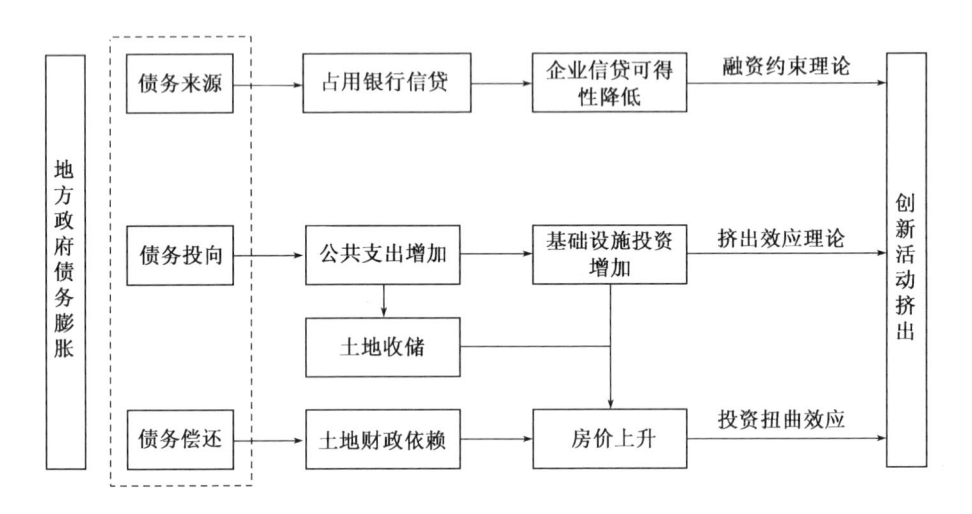

图 1　地方政府债务影响创新的理论机制

影响。一方面,与固定资产相比,创新项目的无形资产可抵押性差,导致银行等金融机构不愿意为创新提供贷款;另一方面,创新活动的专业性高、保密性强,外部投资者与创新企业之间信息更加不对称,外部资金供给者投资意愿低下。第四,即使创新活动开展顺利,但由于知识与技术的公共品特性,企业无法独享创新成果的所有收益,往往造成市场失灵。因此,面临的融资约束越大,企业对于研发活动支出便越低,研发产出也将越低。

由于信息不对称的存在,内部融资成本比外部融资成本低,因此企业开展创新活动往往优先采用内部融资。然而,有限的内部资金难以弥补企业的创新融资缺口,故而外部融资也是企业重要的创新资金来源。外部融资包括债权融资和股权融资。中国是银行主导型金融体系,股票、债券等金融市场发展相对滞后,资本市场渠道不畅通,使得银行信贷便成为企业创新最重要的外部融资来源。相关调查显示,企业创新资金的来源中,"自有资金投入"排在第一位,其次是"银行贷款",第三位是"政府专项资金",而"股市筹资""发行企业债券""国内外风险投资"的比重明显偏低(中国企业家调查系统,2015)。Ayyagari 等(2011)利用新兴经济体的跨国数据进行实证分析,发现银行信贷对企业研发活动有促进作用。韩剑和严兵(2013)使用中国微观企业数据的研究也表明,银行贷款越多,企业研发投入强度越大。

然而,与作为创新主力的民营企业相比,政府部门和机构、融资平台公司、国有企事业单位等举借主体具有贷款优势,银行不可避免地优先满足地方政府资金需求。在地区信贷资源总量一定的情况下,当地方政府债务迅速膨胀时,必然占用商业银行大量资金[①],导致流向企业的信贷资源下降,大幅度增加了企业面对创新机会时获取资金的困难,即企业资金可得性降低,加剧了信贷融资原本困难企业的融资约束状况,弱化企业将创新资源配置到新技术领域的动机,降低企业的创新投入,进而降低创新产出。

(二) 债务投向与技术创新

从债务投向来看,地方政府债务主要用于基础设施建设等公共投资。审计署数据显示,2013 年 6 月底,在已支出的地方政府负有偿还责任的债务中,用于市政建设、交通运输设施建设和土地收储三类基础设施投资的支出占比为 67.96%,而用于教科文卫、生态建设和环境保护的支出仅分别占 4.82%和 3.18%。项后军等(2017)发现,从总投资构成来看,各地区交通运输业在固定资本形成总额中占比较大,其固定资本主要来自地方政府债务,且地方政府债务占固定资本形成总额的比重也相对较高。

地方政府过度负债用于基础设施建设等公共投资,可能抑制企业创新活动。第一,基础设施过度投资的金融市场挤出效应超过了产品市场规模效应,挤出了企业研发投资。完善的基础设施有助于企业降低运输成本,扩大产品市场规模,使企业规模报酬上升,提高企业研发的积极性,即产品市场规模效应。但基础设施投资导致金融市场利率上升,融资成本上升使得企业选择"短平快"的项目而放弃回报周期长的创新研发项目,即金融市场挤出效应。在短期内,基础设施投资的挤出效应占主导,从而挤出了企业研发投资(蔡晓慧和茹玉骢,2016)。第二,公共投资过度造成产能过剩,加剧经济波动。过度投资和重复建设不仅会导致企业盈利能力下降和严重的资

---

① 银行贷款是地方政府债务的主要来源。审计署数据显示,2014 年以前,银行信贷是地方政府债务最主要的融资来源;中债登数据显示,2014 年以后,商业银行是最主要的地方政府债券持有者。

源浪费,还会引起经济剧烈波动,恶化外部经济环境,增加企业对新创新项目的评估难度,降低企业研发投资的激励。第三,地方政府举债用于基础设施建设,必然使得与基础设施相关的水泥、钢铁等高投资行业需求大量增加,固化债务—投资拉动增长的发展模式,不利于创新驱动战略的实施。

(三) 偿债依赖与技术创新

地方政府债务偿还与土地财政有着紧密的联系。地方政府债务期限以中短期为主,而债务资金投向建设期限较长的基础设施项目,不能产生足够的现金流量,项目收益难以覆盖资金成本,所以债务偿付主要依赖地方政府收入。而"吃饭财政"的刚性支出结构决定了地方政府依靠一般预算收入偿还债务的能力有限,因此,土地出让收入成为地方政府债务偿还的重要来源。审计署数据显示,截至2012年底,11个省、316个市、1 396个县的地方政府,承诺以土地出让收入偿还37.23%的政府负有偿还责任的债务。如果加上融资平台公司的相互抵押或担保,这一比重可能更高(范剑勇和莫家伟,2014)。

在中国财政分权背景下,地方政府举债行为强化了土地财政依赖,极大促进了房价上涨,推动了房地产行业的迅速发展。第一,地方政府债务日益膨胀以及随之而来的偿还压力,使得地方政府对土地出让收入的依赖程度越来越高,于是地方政府有主观动机通过控制土地供给量、限制土地招拍底价等方式推高土地出让价格。第二,地方政府债务投向土地收储,垄断城市土地供给,为了吸引更多的工业投资,采用低价出让工业土地的引资策略,使得土地资源过度配置在工业部门,导致商住用地短缺,提升了房价。此外,地方政府债务大量投向市政基础设施,其投入最终会资本化到土地价格中,使土地价格上涨,而且城市交通便利增强了劳动力流动性,吸引大量人口进入城市,导致住房需求增加,居民对住房的支付意愿转化为房地产企业对土地的支付意愿,进而提高了住房价格。

住房价格的持续上涨扭曲了企业的投资活动,抑制了创新活动。王文春和荣昭(2014)研究发现,房地产上市公司的利润率远大于工业企业利润率,在2007年35个大中城市60%的上市工业企业涉足了房地产业。一直以来,住房价格持续上涨使得房地产行业维持着比其他行业相对更高的利润率,以营利为目的的非房地产企业更多地将原本用于主营业务的资金投入到房地产相关行业中,对企业创新至少产生了以下几方面影响。第一,由于融资约束的存在,企业将有限的资金用于房地产业的投资,减少了生产性部门的创新资金投入。第二,房地产的高额回报率会削弱企业开展创新活动的动力,驱使企业占用原本用于创新的资源,从而降低企业创新投入。第三,房地产业过度发展导致房地产泡沫化,促使企业更加关注短期利益,而放弃进行长期创新的动力。余泳泽和张少辉(2017)的实证研究表明,城市房价的上涨,扭曲了企业的投资结构,挤占了创新资金,从而抑制了技术创新。因此,当地方政府举债增加时,房价上涨促进房地产市场繁荣,导致非房地产企业大举进入房地产行业,从而扭曲了企业投资方向,降低了企业主营业务的研发投入,挤出了创新活动。

三、模型和数据

(一) 模型设定和变量选择

核心解释变量是地方政府债务($debtgdp$)。常用于衡量地方政府债务的方法如下:一是基于债务投向利用市政领域固定资产投资资金恒等式进行估算(项后军等,2017);二是基于债务分类进行估算(毛捷和黄春元,2018);三是用城投债余额作为替代指标(钟辉勇和陆铭,2015);四是用发债融资平台公司的负债作为替代指标(Bai等,2016;徐长生等,2016)。对地方政府债务进行估算容易出现高估或低估,而替代指标的误差可能更大,因此,本文整理了官方公布的2010—2016年省级地方政府负有偿还责任的债务数据。从各省审计厅公布的2013年6月审计结果,可以获取2010年、2012年和2013年6月底省级政府负有偿还责任的债务数据,假设债务是匀速增长的,可以推算2011年和2013年底的债务数据。此外,可以从各省历年发债说明书中摘录2014—2016年负有偿还责任的债务数据。本文采用地方政府负有偿还责任的债务余额占地区GDP的比值衡量地方政府债务。

本文利用地区和企业两个层面的数据对地方政府债务与创新的关系进行实证考察。为了检验地方政府债务与地区创新活动的关系,基准回归模型设定如下:

$$Innovp_{it} = \beta_0 + \beta_1 debtgdp_{it} + \beta_P P_{it} + \mu_i + v_t + \varepsilon_{it} \tag{1}$$

其中,i 表示省份,t 表示时间。$Innovp$ 表示地区创新活动,通常用研发产出衡量创新活动,本文使用地区人均专利申请数($patapppop$)和人均专利授权数($patlicpop$)度量地区创新活动的成果。$debtgdp$ 是本文的核心解释变量,即地方政府债务。P 代表除地方政府债务之外其他可能影响创新的地区控制变量集合,具体包括:对外开放水平(fdi)用人民币计价的各省份实际利用外资占地区 GDP 比重表示;产业结构水平($secindus$)用第二产业增加值占地区 GDP 比重表示;市场化程度($nonsoejob$)用非国有经济在城镇就业人口占比表示;金融发展水平($depositgdp$)用金融机构各项存款余额除以地区 GDP 表示;人力资本水平($hucap$)用地区 6 岁以上人口人均受教育年限表示;地方财政不平衡性($fisexprev$)用地区一般预算支出除以一般预算收入表示。μ_i 表示地区效应,v_t 表示时间效应,ε_{it} 表示随机干扰项。β_1 是本文关注的核心系数,即地方政府债务对地区创新活动的影响。

地区层面的创新产出是由微观个体的创新活动汇总而成,本文进一步利用 2010—2016 年上市公司与省级数据的匹配样本进行实证分析。设定的回归模型如下:

$$Innovc_{ijt} = \lambda_0 + \lambda_1 debtgdp_{it} + \lambda_P P_{it} + \lambda_C C_{ijt} + \tau_j + v_t + \omega_{ijt} \tag{2}$$

其中,j 表示企业。$Innovc$ 表示企业创新活动,类似地,用创新产出衡量创新活动,本文以企业专利申请数($patappcor$)和发明专利申请数($utiappcor$)度量企业创新产出。参考相关研究,进一步考虑企业控制变量集合 C,包括:企业规模($size$),用总资产的对数表示;资产负债率(lev),用总负债除以总资产表示;上市年龄($listage$),用当年与企业上市年份的差值表示;自由现金流($cashflow$),用企业经营活动产生的现金流量净额除以总资产表示;产权性质($nsoe$),虚拟变量,当企业最终控制人为非国有时等于 1,国有时等于 0;大股东占款($occupy$),用企业其他应收款除以总资产表示;第一大股东持股比例(top)。τ_j 表示企业个体效应,v_t 表示时间效应,ω_{ijt} 表示随机干扰项。λ_1 是本文所关注的核心系数,即地方政府债务对企业创新活动的影响。

（二）数据说明①

由于西藏数据缺失严重,地区层面的实证分析选用 2010—2016 年中国内地 30 个省份的面板数据集。地方政府债务数据主要来源于各省审计厅的审计报告和地方政府债券的发债说明书。各省份实际利用外资和金融机构各项存款数据来源于 Wind 经济数据库。其他数据来源于历年的《中国统计年鉴》和各地区统计年鉴。

企业层面的实证分析需要将 2010—2016 年沪深两市 A 股上市公司数据与省级数据进行合并。上市公司的专利数据、财务数据和治理数据来源于 CCER 和 CSMAR 数据库,删除缺失主要变量和数据不满足连续三年的公司样本,并对公司层面的连续变量在 1% 的水平上进行了缩尾处理。

四、实证分析

（一）基准回归结果

表 1 是基于(1)式所构造的计量模型进行回归的结果。本文尝试使用固定效应模型(FE)和随机效应模型(RE)对(1)式进行估计,Hausman 检验支持了 FE。为了观察结果的稳健性,本文还报告了普通最小二乘法(OLS)估计的结果。模型(1)和(4)是 OLS 估计的结果,既没有考虑地区和时间效应,也没有考虑地区控制变量;模型(2)和(5)是 FE 估计的结果,同时考虑了地区和时间效应;模型(3)和(6)是 FE 估计的结果,分别在模型(2)和(5)的基础上进一步加入了地区控制变量。模型(1)~(3)的被解释变量为地区人均专利申请数,模型(4)~(6)的被解释变量为地区人均专利授权数。可以发现,表 1 所有模型地方政府债务的系数至少在 5% 的水平下显著为负,表明了地方政府举债降低了地区创新产出。从模型(3)和(6)可以发现,在保持其他因素不变的情况下,若地方政府负债率增加 1 个百分点,每万人专利申请数相应减少 0.390 5 项,每万人发明专利授权数相应减少 0.204 9 项。这说明,尽管地方政

---

① 因篇幅所限,本文省略了变量描述性统计结果,感兴趣的读者可在《经济科学》官网论文页面"附录与扩展"栏目下载。

府债务用于公共投资在一定程度上促进了地区经济增长,但地方政府过度举债确实挤出了地区创新活动。

表1 基准回归结果

被解释变量	$patapppop$			$patlicpop$		
模型	(1)	(2)	(3)	(4)	(5)	(6)
方法	OLS	FE	FE	OLS	FE	FE
$debtgdp$	-0.2237** (0.0865)	-0.3752*** (0.0742)	-0.3905*** (0.0725)	-0.1399*** (0.0518)	-0.1994*** (0.0399)	-0.2049*** (0.0385)
fdi			-0.0833 (0.5378)			0.0790 (0.2856)
$secindus$			0.4950*** (0.1757)			0.3175*** (0.0933)
$nonsoejob$			-0.3714** (0.1583)			-0.1752** (0.0840)
$depositgdp$			0.0247 (0.0309)			0.0309* (0.0164)
$hucap$			6.6669*** (2.5150)			3.3660** (1.3355)
$fisexprev$			1.9370 (2.4189)			2.2839* (1.2845)
地区/时间效应	否	有	有	否	有	有
观测值	210	210	210	210	210	210
R^2	0.031	0.540	0.598	0.034	0.505	0.579

注:括号中为标准误,***、**、*分别在1%、5%、10%的显著性水平下统计显著。下表同。

(二) 内生性讨论

在基准计量模型中,已经控制了影响创新活动的地区宏观因素,并考虑了地区与时间效应,但可能遗漏某些既与地方政府债务相关又直接影响地区创新活动的变量。虽然地方政府债务数据来源于权威部门,但地方政府债务的统计是一个复杂的大型工程,难免存在统计误差。此外,互为因果所产生的内生性问题也是本文需要考虑的问题。当地区创新活动不足时,地方政府可能加大对研发的财政补贴,导致地方政府财政支出压力增加,促使地方政府进一步通过举债的方式来弥补财政缺口。因此,基准回归模型可能存在较为严重的内生性问题。

首先,把核心解释变量滞后一期进行回归缓解内生性问题,结果见表2模型(1)~(2)。表2模型(1)~(2)中,滞后一期核心解释变量系数的符号、显著性与基准回归相同,绝对值大小也较为接近,表明了地方政府债务具有创新挤出效应。其次,利用工具变量解决内生性问题。本文选用"招拍挂"土地出让面积作为地方政府债务的工具变量,地方政府债务与土地出让面积的相关性条件显然满足,而且土地出让面积与中央政府的用地计划以及相关的土地政策等政府土地计划有关,相对较为外生。为了消除地区面积和人口规模因素的影响,同时为了缓解地方政府债务反向影响"招拍挂"土地出让面积的其他可能路径,本文选取人均"招拍挂"土地出让面积的三阶滞后项($laarepop$)和人均"招拍挂"新增土地出让面积的三阶滞后项($laaddpop$)作为工具变量。表2模型(3)~(6)是使用工具变量采用GMM估计的结果。AndersonLM统计量表明模型工具变量通过识别不足检验,第一阶段F值和Cragg-Donald Wald F值表明模型工具变量通过弱识别检验,说明了工具变量选取有效。相比基准回归结果,采用工具变量后地方政府债务估计系数的显著性水平略有降低,但绝对值变大,表明内生性问题使得FE估计出现偏差。从回归结果可以看到,考虑内生性后,地方政府债务对地区创新活动的影响仍然为负。

表2 内生性讨论回归结果

模型	(1)	(2)	(3)	(4)	(5)	(6)
方法	FE	FE	IV-GMM	IV-GMM	IV-GMM	IV-GMM
被解释变量	$patapppop$	$patlicpop$	$patapppop$	$patlicpop$	$patapppop$	$patlicpop$
工具变量			$laarepop$		$laaddpop$	
$debtgdp$			-0.8366** (0.3382)	-0.3595** (0.1698)	-0.7069** (0.3010)	-0.3078** (0.1546)

(续表)

模型	(1)	(2)	(3)	(4)	(5)	(6)
$L.debtgdp$	−0.3365*** (0.0772)	−0.1804*** (0.0415)				
地区控制变量	有	有	有	有	有	有
地区/时间效应	有	有	有	有	有	有
第一阶段 F			12.23	12.23	12.65	12.65
Cragg-Donald Wald F			9.21	9.21	10.64	10.64
Anderson LM			0.0022	0.0022	0.0010	0.0010
观测值	180	180	210	210	210	210
R^2	0.570	0.554	0.507	0.538	0.553	0.561

注：第一阶段 F 值为第一阶段回归中工具变量的 F 值，第一阶段 F 值与 Cragg-Donald Wald F 检验工具变量的弱识别问题，AndersonLM 检验工具变量的识别不足问题。

（三）稳健性检验[①]

本文进一步采用替换核心变量的办法进行稳健性检验。首先考虑创新指标的替换。中国专利可以分为发明专利、实用新型专利和外观设计专利三种类型，而专利申请总数和授权总数衡量各省份整体的创新水平，发明专利申请和授权数可以衡量一个地区最核心的自主创新能力，本文进一步采用人均发明专利申请数（$utiapppop$）和授权数（$utilicpop$）作为被解释变量进行回归。从回归结果可以看出，地方政府债务系数都为负值且通过了显著性检验，表明地方政府债务的创新挤出效应非常稳健。

其次考虑核心解释变量的替换。第一，用债务率(地方政府债务余额与地方财政收入之比)指标来衡量地方政府债务的相对规模。地方政府债务举借和偿还都是以地方财政收入为基础，地区 GDP 水平尽管在一定程度上决定了地方财政收入，但财

---

① 因篇幅所限，本文省略了稳健性检验回归结果，感兴趣的读者可在《经济科学》官网论文页面"附录与扩展"栏目下载。

政收入还与人口、资源和税负等其他宏观变量有关。因此,本文以地方政府债务率($debtrev$)替换地方政府负债率进行回归。从回归结果可以发现,所有模型地方政府债务系数显著为负,与基准回归结论一致。第二,为了同创新指标的标准化方法一致,采用人均地方政府债务余额($debtpop$)替换核心解释变量,以消除人口因素的影响。结果也表明了地方政府债务对地区创新活动具有负面效应,再一次证明了结论的稳健性。第三,采用地方政府债券发行规模($debtprogdp$)来替换核心解释变量,即地方政府债券发行额/GDP,回归的结果也表明了地方政府债务具有创新挤出效应,结论具有稳健性。

五、机制检验

为验证地方政府债务对地区创新活动的影响机制,本文参考 Baron & Kenny(1986)的中介效应模型,采取以下步骤来进行。

第一步,地区创新活动对地方政府债务进行回归,即(1)式,若债务系数显著,则表明地方政府债务影响了地区创新活动,可以进行下一步。

第二步,中介变量(MP)对地方政府债务进行回归,检验地方政府债务是否影响中介变量,设定的方程为:

$$MP_{it} = \alpha_0 + \alpha_1 debtgdp_{it} + \alpha_P P_{it} + \mu_i + v_t + \varepsilon_{it} \tag{3}$$

其中,MP 表示中介变量,包括企业研发投入($rdentgdp$)、交通基础设施水平($troadpop$)和房地产投资($reainv$),分别用以考察地方政府债务通过债务来源、投向和偿还对地区创新活动的渠道。其中,企业研发投入用地区研发经费内部支出按资金来源分类的企业资金除以地区 GDP 表示;基础设施水平用人均公路里程来表示;房地产投资用房地产投资占固定资产投资的比重表示。交通基础设施和房地产投资数据来源于《中国统计年鉴》,地区企业研发投入数据来源于《中国科技统计年鉴》。(3)式同时控制地区和时间效应,并用 FE 估计。如果 a1 显著则说明地方政府债务对中介变量产生了影响,可以进行下一步。

第三步,加入中介变量后,地区创新活动对地方政府债务再次进行回归,方程如下：

$$Innovp_{it} = \beta_0 + \beta_1 debtgdp_{it} + \beta_2 MP_{it} + \beta_P P_{it} + \mu_i + \upsilon_t + \varepsilon_{it} \qquad (4)$$

在中介变量系数 β_2 显著的前提下，若地方政府债务系数 β_1 变小且依旧显著，则说明地方政府债务对地区创新活动的影响部分来自中介变量；若地方政府债务系数 β_1 变得不显著，则说明地方政府债务对地区创新活动的影响完全来自中介变量。(4)式也同时控制地区和时间效应，用 FE 估计。

（一）基于债务来源的机制检验

表 2-3 报告了以地区企业研发投入为中介变量的机制检验结果。首先，采用当期核心解释变量进行回归。表 1 模型(3)和(6)即为第一步回归结果。表 2-3 模型(1)为第二步回归结果，地方政府债务系数在 1% 显著性水平下为负，表明地方政府举债行为确实挤出了地区企业研发投入。第三步的回归结果为表 2-3 模型(2)和(3)，分别以人均专利申请数和人均专利授权数为被解释变量。两个模型的地区企业创新投入系数均在 1% 显著性水平下为正，而地方政府债务系数在加入中介变量后仍然是统计显著为负，但系数绝对值分别由 0.390 5 变为 0.274 3, 0.204 9 变为 0.154 3，影响作用降低。这表明企业创新投入具有部分中介效应，地方政府举债通过挤出地区企业创新投入从而抑制了地区创新产出。其次，采用滞后一期核心解释变量进行回归，表 1 模型(3)和(6)为第一步回归结果，表 3 模型(4)为第二步回归结果，表 3 模型(5)和(6)为第三步回归结果，结果也表明了地区企业研发投入具有部分中介效应。

表 3　基于债务来源的机制检验结果

模型	(1)	(2)	(3)	(4)	(5)	(6)
被解释变量	$rdentgdp$	$patapppop$	$patlicpop$	$rdentgdp$	$patapppop$	$patlicpop$
$debtgdp$	−0.843 7*** (0.136 9)	−0.274 3*** (0.077 7)	−0.154 3*** (0.041 8)			
L. $debtgdp$				−0.717 9*** (0.139 1)	−0.269 0*** (0.083 4)	−0.148 0*** (0.044 9)

(续表)

模型	(1)	(2)	(3)	(4)	(5)	(6)
$rdentgdp$		0.137 7*** (0.039 7)	0.060 0*** (0.021 3)		0.094 1** (0.046 7)	0.045 1* (0.025 2)
控制变量	有	有	有	有	有	有
地区/时间效应	有	有	有	有	有	有
观测值	210	210	210	180	180	180
R^2	0.615	0.626	0.598	0.575	0.582	0.564

(二) 基于债务投向的机制检验

表 4 报告了以交通基础设施作为中介变量的机制检验结果。第一，采用当期核心解释变量进行回归。表 1 模型(3)和(6)为第一步的回归结果，表 4 模型(1)为第二步的回归结果，表 4 模型(2)和(3)是第三步的回归结果。第二，采用滞后一期核心解释变量进行回归，表 1 模型(3)和(6)为第一步回归结果，表 4 模型(4)为第二步回归结果，表 4 模型(5)和(6)为第三步回归结果。两组回归结果都表明交通基础设施存在部分中介效应，即地方政府过度负债投向基础设施建设从而挤出了地区创新活动。

表 4 基于债务投向的机制检验结果

模型	(1)	(2)	(3)	(4)	(5)	(6)
被解释变量	$troadpop$	$patapppop$	$patlicpop$	$troadpop$	$patapppop$	$patlicpop$
$debtgdp$	0.173 4*** (0.025 6)	−0.283 7*** (0.080 0)	−0.159 9*** (0.042 9)			
$L.debtgdp$				0.153 3*** (0.030 0)	−0.253 4*** (0.082 5)	−0.144 8*** (0.044 7)
$troadpop$		−0.615 7*** (0.214 0)	−0.259 8** (0.114 7)		−0.542 3*** (0.214 5)	−0.232 5** (0.116 2)
控制变量	有	有	有	有	有	有
地区/时间效应	有	有	有	有	有	有
观测值	210	210	210	180	180	180
R^2	0.674	0.617	0.592	0.595	0.589	0.566

(三) 基于债务偿还的机制检验

表5报告了以地区房地产投资为中介变量的机制检验结果。第一,采用当期核心解释变量进行回归。表1模型(3)和(6)即为第一步回归结果。表5模型(1)即为第二步回归结果,地方政府债务系数不显著,但 t 值大于1,表明地方政府举债对地区房地产投资有微弱的正效应。表5模型(2)和(3)报告了第三步的回归结果,地方政府债务系数为负且显著,再次验证了地方政府债务挤出地区创新活动,但房地产投资系数不显著,表明房地产投资并未抑制创新活动。事实上,企业进行房地产投资对创新活动也存在正向作用,主要表现在企业进行房地产投资增加了企业的抵押品数量,当房价上涨时,企业拥有的房产可以缓解企业进行研发活动的融资约束,从而促进企业创新。当房地产投资对地区创新活动的正负两种效应相互抵消,就出现了房地产投资系数不显著的现象。因此,实证结果并未支持房地产投资存在中介效应。第二,采用滞后一期核心解释变量进行回归,表1模型(3)和(6)为第一步回归结果,表5模型(4)为第二步回归结果,表5模型(5)和(6)为第三步回归结果,结果也得出了相同的结论。

表5　基于偿债依赖的机制检验结果

模型	(1)	(2)	(3)	(4)	(5)	(6)
被解释变量	$reainv$	$patapppop$	$patlicpop$	$reainv$	$patapppop$	$patlicpop$
$debtgdp$	−0.000 4 (0.000 3)	−0.381 9*** (0.072 6)	−0.201 5*** (0.038 6)			
$L.debtgdp$				−0.000 6* (0.000 4)	−0.322 4*** (0.077 8)	−0.173 1*** (0.041 8)
$reainv$		20.983 8 (16.407 2)	8.368 2 (8.731 1)		23.749 3 (18.473 5)	12.249 4 (9.928 8)
控制变量	有	有	有	有	有	有
地区/时间效应	有	有	有	有	有	有
观测值	210	210	210	180	180	180
R^2	0.332	0.602	0.581	0.384	0.575	0.559

六、微观视角下的地方政府债务与企业创新

前文从宏观层面实证分析了地方政府债务对地区创新活动的影响,结论表明了地方政府债务膨胀对地区层面的创新活动产生了显著的抑制作用。为验证该结论在微观企业层面是否成立,本部分利用30个省份与1296家上市公司的合并数据检验地方政府债务与上市公司创新活动的关系,试图寻找微观证据。

根据第三部分所提出的(2)式,回归结果如表6所示。从表中可以看出,模型(1)和(3)以企业专利申请数为被解释变量,模型(2)和(4)以企业发明专利申请数为被解释变量;模型(1)和(2)采用当期核心解释变量,模型(3)和(4)采用滞后一期核心解释变量。所有模型考虑了企业个体和时间效应,并加入了地区和企业控制变量。以专利申请数衡量企业创新活动产出为被解释变量的回归结果中,地方政府债务系数至少在5%的水平下显著为负。结果表明,地方政府债务规模增加,降低了上市企业的专利申请数。以企业发明专利申请数为被解释变量的回归结果中,模型(3)和(4)的地方政府债务系数至少在10%的水平下显著为负,这表明地方政府债务规模增加,降低了上市企业的发明专利申请数。因此,地方政府债务挤出了企业创新产出,也说明宏观层面的结论得到了微观层面数据的支持。

表6 地方政府债务与企业创新产出

模型	(1)	(2)	(3)	(4)
被解释变量	$patappcor$	$utiappcor$	$patappcor$	$utiappcor$
$debtgdp$	−0.4833** (0.2383)	−0.3113*** (0.1176)		
$L.debtgdp$			−0.6430** (0.2967)	−0.2479* (0.1437)
企业/地区控制变量	有	有	有	有
企业个体/时间效应	有	有	有	有
企业数	1296	1296	1296	1296
观测值	6670	6670	5228	5228
R^2	0.065	0.063	0.049	0.045

七、研究结论与政策含义

本文从地方政府债务来源、投向及偿债依赖三个视角探讨了地方政府债务影响创新活动的机理,在此基础上利用2010—2016年的省级数据以及1 296个上市公司的微观数据,实证分析地方政府债务对创新活动的影响。从地区宏观层面来看,首先,地区面板模型表明地方政府债务显著挤出了地区创新产出;其次,一方面,用核心解释变量滞后一期缓解内生性问题,另一方面,用人均"招拍挂"土地出让面积和新增土地出让面积的三阶滞后项分别作为地方政府债务的工具变量解决内生性问题,实证研究都发现了地方政府债务大规模增加抑制地区创新活动;最后,变换核心变量的稳健性检验证实了该结论。机制检验表明,地方政府举债行为主要通过债务来源和债务投向两种方式影响地区创新活动。也就是说,一方面,地方政府债务规模增加,占用了大量的信贷资源,影响了企业创新投资资金的可得性,加剧了企业所受到的融资约束,降低了企业的研发资金投入,产生创新挤出效应;另一方面,地方政府债务迅速膨胀,基础设施等公共投资过度增加,挤出了企业的创新活动。尽管地方政府债务偿还高度依赖土地财政,但是没有证据表明地方政府债务通过房地产投资影响地区创新活动,即地方政府偿债依赖的渠道不显著。此外,企业微观层面的实证结果也表明地方政府债务的创新挤出效应。

本文的研究结论对中国地方政府债务管理相关政策的制定,以及地区创新水平的提升具有重要的意义。其政策含义如下:(1)重视地方政府债务对创新活动的挤出效应。虽然地方政府举债融资对地区经济增长做出了重要的贡献,但同时也导致了创新产出低下的问题,加大了"转换经济增长方式"的难度。(2)地方政府债务过度负债加剧了企业进行创新活动的融资约束,一方面,可以通过优化地方政府债务的投资者结构,完善地方政府债券的发行机制,鼓励个人投资者进入地方政府债券市场,降低地方政府的信贷挤出效应;另一方面,改变当前企业研发投入对银行信贷依赖的现状,加快股票市场和债券市场建设,促进多层次资本市场健康发展。(3)优化债务支出结构,适当偏向教科文卫、生态环境等支出。一方面,改革开放40年来,中国社会生产力、综合国力、人民生活水平实现了历史性跨越,人民群众期盼有更好的教育、更高水平的医疗卫生服务和更优美的环境,地方政府要回应人民群众的多样化需求;另一方面,地方政府过于重视基础建设投资忽视教育、医疗、生态环境等其他配套建设,这种投资的扭曲可能会进一步阻碍技术创新。

参考文献

[1] 安同良,周绍东,皮建才. R&D 补贴对中国企业自主创新的激励效应[J]. 经济研究,2009(10).

[2] 蔡晓慧,茹玉骢. 地方政府基础设施投资会抑制企业技术创新吗?——基于中国制造业企业数据的经验研究[J]. 管理世界,2016(11).

[3] 钞小静,任保平. 中国经济增长质量的时序变化与地区差异分析[J]. 经济研究,2011(4).

[4] 范剑勇,莫家伟. 地方债务、土地市场与地区工业增长[J]. 经济研究,2014(1).

[5] 顾元媛,沈坤荣. 地方政府行为与企业研发投入——基于中国省际面板数据的实证分析[J]. 中国工业经济,2012(10).

[6] 韩剑,严兵. 中国企业为什么缺乏创造性破坏——基于融资约束的解释[J]. 南开管理评论,2013(4).

[7] 刘尚希. 以拆弹的精准和耐心化解地方隐性债务风险[J]. 地方财政研究,2018(8).

[8] 毛捷,黄春元. 地方债务、区域差异与经济增长——基于中国地级市数据的验证[J]. 金融研究,2018(5).

[9] 台航,张凯强,孙瑞. 财政分权与企业创新激励[J]. 经济科学,2018(1).

[10] 王砾,孔东民,代昀昊. 官员晋升压力与企业创新[J]. 管理科学学报,2018(1).

[11] 王文春,荣昭. 房价上涨对工业企业创新的抑制影响研究[J]. 经济学(季刊),2014(2).

[12] 项后军,巫姣,谢杰. 地方债务影响经济波动吗[J]. 中国工业经济,2017(1).

[13] 徐长生,程琳,庄佳强. 地方债务对地区经济增长的影响与机制——基于面板分位数模型的分析[J]. 经济学家,2016(5).

[14] 余泳泽,张少辉. 城市房价、限购政策与技术创新[J]. 中国工业经济,2017(6).

[15] 中国企业家调查系统. 新常态下的企业创新:现状、问题与对策——2015 中国企业家成长与发展专题调查报告[J]. 管理世界,2015(6).

[16] 钟辉勇,陆铭. 财政转移支付如何影响了地方政府债务[J]. 金融研究,2015(9).

[17] AYYAGARI M, DEMIRGÜÇ-KUNT A, MAKSIMOVIC V. Firm Innovation in Emerging Markets: The Role of Finance, Governance, and Competition[J]. Journal of Financial and Quantitative Analysis, 2011, 46(6): 1545-1580.

[18] BAI C E, HSIEH C T, SONG Z M. The Long Shadow of a Fiscal Expansion [R]. NBER Working Papers, 2016: 22801.

[19] BARON R M, KENNY D A. The Moderator-mediator Variable Distinction in Social Psychological Research: Conceptual, Strategic, and Statistical Considerations[J]. Journal of Personality and Social Psychology, 1986, 51(6): 1173-1182.

[20] GÖRG H, STROBL E. The Effect of R&D Subsidies on Private R&D[J]. Economica, 2007, 74(294): 215-234.

要素市场扭曲对区域创新效率的影响

张建平　姜　妍　葛　扬

一、引　言

创新是建设中国现代化经济体系的战略关键,当前我国企业自主创新能力严重滞后于国家经济增长(张杰等,2011)。实际上,与靠资本或者劳动力要素投入的行业相比,创新型行业具有收益回报周期久、风险大等特征。党的十九大报告进一步将创新驱动战略作为一项基本国策,各个地方政府纷纷大力支持本地创新型行业进行技术创新与增加外商技术引进,但是技术创新并不等同于技术进步,技术进步是技术创新或技术引进的结果,表现为创新效率的提高(唐未兵等,2014)。2017年9月美国智库战略与国际研究中心发布的《科技胖龙——中国创新力基准报告》显示,过去十余年来中国的创新力度正在不断增强,然而中国仍然与世界发达国家的创新能力有较大差距,其背后原因是中国创新效率不高。因此,绕过创新效率讨论创新是忽略了创新的微观基础以及制度条件(伍晓鹰,2017)。由此可见,面对当前中国创新资源分布不平衡、创新红利释放不充分的情况,创新效率是国家在健全科技体制时不容忽视的指标。

国内外大量文献从微观层面对影响企业创新效率的因素进行解析,经过梳理,企业规模(Jefferson et al.,2006)、政府支持(肖文和林高榜,2014)、地理邻近性(桂黄宝,2014)、信息化(韩先锋等,2014)、所有制(杨洋等,2015;吴延兵,2014;戴奎早和刘友金,2016)、金融约束(李后建等,2014;严成樑等,2016)等都是影响产业创新效率的重要因素。还有文献从宏观视角研究国家创新效率的影响因素,研究发现,国家税收

(熊维勤,2013)、人力资源共享(曹玲,2017)等都是影响国家创新效率的重要因素。

但是,当前仅有较少文献关注中国要素市场价格扭曲与创新之间的联系。党的十九大报告指出,建设创新型国家的首要任务是健全科技体制,健全科技体制必须完善社会主义市场经济体制,要素市场化配置则是完善社会主义市场经济体制的关键,要实现要素自由流动、要素价格反应灵活。由此可见,矫正要素市场价格扭曲是促使中国成为创新型国家的基本保障。改革开放以来,我国要素市场化进程不仅明显慢于产品市场化进程(张杰等,2011),而且各个地区的要素市场化改革进程也存在较大差距(毛其琳,2013)。我们知道,创新是需要要素投入的,诸如劳动力、资本和土地等资源是地区开展创新活动不可或缺的生产要素,由此自然会产生疑问:中国要素市场价格扭曲会对创新活动产生什么样的影响呢?

通过对有关文献的整理,可以定性阐述要素市场价格扭曲对创新的影响:第一,地方政府对本土生产要素市场保护导致要素市场分割,产生要素价格歧视,抑制了生产要素在不同区域之间自由流转,降低了市场经济对要素配置的作用,在要素市场价格扭曲的情况下会致使资本和劳动力等生产要素投入效率低下(罗德明等,2012),劳动力和资本两个生产要素投入效率低下会进一步降低企业的创新活动。第二,中国正处于转型经济阶段,政府与市场的界限尚有诸多不明晰,政府会对很多经济领域进行行政干预,以要素市场为例,地方政府对当地劳动力市场和资本市场有定价权和调控权,企业为了降低生产成本可以对参与定价的政府部门进行非创新性寻租,从而低价购买大量生产要素,破坏要素市场均衡(Claessens et al.,2008),企业通过对政府寻租获取市场利润的行为会削弱企业通过进行投资研发创新项目获取市场利润的动力。第三,由于中国存在要素市场改革落后于产品市场改革的现象,因此中国政府对产业研发投入的补贴(减免税收或财政支出)为经济发展释放出的创新红利明显比发达国家低(Ljungwall & Tingvall,2015)。

然而,以往文献虽多,尚有不足之处:首先,鲜有文章关注到要素市场价格扭曲与创新效率之间的关系。实际上,在当前中国面临创新资源预算硬约束的情况下,若要实现创新驱动经济发展,需要充分提高创新效率。而要素市场价格扭曲导致要素市场失灵,使整个经济社会偏离市场一般均衡,进而抑制创新生产活动的经济效率。其次,以往学者大多从企业角度出发研究要素市场扭曲对不同特征企业(企业规模、所有制等)进行创新活动的影响,面临当前中国社会的主要矛盾已经转化为人民日益增长的美好生活需要和不平衡不充分的发展之间的矛盾,地区之间的创新活动效率也存在不平衡不充分,尚未有文献考察区域之间的创新效率差异。

本文的主要贡献如下:第一,完善了影响创新效率的因素,现有文献大多考察企业性质和市场结构对创新效率的影响,较少文献关注要素市场价格扭曲对创新效率的影响。第二,丰富了创新效率的研究内容,现有文献大多测算了不同特征企业之间创新效率差异,本文首先考察了要素市场价格扭曲对全国各省份之间创新效率的差异;其次,使用"八大经济区"概念,将中国划分为八个经济区,进一步测算不同经济区域创新效率的差异。第三,使用创新效率作为核心变量对省级数据进行回归分析,现有文献大多将创新效率作为研究方法整体进行回归分析,较少文献关注创新效率的实际值。

二、理论与影响机理分析

新古典经济学认为,要素市场价格与商品市场价格一样,在市场完全竞争、不存在外部性和信息不对称的情况下,要素的市场价格应该由要素市场的供需决定。消费者效用最大化与生产者利润最大化同时实现时,商品市场与要素市场达到出清,此时企业生产要素的边际收益等于其边际成本。但是,真实经济社会中市场失灵普遍存在。根据 Arellano & Bover(1995),Lewbel(1997)在文章中所提及的要素市场价格扭曲是指:在要素市场改革不充分的情况下,劳动力、资本和土地等要素的实际价格偏离其在完全竞争市场下的均衡价格,产生要素市场失灵和要素市场价格扭曲,要素选择和分配没有达到帕累托最优状态。约翰·斯图亚特·穆勒说过:"生产成本若不影响供给,则不会影响竞争。"正是由于生产要素的供给价格产生扭曲,影响企业生产成本,最终影响整个市场竞争。因此,在要素市场价格扭曲的情况下,地区创新活动所需要的要素投入并没有遵循市场竞争的供求规律,与此同时,地方政府行政干涉产生的外部效应也会对生产要素自由流动产生阻碍,最终劳动力和资本等要素的配置会对创新活动产生影响。

（一）劳动力要素市场扭曲对中国创新效率抑制的影响机制

劳动力要素市场扭曲主要是通过城市和农村扭曲以及行业扭曲对创新效率产生抑制作用。

首先，户籍制度导致城市和农村的劳动力就业市场严重分割，阻隔了大批劳动力有效流动，造成人不能尽其才，致使劳动力要素市场失灵，妨碍各个地区对科技创新人才的选择。建设创新型国家急需人才投入，但是由于劳动力要素市场失衡，具备创新能力的劳动力不能按照有效的要素市场配置规律流动，导致创新效率在地区之间释放不平衡、在区域内释放不充分。

其次，地方政府对不同行业劳动力要素价格实行管制会使企业创新效率下降。劳动力要素价格即工资，工资是衡量劳动力要素市场是否均衡的信号。在财政分权体制下，各个地方政府官员为了政绩突出，会开展GDP比拼赛。在不发达地区，政府为了提高政绩，通常会直接压低劳动力要素价格来弥补企业生产、流通等各个环节的成本，以便使当地可以吸引更多的外部商业投资，短期内这些地区经济会增长，但由于这些地区是以扭曲要素价格、破坏要素市场均衡为代价促进经济增长，而不是靠增强区域自我创新能力，不利于区域长远经济发展。进一步说，劳动力要素价格低下，会使该区域企业倾向于选择劳动力要素的投入以增加产出，而放弃进行成本较高的创新活动。在吸收廉价劳动力进入企业的同时进一步使劳动力要素市场供过于求，导致劳动力市场成为买方垄断市场，这又会使劳动力要素价格比人为压低的价格更低。如此反复循环，企业缺乏激励机制进行创新，区域经济的提升依靠扭曲劳动力要素价格来维持，整个要素市场的发展滞后于产品市场。由于创新成本高，企业会减少创新投入，最终还会使企业对高学历创新人才的需求下降，政府用于人才培养的投资也会减少，这些都间接抑制了区域创新效率提高。

最后，相对于低收入劳动力而言，劳动力要素价格扭曲会使其恩格尔系数上升，即增加食品支出占收入的比重，从而挤出个人收入中本该用于人力资本的投资，不论是自身的技能培训投资抑或是后代的教育经费。从这个程度上说，这会使收入差距拉大的同时造成教育资源的分配不均，人力资本发展受到阻碍，进一步抑制创新效率。相对于高收入劳动力而言,工资扭曲使其付出的劳动投入与其得到的要素报酬不匹配,这会出现企业人才流失的现象。这些人才可能会流向别的企业,使原企业科研资源损失、创新效率降低,进一步促使吸收人才的新企业赶超原企业、扩大科研投入差距,最终使企业之间发展不平衡,市场竞争不充分。相对于企业来说,初期的要素价格扭曲虽然会降低企业生产成本增加产出,但是扭曲到一定阶段后,低工资会使劳动者收入增长的速度滞后于经济发展的速度,进而使劳动者消费水平下降,价格高昂且高质量的创新产品会逐渐丧失市场需求,这对企业的创新投入又产生负向作用。

(二)资本市场要素价格扭曲对中国创新效率抑制的机理

资本要素市场价格扭曲对创新效率的抑制主要来自政府对金融市场的干预导致金融市场化进程受阻进而影响借贷企业研发创新的投入。

首先,中国金融部门的利率市场化虽然起步较早,但正式实施利率浮动制是从2014年11月开始的,距今为时较短,金融部门的信用贷款决策在很大程度上会受到当地政府部门的行政干预。长期以来,我国一直以GDP作为衡量政绩的指标,这会使地方政府更容易选择那些在短期内可以快速拉动地区经济增长、收益稳定而且投资风险低的生产项目,并且进一步要求金融部门以低于市场利率的水平将资金借贷给相关运营部门;而创新本身具有风险大、回报周期长的特征,资本短期逐利性会使企业用于创新活动的融资成本较高;这样一来,追求短期效益的地方政府与迎合短期政府经济目标的企业会从直接和间接两个方面挤出创新研发的投资。政府行政干预手段使资本要素市场价格扭曲,不仅破坏了利率市场化的进程,使投资部门的资金不能按照市场供求规律流动,而且使大量资金流入非创新生产项目,挤占了创新活动的投资,抑制了创新效率。

其次,如果地方政府具有对当地金融部门决策的干预权力,则企业会有激励机制去进行"非创新性寻租",从而减少企业的创新动机。为了迎合地方政府的经济目标以及追求自身短期利润最大化,众多企业会抽取大量资金用于寻租,以便以低利率获得银行贷款投入生产。如果企业通过寻租获得的贷款可以用于创新研发,则有可能会对创新效率产生正向影响。但是,一方面,创新具有风险大、收益周期长、融资成本高等特征,这会与企业短期抢占市场以实现利润最大化的目标冲突,所以绝大多数企业不会创新;另一方面,即使少量企业选择将寻租获得的融资贷款用于第一轮创新研发,那么在下一轮产品研发的融资过程中极有可能得不到政府支持的低利率贷款,这样会使企业资金链断裂,所以很少会有企业选择将寻租得到的贷款资金用于创新研发。与此同时,如果某些企业以"非创新性寻租"获得政府支持,通过扭曲资本价格获得大量资本,垄断资本市场,这不仅会挤占创新型企业的市场份额,而且会对整个行业产生"创新不如寻租"的示范效应,从而进一步对整个社会的创新活动以及创新效率产生负面影响。

最后,政府部门对企业创新活动的补贴会导致资本要素市场价格扭曲,从而有抑制企业创新效率的倾向。虽然目前中国正在加快建设创新型国家,但是由于创新过程中的知识溢出效应,会对企业产生负的外部性,使企业的私人成本高于私人利益而小于社会利益,因此政府部门开始参与到私人企业创新研发投入的活动中。政府通过财政补贴、税收减免和建立各种为中小型企业技术创新的基金平台等优惠政策促使创新资源合理配置,以加强对创新型企业的扶植。上述政府优惠政策虽然有利于企业创新,但不代表有利于创新效率的提升。由于政府对市场信息缺乏充分的了解,可能会出现补贴错配的现象,政府有可能补贴了不需要补贴的企业。换句话说,政府没有把对创新活动的补贴资金用在对的地方,致使某些急需补贴的企业没有资金进行创新研发,最终打破资本市场的供需平衡,扭曲资本要素价格。如果出现补贴错配的情况,一方面,随着补贴资金的不断投入,企业边际产出递减;另一方面,创新补贴资本没能流入边际收益最高的创新行业,不仅浪费政府创新补贴,而且削弱了创新补贴本该有的功能,对创新效率产生负向影响。

(三)其他要素价格扭曲对中国创新效率抑制的影响机制

除了上文提及的劳动力和资本两个要素之外,还存在土地、自然资源和生态环境等生产要素的价格扭曲。在土地要素市场中,第一,上文已经提及,地方政府为了提高自己区域治理政绩,会支持可以快速拉动地区经济发展的生产项目。政府会对这些生产项目的用地进行行政干涉,具体做法是政府在征购土地之后,一方面,将土地以低价出让给可以拉动地区经济快速增长的企业,以降低其生产成本;另一方面,为了维持财政平衡,将土地以高价出让给投资风险大、收益周期长的创新型企业,这样一来,政府扭曲了土地要素的价格,提高了创新型企业的成本,挤出了其用于研发投入的经费,抑制了企业的创新效率。第二,地区政府会以土地优惠政策进行招商引资,吸引外资进入本地区进行投资。由于本地区企业创新研发成本高,相较于外资企业会产生明显创新研发劣势,从而直接抑制创新效率。再者,政府引进外资是为了引进成熟的科研创新技术,使本地区企业缩短研发时间,以便直接利用创新成品进行生产。本地区企业在直接利用创新产品生产的同时,也丧失了自主创新的能力,因此间接抑制创新效率。

在生态环境要素市场中,中国的生态环境要素价格即环境税直到2018年1月1日才开始征收。20世纪70年代到90年代,生态环境的要素价格主要表现为补偿负外部性收费。实施补偿性缴费首先需要明晰产权,当时中国的经济体制尚未与计划经济体制完全脱离,政府与企业之间存在较大的信息不对称,难以确定产权归属。更何况,确定产权所产生的交易费用有可能比确定产权后所征收的补偿负外部性费用还要多,因此20世纪的生态环境要素价格被严重扭曲。由于生态环境要素价格几乎为零,众多企业会选择以破坏生态环境为代价,进行批量生产,而无动力进行企业的科研创新,进而影响创新效率。进入21世纪后,中国提出了可持续发展战略,实行环保财政,但是由于存在地区政府之间的GDP比拼赛,为快速提升政绩,各地方政府都相互降低本地区环境管制要求,虹吸更多企业进入本地,同时,对滥用生态环境要素的企业监管力度不够。更有大批外商因为中国生态环境要素价格扭曲,将以生态环境为载体的加工生产部门转向中国,一方面,使中国成为世界工厂,产业处于价值链中低端,抑制本土企业自主创新能力;另一方面,吸收大量劳动力进入价值链中低端部门,许多本国技能人才因为本国创新型企业生产成本高进而影响薪酬待遇而跳槽至外资企业,致使人才流失,企业创新技术匮乏,影响创新效率的提升。

在自然资源要素市场中,自然资源要素价格即资源税。资源税的特点有:首先,征税范围比较窄。自然资源是社会生产资料的天然资源,其包括范围较为广泛,包含土地、矿产、水、动物和植物等。其中,土地资源在上文已经被单独抽离出来作为一种生产要素讨论,在这里不再赘述。当前,我国相对于大量存在的资源,资源税的征收范围较窄,仅包括盐和矿两大类。其次,实行差别税额从量征收。当下我国对自然资源实行从量税制,这会对整个经济社会产生两个影响:第一,会使资源税,即自然资源要素价格不受市场规律影响,虽然可以稳定政府财政平衡,但是会打破资源要素市场规则;第二,有利于降低自然资源密集型企业成本,增加地区开采过度的同时挤出创新型企业的发展。综上所述,自然资源要素价格扭曲会对创新效率起到抑制作用。

综上,提出假设 H:要素市场扭曲对创新效率有抑制作用,要素市场扭曲程度越重,则对创新效率的抑制作用愈加明显。

三、研究设计

(一)研究样本与数据来源

本文的研究对象为中国内陆 30 个省份,由于西藏的数据缺失较为严重,所以不予考虑。考虑到要素市场价格扭曲对中国各个区域创新效率影响不同,本文将会对样本做如下筛选:(1) 全国 30 个省份为总样本,(2) 依照八个经济区划分为 8 组子样本。

因为数据可获得性的限制,本文的研究年限为 1998—2014 年。在各期《中国科技统计年鉴》以及《中国统计年鉴》中,选取各省份基础数据,从樊纲、王小鲁的《中国分省份市场化指数报告(2016)》以及《中国市场化进程指数报告(2011)》中获取各省份各期的市场化指数,以此测算要素扭曲程度。接下来,本文会详细介绍创新效率的测算方法以及具体的回归模型。

(二)主要变量定义

1. 地区创新绩效的测算

对于地区创新绩效的衡量,相比较于直接的创新产出指标,例如创新专利,新产品销售收入等,越来越多的学者选择作为一个相对指标的创新效率,因为这既能排除不同地区间自身差异带来的影响,又能真实反映出一个地区的研发创新绩效水平。如果一个地区用更少的创新投入获得了更多的创新产出,那么这个地区就具有更高的创新效率,相应的创新能力和水平也更高。因此,本文选择地区的创新效率来代表该地区的创新绩效。

测算创新效率需要考虑到两个问题:衡量指标和测算方法。首先,在衡量指标上,需要选择可以衡量创新产出和创新投入的两个指标。(1)创新产出指标:考虑到数据的易获取以及规范性,本文选择使用各地区的国内发明专利授权数作为创新产出的衡量指标。我国的专利分为:发明、实用新型和外观设计三种类型。由于这三种专利所包含的经济价值以及技术含量都有较大的差异性,因此选用总体专利数量不具有代表性。基于此,为了可以更充分地代表地区的知识产出和创新能力,本文选择具有最高技术含量的发明专利作为创新产出的衡量指标。(2)创新投入指标:在区域创新系统中,研发资源即 R&D 资本投入是知识产出的直接投入要素,而大学和科研机构以及企业的研究人员,即 R&D 人员则是知识产出的主要参与者。因此本文选用《中国科技统计年鉴》中 R&D 人员全时当量来衡量人力资本投入,加之年鉴中 R&D 资本投入是流量数据,考虑到资本的影响不仅仅在当期可以表现出来,而且对以后若干期的知识生产都能持续产生影响,因此本文使用 R&D 资本存量作为创新资本投入的衡量指标。

其次,在测算方法上,本文参考吴延兵(2006)的研究,采用永续盘存法进行 R&D 资本存量的核算。具体的测算公式如下:

$$K_{it} = E_{it} + (1-\delta)K_{i,t-1} \tag{1}$$

其中,K_{it} 表示 i 地区第 t 期 R&D 资本存量,δ 为折旧率,学者们的文献中通常设定值为 15%,因此本文拟定折旧率为 15%,E_{it} 表示 i 地区第 t 期 R&D 实际经费支出,此处需要构造 R&D 支出价格指数对 R&D 名义支出进行平减。参考朱平芳和徐伟民(2003),以 1998 年为基期,R&D 支出价格指数 = 0.55 × 消费价格指数 + 0.45 × 固定资产投资价格指数,从而得到 1998—2014 各年各省份的实际 R&D 支出值。而基期的资本存量可以通过下列公式计算得出:

$$K_{i1} = E_{i1}(1+g)/(g+\delta) \tag{2}$$

其中,K_{i1} 为 i 地区基期 R&D 资本存量,E_{i1} 为 i 地区基期 R&D 实际经费支出,g 为实际 R&D 经费支出的几何平均增长率。

到目前为止,现有文献中普遍使用知识生产函数来描述系统的创新活动和创新效率,一般分为非参数法和参数法两大类。其中,非参数法以数据包络分析法(DEA)为代表,该方法无须提前设定生产函数的具体形式,可以规避主观设定的限制。参数法以随机前沿分析法(SFA)为代表,该方法通常先假设一个生产函数,根据生产函数中关于误差项分布假设的不同,采取不同的方法来估计参数。鉴于随机前沿法有更坚实的理论基础,并且可以剥离随机误差的潜在影响,测算出每个个体的技术效率,本文选用SFA方法测算各地区的创新效率。随机前沿分析模型如下:

$$Y_i = f(X_i, \beta) \exp(V_i - U_i) \tag{3}$$

其中,Y为产出;f为设定函数;X为投入要素向量;β为参数;V为随机误差项,服从$N(0, \sigma^2 v)$分布;U为技术非效率项,假设服从$|N^+(0, \sigma^2 v)|$半正态分布,并且V与U互相独立。

在SFA方法中,较为常见的生产函数主要有柯布-道格拉斯(Cobb-Douglas)和超越对数(translog)两种形式。对于本文的研究来说,更为合适的是超越对数,因为超越对数生产函数放松了前者的产出弹性固定,放宽了技术中性的假定,因此在生产函数形式设定上,本文选用超越对数生产函数。

此外,本文使用地区国内发明专利授权数作为产出Y,R&D资本存量作为资本要素投入K,R&D人员全时当量作为劳动投入L,引入时间趋势变量$=t-1997$,对式(3)对数线性化,建立超越对数生产函数如下:

$$\ln Y_{it} = \alpha_0 + \alpha_1 \tau + \alpha_K \ln K_{it} + \alpha_L \ln L_{it} + \beta_{KL} \ln K_{it} \ln L_{it} + \beta_{K\tau} \ln K_{it} \tau + \beta \ln L_{it} \tau +$$
$$\frac{1}{2}\beta_{KK} \ln^2 K_{it} + \frac{1}{2}\beta_{LL} \ln^2 L_{it} + \frac{1}{2}\beta_{\tau\tau} \tau^2 + V_{it} - U_{it} \tag{4}$$

技术效率的定义为:实际产出与前沿可实现的最大产出之比,即考虑了非效率因素与不存在技术效率损失之比。计算公式如下:

$$TE_i = \frac{f(X_i, \beta)\exp(V_i - U_i)}{f(X_i, \beta)\exp(V_i)} \tag{5}$$

综上,核算地区创新效率的指标和方法均已给出,本文所使用的数据与结果描述具体见表1和图1。

表1 创新效率衡量指标的特征描述

项目	平均值	标准差	中位数	最小值	最大值
专利数量(个)	1 622.737	3 454.971	355.5	1.000	23 237.000
R&D存量(亿元)	360.329	597.167	131.161 9	1.705	3 911.718
R&D人员(人)	61 432.440	76 940.770	38 098.000	848.000	506 862.000

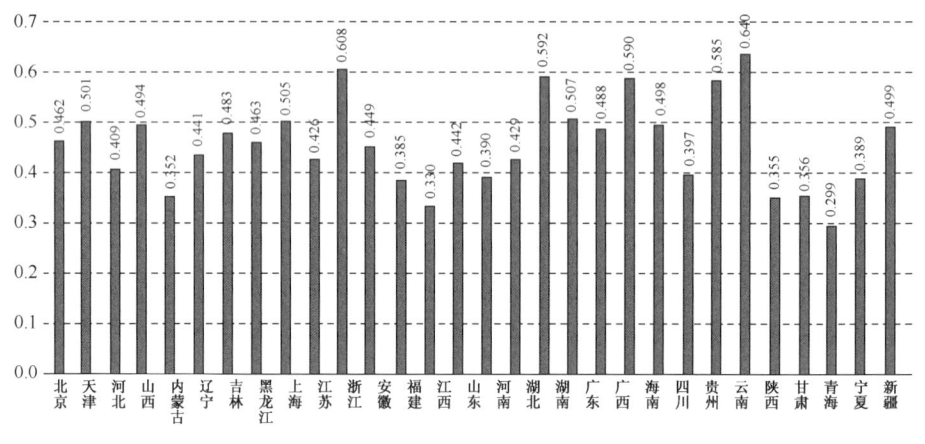

图1 各地区创新效率均值

从表1可以发现,地区的R&D产出和R&D投入水平差距较大,这可能是由于各个地区要素资源禀赋差异较大和各个区域所实施的创新政策不同所造成的。此外,经过测算,图1中展现出的各地区创新效率的变化幅度也较为明显。我国的平均创新效率为0.438,与发达国家的平均创新效率相比,显然还存在较大的进步空间。其中,平均创新效率比较高的省份有:北京、天津、上海、浙江、贵州等地,这几个地区的创新效率均明显高于全国平均水平。而内蒙古、江西、陕西、青海等省份的创新效率明显偏低。各地区的资源禀赋、经济基础、政府政策、发展环境等因素的不同可能是导致创新效率出现较大差异的主要原因。由此可知,在今后发展过程中,各省份不仅应该关注经济水平的增长,更应该合理分配要素资源,重视创新管理和研发制度,从整体改善和提升创新效率。

2. 要素市场扭曲

张杰等(2011)提出构造(产品市场市场化进程指数—要素市场市场化进程指数)/产品市场市场化进程指数以及(总体市场市场化进程指数—要素市场市场化进程指数)/总体市场市场化进程指数这两种衡量要素市场扭曲程度的指标。该指标虽然可以反应要素市场市场化进程滞后于产品市场,但是会抹平地区间要素市场的相对扭曲程度。因此本文使用林伯强和杜克锐(2013)提出的反映地区间要素市场发展相对扭曲程度的指标。

$$FAC_{it} = \frac{|\max(factor) - factor_{it}|}{\max(factor)} \qquad (6)$$

其中,$factor_{it}$ 为各地区要素市场发育程度指数,$\max(factor)$ 为样本中最大的要素市场发育程度。显然,该指标可以反映出地区间的要素市场扭曲程度的相对差异以及扭曲程度随时间的变化。

3. 控制变量

除了创新资本投入与人员数量之外,地区的整体创新环境也会影响创新活动的效率。在充分查阅国内外已有的研究文献之后,本文选取了一系列可能影响创新效率的指标作为控制变量,具体如下。

(1) 地区基础设施($Base$):地区邮电业务总量对国内生产总值的比重。
(2) 地区产业结构($Industry$):地区第三产业总值占国内生产总值比重。
(3) 地区经济发展水平($Gdppc$、$Gdppcs$):人均GDP与人均GDP的平方。
(4) 地区劳动者素质($Labor$):地区平均受教育年限。
(5) 地区对外开放水平(Fdi):地区进出口总额占国内生产总值的比重。
(6) 地区工业发展水平($Entre$):地区规模以上工业企业数量。

(三) 模型构建

本文为检验验证前文提出的假设,使用面板数据,构建模型如下:

$$TE_{it} = \alpha_0 + \alpha_1 FAC_{it} + \beta_1 Base_{it} + \beta_2 Industry_{it} + \beta_3 Gdppc_{it} + \beta_4 Gdppes_{it} + \beta_5 Labor_{it} + \beta_6 Fdi_{it} + \beta_7 Entre + u_i + \varepsilon_{it} \qquad (7)$$

式(7)中,TE_{it},FAC_{it},$Base_{it}$等分别为上文说明的地区创新效率,地区要素市场扭曲程度指标和多个控制变量，α、β 为相应的变量的系数。可以看出，如果要素扭曲程度指标的系数为负，说明要素市场扭曲对本地区创新效率有负面影响；反之，则有正面影响。

进一步，为了细化分析和有针对性地讨论我国具有不同要素资源和特征的八大经济区中要素市场扭曲对创新效率的影响，对每个区域的子样本分别使用上述模型进行回归。

此外，各自变量之间的相关系数均未超过 0.8 的经验临界值，方差膨胀因子(VIF)值为 4.5，远未超过 10 的经验临界值，条件数为 46.6，也未超过 100 的经验临界值，上述参数条件均说明不用担心严重的多重共线性问题。

四、实证结果与分析

（一）描述性统计分析

我国幅员辽阔，要素资源分布千差万别，各个地区经济发展状况极不平衡，此外，区域创新能力与要素市场化进程均存在较大异同。为了因地制宜地分析要素市场扭曲对创新效率的影响，本文依照国务院发展研究中心在 2016 年提出的，以细分的八大经济区取代传统的东、中、西、东北四大板块。这种新划分方法更全面、充分地考虑到区域要素资源禀赋、经济发展水平等方面的相似性，可以为区域政府制定地区政策时提供更为精准的参考。其中，八大经济区的具体划分为：东北（黑龙江、辽宁、吉林）；北部（北京、天津、河北、山东）；东部（上海、江苏、浙江）；南部（福建、广东、海南）；黄河中游（山西、陕西、河南、内蒙古）；长江中游（湖北、湖南、江西、安徽）；西南（云南、贵州、四川、重庆、广西）；大西北（甘肃、青海、宁夏、新疆）。

为节约篇幅，本文只对创新效率和要素市场扭曲程度这两个核心变量进行描述性统计，如表 2 所示。可以发现各区域间要素市场扭曲程度有明显差别，与各区域经济发展现状基本一致。

表 2　创新效率与要素市场扭曲程度描述性统计结果

		样本量	平均值	标准差	最小值	最大值
全国	TE	510.000	45.791	13.878	16.635	90.604
	FAC	510.000	58.863	19.376	0.000	96.975
东北	TE	51.000	46.198	9.414	28.976	79.009
	FAC	51.000	65.079	17.962	20.269	91.727
北部	TE	68.000	44.869	12.163	27.910	74.844
	FAC	68.000	43.901	18.259	0.000	74.457
东部	TE	51.000	51.277	12.519	25.408	76.192
	FAC	51.000	36.197	15.994	0.000	68.275
南部	TE	51.000	49.412	16.717	16.635	90.604
	FAC	51.000	47.319	17.691	21.820	80.294
黄河中游	TE	68.000	39.856	12.124	17.200	75.981
	FAC	68.000	66.264	12.869	32.952	89.452
长江中游	TE	68.000	45.013	13.694	26.063	75.844
	FAC	68.000	63.643	10.385	31.807	83.557
西南	TE	85.000	52.151	14.854	22.860	84.522
	FAC	85.000	63.501	14.427	18.201	87.384
大西北	TE	68.000	38.339	11.598	19.173	70.229
	FAC	68.000	76.845	11.655	50.879	96.975

（二）回归分析

考虑到现实中每个省份的发展状况确实有差异，很可能存在不随时间而改变的遗漏变量，所以模型应该考虑个体效应的存在。进一步，为确定模型使用固定效应还是随机效应，本文首先利用面板数据进行豪斯曼检验，检验结果显示没有充分理由拒绝原假设，因此本文选择使用随机效应模型对总样本进行实证回归。接下来，在随机效应模型中检验是否真正存在个体效应，应用 LM 检验方法。固定效应和随机效应的回归结果，以及两次检验的结果与相应的 P 值都详细列在表 3 中，通过 LM 检验结果可知,强烈拒绝原假设,即模型中确实存在个体随机效应 ui。

表 3　总样本回归模型与检验

变量	模型 FE	模型 RE
FAC	0.033(0.066 0)	−0.301*** (0.063 7)
Industry	1.354*** (0.249 3)	0.856*** (0.177 6)
entre	0.001 8*** (0.000 2)	0.001 4*** (0.000 1)
Base	112.796*** (11.227 1)	56.099*** (11.582 3)
Fdi	1.613(1.316 5)	3.662*** (0.702 8)
Gdppc	−8.181*** (2.054 4)	−3.982** (1.859 8)
Gdppcs	1.656*** (0.175 7)	1.349*** (0.177 7)
Labor	9.284*** (2.520 6)	3.280 * (1.698 5)
Cons	−112.506*** (20.799 2)	−74.72*** (14.192 0)
Hausman	9.24	
P	0.322 5	
LM test	144.23	
P	0.000 0	

由表 3 中的随机效应模型的回归结果可知,要素扭曲程度变量的系数为负值,并且在 1% 水平下显著。在全国总体水平下,要素扭曲程度上升 1%,则创新效率下降 0.301%,验证了前文提出的假设,即要素市场扭曲对创新效率有抑制作用。要素市场扭曲会影响市场均衡,阻碍要素资源配置,影响地区创新要素的投入与产出,从而对地区创新效率产生负效应。地区产业结构变量在总体回归中为正值,并且在 1% 水平下显著,这说明第三产业的发展,能够改善地区资源配置,减缓要素扭曲带来的负面效应,有助于创新效率的提升。现阶段我国经济正处在转型升级阶段,产业结构合理化发展对经济平稳持续增长有至关重要的作用。规模以上工业企业的数量也能对创新效率带来正向影响,这可能与创新效率的产出指标选取为发明专利数量有关,工业发展离不开技术突破,企业通过对创新的重视,能够不断提升自身实力。与此同

时,也能通过溢出效应,促进地区创新活动的发展。值域其他控制变量,地区基础设施、地区劳动力素质和开放水平对创新效率具有正向影响,这充分说明了地区的综合环境对创新效率会有影响。地区的发展水平和管理制度,能够影响创新资源的分配。越容易获取资本和人才两要素,创新才能更快更好地发展。人均GDP对创新效率的影响是非线性的,反映了地区经济发展的复杂性。

因为个体效应的存在,不同省份之间,要素扭曲的影响很可能会有一定差异,因此本文选用以经济发展状态与趋势相对一致为基础的八大经济区的划分方式,将总体数据划分为8个子样本数据,并分别进行随机效应模型的回归,回归结果见表4。

由8个子样本的回归结果可以发现,要素价格扭曲变量均为负值,但是数值有大小差异。FAC的估计系数反映出创新效率和要素市场扭曲的关系,系数越小,代表要素扭曲对创新效率的影响越严重。在随机效应回归结果中,回归模型(1)、(5)、(6)、(7)和(8)的估计系数分别为－0.527、－0.568、－0.460、－0.638、－0.523,在1%的水平下达到统计意义上的显著;而模型(2)、(3)和(4)的估计系数分别为－0.317、－0.255和－0.278,经对比可以发现:要素价格扭曲对东北、黄河中游、长江中游、西南和大西北五个区域创新效率的影响比较严重,而对北部、东部、南部三个区域创新效率的影响则较为轻。下面本文试图分析八个区域创新效率异同的原因。

东北综合经济区:包含辽宁、吉林和黑龙江共三省,总面积79万平方千米,2010年人口为1.21亿人。回归模型(1)中,FAC的估计系数为－0.527,这一地区生态环境和要素禀赋结构相似,由于东北地区面临资源枯竭、大型国有僵尸企业产能过剩、国有企业集中,民营经济占比较少,进而使东北地区在国有企业垄断下的要素市场化程度较低,且2017年东北人口出现了"负增长",人才流失较为严重。一方面,国有企业垄断导致要素价格扭曲;另一方面,创新投入离不开人才,因此东北地区的创新效率受要素市场扭曲的影响较为严重。

黄河中游经济区:包括陕西、山西、河南和内蒙古共三省一自治区,总面积160万平方千米,2010年人口为1.9亿。回归模型(5)中,估计系数为－0.586。此区域中的河南、陕西有较高的创新潜力,内蒙古、山西有丰富的自然资源,一方面,自然资源要素市场价格扭曲容易导致地区企业更加偏好使用自然资源而减少对创新活动的投

表 4　总样本与 8 个子样本实证回归分析

	(1) 东北	(2) 北部	(3) 东部	(4) 南部	(5) 黄河中游	(6) 长江中游	(7) 西南	(8) 大西北
FAC	−0.527*** (0.084 7)	−0.317*** (0.121 4)	−0.255*** (0.003 7)	−0.278*** (0.147 2)	−0.586*** (0.171 0)	−0.489*** (0.182 1)	−0.638*** (0.117 3)	−0.523*** (0.105 6)
Industry	1.062** (0.473 1)	0.009 (0.305 4)	1.480** (0.711 8)	0.608 (0.699 7)	−0.249 (0.507 2)	0.711 (0.494 4)	0.810* (0.468 6)	0.680** (0.340 7)
entre	0.000 4 (0.000 3)	0.000 5** (0.000 2)	0.000 7*** (0.000 2)	0.000 1 (0.000 5)	0.001 8*** (0.000 6)	0.004 8*** (0.000 7)	0.000 9 (0.001 1)	0.003 3* (0.001 8)
Base	23.116*** (3.493 3)	32.164* (16.941 6)	79.001*** (24.986 5)	49.151** (19.785 4)	57.543** (26.034 5)	59.288** (23.484 1)	18.181*** (6.073 9)	125.112* (64.610 9)
Fdi	0.182 (5.550 2)	3.597 (2.242 5)	−4.928*** (1.320 9)	2.060** (1.010 3)	78.368*** (22.839 1)	15.120** (7.990 8)	51.310** (23.367 8)	12.687* (8.889 7)
Gdppc	−3.285 (4.639 0)	1.768 (3.446 1)	17.546*** (5.954 7)	−1.884 (6.870 0)	−0.096 (4.550 7)	19.138** (8.497 0)	20.398*** (6.807 4)	−26.586*** (5.219 7)
Gdppcs	0.424** (0.245 2)	−0.313** (0.152 3)	−1.197** (0.463 0)	−0.569 (0.949 0)	0.772** (0.281 9)	0.527 (1.513 5)	−0.271 (1.869 5)	4.787*** (1.153 9)
Labor	7.646 (5.605 3)	7.306** (3.551 9)	0.024 (7.291 7)	15.639*** (5.695 7)	10.580** (4.486 4)	12.163*** (4.263 9)	10.186** (3.108 8)	13.652*** (2.365 9)
cons	−62.634** (34.445 5)	132.42*** (31.724 3)	103.915*** (37.374 4)	−116.50*** (35.323 4)	−23.754** (10.700 5)	−83.292** (38.147 6)	148.916*** (27.490 3)	−105.95*** (25.271 3)
N	51	68	51	51	68	68	85	68
R^2	0.441 2	0.365 5	0.555 3	0.511 5	0.398 3	0.540 5	0.383 6	0.582 0

注:括号内为标准差,*、**、*** 分别表示 1%、5%、10% 显著性水平。

入,进而影响创新效率的提高;另一方面,该区域开放程度较低,使该地区在技术引进方面较弱,且城市化进程缓慢,最终导致该区域创新效率。

长江中游经济区:包括湖北、湖南、江西和安徽共四省,总面积68万平方千米,2010年人口为2.3亿。在回归模型(6)中,估计系数为-0.489,我们发现,长江中游地区创新效率受要素扭曲的影响相比于东北、黄河中游、西南和大西北四个地区稍小,这一地区土地较为肥沃,对农业发展较为有利,且是钢铁和有色冶金为主的原材料基地,具备工业发展的动力,所以具备创新的基础,但是该区域经济发展不平衡,区域内各省要素互补能力较弱,且劳动力大多流向基础工业行业。由此可得,对创新效率有一定影响。

西南经济区:包括云南、贵州、四川、重庆和广西共三省一直辖市一自治区,总面积134万平方千米,2010年人口为2.4亿。回归模型(7)中,估计系数为-0.638,创新效率是五个地区中受要素市场扭曲影响最为严重的地区。这一地区地理位置较为偏远、环境恶劣、土地贫瘠、人力资本投资较少,虽然近年来西南地区经济力量形成了以重庆为中心的重化工业和以成都为中心的轻纺工业,且凭借"一带一路"倡议拉动,这一区域经济获得发展,但是创新效率仍旧低下。其原因可能是"一带一路"虽然拉动地区经济发展,加大对企业创新投入的经费,但是由于"一带一路"倡议起步不久、时间较短,而创新本身具有滞后的特征,因此要素价格扭曲对创新效率的影响仍旧明显。

大西北经济区:包括甘肃、青海、宁夏和西藏共两省两自治区,是最大的综合性优质棉、国粮食、畜牧产业的出口基地。总面积398万平方千米,2010年人口为0.6亿。回归模型(8)中,估计系数为-0.523,这一地区自然环境不利于企业的建设研发,且人口稀少,市场发展滞后于中原内陆。虽然近年以来地方政府在不断加大对科技创新的投入,但这不是市场机制作用下的创新活动,而是政府人为导向因素所致,且该区域产业活动聚集能力低下,因此对整个大西北地区创新的拉动力量仍旧比较微弱。

相较于以上五个区域,北部、东部和南部三个区域有如下两个优势。第一,地理优势。三个区域皆沿海,且交通运输成本低。第二,政治优势。北部地区是中国政治文化中心,科技教育文化事业发达。南部地区靠近香港、澳门、台湾三地,海外创新资源丰富,对外开放程度高。东部地区现代化起步早、环境宜居、人力资本充沛。因此,虽然一定程度上存在要素市场价格扭曲,但是对创新效率的影响冲击会被上述优势所削弱。首先,回归模型(3)中的估计系数为-0.255,表明创新效率是八大经济区中受要素市场扭曲影响最小的区域,此区域有良好的产业基础和较高的对外开放程度,具备良好的创新环境。其次,回归模型(4)中估计系数为-0.278,由于南部地区以民营企业为主,民间资本投向创新领域较多,对外开放程度较大,然而该区域整体创新由广东省带动,因此该区域内的创新效率受到一定影响。最后,模型(2)中的估计系数为-0.317,北部地区中北京是我国科技与教育中心,但是与东部和南部地区相比,北部地区产业基础相对较弱,创新效率的实现没有良好的基础。

五、研究结论与启示

(一) 研究结论

在当前创新资源匮乏的情况下,提高创新效率对我国当下实现创新驱动经济发展的战略有至关重要的作用,而竞争性定价解决了产品如何以一种有效的方式进行生产的问题,矫正要素价格扭曲对创新过程中效率的提高有关键性作用。在此基础上,本文将全国划分成八大经济区,考虑不同区域经济发展程度的不同,进行更精准的分析。以矫正要素市场价格扭曲为出发点,运用1998—2014年面板数据,研究要素市场价格扭曲对创新效率的影响,进一步考察各省份创新效率的差异。研究发现:全国总体而言,要素市场价格扭曲对地区创新效率带来显著负效应,要素价格扭曲影响地区有限资源的配置,影响创新资源的投入,从而导致创新效率的下降。地区产业结构的调整,第三产业的发展能够对创新效率起到正效应。地区整体环境的改善,包括基础设施教育和对外开放程度的改变,都能提升创新资源的可获得性,从而促进地区创新效率的提高。分八个区域进行子样本回归,整体结果与总样本保持一致,不同区域的发展状况与自身的特点,导致要素扭曲对创新效率的影响程度有一定差别。其中,要素价格扭曲对东北、黄河中游、长江中游、西南和大西北五个区域创新效率的影响比较严重,而对北部、东部、南部三个区域创新效率的影响则较为轻。

(二) 理论启示与政策建议

基于上述研究,本文提出如下观点:第一,由于中国幅员辽阔,不同地区要素资源禀赋、经济政策以及地区发展战略存在较大差异,要素市场价格扭曲程度也各有高低,对创新效率的影响不一。因此,各地方政府需要充分利用各自比较优势,加强要素市场化改革进程,促进要素在不同区域实现市场配置。其中,东北地区应该以产业转型升级为主要目标,大力发展融入科技创新的制造业;黄河中游地区地处内陆,具有关键的战略地位,应该以加大对外开放的程度,虹吸外部创新技术;长江中游地区应重视资源再整合战略,要打破僵化的行政区域界线,防止长江上、中、下游之间形成行政壁垒,从而分割要素市场,形成与长三角经济带互补的一体化分工格局,努力靠创新驱动长江经济带绿色发展;西南经济区要努力营造面向南亚开放的经济条件。同时,发展好中国西南区块链创新发展联盟,继续以优惠政策吸引如网易联合创新中心之类的创新型企业落户;大西北经济区应充分把握"丝绸之路经济带"的机遇,努力建设西北地区现代物流服务业发展,争取成为"中国西岸",吸引更多创新型企业关注,平衡中国各个区域产业均衡布局的同时提高本区域创新效率。第二,推进户籍制度改革,增加对人力资本投入的资金。当下,我国户籍制度在不断完善的同时,地区差异化导致的劳动力要素流速也在增加。但是,劳动力要素市场分割、地区行政干涉劳动力要素价格的现象仍然存在,这将会是阻碍中国成为创新型经济国家的主要因素之一。推进户籍制度改革,可以推进要素市场化进程,从整体上来看可以提高要素配置效率,削弱城乡二元经济的趋势,引进有效劳动力要素促进城市圈发展。企业应当加强自身研发投入,政府应充分重视人力资本的重要性,完善要素市场机制促进人才合理分配,以使创新效率得到更充分的释放。第三,建立为创新活动融资的金融体系,完善支持创新活动的体制机制。当下,中国金融市场化进程存在较多需要改进的地方,各地金融机构应该按照资本市场的供求关系,为企业创新活动提供便捷的融资渠道,以使资本要素可以在企业创新活动中充分发挥其效用。此外,政府或有关机构应在了解市场行情的基础上,精准投放支持企业创新资金,严禁"寻租"行为,为企业建立良好标杆,以增强创新的激励机制,更充分地释放创新效率。

本文的研究不足之处在于未能测算创新效率是否会下降，八大经济区的创新效率是否存在地区追赶收敛现象。除此之外，测算要素市场价格选取的是相对扭曲指标，测度值为0的省份不能说明不存在要素扭曲，说明本测度值可能会低于实际值，导致部分回归效率损失，低估要素扭曲对创新效率的影响。

参考文献

[1] 曹玲.人力资源共享服务模式与创新效率研究[J].科学管理研究,2017(5):13-16.

[2] 戴魁早,刘友金.要素市场扭曲与创新效率——对中国高技术产业发展的经验分析[J].经济研究,2016(7):72-86.

[3] 杜伯强,杜克锐.要素市场扭曲对能源效率的影响[J].经济研究,2013(9):125-136.

[4] 桂黄宝.我国高技术产业创新效率及其影响因素空间计量分析[J].经济地理,2014(6):100-107.

[5] 韩先锋,惠宁,宋文飞.信息化能提高中国工业部门技术创新效率吗?[J].中国工业经济,2014(12):70-82.

[6] 李后建,张宗益.金融发展、知识产权保护与技术创新效率——金融市场化的作用[J].科研管理,2014(12):160-167.

[7] 罗德明,李晔,史晋川.要素市场扭曲、资源错配与生产率[J].经济研究,2012(3):4-15.

[8] 毛其淋.要素市场扭曲与中国工业企业生产率——基于贸易自由化视角的分析[J].金融研究,2013(2):156-169.

[9] 唐未兵,傅元海,王展祥.技术创新、技术引进与经济增长方式转变[J].经济研究,2014(7):31-43.

[10] 吴延兵.R&D与生产率——基于中国制造业的实证研究[J].经济研究,2006(11):60-71.

[11] 吴延兵.不同所有制企业技术创新能力考察[J].产业经济研究,2014(2):53-64.

[12] 伍晓鹰.中国实体经济:创新问题,还是效率问题?[J].中国经济报告,2017(7):62-64.

[13] 肖文,林高榜.政府支持、研发管理与技术创新效率——基于中国工业行业的实

证分析[J]. 管理世界,2014(4):71-80.

[14] 熊维勤. 税收对国家创新效率的影响[J]. 山西财经大学学报,2013(3):12-21.

[15] 严成樑,李涛,兰伟. 金融发展、创新与二氧化碳排放[J]. 金融研究,2016(1):14-30.

[16] 杨洋,魏江,罗来军. 谁在利用政府补贴进行创新？——所有制和要素市场扭曲的联合调节效应[J]. 管理世界,2015(1):75-86.

[17] 张杰,周晓艳,李勇. 要素市场扭曲抑制了中国企业 R&D?[J]. 经济研究,2011(8):78-91.

[18] 张杰,周晓艳,郑文平等. 要素市场扭曲是否激发了中国企业出口[J]. 世界经济,2011(8):134-160.

[19] 朱平芳,徐伟民. 政府的科技激励政策对大中型工业企业 R&D 投入及其专利产出的影响——上海市的实证研究[J]. 经济研究,2003(6):45-53.

[20] ARELLANO M, BOVER O. Another Look at the Instrumental Variable Estimation of Error Component Models[J]. Journal of Econometrics, 1995, 68(1): 29-51.

[21] CLAESSENS S, FEIJEN E, LAEVEN L. Political Connections and Prefer Entail Access to Finance: The Role of Campaign Contributions[J]. Journal of Financial Economics, 2008, 88(3): 554-580.

[22] JEFFERSON G H, et al. R&D Performance in Chinese Industry [J]. Economics of Innovation and New Technology, 2006, 15(4):2-13.

[23] LEWBEL A. Constructing Instruments for Regressions with Measurement Error When No Additional Data Are Available, with an Application to Patents and R&D[J]. Econometrica, 1997, 65(5): 1201-1213.

[24] LJUNGWALL C, TINGVALL P G. Is China Different? A Meta-Analysis of the Growth-Enhancing Effect from R&D Spending in China [J]. China Economic Review, 2015, 36: 272-278.

中国 TFP 增速减缓的结构分解与区域特征

陈长江　高　波

一、引　言

我国经济增长进入阶段转折期,从高速增长转为中高速增长是经济新常态的主要特征之一。研究表明,中国当前经济减速的原因 90% 可以由全要素生产率(total factor productivity,简称 TFP)的增速放缓来解释,10% 可归因于资本增长的放缓。在当前经济增长转折期,稳增长的关键在于提升全要素生产率,全要素生产率能否引致下一轮经济稳定增长是当前经济发展的重大问题,准确认识当前时期的全要素生产率结构特征变化有助于针对性地制定政策。

目前对于我国 TFP 变化的研究文献相当丰富,大多数研究从 TFP 增长贡献出发进行探讨。例如,李平等分别用索洛余值法和要素生产率法测试我国 1978—2010 年的全要素生产率,得到全要素生产率年均增长分别为 4.18% 和 4.11%,增长贡献分别达到 40.81% 和 40.09%。张少华等对我国 1985—2009 年的 TFP 研究表明,TFP 增长解释了中国经济增长 35.8% 的份额。余永泽利用两套资本存量核算方法,发现 1978—2012 年期间 TFP 的增长率分别为 1.679% 和 1.630%,对经济增长的贡献只有 10%~20%。

从目前的研究来看,第一,大多数研究的时限截至 2010 年之前,很少研究能够对

2012年之后新常态阶段的全要素生产率进行评价①,而这一时期的全要素生产率变化对于我们考察中国经济增长动力转换情况非常重要;第二,大多数文献是基于时间序列中的 TFP 贡献研究,而对于 TFP 的结构特征缺乏进一步的研究和评价,这使我们无法厘清导致我国 TFP 变化的结构特征,从而无法为我国经济增长动力转换提供准确的参考。本文运用超越对数形式的生产函数,通过 2001—2014 年分省面板数据计算构成 TFP 的技术进步、技术效率、规模效率和配置效率变化情况,并比较了东中西部 TFP 的结构变化差异。

二、TFP 的核算法和模型设定

(一) 核算方法

发展中国家与发达国家的全要素生产率增长机制并不相同。尽管发达国家的全要素生产率主要由技术进步来推动,但是发展中国家的全要素生产率增长还包含了技术进步、技术效率、规模效率、配置效率的变化。Felipe 指出,只有当规模收益不变、市场完备、均衡条件均已得到满足的情况下,要素价格才等于要素的边际产出,此时要素产出弹性才能用来衡量要素积累的贡献,生产率增长才近似反映技术进步速度,但是这些条件只有在发达国家才近似地满足,发展中国家的 TFP 水平并不反映技术进步水平。

随机前沿分析法没有其他方法所要求的市场完备、规模弹性不变等限制条件,它主要通过估算技术进步、规模效率、技术效率和配置效率来衡量 TFP 变化,因此更加适合市场发展不完善的发展中国家。同时,随机前沿分析法克服了以往生产率分析中把全要素生产率作为"黑箱"的问题,核算结果更具有现实意义。

考虑我国市场的不完善性,本文采用随机前沿分析方法来计算和分解我国的

---

① 对于新常态的开始时间目前并无定论。但从中高速经济增长这一标准来看,2011 年之前我国经济增长率长期保持在 10% 左右,2011 年降为 9.3%,2012 快速下落至 7.7%,此后基本维持在 7% 左右水平,因此一般将 2012 年作为新常态的开端年。

TFP变化。尽管使用数据包络分析法(DEA)也可以得到技术进步、规模效率、技术效率值,但是正如余永泽所指出的,DEA方法作为一种数学规划方法,其结果很大程度上只具有相对意义,无法就模型的适宜性和准确性进行检验,并且DEA模型中假设所有影响效率的因素都已经被模型所涵盖,不存在环境影响因素,这显然与现实情况不符合。

随机前沿分析法中,技术进步是指生产工艺、中间投入以及制造技能等方面的革新和改进,用生产前沿曲线向外推移的速度来衡量。技术效率是前沿技术能够多大程度地被当前生产活动利用的指标,用实际产出与生产前沿曲线之间的距离来衡量。配置效率是生产资源在特定社会机制下实现效用最大化分配的程度,当配置效率达到最优时,要素的边际产出份额等于要素的实际收入份额。规模效率表示在规模报酬可变的情况下生产规模的变化对要素生产率的影响。

(二) 模型设定

随机前沿函数方法(SFA)通常采用的形式包括C-D函数、CES函数以及超越对数生产函数。由于超越对数生产函数在形式上较为灵活,可以有效避免设定错误导致的偏差,加之超越对数生产函数考虑了投入要素之间可能出现的替代效应以及交互效应,因此采用最多。从数据角度来看,使用面板数据的随机前沿分析能够克服截面的不一致性问题和数据相关性问题。参照Kumbhakar的生产函数分解过程,超越对数生产函数的形式设定如式(1):

$$\ln Y_{i,t} = f(x_{i,t}, t) = \beta_0 + \beta_1 \ln K_{i,t} + \beta_2 \ln L_{i,t} + \beta_3 t + 1/2\beta_4 (\ln K_{i,t})^2 + \\ 1/2\beta_5 (\ln L_{i,t})^2 + 1/2\beta_6 t^2 + \beta_7 \ln K_{i,t} \ln L_{i,t} + \beta_8 t \ln K_{i,t} + \\ \beta_9 t \ln L_{i,t} - u_{i,t} - u_{i,t} + v_{i,t}$$

$$u_{i,t} = \{u_i \exp[\eta(t-T)]\} \sim iidN^+(\mu, \alpha_n^2) \tag{1}$$

其中,Y、L、K、t分别表示实际产出、劳动力、实际资本存量和时间;β表示各自变量与因变量之间的相关系数,β_0是常数项;下标i表示地区;$u_{i,t}$表示生产无效率项,$u_{i,t} \geq 0$服从半正态分布,衡量相对于前沿生产曲线的技术无效率水平;η是技术效率的时变参数;v是一般意义上的随机干扰项,$v \sim iidN(0, \delta^2)$,与$u_{i,t}$相互独立。方程的系数显著性均通过广义似然统计(LR)来检验,$\lambda = -2\ln[L(H0)/L(H1)]$,$L(H0)/$和$L(H1)$分别为原始假设和备择假设的似然函数值,统计量$\lambda$服从自由度为受约束变量的混合卡方分布。

对(1)式取时间t的一阶导数,得到式(2):

$$\frac{\partial \ln Y_{i,t}}{\partial t} = \frac{\partial \ln f(x_{i,t},t)}{\partial t} + \sum_{j=1}^{2} \frac{\partial \ln f(x_{i,t},t)}{\partial \ln x_{i,t,j}} \frac{\partial \ln x_{i,t,j}}{\partial t} - \frac{\partial u_{i,t}}{\partial t} \quad (2)$$

式(2)中,等式右边第1项$\frac{\partial \ln f(x_{i,t},t)}{\partial t}$,是产出函数$f(x,t)$对时间的偏导数,表示投入不变情况下的产出增长率变化,即技术进步率。等式右边第2项$\sum_{j=1}^{2} \frac{\partial \ln f(x_{i,t},t)}{\partial \ln x_{i,t,j}} \frac{\partial \ln x_{i,t,j}}{\partial t}$,这里$j=1$、2分别对应资本($K$)和劳动力($L$)。$\frac{\partial \ln f(x_{i,t},t)}{\partial \ln x_{i,t,j}}$是投入要素对时间的偏导数,二者相乘表示单位时间内投入要素增长率的变化导致产出增长率的变化。是数学求和符号,$\sum_{j=1}^{2} \frac{\partial \ln f(x_{i,t},t)}{\partial \ln x_{i,t,j}} \frac{\partial \ln x_{i,t,j}}{\partial t}$表示单位时间内要素增长率变化[包括资本($K$)增长率变化和劳动($L$)增长率变化]导致的产出增长率变化之和。等式右边第3项$\frac{\partial u_{i,t}}{\partial t}$,是无效率项($u_{i,t}$)对时间的偏导数。由于这里的$u_{i,t}$在(1)式中已经定义为随着时间和效率参数变化的技术无效率项(从定义来看,其计算方法与DEA一致,就是计算每一个生产单元距离生产前沿曲线的差距)。因此第3项就表示无效率项随着时间的变化,即技术效率变化。

因此,等式右边第1、3项分别为技术进步(TP)和技术效率(TE)的变化,记为$g_{i,t}^{TP}$和$g_{i,t}^{TE}$(后面均用g表示增长率)。将(1)式代入,得:

$$g_{i,t}^{TP} = \frac{\partial \ln f(x_{i,t},t)}{\partial t} = \beta_3 + \beta_6 t + \beta_8 \ln K_{i,t} + \beta_9 \ln L_{i,t} \quad (3)$$

$$g_{i,t}^{TE} = -\partial u_{i,t}/\partial t \quad (4)$$

式(2)中,$\partial \ln f(x_{i,t},t)/\partial \ln x_{i,tj}$为要素产出弹性,记为$\alpha_{i,tj}$。式(2)可被写为:

$$g_{i,t}^{Y} = \frac{\partial \ln Y_{i,t}}{\partial t} = g_{i,t}^{TP} + \sum_{j=1}^{2} \alpha_{i,t,j} g_{i,t,j}^{j} + g_{i,t}^{TE} \quad (5)$$

由于全要素生产率(TFP)增长率被定义为:

$$g_{i,t}^{TFP} = g_{i,t}^{Y} - \sum_{j=1}^{2} s_{i,t,j} g_{i,t}^{j} \tag{6}$$

其中，$s_{i,t,j}$ 是要素 j 报酬占要素报酬总额的份额，加和为 1。将式(5)带入到式(6)中，得到：

$$g_{i,t}^{TFP} = g_{i,t}^{TP} + \sum_{j=1}^{2} a_{i,t,j} g_{i,t}^{j} - \sum_{j=1}^{2} s_{i,t,j} g_{i,t}^{j} + g_{i,t}^{TE} \tag{7}$$

设 $E = \alpha_1 + \alpha_2$，即所有要素的产出弹性之和。同时，设 $\lambda_j = \alpha_j/(\alpha_1 + \alpha_2)(j=1,2)$，表示要素 j 的最优边际产出。则式(7)可以变换为：

$$g_{i,t}^{TFP} = g_{i,t}^{TP} + (E_{i,t} - 1)\sum_{j=1}^{2} \lambda_{i,t,j} g_{i,t}^{j} + \sum_{j=1}^{2} (\lambda_{i,t,j} - s_{i,t,j}) g_{i,t}^{j} + g_{i,t}^{TE} \tag{8}$$

式(8)中，第 2、3 项分别刻画了规模效率(SE)和配置效率(FAE)的变化。在规模报酬不变($\alpha_1+\alpha_2=1$)的假定下，第 2 项为零。但是对于发展中国家来说，通常这一假设并不成立，因此第 2 项就描述了规模变化导致的生产率变化。同样，对于第 3 项来说，当市场完全竞争且均衡情况下，要素实际报酬份额等于要素的边际产出，$\lambda_{i,t,j} = s_{i,t,j}$，第 3 项为零。但是对于中国这样的发展中国家而言，要素边际产出并不等于实际报酬份额，第 3 项描述了要素配置变化导致的生产率变化。这样，TFP 增长被分解为技术进步(TP)、规模效率(SE)、配置效率(FAE)和技术效率(TE)的增长。

式(8)中的未知参数只有 η 和 β，可通过式(1)估计。相关计算如式(9)~(12)：

$$\alpha_{i,t,k} = \beta_1 + \beta_4 \ln K_{i,t} + \beta_7 \ln L_{i,t} + \beta_8 t \tag{9}$$

$$\alpha_{i,t,L} = \beta_2 + \beta_5 \ln L_{i,t} + \beta_7 \ln K_{i,t} + \beta_9 t \tag{10}$$

$$g_{i,t}^{SE} = (\alpha_{i,t,L} + \alpha_{i,t,k} - 1)(\lambda_{i,j,k} g_{i,t}^{k} + \lambda_{i,t,L} g_{i,t}^{L}) \tag{11}$$

$$g_{i,t}^{FAE} = (\lambda_{i,t,L} - s_{i,t,L})(g_{i,t}^{L} - g_{i,t}^{k}) \tag{12}$$

式(12)配置效率增长计算中，考虑到 $(\lambda_{i,t,L} - s_{i,t,L}) = -(\lambda_{i,t,K} - s_{i,t,K})$，由此合并了资本和劳动力的计算项。

三、TFP 各个成分的测算

(一) 数据选择和处理

本文数据来自 2001—2014 年统计年鉴以及各地的统计公报。考虑到样本的时序一致性问题,合并了重庆和四川的数据。另外西藏数据缺失较多,因此从样本中剔除,这样总共为 29 个省、自治区、直辖市。国民生产总值主要来源于历年《中国统计年鉴》和各省统计年鉴。这里要注意的是,2006 年《统计年鉴》根据经济普查数据对 2001—2003 年各省生产总值作了修订,修订后的数据与原始统计数据差距较大①。本文采用修订后的数据,并根据平减指数换算到以 2000 年为基础的实际水平。

1. 就业数量

从就业数据来看,《中国统计年鉴》中 2011 年之后的就业数据与 2010 年就业数据发生了较大的跳跃(例如北京 2010 年从业人员数量为 1 317.66 万,2011 年锐减为 1 069.70 万),原因是根据第六次人口普查做了重新修订,因此本文采用各省统计年鉴中的就业数据②。2014 年一些省份就业数据没有在年鉴中提供,通过查阅各省《劳动与社会保障统计公报》予以补充。

2. 资本存量

对于资本存量,通常采用永续盘存法来估算,公式为:$K_t = K_t - 1(1-\delta_t) + I_t$。在以往的资本存量计算中,可以发现估算结果对折旧率大小相当敏感,折旧率的不同通常会导致结果的较大差异。目前文献中影响比较大的有张军等和单豪杰的分省资本存量估算,张军使用的折旧率值为 9.6%,而单豪杰的为 10.96%。为了有所对比,本文分别以张军等与单豪杰的资本存量计算方法为基础,然后按照相应的折旧率用永续盘存法计算 2000—2014 年分省资本存量,记为 K_1 和 K_2。

3. 要素收入分配份额

要素收入分配份额的计算方法通常有两种:一是要素成本增加值法。将间接税不视作企业的收入,得到要素收入份额,$S_L = $ 劳动者报酬/(GNI—生产税净额),$S_K = 1 - S_L$;另一种是毛增加值法。将间接税视作资本收入,即 $S_L = $ 劳动者报酬/GNI,$S_K = 1 - S_L$。大多数文献使用要素成本增加值法,认为其更能反映劳动力和资本的收入分配份额实际情况。本文采用要素成本增加值法来计算要素收入份额。

---

① 很多研究都是直接采取原始统计年鉴数据,这样会在 2003—2004 年之间产生比较大的跳跃。
② 具体见 http://tongji.cnki.net/kns55/Dig/dig.aspx。

本文所用到的各类数据描述性统计如表1所示。

表1 2000—2004年分省数据的描述性统计(2000年水平)

变量名	观察值个数	均值	标准差	最小值	最大值
国民总产出(亿元)	435	8 405.570	8 356.630	263.620	51 697.150
资本存量 K_1(亿元)	435	17 506.300	16 782.890	741.050	100 674.300
资本存量 K_2(亿元)	435	16 413.030	15 941.270	663.610	95 451.820
劳动力(万人)	435	2 553.560	1 769.730	275.500	6 606.500
劳动报酬份额(元)	435	0.473	0.069	0.315	0.687
时间 T(年)	15	8	4.32	1	15

计算生产率时总共用29个省、自治区、直辖市15年的数据。时间也是超越对数生产函数中的变量,因此一并列出。

(二) TFP分解计算

表2报告了分别使用资本存量 K_1 和资本存量 K_2 的超越对数生产函数随机前沿回归结果。从表2的核算结果来看,超越对数的随机前沿模型能够较好地刻画中国经济增长。其中使用 K_1 的估算方法比 K_2 的估计结果更佳,主要表现为 K_1 估算的 γ 值达到了0.993,K_2 估算方程中的 γ 值仅为0.831[①]。下面主要使用 $K1$ 资本存量得到的系数来计算生产率。

由表2中的系数,根据前面的计算公式,可以得到各省的技术进步、技术效率、规模效率和配置效率变化(显著性水平低于10%的系数均以0值来处理),相加得到各省历年的TFP增长率。

[①] 根据一些资本折旧率研究文献来看,我国资本折旧率呈现先升后降的趋势,2010年后有下降趋势,因此9.6%的折旧率更加合理。

表 2　2000—2014 年分省份随机前沿超越对数生产函数估计结果

变量	K_1 系数估计值	K_1 T 统计量	K_2 系数估计值	K_2 T 统计量
$\ln K$	0.507**	1.985	0.524*	1.781
$\ln L$	1.136***	4.966	1.244***	5.050
T	0.013	0.395	0.027	0.644
$(\ln K)^2$	0.045	1.536	0.024	0.795
$(\ln L)^2$	−0.040	−1.649	−0.084***	−3.265
T^2	−0.003***	−4.195	−0.003***	−4.031
$\ln K * \ln L$	−0.045	−1.075	0.012	0.300
$T * \ln K$	0.004***	4.773	0.001	0.102
$T * \ln L$	−0.003***	−5.877	−0.003***	−4.823
Cons	−2.948***	−4.217	−3.606***	−5.302
δ^2	1.646	0.685	0.023	13.703
γ	0.993	98.410	0.831	21.743
Log 似然函数值	152.581	239.350		
技术无效率项	54.291	73.785		

注意: ***、**、* 分别表示在 1%、5%、10%的水平下显著.

因篇幅所限,我们无法单独列出各个省份的生产率组成。先来看中国 TFP 变化以及分解特征①。2001—2014 年中国的 TFP 增长率变化如图 1 所示。从图 1 来看,2001—2014 年 TFP 呈现持续下降的态势(年均增长幅度为 1.64%),尤其是 2008 年之后快速下降(2011 年短暂反弹),2014 年 TFP 增长率已经降至−0.694%。为了对照,图 1 中将 K2 结果的 TFP 值也标于图中,可看出趋势基本一致,但是幅度要平缓一些。

---

① 这里的中国总体 TFP,是以各省 GDP 为权重,采用几何平均法对各省 TFP 综合的结果。这一加权加总方法也被余永泽(2015)等学者计算 TFP 时所使用,这一计算思路与 Malmquist 指数是一致的,较之于算术平均法以及拉氏指数法更好地避免了偏倚。总体 TC、TEC、SEC、FAEC 类似。

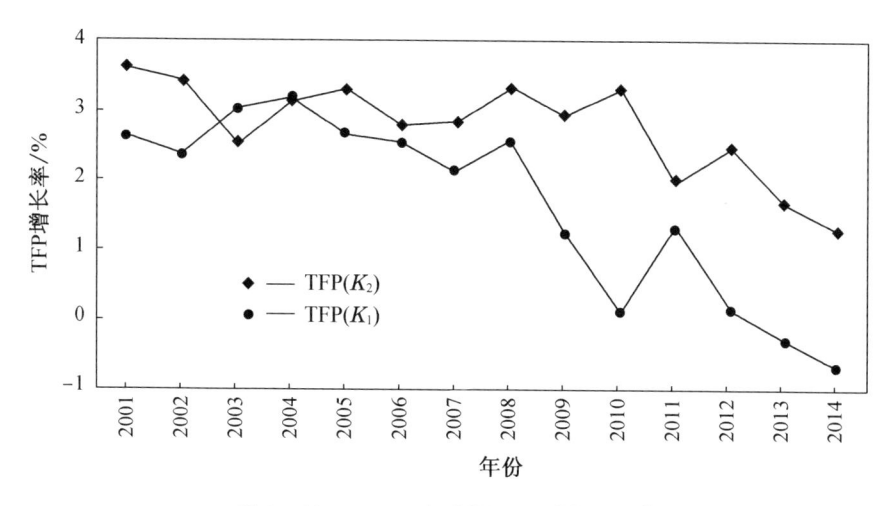

图 1　2001—2014 年中国 TFP 增长率(%)

为了明晰 TFP 变化的结构特征,将技术进步(TC)、技术效率(TEC)、规模效率(SEC)、配置效率(FAEC)的增大图分别列出,如图 2 所示。

从图 2 中可看出,第一,2001—2014 年技术进步(TC)总体处于弱势,年均增长率为 0.84%。2008 年之前大多正增长,2009、2010 年逆转为负增长,之后缓慢回升,2014 年达到 0.81%。技术进步(TC)的回升态势也表明,我国技术进步主导的经济新动力正在形成,但当前阶段对 TFP 的影响仍然较弱,尚不足以改变 TFP 的下降态势。

第二,对 TFP 下滑影响最大的是技术效率(TEC)增长率,自 2001 年以来持续下降,年均增长率为-2.33%。技术效率衡量了当前生产距离生产前沿曲线的平均距离,技术效率持续下降表明生产活动与前沿技术决定的生产前沿曲线的距离在不断扩大,这一般是市场对前沿技术不敏感,或者是市场淘汰落后产能速度过慢,从而使生产活动距离技术决定的生产前沿曲线越来越远导致的。这一结果也表明,供给侧改革通过"三去一补一降"来调整供给结构①,对于提升当前的全要素生产率具有极

---

① "三去一降一补"包括:去落后产能、去库存、去杠杆、降成本、补短板。

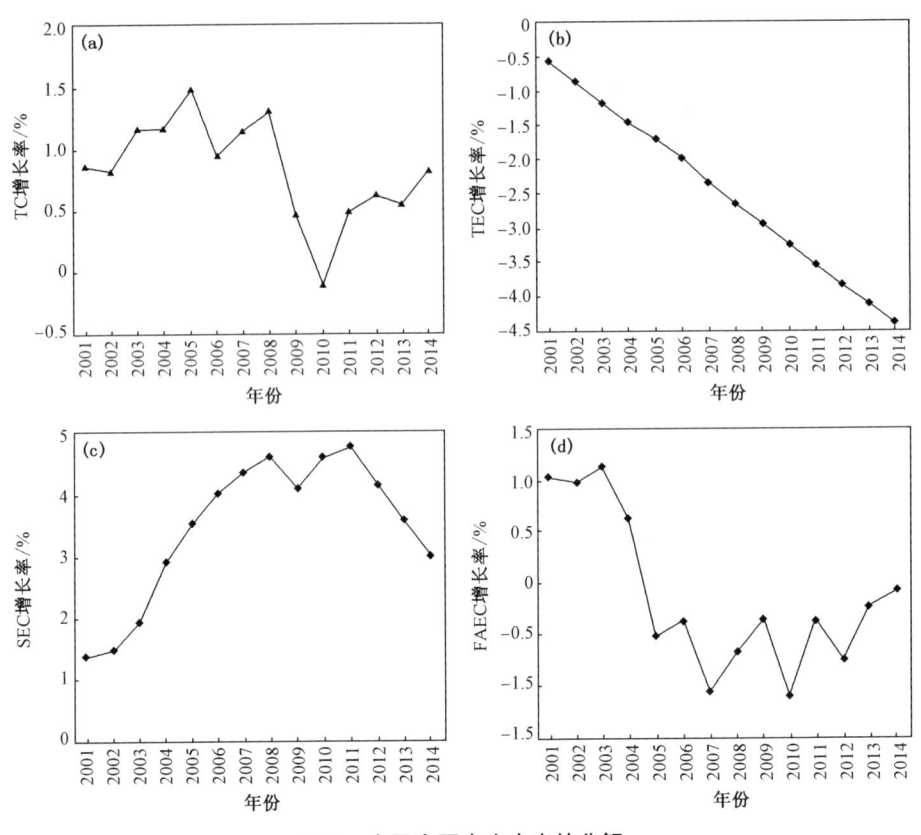

图 2　中国全要素生产率的分解

端的重要性。

第三,规模报酬是对 TFP 正增长贡献最大的因素,年均增长率达到 3.43%。这表明我国仍然处于规模报酬递增的阶段。但是规模效率增长自从 2011 年之后呈现直线衰减趋势,表明生产和投资规模的扩大所带来的规模效应并不能作为我国下一阶段全要素生产率增长的支撑。

第四,2001—2014 年配置效率(FAEC)的平均增长率为－0.12%。配置效率增长率呈现先降后升的趋势,这一趋势与规模效率正好相反。表明推动规模效率提升的因素另外一方面也可能导致了配置效率的下降,包括对大规模基础设施投资等。原因可能是近年大规模基础设施投资虽然导致了规模效率提升,但由于并非完全按照市场利润最大化的原则来配置,从而导致配置效率下降,2012年之后配置效率增长率缓慢回升,表明配置效率总体处于逐渐改善的趋势中。

总的来看,由于规模效率并不能抵消技术效率的影响,再加上技术进步的弱势,从而导致新常态阶段(2011年之后)TFP增长率呈现总体下降趋势。

四、新常态时期全要素生产率分解的区域特征

总量特征并不能完全涵盖各省情况。限于篇幅,我们难以将每个省的数据都罗列出来分析,这里按照东、中、西部区域分类来分析。根据统计年鉴的划分,东部地区包括11个省、市:北京、天津、河北、辽宁、上海、江苏、浙江、福建、山东、广东、海南;中部地区包括8个省:山西、吉林、黑龙江、安徽、江西、河南、湖北、湖南;西部地区包括10个省、自治区、直辖市:内蒙古、广西、四川(+重庆)、贵州、云南、陕西、甘肃、青海、宁夏、新疆。

从TFP增长的区域比较来看,如图3所示,第一,各区域的TFP均在2008年之后开始大幅下跌,虽然东部和中部地区2011年出现反弹,但是总下跌趋势未变;第二,从图3来看,2001年以来西部地区TFP增长较快,在大多数年份都高于东部和中部的TFP增长率。西部地区TFP年平均增长率达到了2.04%,而东部地区和中部地区分别是1.58%和1.47%,这表明2001年西部大开发之后西部地区不仅经济增长水平来看,提升较快,经济增长质量也有相应的改善;第三,2001—2014年,中部地区的TFP增长相对较慢,平均增长率不仅低于东部地区也低于西部地区,说明中部地区应该更加重视提升全要素生产率。

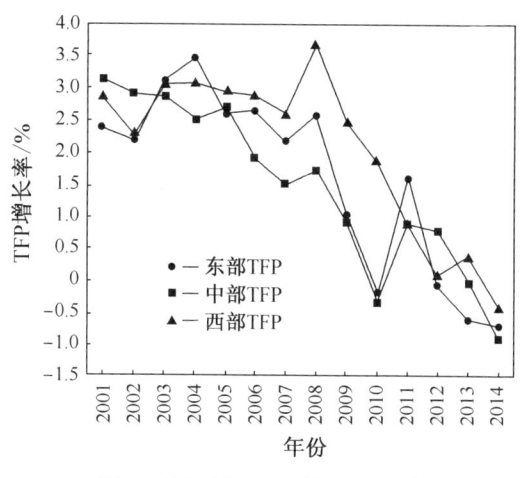

图3 各区域TDP增长对比(%)

从各区域的技术进步增长来看,如图 4 所示,第一,东部地区的技术进步(TC)年均增长率为 1.03%,而中部和西部分别为 0.36% 和 0.84%。东部地区的技术进步相对优势,而中部地区技术进步速度最慢;第二,东中西部的进步变化趋势并不完全一致,主要是在 2010 年出现了分化,2010 年之后中西部地区的技术进步率继续保持跌势,而东部地区显示出反弹趋势,并且可能继续反弹。这表明东部地区有可能率先实现技术进步驱动的新增长,但是从目前看不足以抵抗 TFP 下跌的大趋势。

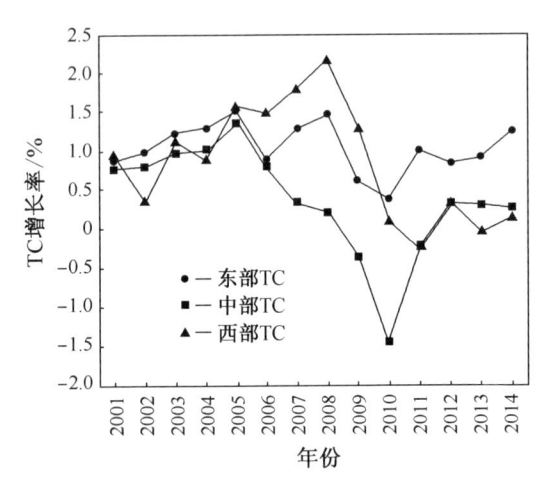

图 4　各区域的技术进步(TC)增长

图 5 是各区域技术效率增长变化。技术效率下行是构成对 TFP 增长负影响的主要原因。如图 5 所示,东、中、西部的技术效率均表现为单侧下降趋势,中部地区的截距项显著地低于东部和西部地区。技术效率下降表明区域之间技术差距扩大。从省级层面来看,技术效率增长较快的依次是北京、江西、青海、

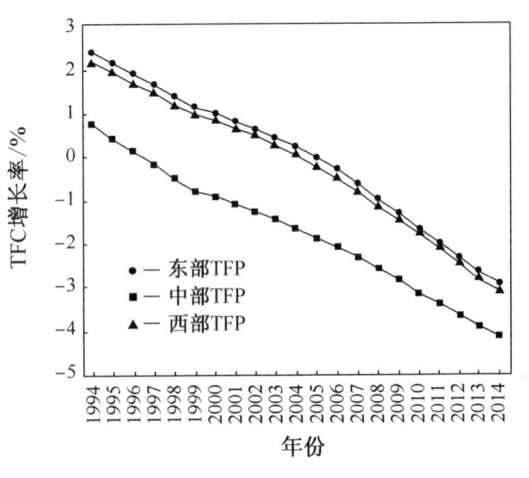

图 5　各区域技术效率增长

宁夏,而较慢的依次为黑龙江、辽宁、湖北、山西。东北和中部地区的一些国有经济或者资源型经济占比大的省份技术效率增长率长期较低,表明国有经济或者资源型经济占比大的省份技术追赶的动力不足。

从规模效率增长来看,如图6所示,第一,近年来东中西部均处于规模报酬递增区域,规模效率增长相对较高;第二,中西部地区的规模效率增长大于东部地区,2001—2014年西部地区规模效率年均增长率为4.80%,中部地区为4.94%,东部地区为4.10%,这表明近年中西部的投资对于提升规模效率的作用更加明显;第三,2011年之后,东中西部的规模效率都呈现快速递减态势。

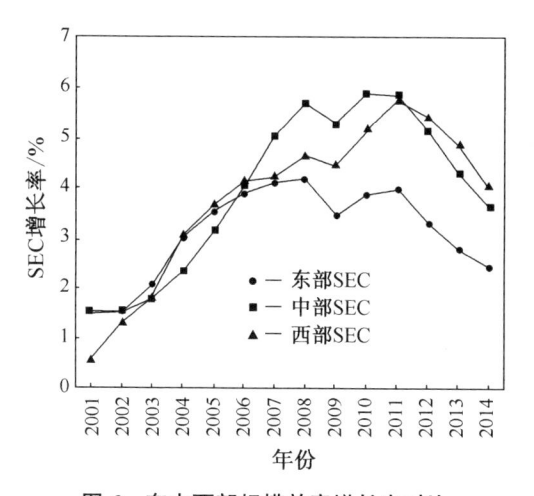

图6 东中西部规模效率增长率对比

从配置效率增长来看,如图7所示,第一,2001—2014年配置效率总体呈现下降态势,其中东部地区的年均增长率为-0.024%,中部地区为-0.332%,西部地区为-0.095%,东部地区表现较好,中部地区表现较差;第二,2011年之后,东部和中部地区的配置效率表现出回升态势,而西部地区配置效率回升态势不明显。总的来看,东部地区的全要素生产率尽管仍然在低谷,但是由于技术效率和配置效率都已经开始表现出上升趋势,因此东部地区最有可能率先越过增长动力转换点。中西部地区的规模效率仍然处在较高的增长水平,说明其仍然对经济增长有较强的推动作用,但是技术进步和配置效率相对都比较弱,构成了TFP提升的短板。

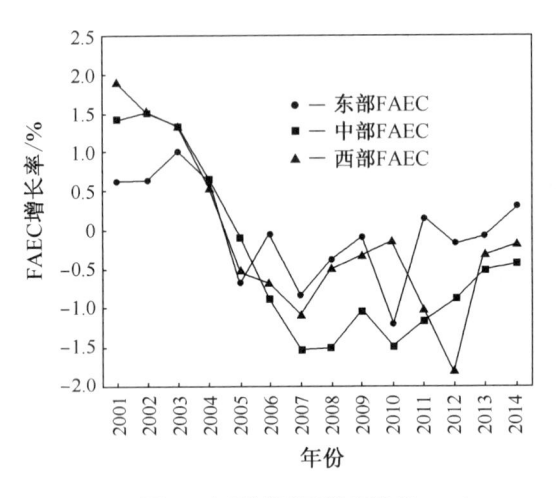

图 7　各区域配置效率增长

五、结　论

本文运用建立在超越对数生产函数基础上的随机前沿分析法(SFA)对我国 29 个省、自治区、直辖市 2001—2014 年的 TFP 结构特征进行了分析,结论如下。

第一,2001—2014 年我国 TFP 的年均增长率为 1.64%,且呈现不断下降的特征,其中技术进步年均增长率为 0.83%,规模效率年均增长率为 3.43%,技术效率年均增长率为－2.33%,配置效率年均增长率为－0.124%。导致近年我国 TFP 增长率不断下滑的主要原因是技术效率的持续下滑,2011 年之后规模效率的增幅回落也有较大影响。短期内改变 TFP 增长下滑的主要对象应该是技术效率。技术效率下滑意味着实际生产活动与技术决定的前沿生产曲线的差距不断扩大,因此去落后产能和传统产业的技术升级是当前提升全要素生产率的重点。这也从侧面证明供给侧改革在对提升当前 TFP 增长率的必要性和紧迫性。

第二,技术进步对 TFP 的影响较弱,尽管技术进步已经表现出微弱回升态势,尤其是东部地区的技术进步表现为较为明显的回升,但是仍不足以抵消技术效率以及规模效率增长衰减的影响。由于推动 TFP 长期增长的因素只有技术进步(规模效率、技术效率、配置效率都受到技术进步所决定的长期均衡点的制约),我国 TFP 新一轮稳定增长的动力还没有建立起来,经济增长动力转换仍然任重而道远。

第三,对于中西部来说,规模效率增长率仍然处于较高水平,意味着扩大投资和生产规模仍可产生相对较高的生产率提升效应(相对于东部地区来说)。同时中西部应该高度重视提升配置效率水平,配置效率的弱势也极大影响了生产率的提升。

参考文献

[1] 陈长江,高波.劳动力工资上涨的生产率促进效应再检验——基于 2001—2014 年中国省际面板数据的分析[J].中央财经大学学报,2017(10):97-106.

[2] 陈长江,高波.新兴发展中国家中 TFP 指标的适用性分析——基于模型的证明[J].世界经济研究,2010(2):3-7,13,87.

[3] 单豪杰.中国资本存量 K 的再估算:1952—2006 年[J].数量经济技术经济研究,2008,25(10):17-31.

[4] 高波.新常态下中国经济增长的动力和逻辑[J].南京大学学报(哲学·人文科学·社会科学),2016,53(03):31-42,158.

[5] 李猛.中国经济减速之源:1952—2011[J].中国人口科学,2013(1):11-25.

[6] 李平,钟学义,王宏伟,等.中国生产率变化与经济增长源泉:1978—2010 年[J].数量经济技术经济研究,2013(1):3-21.

[7] 吕冰洋,郭庆旺.中国要素收入分配的测算[J].经济研究,2012,47(10):27-40.

[8] 余泳泽.改革开放以来中国经济增长动力转换的时空特征[J].数量经济技术经济研究,2015,32(2):19-34.

[9] 张军,吴桂英,张吉鹏.中国省际物质资本存量估算:1952—2000[J].经济研究,2004(10):35-44.

[10] 张少华,蒋伟杰.中国全要素生产率的再测度与分解[J].统计研究,2014,31(3):54-60.

[11] BATTESE E, COELLI T. A Model of Technical Inefficiency Effects in Stochastic Frontier Production for Panel Data[J]. Empirical Economics, 1995(20): 325-332.

[12] COELLI T. A Guide to Frontier Version 4.1: A Computer Program for Stochastic Frontier Production and Cost Function Estimation[Z]. CEPA Working Paper, University of New England, 1996(7).

[13] FELIPE J. Total Factor Productivity Growth in East Asia: A Critical Survey

[J]. The Journal of Development Studies, 1999(35): 1-41.

[14] KUMBHAKAR S, LOVELL C. Stochastic Frontier Analysis[M]. Cambridge: Cambridge University Press, 2000.

[15] STIGLITZ J E. From Miracle to Crisis to Recovery: Lesson from Four Decades of East-Asian Experience [M]// Rethinking the East Asian Miracle, New York: Oxford University Press, 2001.

政府研发资助促进企业创新的有效性[①]

郑江淮　张玉昌

一、引　言

经济增长的驱动力分为要素驱动、效率驱动和创新驱动,在不同的经济发展阶段,经济增长的驱动力存在差异。中国的经济增长经历了要素驱动的过程,开始转向效率和创新驱动。促使经济可持续发展的动力来源于创新和效率的提升(Solow,1957)。为抢占未来经济科技发展的战略制高点,世界主要国家都在强化创新战略部署,为企业创新提供必要的支持和服务。美国于 2015 年对其 2009 年出台的《美国创新战略》进行更新,连续不断地调整和完善其创新政策,美国联邦政府和地方政府对企业技术创新的研发费用给予税前扣除和研发税收减免。欧盟进一步加大对中小企业创新的支持,设立中小企业创新专项计划,一半以上的研发经费支出都投向了中小企业。德国政府实施"创新德国"高技术战略,全力推动实施"工业 4.0"计划,德国政府对初创和成长型项目给予补贴。法国政府于 2012 年批准成立法国公共投资银行,用 420 亿欧元贷款、担保或参股来资助和支持企业(特别是中小企业 PME、中间规模企业 ETI 和创新型企业)的发展。中国为实现经济健康可持续发展,把"提高自主创新能力,建立创新型国家"和"中国创造 2025"作为国家在新时代新阶段的经济发展核心战略。政府不断加大对于企业科技创新的投入与支持。中国财政预算中科学技

[①] 本文得到了国家社科基金重大项目"新旧动能转换机制设计及路径选择研究"(18ZDA077)的资助。

术支出从 2007 年的 2113.5 亿元增加到 2016 年的 6 563.96 亿元,年均增长率为 12%。全国 R&D 经费内部支出从 2000 年的 895.66 亿元增长到 2015 年的 14 169.88 亿元,年均增长率为 31.8%,研发活动投入不断加大。[①]

中国经济增长从工业化初期到工业化中后期,技术进步从学习、模仿阶段发展到自主创新阶段。技术进步的学习和模拟阶段风险和成本较低,企业的积极性比较高,而自主研发阶段面临风险高、前期投入大以及研发成果的"公共品"市场失灵等问题,会阻碍企业自身的研发创新的积极性。市场对于研发资源的配置低于社会最优值(Arrow, 1972),单独依赖市场调节存在缺陷,因此需要政府进行有效的干预,从而优化研发资源的配置效率(Stiglitz, 1989)。政府对企业的资助方式更倾向于研发补贴。因为相对于其他激励创新的政策工具,政府研发补贴有助于提升企业自有投资的边际回报率,从而激励企业从事基础性、具有正外部性的研发活动(David et al., 2000)。但是,政府资助可能会对企业的研发创新产生不同的效应,即"激励效应"和"挤出效应"。

我国政府为了实现创新型国家的战略目标,对企业实行研发资助的经济政策,但是,经济政策的效果是怎样的?政府研发资助的具体效应如何?是激励还是挤出?是促进了创新还是抑制了创新?如果存在激励,应该如何提升这种激励效应?如果存在抑制,那么如何转变这种不利局面?如何处理政府研发补助对于企业的创新活动的关系,使得这种研发资助发挥最优的效应,避免出现不利影响,是目前亟待解决的问题。另外,政府对于企业研发活动的资助不仅仅为了激励企业自身增加更多的研发投入,而是激励企业创新的积极性以及研发产出的有效性,使得企业增强自身的创新能力以及研发转化产出能力,从而实现国家发展的产业战略目标。因此,需要分析政府研发资助对于企业自身研发投入和创新产出的影响效应。同时,由于企业自身规模、企业的知识存量、研发活动的效率以及产权特征等企业的微观特征存在差异,政府研发资助对于不同企业的影响也会存在差异。所以在分析政府研发资助影响企业研发创新的问题时,需要把企业的微观特征考虑进去。因为政府在选择资助

---

① 资料来源于国家统计局。

对象时可能存在偏向性。是不是这些企业的微观特征也会影响政府研发资助效应的发挥？中国政府的研发资助是不是对所有的企业都是必要的？是不是都有成效？这些对于政府合理地配置研发资金提供了可以借鉴的依据。

本文的主要贡献有以下几个方面。第一，已有研究由于受到数据可得性的限制，缺少企业科技研发活动的微观数据，大多从省级、行业和上市企业层面进行分析，并且样本数少，很难识别企业具体的研发创新活动的微观特征，用相关的替代指标来衡量企业的微观特性。本文利用《全国创新调查数据库》和《工业企业数据库》，可以得到企业具体的研发创新活动数据以及微观特征，并且本文所采用的数据样本达到了30多万个，样本数量足够大。第二，本文分别分析了政府研发资助对于企业自身研发支出、研发创新产出的影响，并且在分析影响的过程中，加入企业自身的微观特征，分析企业微观特征在政府补贴影响企业研发创新中所发挥的作用。第三，在计量分析部分，本文利用工具变量方法和PSM等方法，对计量方程进行回归和稳健性检验，确保本文的结果是可信的。第四，本文研究结果的现实意义。本文发现，政府研发资助对企业自身研发投入存在"激励作用"，同时也会提升企业研发创新的专利和新产品的产出水平。政府对企业研发活动的资助在发挥作用的过程中，确实会受到企业自身微观特征的影响。不同类型的企业，政府资助对企业研发的激励效应是不同的。本文为政府实施具体研发资助政策提供了帮助。在企业研发过程中，可以更有效地发挥政府研发资助的作用，也为企业如何根据自身特征发挥政府资助的作用提供了一定的借鉴。

二、文献综述

研发创新是经济持续发展的动力，如何促进研发创新成为学界共同关注的话题。Arroe(1972)研究认为，由于研发活动具有外部性，从事研发活动的个体不能独占研发成果的全部收益。研发成果具有公共物品的属性，不能避免"搭便车"的问题。如果完全依赖研发活动的个体或者依赖市场调节用于研发活动的资源，研发活动资金投入不能达到社会的最优水平。对于研发活动中出现的市场失灵问题，政府的适当干预,有利于改善研发活动的社会效用。另外,企业的研发创新活动存在不确定性强、前期投入大和难度大等难题,并且研发成果在转化成最终生产品过程中也存在风险与不确定性。企业在面临是否开展研发创新项目时,如果没有足够的激励或者确定的预期,企业对于研发创新的投入缺乏积极性,因此也需要政府的干预。龚刚等(2017)认为正是由于创新活动前期所具有的巨大风险和不确定性,私人资本基本不可能介入创新的前期阶段,来自政府等公共部门的资金,才是创新前期的主要投入。Howell & Sabrina(2017)研究发现研发补贴通过资助企业进行新技术可行性实验,为企业提供"试错"的机会,降低研发的不确定性,从而促进了企业的创新积极性。已有的研究中,关于政府资助是否促进了企业自身研发活动的投入存在分歧。研究主要分为两类。一类是政府研发资助对企业自身研发投入没有影响(郭晓丹和何文韬,2011;郭晓丹等,2011;Marino et al., 2016)。张杰等(2015)发现中国情景下政府创新补贴对中小企业私人研发没有显著效应,贷款贴息类型的政府创新补贴则造成显著的挤入效应。另一类是政府研发资助对企业自身的研发投入存在影响,但是从他们的研究结论中发现,影响效应并不一致。主要有三种结论:一些学者研究发现政府的研发支出会替代企业自身的研发投入(Lach, 2002;姜宁和黄万,2010),即对企业自身研发投入存在"挤出"效应。而另外一些学者发现政府的研发支出会促进企业自身更多的研发活动投入(程华和赵翔,2008;解维敏等,2009;Bérubé & Mohnen,2009;白俊红,2011;Howell & Sabrina, 2017)。还有一些研究发现,政府的研发资助对于企业的研发活动投入存在非线性的影响效应(刘虹等,2012;Marino et al., 2016)。总的来说,政府对企业研发活动的资助,可能会出现两种效应:激励企业增加自身的研发投入或者抑制企业增加研发投入,即"激励效应"和"挤出效应"。政府对于企业研发活动的资助不仅仅是为了激励企业自身投入更多的经费进行研发,而是通过扶持的方式促进企业开展研发创新项目,最终获得创新产出。由于企业微观特征的差异,企业在利用政府研发资助进行研发活动时,这些微观特征会在投入转变为产出的过程中产生影响。主要的微观特征包括企业规模、企业产权类型、知识存量以及企业的技术进步水平等。"熊彼特假说"说明企业规模促进了企业的研发创新。Schumpeter & Backhaus(1934)强调了企业规模在企业研发创新中的重要性,认为大企业具有大量的资金、人才支持,以及大企业的高平台优势,规模较大的企业往往拥有更大的开展研发创新活动的积极性。但是,Jaffe(1988)利用1976年美国537个企业的截面数据,发现创新投入(R&D支出)对企业规模(销售额)的弹性小于1,说明企业规模不是越大越好。在中国,企业存在不同的产权类型,主要分为国有与非国有,两者在创新活动中存在差异。聂辉华等(2008)利用中国规模以上工业企业数据研究发现,国有企业具有更多的创新活动,但是创新效率较低;私营企业创新活动少,但是创新效率比较高。安同良等(2009)研究发现不同产权的企业研发投入存在差异,外企研发投入最高,国有和集体所有制企业研发投入最少,股份制和有限责任制企业投入位于中等水平。寇宗来和高琼(2013)利用中国规模以上工业企业统计数据研究发现,股份制和有限责任制企业的创新投入激励要更大一些,而国有企业和私人企业在创新积极性上并无差别。知识存量是企业研发创新的基础,也是衡量企业能否取得创新成果的重要依据。Cohen & Levinthal(1989)研究发现,企业的知识存量不仅可以增强企业自身的学习、模仿能力,而且可以增强自身的研发创新能力。对于企业来说,如果技术进步水平较快,企业的生产效率也会比较高,如果这种技术进步水平较高的企业从事研发活动,那么企业获得研发成果的概率也比较大,所以更容易获得政府的研发资助(白俊红,2011)。

从上述研究发现,现有的文献中关于政府资助影响企业研发创新的分析结果并没有达成一致,不同研究得到的结论存在差异。一是因为不同的研究在实证分析中采用了不同的观测数据样本;二是在具体的变量指标上选取存在差异;三是在分析政府研发资助对企业研发活动的影响时,应该控制其他因素,比如企业的微观特征。但是由于数据的可得性的限制,很多研究都是基于省际和行业层面,或者利用上市公司的数据。但是上市公司中并没有直接体现企业研发活动具体细节的指标,只能采取相关的指标替代,这样就容易出现误差。为了进一步研究政府研发资助对企业创新的影响,就应该利用更准确的企业微观层面的数据样本,并且要有足够多的企业个体。考虑到中国目前的创新驱动发展战略,如何在政府资助企业研发创新活动的过程中,最大限度地发挥政府资助的效应,对于该问题的研究显然具有重大的现实意义,有助于政府在资助从事研发活动的企业时,可以根据企业的微观特征采取具有针对性的策略,更有效地发挥政府的作用。为政府提供借鉴的同时,也为企业在利用政府研发资助时,如何发挥其最大效应,提升自身的研发创新效率,提供一定的建议。

三、理论基础与假说

(一) 政府研发资助"激励"企业研发创新的机制分析

创新是技术进步和经济增长的源泉(Schumpeter & Backhaus, 1934)。如何提升企业开展研发活动的积极性以及提高企业研发创新的产出效率,一直备受关注。Todtling & Kaufmann(2001)研究发现,中小型企业(SMEs)自身对研发创新活动的投入可以增强企业学习和利用新知识的能力,从而提升企业创新能力和市场竞争力。但是,企业的研发创新活动存在不确定性强、前期投入大和难度大等难题,并且研发成果在转化成最终生产品过程也存在风险与不确定性,因此企业在面临是否开展研发创新项目时,如果没有足够的激励或者确定的预期,企业对于研发创新的投入缺乏积极性。另外,企业的研发成果具有公共品的"非排他性",容易出现"搭便车"问题。公共品的市场失灵问题也会抑制企业研发创新的积极性。由于多方面原因造成了企业对研发创新活动的"消极"情绪,创新不足阻碍了技术进步与生产率的提升。在市场规律发挥作用的情况下,市场不能完全激励企业创新,创新研发水平也不能达到社会最优状态,因此需要政府适当的干预。政府激励企业研发创新的政策工具主要有两种,一是研发补贴,二是研发产品税收减免。由于政府不能很好地判断企业研发成果的进程以及研发创新成果的度量,采取税收减免存在一定的难度,反而政府的补贴往往比税收更加有效与简便。因此,政府往往通过补贴的形式资助企业研发创新。

政府研发资助影响企业创新主要通过三种方式。首先,政府资助有助于克服市场失灵,优化社会资源配置。由于资本市场不完善,使得风险较大的研发活动面临资金投入不足的问题,缺乏资金支持成为企业从事研发创新活动的主要障碍,并且研发资金的约束也会限制企业进行后续的研发活动。如果政府为从事研发活动的企业提供资金支持,分配足够的资源帮助企业进行研发创新活动,弥补企业研发投资与社会最优水平的差距,降低企业研发创新的风险与融资成本,那么就会促进企业研发创新活动的积极性(Yager & Schmidt, 1997)。其次,在企业研发活动的起步阶段,研发创新企业会面临诸多的不确定性,投入成本很高,也不能很快取得研发项目的收益。一些有能力承担研发活动的企业面临自己研发成果被竞争对手"搭便车"的情况,也会降低企业研发活动的收益与积极性。政府的研发资助有助于企业克服研发活动起步阶段的固定成本。最后,政府补贴是企业质量与未来需求的"信号",体现了市场对企业创新的认同,表现出一种对企业的认证效应,有助于企业获取其他渠道的研发资金(Kleer, 2010)。

(二)企业微观特征的异质性

由于企业自身的微观特征,比如企业规模、人力资本、技术水平以及产权类型存在异质性,企业的行为也存在差异。在研究政府研发资助对企业自身研发投入产生影响的过程中,这种影响效应会受到企业自身微观特征的影响,并且企业的微观特征也会影响政府对企业研发资助的偏好。熊彼特创新理论中提出大规模企业具有充足的创新资源优势,拥有较大的市场势力,规模大的企业创新能力也会越强(Schumpeter & Backhaus, 1934)。同时,大规模企业对于新技术的需求引致自身创新研发的积极性,企业的规模效应也能够降低研发成本和风险,从而促进自身的研发投入。从产权特征来看,相对于民营企业而言,国有企业与政府具有更紧密的联系,更容易从政府部门获得研发资金。国有企业获取政府研发资金的方式并不一定是依靠自身的研发水平,而是依赖于同政府的政治联系。这种情况往往造成政府研发资金的沉没,并没有促进国有企业的研发创新。对于民营企业来说,市场化水平较高,市场的激烈竞争会促使企业进行研发创新,但是民营企业获得研发资金比较困难。如果获得研发资金,民营企业往往能够充分利用所获得的资金进行研发活动。企业的生产效率以及知识存量是企业研发创新的关键,并且企业的知识存量以及技术水平越高,企业对于研发投入的利用效率会越高,能够增强政府研发补贴的"激励作用"。企业在获得研发成果以及研发收益的情况下,也会加大对于研发创新的投入。同时,政府也会倾向扶持生产效率和人力资本水平高的企业,这样的企业投入转化为研发创新成果的概率也比较高,从而避免政府研发投入无效率。

（三）理论假说

根据前文的理论基础分析，本文提出如下假说：

假说1 政府的研发支出能够克服企业创新研发过程中的外部性问题，不仅可以促进企业自身研发支出，还可以激励企业并创新效率的提升。即政府研发资助会促进企业自身研发的支出，对企业自身研发投入存在"激励作用"，并提升了企业研发创新的专利数量和新产品的产出水平。

假说2 在政府研发资助影响企业研发创新的过程中，不同微观特征的企业获得的政府研发资金会受到企业自身微观特征的影响，政府研发资助促进企业创新的激励效应存在异质性。

四、模型设计、变量与数据说明

（一）模型设计

本文利用工业企业科技创新活动数据库中2008—2014年的数据，分析了政府研发资助对企业自身研发支出以及创新产出的影响。为了避免计量模型误设的问题，设计两类模型，单独分析对两者的影响：一是分析政府研发资助对企业自身研发支出的影响，二是分析政府研发资助对企业创新产出的影响，通过两类模型验证假说1。

(1) 政府研发资助对企业自身研发投入支出的影响。分析政府研发资助对企业创新活动自身研发支出的影响时，一般采用企业自身研发活动支出作为计量模型的被解释变量，把政府研发资助作为核心解释变量。首先，设定基准模型如下：

$$\ln ex_{it} = c + \alpha \ln gov_{it} + \eta_i + \mu_t + \varepsilon_{it} \tag{1}$$

式中，i为个体企业；t表示时间；$\ln ex$为企业自身研发活动支出；c为常数项；$\ln gov$表示政府对于企业的研发资助；α为政府对企业研发资助的估计系数；η_i表示面板数据中时间固定的个体效应；μ_t为面板数据中个体固定的时间效应；ε_{it}表示随机误差项。

另外，在前面分析过程中以及假说2，企业自身的规模、人力资本、技术水平和产权特征等微观特征会影响政府对企业资助的影响效应。在基准模型的基础上,本文加入企业微观特征与政府对企业研发支出的交互项,用来分析政府研发资助影响企业自身研发投入的效应中企业微观特征的影响。设定模型如下:

$$\ln ex_{it} = c + \alpha \ln gov_{it} + \alpha_1 Size_{it} \times \ln gov_{it} + \alpha_2 H_{it} \times \ln gov_{it} + \alpha_3 A_{it} \times \ln gov_{it} + \alpha_4 Ownership_{it} \times \ln gov_{it} + \eta_i + \mu_t + \varepsilon_{it} \quad (2)$$

式中,$Size_{it} \times \ln gov_{it}$ 为企业规模与政府对企业研发资助的交互项;$Size$ 表示企业规模;$H_{it} \times \ln gov_{it}$ 表示企业人力资本与政府对企业研发支出的交互项;H 为企业的人力资本,利用科技活动人员中具有高级职称人员的比例进行测度;$A_{it} \times \ln gov_{it}$ 表示企业技术进步水平与政府对企业研发资助的交互项;A 为技术进步,借鉴 Acemoglu & Guerrieri(2008)的做法,以劳均生产率代表技术水平,具体用新产品产出与科技活动人员的比值来测度 $Ownership_{it} \times \ln gov_{it}$ 为企业产权类型(国有与非国有区分)与政府研发资助的交互项;$Ownership$ 表示企业的产权类型,用企业控股情况测度;α,α_1,α_2,α_3,α_4 分别表示各变量的待估系数。其中政府对企业研发资助的估计系数 α 为正,说明政府研发资助对企业研发自身投入存在"激励效应";如果为负,说明政府的研发支出对企业自身研发支出存在"挤出效应"。交互项的估计系数 α_1,α_2,α_3,α_4 如果为正,表示企业的该微观特征有利于发挥政府对企业研发资助影响企业自身研发投入的效应;如果为负,说明该企业微观特征不利于政府对企业研发资助发挥效应。其他参数与基准模型中的参数含义相同。

(2)政府研发资助对企业创新产出的影响。为了分析政府研发资助对企业创新产出的影响效应,本文基于生产函数的框架进行研究,把政府对企业的研发资助纳入生产函数,企业创新活动产出的生产函数可设定为:

$$y = F(K, L, gov, X) \quad (3)$$

式中,y 表示企业研发创新的产出;K,L,gov,X 分别表示研发创新产出过程中投入的资本、劳动、政府研发资助以及其他影响产出的因素。为了利用样本数据分析具体的影响效应,本文生产函数采用 Cobb-Dogouglas 形式,并对模型进行扩展。具体做法借鉴 Griliches(1986)使用的 Cobb-Dogouglas 扩展形式作为分析企业创新产出的生产函数。

$$y_{it} = GK_{it}^a L_{it}^b gov_{it}^g e^X \tag{4}$$

式中，y 表示企业创新活动的产出；G 为常数；K 表示企业创新活动中的资本存量；L 表示企业从事研发创新活动的就业人员；gov 表示政府对企业创新的研发支出，与上文中含义一致；e^X 表示模型中影响创新产出的其他因素；α,β,γ 为生产函数中各要素投入的产出弹性。需要对生产函数中用于创新活动的资本存量进行测算。因为本文使用的工业企业科技活动数据库2008—2014年的数据，2008年作为样本的基期，基期的资本存量借鉴吴延兵(2006)的测算方法，测算公式如下：

$$E_0 = E_0 / (\bar{g}_{rd} + \delta) \tag{5}$$

式中，K_0 表示基期的研发活动资本存量；E_0 为企业在基期的研发活动支出；$\bar{g}_{rd}$ 表示观察期内企业研发活动支出的平均增长率；δ 为研发活动资本存量的折旧率。2009年以后创新活动的资本存量采用永续存盘算法进行核算，本期的研发资本存量等于上一期研发活动资本存量加上本期的研发活动资本投入，最终的测算公式为：

$$K_t = (1-\delta)K_{t-1} + I_t \tag{6}$$

测算过程需要利用研发活动资本的折旧率 δ。本文采取大多学者使用的15%这一折旧率(Griliches,1986；詹宇波等,2010)。因为研发活动所使用的资本更新发展速度很快,高于物质资本的折旧率10%(徐现祥等,2007)。对企业研发创新产出的衡量,本文将创新产出分为两类。第一类是企业研发活动中产生的新方法和新技术等创新成果的产出,企业往往把这种创新用来申请专利,因此,这类创新产出利用专利数来衡量。第二类用新产品的产值来测度。因为研发活动的成果需要转化成新的最终产品或者服务,科研成果转化成新的最终产品或者服务是研发活动的最终目的,所以新产品的产值也能很好地衡量创新活动的产出。本文所使用的工业企业科技创新活动数据库给出了各企业申请专利的数目,为本文的分析提供了数据上的可得性。由于不是所有的专利都会被授权批准,相对于专利授权数,专利申请数可能会夸大企业的研发创新产出。但是专利申请授权从申请到批准需要一年多的时间,专利授权数有滞后性,反而专利申请数能够反映企业当期的创新产出。另外,专利得到授权往往还要受到专利授权机构的偏好以及审核人员工作效率的影响,而专利申请数受到的影响相对较小。所以从这一方面来说,专利申请数比专利授权数更能反映企业研发创新活动的产出。企业研发活动产出的另一类测度指标是新产品的产值,可以从工业企业科技活动数据库中获取。

对式(4)两端取对数,得到回归方程的基准形式(7):

$$\ln y_{it}^n = \ln G + \alpha \ln K_{it} + \beta \ln L_{it} + \gamma \ln gov_{it} + X \tag{7}$$

式中,被解释变量 $\ln y_{it}^n$ 分别表示企业 i 研发活动的专利申请数 y_{it}^1 和新产品的产值 y_{it}^2 的自然对数;$\ln G$ 为常数;X 表示影响研发活动产出的其他因素效应。根据前文的论述,在政府研发补贴影响企业研发活动产出的过程中,企业的微观特征会存在一定的影响,因此 X 中包含企业的微观特征与政府研发补助的交互项:

$$X = \alpha_1 Size_{it} \times \ln gov_{it} + \alpha_2 H_{it} \times \ln gov_{it} + \alpha_3 A_{it} \times \ln gov_{it} + \alpha_4 Ownership_{it} \times \ln gov_{it} \tag{8}$$

同时面板数据又存在个体效应与时间效应,所以把基准模型扩展为更为一般的形式:

$$\ln y_{it} = \ln G + \alpha \ln K_{it} + \beta \ln L_{it} + \gamma \ln gov_{it} + \alpha_1 Size_{it} \times \ln gov_{it} + \alpha_2 H_{it} \times \ln gov_{it} + \alpha_3 A_{it} \times \ln gov_{it} + \alpha_4 Ownership_{it} \times \ln gov_{it} + \eta_i + \mu_t + \varepsilon_{it} \tag{9}$$

式(2)和式(9)中的个体效应 η_i 与时间效应 μ_t 在具体的实证分析过程中根据估计结果的检验做出相应的处理。

(二)变量的选取与数据说明

1. 变量的选取

对本文用到的变量进行说明见表1。

表1 回归方程模型中变量定义

变量名称	变量代码	变量含义及说明
研发活动支出	$\ln ex$	企业内部用于科技活动的经费支出额加上企业委托外单位开展科技活动的经费支出额减去企业使用来自政府部门的科技活动资金额,并取自然对数
申请专利数	y^1	企业专利申请数加1,并取自然对数
新产品产值	y^2	企业新产品产值加1,并取自然对数

(续表)

变量名称	变量代码	变量含义及说明
政府研发资助	$\ln gov$	使用来自政府部门的科技活动资金加上研究开发费用加计扣除减免税,并取自然对数
研发资本存量	K	企业研发活动中资本存量,采用永续盘存法,利用当年形成用于科技活动的固定资产数据进行测算
研发活动就业数	L	企业科技活动人员合计加1,并取自然对数
企业规模	$Size$	企业每年总资产的自然对数
企业的人力资本	H	科技活动人员中有高级职称人员的比例
企业的技术水平	A	新产品产值与研发活动就业人员的比值(行业平均)
企业性质	$Ownership$	企业产权和控股情况,国有为1,非国有为0
市场竞争因素	HHI	以二分位行业中企业科技活动人员额计算出的赫芬达尔-赫希曼指数
补贴工具变量	$\ln gov\_Revenue$	地方公共财政收入年度总额的自然对数

2. 主要变量描述性统计

表2汇报了主要变量的描述性统计。企业研发自身支出的自然对数 $\ln ex$ 均值为8,说明企业研发支出还是比较多的。最大值为17.51,最小值为0.00,说明企业的自身研发支出之间存在较大差异。政府研发资助金额的自然对数最大值为14.93,最小值为0.00,说明政府对于企业的研发支持程度存在很大差别。总体而言,本文所涉及的数据具有很好的区分度。

3. 数据说明

本文的数据主要来源于2008—2014年期间的国家统计局全国创新调查数据库和工业企业数据库。全国创新调查数据库详细提供了工业企业以及相关科技服务业企业的各种科技创新活动指标数据信息,是目前国内研究微观企业创新活动的最为全面的数据库之一。本文利用企业代码把全国创新调查数据库和工业企业数据库做了匹配,获得本文所需要的微观企业创新活动的各种信息以及各种控制变量的数据指标。需要额外说明的是,针对该数据库所存在的一系列相关问题,笔者做了如下相应处理和调整：第一，为了将数据库中 2011 年之后的行业与 2008—2011 年之间的行业获得统一的划分标准，笔者采取了将 2011 年之后的行业分类标准与 2002 年国民经济行业分类标准来对齐调整的办法。第二，针对该数据中少数企业样本中少量指标信息的异常值，一方面，通过与国家统计局的规模以上工业企业数据库的匹配来加以校正校准；另一方面，针对某些极其少量的违背正常逻辑特征的变量样本，采取了剔除的办法。第三，为了分析结果的可靠性，要消除价格的影响，借鉴白俊红（2011）测度的 R&D 价格指数，对政府对企业的研发补贴、企业自身研发支出、研发活动资本存量进行平减，消除价格的影响。另外，在经验估计中，为了避免出现多重共线性、异方差等回归问题，将绝对量做取对数处理。

表 2　关键变量的描述性统计

变量	均值	最小值	最大值	标准差
研发支出的对数	8	0.00	17.51	1.68
政府补贴的对数	2.16	0.00	14.93	1.05
人力资本	1.86	0.00	14.04	0.84
企业性质	0.25	0.00	1.00	0.43
企业技术水平	4.45	0.34	4.52	1.56
企业规模	13.32	12.57	13.51	0.28
企业年龄的对数	2.34	0.07	4.83	0.64
企业竞争因素	0.01	0.00	1.00	0.01
工具变量（$\ln gov\_Revenue$）	7.97	3.21	9.00	0.63

五、实证结果分析

（一）政府研发资助对企业自身研发支出的影响

1. 政府研发资助影响企业自身研发支出基准回归分析

由于企业规模、行业特征、技术水平以及研发效率等微观特征存在差异，政府对于创新研发的支持也不同,那么,政府研发资助对企业自身研发支出的影响可能也会存在差异。在基准回归模型(2)中,笔者采用 OLS 估计方法对计量方程式(2)进行估计。具体的回归结果如表3所示。表3回归结果列(1)中,单独把政府研发资助作为解释变量分析其对企业自身研发支出的影响,回归结果列(2)~列(5)分别引入企业规模、企业人力资本、企业产权类型以及技术水平这四项企业的微观特征与政府研发资助的交互项。回归结果列(1)的回归系数显著为正,说明政府研发资助对于企业自身研发支出存在显著的激励作用,影响效应为 0.453,即政府研发补贴增加 1%,企业自身研发支出会增加 0.453%。在回归加入交互项的回归结果列(2)~列(5)中,政府研发资助对企业自身研发支出的激励效应分别为 0.216,0.163,0.164,0.178[①],基本保持稳定。与以往的研究相比,本文的回归结果 0.453 与解维敏等(2009)测算的 0.37—0.48 基本一致,低于朱平芳和徐伟民(2005)测算的 1.49 以及白俊红(2011)测算的 0.6,但是高于许治和师萍(2005)测度的 0.268。回归结果都通过了 1% 的显著性检验,并且回归系数都为正,表明政府研发资助对于企业自身研发支出存在显著的"激励作用",而非"挤出作用"。政府对于企业研发活动给予资助,可以显著提高企业自身对于企业研发经费的支出。因此,假说1中政府研发资助对企业自身研发投入存在的"激励作用"得到验证。

从加入企业微观特征与政府研发资助交互项的回归结果列(2)~列(6)中可以发现,企业规模与政府研发资助交互项的回归系数显著为正,说明企业的规模越大,政府研发资助影响企业自身研发支出的"激励效应"越大,从而有利于企业投入更多的支出用于自身的研发创新活动。企业人力资本与政府资助的交互项的估计系数显著为正,也就是说,企业的人力资本水平越高,政府研发资助可以更有效地促进企业投入更多的研发创新经费,企业人力资本水平越高,政府资助对企业自身研发支出的影响效应越大。企业的产权类型与政府研发资助的交互项的估计系数显著为负,说明政府对于国有企业的研发资助抑制了企业自身研发支出。即政府资助挤出了企业自身

---

① 交互项对于被解释变量的影响,应该按照偏效应进行计算,具体算法为交互项的回归系数乘以交互项的平均值加上核心变量的回归系数。

研发支出,存在"挤出效应"。国有企业更多地利用政府的资助资金用于研发活动,自身研发支出相对较少。企业的技术水平与政府研发资助的交互项的估计系数显著为正,说明企业自身的新产品的生产效率越高,政府研发资金对企业自身研发支出的激励效应越大,企业会更积极地投入更多经费用于研发创新活动。回归结果列(6)把所有的交互项都加入回归模型中,回归结果发现所有的交互项都是显著的,并且与逐步回归结果基本一致。因此,由于企业微观特征的差异,在政府研发资助影响企业研发创新的过程中,政府资助促进企业研发创新的激励效应存在异质性,假说2得到验证。

表3 政府研发补助影响企业自身研发支出的基准回归

变量	模型(1) R&D支出	模型(2) R&D支出	模型(3) R&D支出	模型(4) R&D支出	模型(5) R&D支出	模型(6) R&D支出
政府补贴的对数	0.453*** (86.73)	0.273*** (56.75)	0.379*** (61.59)	0.433*** (70.16)	0.434*** (75.19)	0.375*** (64.32)
政府补贴× 企业规模	—	0.452*** (56.52)	—	—	—	0.356*** (65.83)
政府补贴× 人力资本	—	—	0.053*** (9.15)	—	—	0.043*** (8.53)
政府补贴× 企业性质	—	—	—	−0.027*** (−3.79)	—	−0.015*** (−3.35)
政府补贴× 企业技术	—	—	—	—	0.093*** (9.23)	0.085*** (8.65)
常数项	6.436*** (16.22)	7.376*** (24.33)	6.435*** (16.25)	6.447*** (18.93)	6.515*** (19.26)	6.354*** (17.32)
企业个体 固定效应	控制	控制	控制	控制	控制	控制
年份固定效应	控制	控制	控制	控制	控制	控制
控制变量	控制	控制	控制	控制	控制	控制
调整的 R^2	0.121	0.114	0.109	0.131	0.114	0.135
观测值	369 513	359 513	359 513	304 606	310 496	304 606

说明:根据Stata 15.0结果整理。***,**,*分别表示1%,5%,10%显著性水平,括号内为t统计量。另外,控制变量包括企业年龄、企业规模、人力资本、产权类型、企业技术水平以及市场竞争因素。由于控制变量不是本文探讨的重点,因此汇报中将结果省去,下表同。

2. 工具变量回归结果

对于本文的计量模型(1)和模型(2),一个很重要的问题是要考虑和解决内生性问题。根据计量经济学理论,内生性的主要来源有两个。一是遗漏重要的自变量,虽然本文在计量模型中尽可能利用可获得的数据,并参考已有文献,设计了一部分获得广泛认可的重要控制变量。这可以在一定程度上缓解相应的内生性问题,然而,仍然存在由于可获取数据的有限性,造成无法测度的重要变量遗漏所带来的内生性问题。二是解释变量政府研发资助与被解释变量企业自身研发支出之间可能存在双向因果,从而导致内生性问题。本文的因变量 R&D 支出影响自变量政府资助的机制在于企业研发投入往往是政府派发补贴时的参考指标,因为从某些角度来看,私人研发投入较多的企业往往也是自主创新能力和市场竞争力相对较强的企业,而政府资助的目标也是这些企业。因此,根据 Angrist & Pischke(2009)对工具变量的讨论和建议,合理的办法是寻找相应合适的工具变量,才能从根本上解决这个问题。本文借鉴孔东民和李天赏(2014)的方法,使用全国 31 个省市自治区 2008—2014 年的地方公共财政收入年度总计的对数形式作为政府研发资助的工具变量。财政收入能够作为工具变量的逻辑在于,各级地方政府主要是在国家具体战略规划和政策文件的指导下,依据自身的财政收入能力,通过制定具体的补贴政策落实和实施政策举措,特别是偏好于运用政府财政资金主导的补贴和扶持政策,来体现对中央制定的指导性和引导性的战略性规划、政策的贯彻和执行。那么只有当政府获取更多的财政收入时,才会有更多的资金用于各项补贴,其中包括对于企业创新活动的资助。另外,本文设计的工具变量包含的是地区层面的相关信息,从影响机制的内在逻辑来看,微观企业个体层面的创新能力信息难以影响到地区层面的政府创新扶持和补贴决策行为。这就在一定程度上可以缓解和避免类似于由于企业自身创新能力较强,从而导致企业获得更多政府创新资助的逆向因果关系。同时,企业研发投入存在很强的不确定性很难说企业研发投入一定会影响当地财政收入的增加或减少,因此选取的工具变量在逻辑上是较为合理的。表 4 汇报了对计量方程(1)和方程(2)使用工具变量的 2SLS 估计方法回归结果。表 4 回归结果也是按照表 1 的顺序,分别分析不同企业特征在政府研发资助影响企业研发自身支出过程中的影响效应。表 4 中模型(1)单独把政府研发资助作为解释变量来分析对于企业自身研发支出的影响,回归结果列(2)~列(5)分别引入企业规模、企业人力资本、企业产权类型以及技术水平这四项企业的微观特征与政府研发资助的交互项。回归结果列(1)中的回归系数显著为正,说明政府资助对于企业自身研发支出存在显著的激励作用,影响效应为0.375,即政府研发资助增加1%,企业自身研发支出会增加0.375%。在回归加入交互项的回归结果列(2)~列(5)中,政府研发资助对企业自身研发支出的激励效应分别为0.235,0.273,0.175,0.195,回归结果基本保持稳定。从加入企业微观特征与政府研发资助交互项的回归结果列(2)~列(6)中可以发现,企业的规模越大,人力资本水平越高,企业自身的新产品的生产效率越高,政府研发资助影响企业自身研发支出的"激励效应"越大,而政府对于国有企业的研发补助抑制了企业自身研发支出,结果与基准回归结果基本一致。回归结果列(6)把所有的交互项都加入回归模型中,回归结果发现所有的交互项都是显著的,并且与基准回归结果基本一致。这些经验结果进一步说明,笔者所担心的计量方程(1)和方程(2)中因变量和工具变量之间可能的同步性问题以及由此产生的内生性问题可能并不严重,并不会影响本文的主要发现和主要结论,从而验证了本文的假说。同时,这也验证了本文核心发现和主要结论的稳健性和可靠性。

此外,表4报告了各模型2SLS估计方法的第一阶段回归结果。从第一阶段的回归结果可以看出,在各个模型中,工具变量关于政府补贴的系数在1%的水平上均显著为正。这说明,本文所设计的工具变量与核心解释变量之间存在显著的正相关关系。也就是说,在政府公共收入越多的省份,地区内企业可获得的研发资助金额越多,这符合笔者的预想,与笔者设计工具变量的基本思路和内在逻辑是相符合的,因此可以说本节的工具变量是相对合理的。表4展示了使用工具变量的2SLS估计法进行回归的结果,在工具变量检验方面,由于本文引入的工具变量和内生解释变量数量相同所以不需要进行过度识别检验。表4包括了表示不可识别检验的KPLM统计量和工具变量外生性检验(DHWChi2/F值),结果显示本文使用的工具变量通过了不可识别检验和工具变量外生性检验,是有效的工具变量,可以引入模型。

表 4　政府补贴对企业自身研发支出影响效应的工具变量 2SLS 检验结果

变量	模型(1)	模型(2)	模型(3)	模型(4)	模型(5)	模型(6)
第一阶段回归结果							
政府补贴的工具变量	1.015*** (60.47)	1.313*** (40.61)	3.335*** (18.22)	3.254*** (15.62)	1.296*** (19.82)	1.356*** (35.62)
第二阶段回归结果							
政府补贴的对数	0.375*** (57.00)	0.329*** (49.69)	0.376*** (54.62)	0.355*** (45.08)	0.296*** (54.83)	0.273*** (42.51)
政府补贴×企业规模	—	0.328*** (65.82)	—	—	—	0.286*** (55.23)
政府补贴×人力资本	—	—	0.035*** (5.15)	—	—	0.052*** (7.36)
政府补贴×企业性质	—	—	—	−0.067*** (−9.24)	—	−0.015*** (−3.35)
政府补贴×企业技术	—	—	—	—	0.058*** (7.23)	0.063*** (8.32)
常数项	4.5404*** (51.78)	4.5358*** (49.04)	4.0498*** (50.91)	4.4921*** (45.99)	4.5032*** (47.61)	4.8480*** (56.94)
企业个体固定效应	控制	控制	控制	控制	控制	控制
年份固定效应	控制	控制	控制	控制	控制	控制
控制变量	控制	控制	控制	控制	控制	控制
调整的 R^2	0.1331	0.1353	0.1232	0.1315	0.1351	0.1483
第一阶段 F 值	10124.84	7861.65	92431.73	7861.65	8861.82	4731.45
不可识别检验（KPLM 统计量）	34.56 (0.00)	12.39 (0.00)	18.53 (0.00)	22.20 (0.00)	23.25 (0.00)	20.16 (0.00)
$DHW\,Chi^2/F$ 值（p-value）	65.65 (0.00)	95.73 (0.00)	73.02 (0.00)	54.29 (0.00)	63.81 (0.00)	72.47 (0.00)
观测值	359513	359513	359513	304606	310496	304606

（二）政府研发资助对企业创新产出的影响

1. 政府研发资助对企业专利产出的影响

根据计量模型式(9)以申请专利数为创新成果产出，表5报告了政府研发资助影响企业专利发明的回归结果。从具体的回归结果来看，政府研发资助总体上会促进企业的研发创新专利的产出，主要是因为政府对企业的研发资助可以减轻企业自主研发具有风险高、前期投入成本较大等困难。一方面政府的研发资助为企业提供了一定的研发经费，降低了企业前期投入的成本；另一方面也降低了企业自主研发过程中成果产出的不确定性，从而提高了企业开展研发创新项目的积极性。假说1中政府的研发资助能够克服企业创新研发过程中的外部性问题，可以激励企业创新效率的提升，增加企业研发创新的专利数量，这些得到了验证。

首先，表5列(1)把政府研发资助纳入知识产出生产函数模型进行实证分析。从回归结果来看，政府资助对企业研发创新的专利产出存在显著的正向作用。企业研发创新活动的资本存量对专利产出存在显著的正向作用，大小为0.023。企业用于研发活动的资本存量增加1%，专利产出将增加0.023%。参与科技研发活动项目的就业人员对企业研发专利产出存在显著的促进作用。参与企业研发活动人员数增加1%，企业专利产出大约增加0.357%。从研发活动的资本存量与就业人员的回归系数来看，研发活动的就业人员对于专利产出的影响效应明显大于资本存量的影响。即研发活动就业人员的专利产出弹性明显高于资本存量的专利产出弹性。这说明在企业研发创新过程中，研发人员比研发资本存量具有更高的边际产出报酬。这与朱有为和徐康宁(2006)、白俊红和李婧(2011)的研究结果不同，他们的研究发现研发资本的产出弹性大于研发人员的产出弹性。

表5　政府研发补贴影响企业专利产出的回归结果

变量	模型(1) 专利产出	模型(2) 专利产出	模型(3) 专利产出	模型(4) 专利产出	模型(5) 专利产出	模型(6) 专利产出
政府补贴的对数	0.065*** (11.25)	0.053*** (7.71)	0.055*** (8.66)	0.044*** (5.94)	0.058*** (8.88)	0.046*** (7.56)
研发资本的对数	0.023*** (3.81)	0.016*** (3.26)	0.026*** (4.72)	0.027*** (5.25)	0.019*** (3.73)	0.022*** (3.37)
研发人员的对数	0.357*** (41.35)	0.346*** (27.63)	0.460*** (41.41)	0.460*** (41.58)	0.461*** (41.76)	0.364*** (38.65)
政府补贴× 企业规模	—	0.064*** (9.91)	—	—	—	0.047*** (8.43)
政府补贴× 人力资本	—	—	0.027*** (2.48)	—	—	0.019*** (3.57)
政府补贴× 企业性质	—	—	—	0.021*** (4.16)	—	0.016*** (5.36)
政府补贴× 技术水平	—	—	—	—	0.001*** (8.72)	0.001*** (6.34)
常数项	−0.687*** (−13.50)	−0.245*** (−3.63)	−0.690*** (−13.56)	−0.707*** (−13.84)	−0.632*** (−12.33)	−0.365*** (−14.39)
企业个体固定效应	控制	控制	控制	控制	控制	控制
年份固定效应	控制	控制	控制	控制	控制	控制
控制变量	控制	控制	控制	控制	控制	控制
调整的 R^2	0.1546	0.1538	0.1022	0.1612	0.1543	0.1067
观测值	359 513	359 513	359 513	304 606	310 496	304 606

在知识生产函数回归模型单独加入政府对企业研发资助的基础上,本文分别加入政府研发资助与企业微观特征的交互项。在加入企业规模与政府研发资助交互项的回归结果中,交互项的回归系数通过了1%的显著性检验,说明企业的规模会影响政府资助的效用。企业规模越大,研发资助对企业专利产出的影响越大,企业研发活动对政府研发资金的利用效率越高,从而有助于企业自身创新专利的产出。具体原

因是，相对于小企业，大企业具有资金充足、人才聚集效应大、学习能力强、研发活动的配套设施齐全等优势，有利于充分吸收政府的研发资金，提升自身的研发创新效率。表5列(3)加入了企业人力资本与政府研发资助的交互项。交互项的回归结果系数显著为正，表明企业的人力资本对企业吸收利用政府研发资金存在显著的促进作用。企业的人力资本越多，会更有效率地利用政府研发资金，企业的研发创新活动会产出更多的专利。表5列(4)加入了政府研发资助与企业产权类型的交互项。回归估计结果中交互项的系数为正，说明国有企业不利于政府资助影响企业专利产出效应的发挥，抑制了企业研发活动的专利产出。相对于国有企业，私营企业以及外资企业在吸收政府研发资金用于自身研发活动中，能够产生更多的研发专利产出，会更有效地发挥政府资助的影响效应。主要原因是因为中国经济发展的背景所致。中国经济长期以来受到计划经济的调控，国有企业产权界定不清，存在委托—代理以及预算软约束等问题。国有企业虽然可以获得比较多的政府资助资金，但是以上问题会导致国有企业创新积极性和研发效率比较低。与国有企业相比，非国有企业如果能够获得政府资助，企业就能充分利用政府研发资金用于自身的研发创新项目，从而极大促进企业的研发积极性和企业自身的研发产出。综合对比国有与非国有企业，尽管国有企业相对容易获得政府的研发资金，但是在创新研发专利产出中，并没有比非国有企业产出效率高。这也说明政府研发资助存在一定的问题。国有企业获得过多的政府资金，挤占了非国有企业的政府资助金额，不利于整体经济的研发专利产出。表5最后一列报告了加入企业技术进步水平与政府研发资助交互项的回归结果。采用研发活动就业人员劳动产出率测度的技术进步水平的估计系数显著为正，说明企业的技术进步水平越高，企业利用政府补助用于研发专利产出的效率也越高。因为技术进步水平高的企业，具有研发效率高、产出效率高的优势，在政府提供研发资金降低自身研发不确定性与前期投入成本的基础上，企业具有更高的积极性进行创新研发，从而创造更多的专利和产出。回归结果列(6)把所有的交互项都加入回归模型中，回归结果发现所有的交互项都是显著的，并且与逐步回归结果基本一致，验证了假说2中政府研发资助促进企业研发创新的激励效应存在异质性。

2. 政府研发资助对企业新产品产出的影响

本文根据回归模型式(9)对政府研发资助影响企业新产品产出进行了实证分析，表6给出了具体的实证分析结果。从回归结果可以看出，知识生产函数模型中所投入的资本和劳动对于新产品产出存在显著的正向作用，研发活动的资本存量对于新产品产出的产出弹性为0.125~0.175，并且都通过了1%显著性检验。研发活动就业人员在回归模型中产出弹性为0.734~1.132。可以发现，研发活动人员的产出弹性要高于研发活动资本存量的产出弹性，也就是说，在研发活动过程中，新产品的产出更多地依赖于研发活动人员的数量，研发人员对于新产品产出的贡献要高于资本存量的贡献。不同于白俊红(2011)利用行业数据分析得到的结论，即在新产品产出过程中，研发资本存量的贡献大于研发人员的贡献。与研发专利产出一样，新产品产出中研发人员的贡献高于资本存量的贡献，说明研发过程中，虽然研发所需的资本对于研发成果有显著的正向作用，但是研发人员相对来说正向影响效应更大。

在表6的列(2)~列(5)分别加入了企业微观特征与政府研发资助的交互项。从回归结果来看，交互项的回归系数显著为正，说明企业的微观特征加强了政府资助对企业新产品产出的正向影响。具体来看，加入交互项之后，表6列(2)企业规模与政府研发资助的交互项的回归系数为0.212，通过了1%的显著性检验。这说明企业规模越大，企业利用政府研发资金用于新产品生产的效率越高。并且，相对于规模较小的企业，大企业在市场中具有市场势力优势，这有助于鼓励企业研发新产品来保持自身的市场占有份额。与以专利为产出的回归结果一致，表6列(3)为加入人力资本与政府研发资助交互项的回归结果。交互项系数为0.185，说明企业人力资本水平越高，企业新产品产出水平也越高。加入企业产权类型与政府研发资助交互项的回归结果表明，非国有企业相对于国有企业更愿意生产新产品，来提升自身的竞争力，而国有企业对于新产品的研发积极性并不高，企业的产权类型影响新产品产出的效应与影响专利产出的效应一致。企业的技术水平也会加强政府研发补贴影响企业新产品产出的作用，企业研发活动从业人员生产效率越高，越有利于企业发挥政府资助影响企业新产品产出的正向效应。回归结果列(6)把所有的交互项都加入回归模型中，回归结果发现所有的交互项都是显著的，并且与逐步回归结果基本一致。

政府研发补贴影响企业新产品产出的回归结果可以验证假说1和假说2,政府研发资助可以提升企业新产品的产出水平。这种激励效应会受到企业自身微观特征的影响,政府研发资助促进企业研发创新的激励效应存在异质性。

表6 政府研发补贴影响企业新产品产出的回归估计结果

变量	模型(1) 新产品产出	模型(2) 新产品产出	模型(3) 新产品产出	模型(4) 新产品产出	模型(5) 新产品产出	模型(6) 新产品产出
政府补贴的对数	0.045 8*** (5.12)	−0.064*** (−6.51)	−0.056*** (−3.45)	0.039*** (3.32)	−0.028*** (−3.58)	0.034*** (3.21)
研发资本的对数	0.175*** (19.69)	0.134*** (16.77)	0.169*** (19.45)	0.162*** (19.67)	0.125*** (14.42)	0.132*** (15.54)
研发人员的对数	0.764*** (67.65)	0.734*** (43.78)	0.891*** (68.48)	0.925*** (67.56)	1.132*** (82.12)	0.893*** (63.56)
政府补贴× 企业规模	—	0.185*** (18.78)	—	—	—	0.163*** (15.34)
政府补贴× 人力资本	—	—	0.121*** (8.04)	—	—	0.119*** (7.54)
政府补贴× 企业性质	—	—	—	0.015 (1.06)	—	0.021 (1.28)
政府补贴× 技术水平	—	—	—	—	0.001*** (4.36)	0.012*** (6.35)
常数项	5.366*** (80.64)	6.515*** (74.90)	5.350*** (80.70)	5.360*** (80.20)	5.861*** (102.54)	5.643*** (87.36)
企业个体固定效应	控制	控制	控制	控制	控制	控制
年份时间效应	控制	控制	控制	控制	控制	控制
控制变量	控制	控制	控制	控制	控制	控制
调整的 R^2	0.242 9	0.134 3	0.400 6	0.146 4	0.132 0	0.401 9
观测值	359 513	359 513	359 513	304 606	310 496	304 606

(三)稳定性检验

在前文进行基准OLS回归和工具变量回归估计过程中,本文已经通过逐步加入不同性质的控制变量进行了简单的稳健性检验。结果显示政府研发资助对企业创新的影响为激励效应,并且这种激励效应存在企业异质性。本节将对计量模型进行更为严格的稳健性检验。

1. 倾向匹配政策评价分析

笔者选择2014年的截面数据作为样本进行倾向得分匹配(PSM)。笔者在对接工业企业数据库和企业创新活动数据库后获得78 255条样本数据。设置虚拟变量t,当企业获得政府资助时$t=1$,t为1的数据为处理组,与之匹配且t为0的数据为控制组。本文对数据进行一对一匹配。

首先,为了检验匹配的可靠性需要,通过Pstest检验考察匹配结果平衡数据的效果,结果发现进行倾向性匹配后除了被解释变量R&D支出,其他各个自变量的标准化偏差(bias)均比匹配前有了较大幅度的缩小,且绝对值均保持在10%以下,p值均大于0.1。这说明倾向性匹配较好地平衡了数据,匹配结果是有效的,可以继续进行分析。本文还检验了一对一匹配方法下,模型是否满足平衡性假定。检验结果显示,本文PSM部分所选取的协变量的偏差在匹配之后均发生了较大幅度的下降,协变量偏差下降幅度均在70%以上,模型数据平衡性检验通过,可以进行倾向性匹配分析。表7的结果显示,以企业自身研发支出为因变量、是否接受政府补助为分组指标(t)时,ATT,ATU,ATE的Difference项均大于0。也就是说处理组效应均强于控制组,且ATU估计值的t值较大,结果显著性较强。这两组匹配共同说明政府补助可以促进企业研发投入和新产品产出。

表7 处理组的平均处理效应(ATT)

变量	Sample	Treated	Controls	Difference	S.E	T-stat
研发支出	Unmatched	8.901 958 28	8.300 082 16	0.601 876 119	0.015 461 38	36.93
—	ATT	8.898 840 93	8.777 639 37	0.121 201 566	0.022 159 247	5.47
—	ATU	8.300 082 16	8.436 737 37	0.136 655 209	—	—
—	ATE	—	—	0.132 216 03	—	—

为了进一步增强结果的可信度,笔者将卡尺范围设定为0.01,进行一对四的近

邻卡尺匹配。统计结果如表 8 所示,结果显示一对四的近邻卡尺匹配结果与一对四的近邻匹配结果相似。这说明 PSM 部分的结论是可信的。因此通过 PSM 检验,我们发现总体上来说政府补助可以促进企业的研发投入。这与基准回归结果(表 3)和工具变量方法估计结果(表 4)中,政府补贴对企业研发支出的影响基本是一致的。

表 8　处理组 ATT 差值

被解释变量	匹配方法		
	1∶1 近邻匹配	1∶4 近邻匹配	近邻＋卡尺匹配
R&D 支出	0.105*** (11.46)	0.079*** (4.62)	0.078*** (4.60)
新产品产出	1.523*** (49.49)	1.526*** (62.67)	1.525*** (62.66)
专利申请数	0.206*** (27.20)	0.199*** (32.27)	0.199*** (33.28)

2. 滞后项作为工具变量

需要指出的是,在工具变量的选取方面,一部分长期从事实证研究的学者为了解决核心变量与被解释变量的内生性问题,常常使用核心解释变量的滞后变量作为工具变量。因此本文选取政府补贴的滞后一期作为工具变量。表 9 汇报了估计结果。结果显示,各变量的估计系数与前文中的分析基本一致,因此本文的计量方程估计结果是稳健的。

表 9　政府补贴滞后项作为工具变量的 2SLS 检验结果

变量	R&D 支出	专利产出	新产品产出
政府补贴的对数	0.138*** (16.97)	0.043*** (7.56)	0.029*** (3.11)
政府补贴×企业规模	0.234*** (20.35)	0.035*** (6.43)	0.134*** (15.34)
政府补贴× 企业人力资本	0.017*** (3.74)	0.021*** (3.57)	0.125*** (19.54)

(续表)

变量	R&D支出	专利产出	新产品产出
政府补贴×企业性质	−0.057*** (−4.64)	0.013*** (3.36)	0.021*** (1.28)
政府补贴×企业技术水平	0.036*** (5.04)	0.001*** (6.34)	0.016*** (6.35)
研发资本的对数	—	0.019*** (4.37)	0.126*** (12.54)
研发人员的对数	—	0.324*** (35.65)	0.834*** (63.56)
常数项	6.345*** (17.43)	−0.355*** (−14.39)	5.436*** (14.56)
企业个体固定效应	控制	控制	控制
年份固定效应	控制	控制	控制
控制变量	控制	控制	控制
调整的R^2	0.181	0.125	0.152
观测值	304 606	304 606	304 606

六、主要结论与政策含义

企业在研发活动中,面临着研发活动的不确定性以及研发成果"外部性"问题,自身研发积极性可能受到影响,完全依赖企业自身的研发投入不能达到社会最优,需要政府适当干预。而关于政府研发资助能否促进企业研发创新,以及如何提升政府的激励效应,一直存在争议。本文通过分析政府资助在企业研发活动中的影响机制,基于工业企业的科技活动数据实证检验了中国政府研发资助对于企业研发创新活动的影响效应。对于如何有效发挥政府资助的激励效应,本文提供了一定的借鉴,得到了如下结论。第一总体来看,政府研发资助会促进企业自身研发的支出,即对企业自身研发投入存在"激励作用",同时也会提升企业研发创新的专利和新产品的产出水平,这验证了假说 1 中存在的激励效应和假说 2 中激励效应的异质性。第二政府对企业研发活动的资助在发挥作用的过程中,会受到企业自身微观特征的影响。不同类型的企业,政府资助对企业研发的激励效应是不同的。在企业规模越大、人力资本水平越高、劳动生产效率越高的企业中,政府研发资助的影响效应越大。第三非国有企业的研发创新产出要高于国有企业。第四科技活动的产出更多地依赖于研发人员的贡献,企业应注重人才的引进,提升人力资本的水平。

企业研发创新活动前期阶段面临投入成本高、研发成果不确定等风险问题,会降低企业研发的积极性。政府有效的研发资助可以减少企业研发活动前期的研发成本,降低企业研发过程的风险,提升企业研发投入以及研发创新活动的积极性。企业研发创新成果具有"公共品"的特性。公共物品的供给仅仅依赖市场和企业,往往不能达到社会最优,并且也会降低企业的积极性,因此需要政府的适当干预,在提升企业积极性的同时,使得创新研发能够达到社会最优。企业微观特征的异质性导致了政府资助效应的发挥存在差异。企业规模越大、知识存量水平越高、劳动生产效率越高的企业中,政府研发补贴的影响效应越大。政府在选择研发资金资助对象的时候,应该重点对这些企业进行扶持。这些企业能够有效地吸收政府的研发资助资金,从而提升自身企业的创新活动水平,也能够更有效地发挥政府补贴的激励效应,实现政府经济政策的战略目标。特别是对于研发效率较高的非国有企业,政府应该重点给予支持,因此政府应该根据企业不同的微观特征,制定针对性的资助措施,更有效地发挥政府资金对企业研发创新的激励作用。从本文的分析中发现,在研发创新过程中,从事研发的科技人员的贡献要大于资本的投入,专利以及新产品的产出更多依赖于研发人员。因此企业应该重视研发人员的引进与培养。

参考文献

[1] 安同良,周绍东,皮建才.R&D补贴对中国企业自主创新的激励效应[J].经济研究,2009(10).

[2] 白俊红,李婧.政府R&D资助与企业技术创新———基于效率视角的实证分析[J].金融研究,2011(6).

[3] 白俊红.中国的政府R&D资助有效吗?来自大中型工业企业的经验证据[J].经济学(季刊),2011(4).

[4] 程华,赵祥.企业规模、研发强度、资助强度与政府科技资助的绩效关系研究——基于浙江民营科技企业的实证研究[J].科研管理,2008(2).

[5] 龚刚,魏熙晔,杨先明,赵亮亮.建设中国特色国家创新体系跨越中等收入陷阱[J].中国社会科学,2017(8).

[6] 郭晓丹,何文韬,肖兴志.战略性新兴产业的政府补贴、额外行为与研发活动变动[J].宏观经济研究,2011(11).

[7] 郭晓丹,何文韬.战略性新兴产业政府R&D补贴信号效应的动态分析[J].经济学动态,2011(9).

[8] 姜宁,黄万.政府补贴对企业R&D投入的影响———基于我国高技术产业的实证研究[J].科学学与科学技术管理,2010(7).

[9] 解维敏,唐清泉,陆姗姗.政府R&D资助、企业R&D支出与自主创新——来自中国上市公司的经验证据[J].金融研究,2009(6).

[10] 孔东民,李天赏.政府补贴是否提升了公司绩效与社会责任[J].证券市场导报,2014(6).

[11] 寇宗来,高琼.市场结构、市场绩效与企业的创新行为——基于中国工业企业层面的面板数据分析[J].产业经济研究,2013(3).

[12] 刘虹,肖美凤,唐清泉.R&D补贴对企业R&D支出的激励与挤出效应———基于中国上市公司数据的实证分析[J].经济管理,2012(4).

[13] 聂辉华,谭松涛,王宇锋.创新、企业规模和市场竞争:基于中国企业层面的面板

数据分析[J]. 世界经济,2008(7).

[14] 吴延兵. R&D存量、知识函数与生产效率[J]. 经济学(季刊),2006(3).

[15] 徐现祥,周吉梅,舒元. 中国省区三次产业资本存量估计[J]. 统计研究,2007(5).

[16] 许治,师萍. 政府科技投入对企业R&D支出影响的实证分析[J]. 研究与发展管理,2005(3).

[17] 詹宇波,刘荣华,刘畅. 中国内资企业的技术创新是如何实现的?——来自大中型工业企业的省级面板证据[J]. 世界经济文汇,2010(1).

[18] 张杰,陈志远,杨连星,等. 中国创新补贴政策的绩效评估:理论与证据[J]. 经济研究,2015(10).

[19] 朱平芳,徐伟民. 政府的科技激励政策对大中型工业企业R&D投入及其专利产出的影响——上海市的实证研究[J]. 经济研究,2005(6).

[20] 朱有为,徐康宁. 中国高技术产业研发效率的实证研究[J]. 中国工业经济,2006(11).

[21] ACEMOGLU D, GUERRIERI V. Capital Deepening and Nonbalanced Economic Growth[J]. Journal of Political Economy, 2008, 116(3): 467-498.

[22] ANGRIST J D, PISCHKE J S. Instrumental Variables in Action: Sometimes You Get What You Need[M]//Mostly Harmless Econometrics. Princeton, NJ: Princeton University Press, 2009: 113-220.

[23] ARROW K J. Economic Welfare and the Allocation of Resources for Invention: Macmillan[R]. NBER Papers, 1972(12): 609-626.

[24] BERUBÉ C, MOHNEN P. Are Firms That Receive R&D Subsidies More Innovative? [J]. Canadian Journal of Economics, 2009, 42(1): 206-225.

[25] COHEN W M, LEVINTHAL D A. Innovation and Learning: The Two Faces of R&D[J]. Economic Journal, 1989, 99(397): 569-596.

[26] DAVID P A, Hall B H, Toole A A. Is public R&D a Complement or Substitute for Private R&D? A Review of the Econometric Evidence [J].

Research Policy, 2000, 29(4-5): 497-529.

[27] GRILICHES Z. Productivity, R&D, and Basic Research at the Firm Level in the 1970's[J]. American Economic Review, 1986, 76(1): 141-154.

[28] SABRINA H T. Financing Innovation. Evidence from R&D Grants [J]. American Economic Review, 2017, 107(4): 1136-1164.

[29] JAFFE A B. Demand and Supply Influences in R&D Intensity and Productivity Growth[J]. Review of Economies & Statistics, 1988, 70(3): 431-437.

[30] KLEER R. Government R&D Subsidies as a Signal for Private Investors[J]. Research Policy, 2010, 39(10): 1361-1374.

[31] LACH S. Do R&D Subsidies Stimulate or Displace Private R&D? Evidence from Israel[J]. Journal of Industrial Economics, 2022, 50(4): 369-390.

[32] MARINO M, LHUILLERY S, PARROTTA P, SALA D. Additionality or Crowding-out? An Overall Evaluation of Public R&D Subsidy on Private R&D Expenditure[J]. Research Policy, 2016, 45(9): 1715-1730.

[33] SCHUMPETER J, BACKHAUS U. The Theory of Economic Development [M]//BACKHAWS J (eds). Joseph Alois Schumpeter. The European Heritage in Econornics and the Social Sciences, Vol 1. Boston: Springer, 2003: 61-116.

[34] SOLOW R M. Technical Change and the Aggregate Production Function[J]. Review of Economics &Statistics,1957, 39(3): 554-562.

[35] STIGLITZ J E. Market Failures, and Development[J]. American Economic Review, 1989, 79(2): 197-203.

[36] TODTLING F, KAUFMANN A. The Role of the Region for Innovation Activities of SMEs[J]. European Urban and Regional Studies, 2001, 8(3): 203-215.

[37] YAGER L, SCHMIDT R. The Advanced Technology Program: A Case Study in Federal Technology Policy[M]. Washington: The AEI Press, 1997.

经济自由度增加与经济增长质量之间的关系

郭卫军 黄繁华

自中国经济进入"新常态"以来,国内外经济环境的变化使得我国处于转变经济发展方式、转换经济增长动能和转变经济发展理念的关键时期,如何进一步提升经济增长质量日益成为政府及社会各界关注的重要问题。2017年12月召开的中央经济工作会议指出,我国经济发展进入新时代,已经由高速增长阶段转向高质量发展阶段,推动高质量发展是当前和今后一个时期确定发展思路、制定经济政策、实施宏观调控的根本要求。2018年的《政府工作报告》进一步指出要大力推动经济发展质量,坚持质量第一,效益优先,实现经济平稳增长和质量效益提高互促共进。强调要优化营商环境以进一步激发市场主体活力、深化基础性关键领域改革、完善开放结构布局和体制机制,从经济制度环境角度为高质量发展目标提出了具体的工作建议。这说明,一方面政府已经将高质量发展作为自身工作重点,另一方面将经济制度环境的改善当作实现高质量发展目标的重要手段。因此在这个背景下,研究经济增长质量的重要内涵和经济制度环境与经济增长质量的关系具有十分重要的现实意义。

近年来,学界对于经济增长质量方面的研究在逐渐增加与深入,但对于制度环境对经济增长质量的影响研究较为缺乏。例如:钞小静和任保平(2011)利用主成分分析法(Principal Component Analyses, PCA)测算了中国及各省级地区1978—2007年的经济增长质量,结果表明全国层面及区域层面的经济增长质量都得到了明显提高,这种提高主要体现在资源利用和生态环境代价方面,而经济增长结构对经济增长质量水平的影响则为负。具体从区域层面看,在改革开放初期,中西部地区的经济增长质量高于东部地区,而随着时间的推移,东部地区的经济增长质量则明显高于中西部地区。毛其淋(2012)采用2002—2009年中国省级面板数据检验了二重经济开放对经济增长质量的影响,结果显示,出口质量对经济增长质量的影响显著为正,但出口数量的影响不明显,而且区际开放能够强化出口开放对经济增长质量的促进作用。随洪光和刘廷华(2014)重点考察了FDI对发展中东道国经济增长质量的影响,结果发现,亚非拉地区的经济增长质量总体呈上升趋势,拉美地区的经济增长质量最高,亚洲次之,非洲的经济增长质量尽管最低,但自2002年以来的提升幅度较大。同时回归结果显示,FDI能够显著提升发展中东道国的经济增长质量,这种促进作用主要体现于其对经济增长效率和可持续性方面的积极影响,对经济增长稳定性的作用则不明显。钞小静和任保平(2014)选取1998—2012年中国省级面板数据为样本,考察了城乡收入差距与经济增长质量的关系,研究发现城乡收入差距过大通过影响经济增长的基础条件、运行过程以及最终结果而对经济增长质量产生一定的制约作用。何兴邦(2018)利用中国省级面板数据实证检验了环境规制对经济增长质量的影响,研究结果表明环境规制对经济增长质量具有显著的正向影响,并且存在门槛效应,当环境规制低于一定值时影响不显著,而当环境规制跨越特定门槛值时,对经济增长质量具有显著提升作用。周瑾等(2018)基于中国省级面板数据研究了社会资本对于经济增长质量的异质性作用及作用机制,发现社会资本对于经济增长质量的显著推动作用主要体现在提升经济增长效率和可持续性方面,对于经济稳定性则具有一定的抑制作用。而且,社会资本对经济增长质量的长期提升作用大于短期作用,同时还发现在经济发展水平高、城镇化程度高、市场化程度高的地区,社会资本对经济增长质量的积极影响更加明显。

与现有文献相比,本文试图从以下两个方面做出贡献:首先是在研究样本上,本文选取G20国家组成跨国面板,由于G20国家基本包括了全世界最重要的发达国家和发展中国家,以此作为研究样本所得出的结论对我国具有较好的借鉴意义。而现有文献主要基于中国省级面板数据进行研究,缺乏对国际经验的检验。其次是在研究视角上,本文利用熵值法测度G20国家的经济增长质量综合指数,着重从经济制度环境角度来分析经济自由度对经济增长质量水平的影响,同时考察经济自由度的各分项指标对经济增长质量的作用。此外,本文还将G20分为发达国家和发展中国家两个子样本,以检验经济自由度在不同类型国家中对经济增长质量的影响是否存在异质性,从而提高研究结果的可信度。本文剩余部分如下:第一部分为经济增长质量指标体系的构建与测度,第二部分为理论分析,第三部分为计量模型设定、变量说明与描述性统计,第四部分为实证结果与分析,最后为结论与启示。

一、经济增长质量指标体系的构建与测度

(一) 经济增长质量指标体系的构建

经济增长质量是对一个国家或地区经济发展状况的综合评价指标,不仅关注经济增长效应,同时也强调与经济增长联系紧密的社会效应和自然效应,是在数量型经济增长基础上的质量优劣程度的价值评判(任保平,2013)。因此,经济增长质量指标的构建应是增长速度与稳定性、经济结构优化、社会福利改善、资源利用与环境代价的综合体现,为中长期宏观经济政策的制定提供参考,以实现经济社会的可持续发展。本文根据经济增长质量的内涵,参考钞小静(2009)、随洪光(2013,2017)、宋明顺(2015)等学者的研究,从经济增长效率、经济增长稳定性、经济结构优化、社会福利和绿色发展五个维度构建经济增长质量指标体系,具体的指标分类和说明如表1所示。

表1 经济增长质量指标体系构建

一级指标	二级指标	基础指标	单位	指标属性
经济增长质量指数	经济增长效率	资本生产率	%	正向指标
		劳动生产率	美元/工人	正向指标
		全要素生产率	%	正向指标
	经济增长稳定性	经济波动率	%	逆向指标
		通货膨胀率	%	逆向指标
		失业率	%	逆向指标
	经济结构优化	工业增加值占GDP比重	%	正向指标
		服务业增加值占GDP比重	%	正向指标

(续表)

一级指标	二级指标	基础指标	单位	指标属性
		服务出口占总出口比重	%	正向指标
		高科技出口占制成品出口比重	%	正向指标
	社会福利	互联网普及率	%	正向指标
		出生时的预期寿命	岁	正向指标
		人均消费支出	美元	正向指标
	绿色发展	单位GDP能耗	千克石油当量/美元	逆向指标
		单位GDP电耗	千瓦时/美元	逆向指标
		单位GDP二氧化碳排放量	千克/美元	逆向指标

注：所有原始数据均来自佩恩表(PWT 9.1)、世界银行和国际劳工组织数据库。

（二）经济增长质量指数的测度

本文采用熵值法测算经济增长质量指数，首先将基础指标生成经济增长效率、经济增长稳定性、经济结构优化、社会福利和绿色发展五个维度的经济增长质量指数，然后基于各分项经济增长质量指数生成经济增长质量综合指数，具体测算过程如下。

1. 数据标准化处理

首先，无量纲化处理。在多指标评价体系中，各指标具有不同的属性、量纲和数量级，无法对原始数据直接进行合成。因此，为了保证结果的合理性与可靠性，需要对原始数据进行去量纲的标准化处理，本文采用规范化方法，即离差标准化法去量纲。其次，正向化处理。由于各指标的数据特性不一，有的是数值越大越好，即正向指标，有的是数值越小越好，即逆向指标。因此，需要对正逆向指标数据进行区别处理。此外，在接下来用熵值法计算权重的过程中，可能会出现 ln0 的情况，为了避免对数的无意义，需要对数据进行 1 个单位的平移处理。具体处理方法如下：

对于正向指标：

$$q_{ij} = \frac{X_{ij} - \min(X_{1j}, X_{2j}, \cdots, X_{nj})}{\max(X_{1j}, X_{2j}, \cdots, X_{nj}) - \min(X_{1j}, X_{2j}, \cdots, X_{nj})} + 1 \qquad (1)$$

对于逆向指标：

$$q_{ij} = \frac{\max(X_{1j}, X_{2j}, \cdots, X_{nj}) - X_{ij}}{\max(X_{1j}, X_{2j}, \cdots, X_{nj}) - \min(X_{1j}, X_{2j}, \cdots, X_{nj})} + 1 \tag{2}$$

其中，$i=1,2\cdots n$，分别代表 n 个国家；$j=1,2\cdots m$，分别代表 m 个指标；q_{ij} 为去量纲后的数据，X_{ij} 为原始数据。

2. 指标权重计算

(1) 将各国数据进行标准化处理后，用矩阵 $\boldsymbol{Q}=(q_{ij})_{n\times m}$ 表示。其中，$i=1,2\cdots n$，分别代表 n 个国家；$j=1,2\cdots m$，分别代表 m 个指标。

(2) 计算熵值：

$$e_j = -k \sum_{i=1}^{n} (q_{ij} \times \ln q_{ij}) \tag{3}$$

其中，$k>0$，$e_j>0$，令 $k=1/\ln n$，n 为样本量。

(3) 计算差异系数：

$$g_j = 1 - e_j \tag{4}$$

g_j 越大，指标越重要。

(4) 计算权重：

$$W_j = \frac{g_j}{\sum_{j=1}^{m} g_j} \tag{5}$$

3. 二级指标值计算

对标准化处理后的基础指标值加权求和得到二级指标值，计算公式如下：

$$\boldsymbol{Q}_{it} = \sum_{j=1}^{m} (W_{ijt} \times q_{ijt}) \tag{6}$$

其中，$\boldsymbol{Q}_{it}$ 分别为第 t 年的经济增长效率、经济增长稳定性、经济结构优化、社会福利和绿色发展指标值；W_{ijt} 分别对应第 t 年各基础指标在其所属二级指标中的权重；q_{ijt} 为标准化处理后第 t 年的各基础指标值。

4. 一级指标值计算

由(5)式可计算出 2001—2014 年各年度经济增长效率、经济增长稳定性、经济结构、社会福利和绿色发展等五个二级指标在一级指标中的权重，然后对经过标准化处理后的二级指标值进行加权求和，最后得出一级指标值。计算公式如下：

$$Q_t = \sum_{j=1}^{m} W_{it} \times Q_{it} \qquad (7)$$

其中，Q_t 为第 t 年的经济增长质量指数值；W_{it} 分别对应第 t 年二级指标在一级指标中的权重；Q_{it} 分别为第 t 年的经济增长效率、经济增长稳定性、经济结构优化、社会福利和绿色发展指标值。由(7)式可计算出 2001—2014 年 G20 国家的经济增长质量指数值，具体结果如表2和表3所示：

表2　G20 国家经济增长质量指数(1)

年份	阿根廷	澳大利亚	巴西	中国	德国	法国	英国	印度尼西亚	印度
2001	1.2094	1.6713	1.3325	1.4328	1.6346	1.7604	1.8537	1.3067	1.2307
2002	1.1870	1.6688	1.3329	1.3766	1.6621	1.7674	1.8954	1.3499	1.1957
2003	1.2703	1.7440	1.3494	1.3254	1.5660	1.8013	1.9136	1.3608	1.2584
2004	1.2790	1.7146	1.3699	1.2167	1.7457	1.7815	1.8828	1.3121	1.1771
2005	1.3939	1.7172	1.3136	1.3035	1.6645	1.7008	1.8620	1.3361	1.2526
2006	1.2864	1.6853	1.4040	1.2434	1.6841	1.7814	1.8933	1.2214	1.2033
2007	1.3374	1.6384	1.3220	1.2553	1.7385	1.8487	1.9306	1.2427	1.2515
2008	1.3680	1.7370	1.4378	1.2769	1.7608	1.8418	1.8828	1.2550	1.2148
2009	1.3073	1.6841	1.3921	1.3386	1.6846	1.7555	1.8536	1.2461	1.2044
2010	1.3118	1.7510	1.3323	1.3094	1.7619	1.8626	1.8904	1.1992	1.2161
2011	1.3621	1.7308	1.4112	1.3296	1.7886	1.9006	1.9163	1.2847	1.2171
2012	1.3136	1.7341	1.4237	1.3607	1.7754	1.8720	1.8982	1.2985	1.2368
2013	1.3300	1.7297	1.4028	1.3239	1.7610	1.8550	1.9020	1.2470	1.2075
2014	1.2888	1.7354	1.3863	1.3362	1.6767	1.8665	1.8990	1.2462	1.2413

表3　G20 国家经济增长质量指数(2)

年份	意大利	日本	韩国	墨西哥	俄罗斯	沙特阿拉伯	土耳其	美国	南非
2001	1.6617	1.7326	1.5525	1.4099	1.1148	1.3461	1.3169	1.8260	1.1186
2002	1.6476	1.7249	1.5452	1.4158	1.1618	1.2862	1.3164	1.8145	1.1566
2003	1.7053	1.7830	1.5944	1.4177	1.1633	1.4023	1.3450	1.8504	1.1548

(续表)

年份	意大利	日本	韩国	墨西哥	俄罗斯	沙特阿拉伯	土耳其	美国	南非
2004	1.6674	1.7862	1.5224	1.4283	1.0719	1.3620	1.4325	1.8275	1.2464
2005	1.6199	1.7644	1.5631	1.3661	1.1283	1.2793	1.5702	1.8708	1.2343
2006	1.6849	1.7688	1.5521	1.4206	1.0583	1.3325	1.4502	1.8112	1.2014
2007	1.6448	1.7531	1.5758	1.3717	1.1464	1.3226	1.4201	1.8010	1.2108
2008	1.6525	1.7347	1.5551	1.4719	1.1586	1.3107	1.4529	1.8416	1.1851
2009	1.6168	1.7431	1.5635	1.3933	1.1760	1.3730	1.3718	1.7785	1.1031
2010	1.7235	1.8003	1.5662	1.4590	1.1891	1.2475	1.4449	1.8149	1.1498
2011	1.6673	1.7070	1.5422	1.4369	1.1974	1.2532	1.4793	1.7882	1.1894
2012	1.6187	1.6607	1.5817	1.4626	1.2625	1.3646	1.4588	1.7946	1.1217
2013	1.6719	1.7901	1.5456	1.4324	1.2713	1.3424	1.4728	1.7956	1.1721
2014	1.6253	1.7768	1.5621	1.4125	1.2851	1.3452	1.4640	1.8010	1.1673

5. 经济增长质量指数比较

根据上文的经济增长质量指数表,可得出G20各类型国家的经济增长质量指数(见表4),并绘制出相应的经济增长质量指数变动趋势图(如图1所示),进而对G20各类型国家的经济增长质量做比较分析。

表4 经济增长质量指数比较

年份	G20	发达国家	发展中国家	中国
2001	1.4728	1.7116	1.2818	1.4328
2002	1.4725	1.7157	1.2779	1.3766
2003	1.5003	1.7448	1.3048	1.3254
2004	1.4902	1.7410	1.2896	1.2167
2005	1.4967	1.7204	1.3178	1.3035
2006	1.4824	1.7326	1.2822	1.2434
2007	1.4895	1.7414	1.2881	1.2553

(续表)

年份	G20	发达国家	发展中国家	中国
2008	1.5076	1.7507	1.3131	1.2769
2009	1.4769	1.7099	1.2906	1.3386
2010	1.5016	1.7713	1.2859	1.3094
2011	1.5112	1.7551	1.3161	1.3296
2012	1.5133	1.7419	1.3304	1.3607
2013	1.5141	1.7564	1.3202	1.3239
2014	1.5064	1.7428	1.3173	1.3362

由图1可以看出,G20平均经济增长质量指数每年都在1.5左右,表现出较为稳定的特征;G20中发达国家的平均经济增长质量指数位于1.70~1.76,比G20整体的平均值高出0.2以上;G20中发展中国家的平均经济增长质量指数较低,整体维持在1.27~1.34,远低于发达国家的经济增长质量水平。而中国的经济增长质量指数呈现出先下降后上升的态势,从2001年的1.43下降到2004年的1.22,之后进入了缓慢上升阶段,但在近几年也只是稍稍高于发展中国家的平均水平。这说明我国的经济增长质量仍然比较低,与发达国家相比还有较大差距。

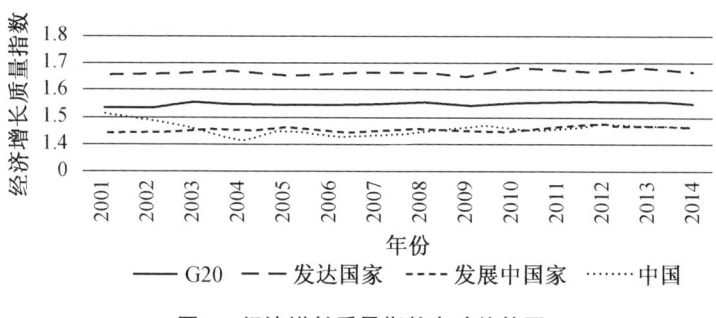

图1 经济增长质量指数变动趋势图

二、理论分析

经济自由与经济增长密切相关(Sturm & De Haan, 2001[①], 2011[②]),政府对经济的干预程度,即经济自由度对经济社会发展具有重要影响。本文采用加拿大弗雷泽研究所编制的各国经济自由度指数来衡量经济自由度,该指标从政府规模、法律结构与产权保护、货币政策合理性、对外交往自由度和劳动力与商业管制五个方面分别进行测评,最终合成经济自由度综合指数。因此,我们主要从这五个方面来分析经济自由度对经济增长质量的影响机制。

1. 政府规模对经济增长质量的影响机制

政府规模大,说明政府控制的资源多,对经济的干预程度较高,对市场具有较强的控制能力。一方面,政府可以通过采取各种措施干预经济的运行,以缓解市场失灵,有利于经济增长;另一方面,政府为了自身的运行会占用生产性部门的资源,同时政府制定的税收政策可能存在一定的扭曲,而且政府有时候会对市场进行错误干预,这些都会阻碍经济增长(Barro, 1991)。此外,政府权力的范围和执行过程也会对经济和社会产生一定的正面或负面效应。因此,政府规模对经济增长质量的影响并不能得到有效确定。

2. 法律结构与产权保护对经济增长质量的影响机制

"法治是最好的营商环境",打造法治化营商环境既是市场经济的内在要求,也是实现经济高质量发展的重要保障。首先,完善的法律制度有利于营造公平竞争的市场经济,规范市场参与主体的行为,维护公平的市场竞争秩序,在优胜劣汰的竞争中合理配置资源,从而保障市场经济的健康有序发展。其次,良好的法治环境可以依法平等保护各类所有制主体合法权益,激发投资和生产的积极性,促进正向激励和优胜

[①] STURM J E, DE HAAN J. How robust is the relationship between economic freedom and economic growth? [J]. Applied Economics, 2001, 33(7): 839-844.

[②] STURM J E, DE HAAN J. On the relationship between economic freedom and economic growth[J]. European Journal of Political Economy, 2011, 16(2): 215-241.

劣汰,从而提高经济增长质量。再次,知识产权保护制度体现了尊重创新和保护知识成果的宗旨,对创新原动力起到了重要支撑作用。加强知识产权保护力度能够进一步激发创新活力,将全社会的智慧和力量凝聚到创新发展之上,有利于经济增长由要素驱动和投资驱动向创新驱动转变,以创新驱动引领高质量发展。

3. 货币政策合理性对经济增长质量的影响机制

货币政策作为宏观经济调控的主要手段之一,在国民经济运行中发挥着不可替代的作用。货币政策的实施是否合理,关系到整个经济系统是否健康平稳和经济增长质量的优劣。合理的货币政策能够为宏观经济运行提供比较适宜的货币金融环境,是推动经济高质量发展的重要因素。具体来说,在经济过热时,实施紧缩性的货币政策可以抑制消费和投资,降低通货膨胀率,防范金融风险;在经济面临衰退时,扩张性的货币政策可以为经济运行注入流动性,降低企业融资成本,激发市场主体活力。总之,根据内外部环境的变化,通过实施合理稳健的货币政策,能够平抑经济周期波动,为整体经济的健康稳定和高质量发展提供有力支撑。

4. 对外交往自由度对经济增长质量的影响机制

贸易和资本流动是国际交往中最活跃的两个环节,对各国经济运行与发展起着至关重要的作用。自由贸易的发展促进了国际商品和服务交换的繁荣,推动国际分工的日益深化,各国利用各自的比较优势使本国资源得到最佳配置,从而有效推动经济发展。而且,通过国际交换,各国可以获得本国不能生产或者自己生产成本太高的商品,较大提升了消费者的福利水平。货币的自由兑换和资本自由流动能够促进国际贸易和投资的便利化,降低国际交易成本。同时,放松资本管制可以促进资本在全球进行调剂余缺,实现资源的优化配置,从而提高经济效率。但是,这并不意味着对外交往的自由度越高越好。无条件的自由贸易和资本流动使得收益在不同国家之间的分配不均衡,容易导致国家间的利益冲突无法调和,从而对某些国家的产业发展、环境保护、金融安全等领域构成严重威胁。

5. 劳动与商业管制的放松对经济增长质量的影响机制

对于劳动与商业管制的放松对经济增长质量的影响,要坚持适度原则去看待,不能一概而论。一方面,放松劳动与商业管制,能够引导劳动、资本、技术等各要素在各地区和企业之间自由流动,使资源得到优化配置,促进经济运行效率。打破各种形式的不合理限制和隐性壁垒,营造更自由的商业环境,能够吸引更多投资,激发创业和创新活动,从而促进经济增长的可持续性。另一方面,过度的商业自由也会对经济产生负作用。历次经济危机的发生表明,对资本的过度放任会增加经济活动的盲目性、混乱性和投机性,同时也会造成社会财富分配不公,进一步加剧两极分化。因此,可预期适度放松劳动与商业管制能够改善经济增长质量。

三、计量模型设定、变量说明与描述性统计

(一) 计量模型设定

考虑到当期经济增长质量会受到上期经济增长质量的影响,即经济增长质量具有一定的惯性趋势。因此,在回归方程中引入经济增长质量的滞后一期,从而构成如下动态面板数据模型:

$$Quality_{it}=\beta_0+\beta_1 Quality_{it-1}+\beta_2 Freedom_{it}+\lambda Control_{it}+\varepsilon_{it} \tag{8}$$

其中,$Quality_{it}$表示的是i国家在t年的经济增长质量指数;$Quality_{it-1}$表示滞后一期的经济增长质量指数;$Freedom_{it}$表示i国家在t年的经济自由度指数;$Control_{it}$表示一系列控制变量的集合,主要包括城镇化水平、贸易开放度、外商直接投资和人力资本;ε_{it}表示随机扰动项。

(二) 变量说明

除了被解释变量(经济增长质量)外,本文的核心解释变量和主要控制变量说明如下(见表5)。

1. 核心解释变量

经济自由度(Freedom):本文参考李丽和徐明峰(2006)、Azman-Saini et al. (2010),Jones & Stroup(2013)的研究,采用加拿大弗雷泽研究所编制的各国经济自由度指数来衡量经济自由,该指标分别从政府规模、法律结构与产权保护、货币政策合理性、对外交往自由度和劳动力与商业管制五个方面进行测评,并加权合成经济

自由度综合指数。经济自由度指数的范围为[1,10],数值大小与经济自由度呈正比,即指数越大,表明经济自由度越高。

2. 主要控制变量

(1) 城镇化水平($Urban$):城镇化水平用城镇人口数占总人口数的比重来表示,代表一个国家或地区城镇化所达到的程度,是一国或地区经济发展水平的重要标志。一方面,城镇化的发展有利于形成规模经济,提高生产效率,同时能够改善民生和提高社会福利水平,从而在一定程度上有利于经济增长质量的提升;另一方面,城镇化也将扩大城乡居民收入差距、能源资源消耗的增加和环境污染程度的恶化,对经济增长质量形成负面效应。因此,城镇化水平对于经济增长质量的影响效果无法确定。数据来源于世界银行。

(2) 贸易开放度($Open$):贸易开放度用进出口贸易总额与GDP的比重来表示,以衡量一个国家或地区的经济发展外向程度或对外贸的依赖程度。一方面,经济发展外向程度高说明一国或地区的对外开放程度较高,有助于经济增长和社会福利水平的提高;另一方面,对外贸的依赖程度较高意味着受外部市场环境的影响较大,会不可避免地对经济稳定性造成一定的负面影响。因此,贸易开放度对经济增长质量的影响效果具有不确定性。数据来源于世界银行。

(3) 外商直接投资(Fdi):外商直接投资水平用实际利用外商直接投资额占GDP的比重来表示,以衡量一个国家或地区的经济受外商直接投资的影响程度。一方面,外商直接投资可以为东道国带来资本投资和就业机会的增加,还可以带来先进的技术和管理经验,因而对当地的经济增长具有一定的促进作用;另一方面,外商的进入会加剧当地行业竞争,对本土企业的生存和发展产生严重威胁,进而造成就业挤出效应;而且,一些高能耗高污染的外资企业进驻会使当地的环境更加恶化,从而增加环保压力。因此,外商直接投资对于经济增长质量的影响具有正反两方面的作用。数据来源于UNCTAD数据库。

(4) 人力资本($Human$):人力资本是体现在人身上的资本,即对生产者进行教育、职业培训等支出及其在接受教育时的机会成本等的总和,表现为蕴含于人身上的各种生产知识、劳动与管理技能以及健康素质的存量总和。因此,人力资本水平可以合理地衡量一个国家或地区的劳动力素质和竞争力。较高的劳动力素质能够形成更高的生产能力和生产效率,从而突破物质资本和劳动力数量的制约,因此可预期人力资本的提升对于经济增长质量的改善具有重要的推动作用。数据来源于佩恩表(PWT 9.1)中的人力资本指数。

表5 变量的定义与说明

变量类型	变量名称	变量符号	变量说明
被解释变量	经济增长质量	$Quality$	经济增长质量指数
主要解释变量	经济自由度	$Freedom$	经济自由度指数
	政府规模	$Government$	政府规模指数
	法律结构与产权保护	$Legal$	法律结构与产权保护指数
	货币政策合理性	$Monetary$	货币政策合理性指数
	对外交往自由度	$Exchange$	对外交往自由度指数
	劳动与商业管制	$Regulation$	劳动与商业管制指数
主要控制变量	城镇化水平	$Urban$	城镇人口数/总人口数
	贸易开放度	$Open$	进出口贸易额/GDP
	外商直接投资	Fdi	利用外商直接投资额/GDP
	人力资本	$Human$	人力资本指数

(三) 描述性统计

本文利用2001—2014年G20国家的样本数据进行实证研究,由于相关数据缺失严重,本文剔除了加拿大和欧盟的样本。此外,由于沙特阿拉伯个别年份的经济自由度指数缺失,经济自由度指标的总样本存在些许减少。各变量的描述性统计结果如表6所示,所有原始数据均来自加拿大弗雷泽研究所、世界银行与国际劳工组织数据库。从表6中可以看出,2001—2014年G20国家的平均经济增长质量指数在1.5左右,最小值只有1.058,最大值达到了1.931,说明G20国家之间的经济增长质量水平差异较大。

表 6 变量的描述性统计

变量	样本	均值	标准差	最小值	最大值
Quality	252	1.495	0.241	1.058	1.931
Freedom	243	6.996	0.766	4.490	8.470
Government	243	6.239	1.021	3.332	8.312
Legal	243	6.165	1.414	2.560	8.795
Monetary	243	8.430	1.363	3.588	9.887
Exchange	243	7.321	0.903	3.600	9.279
Regulation	243	6.820	1.082	4.303	8.898
Urban	252	72.13	16.06	27.92	93.02
Open	252	51.74	17.93	19.80	110.0
Fdi	252	1.854	1.477	−4.085	8.496
Human	252	2.878	0.572	1.797	3.734

四、实证结果与分析

(一) 基本回归

我们首先对计量模型进行基本回归分析。由于可能存在测量误差或遗漏变量，被解释变量与解释变量之间也有可能存在双向因果关系，计量模型可能存在内生性问题，而内生性问题会导致估计结果出现偏误。一方面，经济自由度与经济增长质量可能存在双向因果关系，即经济自由度可能提高经济增长质量，而经济增长质量的变化也可能对经济自由度产生影响；另一方面，虽然本文已经设定了多个控制变量，但不可避免地会遗漏一些对被解释变量产生重要影响的其他变量；此外，经济自由度的测量可能存在着一定的偏差，这三种因素都会造成内生性问题。为了避免潜在的内生性问题，本文采用系统GMM动态面板数据模型进行回归，考虑经济增长质量会受到前期经济增长质量水平的影响，本文选择经济增长质量指数的滞后一阶作为工具变量。

表7报告了将被解释变量(经济增长质量指数)滞后一期纳入模型以后的动态面板回归结果。使用系统GMM的前提为扰动项$\{\varepsilon_{it}\}$不存在自相关,本文使用Arellano-Bond检验对回归结果进行扰动项自相关检验。从AR(1)和AR(2)的检验结果看,扰动项存在一阶自相关,但不存在二阶自相关,故接受"扰动项$\{\varepsilon_{it}\}$无自相关"的原假设,可以使用系统GMM方法。另外,系统GMM中加入了被解释变量的滞后项作为工具变量,还需要进行工具变量过度识别检验。本文采用Sargan检验进行工具变量过度识别检验,结果显示所有P值都在0.25以上,因此接受"所有工具变量均有效"的原假设,说明模型的设定是合理的。

表7第(1)列展示了仅将滞后一期的经济增长质量和经济自由度作为解释变量进行回归的结果,可以看出滞后一期的经济增长质量系数为正,且非常显著,这说明G20国家的经济增长质量明显受到前一期经济增长质量的影响,即经济增长质量水平具有较为明显的惯性特征。进一步观察经济自由度的系数,经济自由度指数在1%的显著性水平上对经济增长质量存在正面影响,这说明经济自由度指数越大,经济增长质量水平越高,即经济自由度指数增加1单位时,就会使经济增长质量提高0.0633单位。第(2)~(5)列分别是依次纳入城镇化水平、贸易开放度、外商直接投资和人力资本等变量后的回归结果。可以看出,在依次纳入各控制变量后,滞后一期的经济增长质量、经济自由度的回归系数符号和显著性并没有发生改变,因此回归结果是比较稳健的。至于其余的控制变量,城镇化水平对经济增长质量的影响不显著,可能的原因是城镇化对经济增长质量正反两方面作用相互抵消了;贸易开放度和外商直接投资与经济增长质量呈显著负相关,说明贸易开放度和外商直接投资对经济增长质量的负面作用超过了正面作用;而人力资本的系数显著为正,说明劳动力素质的提高有利于改善经济增长质量。

表7 基本回归结果

变量	(1)	(2)	(3)	(4)	(5)
$L.Quality$	0.721*** (0.0565)	0.654*** (0.0514)	0.649*** (0.0512)	0.643*** (0.0556)	0.537*** (0.0724)
$Freedom$	0.0633*** (0.0191)	0.0619*** (0.0143)	0.0640*** (0.0140)	0.0635*** (0.0133)	0.0532*** (0.0113)
$Urban$		0.00178*** (0.000467)	0.00160*** (0.000449)	0.00150*** (0.000515)	−0.000603 (0.000867)
$Open$			−0.000799 (0.000625)	−0.000765 (0.000573)	−0.00178*** (0.000526)
Fdi				−0.0105*** (0.00323)	−0.00876*** (0.00279)
$Human$					0.122*** (0.0413)
$Constant$	−0.0220 (0.121)	−0.0395 (0.109)	0.00594 (0.0992)	0.0437 (0.103)	0.119 (0.121)
$AR(1)$	0.0002	0.0002	0.0003	0.0002	0.0003
$AR(2)$	0.1189	0.1271	0.1441	0.2644	0.3278
$Sargan$	0.3131	0.2654	0.3325	0.4381	0.3742
样本数	226	226	226	226	226

注：***、**和*分别表示1%、5%和10%的显著性水平；括号内为稳健标准误；下表同。

（二）分样本回归

1. 分时段回归

经济自由度的作用可能会随着时间的推移出现趋势性变化,因此我们进行分时段回归,将样本区间划分为两个相等的时间段,考察经济自由度在时序上的异质性作用。表8第(1)、(2)列报告了以2008年为界的分时段回归结果。其中,第(1)列为2008年之前的样本回归。结果显示,经济自由度的系数显著为正,即经济自由度的增加能够促进经济增长质量的提高。第(2)列是基于2008年及其之后的样本回归。结果显示,经济自由度的系数同样为正,但与2008年之前的回归结果相比,显著性有了明显提升。这说明,2008年之后经济自由度对经济增长质量的影响作用在增加。原因在于:2008年金融危机后,发达国家需求疲弱,经济增长主要依赖适当的财政及货币政策支持。以中国为代表的新兴经济体进一步提高经济自由度以改善营商环境,吸引了全球资本竞相流入,成为世界经济增长引擎。这表明,在金融危机后,世界经济增长动能发生了变化,发达国家的货币政策合理性和发展中国家的经济开放度和自由度对经济增长的作用进一步增强。

表8 分样本回归结果

变量	Year<2008 (1)	Year>=2008 (2)	发达国家 (3)	发展中国家 (4)
$L.Quality$	0.537*** (0.126)	0.453*** (0.0937)	0.584*** (0.124)	0.421*** (0.0739)
$Freedom$	0.0912* (0.0520)	0.0670*** (0.0147)	−0.0187 (0.0267)	0.0336* (0.0195)
$Urban$	−0.00335 (0.00363)	0.000942 (0.00136)	−0.00449** (0.00211)	0.00182** (0.000815)
$Open$	−0.00198 (0.00145)	−0.00179** (0.000722)	−0.00128** (0.000515)	−0.00109 (0.000707)
Fdi	−0.00942** (0.00450)	−0.00669 (0.00536)	−0.000603 (0.00120)	−0.00963** (0.00488)
$Human$	0.202 (0.169)	0.110*** (0.0393)	0.108* (0.0649)	−0.0505 (0.0332)
$Constant$	−0.172 (0.412)	0.0713 (0.139)	0.927*** (0.256)	0.618*** (0.149)
$AR(1)$	0.0016	0.0006	0.0174	0.0035
$AR(2)$	0.0530	0.3958	0.9412	0.1307
$Sargan$	0.2853	0.2284	0.4874	0.5792
样本数	102	124	104	122

2. 分国家类型回归

由于各国经济发展水平和经济自由度都差异较大,经济自由度对经济增长质量的影响程度可能会不同。因此,为了考察经济自由度对经济增长质量的作用在不同类型国家之间的异质性,我们将样本分为发达国家和发展中国家两组进行回归。表8第(3)、(4)列分别报告了发达国家和发展中国家的样本回归。结果显示,发展中国家经济自由度的系数显著为正,而发达国家经济自由度的系数不显著。这表明,经济自由度对经济增长质量的影响在不同类型国家之间确实存在异质性,即发展中国家经济自由度的增加能够促进经济增长质量的改善,而对于发达国家来说,经济自由度对经济增长质量的影响效果不明显。对此可能的解释为:发达国家的经济自由度已经很高,经济自由度的进一步增加所带来的边际效应在递减,而且过高的经济自由度也可能会产生一定副作用。而发展中国家目前的经济自由度都较低,提升空间还比较大,因此对经济增长质量的改善作用会更加明显。

(三) 经济自由度分项指标回归

在上文中,我们研究了经济自由度综合指数对经济增长质量的影响,估计结果表明经济自由度的增加有助于经济增长质量的提升,但并没有说明经济自由度综合指数是通过哪些渠道对经济增长质量产生显著推动作用的。因此,接下来我们将进一步研究经济自由度各分项指标对经济增长质量的影响效果。

为了克服潜在的内生性问题,我们同样利用系统 GMM 动态面板数据模型对经济自由度各分项指标对经济增长质量的影响进行实证检验,具体回归结果见表9。第(1)、(2)、(3)、(4)、(5)列分别报告了政府规模、法律结构与产权保护、货币政策合理性、对外交往自由度和劳动力与商业管制等经济自由度分项指标的回归结果。

表9 经济自由度分项回归结果

变量	(1)	(2)	(3)	(4)	(5)
L.Quality	0.626*** (0.094 2)	0.601*** (0.074 8)	0.668*** (0.091 5)	0.571*** (0.079 5)	0.602*** (0.095 7)
Government	5.08e-05 (0.012 5)				

(续表)

变量	(1)	(2)	(3)	(4)	(5)
Legal		0.021 3** (0.008 97)			
Monetary			0.016 1* (0.009 44)		
Exchange				0.025 2*** (0.006 97)	
Regulation					0.008 68 (0.012 3)
Urban	0.000 343 (0.001 20)	0.000 153 (0.001 08)	−0.000 295 (0.000 901)	0.001 23 (0.001 37)	0.001 26 (0.000 983)
Open	−0.000 817 (0.000 725)	−0.000 862 (0.000 537)	−0.000 901* (0.000 498)	−0.000 519 (0.000 578)	−0.000 657 (0.000 585)
Fdi	−0.011 1*** (0.002 79)	−0.008 34*** (0.002 85)	−0.010 4*** (0.003 42)	−0.009 70*** (0.002 65)	−0.008 79*** (0.002 83)
Human	0.109*** (0.042 1)	0.101** (0.042 6)	0.115** (0.052 4)	0.103** (0.051 5)	0.089 2* (0.050 8)
Constant	0.283** (0.130)	0.226** (0.092 5)	0.118 (0.120)	0.119 (0.126)	0.240** (0.110)
AR(1)	0.000 2	0.000 3	0.000 3	0.000 2	0.000 3
AR(2)	0.260 9	0.243 8	0.218 6	0.199 7	0.236 0
Sargan	0.087 1	0.470 8	0.616 7	0.216 3	0.320 2
样本数	226	226	226	226	226

结果显示,除了政府规模和劳动与商业管制的系数不显著外,其他经济自由度分项指标的系数符号都为正且非常显著。这表明在构成经济自由度综合指数的各分项指标中,法律结构与产权保护、货币政策合理性和对外交往自由度等方面的改善都能够明显提升G20国家的经济增长质量水平,具体原因可参见理论分析部分,在此不再赘述。而政府规模、劳动与商业管制对经济增长质量没有显著影响,对此可能的解

释为:(1)当期政府规模、劳动与商业管制的改善不能立刻对经济增长质量产生显著的促进作用,需要经过一定时期的传导才能充分发挥出来,即政府规模、劳动与商业管制对经济增长质量的影响存在滞后性;(2)各国政府干预程度和劳动与商业管制程度都差异较大,进一步减少政府干预和放松劳动与商业管制对整体经济所产生的效果会因边际作用的大小而不同,这种异质性可能使得政府规模和劳动与商业管制对经济增长质量的影响变得不显著。

(四)滞后效应检验

经济自由度可能对经济增长质量的影响存在一定时滞,即经济自由度在当期对经济增长质量的影响效果是不全面的,可能要在下一期才能充分显现出来。因此,我们将经济自由度指数滞后一期替换当期经济自由度指数作为核心解释变量,利用系统GMM动态面板数据模型检验是否存在滞后效应。

从表10的回归结果可以看出,第(1)列中滞后一期经济自由度综合指数的系数显著为正,意味着上一期经济自由度的增加能够显著提升当期的经济增长质量水平。这表明:一方面,经济自由度对经济增长质量的影响具有一定的时滞效应或持续性;另一方面,本文的核心结论没有发生改变,即经济自由度增加有助于经济增长质量的提高,研究结果是比较稳健的。第(2)~(6)列分别是将经济自由度分项指标(政府规模、法律结构与产权保护、货币政策合理性、对外交往自由度和劳动与商业管制)都滞后一期作为核心解释变量进行回归的结果。结果显示,除了政府规模外,其他经济自由度分项指标对经济增长质量都具有滞后效应。这说明法律结构与产权保护、货币政策合理性、对外交往自由度、劳动与商业管制都对经济增长质量的影响具有滞后性,需要经过一定时期的传导才能充分发挥出来。同时,这也解释了当期劳动与商业管制对经济增长质量影响不显著的原因:劳动与商业管制的放松对个体和企业的决策行为影响存在一定时滞,而且从放松管制到投资增加再到经济增长质量的提高有一个较长时间的传导过程,因此当期劳动与商业管制的放松不能立刻对经济增长质量产生显著的促进效应。但随着时间的推移,经过一定时期的传导后,放松劳动与商业管制对经济增长质量的积极影响就会体现出来,即劳动与商业管制方面的改善对经济增长质量的提升作用具有滞后性。

表 10　滞后效应检验结果

变量	(1)	(2)	(3)	(4)	(5)	(6)
L.Quality	0.527*** (0.088 6)	0.650*** (0.084 9)	0.559*** (0.076 7)	0.734*** (0.094 5)	0.513*** (0.083 5)	0.671*** (0.086 7)
L.Freedom	0.069 3*** (0.017 6)					
L.Government		−0.007 87 (0.012 5)				
L.Legal			0.035 2*** (0.008 34)			
L.Monetary				0.019 7* (0.010 9)		
L.Exchange					0.036 2*** (0.006 79)	
L.Regulation						0.018 6** (0.008 59)
Urban	−0.000 747 (0.000 869)	−0.000 124 (0.000 819)	3.57e−05 (0.001 28)	0.000 221 (0.000 583)	0.001 19 (0.001 69)	0.000 326 (0.000 970)
Open	−0.001 57*** (0.000 595)	−0.001 12* (0.000 650)	−0.000 838 (0.000 514)	−0.000 154 (0.000 552)	−0.001 04* (0.000 533)	−0.000 800 (0.000 533)
Fdi	−0.008 08*** (0.002 62)	−0.009 04*** (0.002 50)	−0.008 95*** (0.002 75)	−0.007 46*** (0.002 18)	−0.006 33*** (0.001 96)	−0.006 76*** (0.001 67)
Human	0.134*** (0.051 5)	0.111** (0.043 3)	0.117*** (0.041 7)	0.049 0 (0.038 7)	0.144*** (0.053 1)	0.055 8 (0.048 8)
Constant	−0.013 0 (0.163)	0.337** (0.142)	0.163 (0.119)	0.098 9 (0.106)	0.026 6 (0.156)	0.237** (0.106)
AR(1)	0.000 2	0.000 2	0.000 2	0.000 2	0.000 3	0.000 2
AR(2)	0.154 8	0.195 0	0.230 5	0.103 1	0.201 8	0.162 6
Sargan	0.265 6	0.259 9	0.275 5	0.533 2	0.284 6	0.204 7
样本数	225	225	225	225	225	225

(五) 政府规模异质性检验

上文的滞后效应检验显示,政府规模对经济增长质量不具有滞后效应,无法作为当期政府规模对经济增长质量影响不显著的原因。因此,本文进一步考察是否由于异质性的存在使得政府规模对经济增长质量的影响变得不显著,我们根据政府规模的得分高低情况进行分组回归,具体回归结果见表11。

根据各国政府规模的平均得分情况,以6.45为界将G20国家分为政府规模得分较高(政府干预程度较低)的地区和政府规模得分较低(政府干预程度较高)的地区。表11第(1)、(2)列的回归结果显示,在政府规模得分较高(政府干预程度较低)的地区,政府规模的系数显著为正。而政府规模得分较低(政府干预程度较高)地区的系数同样为正,但是并不显著。这说明,政府规模对经济增长质量的影响在政府规模程度不同的地区之间确实存在异质性,这种异质性可能导致了政府规模对经济增长质量的影响变得不显著。政府干预的减少对经济增长质量的改善作用需要有一个累积的过程,只有超过一定临界点后,进一步减少政府干预对经济增长质量的提升作用才会明显。

表11 按政府规模得分分组回归结果

变量	政府规模(high) (1)	政府规模(low) (2)
$L.Quality$	0.589*** (0.064 4)	0.608*** (0.122)
$Freedom$	0.061 7*** (0.013 8)	0.042 0 (0.028 1)
$Urban$	0.002 17 (0.001 45)	0.000 743 (0.001 10)
$Open$	−0.000 860 (0.000 644)	−0.000 673 (0.000 568)
Fdi	−0.012 3*** (0.004 04)	−0.002 28 (0.004 06)

(续表)

变量	政府规模(high) (1)	政府规模(low) (2)
Human	−0.004 34 (0.051 6)	0.097 0 (0.068 1)
Constant	0.092 4 (0.084 6)	0.015 8 (0.142)
AR(1)	0.003 9	0.016 8
AR(2)	0.056 5	0.639 3
Sargan	0.070 4	0.147 1
样本数	117	109

五、结论与启示

本文基于2001—2014年G20国家的面板数据,采用熵值法测算了G20国家的经济增长质量水平,并研究了经济自由度与经济增长质量两者之间的关系,通过实证检验得出以下几个主要结论。

首先,经济增长质量指数的测算结果显示:从整体上看,G20国家每年的平均经济增长质量水平变化比较稳定;发达国家的经济增长质量明显高于发展中国家,这与现实情况相符合;中国的经济增长质量水平在近年来有了一定提升,但也只是稍稍高于发展中国家的平均水平,与发达国家相比仍有较大差距。其次,本文利用系统GMM动态面板数据模型进行实证研究,发现经济自由度对经济增长质量的影响显著为正,即经济自由度的增加的确有助于经济增长质量的提高,而且在2008年以后的影响效果更加明显。但是,经济自由度对经济增长质量的影响在G20发达国家和发展中国家之间存在异质性,即发展中国家经济自由度的增加能够有效提升经济增长质量水平,而对于发达国家而言,这种效应并不明显。进一步地,将经济自由度分项指标分别作为核心解释变量进行回归,发现法律结构与产权保护、货币政策合理性、对外交往自由度都与经济增长质量呈显著正相关,劳动与商业管制对经济增长质量的积极影响具有一定滞后性,而政府规模的影响则不明显。原因是政府规模对经济增长质量的影响在政府规模程度不同的地区之间存在异质性,这种异质性可能导致了政府规模对经济增长质量的影响变得不显著。

当前,中国经济已经进入"新常态",正处于由高速增长向中高速增长、粗放型增长向集约型增长、环境污染型增长向绿色增长转变的关键时期,在保证经济增长稳定的前提下更加注重经济增长质量的提升,坚持走可持续发展路径。本文实证检验了经济自由度与经济增长质量的关系,肯定了经济自由度对经济增长质量有明显的提升作用,而且对于经济自由度较低的发展中国家,经济自由度对经济增长质量的积极影响会更加明显。因此,在目前我国经济发展面临一系列瓶颈与挑战的情况下,推动制度环境的变革,全面提升经济自由度将具有十分重要的现实意义。应根据我国国情和当前所处的发展阶段,适度减少政府对市场的干预,不断完善和强化市场在资源配置中的主导作用,从而进一步激发市场主体活力,实现以较高的经济自由度推动经济高质量发展。

参考文献

[1] 钞小静,惠康.中国经济增长质量的测度力[J].数量经济技术经济研究,2009(6):75-86.

[2] 钞小静,任保平.城乡收入差距与中国经济增长质量[J].财贸研究,2014,25(5):1-9.

[3] 钞小静,任保平.中国经济增长质量的时序变化与地区差异分析力[J].经济研究,2011,46(4):26-40.

[4] 何兴邦.环境规制与中国经济增长质量:基于省际面板数据的实证分析[J].当代经济科学,2018(2):1-10.

[5] 李丽,徐明峰.转轨国家经济自由度与经济发展的相关性研究[J].世界经济研究,2006(7):84-88.

[6] 毛其淋.二重经济开放与中国经济增长质量的演进[J].经济科学,2012(2):7-22.

[7] 任保平.经济增长质量:经济增长理论框架的扩展[J].经济学动态,2013(11):45-51.

[8] 宋明顺,张霞.经济增长质量评价体系研究及应用[J].经济学家,2015(2):35-43.

[9] 随洪光,刘廷华.FDI是否提升了发展中东道国的经济增长质量——来自亚太、非洲和拉美地区的经验证据[J].数量经济技术经济研究,2014(11):3-20.

[10] 随洪光.外资引入、贸易扩张与中国经济增长质量提升——基于省际动态面板模型的经验分析[J].财贸经济,2013(9):85-94.

[11] 随洪光,余李,段鹏飞.外商直接投资、汇率甄别与经济增长质量——基于中国省级样本的经验分析[J].经济科学,2017(2):59-73.

[12] 周瑾,景光正,随洪光.社会资本如何提升了中国经济增长的质量?[J].经济科学,2018(4):33-46.

[13] AZMAN-SAINI W N W, BAHARUMSHAH A Z, LAW S H. Foreign Direct

Investment, Economic Freedom and Economic Growth: International Evidence [J]. Economic Modelling, 2010, 27(5): 1079-1089.

[14] BARRO R J. Economic Growth in a Cross Section of Countries[J]. Quarterly Journal of Economies, 1991, 106(2): 407-443.

[15] JONES S K, STROUP M D. Economic Freedom and the Mispricing of Single-state Municipal Bond Closed-end Funds[J]. Journal of Economics and Finance, 2013, 37(2): 173-187.

[16] STURM J E, DE HAAN J. How Robust Is the Relationship Between Economic Freedom and Economic Growth? [J]. Applied Economics, 2001, 33(7): 839-844.

[17] STURM J E, DE HAAN J. On the Relationship Between Economic Freedom and Economic Growth[J]. European Journal of Political Economy, 2011, 16(2): 215-241.

经济发展水平、政府资源配置与城市群集中度

黄妍妮　魏守华　郑建锋

自 2000 年以来,中国政府就再三强调要促进大中小城市和小城镇协调发展,中共十八大报告明确提出要"构建科学合理的城市化格局",《国家新型城镇化规划(2014—2020 年)》提出要科学规划建设城市群,推动大中小城市和小城镇协调发展。中共十九大报告更进一步指出,要以城市群为主体构建大中小城市和小城镇协调发展的城镇格局。从城市体系的角度看,不同规模等级的城镇保持协调发展,是世界城镇化演变的一般规律,也是走中国特色新型城镇化道路的根本要求(魏后凯,2014)。那么,我国城市群集中度有什么特征? 城市群集中度与自身经济发展水平和政府资源配置之间有什么关系? 各城市群是否应该根据自身的经济发展水平选择是集中化发展战略还是多中心发展战略? 本文将针对以上问题进行研究与解答。

一、文献综述

Rosen & Resnick(1980)利用 44 个国家 1979 年的数据,实证得出城市集中度和人均 GDP、总人口、铁路密度呈正相关,与国土面积呈负相关。Soo(2005)根据 73 个国家的数据,发现社会政治因素对城市集中度的影响要大于经济地理因素,且中国的城市集中度相比大多数国家来说更为均匀化。盛科荣等(2013)基于 57 个国家 2011 年的截面数据,最后得出:区域人口规模和人均 GDP 的扩大会提高首位城市的人口规模和城市集中度,对外贸易联系的增强、基础设施条件的改善和民主化程度的增强会降低城市集中度。但他们都是从国家层面针对城市集中度的影响因素进行的实证

研究,并没有细化到各个国家内部。

汪明峰(2001)利用我国 1984 年和 1997 年各省区的数据,实证得出城市集中度与区域经济发展水平呈负相关关系。刘修岩和刘茜(2015)根据 1996—2012 年我国省区面板数据和 DMSP/OLS 夜间灯光数据,实证发现区域的经济发展水平和人口规模对城市集中度有显著的负向影响。但他们都是以省区为研究对象,缺乏从城市群层面研究城市集中度的影响因素。Ades & Glaeser(1995)认为,政治因素是城市集中度的决定因素,一个国家的首都或省会城市会更易受到政府的偏向性政策支持,从而使得城市集中度变大。但是他们的研究结论不一定适用于我国。魏后凯(2014)也认为,我国政府资源配置的大城市和行政中心偏向,是导致我国近年来大城市尤其是特大城市规模快速扩张的重要原因,但是他们的研究却缺乏实证方面的检验。

由此可知,以往文献主要集中于利用国家或省区层面数据,对城市集中度的影响因素进行分析,很少对城市群的集中度进行研究,且没有对我国城市群集中度的区域差异进行深入考察,而这一点对解释我国城市群集中度差异的内在原因具有重要的意义。鉴于此,本文后续内容做如下安排:第二部分利用两城市指数和四城市指数,对中国十大城市群集中度的区域特征进行分析和比较;第三部分根据已有研究文献,提出城市群经济发展水平、政府资源配置影响城市群集中度的两个命题,以及计量方法与实证结果分析;第四部分是本文的结论。

二、中国十大城市群集中度的测度与特征

(一)城市群集中度测度方法

测度城市群集中度的主要方法一般有三种:赫芬达尔指数(HH 指数)、帕累托指数和首位度。其中,首位度的测算方法相对简单,是大多数文献度量城市群集中度的首选指标。城市群首位度的计算方法主要有两种:一种是计算首位城市规模占整个城市群规模的比重;另一种是计算一定数量城市之间的规模比,包括两城市指数、四城市指数和十一城市指数。两城市指数是指城市群最大城市的人口规模与第二大城市的人口规模之比,四城市指数是指城市群最大城市的人口规模与第二至第四大城

市的人口规模总和之比,十一城市指数是指城市群最大城市的人口规模与第二至第十一大城市的人口规模总和之比。由于第一类方法没有考虑不同城市群的城市个数差异,因而不便于进行城市群之间的比较。第二类方法的三个指标之间具有较大的相关性,但是十一城市指数会受限于城市群的城市个数,因此无法对所辖城市小于11个城市的城市群进行测度。综合以上分析,我们使用两城市指数和四城市指数度量我国城市群的集中度。

从计算方法上看,四城市指数的稳定性要高于两城市指数,因为两城市指数只考虑了两个城市的人口规模,容易受到外界因素的干扰,例如行政区划的影响对两城市指数的影响就大于四城市指数。如果采用两城市指数,一个关键城市行政区划的调整对集中度的影响就较为明显。以中原城市群的郑州市为例,2010年,郑州市新增了金水区和上街区,实现市辖区人口的迅猛增长,导致两城市指数从1.7805上升到3.0703,四城市指数从0.7106增加到1.2432,可以看出,四城市指数相对两城指数的变化范围较小。因此,由于四城市指数考虑的城市更多,在一定程度上熨平了首位城市和第二大城市人口的波动所造成的两城市指数数值的变化。

(二)城市群集中度测度结果分析

我们选取中国十大城市群作为研究区域,包括长三角城市群、珠三角城市群、京津冀城市群、辽中南城市群、山东半岛城市群、中原城市群、关中城市群、长江中游城市群、成渝城市群和海峡西岸城市群。其中,东部地区包含6个城市群,中部地区包含2个城市群,西部地区包含2个城市群。这十大城市群已经成为我国经济发展中最具活力和潜力的核心区域,是现有数据条件下研究城市群集中度的最佳尺度。其中,长三角城市群包括上海、南京、苏州、无锡、常州、南通、盐城、泰州、镇江、杭州、宁波、湖州、嘉兴、绍兴、舟山、台州、合肥、芜湖、铜陵等26个城市[①];珠三角城市群包括深圳、广州、东莞、中山、佛山、珠海、江门、惠州、肇庆9个城市;京津冀城市群包括北京、天津、保定、石家庄、沧州、唐山、张家口、廊坊、秦皇岛、承德、衡水、邢台、安阳、邯

---

① 包括上海、南京、无锡、常州、苏州、南通、盐城、扬州、镇江、泰州、杭州、宁波、嘉兴、湖州、绍兴、金华、舟山、台州、合肥、芜湖、马鞍山、铜陵、安庆、滁州、池州、宣城。

郸 14 个城市;辽中南城市群包括沈阳、鞍山、大连、抚顺、营口、铁岭、盘锦、丹东、辽阳、本溪 10 个城市;山东半岛城市群包括济南、潍坊、青岛、淄博、烟台、威海、东营、日照 8 个城市;中原城市群包括郑州、许昌、洛阳、新乡、平顶山、焦作、开封、济源、漯河 9 个城市;关中城市群包括西安、宝鸡、咸阳、商洛、渭南、铜川 6 个城市;长江中游城市群包括武汉、黄石、孝感、鄂州、咸宁、黄冈、株洲、长沙、南昌、湘潭、九江等 31 个城市[1];成渝城市群包括重庆、宜宾、成都、南充、乐山、绵阳、泸州、德阳、遂宁、眉山、自贡、广安、雅安、内江、达州、资阳 16 个城市;海峡西岸城市群包括福州、厦门、泉州、丽水、温州、鹰潭、汕头、上饶、潮州等 20 个城市[2]。

结合数据的可得性,采用市辖区人口作为城市规模的衡量指标,鉴于县级市的市辖区常住人口获取困难,现阶段只能获得该县级市的全部常住人口,因此,我们剔除中原城市群的济源市以及长江中游城市群的仙桃、潜江、天门市。十大城市群 2003—2014 年的两城市指数和四城市指数的测度结果见表 1 和表 2[3]。

表 1 中国十大城市群集中度演变趋势:基于两城市指数的测度(2003—2014 年)

城市群	年份	2003	2005	2007	2010	2011	2012	2013	2014
东部地区	长三角	2.6099	2.5130	2.4498	2.4498	2.4485	2.4551	2.1211	2.1130
	珠三角	1.7089	1.7414	1.7635	1.7911	1.7911	1.7951	1.7993	1.8024
	京津冀	1.4223	1.4431	1.4529	1.4710	1.4787	1.5095	1.5154	1.5152
	海峡西岸	2.3675	2.3756	2.384	2.3984	2.4011	2.3947	2.3890	2.3603
	山东半岛	1.2247	1.2624	1.2713	1.2447	1.2443	1.0332	1.0310	1.0263
	辽中南	1.7774	1.7640	1.7205	1.6940	1.7472	1.7450	1.7417	1.7364
	东部平均	1.8518	1.8499	1.8403	1.8411	1.8518	1.8221	1.7663	1.7589

---

[1] 包括武汉、黄石、宜昌、襄阳、鄂州、荆门、孝感、荆州、黄冈、咸宁、仙桃、潜江、天门、长沙、株洲、湘潭、衡阳、岳阳、常德、益阳、娄底、南昌、景德镇、萍乡、九江、新余、鹰潭、吉安、宜春、抚州、上饶。

[2] 包括福州、厦门、莆田、三明、泉州、漳州、南平、龙岩、宁德、温州、衢州、丽水、鹰潭、赣州、抚州、上饶、汕头、梅州、潮州、揭阳。

[3] 由于篇幅限制,此处只报告了部分年份的回归结果。下表同。

(续表)

	年份 城市群	2003	2005	2007	2010	2011	2012	2013	2014
中部地区	中原	1.6105	1.7070	1.7375	3.0703	3.1461	2.9883	2.6751	2.7274
	长江中游	2.3438	2.3232	2.2758	2.1538	1.7358	1.7221	1.7127	1.6965
	中部平均	1.9772	2.0151	2.0067	2.6121	2.441	2.3552	2.1939	2.212
西部地区	成渝	2.2320	2.1361	3.0356	2.8829	3.2500	3.2102	3.1634	3.3423
	关中	5.6085	5.7939	5.8183	3.9401	3.9693	3.9944	4.0460	4.1294
	西部平均	3.9203	3.965	4.427	3.4115	3.6097	3.6023	3.6047	3.7359
	总体平均	2.2906	2.3060	2.3909	2.3096	2.3212	2.2848	2.2195	2.2449

综合表1,对中国十大城市群的城市集中度和区域特征分析发现:东中西部地区城市群的城市首位度整体上呈现依次上升的趋势,即东部最低,中部次之,西部最高。东部地区城市群两城市指数的变化范围是1.02～2.61,中部地区城市群两城市指数的变化范围是1.61～3.07,西部地区城市群两城市指数的变化范围是2.13～5.82。如果人口规模的分布是完全均匀的,那么,两城指数应该是1,两城指数越远离1,说明城市规模分布越不均匀。因此,东部地区的城市群城市规模分布最均匀,中部次之,西部最不均匀。这与三个地区的经济发展水平和城市体系建设水平的差异是相一致的。

表2 中国十大城市群集中度演变趋势:基于四城市指数的测度(2003—2014年)

	年份 城市群	2003	2005	2007	2010	2011	2012	2013	2014
东部地区	长三角	1.1593	1.1205	1.1003	1.0960	1.0917	1.0231	0.9561	0.9071
	珠三角	0.8993	0.8799	0.8550	0.8176	0.8112	0.7955	0.7793	0.7644
	京津冀	0.8533	0.8591	0.8600	0.8739	0.8805	0.8858	0.9043	0.8036
	海峡西岸	0.9367	0.9080	0.8811	0.8845	0.8807	0.8722	0.8523	0.8423
	山东半岛	0.4845	0.4850	0.4812	0.4721	0.4717	0.4458	0.4458	0.4456
	辽中南	0.8694	0.8732	0.8692	0.8740	0.8739	0.8772	0.8805	0.8835
	东部平均	0.8671	0.8544	0.8411	0.8364	0.8350	0.8166	0.8031	0.7744

综合表 2,对中国十大城市群的城市集中度和区域特征分析发现:东中西部地区城市群的城市首位度整体上呈现依次上升的趋势,即东部最低,中部次之,西部最高。东部地区城市群四城市指数的变化范围是 0.44~1.16,中部地区城市群四城市指数的变化范围是 0.67~1.34,西部地区城市群四城市指数的变化范围是 1.25~2.11。如果人口规模的分布是完全均匀的,那么,四城市指数应该是 0.33,四城市指数越远离 0.33,说明城市规模分布越不均匀。因此,东部地区城市群的城市规模分布最均匀,中部次之,西部最不均匀。这也与三个地区的经济发展水平和城市体系建设水平的差异是相一致的。

从四城市指数的变化趋势来看,各地区差异也比较大。一些城市群的城市集中度正处于上升阶段,一些地区则已经出现了明显的下降趋势。东部地区城市群集中度的变化总体比较平稳,从变化方向上看,除去辽中南城市群仍然有小幅的上升趋势,即从 2003 年的 0.869 4 上升到 2014 年的 0.883 5,其他城市群集中度均呈现出下降的趋势;中部地区中原城市群呈上升的趋势,从 2003 年的 0.746 4 上升到 2014 年的 1.200 6。长江中游城市群呈下降趋势,从 2003 年的 0.838 0 下降到 2014 年的 0.676 5;西部地区成渝城市群呈上升趋势,从 2003 年的 1.288 6 增加到 2014 年的 2.025 5。关中城市群呈下降趋势,从 2003 年的 2.047 9 减少到 2014 年的 1.776 7。

三、基本命题、计量模型与实证结果

(一) 基本命题

1. 经济发展水平对城市群集中度的影响

当一个城市群的经济发展水平比较低时,城市群基础设施不足,企业会向中心城市集聚,城市群集中度较高。随着经济的发展,市场规模和企业数量都会增加,中心城市的地租和劳动力成本上涨,规模经济被规模不经济抵消而不能得到充分利用。此时,一些企业会离开中心城市,选择中小城市。此外,经济发展水平较低时,由于大城市具有更多的就业机会和社会福利,人们会倾向于向大城市集聚,随着经济的发展,大城市的负外部性(环境污染、高房价、交通拥挤等)开始凸显,此时,人们会选择迁移出大城市,减少负外部性,城市群集中度降低。

命题 1:我国城市群集中度与经济发展水平呈负相关关系,即随着经济发展水平的提高,城市群集中度降低。

2. 政府资源配置对城市群集中度的影响

中国的城镇发展带有浓厚的行政化色彩,政府资源配置的行政中心偏向和大城市偏向明显。在中国的城镇管理体系中,上下级有着明确的行政级别划分,下级对上级的命令和安排必须服从。这种等级层次分明的管理体系,客观上造成和强化了资源分布的不均衡(魏后凯,2014)。政府部门往往将过多份额的资源集中到大城市,尤其是作为首位城市的首府,导致首位城市的规模不断膨胀(Gugler, J., 1982)。政府对大城市的"偏爱"直接体现在城市之间的行政权力、优惠政策及医疗卫生、教育、基础设施等公共服务资源配置的差异上。国家倾向于把资源投向首都、直辖市或者其他有战略意义的城市,各省倾向于将资源投向省会城市。这种局面使得各种资源在首都、直辖市和省会城市集中。城市公共服务是影响城市人口选择在什么样的城市工作和生活以及在城市间迁移的一个重要区位因子(O'Sullivan, A., 1996)。政府资源配置的大城市偏好使得城市群中心城市具有更加完善的公共服务,促使人们向中心城市集聚,会导致城市群集中度升高。

命题 2:政府资源配置越偏向大城市,城市群集中度越高,二者呈正相关关系。

上述理论分析表明:城市群集中度与经济发展水平呈现出负相关关系,即经济发展水平越高,城市群集中度越低;政府资源配置越向大城市倾斜,城市群集中度越高。政府资源配置的偏向导致公共资源向各级中心城市集中,政府资源配置的不均衡使得城市群集中度提高。为了检验上述两个命题,本文使用中国十大城市群地级市及以上城市的面板数据进行实证检验。

(二)计量模型

根据前文的理论分析,城市群的城市首位度受到该城市群经济发展水平和政府资源配置均衡程度的影响。这里,我们建立计量模型对上述假设进行检验。方程如下:

$$C_{it} = \alpha_0 + \alpha_1 \ln pGDP_i + \alpha_2 \ln Pubser_{it} + \alpha_3 \ln Control_{it} \tag{1}$$

其中:因变量是我国城市群层面的城市集中度;α_0 为常数项;经济发展水平用各城市群的经济发展水平($pGDP$)反映;政府资源配置的指标($Pubser$)利用各城市群的地级市教师人数的分布($E1/E2$)、医疗卫生行业人员的分布($D1/D2$)和文化事业从业人员的分布($C1/C2$)的乘积反映;控制变量($Control$)包括非农业经济($Nonarg$)、国内贸易($Domes$)、外商投资(Fdi)、政府支出(Gov)以及各城市群的总人口规模($Popu$)。ε是随机误差项。本文的数据主要来源于 2003—2014 年的《中国城市统计年鉴》《中国统计年鉴》和各省市统计年鉴。

1. 因变量

城市首位度与帕累托指数和 HH 指数有较大的相关性,且计算简便,因此,本文使用两城市指数($Pr2$)作为被解释变量。此外,本文还计算了四城市指数($Pr4$),作为被解释变量,以对比两城指数的解释力度,增强回归方程的稳健性。

2. 核心解释变量

(1) 经济发展水平变量,用人均 GDP 的对数($\ln pGDP$)反映。人均 GDP 是衡量一个地区经济发展水平最直接有效的指标。为消除物价因素的影响,以 2003 年为基期,按照所属城市的地区生产总值指数生成实际人均 GDP。(2) 政府资源配置变量。分别利用各城市群的地级市教师人数的分布($E1/E2$)、医疗卫生行业人员的分布($D1/D2$)和文化事业从业人员的分布($C1/C2$)表示政府在教育、医疗、文化方面的资源配置情况。我们利用上述三个指标的乘积构建政府资源配置的综合指标($Pubser$),即用下式测度:

$$Pubser = \frac{E_1}{E_2} * \frac{D_1}{D_2} * \frac{C_1}{C_2} \qquad (2)$$

其中:E_1 表示首位城市的教师人数,E_2 表示第二大城市的教师人数;D_1 表示首位城市的医疗卫生行业人员数,D_2 表示第二大城市的医疗卫生行业人员数;C_1 表示首位城市的文化事业从业人员数,C_2 表示第二大城市的文化事业从业人员数。

3. 控制变量

为避免变量遗漏所造成的内生性偏误,本文在已有文献的基础上,选取了多个社会经济变量作为控制变量。具体包括:① 非农业经济($Nonarg$),用各城市群第二产业和第三产业产值占 GDP 的比重表示;② 国内贸易($Domes$),以各城市群社会消费品零售总额与当年 GDP 的比值表示;③ 外商投资(Fdi),用各城市群外商直接投资额占 GDP 的比重表示;④ 政府支出(Gov),用各城市群政府一般支出占 GDP 比重表示;⑤ 总人口($\ln Popu$),以各城市群年末常住人口的自然对数表示。

(三) 实证结果与分析

本文以式(1)为基础,利用计量软件 sta-ta11.0,针对经济发展水平、政府资源配置对城市群集中度的因果效应,分别使用面板数据的随机效应(简称 RE)和固定效应(简称 FE)估计,并进行了相应的 Hausman 检验,由 Hausman 检验可知固定效应模型优于随机效应模型。回归结果如表 3 所示。

表 3 以两城市指数衡量的城市群集中度的估计结果

	(1)	(2)	(3)	(4)	(5)	(6)
	FE	RE	FE	RE	FE	RE
$\ln pGDP$	−0.6030*** (−2.63)	−0.5268** (−2.44)			−0.5301** (−2.44)	−0.4478** (−2.27)
$\ln Pubser$			0.1257*** (3.81)	0.1526*** (4.47)	0.1185*** (3.66)	0.1491*** (4.53)
$Nonagri$	21.2198*** (5.82)	20.8685*** (5.25)	18.8415*** (5.75)	16.1585*** (5.38)	22.0271*** (6.37)	21.7886*** (6.09)
$Domes$	6.5408*** (4.94)	7.4869*** (5.05)	6.0480*** (4.85)	6.5212*** (4.95)	6.7748*** (5.40)	7.4019*** (5.58)
Fdi	111.9282*** (5.36)	87.4173*** (3.85)	110.7717*** (5.64)	88.8114*** (4.35)	94.8060*** (4.67)	75.7059*** (3.61)
Gov	−15.1381*** (−4.71)	−10.3698*** (−3.29)	−18.3343*** (−7.53)	−13.5129*** (−5.59)	−13.6147*** (−4.44)	−10.2771*** (−3.45)
$\ln Popu$	5.6439*** (4.21)	0.7901* (1.69)	3.0024** (2.51)	0.8191* (1.75)	4.4462*** (3.40)	1.0354** (2.04)
_Cons	−61.1453*** (−5.76)	−20.1769*** (−4.01)	−41.9922*** (−4.42)	−21.2583*** (−4.36)	−52.7404*** (−5.13)	−24.3188*** (−4.81)
N	120	120	120	120	120	120
R^2	0.4941	0.4134	0.5266	0.5019	0.5525	0.5158

注:括号中为该系数的 t 值,***、**和*分别表示在 1%、5% 和 10% 的水平上显著。下表同。

综合模型(1)至(6)的估计结果和相应检验,我们有如下发现。

经济发展水平与城市群集中度呈显著的负相关关系,这表明,随着经济发展水平的提高,城市群集中度会降低。因此,本文提出的命题1成立,与Kamerschen(1969)以及Rosen & Resnick(1980)基于跨国数据的研究结论相一致。这意味着经济发展水平越高的地区,城市集中度越低,人口分布越均匀。当一个地区的经济发展水平较低时,地方政府往往将有限的资源投放到大城市,因此会吸引人们向大城市集聚;随着经济发展水平的提高,人们开始追求更大的住房,对生活环境也有了更高的要求,另外,交通状况的改善也为人们的通勤提供了很大的便利。因此,人们会选择离开大城市,追求更高的福利水平,导致集中度降低。

政府资源配置偏向和城市集中度呈显著的正相关关系,这意味着,政府的资源配置越向大城市倾斜,城市群集中度越高,政府资源配置的大城市偏向明显推动了大城市人口规模的进一步扩张,使得城市群人口向中心城市集中的趋势在逐渐增大。由此可见,本文提出的命题2成立。政府资源配置的行政中心偏向和大城市偏向,是导致中国城镇化进程中出现"特大城市规模迅速膨胀、中小城市和小城镇相对萎缩"两级化现象的根本原因(魏后凯,2014)。政府部门往往将过多的资源集中到大城市,尤其是作为首位城市的首府,导致首位城市的规模不断膨胀(Gugler, J., 1982)。

控制变量方面,非农业经济占比、国内贸易、外商直接投资和总人口对城市群集中度的影响显著为正,说明城市群第二产业和第三产业份额的增加有利于人口进一步向中心城市集中;国内贸易越发展(即其在经济中比重越大),城市群集中度越高;外资直接投资占比越高,城市群人口向中心城市集中的趋势越明显;总人口的增长也会进一步促进城市群人口向中心城市集中。这意味着,单纯的增加城市群二、三产业占比、增加城市群内部贸易、扩大外商直接投资份额和增加城市群总人口,并不能促进城市群内部人口的空间分散,反而可能会促进巨型城市的出现,使得城市群内部出现城市层级断层的现象。

(四) 稳健性检验

为了检验估计结果的稳健性,本文利用四城市指数作为被解释变量来进行相应的回归。相对于两城市指数,四城市指数不易受到外界因素的干扰,因而更具稳定性。Hausman 检验的结果表明固定效应模型优于随机效应模型,表 4 报告了稳健性检验的回归结果,回归结果仍然表明本文考察的各变量的影响没有显著的变化,表明回归结果在整体上是稳健的。

表 4　以四城市指数衡量的城市群集中度的估计结果

	(1) FE	(2) RE	(3) FE	(4) RE	(5) FE	(6) RE
$\ln pGDP$	−0.281 7*** (−3.40)	−0.275 2*** (−3.60)			−0.258 0*** (−3.24)	−0.250 2*** (−3.50)
$\ln Pubser$			0.041 9*** (3.40)	0.047 5*** (3.72)	0.038 4*** (3.24)	0.046 0*** (3.89)
$Nonagri$	8.337 6*** (6.31)	8.129 1*** (5.81)	7.048 2*** (5.75)	5.385 3*** (4.76)	8.599 2*** (6.78)	8.444 1*** (6.57)
$Domes$	1.974 6*** (4.11)	2.227 1*** (4.28)	1.696 6*** (3.63)	1.710 9*** (3.47)	2.050 4*** (4.46)	2.211 1*** (4.65)
Fdi	49.375 5*** (6.53)	41.890 7*** (5.23)	51.601 1*** (7.01)	45.898 6*** (6.01)	43.827 7*** (5.89)	38.265 9*** (5.06)
Gov	−2.496 6** (−2.14)	−0.912 3 (−0.81)	−4.301 0*** (−4.72)	−2.788 4*** (−3.07)	−2.003 0* (−1.78)	−0.913 6 (−0.84)
$\ln Popu$	1.556 3*** (3.20)	0.277 8 (1.54)	0.465 3 (1.04)	0.231 6 (1.27)	1.168 2** (2.43)	0.343 9* (1.71)
_Cons	−17.901 6*** (−4.66)	−6.900 2*** (−3.70)	−9.945 2*** (−2.79)	−6.563 5*** (−3.51)	−15.178 4*** (−4.02)	−8.129 4*** (−4.21)
N	120	120	120	120	120	120
R^2	0.515 3	0.469 4	0.515 3	0.502 5	0.560 0	0.542 0

四、结　论

本文从我国城市群集中度分布的特征事实出发,以十大城市群 2003—2014 年的面板数据为基础,利用计量模型分别检验了经济发展水平和政府资源配置对城市群集中度的影响。研究发现,我国东中西部地区的城市群集中度整体上呈现出依次上升的趋势,即东部最低,中部次之,西部最高;经济发展水平与城市群集中度呈负相关关系,即随着经济发展水平的提高,城市群集中度会下降;政府资源配置的偏向提高了城市群的集中度,即政府资源配置越偏向大城市,城市群集中度越高。稳健性检验依然支持这一结论。

  上述结论对我国城市群空间结构优化政策的制定具有重要的启示意义。我国幅员辽阔,从东到西不仅自然环境各具特色,区域的经济发展水平和政府对资源配置的干预程度都存在着很大的差距,由于上述因素的共同作用,导致了当前城市群集中度出现了区域差异,部分城市群的空间结构不合理,城市体系不完善。面对这种区域差异,我们必须认识到,东部地区城市群的规模分布相对均衡、西部地区城市群趋向于单中心结构是历史的必然。任何经济政策的制定都应当遵循这一规律:在经济发展水平较低的西部地区,应当采取集中化的城市群发展战略,通过大城市的发展带动城市群经济的发展;而针对经济发展水平已经较高的东部地区城市群,则应该采取多中心的城市群发展战略,控制大城市和特大城市的规模,鼓励和支持中小城市的发展,财政政策应适当向中小城市倾向,努力引导城市规模分布的协调发展。城市体系的发展水平应当以一定的经济发展水平为支撑,过度超前或者过度滞后都是对资源不合理的利用。此外,政府资源配置对城市群的集中度有直接的影响,在推进中小城市建设的过程中,要改变原先的资源向大城市集中的现状,促进政府资源配置的均衡化、合理化。要改变原有的资源分配制度,特别是违背市场规律的行政命令对资源分配的干预,最有效的途径是更多地发挥市场的作用,增强经济的开放性。

参考文献

[1] 刘修岩,刘茜. 对外贸易开放是否影响了区域的城市集中——来自中国省级层面数据的证据[J]. 财贸研究,2015(3):69-78.

[2] 盛科荣,金耀坤,纪莉. 城市规模分布的影响因素——基于跨国截面数据的经验研究[J]. 经济地理,2013(1):66-72.

[3] 汪明峰. 中国城市首位度的省际差异研究[J]. 现代城市研究,2001(3):27-30.

[4] 魏后凯. 中国城镇化进程中两极化倾向与规模格局重构[J]. 中国工业经济,2014(3):18-30.

[5] ADES A F, GLAESER E L. Trade and Circuses: Explaining Urban Giants[J]. The Quarterly Journal of Economics, 1995, 110(2): 195-227.

[6] GUGLER J. Over Urbanization Reconsidered[J]. Economic Development and Cultural Change, 1982, 31(1): 173-189.

[7] KAMERSCHEN D. Further Analysis of Over Urbanization[J]. Economic Development and Cultural Change, 1969, 17(2): 235-253.

[8] O'SULLIVAN A. Urban Economics[M]. New York: McGraw-Hill, 1996.

[9] ROSEN K T, RESNICK M. The Size Distribution of Cities: An Examination of the Pareto Law and Primacy[J]. Journal of Urban Economics, 1980, 8(2): 165-186.

[10] SOO K T. Zipf's Law for Cities: A Cross-country Investigation[J]. Regional Science and Urban Economics, 2005, 35(3): 239-263.

城市规模增长与城镇体系协调发展

魏守华　陈珑隆　杨　阳

一、引　言

截至 2017 年末,我国常住人口城镇化率为 58.52%。这意味着目前大约有 8 亿人口居住在城镇,未来还将有 2～3 亿人口进入城市(假设我国城镇化率饱和值为 75% 左右)。如何有效建大中小城市规模分布有序的体系,是我国城镇化战略的重点。江曼琦等把城镇体系的规模分布概括为三种模式:一是收敛性增长,二是发散性增长,三是平行性增长。

关于中国城镇体系规模分布及其演进特征的研究大致可分为两类。第一类是按城市规模分类统计分析增长率差异。江曼琦等(2006)研究发现在短期不同规模城市的增长呈现波动性的收敛或发散态势,而从长期看呈现近似的均值增长速度,我国城市规模分布演进存在平行增长的规律。谢小平等检验了 2000—2009 年我国 1200 个以上城镇规模分布,发现这个时期大城市和特大城市的人口加速集聚,比重进一步增加,而中小城市的人口比重降低。这些统计性描述表明,不同规模城市在不同城镇化阶段增长速度是差异性的。因此,需要结合具体发展阶段来考察城市间的增长差异,并分析背后的理论机制。

第二类是关于城镇体系协调发展状况,即城市规模分布是否服从某规律的研究,代表性的有 Zipf 定律和 Gibrat 定律检验。Anderson & Ge、唐为等运用 Zipf 定律检验我国不同时段、不同样本的城市规模分布。总体上看,1949—1980 年相对稳定、1980—1999 年相对均匀化(中等城市为主),而 2000—2010 年由扁平化逐渐向大城市集中演进。关于 Gibrat 定律,魏守华等检验 2000—2010 年 646 个县级以上城市,发现总体不满足 Gibrat 定律,而是分化为两组:大约 50 个 100 万以上人口的大城市、众多 50 万以下人口的小城市分别拥有各自的近似增长率,并分别满足 Gibrat 定律。这些城市规模分布律检验,一方面表明我国城镇体系很难标准地服从某个定律,另一方面可以从系统性角度判别城镇体系的总体协调程度,识别城镇体系不协调的关键环节,并确定未来城镇化战略的重点。

本文将综合上述两种方法,即分别采用城市规模分类统计及分布规律检验,评价我国城镇体系的总体协调程度,在此基础上,从理论上分析不同规模城市增长差异的原因。

二、我国城市规模分布及其演进的规律性检验

(一) 样本选取与基本统计特征

1. 样本选取[①]

本文的城市指市辖区非农人口集聚区,且样本只选取县级以上城市。同时选择城镇常住人口作为统计口径,使用第四次(1990)、第五次(2000)及第六次(2010)全国人口普查的常住人口数据。考虑我国在快速城镇化过程中行政区划调整频繁,本文采取 2010 年为基准来统一口径:即以第六次人口普查时的行政区(市辖区)为基准,根据城市在 1990—2010 年发生的行政区划调整,在第五次人口普查、第四次人口普查数据基础上增补被撤县设区单元的常住城镇人口数。

2. 基本统计特征

从表 1 中可以看到,300 万人口以上大城市和 20 万~100 万人口中小城市的数量、人口规模都大幅度增加。但是 100 万~300 万左右人口城市的数量、人口规模几乎没有增长,1990 年到 2010 年,这类城市的数量几乎没有变化,人口规模的变化也不大。如果进一步以 100 万人口城市为基准,选择 80 万~150 万人口的城市数,则

---

① 由于篇幅限制,关于样本选取更为详细的论述,有兴趣的读者可以阅读魏守华等(2018)。

这个范围内的城市数和人口规模变动很小(1990年为55个,总人口为6 020.28万;2010年为61个,总人口为6 485.57万)。从城镇体系角度看,这类城市是体系中的"短板",相对"塌陷"。

另外,20万以下人口的小城市有较高人口增长率。表面上看,这类城市数量有一定的减少,但事实上,1990年总样本为446个,2010年总样本增加到655个(增加的209个样本主要为这类城市);1990年这类城市为225个,而2010年只有131个,说明这段时期绝大部分有较高的人口增长率,并演进为规模较大的城市。此外,鉴于县城等小城镇不在考察范围之内,2010年20万以下人口的小城市真实数量和人口规模远超过表1中的数据。

因此,从图1可以发现:1990—2010年我国城市规模分布表现为"两头快、中间慢"的特点,即大城市和小城市规模增长快,而中等城市(尤其是100万人口左右城市)增长慢,并呈"塌陷"之势。

表1 1990—2010年我国不同规模城市的数量和人口分布

规模类别	1990年 城市数量(个)	1990年 人口数量(万)	2000年 城市数量(个)	2000年 人口数量(万)	2010年 城市数量(个)	2010年 人口数量(万)
超大城市 (1 000万以上)	0	0	1	1 345.96	4	5 780.17
特大城市 (500万~1 000万)	2	1 542.42	6	4 362.18	10	6 908.05
Ⅰ型大城市 (300万~500万)	5	2 096.98	6	2 315.19	12	4 254.38
Ⅱ型大城市 (100万~300万)	52	8 042.87	47	7 662.12	56	9 285.96
80万~150万	55	6 020.28	45	5 008.60	61	6 485.57
中等城市 (50万~100万)	68	4 851.95	92	6 185.14	137	9 495.60
Ⅰ型小城市 (20万~50万)	94	3 067.00	303	9 717.41	305	9 988.60

(续表)

规模类别	1990 年 城市数量(个)	1990 年 人口数量(万)	2000 年 城市数量(个)	2000 年 人口数量(万)	2010 年 城市数量(个)	2010 年 人口数量(万)
Ⅱ小型大城市（20 万以下）	225	2 550.50	213	3 010.62	131	1 852.30
其他小城镇	—	7 819.28	—	11 245.38	—	19 091.82
合计	446	29 971.00	668	45 844.00	655	66 656.88

资料来源：对第四次、第五次以及第六次全国人口普查数据整理所得。

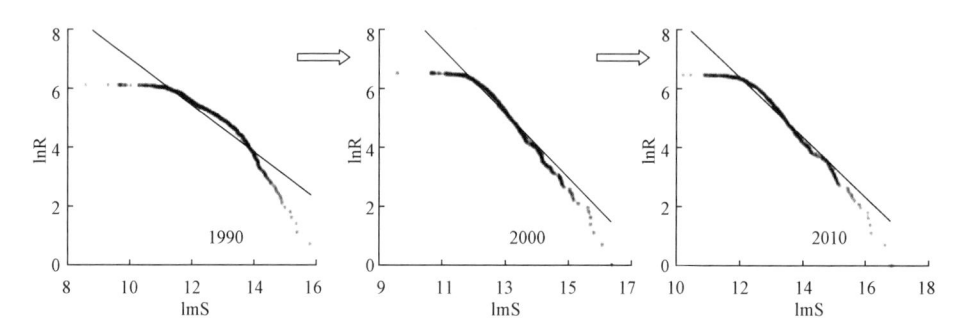

图 1　1990 年、2000 年及 2010 年城市规模与位序的线性关系

（二）Zipf 定律检验

大量文献运用 Zipf 定律实证检验多个国家的城市规模分布是否服从"位序—规模"法则，如美国（Black & Henderson，2003）、中国（唐为，2016）等。其基本公式为：

$$\ln R = K - a \ln S + \varepsilon \qquad (1)$$

其中，用 R 表示城市按人口规模的位序排名，K 为常数，城市的人口规模为 S，ε 代表随机误差，服从正态分布。上式中，a 越接近于 1，则表明城镇体系规模分布越服从 Zipf 定律。

1990 年、2000 年和 2010 年的回归系数分别为 0.802、1.092 和 1.030，R^2 分别为 0.871、0.930 和 0.933，有以下结论。第一，Zipf 定律的适用性在增强，我国城镇体系的协调度不断提高。从散点图的分布看，散点与 Zipf 直线的偏离度在减小；从

R2看,总体拟合优度不断提高。第二,我国城镇规模分布由中等城市主导向大城市主导转变。从散点图的分布看,1990年的图中较多散点在直线上方,表明中等城市实际规模大于理论规模,而随时间推移中等城市的相对规模优势在消失;从回归系数看,回归系数总体增大(从1990年的0.802到2010年的1.030),说明大城市较中小城市规模的平均倍数在提高。总体上,大城市规模迅速增加和小城市快速增长并存,但中等规模城市数量偏少,使"凸"型曲线越来越趋于线性关系。

Zipf定律检验表明,初始阶段(1990年)城镇体系协调程度不高,以中等城市为主导(城市数目多且人口规模分布集中),薄弱环节是大城市发展不足;期末阶段(2010年)城镇体系总体协调程度提高,大城市快速增长并补齐初始阶段的"短板",同时小城市快速发展使基准规模(50万左右)城市数目增加,薄弱环节是中等城市,特别是2010年为基准的100万人口左右城市数目偏少。因此,发展中等规模城市是未来城镇化战略的重点。这个判断与余壮雄等(2015)提出的城市序贯增长理论吻合,即城镇化进程会分别从特大城市、大城市向中等城市、小城市依次快速增长,并依次成为城镇化的主导力量。目前,我国城镇化率接近60%,进入城镇化中后期,促进中等城市向大城市演进遵循城市序贯增长理论。

(三) Gibrat 定律检验

Gibrat定律检验的两点核心:一是城市人口增长率与初始规模无关;二是城市规模服从对数正态分布。Eeckhout(2004)的研究表明,城市人口增长率与规模无关时,城市规模服从对数正态分布。

1. 城市人口增长与规模无关假设检验

① 非参数回归模型如下:

$$g_i = m(\ln S_i) + \varepsilon_i \quad i=1,\cdots,652 \tag{2}$$

其中,$m(\cdot)$是未知函数,g_i为i城市人口规模的增长率,ε_i代表随机误差项。

对城市人口增长率与初始规模进行核密度回归,结果如图2所示。从图中可以发现:第一,1990—2000年,小城市的人口增长率明显高于大中型城市,城市体系总体呈现增长率与规模负相关的特征,与当时国家"积极发展小城市"的城镇化战略是一致的。第二,2000—2010年,不同规模城市的增长率差异不显著,总体上呈现增长率与规模略正相关的特征,与国家实施市场机制的城镇化战略是一致的。第三,1990—2010 年,小城市人口增长率较高并呈现与规模负相关的特征;大城市有一定的人口增长率且略与规模正相关;而规模 80 万左右(对数值在 13.0~14.0,平均对数值 13.5)的城市在 1990—2010 年的人口增长率较低。这说明,无论是 1990—2000 年的"积极发展小城市"战略、还是 2000—2010 年的市场导向战略(市场导向战略导致大城市优先战略),发展中等城市在我国城镇化战略中被相对忽视。

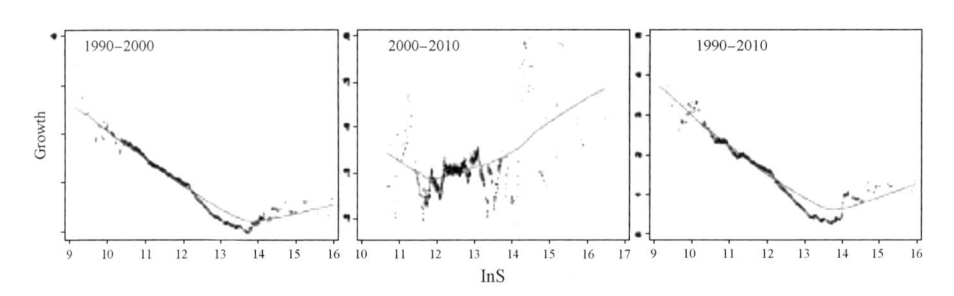

图 2　1990—2000 年、2000 年—2010 年及 1990—2010 年核密度回归

② 参数回归模型如下:

$$\ln(S_t/S_{t-1})=\alpha+\beta\ln S_{t-1}+\varepsilon \qquad (3)$$

其中,S_t、S_{t-1} 分别代表期末和期初的城市。

人口规模。如果 $\beta\approx0$ 或缺乏统计有效性,则城市人口增长与规模无关,Gibrat 定律假设成立;如果 $\beta>0$,则城市规模发散,反之则收敛,Gibrat 定律假设不成立。

结果如表 2,解析如下。第一,1990—2000 年整体表现为增长率与城市规模负相关,其中规模 100 万以上的大城市表现出增长率与规模正相关的特征,中等规模城市和小城市表现为增长率与规模负相关的特征,不满足 Gibrat 定律的假设。第二,2000—2010 年整体表现为增长率与规模负相关,大城市和中等规模城市的统计性不显著,小城市的人口增长率与规模负相关。第三,1990—2010 年整体表现为增长率与规模负相关,大城市的统计性不显著,中等规模城市和小城市的人口增长率与规模负相关。

表 2　1990—2010 年城市规模与人口增长率关系的检验

	1990—2000 年		2000—2010 年		1990—2010 年	
	回归系数	样本数	回归系数	样本数	回归系数	样本数
全样本	−0.346*** (−16.05)	652	−0.029i* (−2.38)	652	−0.365*** (−16.71)	652
大城市 (100万以上)	0.182* (1.75)	59	0.033 (1.17)	62	0.184 (1.59)	59
中等城市 (50万~100万)	−0.469** (−2.22)	70	−0.126 (−1.20)	89	−0.484* (−1.73)	70
小城市 (50万以下)	−0.487*** (−15.17)	523	−0.109*** (−4.07)	501	−0.545*** (−18.91)	523

注：***、**、*分别表示在1%、5%和10%置信水平上显著。

简言之，本文运用参数与非参数估计的结果一致。我国652个县级以上城市总体不满足Gibrat定律假设，不同规模等级城市的增长率呈现分化现象，表现为：小城市增长速度快且与初始规模负相关，大城市超全国平均增长率但与初始规模无关，中等城市增长速度较慢。

2. 对数正态分布律的检验

为更精确地检验人口规模分布是否符合对数正态分布，借助Kolmogorov-mirnov(KS)检验①。

原假设是 ln S 服从指定的正态分布，对立假设是 ln S 不服从。检验统计量 h=1 时，在显著水平 α=0.1 下拒绝原假设，否则不能拒绝原假设。检验统计量结果均为 h=1，拒绝原假设，即1990年、2000年及2010年城市人口规模不服从对数正态分布。

其次，对城市规模分布的实际密度函数采用非参核密度估计。1990—2010年人口分布的核密度估计如图3所示，呈现出人口规模实际分布与正态分布的偏离程度，

---

① 检验统计量构造为：KS=max[|Fn(lnS)-G(lnS)|]，其中，Fn(lnS)为城市人口规模对数分布函数，G(lnS)为对照的均值和标准差的正态分布。

从中可以发现偏离对数正态分布的成因。

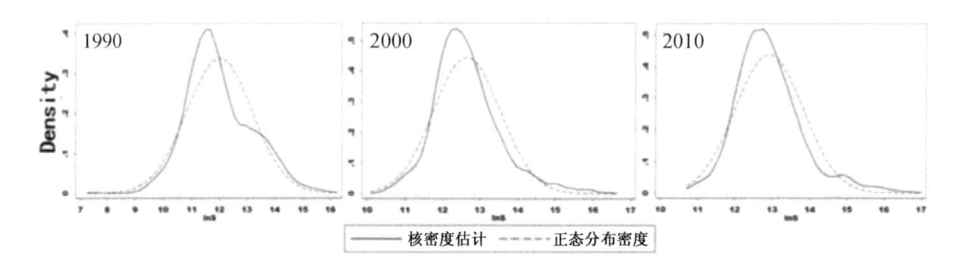

图3 1990年、2000年及2010年核密度估计与正态分布密度

一是1990年绝对规模在4万～15万的城市数量偏多,约占城市总数的47.85%;绝对规模在15万～80万的城市数量偏少,约占城市总数的32.52%。

二是2000年绝对规模在12万～40万的城市数量偏多,约占城市总数的58.74%;绝对规模在40万～200万的城市数量偏少,约占城市总数的27.76%,其中80万～150万的城市只占城市总数的6.61%。

三是2010年绝对规模在15万～50万的城市数量偏多,约占城市总数的56.44%;绝对规模在50万～250万的城市数量偏少,约占城市总数的28.07%,其中80万～150万的城市只占城市总数的9.36%。

因此,对Gibrat定律两个核心观点检验可发现两点。一是1990—2010年间,不同规模城市增长差异显著,表现为大城市和小城市规模增长快,而中等城市(尤其是80万人口左右城市)增长慢。二是1990—2010年间我国城市规模分布都不服从对数正态分布,一方面因为小城市数目偏多,另一方面因为中等城市数目偏少,不过,城市规模的"门槛"是逐步提高的。就2010年来说,推进一批人口规模在50万左右的城市向80万～150万城市演进,是我国城市规模分布服从对数正态分布的关键,因此这也是未来我国城镇化战略的重点。

三、不同规模城市增长差异的理论解释

(一) 大城市规模的超常规增长

前文分析表明,我国大城市人口规模超常增长,包括直辖市、省会城市、副省级城市和少数地级大城市(如苏州、无锡、东莞、烟台、潍坊等)。周一星(1995)等认为城市绝对规模取决于集聚效应和运输成本(包括通勤成本)之间的权衡。王小鲁(2010)估算出我国最优城市规模应在100万~400万人口。近年来我国涌现出一批规模超过300万人,甚至达到1000万人口城市的原因可归为三方面:一是交通通信等技术进步使运输成本降低,这是大城市规模扩张的先决条件;二是国家的大城市优先发展战略,包括撤县(市)设区等政策支持;三是大城市自身的集聚效应。

1. 交通通信等技术进步降低运输成本

城市居民的通勤先后依赖于马车、有轨电车、公共汽车等工具(O'sullivan),但Glaeser & Khan认为20世纪60年代以来环城快速公路使制造业的运输成本大幅降低,家庭轿车的普及使居民通勤成本大幅降低。魏守华等论证了交通运输技术的改善会导致城市地理空间的扩张(空间蔓延或多中心集聚),运输成本不再是制约大城市发展的先决条件。O'Sullivan认为基础设施对大城市的发展起着重要作用,许多发展中国家在首位城市过度集中交通、通信等基础设施,导致城市间规模差异,特别是首位城市的偏大。事实上,我国的特大城市,如环形的地铁体系、绕城快速公路等交通体系建设,使过去通勤成本大幅度降低,导致城市建成区面积的迅速扩张,可容纳更多的城市人口。同时,通信技术的进步使过去许多必需面对面交流的活动,也变得容易、方便地沟通和交流,节省了通勤成本(通勤时间);此外,电子商务使过去居民去市中心购物的模式——人的通勤,转变为商品货物的运输(快递),而货物运输成本远低于通勤成本。因此,技术进步使阻碍城市规模扩大的先决条件逐步消失,地理空间和运输成本不再是制约大城市规模扩张的"天然"因素。

2. 大城市优先发展战略的政策支持

Ades & Glaeser认为发展中国家往往对首位城市偏爱,不仅生产和贸易许可、资

本市场以及公共品都被人为集中在这些城市,而且这些城市更容易获得倾斜性政策,企业和居民不得不向少数城市聚拢,使这些城市规模增加,甚至是规模膨胀。谢小平等认为我国重要城市(如省会城市)发展受上述因素影响,导致城市规模快速增长。唐为认为近年来我国大城市超常规发展的外在原因是高等级城市具有较强的政治议价能力,可以通过行政区划调整,特别是撤县(市)设区的方式,扩大城市建成区面积,如 2000—2010 年我国撤县设区数量在 60 个左右,且主要集中在大城市。Chen et al. 认为我国大城市在城建方面拥有(比中小城市)更廉价的资金成本,如通过证券市场的城投债等方式,吸引更多资金投入城市建设,基础设施更加优越,集聚效应更加明显而城市规模超常增长。

3. 集聚经济效应

O'Sullivan 认为大城市同时具有本地化(专业化)效应和城市化(多样化)效应。专业化效应是指单个企业的生产率随本地本产业规模的增加而增加(或成本降低);多样化效应是指每个企业的生产率随整个城市(所有产业)规模的增加而增加(或成本降低)。陆铭等基于劳动力的匹配效应发现大城市不仅容纳高素质人才,而且能容纳普通劳动力,具有包容性就业的特征。魏守华等认为我国大城市空间扩张不仅包括水平蔓延,而且包括立体上的多中心集聚,并通过一系列专业化的制造业或服务业次中心,加强集聚效应。事实上,我国许多大城市基于地铁等发达的交通网络,形成多中心结构,改变过去集聚不经济等因素,使生产效率大大提高。

(二) 中等城市的相对"塌陷"

魏守华等把相对偏小或"塌陷"的中等城市归为:特大城市"阴影"下城市,如绍兴、嘉兴、镇江、保定、廊坊;矿产资源型城市,如鞍山、攀枝花;中西部区位优势弱化的城市,如安徽的蚌埠、宿州,江西的九江等。区位优势弱化、产业关联性不强、公共服务不足是造成这些中等城市相对"塌陷"的原因,具体如下。

1. 区位优势弱化

区位条件是产业,特别是工业和服务业企业布局的重要因素。区位影响着运输成本,对于运输导向型企业来说,依赖原材料会形成资源型城市、依赖制成品运输会形成市场型城市(O'Sullivan)。对于制造业来说,Losch 认为制造业布局受到集聚效应、运输成本和劳动力成本影响;对于服务业来说,Christaller认为服务业发展主要受市场区影响,著名的中心地理论就是阐释中心地与服务业发展的关系。徐康宁认为在开放经济条件下,生产要素流动和市场条件是产业集聚的重要成因,而且产业集聚是自我反馈效应的滚雪球效应,一旦城市具有或丧失集聚效应,那么城市会加速集聚或衰退。目前我国产业集聚对城市的冲击表现在两方面。一是运输成本的影响,由于交通通信技术进步,运输成本的重要性越来越低,如集装箱运输、铁路等大大降低运输成本。董艳梅等检验了高铁开通对我国不同城市的影响差异,认为高铁影响着城市的市场区位和市场潜力,进而影响城市的发展。二是开放经济条件下许多城市市场区受到冲击。在封闭经济条件下,中等城市(多数为地级市)是一个地区的市场中心,市场区或市场潜力覆盖本地区,但在当今开放经济条件下,全球化和运输成本的降低导致制造业相对集聚,封闭条件下的市场区受到巨大冲击。那些市场区减小的城市,产业发展受到压制,导致城市规模难以增长。在我国,一些中等城市,特别是内陆的中等城市,面临着来自国外或东部制造业集聚城市的巨大冲击,本地化的市场区在减小,导致城市的辐射力降低。

2. **资源型城市的产业关联性不强**

根据O'Sullivan的观点,城市规模增加依赖出口部门及其乘数效应。工业城市,特别是资源型城市的出口部门主要为初级矿产品,如煤炭、铁矿石等。这些以采掘业为主的城市,一旦矿产资源开始枯竭,出口部门开始萎缩,即使采掘业相对稳定,但由于采掘业的产业关联系数不高,前向和后向关联性不大,对本地就业的乘数效应也不高,所以矿产资源城市人口规模很难增长。有些城市积极推进产业转型,但成功的城市极少。在我国,东北等老工业基地以采掘业为主,1990—2010年尽管有些城市短期膨胀,但从长期看,城市人口规模极少持续增长,像辽宁的阜新、黑龙江的鸡西等,人口甚至出现负增长。在当前经济全球化背景下,国外优质矿产资源大量进口,我国这些资源型城市人口规模很难持续增长,因而相对"塌陷"。

3. **公共服务相对不足**

魏守华等研究发现,中等城市的人均教育资源、人均道路等基础设施和公共服务水平是最低的。近些年来,国家采取大城市优先战略,省会城市不仅可以得到资金的倾斜,而且还可以通过举办各类运动会等大型活动获得国家的支持。对于苏州、东莞等地级大城市,公共服务水平较高,是因为这些城市具有雄厚的财力,如苏州吸引一批高校设立分校(西交利物浦、中国人民大学苏州分校等),而大部分中等城市则难有这样的资金等投入。至于小城市的公共服务高于中等城市,魏守华等解释为,这些小城市尽管人口规模小,但行政级别也是地级城市,根据我国行政管辖制度,这些城市也拥有与中等城市接近的高等学校、医疗卫生机构。这类小城市更多是承担行政功能、公共服务功能,而不以经济功能为主,人均公共服务水平甚至高于中等城市。公共服务是决定城市乘数效应的重要因素,中等城市的公共服务不足影响着城市规模的增长。

(三) 小城市规模的快速增长

李松林等基于夜间灯光数据发现1990年以来我国小城市规模呈快速增长之势。这些快速增长的小城市,主要分布在我国东部的城市群地区,如长三角城市群、珠三角城市群。

"借用规模"和产业转移中的区位集聚是这些小城市快速增长的主要原因。

1. 借用规模与小城市快速增长

Alonso在研究美国城市增长时发现,那些位于大城市周边的小城市往往比孤立的小城市具有更快的增长率,并提出"借用规模"这个概念——指靠近大城市周边的小城市可以借助和分享大城市集聚经济的益处,同时可以避免大城市的交通拥挤、污染和高房价等负外部性,不仅分流大城市的人口且可以吸引其他城市人口迁移而具有更高的增长率。李松林等运用借用规模这一概念解释我国大城市周边小城市高速增长的原因,并以毗邻上海的昆山、张家港和常熟为例分析,2000—2010年,城市常住人口分别从43.44万、43.23万和56.52万增长到111.86万、76.26万和92.91万。这些城市平均规模大约增长1倍,主要是"借用"上海的规模优势,依托上海发达的服务业而形成高端制造业作为支撑的工业体系,同时避免上海的高房价。当然,这种"借用规模"与空间自相关和空间溢出效应具有近似的含义。

2. 产业转移与小城市快速增长

如果说借用规模理论从总体上解释了小城市快速增长的原因,那么产业转移中的区位集聚理论则从产业和地理区位的角度解释了大城市周边小城市快速增长的原因。相比于大城市,周边的小城市在劳动力成本、土地成本上具有明显优势,而现代交通运输和通信业的发展使边际运输成本大大降低(小城市分布在大城市周边)。最重要的是,大城市以服务业为主的产业结构,驱动制造业向周边小城市转移。一旦某个小城市形成集聚效应,则总成本(集聚效应、运输成本和劳动力成本)相对大城市有明显优势,促进小城市成为某个产业制造中心。近二十年来,随着我国大城市的土地成本等迅速上升,制造业逐渐向周边小城市转移,并形成一系列制造业集聚地。如昆山、太仓、常熟等城市吸纳上海的产业转移,惠州、汕尾、江门等城市吸纳香港、深圳等大城市的产业转移,余姚、慈溪、奉化吸纳宁波的产业转移,并形成制造业集聚地,有力地促进这些小城市的快速发展。

四、结论及我国城镇化战略重点的思考

本文从理论上解释我国大中小不同规模城市增长差异的原因,有以下结论。

第一,1990—2010年我国不同规模城市增长存在明显差异:300万人口以上大城市的数量、人口规模都大幅度增加;50万以下人口中小城市的数量、人口规模都大幅度增加;100万左右人口城市的数量、人口规模几乎没有增长。

第二,从城镇体系角度看,我国大中小城市呈现不协调发展态势,主要表现为中等城市是体系中的"短板"。Zipf定律检验表明我国城镇体系从过去"凸"型曲线(中小城市为主)向标准型改进,但大城市到中小城市的规模梯度不明显,主要是中等规模城市偏少;Gibrat定律检验表明我国城镇体系表现为非对数正态分布,主要是中等规模城市"塌陷"而导致我国城镇体系不够均衡。

第三,我国大中小不同规模城市增长差异的原因,主要为:大城市超常增长是由于交通通信技术进步、政府优先支持和自身的集聚效应;中等城市"塌陷"是由于市场区位优势弱化、产业关联性不强和公共服务相对不足;小城市快速崛起是由于"借用"(分享)大城市的规模优势以及产业转移中的区位集聚。

本文认为未来我国城镇化的战略重点是:推进一批中等城市崛起,"承上启下"地

促进城镇体系协调发展。目前,大城市由于显著的集聚效应和良好的公共服务,导致绝对规模偏大,甚至是难以控制,而小城市的绝对规模偏小,集聚效应不强,"大城市偏大、小城市偏小"是我国城市规模分布不协调的写照。为了促进我国城市体系的协调发展,需要推进一批中等城市崛起。

相应地,可采取以下措施。一是限制特大城市的规模,促使部分制造业转移,从而拓宽中等城市的产业链,增强就业乘数效应。如建设雄安新区分流北京人口的做法,在取得成功经验后,向上海、天津、广州、深圳等地推广,这样有利于特大城市周边的中等城市发展。二是加快有潜力中等城市的发展,如嘉兴、湖州、宿迁等东部城市,又如九江、湘潭等中西部发展条件较好的城市。这些城市有一定人口规模,工矿业经济相对发达、有较大发展潜力,通过政府引导与市场驱动相结合的手段,会显著促进城市规模的壮大。三是行政区划调整提升城市规模,如安徽省将铜陵和贵池合并、淮北和宿州合并,壮大铜陵、淮北的城市规模。对于市场区位优势弱化的中西部城市,通过行政区划调整的手段,扭转市场区弱化的趋势,重构本地的中心城市。四是鼓励东部发达城市群地区的县级市发展成为中等城市,如江苏的昆山、江阴、太仓、常熟等,加快培育这些城市进入100万左右人口城市的行列。

参考文献

[1] 董艳梅,朱英明.高铁建设能否重塑中国的经济空间布局[J].中国工业经济,2016(10).

[2] 江曼琦,王振坡,王丽艳.中国城市规模分布演进的实证研究及对城市发展方针的反思[J].上海经济研究,2006(6).

[3] 李松林,刘修岩.中国城市体系规模分布扁平化:多维区域验证与经济解释[J].世界经济,2017(11).

[4] 陆铭,高虹,佐藤宏.城市规模与包容性就业[J].中国社会科学,2012(10).

[5] 唐为.中国城市规模分布体系过于扁平化吗?[J].世界经济文汇,2016(1).

[6] 王小鲁.中国城市化路径与城市规模的经济学分析[J].经济研究,2010(10).

[7] 魏守华,陈扬科,陆思桦.城市蔓延、多中心集聚与生产率[J].中国工业经济,2016(8).

[8] 魏守华,孙宁,姜悦.Zipf 定律与 Gibrat 定律在中国城市规模分布中的适用性[J].世界经济,2018(9).

[9] 魏守华,周山人,千慧雄.中国城市规模偏差研究[J].中国工业经济,2015(4).

[10] 谢小平,王贤彬.城市规模分布演进与经济增长[J].南方经济,2012(6).

[11] 徐康宁.开放经济中的产业集群与竞争力[J].中国工业经济,2001(11).

[12] 余壮雄,张明慧.中国城镇化进程中的城市序贯增长机制[J].中国工业经济,2015(7).

[13] 周一星.城市地理学[M].北京:商务印书馆,1995.

[14] ADES F, GLAESER L. Trade and Circuses: Explaining Urban Giants[J]. Quarterly Journal of Economics, 1995(2).

[15] ALONSO W. Urban Zero Population Growth[J]. Daedalus, 1973(4).

[16] ANDERSON G, GE Y. The Size Distribution of Chinese Cities[J]. Regional Science and Urban Economics, 2005(6).

[17] BLACK D, HENDERSON V. Urban Evolution in the USA[J]. Journal of

Economic Geography, 2003(4).

[18] CHEN Y, HENDERSON V, CAI W. Political Favoritism in China's Capital Markets and Its Effect on City Sizes[J]. Journal of Urban Economics, 2017(1).

[19] CHRISTALLER W. Central Places in Southern Germany[M]. Upper Saddle River: Prentice Hall, 1966.

[20] EECKHOUT J. Gibrat's Law for (All) Cities[J]. American Economic Review, 2004(5).

[21] GLAESER E, KHAN M. Sprawl and Urban Growth[C]//Henderson V, Thisse J. Hand-book of Regional and Urban Economics, Vol. 4. Amsterdam: Elsevier, 2003.

[22] LOSCH A. The Economics of Location[M]. New Haven: Yale University Press, 1954.

[23] O'SULLIVAN A. Urban Economics (8th edition)[M]. 北京:中国人民大学出版社,2013.

我国城镇化的模式与演进路径

李向前　刘　洪　黄　莉　王俊男

一、引　言

改革开放以来,我国城镇化综合水平不断提高,城镇经济高速发展,在城镇化不均衡发展同时,其建设取得了巨大的进步。因此有必要对我国的城镇化模式及其演化过程进行深入研究,以发现其特征、问题与方向所在。

对我国的城镇化模式,学界从不同视角进行了探讨。一是根据城镇化规模不同,区分出大中小城市等模式;二是依据内在结构不同区分出大城市郊区城市化模式、开发速生型模式、新城互动模式、组团式城市群模式、异地城镇化模式和特色小城镇模式;三是通过研究典型城市研究提炼其模式特征,如重庆模式、成都模式、苏南模式、温州模式、珠江模式等;四是通过构建多维衡量维度模型描述模式;五是根据工业化和城镇化之间的关系,划分出同步型、超前型和滞后型三种模式。

对于城镇化模式发展的驱动方式或演化路径,从发展动力的要素来看,包括工农基础、人口环境、土地占用最小与非农经济、"要素驱动"和"创新驱动"、制度变迁。从驱动主体方面,区分出政府主动型和市场型;动力驱动方向上,区分出"自上而下"和"自下而上"两种形式。发展阶段与路径上,基于动力要素划分出浙江省城镇化模式发展的基于乡镇工业和基于产业集群两个阶段;基于城乡关系变化划分出城市瓦解农村模式、城市馈补农村模式和农村转变城市模式三个阶段;基于城镇化区分出农村城镇化和扩充城市两种路径。另外,边雪等发现了城镇化关系模式的演进在时间序列上呈现路径依赖特性。

目前关于城镇化模式及其演化路径方面的研究,学者们较多地基于定性分析,较少进行定量和实证分析。而复杂网络分析方法中社区结构所体现的复杂网络系统层次性和模块结构,比较适合用于将城市视为现实网络而对其城镇化类型特征进行分析。

由此本文选用复杂网络分析法,通过对我国30个城市构建复杂网络模型,分析城市间城镇化的异同性,讨论1989—2017年城镇化模式的划分与演进方向,从而指导我国的城镇化建设。

二、研究的指标、数据和模型

(一) 指标设计

目前关于城镇化评价指标的设计,多数学者采用综合评价指标体系,主要包括:内在质量视角,包含人口就业、社会发展、经济发展、公共安全、居民生活、城乡一体化和资源环境的质量体系;统筹城乡视角,如城乡统筹状态、动力、保障;城镇化效率视角,如绿色投资效率评价指标体系、多元"投入"和"产出"效率评价指标;城镇化与区域协调视角,如人口、土地和经济城镇化的协调;综合系统评价视角,如城市可持续发展的经济、社会、资源与环境、生活质量、制度建设子系统。

实际上,推动城镇化发展是从国家大局出发而进行的系统工程,关乎经济发展、社会的稳定、人民素质的提高和生态环境的改善。在注重城镇化水平提高的基础上,还应重视城镇化质量的提升。借鉴以上学者的研究成果,从城镇化发展水平、城镇化发展质量、城镇化发展潜力三个维度来设立指标体系,包含人口城镇化、土地城镇化、教育、文化、卫生、基础设施、生态环境和经济城镇化七个一级指标,并充分考虑指标的可量化性和数据的可获得性,设立相应的二级指标,构建城镇化综合评价指标体系,见表1所列。

表1 基于三个维度的城镇化综合评价指标体系

维度	一级指标	二级指标
城镇化发展水平	人口城镇化	户籍城镇化率
	土地城镇化	建成区面积
城镇化发展质量	教育	普通高等学校在校生数
	文化	公共图书馆图书总藏量
	卫生	医院、卫生院床位数
	基础设施	每万人拥有公共汽(电)车辆
	生态环境	建成区绿化覆盖率
城镇化发展潜力	经济城镇化	人均地区生产总值
		第二、第三产业产值占GDP比重

（二）数据收集

文章研究我国城镇化模式的演进路径，选择的时间节点为1989—2017年，时间跨度为29年，但是1990年、1992年、1993年和1994年数据缺失，故不进行分析。并且，选取30个城市作为研究样本，城市的选取，东、中、西部按照3∶2∶1的比例分配，一、二、三线城市按照1∶3∶2的比例从中选择具有代表性的城市。具体城市为北京市、天津市、石家庄市、秦皇岛市、锦州市、南京市、苏州市、上海市、温州市、厦门市、青岛市、广州市、深圳市、南宁市、海口市、鄂尔多斯市、吉林市、哈尔滨市、合肥市、马鞍山市、南昌市、焦作市、武汉市、株洲市、太原市、重庆市、成都市、昆明市、西宁市、乌鲁木齐市。

本文的原始数据来源于1990—2017年的《中国城市统计年鉴》和2010年的《中国城市发展报告》。其中，有些指标的数据由原始数据经过计算处理生成，如户籍城镇化率＝(非农业人口/年末总人口)×100％，1995—2001年的人均地区生产总值＝国内生产总值/年末总人口，1989年的建成区绿化覆盖率＝[(园林绿地＋道路绿化覆盖面积)/建成区面积]×100％，1991年的建成区绿化覆盖率＝(建成区绿化覆盖面积/建成区面积)×100％，1989年和1991年的第二、第三产业产值占GDP的比重=[(第二产业产值+第三产业产值)/国内生产总值]×100%,其他各年第二、第三产业产值占 GDP 的比重=第二产业产值占 GDP 的比重+第三产业产值占 GDP 的比重等。部分指标数据缺失,采取数据补全法将其补充完整。其中 2010—2017 年的城镇化率指标数据全部缺失,从 Wind 资讯和地方统计网站查询,有些用数据拉直法或者结合城区与全市人口比例近似将其补全;2007 年青岛市城镇化率、鄂尔多斯市普通高等学校在校生数缺失,取相邻年份数据中间值法补全,其他缺失数据采取类似方法处理。

三、模型构建

本文主要构建我国 30 个城市关联的复杂网络模型,首先通过对指标数据进行处理,求出各自的夹角余弦距离,并进一步绘制这些城市在城镇化发展综合维度的复杂网络图,最后进行社团分析。

1. 城市间距离分析

设各个城市指标数据为 $Y_{ij}=\{Y_{ij}, i=1,2,\cdots,30; j=1,2,\cdots,9\}$,其中 Y_{ij} 表示第 i 个城市在第 j 项指标中的得分。为了具有可比性,每一个指标下的所有城市的原始得分都除以该项指标所有原始得分的方均根,作为标准得分。标准得分矩阵为:

$$Y_{ij}=\{Y_{ij}, i=1,2,\cdots,9; j=1,2,\cdots,30\}$$

$$X_{ij}=\frac{Y_{ij}}{\sqrt{\frac{1}{I}\sum_{k=1}^{K}Y_{kj}^{2}}} \tag{1}$$

城市间距离的定义有很多方法,可体现出城市之间很多方面的不同,第 r 和第 s 城市之间的夹角余弦距离可定义为:

$$Pr_{s}=1-\frac{\sum_{j=1}^{J}X_{rj}X_{sj}}{\sqrt{\sum_{j=1}^{J}X_{rj}^{2}X_{sj}^{2}}} \tag{2}$$

也就是第 r 个城市和第 s 个城市之间的距离是这两座城市以 9 项指标构成的向量夹角的余弦。所有指标都是非负的,因此夹角余弦距离的取值范围在区间[0,1]。

这一距离表示两座城市在特点上的相似性，也就是发展模式上的相似性。有的城市发展水平很高，但与另一座发展水平很高的城市的夹角余弦距离很大，原因是这两个城市在某具体指标上存在不同的偏向，因此两者相似性不高。此公式在分析城市中更侧重相似性和差异性。

2. 城市复杂网络社区划分与分析

在城市复杂网络中，相似性程度高，也即夹角余弦距离近的城市形成各个社区（子群），据此，就可以把城市按照社区（子群）进行分类。城市复杂网络可以形成无向二值关系网络图，进而可用派系划分方式设定城市复杂网络社区（子群）的划分。结合块模型分析，可以得出扩展子群密度关系矩阵，是由子群自身密度同子群间密度关系构成的矩阵，从而进行相应的相似性关系分析。

四、实证分析

（一）我国城镇化模式实证分析

在城市复杂网络模型构建与分析的基础上，结合30个城市1989—2017年9项指标的数据，构建城镇化在城镇化发展水平、城镇化发展质量和城镇化发展潜力三个维度的整体性复杂网络，进而用Ucinet软件对城镇化复杂网络进行社团分析。基于年份之间复杂网络图和子群划分结果的相似性，将1989—2017年划分为三个时间阶段进行分析，分别为1989—1995年、1996—2004年和2005—2017年(1989—2000年只有29个城市，鄂尔多斯市2001年才成立)。图1和表2显示了我国城镇化1989—2017年6个代表年度的网络关系图和子群分析结果。其中在对我国城镇化在三个维度的整体模型进行分析的过程中得出了各年的子群密度表（文中不做列示），基于子群密度表可知子群内成员之间的凝聚性较高，不同子群成员之间的相似度较低。

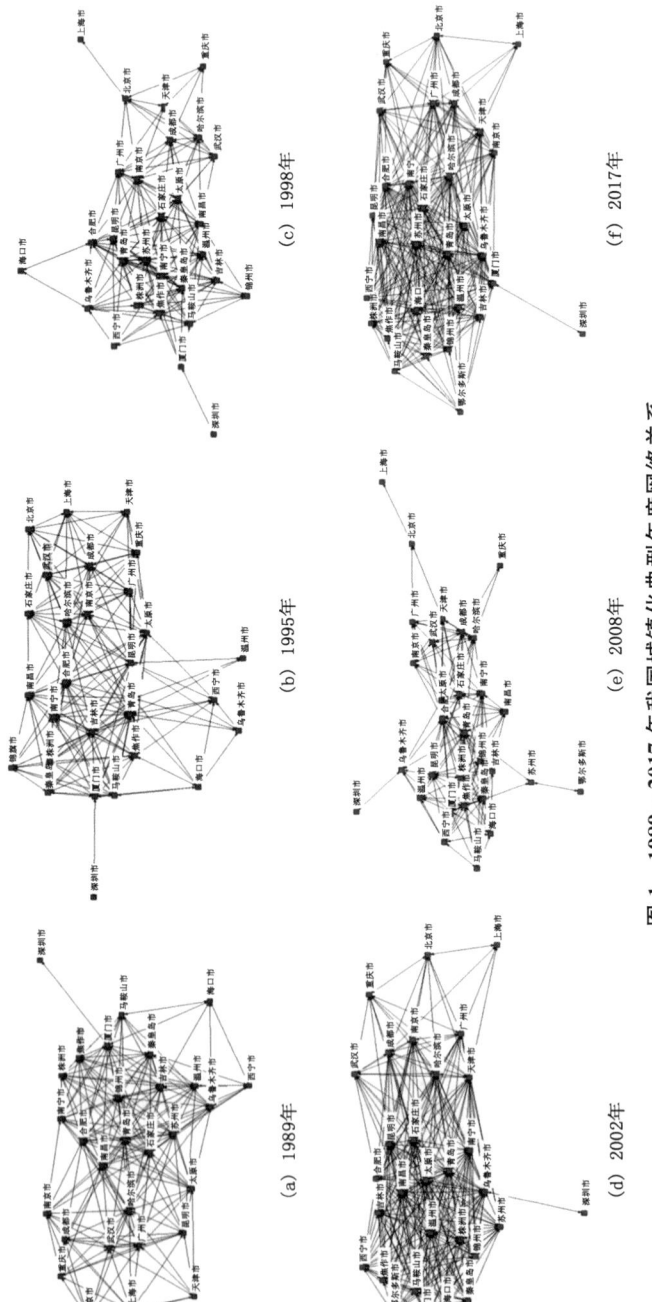

图 1 1989—2017 年我国城镇化典型年度网络关系

表 2　1989—2017 年我国城镇化典型年度子群分析结果

年份	子群	城市
1989	第一子群	北京市、天津市、南京市、上海市、广州市、哈尔滨市、武汉市、重庆市、成都市、昆明市
	第二子群	深圳市
	第三子群	石家庄市、秦皇岛市、锦州市、苏州市、温州市、厦门市、青岛市、南宁市、吉林市、合肥市、马鞍山市、南昌市、焦作市、株洲市、太原市、乌鲁木齐市
	第四子群	海口市、西宁市
1995	第一子群	北京市、天津市、石家庄市、南京市、上海市、广州市、哈尔滨市、武汉市、太原市、重庆市、成都市
	第二子群	温州市
	第三子群	秦皇岛市、锦州市、苏州市、厦门市、青岛市、南宁市、吉林市、合肥市、马鞍山市、南昌市、焦作市、株洲市、昆明市
	第四子群	深圳市
	第五子群	海口市、西宁市、乌鲁木齐市
1998	第一子群	上海市
	第二子群	厦门市、深圳市
	第三子群	海口市
	第四子群	北京市、天津市、南京市、广州市、哈尔滨市、武汉市、重庆市、成都市
	第五子群	西宁市
	第六子群	石家庄市、秦皇岛市、苏州市、温州市、青岛市、南宁市、吉林市、合肥市、马鞍山市、南昌市、焦作市、株洲市、太原市、昆明市、乌鲁木齐市
	第七子群	锦州市
2002	第一子群	北京市、天津市、南京市、上海市、广州市、武汉市、重庆市、成都市
	第二子群	深圳市
	第三子群	石家庄市、秦皇岛市、锦州市、苏州市、温州市、厦门市、青岛市、南宁市、海口市、鄂尔多斯市、吉林市、哈尔滨市、合肥市、马鞍山市、南昌市、焦作市、株洲市、太原市、昆明市、西宁市、乌鲁木齐市

(续表)

年份	子群	城市
2008	第一子群	秦皇岛市、锦州市、温州市、厦门市、青岛市、海口市、吉林市、马鞍山市、焦作市、株洲市、昆明市、西宁市
	第二子群	苏州市、鄂尔多斯市
	第三子群	北京市、上海市
	第四子群	重庆市
	第五子群	深圳市、乌鲁木齐市
	第六子群	天津市、石家庄市、南京市、广州市、南宁市、哈尔滨市、合肥市、武汉市、太原市、成都市
	第七子群	南昌市
2017	第一子群	北京市、天津市、南京市、上海市、广州市、哈尔滨市、武汉市、重庆市、成都市
	第二子群	石家庄市、秦皇岛市、锦州市、苏州市、温州市、厦门市、青岛市、南宁市、海口市、鄂尔多斯市、吉林市、合肥市、马鞍山市、南昌市、焦作市、株洲市、太原市、昆明市、西宁市、乌鲁木齐市
	第三子群	深圳市

基于上述我国城镇化模式社团划分，依据城镇化评价三个维度的高低水平，将城镇化水平维度、质量维度、潜力维度方面的相对高低区分为高水平、低水平、高质、低质、高潜、低潜，并以三个维度相对高低作为城镇化模式的命名基础，进而结合专家分析法，将各年度统一界定出八种基础模式，即高水平协调型、高水平高质低潜型、高水平高潜低质型、高水平低质低潜型、低水平高质高潜型、低水平低潜高质型、低水平低质高潜型和低水平滞后型。其中高水平协调型表示城镇化三个维度都相对较高，低水平滞后型表示城镇化三个维度都相对较低。用 A-H 代表上述各种模式，进一步地，高水平高潜低质型区分出 C1 服务业带动型模式、C2 工业带动型模式，分别表示潜力维度是以服务业为主和以工业为主；低水平滞后型区分出 H1 滞后型模式、H2 缓慢发展型模式，分别表示三个维度完全落后和相对落后。

(二)我国城镇化模式的演进路径分析

进一步地,采取选共性和差异性相结合的方法,选择9类城市将这20多年的城镇化模式演进列成一览表,见表3所列。

表3 我国各城市城镇化模式演进一览表

年份	深圳等	北京代表的大城市	株洲代表的小城市	海口和乌鲁木齐	鄂尔多斯市等	苏州和青岛	哈尔滨市等	重庆和成都	西宁等
1989	G	D	H1	C2	—	H	D	F	C
1991	G	D	H1	C2	—	H	H	F	C
1995	G	D	H1	C2	—	H	D	F	C
1996	G	D	H1	C2	—	H	B	F	C
1997	G	D	H1	C2	—	H	H	F	C
1998	G	D	H1	C2	—	H	B	B	C
1999	G	A	H1	H	—	G	H	B	H
2000	G	A	H1	H	—	G	H	B	H
2001	G	A	H1	H	H	G	H	B	H
2002	G	A	H1	H	H	G	H	B	H
2003	C	A	H1	H	H	G	H	B	H
2004	C	A	H1	H	H	G	H	B	H
2005	C	A	H1	H	G	G	H	B	H
2006	C	A	H1	H	G	G	B	B	H
2007	A	A	H1	H	G	G	B	B	H
2008	A	A	H1	H	G	G	H	B	H
2009	A	A	H1	H	G	G	H	B	H
2010	A	A	H2	H	G	G	H	B	H
2011	A	A	H2	H	G	G	H	B	H
2012	A	A	H2	H	G	E	F	B	H

(续表)

年份	深圳等	北京代表的大城市	株洲代表的小城市	海口和乌鲁木齐	鄂尔多斯市等	苏州和青岛	哈尔滨市等	重庆和成都	西宁等
2013	A	A	H2	H	G	E	F	B	H
2014	A	A	H2	H	G	E	F	B	H
2015	A	A	H2	H	G	E	F	B	H
2016	A	A	H2	H	G	E	F	B	H
2017	A	A	H2	H	G	E	F	B	H

可以看出，我国城镇化模式的演进有多种路径。

第一，是以北京、上海、广州为代表的大城市，由于自身的政治、经济和社会环境基础好，在20世纪90年代初表现为高水平低质低潜型模式，1999年开始进入高水平协调型模式，其城镇化发展水平与质量不断提高，可称之为全面协调持续发展路径。

第二，成都、重庆在城镇化模式演进方面独具特色，1989—1997年以城镇化发展质量高而凸显特色，表现为低水平低潜高质型模式，其后城市建成区面积不断扩大，城镇化发展水平提高，表现为高水平高质低潜型模式，可称之为内在动力发展路径，此类城市未来需要更加注重产业结构的调整和人均地区生产总值的提高，以实现向高水平协调型演进。

第三，苏州、青岛和厦门在20世纪八九十年代都是表现为低水平滞后型模式，受国家政策支持，利用其区位优势，发展外向型经济，表现为低水平低质高潜型模式，后进一步发展成为低水平高质高潜型模式，可称之为内外力驱动发展路径，且随着其城镇化发展水平逐渐成长为高水平协调型模式。

第四，以秦皇岛、株洲为代表的城市，受自身经济、社会等因素限制，城镇化发展慢，经历的探索时间较长，一直表现为低水平滞后型模式，由滞后型模式发展到缓慢发展型模式，可称之为简单发展路径。

第五，就较特殊的深圳市而言，1989—2002年一直保持其政策优势，表现为低水平低质高潜型模式;2003年经过多年发展,深圳市的沿海经济优势更加明显,利用经济带动城镇化发展,表现为高水平高潜低质型模式;至2007年,深圳市的建成区面积比上一年增长2倍,在城镇化评价的三个维度呈现三高型特点,表现为高水平协调型模式,可称之为经济外向驱动发展路径。

第六,西宁、海口和乌鲁木齐在1989—1998年一直表现为高水平高潜低质型模式,在全国的城镇化发展中占据优势,但之后被全国快速的城镇化潮流所淹没,其经济优势不再明显,表现为低水平滞后型模式,其演进路径相对全国而言可归纳为滞后发展路径。

第七,哈尔滨虽然沿工业带动型路径演进,但其城镇化模式演进曲折迂回,主要表现为由低水平滞后型模式发展为低水平低潜高质型模式,说明哈尔滨还不完全能向更高水平城镇化模式演进,可称之为曲折发展路径。

第八,鄂尔多斯市成立于2001年,是我国城市发展史上的一个特例,其城镇化模式演进速度较快主要是因为丰富的自然资源和旅游资源作为经济增长点推动二、三产业产值快速增长,由低水平滞后型模式发展为低水平低质高潜型模式,其演进路径可归纳为禀赋支撑发展路径。

这些发展路径中,全面协调持续发展路径、内在动力发展路径、内外力驱动发展路径和经济外向驱动发展路径等几种的发展动力与路径走向特征不同,但都较好地朝向高水平协调型模式方向迈进;而简单发展路径、滞后发展路径、曲折发展路径和禀赋支撑发展路径相对而言发展较为缓慢,甚至部分路径出现相对倒退现象。

五、结论及政策建议

(一) 结论

本文通过对我国30个城市构建复杂网络模型,讨论1989—2017年城镇化模式的划分与演进路径,得到以下结论。

(1) 我国城镇化发展的综合水平在不断提高,城镇化发展模式更加多样,存在高水平协调型、高水平高质低潜型、高水平高潜低质型、高水平低质低潜型、低水平高质高潜型、低水平低潜高质型、低水平低质高潜型、低水平滞后型等八种模式、服务业带动型和工业带动型的两种高水平高潜低质型细分模式、滞后型和缓慢发展型的两种低水平滞后型细分模式。

（2）我国城镇化模式的演进路径，主要有全面协调持续发展、内在动力发展、内外力驱动发展、经济外向驱动发展、简单发展、滞后发展、曲折发展和禀赋支撑发展等八种路径。

（3）八种发展路径之中，前四种路径发展态势较好，后四种路径发展相对缓慢。

（二）政策建议

城镇化发展模式的演进具有一定的路径依赖特性，根据上述研究结论，本文提出下列相关政策建议。

（1）总体上而言，各个城市在后续提升发展过程中，在各自因地制宜推进自身城镇化的同时，需要进一步参照相近城市群体进行优化发展；可以首先参照同一类城市群体中发展较好的城市，进而参照相近发展路径的城市群体。

（2）对于北上广等全面协调持续发展路径的城市，需要进一步全面发展三个城镇化维度，提升自己的标杆性。

（3）对于内在动力发展、内外力驱动发展、经济外向驱动发展路径的城市，需要进一步依据自身优势特征进行发展，实现高水平协调型模式。其中，成都、重庆等内在动力发展路径城市，应当依托内在人文质量优势，拓展发展相应产业主导的潜力维度，走向高水平协调模式；苏州、青岛和厦门等内外力驱动发展路径城市，应当基于内在人文质量和外在经济优势，逐步提升城镇化水平维度，走向高水平协调模式；深圳等经济外向驱动发展路径的城市，应当基于自身的经济优势，进一步促进三个城镇化维度全面发展，提升自己的标杆性。

（4）对于简单发展、滞后发展、曲折发展和禀赋支撑发展等路径，需要参考内在动力发展、内外力驱动发展、经济外向驱动发展等三种路径，进行模式学习，优化自身的发展路径。其中，秦皇岛、株洲等简单发展路径的城市以及西宁、海口和乌鲁木齐等滞后发展路径的城市，需要充分挖掘自身特征，从三个维度中寻找方向进行突破，然后进一步进行动力发展、内外力驱动发展、经济外向驱动发展等路径的选择；哈尔滨等曲折发展路径的城市,需要在工业发展和人文发展中寻找突破,进而进行动力发展、内外力驱动发展、经济外向驱动发展等路径的选择;鄂尔多斯等禀赋支撑发展路径的城市,应当抓住禀赋优势,发展人文质量维度,学习经济外向驱动发展路径。

参考文献

[1] 边雪,陈昊宇,曹广忠.基于人口、产业和用地结构关系的城镇化模式类型及演进特征——以长三角地区为例[J].地理研究,2013,32(12):2281-2291.

[2] 曹钢.中国城镇化模式举证及其本质差异[J].改革,2010(4):78-83.

[3] 成德宁.经济发达国家与发展中国家城镇化的比较与启示[J].经济评论,2002(1):122-125.

[4] 崔功豪,马润潮.中国自下而上城市化的发展及其机制[J].地理学报,1999(2):12-21.

[5] 崔援民,刘金霞.中外城市化模式比较与我国城市化道路选择[J].河北学刊,1999(4):25-29.

[6] 冯云廷.从城镇化到城市化:农村城镇化模式的转换[J].中国农村经济,2006(4):71-74,80.

[7] 高晶,关涛,郎宏文.推进我国新型城镇化发展的路径探讨[J].经济纵横,2015(8):46-49.

[8] 辜胜阻,李正友.中国自下而上城镇化的制度分析[J].中国社会科学,1998(2):60-70.

[9] 辜胜阻,刘江日.城镇化要从"要素驱动"走向"创新驱动"[J].人口研究,2012,36(6):3-12.

[10] 韩云,陈迪宇,王政,等.改革开放40年城镇化的历程、经验与展望[J].宏观经济管理,2019(2):29-34.

[11] 何平,倪苹.中国城镇化质量研究[J].统计研究,2013,30(6):11-18.

[12] 黄向梅,何署子.转型时期我国农村城镇化模式研究[J].调研世界,2011(8):40-44.

[13] 季红颖,侯明.东北三省新型城镇化与文化产业融合发展研究[J].经济纵横,2018(11):123-128.

[14] 李嘉荣.西部城市化投资效率的绿色评价指标体系[J].西南农业大学学报(社

会科学版),2007(2):12-16.

[15] 李圣军.城镇化模式的国际比较及其对应发展阶段[J].改革,2013(3):81-90.

[16] 刘荣增,王淑华,齐建文.基于共生理论的河南省城乡统筹空间差异研究[J].地域研究与开发,2012,31(4):19-22,28.

[17] 戚晓旭,杨雅维,杨智尤.新型城镇化评价指标体系研究[J].宏观经济管理,2014(2):51-54.

[18] 石忆邵,朱卫锋.中国城镇化的地域组织模式及其发展研究[J].中国工业经济,2004(10):13-20.

[19] 孙鸿志.拉美城镇化及其对我国的启示[J].财贸经济,2007(12):135-138.

[20] 吴建楠,姚士谋,曹有挥,等.长江三角洲城市群城乡统筹发展的空间差别化研究[J].长江流域资源与环境,2010,19(S1):21-26.

[21] 吴旭晓.新型城镇化效率演化趋势及其驱动机制研究[J].商业研究,2013(3):44-51.

[22] 姚树荣,周毓君.乡村城镇化的市场驱动模式与实现路径——以成都市福洪镇为例[J].农村经济,2018(5):81-86.

[23] 于猛,宋家宁.我国城镇化模式研究综述——基于规模选择和典型模式推广的分析讨论[J].中国土地,2013(3):54-56.

[24] 张琳,王亚辉,郭雨娜.中国土地城镇化与经济城镇化的协调性研究[J].华东经济管理,2016,30(6):111-117.

[25] 周一星.论中国城市发展的规模政策[J].管理世界,1992(6):166-171.

市场规模、劳动力成本与异质性企业区位选择

吕大国　耿　强　简　泽　卢　任

一、引　言

生产率差距是造成中国地区经济发展不平衡的主要因素(李静等,2006;石风光和李宗植,2009;朱子云,2015;孙元元和张建清,2017)。20世纪90年代后期,特别是21世纪初,中国东部与中西部地区间经济差距开始缩小,但生产率差距却在扩大(梁琦等,2012)。为什么GDP和生产率在中国地区间存在背离的走势? 如何给中国地区差距之谜提供合理的解释,成为近年来热议的话题。地区间生产率差距的扩大是否意味着经济差距从长期看还将扩大? 理解中国地区间经济差距和生产率差距背后的原因,是实现中国地区经济平衡发展的关键。

以往研究主要使用新经济地理理论或新新经济地理理论对中国地区经济差距和生产率差距进行解释,但这两种理论在解释中国地区差距方面存在如下不足。首先,新经济地理理论只能解释经济差距,不能解释生产率差距。在新经济地理理论中,企业生产率同质,在集聚力和分散力的作用下,生产率同质的企业在不同地区之间定位选择,只会影响地区经济差距,而不会影响生产率差距。其次,新新经济地理理论也不能解释中国地区间生产率差距。在新新经济地理理论中,企业生产率异质,在市场规模等集聚力的作用下,大市场地区会吸引更多的高生产率企业,地区间经济差距和生产率差距同时扩大,该结论不符合中国地区间差距的变化趋势,20世纪90年代,在集聚力的作用下,中国东部与中西部地区间经济差距在扩大,生产率差距却保持稳定。最后,新新经济地理理论忽视了分散力对企业定位选择的影响。新新经济地理

理论虽然在新经济地理理论的基础上引入了企业生产率异质性,为研究地区间生产率差距提供了新视角,但延续了新经济地理理论的研究思路,主要研究市场规模等集聚力对企业定位选择的影响,忽视了要素成本等分散力,而东部地区劳动力以及其他不可流动要素的高成本正是造成近年来地区间经济差距缩小的分散力,这也使得新新经济地理理论无法解释近年来中国地区经济差距缩小和生产率差距扩大之谜。

为此,本文将地区间劳动力成本存在差异引入新新经济地理理论,研究在集聚力和分散力分别占据主导时,生产率异质性企业如何定位选择,并对中国地区经济差距和生产率差距进行解释。[①] 与以往研究相比,本文可能的贡献主要有两方面:一是在理论意义上,本文拓展了新新经济地理理论,不仅研究了市场规模等集聚力如何影响生产率异质性企业的定位选择,还研究了劳动力成本等分散力如何影响生产率异质性企业的定位选择,拓宽了新新经济地理理论的应用范围。二是在现实意义上,本文的理论模型能够同时解释中国东部与中西部地区间的经济差距和生产率差距,而且不仅能解释20世纪90年代后期,特别是21世纪初之后,中国地区间经济差距为什么在缩小,而生产率差距却在扩大,还能解释20世纪90年代中国地区间经济差距为什么在扩大,而生产率差距却保持稳定。

本文其余部分结构安排如下:第二部分是中国地区差距之谜,分别测算了中国东部与中西部地区间的经济差距和生产率差距;第三部分是文献综述,对以往研究中国地区经济差距和生产率差距的文献进行了简要回顾;第四部分是理论模型,介绍了本文理论模型的基本框架和结论,并使用理论模型对中国地区经济差距和生产率差距进行解释;第五部分是实证检验,使用微观企业数据检验了本文理论模型的主要结论;第六部分总结全文。

[①] 分散力不仅包括劳动力成本差异,还包括土地等不可流动要素成本差异。本文只研究劳动力成本差异的主要原因是,中国地方政府出让土地的策略是高价出让商业和住宅用地,低价出让工业用地,对企业进行补贴(雷潇雨和龚六堂,2014)。因此,对企业来说,地区间工业土地成本差异可能并不大,但商业和住宅土地成本差异较大,而商业和住宅土地价格会进一步反映在房价和房租上,进而体现在劳动力成本上(陆铭等,2015)。

二、中国地区差距之谜

度量地区经济差距的指标很多,如变异系数、基尼系数、泰尔指数等,在以往研究中,使用较多的指标是泰尔指数。这是因为,泰尔指数可以将地区经济差距分解为组内差距和组间差距(范剑勇和朱国林,2002;高帆,2012)。设第 i 个地区第 j 个省份的地区生产总值为 gdp_{ij},第 i 个地区第 j 个省份的人口数为 pop_{ij},全国所有省份的地区生产总值和人口总量为 gdp 和 pop,则全国省份间经济差距的泰尔指数计算公式如下:

$$T = \sum_i \sum_j \left(\frac{gdp_{ij}}{gdp}\right) \ln\left(\frac{gdp_{ij}/gdp}{pop_{ij}/pop}\right) \tag{1}$$

设第 i 个地区的地区生产总值为 gdp_i,第 i 个地区的人口数为 pop_i,则第 i 个地区内省份之间的经济差距可以用(2)式表示:

$$T = \sum_j \left(\frac{gdp_{ij}}{gdp_i}\right) \ln\left(\frac{gdp_{ij}/gdp_i}{pop_{ij}/pop_i}\right) \tag{2}$$

全国省份间经济差距可被分解为:

$$T = \sum_i \left(\frac{gdp_i}{gdp}\right) T_p + \sum_i \left(\frac{gdp_i}{gdp}\right) \ln\left(\frac{gdp_i/gdp}{pop_i/pop}\right) = T_{wR} + T_{bR} \tag{3}$$

其中,T_{WR} 表示地区内部省份之间经济差距之和,被称为组内差距,T_{BR} 表示地区之间的经济差距,被称为组间差距。将中国分为东部地区和中西部地区,则 T_{BR} 表示中国东部和中西部地区之间的经济差距。本文接下来将中国分为东部地区和中西部地区计算泰尔指数,并将其分为组内差距和组间差距,东部包括:北京、天津、河北、辽宁、山东、江苏、浙江、福建和广东。计算泰尔指数所需要的各省份地区生产总值和人口数据来源于国泰安数据库,本文使用各省份每年的名义地区生产总值和地区生产总值指数计算得到各省份每年的实际地区生产总值,由于海南省设立时间较短,西藏自治区的数据缺失较多,本文在计算泰尔指数时剔除了海南省和西藏自治区的数据,1997 年重庆市从四川省独立出来,本文将四川省和重庆市的数据合并处理。

本文使用 Parsley & Wei(1996)以及陆铭和陈钊(2009)的价格法测算中国国内

市场一体化程度。测算国内市场一体化程度所需要的各省份商品零售价格分类指数主要来源于《中国统计年鉴》，由于《中国统计年鉴》只报告了1985年及以后各省份商品零售价格分类指数，本文只测算得到1985年及以后的国内市场一体化程度。在商品种类上，本文选取了9种连续统计的商品，分别是粮食、鲜菜、饮料烟酒、服装鞋帽、文化用品、日用品、中西药品、书报杂志和燃料。此外，由于商品种类划分的变化，1985—1986年用烟酒茶和衣着类数据分别代替饮料烟酒和服装鞋帽类数据，1985—1993年用药及医疗用品类数据代替中西药品类数据。由于海南省和重庆市设立时间较短，西藏自治区的数据缺失较多，本文在计算国内市场一体化程度时剔除了海南省、重庆市和西藏自治区的数据。

从图1可以看出，20世纪90年代中期之前，组间差距小于组内差距，之后，组间差距大于组内差距。说明20世纪90年代中期之后，中国省份经济差距主要来自组间差距(地区间经济差距)，而不是组内差距(地区内经济差距)。从地区间经济差距的变化趋势看，可以分为3个阶段，20世纪90年代之前，地区间经济差距虽然在扩大，但扩大的幅度并不大；20世纪90年代之后，地区间经济差距迅速扩大；21世纪之后，地区间经济差距开始缩小。从图1还可以看出，中国国内市场一体化进程可以分为两个阶段，20世纪90年代之前，中国处于市场分割加剧阶段；20世纪90年代之后，国内市场一体化程度稳步提高。这意味着，20世纪90年代初国内市场一体化进

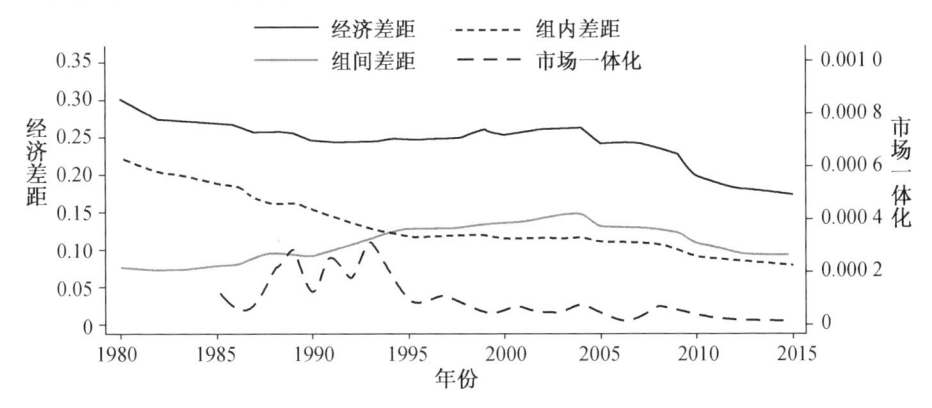

图1 中国地区经济差距

程加快后,东部与中西部地区间经济差距可以分为两个阶段:第一阶段是20世纪90年代初到21世纪初,地区间经济差距在扩大;第二阶段是21世纪初之后,地区间经济差距开始缩小。

本文使用索洛余值法估计各省份的全要素生产率,然后通过计算东部地区的平均生产率与中西部地区的平均生产率之差来度量生产率差距。估计生产率的变量为:① 地区生产总值:使用地区生产总值指数和名义地区生产总值计算得到各省份以1952年为基期的各年实际地区生产总值;② 劳动投入:用各省份全社会从业人员数度量;③ 资本存量:本文借鉴张军等(2004)使用永续盘存法测算各省份的资本存量。由于海南省设立时间较短,西藏自治区的数据缺失较多,本文剔除了海南省和西藏自治区的数据,1997年重庆市从四川省独立出来,本文将四川省和重庆市的数据合并处理。此外,由于2014年以及以后年份部分省份缺失劳动投入数据,本文只测算得到1980—2013年各省份的全要素生产率。测算全要素生产率所需变量的数据来源于国泰安数据库、中经网数据库、《中国国内生产总值核算历史资料(1952—1995)》、各省份《统计年鉴》以及《中国统计年鉴》。

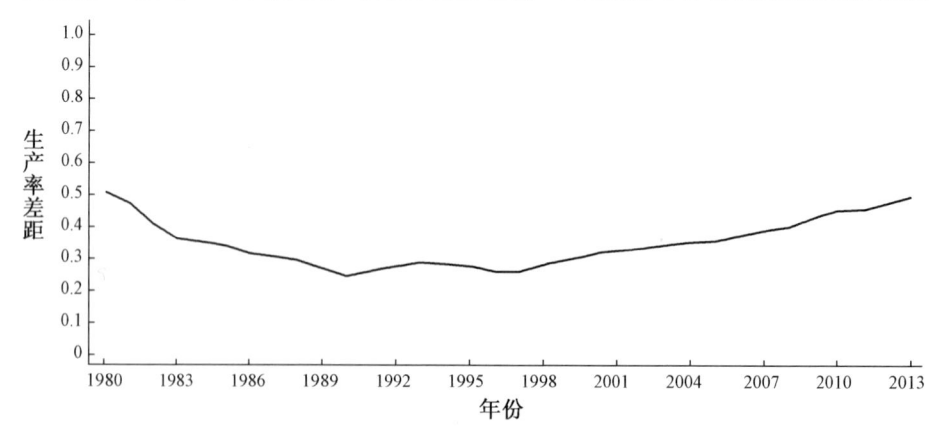

从图2中国地区间生产率差距的变化趋势看,可以分为3个阶段:第一阶段是20世纪80年代,在这一阶段,东部与中西部地区间的生产率差距在迅速缩小;第二阶段是20世纪90年代,在这一阶段,地区间生产率差距基本保持稳定;第三阶段是

图2 中国地区间生产率差距

21世纪初之后,在这一阶段,地区间生产率差距持续扩大。可以发现,地区间生产率差距的3个阶段与经济差距的3个阶段基本一致。这也意味着,20世纪90年代初国内市场一体化进程加快后,地区间差距可以被分为两个阶段,第一阶段是20世纪90年代,地区间经济差距在扩大,生产率差距基本保持稳定;第二阶段是21世纪初之后,地区间经济差距在缩小,但生产率差距却在扩大。

三、文献综述

以往研究大多只解释了经济差距或生产率差距,鲜有研究能同时解释这两种差距。针对中国地区间经济差距,很多研究从要素禀赋差异、地区发展优惠政策、所有制结构、产业结构等角度进行解释(Démurger et al., 2002;郭兆淮,1999;蔡昉和王德文,2002;范剑勇和朱国林,2002),但被学界普遍接受的,还是新经济地理理论的中心—外围模型。他们认为中国东部地区的市场规模大于中西部地区,而且东部为沿海地区,地理位置更接近国际市场,在市场一体化过程中,受规模报酬递增与循环累计效应影响,资本等各种生产要素向东部沿海地区集聚,东部与中西部地区形成了中心—外围格局(范剑勇,2004;范剑勇和谢强强,2010)。

但新经济地理理论的中心—外围模型并不能解释中国东部与中西部地区间人均经济差距为什么也在不断扩大。新经济地理理论认为不仅资本会集聚在中心区域,在价格指数效应的作用下,中心区域的实际工资高于外围区域,劳动力也会集聚在中心区域(朱希伟和陶永亮,2011)。有学者结合新经济地理理论和劳动力市场分割对人均经济差距进行解释,他们认为,在中国,户籍制度、交通成本以及离开家乡和亲人难以真正融入当地社会产生的心理成本等都会阻碍劳动力流动(谌新民,1999),产业向东部地区集中时,劳动力难以对等的从中西部地区向东部地区转移(李国平和范红忠,2003)。产业与劳动力的不匹配,导致地区间人均经济差距不断扩大(林理升和王晔倩,2006;蔡翼飞和张车伟,2012)。随着产业在东部地区进一步集中,东部地区劳动力开始短缺,劳动力成本开始上升(范剑勇和张雁,2009)。同时,中国地方政府高价出让商业和住宅用地的土地出让政策,以及中央政府偏向中西部地区的土地供应政策导致中国东部地区的高房价,又进一步推升了东部地区的劳动力成本(陆铭等,2015)。21世纪初之后,劳动力成本差距作为分散力推动东部地区的企业向外迁移,中国地区间经济差距开始缩小。

很多研究发现中国地区间不仅存在经济差距,还存在生产率差距,而且生产率差距是造成经济差距的主要因素(李静等,2006;石风光和李宗植,2009;朱子云,2015;孙元元和张建清,2017)。范剑勇(2006)和郑若谷(2009)研究认为制造业在东部地区集聚所形成的产业集聚效应是造成地区间生产率差距的主要原因。但近年来,很多研究发现,虽然中国制造业主要集中在东部地区,但从城市层面看,制造业的集聚程度并不高,而且中国地方政府为招商引资所开展的补贴性竞争削弱了企业之间的内在联系,中国可能并不存在产业集聚效应(朱希伟和陶永亮,2011;李晓萍等,2015)。很多学者开始使用新经济地理理论与异质性企业理论相融合所形成新新经济地理理论对地区间生产率差距进行解释,新新经济地理理论认为,除了集聚效应,生产率异质性企业的定位选择也是造成地区间生产率差距的重要原因(Melitz & Ottaviano, 2008; Combes et al., 2012)。Baldwin & Okubo(2006)首次在新经济地理理论中融入企业生产率异质性,他们假设经济初始时,大、小市场地区的企业份额与其市场规模相当,且企业生产率分布均匀,在市场一体化过程中,大市场对高生产率企业和低生产率企业都有吸引力,但高生产率企业迁移至大市场获得的收益更大,在存在迁移成本的情况下,只有高生产率企业能承担迁移成本而迁移至大市场,低生产率企业继续留在小市场,导致大市场地区的平均生产率高于小市场地区。Forslid & Okubo (2014)、Okubo et al.(2010)从不同角度对Baldwin & Okubo(2006)的模型进行了扩展,Forslid & Okubo(2014)考虑了行业资本密集度情况,而Okubo et al.(2010)考虑了产品之间的高度可替代性。但他们都指出大市场更吸引高生产率企业。Okubo et al.(2010)还发现伴随着贸易成本下降,大市场会先吸引高生产率企业,只有当所有高生产率企业都集聚在大市场后,低生产率企业才开始向大市场迁移,地区间生产率差距先扩大再缩小。

梁琦等(2013)认为造成中国地区间生产率差距的一个重要原因是异质性企业的定位选择,他们认为相对于中西部地区,东部地区市场规模较大,随着贸易成本下降,高生产率和低生产率企业分别定位在东部和中西部地区,生产率异质性企业的这种定位选择导致21世纪初之后中国东部与中西部地区间生产率差距扩大,但异质性企业的重新定位选择会导致地区间经济差距扩大,不符合21世纪初之后中国地区间经济差距正在缩小的事实。朱江丽和李子联(2014)也认为异质性企业的空间定位选择可能是中国地区间经济差距形成和扩大的原因,高生产率企业集聚的东部地区在竞争效应和集聚效应的影响下发展越来越好,而低生产率企业集聚的中西部地区陷入发展陷阱,进一步导致地区差距扩大。孙元元和张建清(2017)在 Okubo et al. (2010)模型的基础上融入集聚外部性对中国地区间生产率差距进行解释,他们发现,如果考虑集聚外部性,大市场与小市场地区间生产率差距有可能一直扩大,而不是先扩大再缩小,但孙元元和张建清(2017)的理论模型并不能解释中国地区间经济差距,在他们的理论模型中,地区间经济差距一直在扩大,而不是在缩小。梁琦等(2012)对 Okubo et al. (2010)的模型进行了扩展,通过分析中西部地区的政府补贴效果来同时解释中国地区间经济差距和生产率差距,他们发现中西部地区政府补贴总是先吸引低生产率企业,地区间经济差距会缩小,生产率差距先扩大再缩小。梁琦等(2012)只能解释中国地区间差距的第二阶段,在梁琦等(2012)中,如果没有补贴,大市场将更吸引高生产率企业,地区间不仅经济差距在扩大,生产率差距也在扩大,模型并不能解释中国地区间差距的第一阶段;而且梁琦等(2012)假设只有中西部地区政府提供补贴,该假设并不符合中国经济现实,在中国,东部和中西部地区政府都会提供补贴,而且东部地区政府补贴往往更高。

通过梳理以往研究可以发现,新经济地理理论包括集聚力(市场规模差异)和分散力(劳动力成本差异),可以很好地解释中国东部与中西部地区间经济差距,但新经济地理理论模型中企业生产率是同质的,无法解释地区间生产率差距。新新经济地理理论虽然引入了企业生产率异质性,但只研究了集聚力对生产率异质性企业定位选择的影响,忽视了分散力的影响,并不能解释中国东部与中西部地区间经济差距和生产率差距。虽然部分研究在新新经济地理理论模型的基础上融入集聚外部性和地区补贴等因素对中国东部与中西部地区间差距进行解释,但也只能部分解释地区间差距,并不能完全解释20世纪90年代初国内市场一体化进程加快后,中国东部与中西部地区间经济差距和生产率差距的变化趋势。基于此,本文接下来以新新经济地理理论模型为基础,构建一个包括集聚力和分散力的理论模型,对中国东部与中西部地区间差距进行解释。

四、理论模型

(一)模型假设

1. 基本假设

设经济体有两个地区:地区 1 和地区 2,不失一般性,将地区 1 和地区 2 的总人口数标准化为1,设地区 1 的人口数为$\lambda(0<\lambda<1)$,地区 2 的人口数为$1-\lambda$,如果$\lambda>1/2$,则地区 1 为大市场地区,地区 2 为小市场地区。设经济体中的每个人拥有 1 个单位资本和 1 个单位劳动,这样经济体中的资本和劳动数量都可以标准化为 1,资本可以跨地区自由流动,居民不可以跨地区流动,只能在本地区劳动和消费。设经济体中有三个部门:工业部门、农业部门和投资部门,设农业部门生产只使用劳动这一种生产要素,农业生产规模报酬不变,市场完全竞争,农产品贸易没有成本,则地区 1 和地区 2 的农产品价格相同,将农产品价格标准化为 1,设生产 1 单位农产品地区 1 需要劳动$1/\beta$单位$(0<\beta\leqslant 1)$,地区 2 需要 1 单位,则地区 1 工资等于β,地区 2 工资等于 1,地区 1 和地区 2 分别是落后地区(低劳动力成本)和发达地区(高劳动力成本)。设工业部门使用资本和劳动生产连续水平差异化的工业品,生产每种工业品需要 1 个单位资本,这样工业品种类也可以标准化为 1,工业生产规模报酬递增,工业品市场为垄断竞争市场,设每单位工业品贸易需要τ单位成本$(\tau>0)$。投资部门不使用任何生产要素,居民的资本都交给投资部门,投资部门再将这些资本投资给工业企业,企业利润即为资本回报,投资部门获得资本回报后再将资本回报分配给居民。

2. 消费者行为

设地区 1 和地区 2 消费者的偏好相同,(4)式是消费者效用函数:

$$U_i = C_{iA}^{1-a}\left[\left(\int_0^1 c_{ij}^{\frac{\sigma-1}{\sigma}}dj\right)^{\frac{\sigma}{\sigma-1}}\right]^a \tag{4}$$

其中，$i=1,2$ 表示地区 1 和地区 2，σ 表示差异化工业品之间的替代弹性（$\sigma>1$），c_{iA} 和 c_{ij}^A 分别表示地区 i 消费者对农产品和第 j 种工业品的消费量。由(4)式可知，消费者将收入的 $1-\alpha$（$0<\alpha<1$）用来消费农产品，将收入的 α 用来消费工业品。

地区 i 消费者的预算约束函数：

$$\int_0^1 p_{ij}c_{ij}\,\mathrm{d}j + p_{iA}C_{iA} = y_i \tag{5}$$

其中，p_{ij} 和 p_{iA} 是地区 i 第 j 种工业品和农产品的价格，y_i 是地区 i 消费者的收入，消费者收入包括工资和资本回报。

地区 i 第 j 种工业品的需求函数：

$$c_{ij} = p_{ij}^{-\sigma} P_i^{\sigma-1} \alpha y_i \tag{6}$$

其中，P_i 是地区 i 的价格指数，$P_i = (\int_0^1 p_{ij}^{1-\sigma}\,\mathrm{d}j)^{1/(1-\sigma)}$。

3. 企业行为

本文借鉴 Okubo *et al.*（2010）、梁琦等（2012）对生产率异质性企业进行设定，设有两种生产率企业：高生产率企业与低生产率企业，每个企业都需要 1 单位资本，生产 1 单位工业品高生产率企业需要劳动 m_h 单位，低生产率企业需要 ml 单位，显然 $m_l > m_h$。设高生产率企业比重为 μ，则低生产率企业比重为 $1-\mu$。设高生产率企业在地区 1 的份额为 s_h，低生产率企业在地区 1 的份额为 s_l，则高生产率企业和低生产率企业在地区 2 的份额分别为 $1-s_h$ 和 $1-s_l$。

由于工业品市场是垄断竞争市场，且消费者不可以跨地区消费，这样企业会在不同地区进行垄断竞争定价，地区 1 高生产率企业在地区 1 销售产品的利润为：

$$\pi_{11}^h = \lambda(p_{11}^h - \beta m_k)(p_{11}^h)^{-\sigma} P_1^{\sigma-1} \alpha y_1 \tag{7}$$

地区 1 高生产率企业在地区 1 的销售价格：

$$p_{11}^h = \frac{\sigma \beta m_k}{\sigma - 1} \tag{8}$$

同理可得，地区 1 高生产率企业在地区 2 的销售价格：

$$p_{12}^h = \frac{\sigma(\beta m_k + \tau)}{\sigma - 1} \tag{9}$$

地区1高生产率企业的利润：

$$\pi_1^h = \lambda \sigma^{-\sigma} \left(\frac{\beta m_k}{\sigma-1}\right)^{1-\sigma} P_1^{\sigma-1} \alpha y_1 + (1-\lambda) \sigma^{-\sigma} \left(\frac{\beta m_k + \tau}{\sigma-1}\right)^{1-\sigma} P_2^{\sigma-1} \alpha y_2 \tag{10}$$

地区2高生产率企业的利润：

$$\pi_2^h = \lambda \sigma^{-\sigma} \left(\frac{m_k + \tau}{\sigma-1}\right)^{1-\sigma} P_1^{\sigma-1} \alpha y_1 + (1-\lambda) \sigma^{-\sigma} \left(\frac{m_k}{\sigma-1}\right)^{1-\sigma} P_2^{\sigma-1} \alpha y_2 \tag{11}$$

地区1和地区2高生产率企业的利润差：

$$\Delta \pi^h = \{\lambda[(\beta m_k)^{1-\sigma} - (m_h + \tau)^{1-\sigma}] P_1^{\sigma-1} y_1 + $$
$$(1-\lambda)[(\beta m_k + \tau)^{1-\sigma} - m_h^{1-\sigma}] P_2^{\sigma-1} y_2\} \frac{\alpha(\sigma-1)^{\sigma-1}}{\sigma^\sigma} \tag{12}$$

同理可得，地区1和地区2低生产率企业的利润差：

$$\Delta \pi^l = \{\lambda[(\beta m_l)^{1-\sigma} - (m_l + \tau)^{1-\sigma}] P_1^{\sigma-1} y_1 + $$
$$(1-\lambda)[(\beta m_l + \tau)^{1-\sigma} - m_l^{1-\sigma}] P_2^{\sigma-1} y_2\} \frac{\alpha(\sigma-1)^{\sigma-1}}{\sigma^\sigma} \tag{13}$$

由于企业都希望集聚在利润更高的地区，企业有如下几种可能的集聚形式：地区1和地区2企业的利润差小于0，企业都选择集聚在地区2；地区1和地区2企业的利润差等于0，企业对选择集聚在地区1和地区2无差异；地区1和地区2企业的利润差大于0，企业都选择集聚在地区1。

（二）均衡分析

1. 劳动力成本相等

由(12)式可得，劳动力成本相等且都等于1时，地区1和地区2高生产率企业利润差为：

$$\Delta \pi^h = [\lambda P_1^{\sigma-1} y_1 - (1-\lambda) P_2^{\sigma-1} y_2][m_h^{1-\sigma} - (m_h + \tau)^{1-\sigma}] \frac{\alpha(\sigma-1)^{\sigma-1}}{\sigma^\sigma} \tag{14}$$

由于地区1和地区2劳动力成本相等，所以地区1和地区2消费者收入相等，设消费者收入等于y，地区1和地区2高生产率企业利润差：

$$\Delta \pi^h = [\lambda P_1^{\sigma-1} - (1-\lambda) P_2^{\sigma-1}][m_h^{1-\sigma} - (m_h + \tau)^{1-\sigma}] \frac{\alpha y(\sigma-1)^{\sigma-1}}{\sigma^\sigma} \tag{15}$$

地区1和地区2低生产率企业利润差：

$$\Delta \pi^l = [\lambda P_1^{\sigma-1} - (1-\lambda) P_2^{\sigma-1}][m_l^{1-\sigma} - (m_l+\tau)^{1-\sigma}] \frac{\alpha y(\sigma-1)^{\sigma-1}}{\sigma^\sigma} \quad (16)$$

命题1:劳动力成本相等,不同生产率企业混合集聚。

证明:因为,

$$[m_l^{1-\sigma} - (m_l+\tau)^{1-\sigma}]\alpha\sigma^{-\sigma}(\sigma-1)^{\sigma-1}y > 0 \quad (17)$$

$$[m_h^{1-\sigma} - (m_h+\tau)^{1-\sigma}]\alpha\sigma^{-\sigma}(\sigma-1)^{\sigma-1}y > 0 \quad (18)$$

由(16)式可知,要使得两个地区都有低生产率企业集聚,则 $0 < s_l < 1$,则 $\Delta \pi^l = 0$,则必须使得 $\lambda P_1^{\sigma-1} - (1-\lambda) P_2^{\sigma-1} = 0$,由(15)式可知,此时 $|\Delta \pi|^h = 0$,此时 $0 < s_h < 1$,两个地区都有高生产率企业集聚。

同理,当 $\Delta \pi^l < 0$ 时,$s_l = 0$,地区1没有低生产率企业集聚,此时 $\lambda P_1^{\sigma-1} - (1-\lambda) P_2^{\sigma-1} < 0$,此时 $\Delta \pi^h < 0$,此时 $s_h = 0$,地区1也没有高生产率企业集聚。

同理可知当 $s_l = 1$ 时,$s_h = 1$。

可知劳动力成本相等时,不同生产率企业混合集聚。

当两个地区都有企业集聚时,$\dfrac{P_2^{1-\sigma}}{P_1^{1-\sigma}} = \dfrac{1-\lambda}{\lambda}$

因为,

$$\frac{P_2^{1-\sigma}}{P_1^{1-\sigma}} = \frac{\mu s_h (m_h+\tau)^{1-\sigma} + \mu(1-s_h)m_h^{1-\sigma} + (1-\mu)s_l(m_l+\tau)^{1-\sigma} + (1-\mu)(1-s_l)m_l^{1-\sigma}}{\mu s_h m_h^{1-\sigma} + \mu(1-s_h)(m_h+\tau)^{1-\sigma} + (1-\mu)s_l m_l^{1-\sigma} + (1-\mu)(1-s_l)(m_l+\tau)^{1-\sigma}} \quad (19)$$

将 $s_l = 1, s_h = 1$ 代入式(19),可得所有企业都集聚在地区1的阈值 $\bar{\lambda}$:

$$\bar{\lambda} = \frac{(1-\mu)m_l^{1-\sigma} + \mu m_h^{1-\sigma}}{(1-\mu)[(m_l+\tau)^{1-\sigma} + m_l^{1-\sigma}] + \mu[(m_h+\tau)^{1-\sigma} + m_h^{1-\sigma}]} \quad (20)$$

因为,

$$\frac{\partial \bar{\lambda}}{\partial \tau} = \frac{(\sigma-1)[(1-\mu)m_l^{1-\sigma} + \mu m_h^{1-\sigma}][(1-\mu)(m_l+\tau)^{-\sigma} + \mu(m_h+\tau)^{-\sigma}]}{\{(1-\mu)[(m_l+\tau)^{1-\sigma} + m_l^{1-\sigma}] + \mu[(m_h+\tau)^{1-\sigma} + m_h^{1-\sigma}]\}^2} \quad (21)$$

可得,企业集聚在大市场的阈值随着贸易成本的下降而下降,结论与新经济地理理论的结论一致。由以上分析可知,劳动力成本相等时,在市场一体化进程中,企业向大市场集聚,但集聚到大市场的企业不仅有高生产率企业,也有低生产率企业。

2. 劳动力成本不等

前文分析了市场规模等集聚力如何影响生产率异质性企业的定位选择,本文接下来分析劳动力成本等分散力如何影响生产率异质性企业的定位选择。

命题 2:劳动力成本不等,不同生产率企业分类集聚。

证明:与分类集聚相对应的是混合集聚,混合集聚指的是发达地区和落后地区都有高生产率企业和低生产率企业集聚,即 $0<s_l<1$ 时,$0<s_h<1$,即 $\Delta\pi^l=0$ 和 $\Delta\pi^h=0$ 必须同时出现,由(12)式和(13)式可知,当 $\Delta\pi^l=0$ 和 $\Delta\pi^h=0$ 时,(22)式和(23)式必须同时成立。

$$\frac{P_1^{\sigma-1}}{P_2^{\sigma-1}}=\frac{(1-\lambda)y_2[m_h^{1-\sigma}-(\beta m_h+\tau)^{1-\sigma}]}{\lambda y_1[(\beta m_h)^{1-\sigma}-(m_h+\tau)^{1-\sigma}]} \tag{22}$$

$$\frac{P_1^{\sigma-1}}{P_2^{\sigma-1}}=\frac{(1-\lambda)y_2[m_l^{1-\sigma}-(\beta m_l+\tau)^{1-\sigma}]}{\lambda y_1[(\beta m_l)^{1-\sigma}-(m_l+\tau)^{1-\sigma}]} \tag{23}$$

当两地区存在贸易,即贸易成本 τ 不等于无穷大时,

$$\frac{[m_l^{1-\sigma}-(\beta m_l+\tau)^{1-\sigma}]}{[(\beta m_l)^{1-\sigma}-(m_l+\tau)^{1-\sigma}]}\neq\frac{[m_h^{1-\sigma}-(\beta m_h+\tau)^{1-\sigma}]}{[(\beta m_h)^{1-\sigma}-(m_h+\tau)^{1-\sigma}]} \tag{24}$$

这意味着(22)式和(23)式不能同时成立,即 $\Delta\pi^l=0$ 和 $\Delta\pi^h=0$ 不会同时出现,不同生产率企业不会混合集聚,而是分类集聚。

命题 3:发达地区和落后地区都有低生产率企业时,高生产率企业都集聚在发达地区;发达地区和落后地区都有高生产率企业时,低生产率企业都集聚在落后地区。

证明:本文将贸易成本从小到大分为 $\tau<(1-\beta)m_h$,$(1-\beta)m_l>\tau>(1-\beta)m_h$,$\tau>(1-\beta)m_l$ 对命题 3 进行证明。

当 $\tau<(1-\beta)m_h<(1-\beta)m_l$ 时,即当 $m_l>\beta m_l+\tau$ 和 $m_h>\beta m_h+\tau$ 时,(25)式和(26)式成立。

$$\frac{(\beta m_h)^{1-\sigma}-(m_h+\tau)^{1-\sigma}}{m_h^{1-\sigma}-(\beta m_h+\tau)^{1-\sigma}}<0 \tag{25}$$

$$\frac{(\beta m_l)^{1-\sigma}-(m_l+\tau)^{1-\sigma}}{m_l^{1-\sigma}-(\beta m_l+\tau)^{1-\sigma}}<0 \tag{26}$$

由(12)式和(13)式可知,$\Delta\pi_l>0$,$\Delta\pi_h$ 可能等于零。此时所有低生产率企业都集

聚在落后地区。

当 $(1-\beta)m_l > \tau > (1-\beta)m_h$ 时,即当 $m_l > \beta m_l + \tau$ 和 $mh < \beta m_h + \tau$ 时,(27)式和(28)式成立,

$$\frac{(\beta m_h)^{1-\sigma}-(m_h+\tau)^{1-\sigma}}{m_h^{1-\sigma}-(\beta m_h+\tau)^{1-\sigma}} > 0 \qquad (27)$$

$$\frac{(\beta m_l)^{1-\sigma}-(m_l+\tau)^{1-\sigma}}{m_l^{1-\sigma}-(\beta m_l+\tau)^{1-\sigma}} < 0 \qquad (28)$$

由(12)式和(13)式可知,$\Delta\pi_l > 0$,$\Delta\pi_h$ 可能等于零。此时所有低生产率企业都集聚在落后地区,高生产率企业可能集聚在发达地区和落后地区。

为证明 $\tau > (1-\beta)ml$ 时高生产率企业和低生产率企业是如何集聚的,假设:

$$f(x) = \frac{(\beta x)^{1-\sigma}-(x+\tau)^{1-\sigma}}{x^{1-\sigma}-(\beta x+\tau)^{1-\sigma}} \qquad (29)$$

对(29)式求导数:

$$f(x) = \frac{(1-\sigma)\{\tau(\beta x+\tau)^{-\sigma}(x+\tau)^{-\sigma}(1-\beta)-\tau x^{-\sigma}[\beta^{1-\sigma}(\beta x+\tau)^{-\sigma}+(x+\tau)^{-\sigma}]\}}{[x^{1-\sigma}-(\beta x+\tau)^{1-\sigma}]^2} \qquad (30)$$

因为 $(\beta x+\tau)^{-\sigma} > (x+\tau)^{-\sigma}$,所以(31)式成立:

$$f'(x) < \frac{(1-\sigma)\tau(x+\tau)^{-\sigma}[(\beta x+\tau)^{-\sigma}(1-\beta)-x^{-\sigma}(\beta^{1-\sigma}+1)]}{[x^{1-\sigma}-(\beta x+\tau)^{1-\sigma}]^2} \qquad (31)$$

当 $\beta x+\tau > x$ 时,$(\beta x+\tau)^{-\sigma} < x^{-\sigma}$,则 $(\beta x+\tau)^{-\sigma}(1-\beta) < x^{-\sigma}(\beta^{1-\sigma}+1)$,$f'(x) < 0$,这就意味着当 $\tau > (1-\beta)m_l$ 时,即当 $\beta m_l+\tau > m_l$ 时,(32)式成立:

$$\frac{(\beta m_h)^{1-\sigma}-(m_h+\tau)^{1-\sigma}}{m_h^{1-\sigma}-(\beta m_h+\tau)^{1-\sigma}} > \frac{(\beta m_l)^{1-\sigma}-(m_l+\tau)^{1-\sigma}}{m_l^{1-\sigma}-(\beta m_l+\tau)^{1-\sigma}} \qquad (32)$$

由(12)式和(13)式可知,$\Delta\pi_l = 0$ 时,$\Delta\pi_h < 0$,$\Delta\pi_h = 0$ 时,$\Delta\pi_l > 0$。发达地区和落后地区都有低生产率企业时,高生产率企业都集聚在发达地区;发达地区和落后地区都有高生产率企业时,低生产率企业都集聚在落后地区。由上文的证明还可以知道,当贸易成本较高时,不同生产率企业在发达地区和落后地区分类集聚,而当贸易成本

较低时,所有企业都集聚在落后地区,①这意味着,随着地区间贸易成本下降,低生产率企业首先由发达地区向落后地区迁移,只有当所有的低生产率企业都迁移至落后地区后,高生产率企业才开始向落后地区迁移。

(三)市场一体化对地区差距的影响

由理论模型可知,劳动力成本相等,不同生产率企业混合集聚。这也意味着,市场规模并不能使不同生产率企业分类集聚,经济初始时,大市场和小市场地区高低生产率企业占比大致相当,②在市场一体化进程中,大市场既吸引高生产率企业,也吸引低生产率企业,导致地区间经济差距在扩大,但生产率差距保持稳定。劳动力成本不等,高生产率企业和低生产率企业在发达地区和落后地区分类集聚。贸易成本较高时,低生产率企业集聚在发达地区和落后地区,高生产率企业都集聚在发达地区,在市场一体化进程中,发达地区的低生产率企业首先向外迁移,此时落后地区没有高生产率企业,表现为生产率不变,发达地区由于低生产率企业迁出,表现为生产率上升,发达地区与落后地区之间的生产率差距扩大;当所有的低生产率企业都迁移至落后地区,生产率差距达到最大;随着贸易成本进一步下降,发达地区的高生产率企业也开始向落后地区迁移,落后地区高生产率企业的比例开始上升,发达地区高生产率

---

① 这是一种极端情况。本文主要研究地区间劳动力成本存在差异时,生产率异质性企业如何集聚。为了简化模型,本文假设劳动力成本是外生的,如果劳动力成本是内生的,随着企业从发达地区向落后地区迁移,落后地区的劳动力成本会上升。这样发达地区和落后地区之间的劳动力成本差异就会缩小,也就不会出现所有企业都集聚在落后地区的情况。

② 非常感谢匿名审稿人指出这一点,这也符合中国经济现实。本文使用1998—2007年中国工业企业数据库发现,在1991年之前成立的企业中,东部地区企业加权平均生产率为8.54,中位数为9.24,中西部地区企业加权平均生产率为8.43,中位数为9.18,说明国内市场一体化进程开始时,东部与中西部地区高低生产率企业分布基本相同。

企业的比例不变,发达地区与落后地区之间的生产率差距开始缩小。① 在此期间,落后地区的企业数量一直在增加,发达地区的企业数量一直在减少,发达地区与落后地区之间的经济差距一直在缩小。

本文理论模型可以解释中国地区间经济差距和生产率差距的变化趋势。从20世纪90年代初开始,随着国内市场一体化进程加快,东部与中西部地区间经济差距和生产率差距经历了两个阶段,一个阶段是20世纪90年代,在这一阶段东部与中西部地区间经济差距在扩大,但生产率差距保持稳定。这是因为,在这一阶段东部地区和中西部地区都有大量的剩余劳动力从农业部门向工业部门转移,劳动力成本基本无差异,东部地区作为大市场既吸引高生产率企业,也吸引低生产率企业。另一个阶段是21世纪初之后,在这一阶段东部与中西部地区间经济差距在缩小,但生产率差距却在扩大。这是因为,一方面,中国存在劳动力跨区域流动障碍,产业向东部地区集聚时,劳动力无法对等地向东部地区集聚,产业与劳动力的不匹配,导致东部地区劳动力出现短缺,劳动力成本开始上升(范剑勇和张雁,2009);另一方面,中国地方政府高价出让商业和住宅用地的土地出让政策,以及中央政府偏向中西部地区的土地供应政策导致东部地区的高房价,又进一步推升了东部地区的劳动力成本(陆铭等,2015)。东部与中西部地区间劳动力成本差距逐渐扩大,劳动力成本差距作为分散力推动东部地区的低生产率企业向外迁移,地区间经济差距和生产率差距呈现出缩小和扩大的不同走势。需要注意的是,目前东部与中西部地区间生产率差距扩大的原因是低生产率企业为利用中西部地区的低劳动力成本优势而集聚在中西部地区,如果中西部地区政府向企业提供补贴,补贴只会吸引低生产率企业,只有吸引了所有的

---

① 非常感谢匿名审稿人指出这一点。从理论上说,如果贸易成本从较高水平突然下降到较低水平,高生产率企业和低生产率企业可能会同时从发达地区迁移至落后地区,导致地区间生产率差距缩小,而不是先扩大再缩小。但在经济现实中,贸易成本主要包括运输成本和交易成本(人为设置的贸易障碍等),一般来说,运输成本的下降都是渐进的过程,不会出现大幅度的突然下降。人为设置的交易成本则有可能被突然撤除,导致贸易成本突然大幅度下降。从中国经济现实看,20世纪80年代,中国地区之间的贸易壁垒较多,交易成本较高,但20世纪90年代初,这些贸易壁垒大多被撤除,所以从本文估计的中国国内市场一体化程度看,20世纪90年代初,国内市场一体化程度提高很快,此后,国内市场一体化程度逐步提高。因此,21世纪初之后,中国东部与中西部地区间劳动力成本差异较大时,并不会出现贸易成本从较高水平突然下降到较低水平的情况。

低生产率企业后,才能吸引到高生产率企业。因此对中西部地区而言,提高自身生产率水平的途径就是持续推进市场一体化进程,发挥地区资源禀赋优势,吸引更多的企业进入。

五、实证检验

本文理论模型指出生产率异质性企业定位选择是中国地区经济差距缩小和生产率差距扩大的原因,但导致生产率异质性企业分类集聚的原因是劳动力成本差异,而非市场规模差异。本文接下来对此进行实证检验,首先检验生产率异质性企业定位选择对地区差距的影响。

(一) 生产率异质性企业定位选择对地区差距的影响

1. 计量方法与数据来源

借鉴 Foster et al. (2001)的方法使用微观企业数据将地区生产率增长分解为在位企业、新建企业和退出企业的贡献:

$$\Delta TFP_1 = \sum_{i \in C} s_{it-j} \Delta TFP_{it} + \sum_{i \in C} \Delta s_{it} (TFP_{it-j} - TFP_{i-j}) + \\ \sum_{i \in C} \Delta s_{it} \Delta TFP_{it} + \sum_{i \in N} s_{it} (TFP_{it} - TFP_{i-j}) - \\ \sum_{i \in x} s_{it-j} (TFP_{it-j} - TFP_{i-j}) \qquad (33)$$

其中,$t-j$ 期表示基期,t 表示当期,$t-j$ 期已经进入市场并存活到 t 期的企业为在位企业,C 表示在位企业集合;t 期才进入市场的企业为新建企业,N 表示新建企业集合;$t-j$ 期存活 t 期退出市场的企业为退出企业,X 表示退出企业集合;ΔTFP_t 表示 $t-j$ 到 t 期地区总量生产率增长;等式右边第一项中,s_{it-j} 表示在位企业 i 在 $t-j$ 期的产出份额,ΔTFP_{it} 表示在位企业 i 的生产率增长,这一项表示企业产出份额不变时在位企业自身生产率增长所引起的总量生产率增长;第二项中,Δs_{it} 表示 $t-j$ 期到 t 期在位企业 i 的产出份额变化,TFP_{it-j} 表示在位企业 i 在 $t-j$ 期的生产率,TFP_{t-j} 表示 $t-j$ 期的总量生产率,这一项表示在位企业生产率不变产出份额变化引起的总量生产率变化;第三项为交叉效应,表示在位企业产出份额和生产率协同变化对总量生产率的贡献,等号右边前三项表示在位企业对总量生产率变化的贡献;第四项表示新建企业对总量生产率变化的贡献;第五项表示退出企业对总量生产率变化的贡献。首先使用(33)式分别将东部与中西部地区总量生产率增长分解为在位企业、新建企业和退出企业的贡献,然后再将东部地区与中西部地区对应的各项分别相减就可以将东部与中西部地区生产率差距分解为在位企业、新建企业和退出企业的贡献。

本文企业数据来源于国家统计局 1998—2007 年中国工业企业数据库,并对数据库进行如下处理。① 依据李玉红等(2008)的方法删除了数据库中不符合基本逻辑关系的错误记录。② 依据 Brandt *et al.*(2012)的方法统一了行业代码。③ 删除了采矿业和公用事业部门企业数据。中国工业企业数据库收录的非国有工业企业年主营业务收入为 500 万元以上,这使得首次出现在数据库中的企业不一定是新成立的企业,该企业在之前的年份没有出现在数据库中可能是其年主营业务收入未达到500 万元,考虑到企业从注册成立到投产需要时间,本文定义首次出现在数据库中的企业,并且成立时间在两年以内的企业为新建企业。本文使用 Levinsohn & Petrin(2003)方法(LP)估计企业全要素生产率。对估计企业全要素生产率所需变量本文使用简泽等(2014)的方法进行调整。

2. 计量结果

表 1 是生产率异质性企业定位选择对地区差距影响的计量结果。可以发现,中国东部与中西部地区间生产率差距在逐步扩大,特别是 2004 年及以后,地区生产率差距迅速扩大。将生产率差距分解为在位企业、新建企业和退出企业的贡献,可以发现,东部地区在位企业的生产率增长高于中西部地区,东部地区新建企业和退出企业的生产率高于中西部地区,在位企业和新建企业扩大了地区生产率差距,退出企业缩小了地区生产率差距。从数值大小看,在位企业对地区生产率差距的影响比较稳定,退出企业对地区生产率差距的影响首先缓慢上升,然后又缓慢下降,只有新建企业对地区生产率差距的影响在逐步增大。2004 年及以前,新建企业对地区生产率差距的影响低于在位企业和退出企业;2004 年以后,新建企业对地区生产率差距的影响高于在位企业和退出企业,说明 2004 年以后,中国东部与中西部地区生产率差距迅速

扩大的主要原因是东部地区新建企业的生产率高于中西部地区。这也说明生产率异质性企业定位选择是中国东部与中西部地区生产率差距扩大的主要原因。

表1 企业定位选择对地区差距影响的计量结果

年份	生产率差距				经济差距	新建企业数	
	总量	在位企业	新建企业	退出企业		东部	中西部
1999	0.064 5	0.118 9	0.011 4	0.065 9	0.199 8	3 654	2 220
2000	0.092 3	0.174 9	0.007 3	0.089 8	0.195 0	5 052	1 952
2001	0.133 2	0.184 1	0.083 8	0.134 7	0.211 4	9 195	3 171
2002	0.153 9	0.208 2	0.141 2	0.195 5	0.228 8	7 902	3 005
2003	0.202 5	0.236 5	0.207 2	0.241 1	0.241 9	1045 4	4 294
2004	0.414 1	0.502 6	0.192 4	0.280 9	0.275 0	32 305	8 716
2005	0.365 2	0.283 6	0.356 5	0.274 9	0.244 2	1385 9	6 396
2006	0.470 1	0.274 5	0.366 8	0.171 3	0.239 5	17 921	7 291
2007	0.414 7	0.208 2	0.369 5	0.163 1	0.208 9	19 721	9 331

本文还使用企业产出和地区人口数计算了中国东部与中西部地区经济差距。可以发现,2004年及以前,地区间经济差距在扩大;2004年以后,地区间经济差距在缩小。本文使用民营和外资企业人均实际工资和福利度量劳动力成本,图3是中国东部和中西部地区劳动力成本差距。可以发现,2004年及以前,地区劳动力成本差距较小且比较稳定;2004年以后,地区劳动力成本差距迅速扩大。相比于2004年,2007年地区劳动力成本差距扩大了近50%。此外,从表1可以发现,1999年东部与中西部地区新建企业数的比值为1.65,2004年东部与中西部地区新建企业数的比值为3.71,远高于1999年的比值,说明2004年及以前,相对于中西部地区,东部地区吸引了更多的企业。而2007年,东部与中西部地区新建企业数的比值为2.11,远低于2004年的比值,这也说明2004年以后,相对于东部地区,中西部地区吸引了更多

的企业。① 以上分析表明,2004年及以前,地区间劳动力成本差距较小,集聚力(市场规模差异)占主导,在市场一体化进程中,东部地区作为大市场地区,既吸引高生产率企业,也吸引低生产率企业,导致地区间经济差距扩大,但生产率差距比较稳定,2004年以后,地区间劳动力成本差距扩大,分散力(劳动力成本差异)占主导,中西部地区作为低劳动力成本地区吸引着更多的低生产率企业,导致地区间经济差距缩小,但生产率差距扩大。

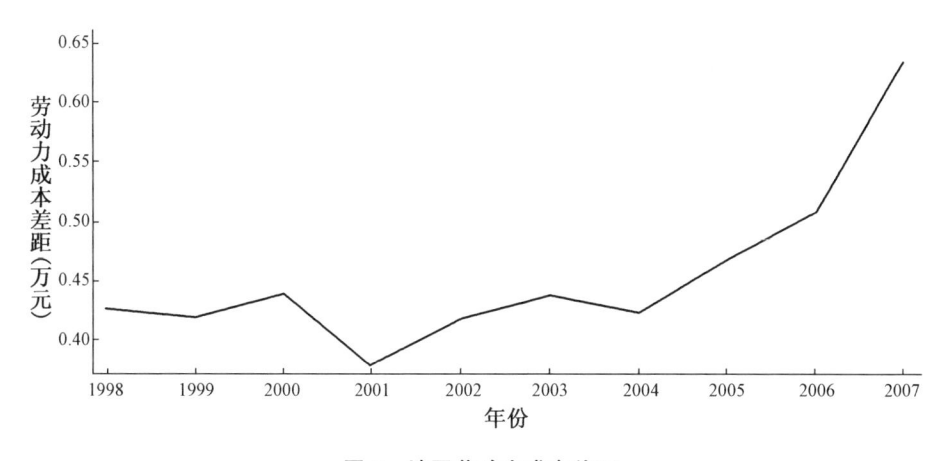

图3 地区劳动力成本差距

(二) 市场规模和劳动力成本对企业定位选择的影响

1. 计量方法与数据来源

本文理论分析指出,当地区间劳动力成本相等时,生产率异质性企业混合集聚;当地区间劳动力成本不等时,生产率异质性企业分类集聚,高生产率企业选择集聚在高劳动力成本地区,低生产率企业选择集聚在低劳动力成本地区。本文构建(34)式作为计量方程对此进行实证检验。

$$tfp_{it}=\alpha_0+\alpha_1 mp_{it}+\alpha_2 lab_{it}+\alpha_3 X_{it}+\alpha_4 city+\alpha_5 ind+\alpha_t t+\varepsilon_{it} \tag{34}$$

---

① 非常感谢匿名审稿人指出这一点。从退出企业也可以看出很多企业可能转移到了中西部地区,1999年东部与中西部地区退出企业的比值为1.34,2004年比值为1.38,2005—2007年比值分别为1.91、1.94和2.01,2004年以后,地区间劳动力成本差距。

其中，tfp_{it}表示新建企业当年的生产率，mp_{it}和lab_{it}分别表示企业所在城市的市场规模和劳动力成本，如果高生产率企业选择集聚在高劳动力成本地区，低生产率企业选择集聚在低劳动力成本地区，则α_2应显著为正，如果α_1的系数不显著，则说明生产率异质性企业的定位选择与市场规模无关。X_{it}表示控制变量，本文选取基础设施、科教资源、产业集聚、产业多样化、经济发展水平和人口密度作为控制变量。$city$为城市虚拟变量，用来控制不随时间变化的城市特征，ind为行业虚拟变量，t表示时间虚拟变量，ε_{it}为随机扰动项。

本文城市数据主要来源于国研网统计数据库和国泰安数据库。需要指出的是，部分城市2000年以后由地区设立为地级市，部分城市2000年以后从地级市调整为县级市，缺乏相关数据，本文将这些城市从样本中剔除。此外，由于拉萨市的数据缺失较严重，本文将拉萨市从样本中剔除。本文样本共包括全国262个地级及以上城市。

2. 变量构建

市场规模：使用市场潜能指标度量市场规模。一个城市的市场潜能与该城市及其周围城市的地区生产总值正相关，与周围城市到该城市的距离负相关（Harris，1954）。具体的计算公式如(35)式所示：

$$mp_{it} = gdp_{it}/d_{ii} + \sum_{i \neq j} gdp_{jt}/d_{ij} \tag{35}$$

其中，mp_{it}表示i城市t年的市场潜能，gdp_{it}和gdp_{jt}表示i城市和j城市t年的地区生产总值，d_{ii}表示i城市的内部距离，d_{ij}表示i城市和j城市之间的距离，本文采用Redding & Venables(2004)的方法用城市半径的2/3作为内部距离，计算公式为$d_{ii}=2/3\sqrt{area_i/\pi}$，其中$area_i$表示$i$城市的面积。

劳动力成本：使用中国工业企业数据库计算每个城市民营和外资企业人均实际工资和福利作为每个城市的劳动力成本。

基础设施：使用年末实有城市道路面积度量城市基础设施水平。玉溪市2001年末实有城市道路面积为0，原因可能是2001年7月玉溪发生了5.1级地震，破坏了基础设施，本文剔除了玉溪市2001年数据。衡水市缺失2001年末实有城市道路面积,用 2000 年和 2002 年末实有城市道路面积的均值补齐。

科教资源:使用城市高等学校专任教师数与城市人口数的比值度量城市科教资源。部分城市部分年份高等学校专任教师数缺失,并且这些城市中其他年份的数据多数为 0,本文使用这些城市上一年或下一年的数据将缺失数据补齐。

产业集聚:借鉴 Baptista & Swann(1998)的方法使用企业所在城市两位数行业就业人数度量产业集聚。

产业多样化:借鉴 Duranton & Puga(2000)的方法使用企业所在城市两位数行业以外的其他行业就业人数集中率与全国层面该指数的差取绝对值后累加,再取其倒数度量产业多样化。具体计算方法为 $div_{iskt} = 1/\sum_{k'} |(l_{sk't}/l_{st}) - (l_{k't}/l_t)|$,其中 $|sk't|$ 表示 s 城市 k 行业以外其他两位数行业 t 年就业人数,lst 表示 s 城市 t 年就业人数,$|k't|$ 表示 k 行业以外其他两位数行业 t 年全国就业人数,$|t|$ 表示 t 年全国就业人数。

经济发展水平:使用城市人均实际地区生产总值度量城市经济发展水平。

人口密度:使用城市人口数与城市面积的比值计算人口密度。

3. 计量结果

表 2 是生产率异质性企业定位选择的计量结果,其中第 2~6 列是逐步增加控制变量的计量结果。可以发现,在第 2~6 列中,市场规模的系数都不显著,说明大市场地区集聚的企业的生产率并不高于小市场地区。这也说明,大市场地区既集聚高生产率企业,也集聚低生产率企业。同样地,小市场地区既集聚低生产率企业,也集聚高生产率企业;劳动力成本的系数都显著为正,说明高劳动力成本地区集聚的企业的生产率高于低劳动力成本地区。这意味着,高劳动力成本地区集聚的是高生产率企业,低劳动力成本地区集聚的是低生产率企业。

表 2　企业定位选择的计量结果

被解释变量	生产率	生产率	生产率	生产率	生产率
常数项	6.371 4*** (0.903 9)	6.963 2*** (0.918 4)	6.746 9*** (0.920 5)	4.053 4*** (1.049 0)	3.892 6*** (1.084 8)
市场规模	0.045 6 (0.145 2)	−0.037 6 (0.149 9)	−0.076 4 (0.150 5)	−0.198 7 (0.151 8)	−0.162 4 (0.162 1)
劳动力成本	0.065 7*** (0.024 0)	0.075 5*** (0.024 1)	0.080 7*** (0.024 1)	0.084 8*** (0.024 1)	0.083 8*** (0.024 1)
基础设施		−0.024 9** (0.012 4)	−0.029 1** (0.012 4)	−0.029 7** (0.012 4)	−0.029 6** (0.012 4)
科教资源		0.003 7*** (0.001 1)	0.004 3*** (0.001 1)	0.003 9*** (0.001 1)	0.004 0*** (0.001 1)
产业集聚			0.051 6*** (0.003 7)	0.050 9*** (0.003 7)	0.051 0*** (0.003 7)
产业多样化			−0.123 5*** (0.031 2)	−0.116 5*** (0.031 2)	−0.117 7*** (0.031 3)
经济发展水平				0.342 2*** (0.063 2)	0.314 5*** (0.077 3)
人口密度					−0.081 0 (0.139 8)
城市虚拟变量	是	是	是	是	是
行业虚拟变量	是	是	是	是	是
时间虚拟变量	是	是	是	是	是
样本量	155 941	155 941	155 941	155 941	155 941
R^2	0.076 5	0.076 6	0.078 0	0.078 2	0.078 2

注：本文中，括号中为 cluster 标准误；用两位数行业构建行业虚拟变量。

4. 稳健性检验

表 2 只是均值回归的计量结果，并不表示生产率分布上的所有企业都符合理论模型的结论。本文接下来使用分位数回归进行检验，表 3 是分位数回归的计量结果。

可以发现,无论是在哪个分位点上,劳动力成本的系数都显著为正,市场规模的系数都不显著为正。说明生产率分布上的所有企业都符合本文理论模型的结论,高生产率企业选择集聚在高劳动力成本地区,低生产率企业选择集聚在低劳动力成本地区。

表 3　分位数回归的计量结果

分位点	q10	q25	q50	q75	q90
市场规模	−0.648 8** (0.259 1)	−0.222 3 (0.161 5)	−0.171 4 (0.167 5)	−0.469 0** (0.231 7)	0.113 5 (0.299 6)
劳动力成本	0.100 8*** (0.034 3)	0.057 8** (0.025 7)	0.074 9*** (0.026 7)	0.115 6*** (0.032 2)	0.103 8*** (0.038 7)
样本量	155 941	155 941	155 941	155 941	155 941
R^2	0.038 6	0.064 2	0.074 3	0.066 4	0.054 0

注:包含了表2中所有的控制变量。

本文除了使用 LP 方法估计企业全要素生产率外,还使用 Olley&Pakes(1996)的方法(OP),用投资作为企业生产率的代理变量估计企业全要素生产率,以及使用劳动生产率进行稳健性检验,表 4 第 2 列和第 3 列是计量结果。可以发现,无论是使用OP方法估计的企业全要素生产率,还是使用劳动生产率,劳动力成本的系数都显著为正,市场规模的系数显著但为负。本文之前定义首次出现在数据库中的企业,并且成立时间在两年以内的企业为新建企业。接下来分别定义首次出现在数据库中的企业,并且成立时间在一年以内的企业和当年的企业为新建企业进行稳健性检验,表 4 第 4 列和第 5 列是计量结果。可以发现,市场规模的系数都不显著,劳动力成本的系数都显著为正。本文之前只使用城市固定效应控制了不随时间变化的城市特征,接下来控制每个城市的时间趋势,这样可以控制随时间线性变化的城市变量,表 4 第 6 列是计量结果。可以发现,市场规模的系数不显著,劳动力成本的系数显著为正,且系数值大小与表 2 基本相同。稳健性检验的计量结果表明高生产率企业选择集聚在高劳动力成本地区,低生产率企业选择集聚在低劳动力成本地区,与理论模型的结论一致。

表 4　稳健性检验

被解释变量	生产率(OP)	劳动生产率	生产率(LP)	生产率(LP)	生产率(LP)
企业成立时间	2年内	2年内	1年内	当年	2年内
市场规模	−0.6183*** (0.1810)	−0.9774*** (0.1589)	−0.0054 (0.2122)	0.3927 (0.3990)	−0.4699 (0.3141)
劳动力成本	0.0458* (0.0272)	0.0759*** (0.0237)	0.0652** (0.0289)	0.0975** (0.0481)	0.0817** (0.0321)
样本量	155941	155941	103836	39826	155941
R^2	0.1095	0.1441	0.0848	0.1066	0.0936

六、主要结论

本文以新新经济地理理论模型为基础,构建了一个包括市场规模差异(集聚力)和劳动力成本差异(分散力)的理论模型,研究在集聚力和分散力分别占据主导时,生产率异质性企业如何定位选择,并在此基础上讨论了生产率异质性企业定位选择对中国地区经济差距和生产率差距的影响。主要结论如下:第一,生产率异质性企业定位选择是中国地区经济差距缩小和生产率差距扩大的原因,但导致生产率异质性企业分类集聚的原因是劳动力成本差异,而非市场规模差异;第二,劳动力成本不等,分散力占主导,在市场一体化进程中,发达地区的低生产率企业首先向外迁移,地区间经济差距在缩小,但生产率差距却在扩大,随着市场一体化进程的深化,发达地区的高生产率企业也会向外迁移,生产率差距将开始缩小;第三,劳动力成本相等,集聚力占主导,在市场一体化进程中,不同生产率企业都向大市场集聚,地区间经济差距在扩大,但生产率差距保持稳定。本文还使用大规模微观企业数据证实了理论模型的结论。

本文理论模型不仅能解释21世纪初之后中国地区间经济差距为什么在缩小,而生产率差距却在扩大,还能解释20世纪90年代中国地区间经济差距为什么在扩大,而生产率差距却保持稳定。20世纪90年代,东部和中西部地区劳动力成本差距较小,市场规模差异等集聚力占主导,在市场一体化进程中,东部地区作为大市场既吸引高生产率企业,也吸引低生产率企业,导致地区间经济差距在扩大,生产率差距却保持稳定。21世纪初之后,东部与中西部地区劳动力成本差距逐渐扩大,在市场一体化进程中,劳动力成本差距作为分散力推动东部地区的低生产率企业首先向外迁移,地区间经济差距开始缩小,生产率差距却在扩大,但生产率差距扩大只是暂时现象,随着市场一体化进程的深化,东部地区的高生产率企业也会向中西部地区迁移,生产率差距将开始缩小。

  这些结果表明,中西部地区应充分利用劳动力和土地等资源丰富的优势,加快推进市场一体化进程,吸引更多的企业从东部地区转移至中西部地区,实现地区经济平衡发展。在此过程中,政策制定部门应发挥市场配置在产业转移中的主导作用。对中西部地区政府而言,不应过多关注于生产率差距。虽然在市场力量的作用下,中西部地区首先吸引的是低生产率企业,但随着市场一体化进程的深化,中西部地区也会吸引到高生产率企业;对东部地区政府而言,发挥市场配置在产业转移中的主导作用,能够将低生产率企业转移出去,通过"腾笼换鸟"实现产业转型升级。

参考文献

[1] 蔡昉,王德文.比较优势差异、变化及其对地区差距的影响[J].中国社会科学,2002(5).

[2] 蔡翼飞,张车伟.地区差距的新视角:人口与产业分布不匹配研究[J].中国工业经济,2012(5).

[3] 谌新民.中国劳动力流迁的动因与成本分析[J].中国人口科学,1999(2).

[4] 范剑勇.产业集聚与地区间劳动生产率差异[J].经济研究,2006(11).

[5] 范剑勇.市场一体化、地区专业化与产业集聚趋势——兼谈对地区差距的影响[J].中国社会科学,2004(6).

[6] 范剑勇,谢强强.地区间产业分布的本地市场效应及其对区域协调发展的启示[J].经济研究,2010(4).

[7] 范剑勇,张雁.经济地理与地区间工资差异[J].经济研究,2009(8).

[8] 范剑勇,朱国林.中国地区差距演变及其结构分解[J].管理世界,2020(7).

[9] 高帆.中国地区经济差距的"空间"和"动力"双重因素分解[J].经济科学,2012(5).

[10] 郭兆淮.论所有制结构与缩小地区经济差距[J].经济理论与经济管理,1999(5).

[11] 简泽,张涛,伏玉林.进口自由化、竞争与本土企业的全要素生产率——基于中国加入WTO的一个自然实验[J].经济研究,2014(8).

[12] 雷潇雨,龚六堂.基于土地出让的工业化与城镇化[J].管理世界,2014(9).

[13] 李国平,范红忠.生产集中、人口分布与地区经济差异[J].经济研究,2003(11).

[14] 李静,孟令杰,吴福象.中国地区发展差异的再检验:要素积累抑或TFP[J].世界经济,2006(1).

[15] 李晓萍,李平,吕大国,等.经济集聚、选择效应与企业生产率[J].管理世界,2015(4).

[16] 李玉红,王皓,郑玉歆.企业演化:中国工业生产率增长的重要途径[J].经济研究,2008(6).

[17] 梁琦,李晓萍,简泽.异质性企业的空间选择与地区生产率差距研究[J].统计研

究,2013(6).

[18] 梁琦,李晓萍,吕大国.市场一体化、企业异质性与地区补贴——一个解释中国地区差距的新视角[J].中国工业经济,2012(2).

[19] 林理升,王晔倩.运输成本、劳动力流动与制造业区域分布[J].经济研究,2006(3).

[20] 陆铭,陈钊.分割市场的经济增长——为什么经济开放可能加剧地方保护?[J].经济研究,2009(3).

[21] 陆铭,张航,梁文泉.偏向中西部的土地供应如何推升了东部的工资[J].中国社会科学,2015(5).

[22] 石风光,李宗植.要素投入、全要素生产率与地区经济差距——基于中国省区数据的实证分析[J].数量经济技术经济研究,2009(12).

[23] 孙元元,张建清.市场一体化与生产率差距:产业集聚与企业异质性互动视角[J].世界经济,2017(4).

[24] 张军,吴桂英,张吉鹏.中国省际物质资本存量估算:1952—2000[J].经济研究,2004(10).

[25] 郑若谷.产业聚集、增长动力与地区差距——入世以来我国制造业的实证分析[J].经济管理,2009(12).

[26] 朱江丽,李子联.异质性企业归类效应与地区差距[J].当代经济科学,2014(4).

[27] 朱希伟,陶永亮.经济集聚与区域协调[J].世界经济文汇,2011(3).

[28] 朱子云.中国经济发展省际差距成因的双层挖掘分析[J].数量经济技术经济研究,215(1).

[29] BALDWIN R E, OKUBO T. Heterogeneous Firms, Agglomeration and Economic Geography: Spatial Selection and Sorting[J]. Journal of Economic Geography, 2006, 6(3), 323-346.

[30] BAPTISTA R, SWANN P. Do Firms in Clusters Innovate More? [J]. Research Policy, 1998, 27(5), 525-540.

[31] BRANDT L, BIESEBROECK V, ZHANG Y. Creative Accounting or Creative

Destruction? Firm-level Productivity Growth in Chinese Manufacturing[J]. Journal of Development Economics, 2012, 97(2), 339-351.

[32] COMBES P, DURANTON G, GOBILLON L, et al. The Productivity Advantages of Large Cities: Distinguishing Agglomeration from Firm Selection [J]. Econometrica, 2012, 80(6), 2543-2594.

[33] DÉMURGER S, SACHS J D, WOO W T. Geography, Economic Policy, and Regional Development in China[J]. Asian Economic Papers, 2022, 1(1), 146-197.

[34] DURANTON G, Puga D. Diversity and Specialisation in Cities: Why, Where and When Does It Matter? [J]. Urban Studies, 2000, 37(3), 533-555.

[35] FORSLID R, OKUBO T. Spatial Sorting with Heterogeneous Firms and Heterogeneous Sectors[J]. Regional Science and Urban Economics, 2014, 46 (1), 42-56.

[36] FOSTER L, HALTIWANGER J C, KRIZAN C J. Aggregate Productivity Growth: Lessons from Microeconomic Evidence[C]. C. R. New Developments in Productivity Analysis. Chicago: University of Chicago Press, 2001.

[37] HARRIS C. The Market as a Factor in the Localization of Industry in the United States[J]. Annals of the Association of American Geographers, 1954, 44(4), 315-348.

[38] LEVINSHOHN J, PETRIN A. Estimating Production Functions Using Inputs to Control for Unobservables[J]. Review of Economic Studies, 2003, 70(2), 317-341.

[39] MELITZ M, OTTAVIANO G I P. Market Size, Trade and Productivity[J]. Review of Economic Studies, 2008, 75(1), 295-316.

[40] OKUBO T, PICARD P M, THISSE J. The Spatial Selection of Heterogeneous Firms[J]. Journal of International Economics, 2010, 82(2), 230-237.

[41] OLLEY G S, PAKES A. The Dynamics of Productivity in the Telecommunications

Equipment Industry[J]. Econometrica, 1996, 64(6), 1263-1297.

[42] PARSLEY D C, WEI S. Convergence to the Law of One Price without Trade Barriers or Currency Fluctuations[J]. Quarterly Journal of Economics, 1996, 111(4), 1211-1236.

[43] REDDING S, VENABLES A J. Economic Geography and International Inequality[J]. Journal of International Economics, 2004, 62(1), 53-82.

最优银行业结构的地区差异

王宇伟

一、引 言

众所周知,中小企业融资难与其自身不透明的财务状况以及较高的经营风险有关。在中小企业的上述特征难以改变的前提下,要想改善其融资状况,只有从中小企业外部融资环境的角度入手。林毅夫和李永军(2001)在国内较早提出最优金融结构理论,认为在中小企业重要性不断上升的前提下,大力发展中小金融机构更适合中国经济增长的需要。上述观点在国内得到众多研究的支持,但近年来不同的观点也逐渐增多。例如,李广子等(2016)发现,中小银行发展对改善中小企业融资作用并不明显;李华民和吴非(2015,2017)更是指出,大银行服务中小企业的能力被低估。从上述不一致的研究结论来看,大银行与小银行在为中小企业提供融资服务时的能力差异并非恒定,可能存在一些因素对其产生影响,而已有研究对这一问题关注相对较少。本文利用世界银行提供的商业环境调查(后简称 WBES)数据进行的实证研究发现,在银行业结构与中小企业融资之间的关系问题上,江苏省的中小企业样本表现出与全国样本截然不同的特征。在江苏省内,小银行占比越高的城市,中小企业受到融资约束的概率反而越高;大银行占比越高的城市,中小企业受到融资约束的概率则更低。而在全部 25 个城市的回归结果中,小银行占比与当地中小企业受到融资约束的概率之间呈现 U 形关系,即中小企业的融资环境随着小银行占比的上升先改善,后又恶化。这意味着小银行并非越多越好,存在最优的银行业结构。而且,因信用环境、中小企业发展水平、大银行审批权限等因素的差异,不同地区银行业结构与中小企业融资环境间 U 形关系的拐点位置有所不同,即最优银行业结构水平存在地区差异。相对而言,经济发达地区城市可以在更高的大银行占比水平上实现最优银行业结构。因此,小银行的发展要因地制宜,既要正视其作用,也不宜盲目发展。接下来,本文首先对相关的文献进行回顾,在此基础上,结合江苏案例的分析提出观点并采用世界银行提供的问卷调查数据进行实证研究,最后提出结论与建议。

二、文献回顾

Fazzari *et al.* (1988)指出,信息不对称使企业融资成本上升,这会影响企业的投资行为。若企业因融资成本高而无法获得足够资金,并因此出现投资不足现象,便意味着企业的投资受到了融资的约束。不少研究都从信息不对称角度研究了缓解企业融资约束的办法。在学术界,学者们常将企业中那些标准化、容易获得、传递成本较低的信息称为"硬信息",例如规范的财务报表等以数据形式存在的客观信息;而将那些不易获得和传递的非标准化信息称为"软信息",例如金融机构对企业经营状况的观察、对企业主的了解等无法以数据形式呈现的主观判断。显然,大企业能够提供较多的硬信息,中小企业则往往以软信息为主(Bergera & Udell, 2006)。这是中小企业通常面临更严重融资约束的重要原因之一。因此,探讨如何改善中小企业的融资环境,提升中小企业的融资水平,大多离不开对信息问题的讨论。

林毅夫和李永军(2001)提出的最优金融结构理论认为,不同类型的金融机构具有不同的比较优势,扎根本地的中小金融机构在为中小企业服务时具有信息优势。这种优势来自这些机构与当地中小企业的长期互动,以及合作金融组织中中小企业之间的互相监督(Banerjee, 1994)。徐忠和邹传伟(2010)则指出,大型国有商业银行通常内部层级较多,在贷款审批权上收的前提下,基层分支机构获取和传递软信息的成本高,影响了其服务中小企业的能力;而小银行决策链条更短,信息传递的成本更低,更有利于其为中小企业提供融资服务。上述观点都强调了小银行在获取中小企业信息上的优势,并由此得出小银行占比上升有利于缓解中小企业融资约束的结论。目前,从国内的实证研究结论看,大部分都支持上述观点。例如,肖晶(2016)基于

WBES数据进行的实证研究发现,中小金融机构市场份额越大,越有利于降低中小企业的融资约束。姚耀军和董钢锋(2015)基于中小企业板上市公司数据发现,由中小银行发展所推动的银行业结构变化显著缓解了中小企业融资难问题。但是,李广子等(2016)通过实证研究却指出,尽管优化银行业结构对缓解中小企业借款融资困难起到了一定的积极作用,但中小银行发展主要是通过提高金融发展水平来改善中小企业融资状况。也就是说,小银行占比上升并非中小企业融资环境改善的主要原因,小银行更具"比较优势"的观点似乎并未得到证实。

事实上,学术界一直存在另一种截然不同的观点,即认为在解决中小企业融资难的问题上,不应一味强调发展小银行。大银行的作用不容低估。王朝弟(2006)认为,部分研究过分强调了银行规模与小企业融资的匹配性,银行对小企业贷款时面临的约束条件主要来自银行内部各类约束,若能解决这些约束,不同规模银行间可以实现互补和协调。李华民和吴非(2015)则指出,信贷技术水平提高、信用环境改善、监管部门政策偏好以及大银行机构市场布局等,都有利于大银行为中小企业提供融资服务。上述研究重点从理论角度进行了分析,缺乏相应实证证据支持。李华民和吴非(2017)进一步通过广东省中小企业的问卷调查数据,证明了大银行在为中小企业提供融资服务时不仅不具劣势,甚至还存在某种优势。这提醒我们,大银行和小银行在为中小企业提供融资服务上的能力差异可能具有地区差异。

针对上述针锋相对的研究结果,刘晓光和苟琴(2016)的研究为我们提供了另一种思路。他们利用WBES数据进行的研究显示,大中型银行占比表示的银行业结构与中小企业受到信贷配给的概率间呈"U形"关系,即存在最优水平的银行业集中度使中小企业受到融资约束的概率最低。上述U形相关的结论告诉我们,银行业结构与中小企业融资约束之间的关系并无定数。但是,在文章中他们并未就"U形"关系背后的机制及可能影响该关系的因素做出分析。本文认为,小银行在中小企业融资中具有"比较优势"是其占比上升能缓解中小企业融资约束的立论依据。因此,"U形"关系的产生一定与小银行"比较优势"的变化有关。所谓比较优势,是指在为中小企业提供融资服务时小银行相对于大银行所具有的优势。两方面的因素可能对上述"比较优势"形成影响:其一,是小银行"比较优势"的稳定性。即小银行的比较优势是否会随着其占比变化而发生变化。如果小银行占比的上升会带来其"比较优势"下降,甚至逐渐变成"比较劣势",那么,就可能形成中小企业的融资环境随着小银行占比的上升先优化,后恶化的U形曲线。而这很可能就是事实。我们知道,小银行的"比较优势"来自其"扎根本地",与当地中小企业形成的更为紧密的联系。在此前提下,小银行将更容易获取中小企业的软信息。同时,与大银行相比,小银行内部较少的审批层级有利于这类软信息的传递(徐忠和邹传伟,2010),这进一步扩大了其"比较优势"。但是,小银行不断发展壮大可能带来其经营网点的扩张,意味着小银行将进入更多新的经营区域,这将使其风险控制的难度上升,银行内部的审批层级则因此增加,原有的"比较优势"将不断被弱化,对中小企业的支持力度随之下降。U形关系因此而产生。其二,是大银行与小银行在提供中小企业融资服务上的能力差异。小银行为中小企业提供融资服务与其"扎根本地"带来的优势有关,这在不同地区的差异不大。但大银行为中小企业提供融资服务的能力与当地的信用环境、经济发展水平等因素有关(李华民和吴非,2015)。因此,银行业结构与中小企业融资之间的U形关系可能会存在地区差异。这在以往的研究中讨论较少。简言之,一个地区大银行为中小企业提供融资服务的能力越强,则小银行的"比较优势"相对就越小。这样,按照U形关系的形成原理,小银行占比上升能产生的积极效应持续时间就越短,最优银行业结构将在大银行占比更高的水平下达到。可见,我们很难用一个统一的标准对不同地区的最优银行业结构进行判断,这是刘晓光和苟琴(2016)的研究未涉及的问题。正因为此,他们在研究中根据一次项和二次项系数推算出中国的最优银行业结构水平,并据此判断中国银行业的集中度总体而言仍高于最优水平,应建立和发展更多小型金融机构的结论显得不够严密。例如,根据他们的研究结论,广东省内各样本城市(广州、深圳、佛山、东莞)的银行业密集度均高于最优银行业结构,即在这些城市小银行的优势依然更为突出,这与李华民和吴非(2017)针对广东省调研数据获得的结论形成了冲突。又例如,在样本所在的25个城市中,苏州、唐山、深圳、温州、无锡、南京的银行业密集度分居第1~6位,意味着这些城市的中小企业相对面临更为严重的融资约束,发展自然也应受到制约。这与苏州、深圳、温州等城市中小企业发展水平较高的事实也是矛盾的。可见,结合地区差异对银行业结构与中小企业融资之间的关系进行再研究具有重要价值。我们注意到,在 WBES 问卷调查选择的城市中,江苏省的城市大多银行业集中度很高。而江苏的经济发展水平和市场环境等在全国都较为领先。这为我们提供了一个较好的从省域角度开展研究的样本。接下来,本文将利用 WBES 数据,将江苏省的样本企业和全部城市的样本企业进行比较研究,以进一步深入分析银行业结构与中小企业融资之间的关系。

三、区域特征与小银行的比较优势:江苏案例

本文采用的 WBES 数据源于世界银行开展的全球商业环境调查,该调查的中国部分访谈了国内 25 个代表性城市①的 2 700 家企业。其中,来自江苏的城市包括南京、苏州、无锡和南通,这四个城市具有不同的特征和经济发展水平,形成了较好的代表性。

1. 数据来源和变量选择

在开展回归分析前,本文对样本进行了筛选,剔除了其中的大企业和上市企业样本(是否属于大企业参考了国家统计局设定的大中小微企业划分标准),同时剔除了关键信息缺失和问卷质量较差的样本②。最终获得样本 2 206 家,其中来自江苏省的样本 413 家。

本文的被解释变量是受访企业的融资约束程度 fc。参考 Kuntchev et al. (2014)、肖晶(2016)的做法,表 1 给出了具体评价方法。表中第一行依次列出用来评价融资约束程度的四个问题,根据不同的答案组合,赋予受访企业不同的融资约束程度评分。分值越高,融资约束程度越严重。

---

① 这 25 个城市包括:北京、广州、深圳、东莞、佛山、唐山、石家庄、郑州、洛阳、合肥、武汉、南京、苏州、无锡、南通、上海、沈阳、大连、济南、烟台、青岛、杭州、宁波、温州和成都。

② 问卷最后有两题(A.16、A.17)要求访问者回答涉及问卷质量的问题,分别是"感觉受访者是否诚实?"和"感觉受访者提供的数据质量如何?"。我们将回答"不诚实"和"随意、不可信"的企业认定为质量较差的问卷,予以剔除。

表 1　客观融资约束指标计算方法

K.8:当前是否拥有银行授信或贷款	K.16:2011年企业是否申请过贷款	K.17:不申请贷款的理由①	K.18:申请结果	融资约束程度
否	否	a	—	1
否	否	bcdefg	—	4
否	是	—	通过	2
否	是	—	未通过	4
是	否	a	—	1
是	否	bcdefg	—	3
是	是	—	通过	2
否	是	—	未通过	3

核心解释变量是企业所在城市的银行业结构 fs。本文结合林毅夫和李永军(2001)、刘晓光和苟琴(2016)的观点,将"扎根本地"的城商行、农商行以及各类农村金融机构定义为小银行,大银行则包括五大行以及全国性股份制银行。全国性股份制银行通常被定义为中型银行,但是,刘晓光和苟琴(2016)指出,在银行市场上,股份制商业银行表现出和五大行相似的特征,且城市层面包含五大行和股份制银行的结构指标能够解决地方性银行可能一家独大的问题,使指标更具有代表性。本文认同他们的观点,并利用他们提供的数据计算了各城市大银行贷款的市场份额占比,以此代表该城市的银行业结构。

参考国内外已有研究(Ayyagari et al., 2010;Friesen & Wacker, 2013;刘晓光和苟琴,2016等),本文选择的企业层面控制变量包括企业规模 $size$、企业成长性 $growth$、企业股权性质 soe、是否外资企业 foe、是否出口企业 exp、是否集团企业 $group$、是否经过外部审计 $auditor$、企业主性别 $gowner$。此外,地区金融发展水平对企业的融资约束有重要影响,本文对该变量也进行了控制。以往研究大多用各省信

---

① 不申请贷款的理由选项:a. 不需要贷款—企业资金充裕;b. 申请过程太复杂;c. 利率不合适;d. 抵押要求太高;e. 贷款的规模或期限达不到要求;f. 估计贷款申请不会被通过;g. 其他。

贷额除以 GDP 反映地区金融发展水平。考虑到模型的因变量是企业获得信贷的难易程度,用贷款总量指标作为控制变量有循环论证嫌疑。因此,本文选择企业所在城市人均金融 GDP 的对数表示城市的金融发展水平,记为 $fGDP$。

表 2 给出了变量说明、数据来源及描述性统计结果(来源于问卷的给出了相关问题编号)。本文对 $size$ 和 $growth$ 等公司层面连续变量采用了 winsorize 缩尾处理,将其调整到 1%~99% 的取值范围。根据世界银行提供的说明,样本是通过分层随机抽样的方式产生,这意味着不同观察值被抽样进入样本的概率存在差异,需对其赋予不同权重。否则,获得的估计值会有偏且不一致(Friesen & Wacker,2013)。目前,国内利用 WBES 数据开展的研究大多未考虑这一问题。表 2 中同时报告了根据 WBES 提供的权重数据 w_median 计算得出的总体均值。此外,本文还计算了各变量的相关系数。结果显示,变量间相关性都较低,不会产生多重共线性问题。限于篇幅,未报告相关系数表,已留存备索。

表 2 变量数据来源及描述性统计

变量	计算方法	问卷题号	均值	标准差	最小值	最大值	总体均值
fc	参见表 1	参见表 1	2.214	1.272	1.000	4.000	2.216
fs	参见刘晓光和苟琴(2016)	—	0.699	0.067	0.551	0.813	0.719
$size$	Ln(2011 年正式员工数)	L.1、L.6	4.145	1.204	1.792	7.003	3.327
$growth$	Ln(2011 年销售收入/2009 年销售收入)	D.2、N.3	0.227	0.373	−0.511	2.408	0.270
soe	为国有控股时赋值 1,否则 0	B.2、B.3	0.044	0.204	0.000	1.000	0.029
foe	有外资股东时赋值 1,否则 0	B.2	0.059	0.236	0.000	1.000	0.029
exp	已有产品出口,赋值 1,否则 0	A.7	0.108	0.311	0.000	1.000	0.095

样本统计量(样本量:2206)

(续表)

变量	计算方法	问卷题号	样本统计量(样本量;2206) 均值	标准差	最小值	最大值	总体均值
$group$	属大型集团公司一部分,赋值1,否则0	D.3	0.139	0.346	0.000	1.000	0.103
$gowner$	企业主中包含女性赋值1,否则0	B.4	0.597	0.491	0.000	1.000	0.626
$auditor$	接受外部审计赋值1,否则0	K.21	0.692	0.462	0.000	1.000	0.615
$fGDP$	Ln(城市金融GDP/城市常住人口)	—	8.217	0.633	6.948	9.612	8.454

2. 实证模型与回归结果

检验银行业结构与中小企业融资间关系的基础模型如(1)式所示,其中,Control 表示控制变量。(2)式中进一步引入了银行业结构二次项,可检验两者间是否存在 U 形关系。

$$f_C = \alpha_1 \cdot fs + \beta \cdot Control + \varepsilon \tag{1}$$

$$f_C = \alpha_1 \cdot fs + \alpha_2 \cdot fs^2 + \beta \cdot Control + \varepsilon \tag{2}$$

由于因变量是有序变量,本文选择有序的 Probit 模型(Ordered Probit Model)进行回归,使用的软件是 Stata16.0。根据世界银行的建议,本文在考虑权重的情况下进行了回归分析,结果如表3所示。表3中同时给出了不考虑权重的回归结果。可以看到,全样本下,若不加入二次项,一次项前系数总体为正,表示大银行占比越高的城市中小企业受到融资约束的概率越高,这与肖晶(2016)等文献的结论一致。但是,未考虑权重时一次项前系数不显著,考虑权重后也仅在10%的水平上显著。当加入二次项后,不管是否考虑权重,一次项系数均显著为负,二次项系数显著为正,且都在1%的水平上显著。表明银行业结构与中小企业受到融资约束的概率之间存在 U 形关系,再次验证并强化了刘晓光和苟琴(2016)的观点。与之对照,用江苏省的企业数据进行回归后获得的结果列于表3右侧。由于样本只覆盖四个城市,本文重点用(1)式进行了回归。结果显示,不管是否考虑权重,一次项前系数均在1%的水平上显著为负。意味着在江苏省内银行业结构越集中的城市,中小企业受到融资约束的概率反而越低。这样的结果在以往研究中并无先例。本文认为,这与江苏省样本城市的特征有关。通过分析这一结果背后的原因,能让我们对银行业结构与中小企业融资之间的关系有更多的认识。

表 3　Ordered Probit 回归结果

样本范围	全样本				江苏样本	
fs	0.069 (0.388)	−29.237*** (0.681)	1.303* (0.681)	−26.587*** (9.415)	−9.629*** (3.481)	−14.444*** (4.504)
Fs^2		21.484*** (4.740)		19.963*** (6.707)		
$size$	−0.033 (0.023)	−0.023 (0.023)	0.029 (0.028)	0.038 (0.027)	−0.219*** (0.068)	−0.187*** (0.069)
$growth$	−0.190*** (0.066)	−0.174*** (0.066)	−0.335*** (0.123)	−0.310*** (0.121)	−0.051 (0.187)	0.257 (0.282)
soe	−0.488*** (0.133)	−0.514*** (0.134)	−0.324* (−0.191)	−0.353* (0.190)	−0.074 (0.543)	−0.206 (0.378)
foe	−0.247** (0.108)	−0.215** (0.109)	−0.225** (0.108)	−0.199* (0.108)	0.401 (0.275)	0.361 (0.378)
$group$	−0.154* (0.081)	−0.166** (0.081)	−0.110 (0.158)	−0.119 (0.153)	−0.040 (0.250)	−0.086 (0.285)
exp	−0.148** (0.074)	−0.134* (0.075)	−0.046 (0.102)	−0.033 (0.104)	−0.108 (0.196)	−0.150 (0.368)
$auditor$	−0.346*** (0.056)	−0.382*** (0.056)	−0.378*** (0.078)	−0.403*** (0.081)	−0.758*** (0.184)	−0.424 (0.318)
$gowner$	−0.072 (0.052)	−0.093* (0.052)	−0.222*** (0.084)	−0.230*** (0.083)	−0.388*** (0.141)	−0.580*** (0.156)
$fGDP$	0.156*** (0.042)	0.115*** (0.044)	−0.111 (0.072)	−0.136* (0.072)	0.753* (0.405)	0.986* (0.483)
控制行业	是	是	是	是	是	是
权重	无	无	W_median	W_median	无	W_median

(续表)

样本范围	全样本				江苏样本	
obs	2 206	2 206	2 206	2 206	413	413
F			15.36	16.01		11.22
R^2	0.024	0.028			0.189	

注：***、**、* 分别表示在1%、5%和10%的统计水平上显著；括号内为标准误。下同。

3. 对江苏案例的分析

众所周知，江苏省的中小企业无论规模和数量在全国一直处于领先水平。从全部法人企业看，2010年以来，江苏省的私营企业数[①]一直在全国名列第一，且年均增速接近15%。私营企业在全部法人企业中的占比接近90%，在国内仅次于浙江省。从工业部门看，2016年江苏省规模以上中小型工业企业总产值超过10万亿，实现利润6 856.48亿，两项指标均居全国首位。产值利润率达到6.86%，这在东部各沿海省份也处于领先水平。[②] 可以看到，江苏省的中小型企业面广量大，盈利能力强，在整个经济体系中发挥着不可替代的作用。从江苏省企业样本所在的四个城市来看，苏州作为中小企业更活跃、经济和金融发展水平更高的城市，其大银行占比不仅全省最高，在所有25个样本城市中也排名第一；而南通作为中小企业活跃程度以及经济和金融发展水平相对较弱的城市，又恰恰是银行业集中度较低的城市，不仅在江苏省的4个城市中排序最末，在所有25个样本城市中也仅仅排序第19位。这样的特征对采用江苏省企业进行回归得到的结果形成了较大的影响。特别是苏州，其较高的中小企业发展水平和高度集中的银行业形成了鲜明的对比。诚然，苏州地区大型企业的实力也非常雄厚，这或许对该地区大银行在银行业中的高占比现象有一定的推动力。但是，至少从横向比较看，苏州的中小企业发展水平全国领先，这说明以大银

---

① 国家统计局未公布中小企业的具体数据，私营企业和中小企业的范围最为接近，因此此处我们用私营企业的相关数据反映江苏省中小企业的发展水平。

② 受数据可得性限制，本文计算了东部沿海浙江、山东、广东、福建、辽宁、上海、北京等省市中小企业或者小微企业的产值利润率，结果江苏省的该项指标仅次于北京和上海。

行为主的银行业结构并不必然对中小企业的融资形成抑制。我们可以通过更多的数据证明这一点。从整个江苏省的小微企业贷款发放情况来看,根据中国人民银行南京分行提供的数据,以 2017 年为例,苏州地区各类银行发放的小微贷款中,大银行(包括五大行和股份制银行)发放的占比高达 62.4%,为全省各地级市之首。整个江苏省的该项占比为 52.3%,而全国同期的该项占比为 50.7%。在苏州大银行发放的所有贷款中,小微企业的贷款占比为 19.8%,同样超过全国同期约 16%的水平。苏州的大银行体现出对中小企业融资的强大支持。本文认为,这一现象的形成与下面几个方面的因素有关。

首先,李华民和吴非(2017)的研究指出,信用环境的改善有利于大银行为中小企业提供融资支持。信用环境越好,中小企业的信息质量相对越高,越有利于大银行发挥支持中小企业融资的作用。这样,在同等条件下小银行的比较优势将越容易消失,最优银行业结构将在大银行占比更高的水平上实现。在王小鲁等(2017)给出的 2008—2014 年全国各省市场化指数数据中可以看到,江苏省的市场化总指数一直位居全国前列。在与信用环境最直接相关的分项指标——市场中介组织的发育和法律制度环境评分项,江苏省也始终位列全国前三,并多次位列全国第一。苏州作为江苏省内经济最发达的城市,其信用环境总体应处于较为领先的状态,这对大银行发挥支持中小企业融资的作用奠定了良好的环境基础。

其次,中小企业自身的发展能推动大银行为其提供融资服务。以苏州为例,改革开放以来,以乡镇企业的快速崛起为特征的"苏南模式"造就了苏南地区的增长奇迹。之后,外向型经济的发展再度形成强大助推力。时至今日,苏南地区的中小企业仍然活跃。其中,尤以苏州为最。以工业部门为例,2017 年苏州地区中小工业企业总产值达 16 297.7 亿元,中小工业企业数量达到 9 454 个,两项指标均位居全国各城市第一位。其中,中小工业企业数量更是占到全省总数的 20%以上。我们知道,传统苏南模式的一大特征便是农村工业化,这逐渐形成了苏州等地区强大的县域经济水平,自然吸引了大型银行的网点布局普遍下沉较深,形成了较强的服务中小企业的能力,并进一步推动了县域经济的发展。在这样的环境下,小银行的比较优势下降,最终在江苏省样本中形成大银行越集中的城市中小企业融资约束反而越小的结果。

最后,大银行审批权的下放也提升了其服务中小企业的能力。仍以苏州为例,笔者在实地调研中发现,各大型银行普遍给予其苏州分行更高的审批权限或者风险容忍度:中国建设银行、中国银行和交通银行的苏州分行是独立的一级分行,审批权限高于一般的地级市分行。各全国性股份制银行的苏州分行也基本如此。中国工商银行、中国农业银行的苏州分行虽然被纳入各自的省行管理,但省行基本上把前台业务的权限全额转授权给苏州分行。在这样的环境下,苏州本地的大银行便具有了更强的服务中小企业的能力,小银行的比较优势相对下降,最优银行业结构将在更高的银行业集中度下实现。

综上所述,本文认为,一个城市的信用环境越好、中小企业发展水平越高、大银行的审批权限越高,该城市的最优银行业结构更可能在大银行占比较高的水平上实现。本文将通过进一步的实证研究对上述观点进行验证。

4. 进一步的回归结果

为检验上述观点,需分别找出衡量城市信用环境和中小企业发展水平的指标,同时还要想办法区分不同城市大银行的审批权限。通常来说,一个城市的经济发展水平越高,相应的商业信用环境也越好(林钧跃,2012)。此外,一个地区民营经济的发展水平通常也能够从一定程度反映其信用环境。因此本文分别用各城市的人均国内生产总值 $pGDP$ 以及非国有控股工业企业占比 $nsoe$ 表示城市的信用环境。中小企业的活跃程度用人均中小工业企业产值 sme 代表。目前,我们暂时无法直接度量各城市大银行的审批权。受苏州案例的启发,国内各计划单列市的大银行分支机构通常较为独立,受所在省份省行的约束较少,具有较高的审批权限。此外,直辖市大银行的审批权也比一般的地级市分行要高。因此,本文设定虚拟变量 $appr$ 反映各城市大银行审批权的差异。当企业所在城市是北京、上海、深圳、青岛、宁波、大连和苏州时,$appr$ 取值为1,否则为0。[①] 本文将上述各变量作为大银行占比影响中小企业融资约束程度的调节变量 Mod,用(3)式所示模型开展了回归分析,具体结果见表4。

---

① 苏州虽然不是计划单列市,但如前所述,其大银行独立性强,可等同于计划单列市。

表 4　银行业结构与中小企业融资间关系的地区差异

调节变量	$pGDP$	$nsoe$	sme	$appr$	$pgdp$	$nsoe$	sme	$appr$
fs	−30.511*** (9.562)	−75.428*** (8.973)	−57.281*** (8.377)	−57.316*** (10.140)	−30.813*** (6.678)	−42.822*** (7.608)	−34.373*** (6.743)	−39.539*** (7.229)
fs^2	22.753*** (6.822)	54.510*** (6.639)	41.407*** (6.160)	43.743*** (7.357)	22.489*** (4.880)	30.933*** (5.135)	24.869*** (4.917)	29.753*** (5.359)
$Mod*fs$	−2.404* (1.378)	−33.594*** (5.323)	−5.081*** (1.120)	−8.069*** (1.194)	−1.279 (1.271)	−13.886*** (3.073)	−1.627** (0.700)	−3.782*** (1.118)
Mod	0.218* (0.128)	0.261 (0.259)	0.304*** (0.070)	5.725*** (0.874)	0.196* (0.105)	0.224 (0.195)	0.167*** (0.054)	2.458*** (0.808)
控制变量	是	是	是	是	是	是	是	是
权重	W_median	W_median	W_median	W_median	无	无	无	无
控制行业	是	是	是	是	是	是	是	是
Obs	2 206	2 206	2 206	2 206	2 206	2 206	2 206	2 206
R^2					0.029	0.033	0.031	0.033
F 值	14.87	21.01	16.44	16.45				

$$fc = \alpha_1 \cdot fs + \alpha_2 \cdot fs^2 + \alpha_3 \cdot Mod \cdot fs + \alpha_4 \cdot Mod + \beta \cdot Control + \varepsilon \quad (3)$$

由回归结果可见,表示银行业结构的指标 fs 前系数依然显著为负,二次项前系数则显著为正。$Mod fs$ 前系数皆显著为负,意味着随调节变量的增加,一次项系数的绝对值变大,U 形曲线将整体向右移动。这表明一个城市的信用环境越好、中小企业发展水平越高、大银行审批权限越大,最优银行业结构将在大银行占比更高的水平上实现。前文的观点得到验证。

5. 稳健性检验

邵敏等(2013)在利用 WBES 数据研究中国企业的融资约束问题时,采用了一种与本文不同的方法来评价样本企业的融资约束程度。他们根据问卷中编号 K.30 的问题(目前企业获得金融资源的难度有多大)答案来确定受访企业受到融资约束的程度。与本文依据企业贷款的客观状况进行度量不同,该指标更多反映企业的主观感受。本文将其称为主观融资约束指数,用 sfc 表示。问题 K.30 共有五个选项:没有、较小、中等、较大、很大。sfc 据此依次赋值为 0、1、2、3、4。赋值越大,融资约束越强。用 sfc 作为被解释变量后重新进行回归,得到的结果基本保持稳健。篇幅所限,文章未报告所有结果,已留存备索。

四、结论和建议

本文以 WBES 数据实证研究了银行业结构对中小企业融资约束程度的影响。结果表明,从全样本来看,一个城市的银行业结构与当地中小企业受到融资约束的概率之间呈现 U 形关系,即存在最优的银行业结构。但是,江苏省的样本企业却呈现出在银行业结构越集中的城市,中小企业受到融资约束的概率越小的结果。这与以苏州为代表的城市中大银行服务中小企业融资的能力较强有很大关系。经过进一步分析后本文认为,企业所处城市的信用环境越好、中小企业发展水平越高、大银行的审批权越大,当地的大银行为中小企业提供融资服务的能力越强,这将导致 U 形曲线整体向右移动,使得最优银行业结构能在大银行占比更高的水平上实现。

上述结论表明,在不同的城市,最优银行业结构水平存在明显的地区性差异。各个城市在构建促进本地中小企业融资环境的银行业结构时，要注重因地制宜。在不同的城市，发展小银行是否能够改善中小企业的融资环境存在不确定性。不应一味强调小银行对中小企业融资的重要性，要充分重视大银行的作用。事实上，以盈利为目标的商业银行，在选择目标客户时天然地倾向于实力更强、风险更小、更具规模经济的大型企业。规模较小的城商行和农商行将更多资金投向中小企业，既与其在软信息挖掘上的优势有关，也与其实力较为弱小有关——受规模及经营范围的限制，小银行在争夺大企业客户的竞争中往往处于下风，被迫更多转向中小企业。随着小银行实力不断增强，挖掘软信息的优势可能被弱化，被动选择的压力也会变小，导致其支持中小企业的力度可能出现下降。另外，大型银行完全具备为中小企业提供融资服务的能力，特别是苏州的案例告诉我们，一个城市良好的信用环境，较高的经济发展水平，再辅以大银行更高的审批权限，能够推动该城市大银行为中小企业提供更好的融资服务，从而优化中小企业的融资环境。因此，一方面，应积极发挥政府的作用，为中小企业营造更好的经营环境，推动商业银行主动选择中小企业；另一方面，对小银行的发展应采取更为理性的态度。只有正视最优银行业结构的地区性差异，才能在结合城市自身特征的前提下，寻找到更适合中小企业融资需求的银行业结构。

参考文献

[1] 苟琴,黄益平,刘晓光. 银行信贷配置真的存在所有制歧视吗?[J]. 管理世界,2014(1).

[2] 李广子,熊德华,刘力. 中小银行发展如何影响中小企业融资?——兼析产生影响的多重中介效应[J]. 金融研究,2016(12).

[3] 李华民,吴非. 谁在为小微企业融资:一个经济解释[J]. 财贸经济,2015(5).

[4] 李华民,吴非. 银行规模、认知偏差与小企业融资[J]. 财贸经济,2017(5).

[5] 林钧跃. 中国城市商业信用环境指数研制与分析[J]. 财贸经济,2012(2).

[6] 林毅夫,李永军. 中小金融机构发展与中小企业融资[J]. 经济研究,2001(1).

[7] 刘晓光,苟琴. 银行业结构对中小企业融资的影响[J]. 经济理论与经济管理,2016(6).

[8] 邵敏,包群,叶宁华. 信贷融资约束对员工收入的影响:来自我国企业微观层面的经验证据[J]. 经济学季刊,2013(3).

[9] 王朝弟. 小企业信贷配给的阶段性约束及其体制内优化[J]. 金融研究,2006(12).

[10] 王小鲁,樊纲,余静文. 中国分省份市场化指数报告(2016)[M]. 北京:社会科学文献出版社,2017.

[11] 肖晶. 中小金融机构的发展缓解了中小企业融资约束吗?——基于地区制度环境差异化的研究[J]. 金融论坛,2016(2).

[12] 徐忠,邹传伟. 硬信息和软信息框架下银行内部贷款审批权分配和激励机制设计——对中小企业融资问题的启示[J]. 金融研究,2010(8).

[13] 姚耀军,董钢锋. 中小企业融资约束缓解:金融发展水平重要抑或金融结构重要?——来自中小企业板上市公司的经验证据[J]. 金融研究,2015(4).

[14] AYYAGARI M, DEMIRGUC-KUNT A, MAKSIMOVIE V. Formal Versus Informal Finance: Evidence from China[J]. Review of Financial Studies, 2010(23): 3048-3097.

[15] BERGER A N, UDELL G F. A More Complete Conceptual Framework for SME Finance[J]. Journal of Banking and Finance, 2006(30): 2945-2966.
[16] FAZZARI S M, HUBBARD R G, PETERSEN B C. Financing Constraints and Corporate Investment[J]. Brookings Papers on Economic Activity, 1988(1): 141-206.
[17] FRIESEN J, WACKER K. Do Financially Constrained Firms Suffer from More Intense Competition by the World Bank Enterprise Surveys? [R]. Courant Research Centre, Poverty, Equity and Growth-Discussion Papers, 2013.
[18] KUNTCHEW V, RAMALHO R, RODRIGUEZ-MEZA J, YANG J S. What Have We Learned from the Enterprise Surveys Regarding Access to Credit by SMEs? [R]. World Bank Working Paper, 2014.

外资进入、地方政府补贴与体制性产能过剩[①]

皮建才　张鹏清

一、引　言

产能过剩一直是政府部门、产业界和学术界关注的一个热点问题。在经济新常态背景下,产能过剩可以说是热点中的焦点,去产能是近几年政府的核心经济任务之一。产能过剩虽然包括体制性产能过剩、结构性产能过剩和周期性产能过剩等不同的类型(张军扩和赵昌文,2014),但在我国最为主要的是体制性产能过剩。体制性产能过剩是由体制性原因造成的,而地方政府之间的补贴竞争往往是产生体制性产能过剩的根本原因(江飞涛和曹建海,2009;耿强等,2011;江飞涛等,2012)。地方政府有各种隐性或者显性的政策性补贴,这些补贴又跟现行的制度环境有很大的关系(江飞涛等,2012)。就地方财政补贴而言,比较直接的补贴主要包括现金补贴,不是很直接的补贴主要包括税收补贴、财政贴息和土地优惠补贴(顾善慕,2006)。更加具体地,王朝才和王萌(2016)指出,"财政补贴包括优惠贷款、低于合理回报(低于合理回报是指低于市场价格提供的商品或者劳务,简称LTAR)、税收优惠、财政直接拨款四种形式"。

外资进入对我国的经济发展产生了很大的影响,是一股不可忽视的经济力量,现有文献对这些影响从各个角度(比如对国内企业产生外溢效应的角度、对国内市场结

[①] 基金项目:国家社会科学基金一般项目"供给侧结构性改革中体制性产能过剩的内生识别与分类治理研究"(项目编号:16BJY080)。

构产生影响的角度和对国内宏观经济产生影响的角度)进行了比较系统的分析。现有数据显示,如果采用外商投资工业企业实收资本占工业企业实收资本的比重来衡量外资进入的程度(陈甬军和杨振,2012;钟昌标等,2015),那么外资进入程度每增加1%,伴随着工业企业的产能利用率上升0.38%。很明显,在外资进入的背景下,体制性产能过剩的形成机制会受到一定的影响(见图1),进而传导到总体产能利用率,把外资进入纳入体制性产能过剩的分析之中,构成了本文不同于现有文献的创新之处。

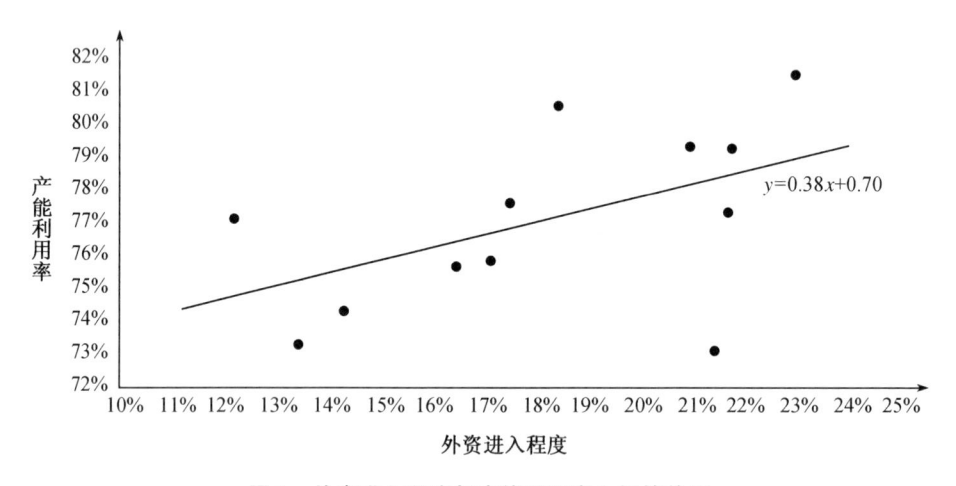

图1 外资进入程度与产能利用率之间的关系

注:本图使用的是国家统计局2006年至2017年的年度数据。

外资进入对体制性产能过剩形成机制的影响渠道如下。外资进入相当于国内市场中增加了一个博弈方(在本文中是外商独资企业),这个增加的博弈方会使得原先的博弈结构发生很大的变化。博弈结构的变化会使得博弈的均衡结果产生一系列的变化。现有的文献并没有考虑到这种变化,本文则充分考虑到了这种变化,在关于产能过剩的文献和关于外资进入的文献之间架起一座桥梁。从研究方法的角度来看,本文构建了三阶段动态博弈模型,并考虑了地方政府进行竞争性补贴和协调性补贴两种情况。所构建的模型可以很好地刻画外商独资企业跟其他博弈方之间的策略互动,把外资进入产生的影响通过策略互动体现出来。

在外资进入的背景下,本文得到的主要结论如下。首先,地方政府对国内企业的补贴竞争会导致一个更高的补贴力度,从而使得国内企业的体制性产能过剩也更加严重。其次,地方政府对国内企业的补贴竞争会使得国内企业的产能和产量水平更高,同时加剧国内企业的产能过剩;再次,虽然地方政府之间对国内企业的补贴竞争能够提高国内企业的利润水平,但是会降低国内企业的自生能力。最后,地方政府对国内企业的补贴竞争会给辖区带来更高的GDP。就所得到的结论而言,现有的文献往往忽视了自生能力效应,而本文则对这一点进行了重点分析。

本文剩余部分的安排如下。第二部分是文献综述,第三部分是模型,第四部分是博弈均衡结果,第五部分是地方政府的补贴竞争所产生的影响,第六部分也就是最后一部分是结语。

二、文献综述

根据江飞涛和曹建海(2009)以及江飞涛等(2012)的综述和分类,现有关于产能过剩的主流文献主要分为两大派,一派是"市场失灵"派,一派是"体制扭曲"派。"市场失灵"派主要强调市场结构、进入退出机制、互利合作机制和微观主体预期所起的作用(比如,魏后凯,2001;杨蕙馨,2004;刘西顺,2006;林毅夫等,2010;周辰珣和孙英隽,2013;徐朝阳和周念利,2015)。这一派认为市场失灵或者市场缺陷是影响产能过剩的重要因素。"体制扭曲"派主要强调预算约束扭曲、产权扭曲、价格扭曲、地方干预扭曲和中央地方信息扭曲所起的作用(比如,张维迎和马捷,1999;杨培鸿,2006;皮建才,2008,2009;王文甫等,2014;孙国锋等,2018)。这一派认为体制扭曲或者体制缺陷是影响产能过剩的重要因素。因为"市场失灵"和"体制扭曲"对产能过剩的作用往往相互融合,所以这两派观点有相通之处(皮建才等,2015),总体上"市场失灵"和"体制扭曲"结合在一起更能体现我国的实际情况(皮建才和赵润之,2018,2019;皮建才和张鹏清,2019)。本文打算沿着皮建才和赵润之(2018,2019)以及皮建才和张鹏清(2019)的路径进行研究。但是,非常明显的是,现有文献在分析体制性产能过剩的时候忽视了外资进入所起的作用。本文试图从外资进入背景的角度来进行研究,这一视角和现有的文献有着显著的不同。现有的文献对外资进入影响进行了非常深入的研究,总体上来看这些研究可以粗略地分成三大块。第一块文献从外资进入对国内企业产生外溢效应的角度进行研究(比如,张海洋,2005;张庆霖和陈万灵,2011;钟昌标等,2015)。张海洋(2005)发现外资进入显著推动了技术进步。张庆霖和陈万灵(2011)发现外资进入的溢出效应大于挤出效应。钟昌标等(2015)发现外资对内资企业生产率的影响受到外资进入速度的负向调节。第二块文献从外资进入改变国内市场结构的角度进行研究(比如,江小涓,2002;陈甬军和杨振,2012;黎峰,2017)。江小涓(2002)发现外资进入可以促进我国竞争性市场结构的形成。陈甬军和杨振(2012)发现虽然外资进入对某些产业产生了反竞争效应,但是总体上具有促进竞争的效应。黎峰(2017)发现外资进入会阻碍我国国内价值链的构建。第三块文献从外资进入影响国内宏观经济(比如,工资和工资差距)的角度进行研究(比如,邵敏和包群,2010a,2010b,2012c)。邵敏和包群(2010a)发现外资进入加剧了引资程度较低行业的工资扭曲现象,但对引资程度较高行业的工资扭曲程度则起到了缓解作用。邵敏和包群(2010b)发现外资进入总体上会提高我国国内企业的工资水平。邵敏和包群(2010c)发现外资进入会扩大我国的工资不平等。总体上来看,跟本文最相关的是第二块文献,但是这一块文献并没有在市场结构受到影响的基础上分析外资进入背景下的体制性产能过剩的形成机制。本文打算填补现有文献的空白之处。

三、模　型

考虑一个国家内的两个地区,分别是地区 1 和地区 2。地区 1 和地区 2 各有一个代表性的国内企业,它们分别是企业 1 和企业 2。此外,一个代表性的外商独资企业 f 在地区 1 和地区 2 设厂,且在地区 1 和地区 2 的生产规模相同。[①] 企业 1、企业 2

---

① 一个等价的替代性设定是地区 1 和地区 2 分别有一个代表性的外商独资企业。在对称均衡处,这样设定的两个外商独资企业的生产规模相同。本文进行这样假设的好处是,可以集中精力考虑外资进入背景下的体制性产能过剩的形成机制,而不是考虑地方政府吸引外资展开竞争而造成的扭曲。这样有利于我们聚焦于文章的核心作用机制。

和企业 f 生产同质的产品在同一市场上销售,市场的反需求函数为 $p=a-Q$,其中 a 衡量市场的规模,[①]p 是市场的价格,Q 表示总产出,即 $Q=q_1+q_2+q_f$,其中 $q_i(i=1,2,f)$ 表示企业 i 的产量。根据 Lu & Poddar(2005,2006)等相关文献的设定,企业 i 的成本函数为:$C_i(x_i,q_i)=m_iq_i+(x_i-q_i)^2$,其中 $i=1,2,f$,x_i 表示企业 i 在生产产品之前投资的产能,$m_i \geqslant 0$ 衡量企业 i 的生产效率。这一成本函数反映的事实是,企业选择一个过高或者过低的产能,都会增加企业生产的成本。[②] 假设地区 1 和地区 2 的国内企业拥有相同的生产效率,即 $m_1=m_2=m$,但它们的生产效率低于外商独资企业的生产效率,即 $m>m_f$。不失一般性,可以认为外商独资企业的生产效率 $m_f=0$。这样,m 就衡量了国内企业相对于外商独资企业的相对生产效率,m 越大,国内企业的相对生产效率越低。过剩产能可以表示为 $e_i=x_i-q_i$,其中 $i=1,2,f$。需要说明的是,当 $q_i=x_i$ 时,企业 i 的平均成本最小,此时的产能为最有效率的产能;当 $x_i>q_i$ 时,企业 i 产能过剩;当 $x_i>q_i$ 时,企业 i 产能不足。

为提高本地区的国内企业在市场中竞争力,发展地方经济,地方政府对其辖区内的国内企业进行产量补贴。具体而言,地区 1 和地区 2 的地方政府对各自辖区的国内企业的补贴额度分别为 s_1q_1 和 s_2q_2,其中 $s_i \geqslant 0(i=1,2)$。s_i 是基于产量的补贴率,为了表述上方便可以把它称为补贴力度。这样,企业 1、企业 2 和企业 f 的利润函数可以表示为:

$$\pi_i(x_i,q_i)=(a-Q)q_i-mq_i-(x_i-q_i)^2+s_iq_i(i=1,2) \tag{1}$$

$$\pi_j(x_f,q_f)=(a-Q)q_f-(x_f-q_f)^2 \tag{2}$$

其中 $\pi_i(i=1,2,f)$ 表示企业 i 的利润。企业 1、企业 2 和企业 f 都希望最大化它们各自的利润。

在中国式分权的背景下,地方政府要关注两方面的问题:一方面,地方政府应该

---

① 为确保均衡的存在,假设 $a>\frac{16m}{7}$,其中 $m>0$ 表示国内企业的生产效率。背后的经济学直觉是,如果国内企业的生产成本高于外商独资企业的生产成本,那么市场的规模必须足够大,否则国内企业的进入是无利可图的。

② 虽然产能不足和产能过剩对企业的生产成本的影响是对称的,但是通过后面的模型求解可以看到,企业不会出现产能不足的情况。

使得本地区的国内企业在市场中具备一定的竞争力(体现为扣除补贴之后的净利润的大小);另一方面,在政治晋升锦标赛的 GDP 考核压力下,地方政府应该努力提升本地区的总产值。因此,把地区 i 的地方政府的目标函数设定如下:

$$W_i(s_i) = (\pi_i - s_i q_i) + \gamma y_i \quad (i=1,2) \tag{3}$$

其中 $y_i = pq_i + \frac{1}{2}pq_f$ 是地区 i 的总产值,$\gamma > 0$ 代表地方政府对辖区 GDP 的相对重视程度,γ 越大表示地方政府对辖区 GDP 越重视,γ 越小表示地方政府对国内企业的竞争力越重视。① 地方政府必须把补贴于本地区企业的额度从目标函数中扣减,以便真实地反映所在地区的国内企业的自生能力。也可以这样理解,即便地方政府重视辖区的国内企业能实现的利润,也必须考虑补贴成本。需要说明的是,企业具备自生能力意味着,如果没有政府补贴,国内企业仍然具备按照现有生产水平盈利的能力。

考虑两种情况。第一种情况是地区 1 和地区 2 的地方政府之间存在补贴竞争,即它们非合作地设定各自对其辖区的国内企业的补贴政策 s_i,以最大化它们各自的目标函数。第二种情况是地区 1 和地区 2 的地方政府之间不存在补贴竞争,即它们会协调地选择同一补贴政策 s,以最大化两个地方政府的目标函数之和,即:

$$W(s) = \pi_1 + \pi_2 - s(q_1 + q_2) + \gamma(y_1 + y_2) \tag{4}$$

第二种情况实际上给第一种情况提供了一个参照,这样就可以通过对比两种情况下的均衡结果,分析在外资进入的情景下,地方政府的补贴竞争对产能过剩所产生的影响。②

动态博弈模型共分为三个阶段。第一阶段是地区 1 和地区 2 的地方政府设定对其辖区内的国内企业的补贴政策。如果地方政府之间存在补贴竞争,那么地区 1 和地区 2 的地方政府非合作地设定各自的补贴政策;如果地方政府之间不存在补贴竞

---

① 因为我们假设代表性的外商独资企业在两地区的生产规模相同,所以外商独资企业在地区 i 的产量为 $\frac{1}{2}q_f$,对应的产值为 $\frac{5}{4}q_f$。

② 因为地区 1 和地区 2 是对称的,所以这等价于制定一个补贴政策最大化其中一个地方政府的目标函数。值得注意的是,本文主要研究的是在外资渗透的背景下,地方政府的补贴竞争对产能过剩的影响。因此,我们选择的参照系是相同的目标函数下,地方政府之间没有补贴竞争的情况。

争,那么地区 1 和地区 2 的地方政府协调地设定同一补贴政策。第二阶段是国内企业 1 和 2 以及外商独资企业 f 进行产能决策。第三阶段则是国内企业 1 和 2 以及外商独资企业 f 进行古诺竞争,决定各自的产量水平。这样设定的现实依据如下:一方面,通常情况下,地方政府补贴政策在前,企业行动在后;另一方面,中央政府在地方政府补贴中会发挥很大的作用,当中央政府不加规范时,地方政府之间往往存在竞争性补贴;但是当中央政府严加规范时地方政府之间可能存在协调性补贴。

四、博弈均衡结果

在博弈模型设定好之后,接下来就要进行求解,使用逆向归纳法来求解博弈模型的子博弈完美纳什均衡结果。

博弈的第三阶段是企业进行产量决策,这时企业 1、企业 2 和企业 f 在给定的补贴政策和产能水平下最大化自己的利润。联立一阶条件 $\frac{\partial \pi_1}{\partial q_1}=0$、$\frac{\partial \pi_2}{\partial q_2}=0$ 和 $\frac{\partial \pi_f}{\partial q_f}=0$,可以得到古诺产量:①

$$q_1 = \frac{1}{18}(3a - 4m + 5s_1 - s_2 + 10x_1 - 2x_2 - 2x_f) \tag{5}$$

$$q_2 = \frac{1}{18}(3a - 4m - s_1 + 5s_2 - 2x_1 + 10x_2 - 2x_f) \tag{6}$$

$$q_f = \frac{1}{18}(3a + 2m - s_1 - s_2 - 2x_1 - 2x_2 + 10x) \tag{7}$$

接下来,分析博弈的第二阶段。此时,企业把第三阶段的产量决策策略视为已知,选择相应的产能以最大化企业的利润。把(5)式至(7)式代回利润函数,并联立一阶条件 $\frac{\partial \pi_1}{\partial x_1}=0$、$\frac{\partial \pi_2}{\partial x_2}=0$ 和 $\frac{\partial \pi_f}{\partial x_f}=0$,可以得到企业的产能:

$$x_1 = \frac{5}{119}(7a - 16m + 25s_1 - 9s_2) \tag{8}$$

---

① 因为目标函数是凹函数,所以不必验证二阶必要条件。

$$x_2 = \frac{5}{119}(7a - 16m - 9s_1 + 25s_2) \tag{9}$$

$$x_f = \frac{5}{119}(7a + 18m - 9s_1 - 9s_2) \tag{10}$$

相应地,可以把第二阶段的产能决策代入第三阶段的产量决策,从而把它们表示成关于补贴政策的函数。把(8)式至(10)式代入(5)式至(7)式,可以得到相应的产量:

$$q_1 = \frac{9}{238}(7a - 16m + 25s_1 - 9s_2) \tag{11}$$

$$q_2 = \frac{9}{238}(7a - 16m - 9s_1 + 25s_2) \tag{12}$$

$$q_f = \frac{9}{238}(7a + 18m - 9s_1 - 9s_2) \tag{13}$$

根据(8)式至(13)式,假设企业1、企业2和企业f的产量都是正的,可以得到命题1。

命题1:在外资进入的背景下,无论是否存在补贴,国内企业和外商独资企业都会选择过剩产能。但是,地方政府增加对所在辖区的国内企业的补贴额度,会提高国内企业的产能过剩,降低外商独资企业的产能过剩。

证明:过剩产能可以表示为$e_i = x_i - q_i$,其中$i = 1, 2, f$。根据(8)式至(13)式,易得$e_i > 0$,其中$i = 1, 2, f$。同时,可得$\frac{\partial e_i}{\partial s_i} > 0$ 和 $\frac{\partial e_f}{\partial s_i} < 0$,其中$i = 1, 2$。

首先来看命题1的前半部分,国内企业和外商独资企业一定会选择过剩产能,这是因为虽然企业在第二阶段所做出的产能决策似乎暗示了它在第三阶段也会选择与产能一致的产出水平,但是这种暗示在动态博弈中是不可信的。在第三阶段,企业视第二阶段投资的产能为沉没成本,此时减少产量能够降低边际生产成本,提高企业的边际收益。这种产能过剩的产生是市场博弈的结果,与政府的补贴无关。

再来看命题1的第二部分。政府补贴恶化了国内企业的产能过剩,这是因为政府补贴提高了第三阶段国内企业的边际收益,所以国内企业在第三阶段倾向于提高它的产出,这要求在第二阶段国内企业进行产能决策时,相应地加大产能的投入。但同样地,在进行第三阶段博弈的时候,国内企业又把产能投入视作沉没成本。因此,总的结果就是,政府的产量补贴放大了国内企业单纯由市场引起的产能过剩。外商独资企业的产能过剩程度得以减小的原因是,政府补贴扩大了国内企业的生产规模,从而压缩了外商独资企业的市场空间。

(一) 竞争性补贴

再来分析博弈的第一阶段。首先,分析一下地方政府之间存在补贴竞争的情况,即地区 1 和地区 2 的地方政府分别选择各自的补贴政策 s_1 和 s_2,以最大化地方政府各自的目标函数。在第一阶段,地方政府知道它们一旦决定补贴政策,企业将按照(8)式至(13)式决定各自的产能和产量。所以,把(8)式至(13)式代入地方政府的目标函数[即(3)式],联立一阶条件 $\frac{\partial W_1}{\partial s_1}=0$ 和 $\frac{\partial W_2}{\partial s_2}=0$,可以得到地方政府的补贴:

$$s_1^{NC}=s_2^{NC}=\frac{7a(958+441\gamma)-16m(958-1701\gamma)}{2(19111+13608\gamma)}>0 \tag{14}$$

其中,上标 NC 表示地方政府之间的非合作(non-cooperative)博弈。在 $a>\frac{16m}{7}$ 的假设下,地方政府的均衡补贴力度 s_1^{NC} 和 s_2^{NC} 都是大于零的。

根据(8)式、(9)式、(11)式和(12)式,如果没有任何补贴($s_1=s_2=0$),国内企业的过剩产能为 $\frac{1}{238}(7a-16m)$;如果存在补贴,国内企业的过剩产能为 $\frac{1}{238}(7a-16m)+16s_i^{NC}$,其中 $i=1,2$。因此,可以把 $\frac{16}{238}s_i^{NC}$ 这部分过剩产能称为体制性产能过剩。① 在这里,我们从数理角度严格界定一下本文意义上的体制性产能过剩,它是指存在地方政府补贴时的产能过剩减掉不存在地方政府补贴时的产能过剩。在体制性产能过剩中,体制性作用是通过地方政府补贴体现出来的。尽管体制性作用可以表现为多个维度,但是补贴是一个最为根本的维度(江飞涛等,2012)。

---

① 虽然关于外商独资企业的产能和产量的(10)式和(13)式里面也含有补贴额度,但是外商独资企业的这种产能和产量变化是由市场竞争压力引起的,也就是说,国内企业受到补贴后会增加产量,从而导致外商独资企业的产能和产量相应地发生变化。

由此，可以从中提炼出如下命题。

命题 2：在外资进入的背景下，如果地方政府之间存在对国内企业的补贴竞争，那么地方政府将会选择一个正的补贴力度，从而带来体制性产能过剩，并且补贴力度和体制性产能过剩都随着市场规模的扩大而增加。此外，如果地方政府非常重视提升辖区内的国内企业的竞争力，那么国内企业相对外商独资企业的生产效率越低，补贴力度和体制性产能过剩就越小；如果地方政府更重视辖区总产值，那么国内企业相对外商独资企业的生产效率低，补贴力度和体制性产能过剩就越大。

证明：根据(14)式，显然 $s_1^{NC}=s_2^{NC}>0$，并且容易发现 $\frac{\partial s_i^{NC}}{\partial a}>0$，其中 $i=1,2$。这证明了命题的第一部分。因为 $\frac{\partial s_i^{NC}}{\partial m}=\frac{8(1\,701\gamma-958)}{19\,111+13\,608\gamma}$，所以当 $0<\gamma<\frac{958}{1\,701}$ 时，$\frac{\partial s_i^{NC}}{\partial m}<0$；当 $\gamma>\frac{958}{1\,701}$ 时，$\frac{\partial s_i^{NC}}{\partial m}>0$。注意到 m 越大表示相对生产效率越低，这证明了命题的第二部分。

地方政府之间进行补贴竞争意味着，如果一个地区的政府选择对辖区的国内企业进行补贴，那么另一个地区的国内企业就会在市场中相对缺乏竞争力。此外，外商独资企业也会面临更大的竞争压力。从而，另一个地区的国内企业的产出和外商独资企业的产出都会下降。这就要求另一个地区也进行补贴。这样一来，均衡的时候两个地区的政府都会选择对企业进行补贴。命题2还表明，国内企业所在的市场规模越大，地方政府就越愿意加大对该企业的补贴。这是因为，一方面，较大的市场规模意味着国内企业扩大生产可以增加利润；另一方面，国内企业扩大生产所带来的地方总产值也会增加。这两方面都有利于地方政府实现培育国内企业和追求更高GDP的双重目标。如果国内企业的生产效率很低，那么地方政府的补贴虽然能够使得总产出增加，从而使得地方总产值增加，但是国内企业的效益却不好。此时，如果地方政府非常重视培育国内企业，那么地方政府就会减少对国内企业的补贴力度，从而使得体制性产能过剩变小。但是，如果地方政府是GDP导向型的，那么地方政府就会通过加大补贴力度做大总产值，而不会过分在意GDP的质量。

把(14)式代回(8)式至(13)式和利润函数(1)式和(2)式，容易得到均衡产量、产

能和利润:

$$q_1^{NC}=q_2^{NC}=\frac{81[7a(25+16\gamma)-400m]}{2(19\,111+13\,608\gamma)}, q_f^{NC}=\frac{9[4\,050m+a(617+567\gamma)]}{2(19\,111+13\,608\gamma)},$$

$$x_1^{NC}=x_2^{NC}=\frac{45[7a(25+16\gamma)-400m]}{19\,111+13\,608\gamma}, x_f^{NC}=\frac{5[4\,050m+a(617+567\gamma)]}{19\,111+13\,608\gamma},$$

$$\pi_1^{NC}=\pi_2^{NC}=\frac{2\,511[400m-7a(25+16\gamma)]^2}{2(19\,111+13\,608\gamma)^2}, \pi_f^{NC}=\frac{31[4\,050m+a(617+567\gamma)]^2}{2(19\,111+13\,608\gamma)^2}.$$

在 $a>\frac{16m}{7}$ 的假设下,上述均衡值都是正的,可从中提炼出命题3。

命题3:在外资进入的背景下,如果地方政府之间存在对国内企业的补贴竞争,那么当市场规模充分大时,国内企业的过剩产能随着地方政府对GDP的重视程度的增加而下降,外商独资企业的过剩产能随着地方政府对GDP的重视程度的增加而增加。当市场规模不是特别大时,国内企业的过剩产能随着地方政府对GDP的重视程度的增加而增加,外商独资企业的过剩产能随着地方政府对GDP的重视程度的增加而下降。

证明:均衡时的过剩产能可以表示为 $e_i^{NC}=x_i^{NC}-q_i^{NC}>0, i=1,2,j$。易求得 $\frac{\partial e_i^{NC}}{\partial \gamma}=-\frac{252(4\,303a-97\,200m)}{(19\,111+13\,608\gamma)^2}$ 和 $\frac{\partial e_f^{NC}}{\partial \gamma}=\frac{567(4\,303a-97\,200m)}{2(19\,111+13\,608\gamma)^2}, i=1,2$。这意味着当 $a>\frac{97\,200m}{4\,303}$ 时,有 $\frac{\partial e_i^{NC}}{\partial \gamma}<0$ 和 $\frac{\partial e_f^{NC}}{\partial \gamma}>0$;当 $\frac{16m}{7}<a<\frac{97\,200m}{4\,303}$ 时,有 $\frac{\partial e_i^{NC}}{\partial \gamma}>0$ 和 $\frac{\partial e_f^{NC}}{\partial \gamma}<0$。

命题3背后的经济学直觉是,市场规模越大,外商独资企业越容易利用自己的低成本优势在一个大的市场里面扩大生产,带来更高的总产值。此时,虽然根据命题2,市场规模越大,地方政府就越愿意补贴辖区内的国内企业以增加国内企业的产出,但是外商独资企业同时有动力扩大生产,并与国内企业进行竞争。结果是,外商独资企业增加生产所引致的地区总产值增加得更快。给定足够大的市场规模,如果地方政府越重视辖区的GDP,那么补贴的额度就会相应地降低。因此,如果地方政府是GDP导向型的,国内企业的过剩产能就会相应地下降。反过来说,如果市场规模比较小,外商独资企业就难以在一个比较饱和的市场里扩大生产。此时,外商独资企业没有额外的市场空间扩大自己的生产以应对竞争压力。地方政府越是重视地区总产值,就越寄希望于通过补贴辖区内的国内企业来增加产出的方式做大地区 GDP,这会导致国内企业的产能过剩更加严重。

值得注意的是,外商独资企业的过剩产能完全是市场的竞争所引起的,是一种市场现象。它来源于博弈的第三阶段,企业在进行产量决策时视产能投入为沉没成本。而国内企业的过剩产能有相当一部分是地方政府的补贴引起的,这部分产能过剩属于体制性产能过剩。地方政府的补贴在一定程度上降低了国内企业的边际成本,从而放大了单纯由市场竞争引起的过剩产能。

接下来,考察地方政府之间的补贴是如何影响国内企业的自生能力的。在本文的情境中,自生能力可以表示为 $\pi_i - s_i q_i$,其中 $i=1,2$。当 $\pi_i - s_i q_i > 0$ 时,国内企业 i 是具有自生能力的;而当 $\pi_i - s_i q_i < 0$ 时,国内企业 i 是缺乏自生能力的。

用命题 4 来归纳相关的结论。

命题 4: 在外资进入的背景下,如果地方政府之间存在补贴竞争,那么虽然国内企业会产生体制性产能过剩,但是当市场规模足够大时,受到补贴的国内企业仍具有自生能力。不过,当市场规模较小时,受到补贴的国内企业是缺乏自生能力的。

证明:通过计算可以得到:

$$\pi_i^{NC} - s_i^{NC} q_i^{NC} = \frac{81[7a(25+16\gamma) - 400m][7a(592+551\gamma) - 16m(592+1\,701\gamma)]}{4(19\,111+13\,608\gamma)^2}$$

其中 $i=1,2$。这是关于 a 的二次函数。注意到 $a > \frac{16m}{7}$,所以当 $\frac{16m}{7} < a < \frac{16m(592+1\,701\gamma)}{7(592+551\gamma)}$ 时,$\pi_i^{NC} - s_i^{NC} q_i^{NC} < 0$;当 $a > \frac{16m(592+1\,701\gamma)}{7(592+551\gamma)}$ 时,$\pi_i^{NC} - s_i^{NC} q_i^{NC} > 0$。

命题 4 背后的经济学直觉非常明显。一方面,较大的市场规模意味着市场可以容纳生产效率低的企业,此时国内企业虽然在效率上比不过外商独资企业,但是面临的竞争压力也相对较小,能够获得较高的利润。地方政府的补贴使得国内企业扩大其产能和产量水平,但其本身较大的利润空间意味着,即使没有补贴,其按照有补贴时的产能和产量水平进行生产也是可以承受的;另一方面,如果市场规模比较小,国内企业本身就已经在狭小的市场空间里处于竞争劣势了,此时地方政府通过补贴虽然能够提高国内企业的产能和产量水平,但是这一新的产能和产量水平是原来没有补贴时所不能承受的。这表明,如果地方政府给辖区内的国内企业"断奶",那么国内企业就无法在市场中存活。

(二) 协调性补贴

现在分析补贴竞争的对立情况,即地区 1 和地区 2 的地方政府在博弈的第一阶段协调地制定一个相同的补贴税率,以最大化两个地方政府的目标函数之和。把企业根据地方政府的补贴政策而做出的产能和产量决策(8)式至(13)式代入两个地方政府的目标函数(4)式,并令 $s_1=s_2=s$,再根据一阶条件 $\frac{\partial W}{\partial s}=0$,可以求出补贴力度:

$$s=\frac{2m(632+3\,969\gamma)-7a(79+630\gamma)}{2(9\,200+3\,969\gamma)}$$

要使得补贴为正,就必须要求市场规模 $a<\frac{2m(632+3\,969\gamma)}{7(79+630\gamma)}$,但是这将导致求得的国内企业的产能和产量水平为负值,缺乏经济学含义。

因此,需要考虑角点均衡的情况,即考虑 $s=0$ 是否构成均衡。此时,要使得企业的产能和产量水平为正,就必须要求 $a>\frac{16m}{7}$。将一阶条件 $\frac{\partial W}{\partial s}$ 在 $s=0$ 处赋值,可得:

$$\left.\frac{\partial W}{\partial s}\right|_{s=0}=\frac{2m(632+3\,969\gamma)-7a(79+630\gamma)}{14\,161}$$

把上式看成是市场规模 a 的函数,可以发现它是 a 的减函数。因为 $a>\frac{16m}{7}$,所以 $\left.\frac{\partial W}{\partial s}\right|_{s=0}<-\frac{18m\gamma}{119}$。也就是说,当 $s=0$ 时,目标函数的一阶导数恒小于零。所以,如果两个地方政府都沿着 $s=0$ 的补贴政策向右偏离,就会降低它们的目标函数值。从而,$s^C=0$ 的补贴政策构成角点均衡,其中上标 C 表示地方政府之间的合作(cooperation)。①

根据上面的讨论,可以归纳出命题 5。

---

① 放宽补贴政策 s 必须大于等于 0 的约束不会改变本文的主要结论。此时,$s<0$ 就表示地方政府对企业征税。要求 $s \geqslant 0$ 能够确保本文研究的范围限定在地方政府的补贴政策。

命题5：在外资进入的背景下，如果地方政府协调制定对国内企业的补贴政策，那么最优的补贴政策就是不进行补贴。此时，不存在由补贴引起的体制性产能过剩。

命题5与命题4不同的原因是，协调制定补贴政策能够一定程度上内部化由补贴带来的负外部性。在补贴竞争下，如果一个地区的地方政府提高其补贴，以促使其辖区内国内企业生产更多，那么另一个地区的国内企业就会在竞争中处于劣势。与此同时，外商独资企业也会面临更大的竞争压力，另一个地区由外商独资企业带来的产值也会下降。另一个地方政府为了维护辖区内的国内企业和提高辖区的总产值，就不得不提高其补贴。但是，如果两个地区协调制定补贴政策，那么提高补贴会同时增加两个地区的国内企业的产出，而外商独资企业的产出会下降。然而，一方面，外商独资企业的生产效率更高，这意味着因外商独资企业缩小生产带来的总产值下降要大于扣除补贴投入后因国内企业扩大生产带来的总产值的增加。另一方面，补贴还会降低国内企业的自生能力，因为国内企业在有补贴时候的产出水平会大于单纯由市场决定时的产出水平。这两方面都不符合地方政府的目标，所以在协调制定补贴政策的时候，最优的补贴力度就是零补贴。将 $s_1 = s_2 = 0$ 代入（8）式至（13）式和利润函数（1）式和（2）式，可以得到国内企业和外商独资企业的均衡产量、产能和利润：

$$q_1^C = q_2^C = \frac{9}{238}(7a - 16m), q_f = \frac{9}{238}(7a + 18m),$$

$$x_1^C = x_2^C = \frac{5}{119}(7a - 16m), x_f = \frac{5}{119}(7a + 18m),$$

$$\pi_1^C = \pi_2^C = \frac{31(7a - 16m)^2}{28\ 322}, \pi_f^C = \frac{31(7a + 18m)^2}{28\ 322}$$

五、地方政府的补贴竞争所产生的影响

协调性补贴的均衡结果给竞争性补贴的均衡结果提供了一个参照，这使得我们可以通过对比竞争性补贴和协调性补贴的均衡结果，分析在外资进入的背景下地方政府之间的补贴竞争所带来的经济影响。首先，因为在竞争性补贴中地方政府对国内企业的补贴力度大于零，而在协调性补贴中，地方政府选择不补贴国内企业，所以

可以得到如下命题。

命题 6：在外资进入的背景下，地方政府对国内企业的补贴竞争会导致一个更高的补贴力度，从而使得国内企业的体制性产能过剩更加严重。

命题 6 的经济学含义是比较明显的，在此就不再赘述。

其次，分析地方政府之间的补贴竞争会使得均衡的产量和产能发生怎样的变化。这可以用命题 7 来总结。

命题 7：在外资进入的背景下，地方政府对国内企业的补贴竞争会使得国内企业的产能和产量水平更高，同时加剧国内企业的产能过剩。

证明：通过计算，可以得到相对的产能之差和产量之差分别为：

$\Delta x = x_i^{NC} - x_i^{C} = 40\phi$

$\Delta q = q_i^{NC} - q_i^{C} = 36\phi$，$\phi = \dfrac{(6\,706 + 3\,087\gamma)a - (15\,328 - 27\,216\gamma)m}{119(19\,111 + 13\,608\gamma)}$ 其中 $i = 1, 2$。

在 $a > \dfrac{16m}{7}$ 的假设下，$\Phi > 0$，所以有 $\Delta x > \Delta q > 0$，这证明了命题的第一部分。另外，相对的过剩产能可以表示为：

$\Delta e_i = (x_i^{NC} - q_i^{NC}) - (x_i^{C} - q_i^{C}) = \Delta x - \Delta q > 0$，这证明了命题的第二部分。

命题 7 反映了一个简单的事实，既然根据命题 6，地方政府的补贴竞争导致一个更高的补贴力度，那么受到补贴的国内企业的边际成本会下降，从而带来了国内企业更高的产能和产量水平。与之伴随的就是国内企业更大的过剩产能。

再次，分析地方政府之间的补贴竞争会给国内企业的利润和自生能力带来什么影响，这关乎地方政府能在多大程度培育国内企业的竞争力。

命题 8：在外资进入的背景下，虽然地方政府之间对国内企业的补贴竞争能够提高国内企业的利润水平，但是会降低国内企业的自生能力。

证明：根据均衡的 π_i^{NC} 和 π_i^{C}（其中 $i = 1, 2$），可以计算出 $\Delta \pi = \pi_i^{NC} - \pi_i^{C}$，这个结果可以看作是 a 的二次函数，且在 $a > \dfrac{16m}{7}$ 的区间里函数的值是大于零的，即 $\Delta \pi_i > 0$。自生能力的比较可以用 $(\pi_i^{NC} - s_i^{NC} q_i^{NC}) - (\pi_i^{C} - s_i^{C} q_i^{C})$ 来表示，并且同样地可以看作是 a 的二次函数，且在 $a > \dfrac{16m}{7}$ 的区间里函数值小于零，即 $\pi_i^{NC} - s_i^{NC} q_i^{NC} < \pi_i^{C} - s_i^{C} q_i^{C}$。

命题 8 意味着,地方政府之间的补贴竞争虽然给国内企业带来了更高的利润水平,但是这一更高的利润水平不是源自它们本身在市场中的竞争力,而是源自地方政府投入的补贴。如果没有政府的补贴,国内企业所能实现的利润其实并不高。注意到政府的目标函数由两部分构成,一部分是提升辖区内国内企业的竞争力,即 $\pi_i - s_i q_i$ 所表示的自生能力,另一部分是做大辖区的 GDP。命题 8 说明地方政府的补贴竞争实际上不利于提升国内企业的竞争力。

最后,分析地方政府之间的补贴竞争对实现地方政府做大辖区的 GDP 的影响,这可以归纳为命题 9。

命题 9:在外资进入的背景下,地方政府对国内企业的补贴竞争会给辖区带来更高的 GDP。

证明:把竞争性补贴和协调性补贴下的均衡结果代入 $y_i = pq_i + \frac{1}{2} pq_f$(其中 $i = 1,2$)可以分别计算得到 y_i^{NC} 和 y_i^{C},然后把看成是 a 的二次函数。当 $a > \frac{16m}{7}$ 时,可以发现 $\Delta y < 0$。

命题 9 表明,地方政府之间的补贴竞争更容易引发 GDP 竞赛。这是因为在竞争性补贴的情况下,只要其中一个地方政府进行补贴,另一个地方政府也必须进行补贴,从而导致了地方政府难以提升辖区内的国内企业的自生能力,这一点已为命题 8 所揭示。此时,地方政府不得不寄希望于通过补贴的方式做大总产值,从而最大化自身目标。

把命题 6 至命题 9 综合起来,可以得到的结论是,在外资进入的背景下,地方政府之间的补贴竞争不仅会在微观层面上导致国内企业的体制性产能过剩,还会在宏观层面上导致地方政府注重提高 GDP 的数量,而不注重提高 GDP 的质量。这跟当前中央政府提倡的高质量发展并不一致。

六、结　语

本文聚焦于外资进入背景下体制性产能过剩的形成机制及其影响。在考虑地方政府进行竞争性补贴和协调性补贴的情况下,考虑到外资进入的背景我们主要得到了四点结论。第一,地方政府对国内企业的补贴竞争会使得补贴力度提高,进而加重国内企业的体制性产能过剩。第二,地方政府对国内企业的补贴竞争会提高国内企业的产能和产量水平,同时会使国内企业的产能过剩。第三,地方政府之间对国内企业的补贴竞争会使得国内企业的利润水平提高,但是会使得国内企业的自生能力降低。第四,地方政府对国内企业的补贴竞争会提高辖区GDP。需要强调的是,第三点指出了体制性产能过剩的微观结果,现有的文献往往忽视了负向的自生能力效应。第四点指出了体制性产能过剩的体制动因,地方政府热衷于进行补贴是有其内在原因的。

中央政府在治理体制性产能过剩时,必须考虑到外资进入的背景,把外资进入考虑到博弈中来,要有分类治理的思维,区别对待外资进入情况不同的国内企业的体制性产能过剩。在经济开放环境下研究产能过剩问题,不仅要考虑到国内体制性因素的根本性作用,还要考虑外资进入带来的影响,把外资进入纳入体制性产能过剩形成机制的分析中来更容易看清楚问题的全貌。

本文只是提供了分析外资进入影响体制性产能过剩形成机制的一个视角,我们清楚这个现实问题非常复杂。本文只考虑了两个地区,在未来的研究中可以考虑多个地区,也就是把地区的数目从两个扩展到多个。本文考虑的是每个地区都只有一个代表性企业,在以后的研究中可以考虑每个地区有多个企业,比如既有国有企业也有民营企业,从而把混合寡头纳入分析中来。本文为外资进入背景下地方政府补贴与体制性产能过剩提供了一个分析框架,希能起到抛砖引玉的作用。

参考文献

[1] 陈甬军,杨振.制造业外资进入与市场势力波动:竞争还是垄断[J].中国工业经济,2012(10):52-64.

[2] 耿强,江飞涛,傅坦.政策性补贴、产能过剩与中国的经济波动——引入产能利用率RBC模型的实证检验[J].中国工业经济,2011(5):27-36.

[3] 顾善慕.论地方政府对地方企业的财政补贴问题[J].学术交流,2006(11):120-123.

[4] 江飞涛,曹建海.市场失灵还是体制扭曲——重复建设形成机理研究中的争论、缺陷与新进展[J].中国工业经济,2009(1):53-64.

[5] 江飞涛,耿强,吕大国,等.地区竞争、体制扭曲与产能过剩的形成机理[J].中国工业经济,2012(6):44-56.

[6] 江小涓.跨国投资、市场结构与外商投资企业的竞争行为[J].经济研究,2002(9):31-38.

[7] 黎峰.外资进入如何影响了中国国内价值链分工?[J].财经研究,2017(11):70-83.

[8] 林毅夫,巫和懋,邢亦青."潮涌现象"与产能过剩的形成机制[J].经济研究,2010(10):4-19.

[9] 刘西顺.产能过剩、企业共生与信贷配给[J].金融研究,2006(3):166-173.

[10] 皮建才,黎静,管艺文.政策性补贴竞争、体制性产能过剩与福利效应[J].世界经济文汇,2015(3):19-31.

[11] 皮建才,张鹏清.中国式双层补贴下的产能过剩:一个分析框架[J].社会科学战线,2019(4):58-65.

[12] 皮建才,赵润之.上游国有企业混合所有制改革与下游民营企业产能过剩[J].学术研究,2018(4):98-105.

[13] 皮建才,赵润之.中国式分权下的体制性产能过剩——产量补贴和产能补贴的比较[J].中南财经政法大学学报,2019(2):3-12.

[14] 皮建才.政治晋升激励机制下的地方重复建设:横向与纵向的比较分析[J].财经科学,2009(9):65-71.

[15] 皮建才.中国地方重复建设的内在机制研究[J].经济理论与经济管理,2008(4):61-64.

[16] 邵敏,包群.外资进入对国内工资的影响:基于工业行业的经验研究[J].国际贸易问题,2010b(11):105-113.

[17] 邵敏,包群.外资进入是否加剧中国国内工资扭曲:以国有工业企业为例[J].世界经济,2012a(10):3-24.

[18] 邵敏,包群.外资进入与国内工资差异:基于工业行业面板数据的联立估计[J].统计研究,2010c(4):42-51.

[19] 孙国锋,赵敏,王渊,等.地方政府干预对产能过剩的空间外溢效应研究[J].审计与经济研究,2018(6):90-102.

[20] 王朝才,王萌.从反补贴案例看我国企业财政补贴制度的改革[J].财政科学,2016(3):40-61.

[21] 王文甫,明娟,岳超云.企业规模、地方政府干预与产能过剩[J].管理世界,2014(10):17-36,46.

[22] 魏后凯.从重复建设走向有序竞争[M].北京:人民出版社,2001.

[23] 徐朝阳,周念利.市场结构内生变迁与产能过剩治理[J].经济研究,2015(2):75-87.

[24] 杨蕙馨.中国企业的进入退出:1985—2000年汽车与电冰箱产业的案例研究[J].中国工业经济,2004(3):99-105.

[25] 杨培鸿.重复建设的政治经济学分析:一个基于委托代理框架的模型[J].经济学(季刊),2006(2):467-478.

[26] 张海洋.R&D两面性、外资活动与中国工业生产率增长[J].经济研究,2005(5):107-117.

[27] 张军扩,赵昌文.当前中国产能过剩问题分析——政策、理论、案例[M].北京:清华大学出版社,2014.

[28] 张庆霖,陈万灵.外资进入、内资研发与加工贸易升级——基于面板数据的实证研究[J].国际经贸探索,2011(7):4-9.

[29] 张维迎,马捷.恶性竞争的产权基础[J].经济研究,1999(6):11-20.

[30] 钟昌标,黄远浙,刘伟.外资进入速度、企业异质性和企业生产率[J].世界经济,2015(7):53-72.

[31] 周辰珣,孙英隽.政府主导模式下我国行业潮涌现象作用机制的实证研究[J].南方经济,2013(5):49-56.

[32] LU Y, PODDAR S. Mixed Oligopoly and the Choice of Capacity[J]. Research in Economics, 2005, 59(4): 365-374.

[33] LU Y, PODDAR S. The Choice of Capacity in Mixed Duopoly Under Demand Uncertainty[J]. Manchester School, 2006, 74(3): 266-272.

外资进入、产业关联与本土企业单位劳动成本[①]

张晓磊　张二震

一、引　言

　　凭借庞大的体量优势和齐全的行业门类,进入21世纪后,中国迅速崛起为"世界工厂"。中国制造业"从小到大""从弱到强"的发展历程得益于诸多因素,其中最重要的无疑是丰富的劳动力资源,即"人口红利"。然而,近年来中国东部沿海的珠三角、长三角等制造业基地频频出现"用工荒"现象,制造业企业普遍面临劳动力成本快速上涨的压力。国家统计局数据显示:中国制造业企业的"名义工资水平"已由2003年的1.27万元迅速增长至2015年的5.53万元,年均增速高达13.11%;采用城镇居民消费价格指数进行平减后所得到的制造业企业"真实工资水平"在2003—2015年间也已经由0.26万元上涨至0.83万元,年均增长10.44%。不过"名义工资水平"和"真实工资水平"的快速上涨并不必然表明中国制造业的劳动力竞争优势正在弱化,因为劳动力工资水平上涨可能是对其生产技能水平提升的正常反应,因此,学界普遍采用"单位劳动成本"(Unit Labor Cost, ULC)[②]的概念来测度企业的劳动力竞

[①] 本文受教育部人文社会科学研究基地重大项目"长江三角洲全面建设小康社会中的开放发展研究"(项目编号:16JJD790025)、教育部哲学社会科学研究重大课题攻关项目"TPP外部约束下我国融入国际价值链分工战略研究"(项目编号:16JZD019)、江苏省社会科学基金项目"企业参与GVC分工位置攀升视角下低收入群体就业性收入增长研究"(项目编号:18EYD006)、江苏高校哲学社会科学研究基金项目"'一带一路'沿线国家参与GVC位置'下游化'的反恐效应研究"(项目编号:2018SJA0250)的资助。

[②] 企业的单位劳动成本=企业人均工资/人均增加值。

争优势(魏浩和郭也,2013)。"单位劳动成本"越高,表明企业通过留存收益积累资本进行产品研发、设备更新等再投资的能力就越差,企业的竞争力也就越弱。然而即使以"单位劳动成本"来测度,根据国家统计局的统计数据,中国制造业企业的单位劳动成本也已经由2003年的0.36上涨至2015年的0.53,年均增速约为3.23%,这表明中国制造业企业的盈利能力正在以每年约3%的速度被劳动力成本上涨所侵蚀,长此以往必将危及中国制造业的国际竞争力(Li等,2013;Zhai等,2016)。

随着中国对外国资本开放水平的不断提高,大量跨国公司以国际直接投资(FDI)的形式参与了中国制造业蓬勃发展的浪潮。国家统计局数据显示,2015年中国共有外资制造业企业15.83万家,实际利用外资总额也高达395.43亿美元。那么,如此大规模的外资进入是否在一定程度上助推了中国制造业企业"单位劳动成本"的快速上涨呢?已有文献一方面证实了外资进入会对东道国企业产生"工资溢出"效应,推高东道国企业的"名义工资水平"(蔡洪波等,2016);另一方面也倾向于认为外资进入会通过"技术溢出"效应提高东道国企业的劳动生产率水平(Aitken & Harrison,1999;Konings,2001;何兴强等,2014)。如果上述两种效应都显著存在,显然只有当外资进入带来的正向"工资溢出"效应强于正向"技术溢出"效应时,外资进入才会推高东道国企业的"单位劳动成本"。那么,外资进入对中国制造业企业的"工资溢出"和"技术溢出"效应是否都显著存在?外资进入又是否显著推高了中国制造业企业的"单位劳动成本"?此外,已有文献还表明,外资进入对东道国企业的"工资溢出"和"技术溢出"效应不仅在同行业企业之间存在,而且在上下游垂直行业的合作企业之间也显著存在(Javorick,2004;Gorodnichenko et al.,2014),那么,水平行业和上下游垂直行业外资进入又分别在多大程度上影响了中国制造业企业的单位劳动成本?中国政府应该怎样调整当前的利用外资政策才能有效缓解外资进入给中国制造业企业所带来的劳动力成本上涨压力?这些都是本文所要探讨的关键问题。

二、理论框架

既有文献表明,水平及垂直行业外资进入可以通过"工资溢出"和"技术溢出"两个渠道影响东道国企业的"人均工资"和"人均增加值",进而间接影响东道国企业的"单位劳动成本"。

1. 水平行业外资进入对东道国企业单位劳动成本的影响

对于东道国同行业企业来说,一方面,其可以通过与外资企业合作,向外资企业购买专利技术,雇佣外资企业的熟练工人,对外资企业的产品和技术进行"逆向工程"研发,共享外资企业在本地创建的供销网络等多种方式,享受外资进入带来的正向"技术溢出"效应(Blomstrom & Kokko,1998)。但另一方面,东道国企业通过上述途径获得外资企业的正向"技术溢出"效应至少需要满足以下前提条件。第一,东道国企业自身与外资企业之间在人才素质、技术水平、资金实力等方面的差距不能过大,如果东道国企业自身的条件过于落后,即使外资企业愿意主动对其转让先进技术,东道国企业可能也无力与外资企业进行生产合作,而且如果东道国企业过于弱小,还有被外资企业排挤出市场的可能(Glass & Kamal,1998;何兴强等,2014)。第二,外资企业对自身先进技术的保密工作和对优秀人才流动的"竞业限制"管理不能过于严格,东道国企业要能够通过观察模仿或者以从外资企业员工队伍中直接"挖角"的方式,学习其先进技术和管理经验,而且东道国的专利保护法律要给东道国企业对外资企业产品进行"逆向工程"研发留出空间(Javorick,2004)。第三,外资进入给东道国企业带来的竞争不能过于强烈,如果外资企业在东道国的市场势力过高,并滥用其垄断性市场力量,那么东道国企业就会因为被外资企业瓜分走过大的市场份额而失去"规模经济"收益,导致边际成本大幅上涨,生产效率可能呈现下降趋势。而且如果水平行业外资进入把东道国同行业企业"低端锁定"在行业内的低端产品市场和价值链低端环节,那么水平行业外资进入就非常可能会使东道国同行业企业遭受到负向的"技术挤出"效应,而不是正向的"技术溢出"效应(Aitken & Harrison,1999;Konings,2001;Lu等,2017)。

水平行业外资进入对东道国同行业企业产生正向"工资溢出"效应同样也需要满足一定的前提条件。第一,外资企业如果为了在东道国吸引优质劳动力人才而制定高工资策略,就可能会通过"示范效应"吸引东道国同行业企业跟随其提高工资,产生正向"工资溢出"效应(周云波等,2015)。但如果外资企业为节约生产成本,利用其劳动力市场定价权制定"低工资"策略,则东道国同行业企业就可能会跟随外资企业调低工资水平(Aitken et al.,1996)。第二,只有大规模的外资进入才有可能对东道国的劳动力要素市场形成有影响力的需求冲击,进而影响东道国同行业企业的劳动力工资水平(朱彤等,2012)。第三,如果外资企业与东道国同行业企业之间的关系是"互补"的,那么水平行业外资进入就有利于改善东道国同行业企业的经营绩效,这自然就有利于东道国同行业企业工资水平的提升;而如果外资企业和东道国同行业企业之间呈现"竞争性"关系,那么东道国同行业企业在强势外资企业的竞争下将会导致经营绩效恶化,就很难再与外资企业通过竞相提高工资的方式直接争夺劳动力资源,而且如果外资企业以高工资吸引走了东道国的优质熟练劳动力,那么被迫接受质量较差的非熟练劳动力的东道国本土企业工资水平就可能会出现下降(Barry 等,2005;Malchow-Møller et al.,2013)。

2. 上下游垂直行业外资进入对东道国企业单位劳动成本的影响

上下游垂直行业外资进入也可能会通过前后向产业关联对东道国企业产生显著的"技术溢出"效应:第一,上游行业外资进入会带来更高质量和更多种类的中间投入品以及与中间投入品相配套的高质量本地服务,上游行业外资进入还会通过增加中间投入品市场的竞争,降低东道国下游行业企业的采购价格,这都有利于提升东道国下游行业企业的生产效率(Javorick,2004;杨红丽和陈钊,2015);第二,下游行业外资企业为确保自己采购的中间投入品质量合格,可能会向东道国上游行业的合作企业直接提供人员培训、技术指导、材料和设备采购等方面的指导和帮助,对其产生直接的技术和知识外溢,外资企业作为"挑剔的"消费者也会要求东道国上游行业的供应商提升供货质量和确保及时供货,这会促使其改进生产技术和管理水平,下游行业外资进入还会增加对东道国上游行业企业产品的市场需求,进而帮助其实现规模经济(Javorick,2004),这显然都有利于东道国上游行业企业生产效率的提升。但是,如果东道国在引进外资企业之后没有充分实现外资企业供销网络的"本土化",即如果外资企业上下游供销网络上的合作企业仍然是海外企业,那就显然会大大制约外资企业通过上下游垂直产业关联对东道国企业产生显著的正向"技术溢出"效应;此外,如果外资企业凭借自己在东道国的优势市场地位,在购买东道国上游行业合作企业的中间品时制定垄断性低价,并在向东道国下游行业合作企业销售产品时制定垄断性高价,那么东道国企业受到上下游行业外资进入所带来的正向"技术溢出"效应就可能并不显著。上下游垂直行业外资进入还可能会对东道国企业产生显著的正向"工资溢出"效应。通常企业生产效率水平的改善有利于企业员工工资水平的提升,所以如果前文所述的上下游垂直行业外资进入对东道国企业的正向"技术溢出"效应显著存在,那么垂直行业外资进入对东道国企业的正向"工资溢出"效应就也可能显著存在;但如果外资企业凭借自身优势地位在价格上对东道国上下游行业的合作企业进行挤榨,那么东道国上下游行业企业即使享受到了外资进入给其带来的生产效率提高等好处,也可能会为了控制成本而不提高员工工资水平,"工资溢出"效应就不显著。此外,上游行业外资进入也在一定程度上用质量更好、品种更全的中间投入品和机械设备挤出了东道国下游行业企业劳动力的就业机会,如果东道国劳动力市场价格是有弹性的,那么这些重新投入劳动力市场的失业工人就可能会降低其保留工资水平,并以低工资重新就业,因此,上游行业外资进入对东道国下游行业企业的"工资溢出"效应也有可能是负向的。综上所述,外资进入到底是会"推高"还是"拉低"东道国企业的"单位劳动成本"取决于各种渠道影响结果的"净效应"。

三、实证设计

1. 数据处理

本文使用的数据来源于中国工业企业数据库,由于中国工业企业数据库存在部分数据记录缺失、遗漏和错误等问题,所以在使用过程中通常需要进行数据筛选。本文在参考 Brandt *et al*. (2012)以及杨汝岱(2015)做法的基础上,删除了从业人数小于 8 人,主营业务收入小于 500 万元人民币的企业,工业总产值、工业销售产值、工业增加值、应付职工薪酬、固定资产原价和固定资产净值小于或等于 0 的企业,年度应付职工福利费、中间投入小于 0 的企业以及本年折旧大于累计折旧、资产不等于负债与所有者权益之和、流动资产大于等于总资产、固定资产大于等于总资产和注册时间在公元 1600 年之前的企业。

此外,参考 Brandt et al. (2012)的方法,本文针对所有以货币衡量的名义变量都做了消胀处理,并删除了采矿业、废弃资源和材料回收加工业、电力热力燃气和水的生产和供应业企业,将样本的行业范围仅限于制造业。同时,为控制极端值对回归结果的影响,本文还将计算所得的企业"单位劳动成本"数据进行了上下各5%的缩尾(Winsorize)处理。

此外,为了测算企业间的上下游垂直行业关联,需要将中国工业企业数据库与中国投入—产出表进行合并。目前,主流文献中使用的中国工业企业数据库所覆盖的年份为1998—2007年,但是公开发行的中国投入—产出表是每逢尾数为0、2、5、7的年份才公布一次,且每次公布的行业分类标准并不相同,其中又以2002年的122个行业(含制造业行业71个)和2007年的135个行业(含制造业行业80个)的投入—产出表的行业分类最为详细,大致可以对应到中国工业企业数据库的三分位行业(共164个行业)[1]。因此,本文仅节选2002—2007年中国工业企业数据库,并使用2002年和2007年两年的中国投出—产出表[2]来测算2002—2007年间中国制造业企业的水平行业以及上下游垂直行业中的外资进入强度。

2. 计量模型与方法

为研究水平及垂直行业外资进入是否显著影响了中国制造业企业的"单位劳动成本",本文设计了如(1)式所示的计量模型:

$$ULC_{it+1} = \alpha_0 + \alpha_1 H\_FDI_{jt} + \alpha_2 FL\_FDI_{jt} + \alpha_3 BL\_FDI_{jt} + \beta \sum X + \varepsilon_{ijkt} \quad (1)$$

(1)式中 i、j、t 分别代表企业、行业和年份。被解释变量 ULC_{it+1} 为 i 企业 $t+1$ 年的单位劳动成本,为企业人均工资($pcwage_{it+1}$)和人均增加值($pcva_{it+1}$)的比值。解释变量中 H_FDI_{jt} 为 t 年 j 行业的外资进入强度 FL_FDI_{jt} 为 t 年 j 行业的产业链上游行业外资进入强度,BL_FDI_{jt} 为 t 年 j 行业的产业链下游行业外资进入强度。

---

[1] 以往文献在处理中国投入—产出表与中国工业企业数据库的行业对接问题时,也有将其对应到中国工业企业数据库二分位行业的做法。但按照本文对"制造业行业"的定义,工业企业数据库二分位制造业行业仅有29个,分类过于粗糙,所以本文选择以工业企业数据库的三分位行业为准。

[2] 2003~2006年的投入—产出数据根据2002年和2007年的数据使用移动平滑方法近似替代。

∑X为控制变量向量,包含 t 年 j 行业的赫芬达尔指数(HHI_{jt})[①]、t 年 i 企业的全要素生产率(op_tfp_{it})[②]、资本密集度(ln_pck_{it})、雇佣规模(ln_worker_{it})、负债率($debtratio_{it}$)[③]、年龄(age_{it})、是否出口虚拟变量($exdum_{it}$)、是否享有政府补贴虚拟变量($subsidydum_{it}$)以及是否有新产品在售虚拟变量($newprodum_{it}$),ε_{ijkt}为随机误差项。显然,由于存在遗漏变量和测度误差等问题,计量模型(1)式可能存在一定的内生性问题,但对于本文的核心解释变量水平行业外资进入强度(H_FDI_{jt})和上下游垂直行业外资进入强度(FL_FDI_{jt}和BL_FDI_{jt})而言,内生性问题并不严重:第一,这三个变量皆为行业汇总型变量,没有理由认为其和被解释变量——单一企业的单位劳动成本(ULC_{it+1})存在严重的反向因果关系,不过本文还是参考 Bernard & Jensen(2004)的方法,将公式(1)中的所有解释变量均滞后一期,这也可以在一定程度上缓解反向因果导致的内生性问题;第二,在(1)式中同时控制年度和地区(省级层面)固定效应,可以在很大程度上解决遗漏变量导致的内生性问题;第三,Moulton(1990)指出使用加总的宏观经济变量对微观企业变量进行回归分析,可能会导致回归标准误下偏,因此,本文使用了三分位行业层面的聚类(cluster)稳健标准误[④]。

此外,由于企业单位劳动成本变量(ULC_{it+1})为企业人均工资($pcwage_{it+1}$)和人均增加值($pcva_{it+1}$)的比值,因此,将(1)式中的被解释变量替换为企业人均工资的自然对数(ln_pcwage_{it+1})[⑤]和人均增加值的自然对数(ln_pcva_{it+1})[⑥],便可以对水平行

---

① HHI_{jt}为三分位行业层面所有企业的劳动力市场份额的平方和,刻画该行业内部的市场垄断程度。
② 本文采用 Olley-Pakes(1996)的方法计算企业全要素生产率(op_tfp_{it})。
③ 企业的资本密集度=企业总资产/雇佣人数;企业的负债率=企业负债/总资产。
④ 为了在三分位行业层面使用聚类稳健标准误,本文删除了在样本观测期间内主营业务不属于同一个三分位行业的样本企业,这一做法也有利于剔除掉在工业企业数据库跨年合并中被误归类为同一企业的错误样本,提高回归分析的精度。
⑤ 企业人均工资=企业劳动成本总额/雇佣人数,由于中国工业企业数据库中 2004 年以前养老保险、医疗保险、职工教育费、工会经费、住房公积金和住房补贴等用于劳动力福利的开支数据缺失,为使样本期间内统计口径一致,本文未将其纳入企业劳动成本的范畴。
⑥ 企业人均增加值=工业增加值/雇佣人数,由于 2004 年的中国工业企业数据库没有工业增加值指标,本文参考聂辉华等(2012)的方法,采用"工业增加值=产品销售额一期初存货+期末存货一工业中间投入+增值税"的方法对其进行近似估算。

业以及上下游垂直行业外资进入如何影响了中国制造业企业的单位劳动成本进行路径机制分解,检验水平及上下游垂直行业外资进入对中国制造业企业的"工资溢出"和"技术溢出"效应是否都显著存在。

3. 核心指标测度

本文借鉴Javorick(2004)的方法,以(2)~(4)式所示的方式,定义了水平及上下游垂直行业的"外资进入强度"指标(H_FDI、FL_FDI和BL_FDI):

$$H\_FDI_{jt} = 外资企业雇佣规模_{jt}/所有企业雇佣总规模_{jt} \quad (2)$$

$$FL\_FDI_{jt} = \sum\nolimits_{m,m\neq j} \sigma_{jmt} \times H\_FDI_{mt} \quad (3)$$

$$BL\_FDI_{jt} = \sum\nolimits_{m,m\neq j} \delta_{jmt} \times H\_FDI_{mt} \quad (4)$$

其中,σ_{jmt}为t年j行业使用其上游m行业的产品作为中间投入品的产值在j行业总产值中所占的比重,而δ_{jmt}则表示t年j行业产品被其下游m行业作为中间投入品的产值在j行业总产值中所占的比重。

此外,由于外国投资企业(NHMT)中国与港澳台地区投资企业(HMT)在工资水平和生产率水平上都存在显著差异,且大量文献表明外国投资企业和中国港澳台地区投资企业对中国经济的影响并不相同(Buckley et al.,2007),因此,有必要对外国投资企业和港澳台资企业进入对中国制造业企业单位劳动成本的影响是否存在异质性进行探讨。依据(2)~(4)式所示的方式,通过将外资企业细分为"外国投资企业(NHMT)"和"港澳台资企业(HMT)",就可以测算出水平及上下游垂直行业的"外国投资进入强度"(H_NHMT、FL_NHMT和BL_NHMT)以及"港澳台资进入强度"(H_HMT、FL_HMT和BL_HMT)。本文所使用主要变量的描述性统计信息见表1。

表1 变量描述性统计表

变量	观测值	约值	标准差	变量	观测值	约值	标准差
ULC	988 438	0.289 0	0.226 7	H_FDI	995 877	0.290 3	0.185 8
$ln\_pctwage$	995 935	2.442 1	0.492 5	FL_FDI	995 935	0.407 8	0.239 6
ln_pcva	988 438	4.038 4	0.920 7	BL_FDI	995 935	0.583 3	0.615 7

(续表)

变量	观测值	约值	标准差	变量	观测值	约值	标准差
op_tfp	985 511	3.155 2	0.809 9	H_NHMT	995 404	0.143 2	0.093 4
ln_pck	992 993	3.683 3	1.268 8	FL_NHMT	742 421	0.191 5	0.116 4
ln_worker	995 935	4.706 8	1.085 6	BL_NHMT	742 421	0.271 6	0.287 3
$delxmtio$	995 935	0.544 5	0.257 4	H_HMT	995 723	0.147 2	0.111 5
age	995 935	7.992 8	9.351 9	FL_HMT7	42 421	0.206 8	0.121 7
$exdum$	995 934	0.391 8	0.488 1	BL_HMT	742 421	0.292 5	0.308 3
$subsidydum$	995 935	0.129 5	0.335 8	HHI	995 935	0.004 5	0.006 9
$newprodum$	995 935	0.234 2	0.423 5				

在计量检验水平及上下游垂直行业外资进入是否会通过"工资溢出"和"技术溢出"效应两个渠道影响中国制造业企业的单位劳动成本之前，有必要检验在华经营的外资企业是否确实在"人均工资"和"人均增加值"上领先于中国内资制造业企业，即其是否具有对中国制造业企业产生"工资溢出"和"技术溢出"效应的"基础条件"。图 1 分企业类型总结了中国制造业企业 2002—2007 年间的人均工资和人均增加值演变趋势。由图 1 中的(a)图可知，在 2002—2007 年间，外国投资企业的人均工资水平一直遥遥领先，港澳台资企业次之，内资企业最低，所以外资企业确实可能会通过高工资的"示范效应"对中国内资制造业企业产生正向"工资溢出"。由图 1 中的(b)图可知，在 2002—2007 年间，外国投资企业的人均增加值水平也是一直遥遥领先，但内资企业在 2003 年成功超越了港澳台资企业，并逐渐与之拉开差距，所以只有外国投资企业存在对中国内资制造业企业产生正向"技术溢出"的基础条件，而港澳台资企业进入可能并不会对中国内资制造业企业产生显著的正向"技术溢出"效应。

(a) 匹配前倾向得分的核密度　　　　(b) 匹配后倾向得分的核密度

······● 外国投资企业　　- -●- - 港澳台资企业　　──●── 内资企业

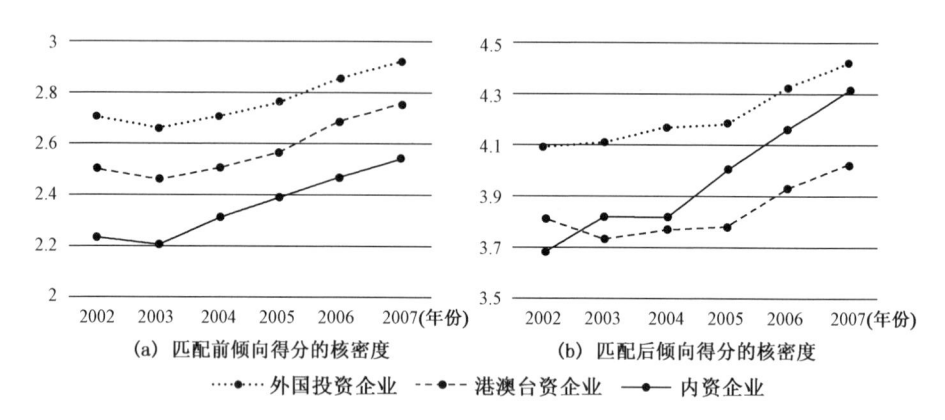

图 1　2002—2007 年中国制造业企业人均工资(左)及人均增加值(右)

注:笔者根据中国工业企业数据库整理绘制,其中,人均工资和人均增加值均为自然对数值。

四、实证结果与分析

1. 基准回归结果

表 2 列示了计量模型(1)式的回归结果。由表 2 的第 1~2 列可知,水平行业外资进入强度变量(H_FDI)的系数均显著为正,上游行业外资进入强度变量(FL_FDI)的系数并不显著,而下游行业外资进入强度变量(BL_FDI)的系数均显著为负。这说明对中国制造业企业而言,水平行业外资进入会显著推高其单位劳动成本,上游行业外资进入没有对其单位劳动成本产生显著影响,而下游行业外资进入则显著拉低了其单位劳动成本。对比表 2 的第 3~4 列和 5~6 列的回归结果可知,对中国制造业企业而言,水平行业"外国投资"(H_NHMT)和"港澳台资"(H_HMT)进入均会显著推高其单位劳动成本,上游行业"外国投资"(FL_NHMT)和"港澳台资"(FL_NHMT)进入对其单位劳动成本都没有显著影响,而下游行业"外国投资"(BL_NHMT)和"港澳台资"(BL_NHMT)进入都会显著拉低其单位劳动成本。此外,对比系数绝对值大小可知,水平行业外资进入(H_FDI)对中国制造业企业单位劳动成本的影响力要大于下游行业外资进入(BL_FDI),且水平行业"港澳台资"进

入(H_NHMT)对中国制造业企业单位劳动成本的影响力要大于"外国投资"进入(H_HMT)。

表2中的回归结果同时显示,企业的全要素生产率(op_tfp)和企业的资本密集度(ln_pck)的系数都显著为负,而企业的雇佣规模(ln_worker)和企业的负债率($debtratio$)的系数则都显著为正,这表明生产效率越高、越是资本密集型的制造业企业,其单位劳动成本就越低,竞争优势也就越强;反之,劳动力越密集型、经营绩效越差、负债率越高的制造业企业,其单位劳动成本就越高,竞争优势也就越弱。因此,对于中国制造业企业而言,在劳动力成本不断上涨的外部环境约束下,自发地巩固和强化自身竞争优势的方法仍应是"向技术和管理要效益",推进企业生产方式由传统的劳动力密集型向技术和资本密集型转型升级,推进生产模式的自动化和管理流程的精益化改革,提升企业自身的生产效率。市场集中程度(HHI)的系数显著为负,表明垄断性行业企业的单位劳动成本相对更低,这可能是因为垄断性行业企业可以享有超额垄断利润,因此人均增加值水平更高。企业年龄(age)的系数显著为正,说明历史越久的企业单位劳动成本越高,这可能是因为老牌企业往往面临旧产品和旧技术的巨额沉没成本带来的发展路径依赖等问题,在创新变革方面掣肘过多,生产效率提升缓慢,而且老牌企业的资深员工(如中高级管理人员)数量更多,薪资水平自然也就更高。企业出口的虚拟变量($exdum$)系数显著为正,说明出口企业相比非出口企业的单位劳动成本更高,这意味着劳动密集型企业是中国制造业出口的主力军。企业是否有新产品在售的虚拟变量($newprodum$)系数显著为负,说明创新能力越强的企业,其单位劳动成本也就越低。这一方面可能是因为创新型企业的产品往往更不会被卷入同质化产品的"价格战"之中,因此其产品附加值更高,人均增加值水平也就更高;另一方面,创新型企业通常员工队伍也更年轻化,所以其平均工资水平也就更低。企业是否享有政府补贴的虚拟变量($subsidydum$)系数并不显著,这表明政府补贴并没有显著改善受补贴企业的单位劳动成本竞争优势。

表 2 外资进入、产业关联与本土企业单位劳动成本:基于中国工业企业数据的实证全样本基准回归结果

被解释变量	\multicolumn{6}{c}{ULC_{it+1}}
外资类型	FDI		NHMT		HMT	
序号	1	2	3	4	5	6
H_FDI	0.1719*** −4.22	0.0839*** −5.05	0.1920** 2.25	0.0955** (2.56)	0.2944*** (5.36)	0.1464*** (6.61)
FL_FDI	−0.003 (−0.12)	0.0006 −0.05	0.0326 (0.52)	0.0175 (0.60)	0.0156 (0.39)	0.0129 (0.68)
BL_FDI	−0.0136** (−2.26)	−0.0072** (−2.10)	−0.0301** (−2.34)	−0.0149** (−2.09)	−0.0289*** (−2.91)	−0.0159** (−.275)
op_tfp		−0.0637** (−55.25)		−0.0641** (−52.78)		−0.0632*** (−55.81)
ln_pck		−0.0370** (−36.10)		−0.0381** (−31.28)		−0.0366*** (−36.65)
ln_worker		0.0259*** (−25.71)		0.0266*** (−23.25)		0.0258*** (26.13)
dehtratio		0.0159** (−9.37)		0.0148** (8.48)		0.0160*** (9.45)
HHI		−0.4391** (−2.51)		−0.5292** (−2.60)		−0.3921** (−2.39)
age		0.0014*** −14.22		0.0014*** (13.08)		0.0014*** (14.34)
exdum		0.0817*** −11.03		0.0212*** (11.15)		0.0183*** (10.42)
subxidydum		0.0004 −0.37		−0.0000 (−0.00)		0.0006 (0.48)
newprodum		−0.0072*** (−6.36)		−0.0083*** (−7.05)		−0.0065*** (−5.87)
G	0.2615*** −21.36	0.4849*** −40.3	0.2700*** (19.71)	0.4936*** (38.57)	0.2646*** (23.65)	0.4831*** (43.27)
样本数	640 196	637 928	639 864	637 599	640 115	637 848
R^2	0.1274	0.3546	0.1136	0.3534	0.1336	0.3550

注:括号中为 t 值,*、** 和 *** 分别表示在 10%、5% 和 1% 的显著性水平上显著,所有解释变量均为滞后一期值,同时控制了年度和省(直辖市、自治区)固定效应,并在《国民经济行业分类 2002》三分位行业层面使用了聚类(cluster)稳健标准误。

2. 影响机制回归结果

本文使用计量模型(1)式分别对企业"单位劳动成本"的两个决定因子——企业"人均工资"和"人均增加值"的自然对数 ln_pcwage_{it+1} 和 ln_pcva_{it+1} 进行了回归分析,结果见表3。

表3　全样本路径机制检验回归结果

被解释变量	ln_pcwage_{it+1}			ln_pcva_{it+1}		
外资类型	FDI	NHMT	HMT	FDI	NHMT	HMT
序号	1	2	3	4	5	6
H	−0.1039** (−2.06)	0.0189 (0.22)	−0.2927*** (−4.04)	−0.3064*** (−3.95)	−0.2189 (−1.42)	−0.6323*** (−6.42)
FL	0.1463*** (3.19)	0.2325*** (2.78)	0.2898*** (3.22)	0.0594 (1.04)	0.0261 (0.21)	0.0907 (0.92)
BL	−0.0104 (−0.66)	−0.0064 (−0.25)	−0.0311 (−0.94)	0.0102 (0.53)	0.0343 (1.00)	0.0151 (0.44)
样本数	638 381	638 052	638 301	637 928	637 599	637 848
R^2	0.2537	0.2540	0.2543	0.5165	0.5159	0.5170

注:括号中为 t 值,*、** 和 *** 分别表示在10%、5%和1%的显著性水平上显著,所有解释变量均为滞后一期值,同时控制了年度和省(直辖市、自治区)固定效应,并在《国民经济行业分类2002》三分位行业层面使用了聚类(cluster)稳健标准误。控制变量同表2,限于篇幅,具体结果备索。

由表3的第1列和第4列可知,水平行业外资进入强度(H_FDI)的回归系数均显著为负,这表明水平行业外资进入对中国同行业制造业企业产生了显著的负向"工资溢出"与负向"技术挤出"效应,即水平行业外资进入强度越高,中国同行业制造业企业的人均工资和人均增加值就会越低。不过结合表2中水平行业外资进入强度(H_FDI)变量对中国制造业企业单位劳动成本(ULC)的回归系数显著为正可知,水平行业外资进入对中国制造业企业的负向"工资溢出"效应的幅度要小于负向"技术挤出"效应的幅度,即在水平行业外资进入强度上升的影响下,中国同行业制造业企业人均增加值的下降幅度要大于人均工资的下降幅度。正如 Aitken & Harrison

(1999)等所强调的那样,这可能是由于在水平行业外资进入强度上升带来的激烈竞争下,中国同行业制造业企业的市场份额被外资企业大量抢占,并被强势外资企业"低端锁定"在行业内的低端产品市场和价值链低端环节,导致生产边际成本上涨,人均增加值下降;至于负向的"工资溢出"效应则如 Barry et al.(2005)等所强调的,可能是由于在强势外资企业的竞争之下,人均增加值下降、经营绩效恶化的中国制造业企业没有实力与外资企业直接通过竞相提高工资的办法争夺优质劳动力资源,被迫接受质量更差的非熟练劳动力的本土制造业企业工资水平自然会出现下降。

由表3的第2~3列和第5~6列可以看出,水平行业外资进入对中国制造业企业的负向"工资溢出"效应和负向"技术挤出"效应均主要是由港澳台资企业进入(H_HMT)引起的,而外国投资企业进入(H_NHMT)则没有显著影响。这一方面是由于外国投资企业的人均增加值远远高于中国同行业制造业企业,因此其具有对中国同行业制造业企业通过知识外溢、劳动力流转和共享供销网络等方式产生正向"技术溢出"效应的条件,这在一定程度上可以抵消其通过侵占中国同行业制造业企业市场份额的方式而产生的负向"技术挤出"效应;相比之下,港澳台资企业的人均增加值过低,所以不会对中国同行业制造业企业产生显著的正向"技术溢出"效应,只会侵占中国同行业制造业企业的市场份额,进而产生显著的负向"技术挤出"效应,而且相比于遥遥领先的外国投资企业而言,港澳台资企业和中国本土制造业企业之间在人均工资和人均增加值上的差距较小,所以二者的市场重叠程度更大,竞争也更加激烈,这显然会导致港澳台资企业进入对中国同行业制造业企业的负向"工资溢出"和负向"技术挤出"效应要比外国投资企业更强烈。另一方面,水平行业外资进入给东道国企业带来正向"技术溢出"效应的重要实现途径之一就是"劳动力流转",而本文使用的数据中,外国投资和港澳台资企业提供的工资水平都明显高于中国本土同行业制造业企业(如图1所示),这显然大大降低了学习并掌握了外资企业先进技术和管理经验的优秀劳动力"流转"到中国本土同行业企业的可能性。

由表3的第1~3列可知,上游行业外资进入强度(FL_FDI、FL_NHMT 和 FL_HMT)的回归系数均显著为正,这表明上游行业外资进入会给中国下游行业制造业企业带来显著的正向"工资溢出"效应;而由表3的第4~6列可知,上游行业外资进入强度(FL_FDI、FL_NHMT 和 FL_HMT)的回归系数虽然为正,但均不显著,这表明上游行业外资进入并没有对中国下游行业制造业企业产生显著的"技术溢出"效应,不过结合表2与表3回归结果可以看出,上游行业的外资进入对中国下游行业制造业企业人均工资水平的正向影响虽然显著,但影响力非常有限,还不足以显著推高中国制造业企业的单位劳动成本。此外,由表3可知,下游行业外资进入没有对中国制造业企业产生显著的"工资溢出"或"技术溢出"效应,这也正是表2中,下游行业外资进入强度(BL_FDI、BL_NHMT 和 BL_HMT)对中国制造业企业单位劳动成本的回归系数虽然均显著为负但系数绝对值都很小的原因,这表明下游行业外资进入虽然显著拉低了中国制造业企业的单位劳动成本,但其影响力非常有限。

3. 二分位子行业 Shapley 分解结果

本文在表4中,使用 Huettner & Sunder(2012)提出的 Shapley 分解方法,对本文样本中的所有二分位制造业行业子样本进行了 Shapley 分解[①]。

由表4可知,水平及上下游垂直行业外资进入强度变量(H_FDI、FL_FDI 和 BL_FDI)对中国制造业企业单位劳动成本上涨的合计贡献度约为9.54%,其中,水平行业外资进入强度(H_FDI)变量的贡献度高达7.67%,远高于上下游垂直行业外资进入强度(FL_FDI 和 BL_FDI)的贡献度(1.86%),这进一步证实了水平行业外资进入对中国制造业企业单位劳动成本的影响力确实要比上下游垂直行业外资进入更强,所以中国制造业企业与外资企业之间主要表现为水平行业内部的竞争关系,上下游垂直行业间的合作关系亟待建立。此外,值得注意的是,水平及上下游外资进入强度变量对中国制造业企业单位劳动成本的合计贡献度与各子行业的要素密集度特征并没有表现出明显的相关性。例如,表4中的行业顺序是按三个外资进入强度变量(H_FDI、FL_FDI 和 BL_FDI)对被解释变量的合计贡献度指标从高到低进行排序的,但是就典型的劳动力密集型行业来看,皮毛羽毛(绒)及其制品业(15.92%)排名最高,而家具制造业(0.29%)却排名最低,纺织服装鞋帽制造业(1.03%)也排名靠

---

① Shapley 分解方法的基本思想是通过对计量模型回归拟合优度($R2$)进行分解,以得到每一个解释变量(或几个解释变量作为一组)对拟合优度的贡献度,以判断解释变量在解释被解释变量数据波动中的相对重要性。

后；就典型的资本和技术密集型行业来看，医药制造业(7.7%)、饮料制造业(7.51%)都排名靠前，但化学原料及化学制品制造业(2.04%)和化学纤维制造业(1.33%)却排名靠后。因此，外资进入推高了中国制造业企业单位劳动成本的现象基本上是覆盖制造业全行业的，并不是只有劳动力密集型行业才面临这一压力。

五、稳健性检验

1. 替代变量检验

表 4　二分位制造业子行业的 Shapley 分解表

行业名称	H_FDI	FL_FDI	BL_FDI	样本数	R^2	合计相对贡献
所有行业	[7.67%]***	[1.58%]	[0.28%]	637 928	0.322 0	[9.54%]
皮毛羽毛(绒)及其制品	[15.06%]***	[0.41%]	[0.45%]	18 180	0.378 0	[15.92%]
农副食品加工	[8.76%]***	[3.04%]*	[0.61%]***	37890	0.2443	[12.42%]
仪器仪表及文化办公用机械制造	[8.59%]***	[2.74%]	[0.69%]	8732	0.3322	[12.02%]
纺织	[4.72%]***	[1.88%]	[4.22%]***	58830	0.3093	[10.82%]
造纸及纸制品	[7.53%]***	[0.71%]	[0.55%]***	20383	0.2422	[8.79%]
医药制造	[2.25%]*	[2.51%]*	[2.94%]	12430	0.2340	[7.7%]
饮料制造	[0.9%]***	[4.3%]**	[2.32%]	7219	0.2257	[7.51%]
专用设备制造	[5.62%]***	[0.87%]*	[0.54%]***	21351	0.2676	[7.03%]
非金属矿物制品	[6.13%]***	[0.25%]	[0.17%]***	59549	0.3157	[6.56%]
电气机械及器材制造	[1.08%]	[2.61%]	[2.42%]	40794	−.3186	[6.1%]
烟草制品	[5.11%]*	[0.34%]	[0.33%]	635	0.5430	[5.78%]
塑料制品	[5.29%]***	[0.18%]	[0.17%]	27625	0.3075	[5.64%]
橡胶制品	[4.01%]***	[0.45%]	[0.4%]	7000	0.3333	[4.85%]

(续表)

行业名称	H_FDI	FL_FDI	BL_FDI	样本数	R^2	合计相对贡献
石油加工炼焦及核燃料加工	[1.31%]	[1.76%]	[1.75%]	6245	0.2573	[4.81%]
印刷业和记录媒介的复制	[1.25%]***	[1.69%]***	[1.08%]	9401	0.3128	[4.02%]
食品制造	[1.03%]	[0.38%]	[2.05%]	12300	0.2325	[3.46%]
木材加工及木竹藤棕草制品	[2.63%]***	[0.31%]	[0.49%]*	14046	−.2405	[3.43%]
黑色金属冶炼及压延加工	[0.37%]	[1.08%]***	[1.82%]***	15122	0.2269	[3.27%]
有色金属冶炼及压延加工	[1.38%]	[0.96%]	[0.89%]	10752	0.3103	[3.22%]
交通运输设备制造	[0.26%]	[1.43%]	[1.04%]	31779	−.2681	[2.73%]
文教体育用品制造	[1.19%]*	[0.76%]***	[0.38%]***	10024	0.2927	[2.34%]
化学原料及化学制品制造	[1.41%]***	[0.16%]	[0.47%]	46469	0.2602	[2.04%]
金属制品	[1.11%]*	[0.33%]	[0.28%]**	31770	0.3016	[1.72%]
化学纤维制造	[0.52%]*	[0.40%]	[0.40%]	3321	0.2791	[1.33%]
纺织服装鞋帽制造	[0.17%]***	[0.42%]**	[0.44%]	35935	0.2559	[1.03%]
工艺品及其他制造	[0.13%]*	[0.3%]**	[0.43%]*	13045	0.3280	[0.87%]
通用设备制造	[0.54%]	[0.09%]	[0.07%]	49215	0.2729	[0.69%]
通信设备计算机及电子设备制造	[0.06%]	[0.29%]	[0.19%]	19788	0.2757	[0.55%]
家具制造	[0.1%]	[0.09%]	[0.1%]***	8098	0.2721	[0.29%]

注:中括号中为各外资进入强度变量对企业单位劳动成本的 Shapley 贡献率,单位:%。*、** 和 *** 分别表示在 10%、5%和 1%的显著性水平上显著。所有解释变量均为滞后一期值,受限于现有的 Shapley 分解方法对变量个数存在严格限制,因此表 4 中仅控制了年度固定效应,并在《国民经济行业分类 2002》三分位行业层面使用了聚类(cluster)稳健标准误。其他控制变量同表 2 第 2 列,具体结果备索。

外资企业除了会在劳动力市场上给中国本土企业带来竞争和外溢效应之外，还会在产品市场上和中国本土企业展开竞争与合作，而且单纯使用劳动力市场数据测度"外资进入强度"指标可能会存在测量误差导致的回归偏误。因此，为保证回归结果的稳健性，本文还使用产品市场数据重新按照公式(5)式测算了 t 年 j 行业产品市场层面的水平行业外资进入强度指标(H_FDI_pro)，并仍采用(3)式和(4)式所示的方法计算了基于产品市场数据的上下游垂直行业外资进入强度指标(FL_FDI_pro 和 BL_FDI_pro)。同理，通过将外资企业细分为"外国投资企业($NHMT$)"和"港澳台资企业(HMT)"，便可以测算出水平及上下游垂直行业的"外国投资进入强度"指标(H_NHMT_pro、FL_NHMT_pro 和 BL_NHMT_pro)以及"港澳台投资进入强度"指标(H_HMT_pro、FL_HMT_pro 和 BL_HMT_pro)。基于产品市场替代变量法的稳健性检验结果如表5所示。

$$H\_FDI\_pro_{jt} = 外资企业销售规模_{jt}/所有企业销售总规模_{jt} \qquad (5)$$

对比表5第1~3列和表2的回归结果可知，以产品市场数据衡量的水平行业"外国投资"进入强度(H_NHMT_pro)的系数由显著为正变为不再显著，上游行业"港澳台资"进入强度(FL_HMT_pro)的系数则变得显著为正，不过这并未显著改变水平及垂直行业外资进入对中国制造业企业单位劳动成本的整体影响，由表5第1列回归结果可知，产品市场上，水平行业外资进入强度(H_FDI_pro)对中国制造业企业单位劳动成本的影响仍显著为正，下游行业外资进入强度(BL_FDI_pro)对中国制造业企业单位劳动成本的影响仍显著为负，上游行业外资进入强度(FL_FDI_pro)对中国制造业企业单位劳动成本仍不存在显著影响。对比表5第4~9列和表3的回归结果可知，在表5的第4~6列中，以产品市场数据衡量的水平行业"外国投资"进入强度(H_NHMT_pro)的系数由不显著变成显著为正，进而导致水平行业外资进入强度(H_FDI_pro)的系数变得不再显著，不过其他变量的系数则与表3基本一致。综上所述，使用产品市场数据得到的回归结果与基于劳动力市场数据的回归结果虽然稍有差异，但并未显著改变本文的主要结论，这证明了本文的基准回归结果稳健可靠。

表 5 产品市场替代变量法的稳健性检验回归结果

市场类型	产品市场								
被解释变量	ULC_{it+1}			ln_pcwage_{it+1}			ln_pcwa_{it+1}		
外资类型	FDI	NHMT	HMT	FDI	NHMT	HMT	FDI	NHMT	HMT
序号	1	2	3	4	5	6	7	8	9
H_pro	0.061 9*** (3.47)	0.031 6*** (1.46)	0.145 8*** (5.17)	−0.008 2*** (−0.17)	0.153 0*** (2.75)	−0.359 7*** (−4.56)	−0.190 7*** (−2.41)	0.037 6*** (0.43)	−0.713 6*** (−6.27)
FL_pro	0.009 9 (0.83)	0.025 1 (1.14)	0.044 6** (2.17)	0.112 9*** (2.89)	0.151 6** (2.57)	0.283 5*** (3.10)	0.006 9 (0.13)	−0.046 0 (−0.51)	−0.023 8 (−0.24)
BL_pro	−0.008 1** (−2.47)	−0.011 8** (−2.25)	−0.023 4*** (−3.34)	−0.002 9 (−0.23)	0.003 1 (0.16)	−0.025 1 (−0.71)	0.020 4*** (1.24)	0.036 1*** (1.43)	0.044 0 (1.18)
样本数	637 928	637 599	637 693	638 381	638 052	638 146	637 928	637 599	637 693
R^2	0.353 8	0.352 7	0.354 6	0.254 9	0.257 3	0.255 5	0.516 2	0.515 8	0.517 1

注：同表 2。

2. 考虑企业的进入与退出

前文中的估计结果虽然表明近年来外资企业大量进入中国市场显著推高了中国制造业企业的单位劳动成本,但是若忽略企业的进入和退出行为,可能会导致前文中估计结果存在偏误。因此,本文将2002—2007年中国制造业企业样本总体根据企业的进入退出状况,划分成了"持续经营企业""退出企业"和"新进入企业"三个子样本[1],进行了回归对比分析,以排除企业的进入和退出行为可能会给回归结果造成的干扰,具体回归结果如表6所示。

对比表6和表2的回归结果可知,三个外资进入强度变量(H、FL和BL)的回归结果与表2高度相似,且不管是持续经营企业样本、退出企业样本还是新进入企业样本,三个外资进入强度变量的系数显著性和系数大小都非常接近。这表明在样本观察期内,企业的进入和退出行为并没有显著干扰到外资进入对中国制造业企业单位劳动成本的影响,这也更进一步证实了本文结论的稳健性。

3. 水平行业外资进入负向"技术挤出"效应的再检验

前文中的结论表明水平行业外资进入是导致外资进入推高中国制造业企业单位劳动成本的主要原因,且这主要是由于水平行业外资进入对中国同行业制造业企业的人均增加值产生了显著的负向"技术挤出"效应。从文献上来看,以往关于水平行业外资进入对东道国企业到底是存在显著的正向"技术溢出"效应还是负向的"技术挤出"效应一直都存在较大的争议。Lu et al.(2017)指出水平行业外资进入对东道国同行业企业的正向"技术溢出"渠道,如知识外溢、劳动力蓄水池效应和共享供销网络等都严重依赖于"地理距离",即外资进入通常只会对与其地理距离临近的东道国企业产生正向的"技术溢出"效应;相比之下,水平行业外资进入给东道国同行业企业带来负向"技术挤出"效应的途径,如Aitken & Harrison(1999)指出外资进入会抢占

---

[1] 由于中国工业企业数据库统计的标准为"规模以上"工业企业,所以此处的"进入"与"退出"是指企业进入和退出"规模以上"的统计标准,而非指企业的设立和倒闭。具体而言,本文中的"进入"是指企业在2002年不在工业企业数据库中,但在2003年或之后的某一年中进入了该数据库,并且在此后(至2007年)一直都存在;本文中的"退出"是指企业在2002年在工业企业数据库中,但在之后(至2007年)的任何一年中未出现在该数据库中,则视为其"退出"了市场。需要强调的是,如果采用更严格的标准,仅将退出工业企业数据库之后就未再进入的企业视为"退出企业",也并不改变本文的结论。

表 6 考虑企业进入和退出的稳健性检验回归结果

被解释变量：ULC_{it+1}

样本类型	持续经营企业样本			退出企业样本			新进入企业样本		
外资类型	FDI	NHMT	HMT	FDI	NHMT	HMT	FDI	NHMT	HMT
序号	1	2	3	4	5	6	7	8	9
H	0.079 9***	0.096 1***	0.136 6***	0.063 2***	0.079 4***	0.107 6***	0.066 9***	0.079 7***	0.117 0***
	(3.73)	(1.99)	(4.61)	(3.48)	(4.20)	(4.20)	(4.90)	(2.78)	(6.02)
FL	0.001 1	0.013 3	0.014 0	0.012 9	0.030 3	0.036 0*	0.000 8	0.013 9	0.010 2
	(0.07)	(0.35)	(0.55)	(1.01)	(1.02)	(1.66)	(0.09)	(0.65)	(0.62)
BL	−0.009 1**	−0.018 7**	−0.018 7**	−0.005 7***	−0.010 1***	−0.013 9*	−0.005 0*	−9.009 7	−0.012 5*
	(−1.99)	(−1.99)	(−2.31)	(−1.44)	(−1.21)	(−1.87)	(−1.70)	(−1.60)	(−2.26)
样本数	175 671	175 472	175 628	215 925	215 697	215 849	281 229	281 143	281 226
R^2	0.375 4	0.374 3	0.375 7	0.335 4	0.334 9	0.335 5	0.348 2	0.347 4	0.348 5

注：同表 2。

东道国企业的市场份额进而推高其生产的边际成本,却与"地理距离"没有那么密切的关联。所以通过把"外资"划分为"本地外资"与"外地外资"两种类型,Lu *et al*. (2017)将水平行业外资进入对东道国企业产生正向"技术溢出"和负向"技术挤出"效应的两种渠道成功地进行了拆分,由此便可以进一步明确水平行业外资进入对东道国企业产生"技术溢出"或"技术挤出"效应的具体机制。本文借鉴 Lu *et al*. (2017)的思路,将"外资"划分为"本地外资"与"外地外资"两种类型,并分别计算了"水平行业本地外资进入强度(H_local)"以及"水平行业外地外资进入强度($H\_nonlocal$)"。此外,为保证回归结果的稳健性,本文分别使用了"城市层面"[①]和"省级层面"两种行政区划级别来定义"本地",具体的回归结果如表7所示。

由表7的第1~2列可知,水平行业本地外资进入强度变量(H_FDI_local)的系数显著性较差,而且系数绝对值很小(<0.05);但水平行业外地外资进入强度变量($H\_FDI\_nonlocal$)的系数却高度显著为负,而且系数绝对值较大(>0.20),这一结果表明前文中所发现的水平行业外资进入对中国同行业制造业企业人均增加值的负向"技术挤出"效应。这一方面是由于外资进入对本地临近的中国同行业制造业企业没有通过知识外溢、劳动力蓄水池效应、共享供销网络等渠道产生足够强烈的正向"技术溢出"效应;另一方面则是由于外资进入强度过高大大挤占了中国同行业制造业企业的市场份额,即外资企业与中国同行业制造业企业之间的关系主要以"竞争"为主。对比表7中的第3~4列和第5~6列可知,水平行业外资进入对中国同行业制造业企业人均增加值的负向"技术挤出"效应主要是由于"港澳台地区"进入强度过高,大量挤占了中国制造业企业的市场份额,推高其边际生产成本所导致的,与"外国投资"关系不大,这与表3中的结果基本一致,进一步证实了本文结论的稳健性。

[①] 本文中的"城市"是指地级市,直辖市的城区算作1个地级市,周边郊县(区)算作1个地级市。

表 7　水平行业外资进入负向"技术挤出"效应的稳健性检验回归结果

被解释变量	ln_pcva_{it+1}					
外资类型	FDI		HMT		新进入企业样本	
地区类型	城市层面	省级层面	城市层面	省级层面	城市层面	省级层面
序号	1	2	3	4	5	6
H_local	−0.030 3* (−1.70)	−0.044 6 (−1.54)	−0.001 1 (−0.06)	−0.002 5 (−0.07)	−0.072 0*** (−4.25)	−0.181 9*** (−6.08)
H_nonlocal	−0.261 7*** (−3.71)	−0.227 4*** (−3.80)	−0.160 1 (−1.16)	−0.194 0* (−1.75)	−0.615 2*** (−7.13)	−0.477 1*** (−6.14)
样本数	470 647	599 985	413 406	573 456	394 576	557 113
R^2	0.524 7	0.517 3	0.524 5	0.517 5	0.524 4	0.519 2

注:括号中为 t 值,*、** 和 *** 分别表示在 10%、5%和 1%的显著性水平上显著,所有解释变量均为滞后一期值,城市层面模型同时控制了年度和地级市固定效应,省级层面模型则同时控制了年度和省(直辖市、自治区)固定效应,并在《国民经济行业分类 2002》三分位行业层面使用了聚类(cluster)稳健标准误。其他控制变量同表 2 第 2 列,具体结果备索。

六、结论与政策建议

本文采用中国微观制造业企业数据研究了水平及垂直行业外资进入对中国制造业企业单位劳动成本的影响。结论有如下几点。首先,水平行业外资进入显著推高了中国制造业企业的单位劳动成本,且这主要是由于水平行业外资进入对中国制造业企业的人均增加值产生了显著的负向"技术挤出"效应,下游行业外资进入显著拉低了中国制造业企业的单位劳动成本,而上游行业外资进入对中国制造业企业的单位劳动成本则并不存在显著影响,这表明当前中国制造业企业与外资企业之间的关系主要表现为水平行业内部的竞争关系,上下游垂直行业间的合作关系亟待建立。其次,由于港澳台资进入带来的负向"技术挤出"效应更强,这类企业进入对中国制造业企业单位劳动成本的推升作用要强于外国投资企业。最后,水平及上下游垂直行业外资进入对中国制造业企业单位劳动成本上涨的合计贡献度平均约为9.54%,其中,水平行业外资进入的贡献度高达7.67%,而上下游垂直行业外资进入的贡献度合计仅为1.86%。单位劳动成本快速上涨严重威胁中国制造业的国际竞争力,而解决外资进入推高了中国制造业企业单位劳动成本问题的关键就在于规范外资企业与中国本土同行业企业之间的市场竞争秩序,并建立和强化外资企业与中国本土上下游行业企业之间的垂直产业链合作关系,切实做到让"引进外资"战略助力中国制造业企业的转型升级。对此,中国各级政府在引进利用外资时,要避免盲目追求增加利用外资的总量指标,要兼顾当地同行业企业的竞争能力和市场秩序,做到"有序开放",对具有一定竞争优势和抗冲击能力的本土行业,可以通过开放外资进入以强化竞争来激发市场活力。但对于竞争力较弱的本土行业,要防止强势外资企业快速扩张成为垄断性市场力量,给中国本土企业带来无法承受的竞争压力。此外,中国各级地方政府在引进外资时,应该充分考虑当地的产业优势以及引进的外资企业与本地优势产业之间的产业链对接关系是否融洽,只有当地企业能够为引进的先进外资企业提供上下游行业的"本土化"配套服务时,当地企业才可能从引进外资中获得正向"技术溢出"效应。最后,中国政府应该继续坚持推进与发达经济体签署多(双)边投资协定等方式,有序推进对外国资本的开放力度,重点要吸引生产率水平更高的高技术外资企业投资中国。

参考文献

[1] 蔡宏波,钱叶燊,李爱军.外资企业对内资企业的工资溢出效应[J].国际贸易问题,2016(5):3-15.

[2] 何兴强,欧燕,史卫,等.FDI技术溢出与中国吸收能力门槛研究[J].世界经济,2014,37(10):52-76.

[3] 魏浩,郭也.中国制造业单位劳动力成本及其国际比较研究[J].统计研究,2013(8):102-110.

[4] 杨红丽,陈钊.外商直接投资水平溢出的间接机制:基于上游供应商的研究[J].世界经济,2015(3):123-144.

[5] 杨汝岱.中国制造业企业全要素生产率研究[J].经济研究,2015(2):61-74.

[6] 周云波,陈岑,田柳.外商直接投资对东道国企业间工资差距的影响[J].经济研究,2015(12):128-142.

[7] 朱彤,刘斌,李磊.外资进入对城镇居民收入的影响及差异[J].南开经济研究,2012(2):33-54.

[8] AITKEN J B, HARRISON E A. Do Domestic Firms Benefit from Direct Foreign Investment? Evidence from Venezuela[J]. American Economic Review, 1999, 89(3): 605-618.

[9] AITKEN J B, HARRISON E A, LIPSEY E R. Wages and Foreign Ownership: A Comparative Study of Mexico, Venezuela, and the United States[J]. Journal of International Economics, 1996, 40(3-4): 345-371.

[10] BARRY F, GÖRG H, STROBL E. Foreign Direct Investment and Wages in Domestic Firms in Ireland: Productivity Spillovers versus Labour-Market Crowding Out[J]. International Journal of the Economics of Business, 2005, 12(1): 67-84.

[11] BERNARD B A, JENSEN J B. Why Some Firms Export? [J]. Review of Economics and Statistics, 2004, 86(2): 561-569.

[12] BLOMSTR M, KOKKO A. Multinational Corporations and Spillovers[J].

Journal of Economic Surveys, 1998, 12(3): 247-277.

[13] BRANDT L, BIESEBROECK V J, ZHANG Y. Creative Accounting or Creative Destruction? [J]. Journal of Development Economics, 2012, 97(2): 339-351.

[14] BUCKLEY J P, CLEGG J, WANG C. Is the Relationship between Inward FDI and Spillover Effects Linear? An Empirical Examination of the Case of China [J]. Journal of International Business Studies, 2007, 38(3): 447-459.

[15] GLASS A J, KAMAL S. International Technology Transfer and the Technology Gap[J]. Journal of Development Economics, 1998, 55(2): 369-398.

[16] GORODNICHENKO Y, SVEJNAR J, TERRELL K. When Does FDI Have Positive Spillovers? Evidence from 17 Transition Market Economies[J]. Journal of Comparative Economics, 2014, 42(4): 954-969.

[17] HUETTNER F, SUNDER M. Axiomatic Arguments for Decomposing Goodness of Fit According to Shapley and Owen Values[J]. Electronic Journal of Statistics, 2012(6): 1239-1250.

[18] JAVORCIK B S. Does Foreign Direct Investment Increase the Productivity of Domestic Firms? In Search of Spillovers through Backward Linkages [J]. American Economic Review, 2004, 94(3): 605-627.

[19] KONINGS J. The Effects of Foreign Direct Investment on Domestic Firms[J]. Economics of Transition, 2001, 9(3): 619-633.

[20] LU Y, TAO Z, ZHU L. Identifying FDI Spillovers[J]. Journal of International Economics, 2017, 107: 75-90.

[21] MALCHOW-MLLER N, MARKUSEN R J, SCHJERNING B. Foreign Firms, Domestic Wages[J]. The Scandinavian Journal of Economics, 2013, 115(2): 292-325.

[22] MOULTON R B. An Illustration of a Pitfall in Estimating the Effects of Aggregate Variables on Micro Units[J]. Review of Economics and Statistics, 1990, 72(2): 334-338.

出口企业的空间集聚对出口国内附加值的影响[①]

闫志俊　于津平

一、引　言

自 1978 年以来,中国实施渐进式、多层次的地域开放战略,致使出口企业在中国东部沿海地区大量集聚。随着中国开放型经济的逐步完善和成熟,制造业的空间集聚程度在不断加深。渐进式的开放战略和集聚式的发展模式虽然在一定程度上导致了区域发展的不平衡,但同时也使中国企业迅速融入全球化生产分工体系,促进了进出口贸易的快速增长。然而在全球价值链分工中,中国通过进口原料和中间品开展生产和出口,其出口产品中内含了大量的国外价值,贸易总量的扩张不能完全反映中国的出口利得。只有聚焦出口国内附加值[②](Domestic Value Added Rate in Exports, EDVAR),才能更准确地理解中国参与全球价值链的分工地位及其真实的贸易利益。本文通过考察出口企业的空间集聚对 EDVAR 的影响,探究其中可能的影响机制。

与本文相关的研究主要包括:关于空间集聚经济效应的研究、关于出口国内附加值测算及其影响因素的研究以及空间集聚与企业出口关系的研究。

关于产业空间集聚的研究起源于马歇尔(1890)探讨的集聚三因素:劳动力市场共享、产业上下游关联和技术外溢。在此之后,空间集聚对经济增长的影响引起了

---

① 本文受国家社科基金"一带一路建设"重大研究专项项目(18VDL014)的资助。
② 为简便起见,本文提及的"出口国内附加值"与"出口产品国内附加值率"内涵一致,简称 EDVAR。

国内外的广泛研究。大多数学者认为高生产率企业更倾向于在中心区域聚集(Baldwin 和 Okubo,2006;Saito et al.,2011),而企业之间的激烈竞争又可以进一步提升生产效率(Ciccone,2002),且相关产业在临近区域内的聚集能够为跨产业的交流与合作提供更多的机会,有利于技术外溢和创新的生成(Glaeser & Gottlieb,2009),产业集聚通过技术进步促进了地区经济增长(范剑勇等,2014)。另外,Long & Zhang(2011)还指出集聚区域内细化的生产分工可以降低中小企业的市场进入门槛,频繁的交流与接触能够促进企业间的商业信用,从而缓解中小企业面临的融资约束,提高企业生产效率与出口容量。当然,部分学者提到过度集聚也可能产生"拥挤效应"(Baldwin & Okubo,2006),还可能造成区域之间的非平衡发展(刘修岩,2014)。

与出口国内附加值相关的文献主要围绕测算方法及其影响因素展开研究。第一类测算方法基于投入-产出表,这种宏观测算法源于 Hummels et al.(2001)利用经济合作组织(OECD)国家的投入产出表计算各国各部门出口中包含的国外附加值(VS)份额(简称 HIY 方法)。基于 HIY 方法,Koopman et al.(2012)重新构建了区分加工贸易和一般贸易的投入产出表,计算了中国各行业出口的国内外附加值比例(KWW方法),发现加工贸易的国内附加值比例远低于一般贸易。加入 WTO 之后,各行业加工贸易的国内附加值(DVAR)有所上升,而一般贸易的 DVAR 有所下降。基于 KWW 方法,Dean et al.(2011)采用联合国广义经济分类法(BEC)进一步区分了进口的中间品和最终品,重新测算了中国各行业的 VS 比重,发现 HIY 方法和 KWW 方法均高估了中国的 EDVAR。第二类方法是基于企业出口数据的微观测算法。Upward et al.(2013)使用中国工业企业和海关的对接数据,区分了一般贸易和加工贸易的进口信息,计算出企业层面的国内附加值比例。Kee & Tang(2016)采用相同的数据进一步识别了间接贸易问题,删除了过度进口和过度出口的企业样本进行测算,发现中国出口企业的 DVAR 在 2000—2007 年逐步增大。张杰等(2013)在已有测算方法基础上综合考虑了贸易代理商、中间产品间接进口和资本品进口,重新测算了中国出口企业的 DVAR 并分析其变化趋势。不同文献采用不同的方法测算出的结果不尽相同,但整体而言,中国出口贸易中的国内附加值比率还不足 60%。如何使出口产品从生产的低增值环节向高增值环节转变,如何提升国内增加值率,对改善中国国际分工地位至关重要(于津平和邓娟,2014;苏庆义,2016)。

就影响出口国内附加值的因素而言,首先,对外开放的贸易政策占主导地位,中间投入品关税下降以及外商直接投资的大量引进提高了中国企业的 EDVAR(张杰等,2013;Kee & Tang,2016;彭冬冬和杜运苏,2016)。其次,贸易方式、行业特征和伙伴国的发达程度也是影响企业 EDVAR 的重要因素,Upward et al.(2013)指出单个企业加工贸易的出口比重是造成企业间 EDVAR 差异的最主要因素,加工出口的比重越高,企业的 EDVAR 越低;而技术复杂度较高的行业和较发达的出口市场中产品的 EDVAR 较低(Koopman et al.,2012)。除此之外,国家内部的行业市场结构也会对企业 EDVAR 产生一定的作用。李胜旗和毛其淋(2017)研究发现,制造业上游垄断会显著抑制下游企业 EDVAR 的提升,影响机制在于上游垄断导致企业成本加成下降和研发创新弱化。可以看出,现有研究分别从贸易政策、贸易方式、国内外市场特征等多个维度阐述企业 EDVAR 的决定因素,但鲜有文献关注产业的空间布局对企业 EDVAR 产生的影响。

文东伟和冼国明(2014)构建 EG 指数详尽分析了 1998—2009 年中国各制造业行业的空间集聚状况,发现空间集聚对企业的出口扩张具有显著的促进作用。刘竹青等(2014)进一步考察了产品技术复杂度在研究地理集聚对企业出口的影响中所起到的调节作用,结果表明,集聚能够显著提升高复杂度企业的出口倾向和出口量,对于劳动密集型的低复杂度企业则未产生显著的正向影响,这主要是因为高复杂度产品的生产和出口在集聚区域内更容易实现规模经济及成本节约效应。叶宁华等(2014)认为出口集聚与技术外溢之间存在非线性的倒 U 形关系,当出口企业在同一地理空间过度集聚时,会导致恶性竞争,进而产生负外部性,不利于生产率的提升和出口的持续增长。陈旭等(2016)采用 2000—2007 年中国微观企业数据证实空间集聚对中国企业出口二元边际的非线性影响,样本期内空间集聚的外部经济效应和拥挤效应同时存在,但拥挤的负外部性还未超过技术溢出的正外部性,中国各城市的集聚程度尚未达到最优水平。

显然,传统统计口径下的出口研究难以准确衡量空间集聚对中国企业在国际市场上出口竞争力的影响,本文将利用中国制造业企业数据全面分析空间集聚对企业 EDVAR 的影响效应及影响机制。本文的创新点主要体现在以下两方面:首先是独特的研究视角,本文从渐进式对外开放政策引致的制造业空间集聚现象,讨论企业的地理空间布局对 EDVAR 的影响;其次是影响机制的分析,本文通过构建理论模型,揭示出口企业的空间集聚通过影响生产率、工资水平和国内中间品的价格,从而对 EDVAR 产生影响,丰富和拓展了已有研究。

二、理论模型与机制分析

本文将空间集聚因素纳入 Kee & Tang(2016)的分析框架中,研究空间集聚对企业 EDVAR 的影响效应及其可能的影响机制。

(一)企业生产

首先假设企业采用规模报酬不变的柯布-道格拉斯(C-D)生产技术,构建特定区域特定产业的代表性企业的生产函数为:

$$Y_{it} = \phi_{it} K_{it}^{\alpha_K} L_{it}^{\alpha_L} M_{it}^{\alpha_M} \quad \alpha_K + \alpha_L + \alpha_M = 1 \tag{1}$$

等式(1)中,Y_{it}、ϕ_{it}、K_{it}、L_{it} 和 M_{it} 分别表示企业 i 在 t 时期的总产出、生产率、资本、劳动和中间品投入。α_K、α_L 和 α_M 分别为各生产要素的产出弹性。企业的生产率水平与其所在区域的集聚程度有关,因为空间集聚一方面可以促使企业之间共享信息和资源,通过人员流动尤其是高技术人才的流动获得集聚区域内其他企业的知识和技术的外溢(Glaeser & Gottlieb,2009);另一方面,同类企业的大量集聚会导致激烈的竞争,迫使企业进行研发创新,提高生产效率。因此,本文假设生产率 ϕ_{it} 是关于空间集聚 agg 的函数,且存在以下单调性质:$\partial \phi_{it}(agg)/\partial agg > 0$。

国内企业中间品投入 M_{it}' 包括:进口中间品 M_{it}^I 和国内中间品 M_{it}^D,假设 M_{it}' 是关于 M_{it}^D 和 M_{it}^I 的不变替代弹性(CES)函数,M_{it}^D 和 M_{it}^I 的替代弹性为常数 σ:

$$M_{it} = [(M_{it}^D)^{\frac{\sigma-1}{\sigma}} + (M_{it}^I)^{\frac{\sigma-1}{\sigma}}]^{\frac{\sigma}{\sigma-1}} \quad \sigma > 1 \tag{2}$$

进一步地,(2)式中的国内中间品投入 M_{it}^D 是一系列国内中间品种类 $M_{it}^I t(\omega)$ 的

CES 函数。其中，ω 表示特定的产品种类。令 V^D 表示特定区域内市场上供应的国内中间品种类数，不同种类中间品 $M_{it}^D(\omega)$ 的不变替代弹性为 $\rho^D(\rho^D>1)$，有：

$$M_{it}^D = \Big\{\sum_{\omega=1}^{V^D}[m_{it}^D(\omega)]^{\frac{\rho^D-1}{\rho^D}}\Big\}^{\frac{\rho^D}{\rho^D-1}} \qquad (3)$$

类似地，进口中间品 M_{it}^I 可以表示为：

$$M_{it}^I = \Big\{\sum_{\omega=1}^{V^I}[m_{it}^I(\omega)]^{\frac{\rho^I-1}{\rho^I}}\Big\}^{\frac{\rho^I}{\rho^I-1}} \qquad (4)$$

根据最优化理论，给定生产函数后，相应的中间品价格指数 P_t^M 可以表示为国内中间品价格指数 P_t^D 和进口中间品价格指数 P_t^I 的 CES 函数①：

$$P_t^M = [(P_t^D)^{1-\sigma}+(P_t^I)^{1-\sigma}]^{1/(1-\sigma)} \qquad (5)$$

（二）要素价格

假设企业所面临的要素价格为 (r_t, w_t, P_t^I, P_t^D)。其中，r_t 为外生给定的利率水平。w_t 工资水平，假设工资与企业所在区域的集聚水平有关，通常来讲，集聚程度越高的地区，同类企业数量越多，对劳动力需求越高。由于劳动力在不同区域之间并不具有完全的流动性，且不同行业、不同层次劳动力的技能差异较大，劳动力结构在短时间内无法快速调整以适应需求的变化，因此假设工资水平是关于空间集聚的增函数，即：$\partial w_t(agg)/\partial agg>0$。$P_t^I$ 为进口中间品价格指数，由国外技术水平和贸易成本决定。对于加工贸易而言，进口中间品免关税，因此企业从事加工贸易的比重越大，企业所面临的 P_t^I 越低；对于外资企业而言，与国际市场的上游产业联系紧密，交易成本较低，使用进口中间品的成本相对较低。另外，对于一般贸易企业和本土企业而言，进一步的贸易自由化有助于降低进口中间品成本。因此，本文将单个企业所面临的进口中间品价格指数 P_t^I 视为加工贸易占比 Pro、企业所有制 FOE 和进口中间品关税率 τ_t 的函数，即 $P_t^I(Pro, FOE, \tau_t)$，并假设该函数具有以下单调性质：

---

① 其中，$P_t^D = \Big\{\sum_{\omega=1}^{V^D}[P_t^D(\omega)]^{1-\rho^D}\Big\}^{1/(1-\rho^D)}$，$P_t^I = \Big\{\sum_{\omega=1}^{V^I}[P_t^I(\omega)]^{1-\rho^I}\Big\}^{1/(\rho^I)}$，$P_t^D$ 和 P_t^I 分别为特定国内中间品和进口中间品种类的价格。

$$\partial P_t^l(Pro,FOE,\tau_t)/\partial Pro<0;\partial P_t^l(Pro,FOE,\tau_t)/\partial \tau_t>0 \tag{6}$$

$$P_t^l(Pro,FOE,\tau_t|FOE=1)<P_t^l(Pro,FOE,\tau_t|FOE=0) \tag{7}$$

其中，FOE 是所有制虚拟变量，取 1 代表企业是外资控股，取 0 为非外资控股。P_t^D 由国内市场上中间品的多样性 V_t^D 与单类中间品的价格 $P_t^D(\omega)$ 决定的，单类中间品价格越低，中间品种类越多，P_t^D 越低，即满足 $\partial P_t^D/\partial P_t^D(\omega)>0$ 和 $\partial P_t^D/\partial V_t^D<0$。而 $P_t^D(\omega)$ 和 V_t^D 的大小也与集聚水平直接相关，集聚程度越高的地区，产业上下游的配套服务体系越完善，最终品生产的上游供应商数量越多，国内中间品市场规模越大，竞争越激烈。因此空间集聚有助于培育完善的国内中间品市场，降低中间品价格 $P_t^D(\omega)$ 和扩大中间品供应种类 V_t^D，即以下不等式成立：

$$\partial P_t^D(\omega)/\partial agg<0;\partial V_t^D/\partial agg>0 \tag{8}$$

由此可知 P_t^D 是关于空间集聚 agg 的减函数，即：

$$\frac{\partial P_t^D}{\partial agg}=\frac{\partial P_t^D}{\partial P_t^D(\omega)}\cdot\frac{\partial P_t^D(\omega)}{\partial agg}+\frac{\partial P_t^D}{\partial V_t^D}\cdot\frac{\partial V_t^D}{\partial agg}<0 \tag{9}$$

（三）成本最小化

给定生产技术水平，生产 Y_{it} 单位产出的最小成本为：

$$\min r_t K_{it}+w_t L_{it}+P_t^M M_{it}, \text{ s.t. } Y_{it}=\phi_{it}K_{it}^{\alpha_K}L_{it}^{\alpha_L}M_{it}^{\alpha_M}$$

$$C_{it}(\phi_{it},r_t,w_t,P_t^M,Y_{it})=\frac{Y_{it}}{\phi_{it}}\cdot\left(\frac{r_t}{\alpha_K}\right)^{\alpha_K}\left(\frac{w_t}{\alpha_L}\right)^{\alpha_L}\left(\frac{P_t^M}{\alpha_M}\right)^{\alpha_M} \tag{10}$$

且满足：$r_t K_{it}/\alpha_K=w_t L_{it}/\alpha_L=P_t^M M_{it}/\alpha_M=C_{it}$。企业具有不变的边际成本：

$$c_{it}(\phi_{it},r_t,w_t,P_t^M)=MC_{it}=\frac{\partial C_{it}}{\partial Y_{it}}=\frac{1}{\phi_{it}}\cdot\left(\frac{r_t}{\alpha_K}\right)^{\alpha_K}\left(\frac{w_t}{\alpha_L}\right)^{\alpha_L}\left(\frac{P_t^M}{\alpha_M}\right)^{\alpha_M} \tag{11}$$

由于 ϕ_{it}、w_t 和 P_t^M 是关于 agg 的函数，因此，边际成本也可以视为 agg 的函数 $c_{it}(agg)$。再一次运用成本最小化理论，可以计算 M_{it}^l 和 M_{it}^D 的相对投入比例：

$$\min P_t^M M_{it}=P_t^D M_{it}^D+P_t^l M_{it}^l, \text{ s.t. } M_{it}=[(M_{it}^D)^{\frac{\sigma-1}{\sigma}}+(M_{it}^l)^{\frac{\sigma-1}{\sigma}}]^{\frac{\sigma}{\sigma-1}}$$

$$M_{it}^D/M_{it}^l=(P_t^D/P_t^l)^{-\sigma}\Rightarrow P_t^l M_{it}^l/P_t^M M_{it}=1/[1+(P_t^l/P_t^D)^{\sigma-1}] \tag{12}$$

（四）出口国内附加值

假设单个出口企业 i 在 t 时期的销售收入表示如下：

$$P_{it}Y_{it} \equiv \pi_{it} + w_t L_{it} + r_t K_{it} + P_t^D M_{it}^D + P_t^I M_{it}^I \tag{13}$$

其中，P_{it} 表示最终品价格，本文模型视 P_{it} 为产品市场上外生给定的变量，π_{it} 为企业利润，进口中间品额 $P_t^I M_{it}^I$ 为国外附加值部分，因此出口国内附加值可以表示为：$EDVAR_{it} = 1 - P_t^I M_{it}^I / P_{it} Y_{it}$，进一步拆分可得：

$$EDVAR_{it} = 1 - \frac{P_t^I M_{it}^I}{P_t^M M_{it}} \cdot \frac{P_t^M M_{it}}{C_{it}} \cdot \frac{C_{it}}{P_{it} Y_{it}} = 1 - \frac{P_t^I M_{it}^I}{P_t^M M_{it}} \cdot \alpha_M \cdot \frac{c_{it}}{P_{it}}$$

$$= 1 - \alpha_M (1 - \chi_{it}) / [1 + (P_t^I / P_t^D)^{\sigma-1}] \tag{14}$$

其中，χ_{it} 表示企业的价格加成率，是关于边际成本 c_{it} 的函数，进而也是关于集聚 agg 的函数，利用(11)式可以写出 χ_{it} 的表达式：

$$\chi_{it} = 1 - \frac{1}{P_{it}} \cdot \frac{1}{\phi_{it}} \cdot \left(\frac{r_t}{\alpha_K}\right)^{\alpha_K} \left(\frac{w_t}{\alpha_L}\right)^{\alpha_L} \left(\frac{P_t^M}{\alpha_M}\right)^{\alpha_M} \tag{15}$$

由(14)式可以看出，企业销售产品的 $EDVAR$ 与价格加成率和进口中间品的相对价格相关，而价格加成率是关于生产率 ϕ_{it} 和要素价格（w_t, P_t^M）的函数，即为内生变量，且与企业所在区域的空间集聚程度有关。将(5)和(15)式代入(14)式后可得：

$$EDVAR_{it} = 1 - \Theta \cdot [w_t^{\alpha_L} \cdot (P_t^I)^{\alpha_M} / \phi_{it}][1 + (P_t^D / P_t^I)^{1-\sigma}]^{\frac{\alpha_M}{1-\sigma}-1}$$

$$\Theta = \frac{\alpha_M}{P_{it}} \left(\frac{r_t}{\alpha_K}\right)^{\alpha_K} \left(\frac{1}{\alpha_L}\right)^{\alpha_L} \left(\frac{1}{\alpha_M}\right)^{\alpha_M} \tag{16}$$

(16)式将 $EDVAR$ 直接写成 ϕ_{it}、w_t、P_t^D 与 P_t^I 的函数。求导可得：

$$\partial EDVAR_{it} / \partial \phi_{it} = \Theta \cdot [w_t^{\alpha_L} \cdot (P_t^I)^{\alpha_M} / \phi_{it}^2][1 + (P_t^D / P_t^I)^{1-\sigma}]^{\frac{\sigma_M}{1-\sigma}-1} > 0 \tag{17}$$

$$\partial EDVAR_{it} / \partial w_t = -\alpha_L \Theta \cdot [w_t^{\alpha_L - 1} \cdot (P_t^I)^{\alpha_M} / \phi_{it}][1 + (P_t^D / P_t^I)^{1-\sigma}]^{\frac{\sigma_M}{1-\sigma}-1} < 0 \tag{18}$$

$$\frac{\partial EDAR_{it}}{\partial P_t^D} = -(\alpha_M - 1 + \sigma)\Theta \left[\frac{w_t^{\alpha_L}}{\phi_{it}}(P_t^I)^{\alpha_M - 1}\right]\left(\frac{P_t^D}{P_t^I}\right)^{-\sigma}\left[1 + \left(\frac{P_t^D}{P_t^I}\right)^{1-\sigma}\right]^{\frac{\alpha_M}{1-\sigma}-2} < 0 \tag{19}$$

$$\partial EDVAR_{it} / \partial P_t^I = -\Theta \cdot [w_t^{\alpha_L} \cdot (P_t^I)^{\alpha_M - 1} / \phi_{it}][1 + (P_t^D / P_t^I)^{1-\sigma}]^{\frac{\alpha_M}{1-\sigma}-2}$$

$$[\alpha_M - (\sigma - 1)(P_t^D / P_t^I)^{1-\sigma}] \tag{20}$$

由(20)式可知,进口中间品价格指数 P_t^I 对 $EDVAR$ 的影响具有不确定性。P_t^I 提高一方面可以直接增加国外附加值,降低 $EDVAR$,另一方面,P_t^I 上升使得国内中间品相对价格 P_t^D/P_t^I 降低,促使企业使用更多的国内中间品替代进口中间品,从而提高 $EDVAR$。P_t^I 变化对 $EDVAR$ 的具体影响效应取决于国内中间品与进口中间品的替代弹性。结合上述分析可以将 $EDVAR$ 与空间集聚 agg 相联系,空间集聚通过影响企业的生产率、所面临的工资水平以及国内中间品价格指数来影响 $EDVAR$,求偏导可得:

$$\frac{\partial EDVAR_{it}}{\partial agg} = \frac{\partial EDVAR_{it}}{\partial \phi_{it}} \cdot \frac{\partial \phi_{it}}{\partial agg} + \frac{\partial EDVAR_{it}}{\partial w_t} \cdot \frac{\partial w_t}{\partial agg} + \frac{\partial EDVAR_{it}}{\partial P_t^D} \cdot \frac{\partial P_t^D}{\partial agg} \quad (21)$$

其中,$\frac{\partial EDVAR_{it}}{\partial \phi_{it}} \cdot \frac{\partial \phi_{it}}{\partial agg} > 0, \frac{\partial EDVAR_{it}}{\partial w_t} \cdot \frac{\partial w_t}{\partial agg} < 0, \frac{\partial EDVAR_{it}}{\partial P_t^D} \cdot \frac{\partial P_t^D}{\partial agg} > 0$。

由(21)式可知,空间集聚可以通过提高生产率、降低国内中间品价格来提高 $EDVAR$,通过提高工资来降低 $EDVAR$。因此,空间集聚对于 $EDVAR$ 的影响具有不确定性,最终取决于三种影响效应的相对大小。由(20)式可知,P_t^I 也会对企业的 $EDVAR$ 产生影响,而 P_t^I 又受到企业所有制 FOE、加工贸易占比 Pro 和中间品关税率 τ_t 的影响,因此 $EDVAR$ 可以写作上述变量的函数 $EDVAR(agg, w_t, Pro, FOE, \tau_t)$。

三、模型设定、变量及数据说明

(一) 计量模型

为考察出口企业的空间集聚对制造业企业出口国内附加值的影响,构建模型:

$$EDVAR_{it} = v_i + v_t = v_A agg_{jt} + v_X X_{it} + \varepsilon_{it} \quad (22)$$

其中,$EDVAR_{it}$ 表示单个企业的出口国内附加值,agg_{jt} 表示企业所在地区的出口集聚程度,v_i 和 v_t 分别是企业个体效应和年份固定效应,X_{it} 为控制变量,是一组向量,包含了企业和行业层面的控制变量,ε_{it} 是随机扰动项。X_{it} 可进一步分为:企业所有制(FOE)、企业规模($\ln Scale$)、加工贸易占比(Pro)和劳动力成本($\ln Wage$)。其中,企业所有制主要考察外资控股程度对企业 $EDVAR$ 的影响,相比于国有企业,外资企业对国际市场的了解程度更深,联系更为密切,因此倾向于进口更多的国外中间品进行加工出口(许家云等,2017),预期外资企业具有较低的 $EDVAR$。企业规模对出口国内附加值的影响在于规模较大的企业采购的国际化程度较高,在全球整合资源开展生产的能力较强,因而进口密度偏高。在本文的样本数据中,企业规模与进口密度呈正相关关系(相关系数达到 0.132),因此规模较大企业的 $EDVAR$ 较低。贸易方式的影响是显而易见的,加工贸易的核心零部件、材料、设计和营销等环节高度依赖国外市场,因此企业从事加工贸易的比重越高,其出口产品中的进口成分越高,$EDVAR$ 越低。劳动力成本反映了劳动要素在总产出中所占的比重,根据(18)式可知,劳动力成本的上升会降低企业的 $EDVAR$,主要是由于工资上升虽然提高了劳动要素所得,但同时也增加了生产成本,压缩了企业利润,降低了价格加成率。

(二)指标测度

(1) 企业出口国内附加值的测算。在全球价值链测算的研究中,Upward *et al.* (2013)首次提出了计算企业层面出口国内附加值的方法,其基本思路是识别出单个企业的进口中间品额、出口额、总中间品投入额以及总销售额,将企业出口中所包含的进口中间品部分剔除即可得到企业 $EDVAR$。在测算过程中隐含了两个基本假设:一是加工贸易企业的总销售额等于总出口额,二是一般贸易企业的出口产品和内销产品包含的 $DVAR$ 相同。在此基础上,Kee & Tang(2016)考虑了"过度进口商"①和"过度出口商"②的问题,张杰等(2013)考虑了贸易代理商所导致的中间品间接进口以及进口资本品折旧问题,进一步修正了 Upward *et al.*(2013)的测算方法。本文基于已有的研究,对原始数据做如下处理:首先,根据海关数据中的产品 HS 编码识别出中间品、资本品和消费品,计算各企业在不同贸易方式下的进口中间品额与出口额;其次,将工业企业数据与海关数据进行对接,剔除非出口企业、贸易代理商、过度进口商以及关键变量值过度进口商指进口中间品额大于总中间品投入额的企业。

---

① 过度进口商指进口中间品额大于总中间品投入额的企业。
② 过度出口商的划分标准是:以一般贸易企业 $EDVAR$ 的上四分位数为界限,若加工贸易企业的 $EDVAR$ 超过该上限,则视其为过度出口商。因此,$EDVAR$ 异常偏高的加工企业通常会被视为过度出口商,而一般贸易企业由于没有可以参考的 $EDVAR$ 上限,所以不会被视为过度出口商。

过度出口商的划分标准是:以一般贸易企业 $EDVAR$ 的上四分位数为界限,若加工贸易企业的 $EDVAR$ 超过该上限,则视其为过度出口商。因此,$EDVAR$ 异常偏高的加工企业通常会被视为过度出口商,而一般贸易企业由于没有可以参考的 $EDVAR$ 上限,所以不会被视为过度出口商。存在异常[①]的企业;最后,借鉴张杰等(2013)与 Kee & Tang(2016)提出的方法,计算不同贸易类型企业的 $EDVAR$,具体的测算公式如下:

$$EDVAR_{it}^{k}=\begin{cases} 1-\dfrac{IMP_{it}^{k}+\delta(M_{it}-IMP_{it}^{k})}{Y_{it}}, k=o,g \\ 1-\dfrac{IMP_{it}^{g}+IMP_{it}^{o}\left(\dfrac{EXP_{it}^{o}}{Y_{i}-EXP_{it}^{g}}\right)+\delta(M_{it}-IMP_{it}^{g}-IMP_{it}^{o})(EXP_{it}/Y_{it})}{EXP_{it}}, k=x \end{cases}$$
(23)

其中,k 表示不同的贸易方式,o、g 和 x 分别表示一般贸易、加工贸易和混合贸易企业,IMP_{it}^{o} 和 IMP_{it}^{g} 分别表示以一般贸易和加工贸易方式进口的中间品额,M_{it} 是总的中间品投入;EXP_{it}^{o} 和 EXP_{it}^{g} 分别表示企业以一般贸易和加工贸易方式出口的产品金额;EXP_{it} 和 Y_{it} 分别是企业的总出口额及工业总产值;δ 指国内中间品投入中所包含的国外成分,根据 Koopman et al.(2012)的研究结论可知,δ 的取值范围在 5%~10%[②]。

根据张杰等(2013)的修正方法可知,由于贸易代理商的存在,海关数据库中记录的企业进口中间品额与其实际的进口中间品额存在差异。部分企业可能在国内市场上向贸易代理商购买进口中间品,如果直接将贸易代理商的进出口记录删除,则会损失较多信息,容易高估企业的 $EDVAR$。因此,本文利用贸易代理商进口中间品的信息,对企业的实际进口中间品额进行调整,公式如下:

$$IMP_{it}^{adj} = IMP_{it}^{custom}/(1-\sum_{k}\lambda_{kt}InterRate_{kt}) \tag{24}$$

[①] 关键变量值存在异常指工业总产值、出口交货值、总中间品投入为负及职工人数少于8人的企业。

[②] 本文将 δ 取值为 5%,得到 EDVAR 指标。

其中，IMP_{it}^{adj} 表示经调整后单个企业使用的进口中间品额，IMP_{it}^{custom} 表示海关记录的进口中间品额，λ_{kt} 表示进口中间品额占总进口额的比重，$InterRate_{kt}$ 表示进口额占总出口额的比重。根据上述调整公式，可以得到 $IMP_{it}^{adj\_o}$ 和 $IMP_{it}^{adj\_g}$，再将二者重新带入 $EDVAR_{it}^{k}$ 的计算公式中，即可算出 $EDVAR_{it}^{adj\_k}$，即调整后的企业出口国内附加值。

（2）出口企业空间集聚 agg_{jt} 的测算。本文采取以就业数量衡量的出口集聚指标，该指标是将同一地市级区域内所有出口企业的从业人员数加总再取对数。值得说明的是，同一地级市区域内出口企业的数量也同样能够反映出口集聚状况，但本文采用出口企业的就业总人数的对数值来衡量集聚主要基于以下两点考虑：一是本文样本数据中上述两个指标的相关系数高达 0.930 8，即两个指标用来反映出口集聚的内涵是一致的；二是单个区域内出口企业的就业总人数更能够准确反映该地区的出口规模及牵涉的经济体量，而集聚恰恰是通过区域内经济活动的密集度来影响企业的出口行为。

（3）其他指标测度。控制变量：① 企业所有制虚拟变量（FOE），本文将外商独资企业、中外合资企业以及中外合作企业视为外资企业（FOE 取 1），其余类型的企业 FOE 取 0；② 企业规模（$\ln Scale$），采用企业就业人数取对数表示；③ 加工贸易占比（Pro），采用企业加工贸易出口额占其总出口额的比重来衡量；④ 劳动力成本（$\ln Wage$），借鉴文东伟和冼国明（2014）的方法，以企业从业人员的人均工资取对数来表示：人均工资＝（本年应付工资总额＋本年应付福利费总额）/全部从业人员。

（三）数据来源与统计分析

本文数据主要来源于 2002—2006 年中国工业企业数据库与中国海关数据库，参考 Upward et al.（2013）的方法进行匹配，并参考 Yu（2015）的方法删除异常样本。后面还涉及产品复杂度以及企业进口中间品关税率的测度，其数据分别来源于 UN Comtrade 数据库以及 WTO 的 Tariff Download Facility 数据库。

表 1 给出了主要变量的统计性描述。在样本期内，企业 $EDVAR$ 的均值 0.846 5，最小值和最大值分别为 0.116 和 0.983 8，说明不同企业之间出口产品的国内附加值具有较大差异，$EDVAR$ 接近 0.1 的企业在生产出口产品时使用的原材料及中间品

投入绝大部分来自国外,这类企业在生产过程中创造的国内附加价值较低。由于总样本中同时包含了加工贸易企业、一般贸易企业以及混合贸易企业,而一般贸易企业的 EDVAR 远高于加工贸易企业,且一般贸易企业所占比重超过 62%,因此样本中的平均 EDVAR 偏高。

表 1 变量的统计性描述

变量名	变量代码	均值	标准差	最小值	最大值	样本数
出口国内附加值	EDVAR	0.846 5	0.208 6	0.116 0	0.983 8	138 479
空间集聚	agg	12.639 6	1.233 8	2.564 9	14.404 8	138 479
企业所有制	FOE	0.610 5	0.487 6	0	1	138 479
企业规模	ln Scale	5.266 6	1.089 6	2.079 4	10.375 0	130 121
加工贸易占比	Pro	0.244 8	0.390 2	0	1	138 479
劳动力成本	ln Wage	2.726 5	0.538 3	0.695 8	6.136 8	130 121

数据来源:根据工业企业数据库与海关数据库中的相关变量计算得到。表 2 同。

如果将不同类型的企业按照其出口比重计算各年度的加权出口国内附加值,则可以直观地考察 EDVAR 随时间的变化趋势以及不同类型企业之间 EDVAR 的显著差异。由表 2 可知,加工贸易企业的 EDVAR 显著低于一般贸易企业,但在 2003—2006 年呈现出明显的上升趋势。相比之下,混合贸易企业的 EDVAR 逐年下降,而一般贸易企业的 EDVAR 则处于波动状态。若按照企业所有制进行分类,外资企业的 EDVAR 最低,取值范围在 0.658~0.696,国有企业次之,取值范围在 0.827~0.844,私营企业[①]的 EDVAR 略高于国有企业。这主要是由于在本文样本中,超过 52%的外资企业都致力于不同程度的加工贸易出口,而国有企业和私营企业极少从事加工贸易活动。因此,外资企业具有较低的出口国内附加值,且在 2003 年之后呈现逐年增长的趋势。

---

① 在其他所有制企业中,私营企业所占比重超过 79%,因此可以粗略地将其他企业视为私营企业。

表 2　各年度不同贸易类型企业的加权 EDVAR

年份	不同贸易方式			不同所有制		
	一般贸易	加工贸易	混合贸易	国有企业	外资企业	私营企业
2002	0.949 0	0.552 6	0.708 3	0.834 1	0.687 5	0.896 8
2003	0.945 9	0.509 9	0.704 6	0.828 8	0.658 2	0.902 3
2004	0.947 6	0.545 6	0.702 8	0.826 9	0.679 7	0.907 0
2005	0.943 6	0.590 8	0.698 2	0.838 5	0.691 3	0.899 3
2006	0.946 3	0.600 9	0.693 5	0.844 2	0.696 1	0.909 5

四、经验分析

(一) 基准回归结果

表 3 报告了基准回归结果。其中第(1)和(3)列仅考虑空间集聚指标,结果显示该变量的估计系数在 1% 的水平上显著为正,表明出口企业的空间集聚有利于提升集聚区域内单个企业的 EDVAR。第(3)列是加入时间固定效应的估计结果,该变量的系数有所下降,但依然通过了 1% 的显著性检验。第(4)列在此基础上加入了其他的控制变量后,空间集聚依然能够显著提高企业的 EDVAR。其他控制变量的估计结果基本与预期相符。其中,企业规模越大,越倾向于投入大量的进口中间品,即进口密度越大,那么这类企业的 EDVAR 越低。加工贸易出口占比越高的企业,越有机会获得免税的进口中间品用于加工装配活动,越少地使用国内中间品进行生产。劳动成本的估计结果与预期一致,但并不显著,因为较高的劳动力成本容易侵蚀企业的利润,因此在企业的总产出中要素收入和利润各自所占比重存在此消彼长的趋势,因此劳动力成本的上升对企业的 EDVAR 没有产生显著的影响。本文将 FOE 变量以加法式而非乘法式[1]加入计量方程,FOE 估计系数不显著说明外资企业的 EDVAR

---

[1]　将 FOE 以加法式引入计量方程,反映的是不同所有制企业 EDVAR 的估计方程在截距上的差异,以乘法式引入反映的是估计方程在斜率上的差异。

相比于其他类型企业的 EDVAR 在截距项上没有显著差异。

表3 基准回归结果

	(1)	(2)	(3)	(4)	(5)
agg	0.053 6*** (31.22)	0.043 8*** (24.77)	0.027 9*** (11.16)	0.027 2*** (10.89)	
$\ln Count\_Exp$					0.027 3*** (9.78)
$\ln StaffperExp$					0.028 0*** (9.01)
FOE		0.000 8 (0.09)		−0.001 6 (−0.18)	−0.001 5 (−0.18)
$\ln Scale$		−0.002 4** (−2.22)		−0.004 8*** (−4.38)	−0.004 8*** (−4.39)
Pro		−0.278 6*** (−98.45)		−0.276 8*** (−97.94)	−0.276 8*** (−97.93)
$\ln Wage$		0.004 1*** (4.26)		−0.000 7 (−0.71)	−0.000 7 (−0.70)
常数项	0.169 1*** (7.79)	0.361 6*** (16.25)	0.482 8*** (15.67)	0.591 9*** (18.68)	0.586 6*** (18.29)
企业固定效应	控制	控制	控制	控制	控制
年份固定效应	未控制	未控制	控制	控制	控制
R^2	0.012 7	0.133 5	0.018 5	0.137 3	0.137 3
样本数	138 479	130 121	138 479	130 121	130 121

说明:括号内为 t 统计量,*、**、*** 分别表示在10%、5%和1%的水平上显著。下表同。

空间集聚指标采用地区内出口企业的全部就业人数来衡量,反映某一特定区域内总体的出口集聚状况,为进一步揭示企业在集聚区域所获得的内、外部规模经济对出口国内附加值的影响,本文还采用了其他两个指标:出口企业的数量($\ln Count\_Exp$)和平均规模($\ln StaffperExp$),以做进一步检验。表3第(5)列的估计结果显示,集聚区域内出口企业的数量越多,平均规模越大,企业的 EDVAR 越高。需要说明的是,特定区域内出口企业的平均规模是地区层面的指标,而单个出口企业的规模

($\ln Scale$)是企业层面的指标,二者并无必然联系。事实上,样本中 $\ln Scale$ 和 $\ln StaffperExp$ 的相关系数仅为 0.15。出口企业平均规模反映的是区域层面企业整体的规模经济状况,平均规模越大,说明企业整体上越容易实现规模经济生产,边际成本越低,利润率越高,而 $\ln Scale$ 更多地通过提高进口密度来影响 $EDVAR$。

(二)异质性分析

前文利用全样本考察了空间集聚对企业出口国内附加值的平均影响效应,接下来本文分别从企业贸易方式、所有制、出口产品复杂度以及出口市场发达程度等四个层面深入考察空间集聚对企业 $EDVAR$ 的差异化影响。

(1)企业贸易方式。按照企业出口方式的不同将样本分为一般和加工贸易企业,回归中采取虚拟变量交互项的形式进行异质化分析。表 4 第(1)列加入了 $PT \cdot agg$ 的交互项进行回归,PT 为虚拟变量。当 $PT=1$ 时,企业全部以加工贸易方式进行出口;当 $PT=0$ 时,以一般贸易方式出口。由于 PT 的设定中未包含混合贸易企业的样本,为充分利用样本信息,表 4 第(2)列加入了 $Pro \cdot agg$ 的交互项进行回归,Pro 变量表示企业以加工贸易方式出口的产品金额在其总出口中所占的比重。

表 4 第(1)和(2)列的回归结果表明,出口集聚有助于提高企业的出口国内附加值,但对于一般贸易企业的正向影响显著小于对加工企业的正向影响,且企业从事加工贸易的比重越高,空间集聚的促进作用越大。可能的原因是出口集聚程度提高时,一方面,企业之间紧密的上下游关联有助于降低交易成本,提高企业利润进而提高 $EDVAR$;另一方面,集聚区域内的信息外溢使得一般贸易企业更容易了解国外市场,扩大出口的同时也增加了中间品的进口,提高了进口密度,降低企业的 $EDVAR$。当两种作用因素相互抵消时,出口集聚对一般贸易企业的 $EDVAR$ 呈现较小的促进作用。空间集聚对加工企业 $EDVAR$ 的提升具有显著的促进作用,因为加工贸易企业大多数是由外资控制,进口中间品免关税,这类企业掌握着大量的国外市场信息,主要进行加工装配活动,本身具有较低的国内附加值。当企业所在区域的集聚程度加深时,专业化的配套设施和服务商趋于完善,当上游产业迁移至集聚区时,产业上下游关联和技术溢出能够带来成本节约,使加工企业(尤其是进料加工企业)从当地采购中间品的相对成本下降,即使用更多的国内中间品投入生产,从而提高其

EDVAR。

(2) 企业所有制。本文将样本分为国有企业①和外资企业。表4第(3)列的交互项 $FOE \cdot agg$ 中,$FOE=1$ 时表示对外资企业子样本的估计,$FOE=0$ 时表示对国有企业子样本的估计。从相应的估计结果可以看出,空间集聚对外资企业 EDVAR 的促进作用显著大于对国有企业的促进作用。可能的原因是国有企业具有较大的垄断势力和垄断利润,由地理集聚引致的激烈竞争和技术外溢对国有企业生产率的影响较小,生产要素在投入产出中的附加价值变化不大。同时,出口集聚引致的原材料和中间品采购成本降低对具有垄断势力的国有企业影响不大。相比之下,外资企业在样本初期较多地使用国际市场上的中间品投入生产,当区域集聚程度加深时,外资企业使用国内中间品替代进口中间品的空间较大,因此实现 EDVAR 提升的可能性更大。

表4 空间集聚对企业 EDVAR 的异质性影响

变量	(1) 贸易方式	(2) 贸易方式	(3) 企业所有制	(4) 出口复杂度	(5) 出口市场发达程度
agg	0.028 9* (1.87)	0.025 3* (1.85)	0.013 6* (1.71)	0.027 3*** (10.91)	0.028 1*** (9.82)
$PT \cdot agg$	0.016 8*** (35.51)				
$Pro \cdot agg$		0.005 9*** (43.50)			
$FOE \cdot agg$			0.015 6*** (3.01)		
$RTV \cdot agg$				−0.000 1 (−0.59)	
$DEVELOP \cdot agg$					−0.010 4*** (−2.97)

① 国有企业的样本数量较少,在总样本中所占比例不到6%,这主要是由于部分国有企业并不致力于出口活动。另外,本文将中外合资和中外合作企业划分为外资企业也直接导致了国有企业数量的减少。

(续表)

变量	(1) 贸易方式	(2) 贸易方式	(3) 企业所有制	(4) 出口复杂度	(5) 出口市场发达程度
FOE	−0.004 7 (−0.63)	−0.002 1 (−0.24)		−0.001 6 (−0.18)	−0.003 5 (−0.34)
ln Seale	−0.002 7*** (−2.84)	−0.004 8*** (−4.44)	−0.006 8*** (−4.56)	−0.004 8*** (−4.38)	−0.004 7*** (−3.78)
Pro			−0.265 5*** (−74.19)	−9.276 8*** (−97.94)	−0.273 9*** (−87.02)
ln Wage	0.001 7** (2.01)	−0.000 6 (−0.63)	−0.001 8 (−1.34)	−0.000 7 (−0.71)	−0.000 5 (−0.43)
常数项	0.444 8*** (17.06)	0.489 9*** (15.42)	0.432 1*** (10.13)	0.591 9*** (18.68)	0.579 0*** (15.93)
R^2	0.042 6	0.131 5	0.131 5	0.137 3	0.135 9
样本数	95 817	130 121	86 387	130 121	111 996

说明:所有回归均控制了个体固定效应和年份固定效应。下表同。

(3) 产品出口复杂度。我们按照出口产品的复杂度将企业划分为两类:高复杂度和低复杂度企业。具体方法为:首先利用 UN Comtrade 数据库中 2002—2006 年各国 HS 六位码产品的出口数据以及 World Bank 数据库中各国的人均 GDP 数据,参考洪世勤和刘厚俊(2013)提出的方法测算 HS 六位码产品层面的出口复杂度;其次将产品层面的出口复杂度对接海关出口数据,形成企业-产品对的出口复杂度数据;最后以企业层面各产品的出口比重作为权重计算企业层面的出口复杂度,将该指标从小到大排序,位于中位数之前的企业划分为低复杂度出口企业,大于等于中位数的企业划分为高复杂度出口企业。表 4 第(4)列的交互项中 RTV=1 表示企业主要出口高复杂度产品,RTV=0 表示低复杂度产品。估计结果表明,空间集聚对不同复杂度企业 EDVAR 的促进作用并无显著差异。高复杂度企业出口的大多是技术密集型产品,这类企业的核心零部件依赖进口。空间集聚能够使其实现技术升级,减少对进口中间品的依赖,实现 EDVAR 的提升。相比之下,低复杂度企业出口的大多是劳动密集型产品,使用的中间品多数来自国内市场,随着集聚程度的加深,会进一步使用国内中间品替代进口中间品。因此无论企业出口产品的复杂度如何,集聚都能够促进企业 EDVAR 的提升。

(4) 企业出口目的国。本文将企业出口目的国划分为发达国家和发展中国家①,比较研究不同出口市场的特征是否会对这一影响产生调节作用,具体的估计结果见表 4 第(5)列。DEVELOP=1 表示企业以发达国家为主要出口市场,DEVELOP=0 为发展中国家。检验结果表明,以发达国家为主要出口市场的企业其 EDVAR 受到空间集聚的积极影响更小。可能的原因是发达国家对企业出口产品的质量要求较高,国内中间品的替代弹性较小,EDVAR 的提升空间有限。对出口到发展中国家而言,空间集聚对企业 EDVAR 的促进作用更大。从短期看,集聚区域内企业对发展中国家的出口扩张更有利于出口国内附加值的提升;但从长期看,企业 EDVAR 的提高依赖于国内市场上中间品的质量与多样性的增加,这又离不开企业从国际市场上(尤其是从发达国家市场上)进口先进的中间品进行学习、模仿。由此可见,中国对发达国家的出口扩张可以通过"出口中学"效应为企业出口国内附加值的增加提供可持续的动力。

(三) 稳健性分析

前文的研究发现,空间集聚可以显著提升企业的出口国内附加值,为保证估计结果的可靠性,本文将从多维度进行稳健性检验。首先,考虑内生性问题。本文的核心解释变量是地区层面的变量,而被解释变量是企业层面的变量,通常情况下,微观变量对宏观变量的反向因果影响较小。但考虑回归结果的稳健性,本文选取 1984 年各地级市的人口规模以及铁路货运量②作为空间集聚的工具变量进行两阶段最小二乘

---

① 由于同一企业的出口目的国众多,本文按照人均 GDP 水平将各出口目的国分为发达国家和发展中国家,如果向发达国家的出口比重大于等于 50% 则将企业视为以发达国家为主要出口市场,反之则视为以发展中国家为主要出口市场。

② 工具变量的数据来源:1985 年《中国城市统计年鉴》。选择该工具变量的合理性在于:20 世纪 80 年代各地级市的人口规模与当前的人口规模具有高度相关性,可以很大程度地反映各地区的集聚状况,另外,铁路货运量可以代表一个地区经济活动和国内外贸易的活跃程度,与出口集聚高度相关。采用 1985 年的人口规模和铁路货运量指标可以有效避免因变量与自变量的逆向因果关系而导致的内生性,即工具变量与随机误差项不相关。

法(2SLS)估计。2SLS的估计结果见表5第(1)列。显然,在控制了内生性之后,本文的估计结果保持稳健,基本结论依然成立。同时,关于工具变量的不可识别检验和弱工具变量检验均在1%的水平上显著,说明本文选取的工具变量是有效的。

其次,本文还将使用3个出口集聚的扩展指标进行稳健性检验。参考佟家栋和刘竹青(2014)的做法,本文构建了自身行业相邻企业的就业($\ln EMPownjht$)、其他行业相邻企业的就业($\ln EMPotherjht$)和同一地市级区域高技术企业的就业($\ln EMPhitechjt$)等3个集聚指标,其计算方法分别为:

$$\ln EMP_{jht}^{own} = \ln(\sum_{i \in \Omega_h} wt_{it} \cdot EMP_{it}^{own}) \tag{25}$$

$$\ln EMP_{jht}^{other} = \ln(\sum_{i \in \Omega_h} wt_{it} \cdot EMP_{it}^{other}) \tag{26}$$

$$\ln EMP_{jt}^{hitech} = \ln(\sum_{i \in \Omega_{j,hitech}} EMP_{it}^{hitech}) \tag{27}$$

表5 稳健性检验及扩展回归

	(1)	(2)	(3)	(4)
	IV(2SLS)	出口集聚的扩展指标		
ag	0.107 9*** (6.79)			
$\ln EMP^{own}$		0.001 6*** (2.62)		
$\ln EMP^{other}$			0.041 9*** (13.59)	
$\ln EMP^{hitech}$				0.011 4*** (7.43)
FOE	−0.043 2*** (−11.58)	−0.000 6 (−0.07)	−0.001 4 (−0.16)	−0.000 9 (−0.11)
$\ln Scale$	0.004 0*** (4.80)	−0.004 5*** (−4.08)	−0.004 9*** (−4.46)	−0.004 5*** (−4.11)
Pro	−0.446 2*** (−41.36)	−0.277 3*** (−98.05)	−0.276 6*** (−97.91)	−0.277 1*** (−98.00)

(续表)

	(1)	(2)	(3)	(4)
	IV(2SLS)	出品集聚的扩展指标		
$\ln Wage$	−0.079 9*** (−10.99)	−0.000 9 (−0.86)	−0.000 9 (−0.89)	−0.000 9 (−0.92)
常数项	−0.195 1 (−1.09)	0.912 9*** (95.31)	−.385 0*** (9.48)	0.812 8*** (47.05)
R^2	0.213 6	0.135 9	0.138 1	0.136 5
样本数	91 133	130 121	130 121	130 121

说明：Kleibergen-Paaprk LM 统计量为 132.459***，Kleibergen-Paaprk Wald F 统计量为 134.639***。

其中，Ω_{jh} 是地区 j 行业 h 的企业集合，wt_{it} 表示 t 时期企业 i 的就业在其所在地区所在行业总就业中的占比 EMP_{it}^{own} 指 t 时期企业 i 所在地区所在行业的总就业，EMP_{it}^{other} 指企业 i 所在地区其他行业的总就业，Ω_{j_hitech} 是地区 j 高技术行业[①]的企业集合 EMP_{it}^{hitech} 指高技术企业的就业人数。从一定程度上讲，本文选取的上述3个指标分别反映了出口集聚的劳动力市场共享、产业上下游关联及技术外溢等3种效应。表5第(2)~(4)列分别展示了使用自变量的3个扩展指标进行估计的结果。上述3个变量的估计系数均显著为正，但从估计系数值的大小可以看出，由空间集聚而产生的产业垂直关联效应对企业 EDVAR 的正向影响最大，其次是技术溢出效应。这一估计结果进一步证实了本文前述的部分观点，即空间集聚可以通过信息共享和技术溢出使得国内中间品供应商更容易掌握国外中间品的核心技术，从而在国内市场上提供更多样化的高质低价中间品。在此基础上，产业的上下游关联促使出口企业有更多的机会使用国内中间品进行生产，从而提升 EDVAR。

---

① 根据2013年《高科技行业（制造业）分类》代码可以识别出工业企业数据中高科技行业的 GBT 四位码(2011版)，然后再根据2011版 GBT 代码与2002版 GBT 代码的对应表进行转换，即可得到本文样本数据中各地区高技术行业的企业集合。

五、机制检验

空间集聚对企业出口国内附加值的影响渠道主要有两方面：一是通过竞争效应和技术外溢效应提升企业的生产率；二是通过成本节约效应和产业上下游关联效应实现国内中间品对进口中间品的替代。表6第(1)列给出了空间集聚(agg)对企业生产率(TFP)的回归结果。TFP的估计系数显著为正，说明空间集聚有助于提升企业的生产率水平，从而对$EDVAR$产生正向影响。为深入探讨国内中间品对进口中间品的替代问题，本文将引入4个新变量：一般贸易企业出口中间品的数量($Inte\_quan\_o$)与多样性($Inte\_var\_o$)；加工贸易企业进口中间品的数量($Inte\_quan\_g$)与多样性($Inte\_var\_g$)。具体的测度方法如下：在海关数据中有企业层面HS八位码产品的进出口记录，首先将每一种产品识别为中间品和最终品，然后将各企业进出口中间品的种类和数量进行加总。引入上述4个新变量的依据在于：国内中间品的种类和数量无法度量，因此采用一般贸易企业出口中间品的种类和数量作为其代理变量。另外，Kee和Tang(2016)的研究表明，一般贸易企业在初期使用国内中间品替代进口的空间很小，因此，本文着重检验加工贸易企业在使用进口中间品和国内中间品时的变化规律。

表6 影响机制检验 I

	(1)	(2)	(3)	(4)	(5)
	生产率	一般贸易企业出口中间品		加工贸易企业进口中间品	
	(TFP)	扩展边际	集约边际	扩展边际	集约边际
agg	0.431 4*** (41.42)	0.589 9*** (6.37)	0.125 9*** (2.74)	−1.681 3*** (8.30)	−0.213 1*** (−4.70)
FOE		0.444 9 (1.58)	0.371 0*** (2.65)	1.006 1 (1.15)	0.257 5 (1.31)
$\ln Scale$		0.668 6*** (16.44)	0.454 5*** (22.51)	1.406 9*** (16.27)	0.522 9*** (27.02)

(续表)

	(1)	(2)	(3)	(4)	(5)
	生产率	一般贸易企业出口中间品		加工贸易企业进口中间品	
	(TFP)	扩展边际	集约边际	扩展边际	集约边际
ln$Wage$		0.2261*** (6.01)	0.1590*** (8.51)	0.3039*** (3.95)	0.1845*** (10.71)
常数项	1.3077*** (9.92)	-8.4886*** (-7.27)	6.9323*** (11.97)	22.2356*** (8.23)	11.6932*** (19.35)
R^2	0.0239	0.0280	0.0771	0.0238	0.0311
样本数	130121	80617	80617	48240	48240

表6第(2)~(3)列的估计结果表明出口集聚可以增加一般贸易企业出口中间品的种类(扩展边际)和数量(集约边际)。由于一般贸易企业出口的中间品种类属于国内中间品种类的一个子集,因此该估计结果同样可以说明空间集聚对国内中间品种类和数量的增加具有积极的正向影响。这可能是因为一般贸易企业会更多地进口中间品,对当地的中间品供应商产生示范效应和外溢效应,促使国内企业生产更多样化的中间品。另外,集聚区域内的企业通常具有较高的生产率和利润,研发资金充足,可为生产多样化的中间品提供资金和技术支持。表6第(4)和(5)列的估计结果表明,在控制了企业规模和劳动力成本之后,空间集聚对加工贸易企业进口中间品的种类和数量起到抑制作用。由此可推测:出口企业的大量集聚导致国内市场上中间品供给数量与种类增加,质量提高,为加工贸易企业提供更多的选择机会,当国内中间品相对于进口中间品的价格有所下降时,加工企业可能更多地采购国内中间品,实现对进口的替代。表6的估计结果为本文C1理论部分所提到的空间集聚对企业EDVAR的影响机制提供了初步的证据。接下来,本文还将构建中介效应模型来进一步分析其背后的影响渠道。我们选取各地级市区域国内中间品的种类($Inte\_var$)和数量($Inte\_quan$)作为中介变量,由于上述两个变量无法直接度量,本文选取各地级市区域内一般贸易企业出口中间品种类的加权均值和出口中间品数量加总取对数值来分别作为二者的代理变量。综合(22)式,本文设定的中介效应模型如下所示:

$$lnte\_var_{jt} = \beta_j + \beta_t + \beta_A agg_{jt} + \beta_X \overline{X}_{jt} + \mu_{jt} \quad (28)$$

$$lnte\_quan_{jt} = \gamma_j + \gamma_t + \gamma_A agg_{jt} + \gamma_X \overline{X}_{jt} + \xi_{jt} \quad (29)$$

$$EDVAR_{it} = \kappa_i + \kappa_t + \kappa_A agg_{jt} + \kappa_v lnte\_var_{jt} + \kappa_q lnte\_quan_{jt} + \kappa_X X_{jt} + v_{it} \quad (30)$$

由于公式(28)和(29)中的中介变量为地区层面的指标,因此本文将企业层面的控制变量 X_{it} 均转换为地区层面的加权均值 $\overline{X}_{jt}$。表 7 报告了空间集聚对企业 EDVAR 影响的中介效应检验结果。

表 7 影响机制检验Ⅱ:中介效应模型

	(1)	(2)	(3)	(4)	(5)	(6)
	EDVAR	lnte_var	lnte_quan	EDVAR	EDVAR	EDVAR
agg	0.027 2*** (10.89)	0.146 2*** (2.98)	0.213 9*** (3.16)	0.025 4*** (10.14)	0.022 3*** (8.77)	0.021 6*** (8.48)
lnte_var				0.009 6*** (8.39)		0.007 6*** (6.41)
lnte_quan					0.013 7*** (9.83)	0.011 7*** (8.20)
FOE	−0.001 6 (−0.18)	0.016 0 (0.13)	−0.084 1 (−0.49)	−0.000 9 (−0.11)	−0.001 2 (−0.13)	−0.000 8 (−0.09)
lnSeale	−0.004 8*** (−4.38)	−0.003 7 (−1.07)	−0.104 7** (−2.41)	−0.004 8*** (−4.46)	−0.004 9*** (−4.47)	−0.004 9*** (−4.51)
Pro	−0.276 8*** (−97.94)	−0.216 0* (−1.82)	−0.783 7*** (−4.78)	−0.276 2*** (−97.73)	−0.276 0*** (−97.67)	−0.275 6*** (−97.56)
lnWage	−0.000 7 (−0.71)	0.088 2 (1.17)	0.358 3*** (3.45)	−0.000 7 (−0.72)	−0.001 0 (−0.96)	−0.000 9 (−0.93)
常数项	0.591 9*** (18.68)	0.867 1 (1.62)	13.836 0*** (18.68)	0.583 6*** (18.41)	0.395 1*** (10.55)	0.417 3*** (11.10)
R^2	0.137 3	0.147 4	0.451 7	0.138 1	0.138 5	0.139 0
样本数	130 121	1 388	1 388	130 111	130 111	130 111
Sobel 检验(Z 值)				2.810 8***	3.008 4***	
中介效应				0.001 4	0.002 9	0.003 6
中介效应占比(%)				5.26	11.65	14.28

表7第(1)列是对基准模型的估计结果,第(2)和(3)列分别报告了以国内中间品种类和国内中间品数量为因变量的估计结果。空间集聚变量的估计系数仍显著为正,这表明出口集聚有助于提高区域内中间品的多样化和数量的扩张。背后的原因除了前文提到的进口企业为国内中间品供应商带来的技术溢出之外,还可能是出口集聚中劳动力的共享使得企业节约了生产成本提高了产品加成率,从而获得较多的利润以扩大生产规模,增加中间品的供应量。在公式(30)的回归中,依次加入中介变量后的估计结果见表7第(4)~(6)列。从中可以看出,中介变量$Inte\_var_{jt}$和$Inte\_quan_{jt}$的估计系数在1%的水平上显著为正,表明集聚区域内本土企业生产的中间品种类和数量的增加对企业EDVAR的提高有明显的促进作用。对比表7第(6)列与第(1)列的估计结果可知,在加入两个中介变量后,核心解释变量空间集聚的估计系数和t检验值有所下降,这表明国内中间品种类和数量的增加是空间集聚提高企业EDVAR的可能渠道。

六、拓展分析:空间集聚对地区EDVAR的影响

本文从微观层面考察了空间集聚对企业出口国内附加值的影响机制,发现空间集聚使得国内中间品种类与数量增加,为替代进口中间品提供了有利条件。在此基础上,本文还将考察空间集聚与地区层面出口国内附加值变动之间的关系以及资源配置在其中发挥的作用。地区层面EDVAR的变动可以分解为四方面:一是企业内效应,即在位企业市场份额保持不变时,由其自身EDVAR变动所引起的地区EDVAR的变动;二是企业间效应,即在位企业EDVAR保持不变时,由区域内企业之间出口份额的变动而引致的地区EDVAR的变动;三是进入效应,即由新企业进入市场而导致的地区EDVAR的变动;四是退出效应,即由企业退出市场而导致的总体EDVAR的变动。前两种效应可以认为是集约边际效应,后两种效应被认为是扩展边际效应,而企业间效应、进入效应和退出效应之和被视为资源再配置效应(Griliches & Regev, 1995)。

各地区总体的出口国内附加值测算公式如下:

| 出口企业的空间集聚对出口国内附加值的影响 |

$$EDVAR_{jt} = \sum_{i \in \Omega_j} s_{it} \cdot EDVAR_{it} \tag{31}$$

其中,Ω_j 为地区 j 的企业集合,s_{it} 为企业 i 的出口额占地区 j 出口总额的比重,$EDVAR_{it}$ 为企业 i 在时期 t 的出口国内附加值。地区总体 $EDVAR$ 在 t 时期的变动(Δ)为:

$$\begin{aligned}\Delta EDVAR_{jt} &= EDVAR_{jt} - EDVAR_{jt-1} \\ &= \sum_{i \in (DM, EN)} s_{it} \cdot EDVAR_{it} - \sum_{i \in (DM, EX)} s_{it-1} \cdot EDVAR_{it-1}\end{aligned} \tag{32}$$

其中,DM、EN 和 EX 分别表示持续在位企业、新进入企业和退出企业的集合。总体 $EDVAR$ 的动态分解恒等式如下所示:

$$\Delta EDVAR_{jt} = \underbrace{\underbrace{\sum_{i \in DM} \bar{s}_{it} \cdot \Delta EDVAR_{it}}_{\text{企业内效应}} + \underbrace{\sum_{i \in DM} \Delta s_{it} \cdot (\overline{EDVAR}_{it} - \overline{EDVAR}_{jt})}_{\text{企业间效应}}}_{\text{集约边际效应}}$$

$$\underbrace{\underbrace{\sum_{i \in EN} s_{it} \cdot (EDVAR_{it} - \overline{EDVAR}_{jt})}_{\text{进入效应}} - \underbrace{\sum_{i \in EX} s_{it-1} \cdot (EDVAR_{it-1} - \overline{EDVAR}_{jt})}_{\text{退出效应}}}_{\text{扩展边际效应}} \tag{33}$$

其中,$\bar{s}_{it}$、$\overline{EDVAR}_{it}$ 和 $\overline{EDVAR}_{jt}$ 分别表示 s_{it}、$EDVAR_{it}$ 和 $EDVAR_{jt}$ 在 t 期和 $t-1$ 期的平均值。当在位企业的 $EDVAR$ 提高时,企业内效应为正;当 $EDVAR$ 高于(低于)均值的企业的出口份额增加(减少)时,企业间效应为正;当新进入企业的 $EDVAR$ 高于均值时,进入效应为正;当退出企业的 $EDVAR$ 低于均值时,退出效应为正。

表 8 报告了样本期内各地区层面平均出口国内附加值变动的分解结果。由表 8 可知,各地区 $EDVAR$ 的平均增长幅度为 0.007,在四种分解效应中,企业退出效应为正,且贡献度最大,说明每年退出市场的企业其 $EDVAR$ 普遍低于地区平均水平,可能的原因是国内市场上激烈的竞争更容易使那些生产率低下的企业失去竞争力而退出市场。

表 8　各地区 EDVAR 变动的分解结果

	效应分解	变动指数	贡献度(%)
(1)	EDVAR 总变动	0.007 0	—
(2)	企业内效应	0.002 2	31.33
(3)	企业间效应	0.000 1	0.97
(4)	进入效应	−0.002 5	−35.99
(5)	退出效应	0.007 3	103.69
(2)+(3)	集约边际变动	0.002 3	32.30
(4)+(5)	扩展边际变动	0.004 7	67.70
(3)+(4)+(5)	再配置效应	0.004 8	68.67

数据来源:作者计算所得。

进入效应的贡献度为负,说明每年新进入的企业 EDVAR 较低,会拉低地区平均出口产品国内附加值,但通过干中学效应可以不断提高自身的 EDVAR,因此企业内效应的贡献度为正(31.33%)。企业间效应仅为 0.97%,说明市场上持续存在企业的市场份额并无较大的变动,由退出企业释放的市场空间大多由新进入企业占据。国内市场上每年有大量的企业进入和退出,因此地区总体的 EDVAR 变动主要是由资源再配置效应而引致的,其贡献度高达 68.67%。同样的,从二元边际视角来看,在总体 EDVAR 的变动中,扩展边际效应(67.7%)明显大于集约边际效应(32.3%)。因此,我们可以认为资源再配置效应在地区 EDVAR 的提升中发挥着重要作用。在上述分解结果的基础上,本文进一步构建计量模型考察空间集聚如何影响资源再配置效应进而影响地区总体的出口国内附加值,具体的方程为:

$$Y_{jt} = \theta_o + \theta_j + \theta_t + \theta_A agg_{jt} + \eta_{jt} \tag{34}$$

其中,θ_j 和 θ_t 分别为地区和年份固定效应,agg_{jt} 是地区层面的出口集聚指标,Y_{jt} 分别:总变动效应、企业内效应、企业间效应、进入效应、退出效应、集约边际效应、扩展边际效应和资源再配置效应。表 9 报告了相应的估计结果。

表 9　空间集聚对地区层面 EDVAR 变动的影响

		agg	常数项	控制变量	年份效应	观测值	R^2
(1)	EDVAR 总变动	0.015 3*** (3.78)	−0.267 5*** (−22.67)	控制	控制	1 116	0.059 7
(2)	企业内效应	0.008 4*** (13.68)	−0.138 7*** (−23.31)	控制	控制	1 116	0.028 4
(3)	企业间效应	−0.004 0*** (−34.84)	0.094 2*** (27.17)	控制	控制	1 116	0.030 9
(4)	进入效应	−0.002 9*** (−4.38)	−0.022 6*** (−4.08)	控制	控制	1 116	0.019 4
(5)	退出效应	0.013 8*** (23.28)	−0.200 4*** (−42.21)	控制	控制	1 116	0.019 4
(6)	集约边际变动	0.004 4*** (7.74)	−0.044 5*** (−6.55)	控制	控制	11 16	0.057 0
(7)	扩展边际变动	0.010 9*** (10.58)	−0.223 0*** (−26.93)	控制	控制	1 116	0.043 5
(8)	再配置效应	0.006 9** (2.55)	−0.128 8*** (−12.77)	控制	控制	1 116	0.052 1

表 9 第(1)行的估计系数显著为正,说明空间集聚不仅对地区 EDVAR 的提升具有积极的正向影响,而且集聚度越高的地区,EDVAR 的增长幅度越大。这可能是因为出口企业集聚的地区吸引的优势资源和高级生产要素较多,集聚对企业发展的正外部性加速了企业的研发创新和生产效率的提高,从而使集聚地区总体的 EDVAR 增长较快。第(2)行的估计结果表明空间集聚对企业内效应具有显著的促进作用,即空间集聚有助于提高在位企业 EDVAR 的平均水平,这与前文结论相一致。第(3)行企业间效应的估计系数显著为负,说明集聚对不同企业之间市场份额的调整并未对 EDVAR 的提升产生促进作用。持续存在企业的市场份额并未表现出快速的扩张或收缩的趋势,企业间效应对总效应变动的贡献度很低。这可能与本文的样本筛选标准有关,工业企业数据库只统计国有企业和规模以上的其他企业,当企业市场占有率大幅下降时,可能会被排除在统计范围之外。另外,本文将存在指标异常和规模较小

的企业剔除,因此企业之间市场份额的相对变化(即企业间效应)也可能会部分归于进入退出效应,这也是本文估算的进入退出效应在总效应中贡献度偏高的原因之一。从表9第(4)和(5)行的估计结果可知,空间集聚对进入效应存在负向影响,而对退出效应存在正向影响。一方面,集聚区域的优势资源会吸引更多的新进入者,但新进入者的出口附加值可能低于地区平均水平;另一方面,激烈的竞争也可能淘汰大量的低效率和低附加值的企业。从第(2)~(5)行的估计结果可推出第(6)~(8)行的估计系数,这是因为集约边际效应是企业内和企业间效应之和,而扩展边际是进入和退出效应之和,资源再配置效应则是企业间和扩展边际效应之和。因此,空间集聚对二元边际效应均产生显著的正向影响,而第(8)行的估计结果再次证明了资源再配置效应是空间集聚促进地区出口国内附加值提升的重要渠道之一。

七、结论与启示

本文使用 2002—2006 年中国制造业微观数据,深入研究了空间集聚对制造业企业出口国内附加值的影响效应及影响机制。研究发现出口企业的地理集聚对企业出口国内附加值的提升具有显著的促进作用,这一结论在处理内生性问题,并使用不同的集聚衡量指标进行检验之后依然稳健。引入企业特征的异质化分析表明,空间集聚对企业 EDVAR 的影响受到企业所有制、贸易方式、出口目的国和出口产品复杂度等因素的制约。分样本的经验研究表明,空间集聚显著提高了加工贸易企业的 EDVAR,但对一般贸易企业的正向影响较小;空间集聚对外资企业 EDVAR 的促进作用明显大于国有企业;空间集聚对出口市场以发展中国家为主的企业 EDVAR 正向影响更大。

回归检验发现,空间集聚通过竞争和外溢效应提高了本土企业的生产效率和创新能力,加速了国内中间品市场规模的扩张与中间品多样化的供应;集聚区域内产业上下游关联所引致的成本节约效应促使外资企业和加工贸易企业更多地与本土上游企业合作,使用国内中间品替代进口中间品,进而提升企业层面的出口国内附加值。本文将资源配置因素引入空间集聚对出口产品国内附加值影响的研究表明,由企业进入退出引致的扩展边际对地区总体 $EDVAR$ 的提高发挥了主要作用,集约边际的贡献度较小,而资源再配置效应的贡献度达到 68.67%。集聚区域内要素和资源实现高效的市场化配置,可对地区总体的出口国内附加值产生明显的促进作用。

  本文的研究结论具有重要的政策含义。渐进式的对外开放和集群式的发展模式促使国内企业迅速融入全球价值链,且有助于提高企业的出口国内附加值,对企业提升国际分工地位具有重要作用。中国进一步地深化改革依然需要采取稳健的开放政策,创造良好的开放条件鼓励企业的集聚化发展,逐步实现由东部沿海地区集聚向中西部内陆地区集聚的发展路径,以此促进企业融入全球化分工,缓解区域发展的不平衡。具体而言,促进产业集聚发展的政策主要包括以下两点:一是地区基础设施的完善,因为地理集聚外部经济效应带来的成本节约是企业集中活动的主要动力,基础设施的完善能够最大限度地吸引同类企业或者相关企业的扎堆生产;二是深化金融制度改革,缓解融资约束对于集聚区域内企业自主创新能力的提升十分重要。

  本研究的另一个政策启示在于:中间品的贸易自由化改革对于提高企业的 $EDVAR$ 同样具有重要作用。鼓励国内一般贸易企业进口大量的高质低价且多样化的中间品可以有效整合全球资本、技术等高级要素资源,通过技术溢出效应培育并完善国内中间品市场。在当前全球化的国际分工背景下,以加工装配为主的贸易方式有利于中国企业快速融入全球价值链,但同时也难以摆脱"低端锁定"的分工地位以及对国际市场的进口依赖。如果在集聚区域内加工贸易企业(尤其是进料加工企业)更多地使用国内中间品替代进口中间品,那么加工贸易将带动上游产业的持续发展和转型升级。综上所述,政府应充分认识到中间品贸易自由化对中国企业在全球价值链中的地位攀升具有积极的促进作用,进一步削减关税水平、加强与主要伙伴国的贸易谈判,不断改善企业的经营环境,为加工企业出口国内附加值的提升提供有利条件。

参考文献

[1] 陈旭,邱斌,刘修岩.空间集聚与企业出口:基于中国工业企业数据的经验研究[J].世界经济,2016(8).

[2] 范剑勇,冯猛,李方文.产业集聚与企业全要素生产率[J].世界经济,2014(5).

[3] 洪世勤,刘厚俊.出口技术结构变迁与内生经济增长[J].世界经济,2013(6).

[4] 李胜旗,毛其淋.制造业上游垄断与企业出口国内附加值[J].中国工业经济,2017(3).

[5] 刘修岩.空间效率与区域平衡:对中国省级层面集聚效应的检验[J].世界经济,2014(1).

[6] 刘竹青,佟家栋,许家云.地理集聚是否影响了企业的出口决策[J].产业经济研究,2014(2).

[7] 马歇尔.经济学原理[M].廉运杰,译.北京,华夏出版社,2005.

[8] 彭冬冬,杜运苏.中间品贸易自由化与出口贸易附加值[J].中南财经政法大学学报,2016(6).

[9] 苏庆义.中国国际分工地位的再评估——基于出口技术复杂度与国内增加值双重视角的分析[J].财经研究,2016(6).

[10] 佟家栋,刘竹青.地理集聚与企业的出口抉择:基于外资融资依赖角度的研究[J].世界经济,2014(7).

[11] 文东伟,冼国明.中国制造业的空间集聚与出口:基于企业层面的研究[J].管理世界,2014(10).

[12] 许家云,毛其淋,胡鞍钢.中间品进口与企业出口产品质量升级:基于中国证据的研究[J].世界经济,2017(3).

[13] 叶宁华,包群,邵敏.空间集聚、市场拥挤与我国出口企业的过度扩张[J].管理世界,2014(1).

[14] 于津平,邓娟.垂直专业化、出口技术含量与全球价值链分工地位[J].世界经济与政治论坛,2014(2).

[15] 张杰,陈志远,刘元春. 中国出口国内附加值的测算与变化机制[J]. 经济研究, 2013(10).

[16] BALDWIN E R, OKUBO T. Heterogeneous Firms, Agglomeration and Economic Geography: Spatial Selection and Sorting[J]. Journal of Economic Geography, 2006, 6(3): 323–346.

[17] CICCONE A. Agglomeration Effects in Europe[J]. European Economic Review, 2002, 46(2): 213–227.

[18] DEAN J M, FUNG K C, Wang Z. Measuring Vertical Specialization: The Case of China[J]. Review of International Economics, 2011, 19(4): 609–625.

[19] GLAESER E, GOTTLIEB J. The Wealth of Cities: Agglomeration Economies and Spatial Equilibrium in the United States[J]. Journal of Economic Literature, 2009, 47(4): 983–1028.

[20] GRILICHES Z, REGEV H. Firm Productivity in Israeli Industry: 1979–1988 [J]. Journal of Econometrics, 1995, 65(1): 175–203.

[21] HUMMELS D, ISHII J, YI K M. The Nature and Growth of Vertical Specialization in World Trade[J]. Journal of International Economics, 2001, 54 (1): 75–96.

[22] KEE H L, TANG H. Domestic Value Added in Exports: Theory and Firm Evidence from China[J]. The American Economic Review, 2016, 106(6): 1402–1436.

[23] KOOPMAN R, Wang Z, WEI S J. Estimating Domestic Content in Exports When Processing Trade Is Pervasive[J]. Journal of Development Economics, 2012, 99(1): 178–189.

[24] LONG C, ZHANG X. Cluster-Based Industrialization in China: Financing and Performance[J]. Journal of International Economics, 2011, 84(1): 112–123.

[25] SAITO H, GOPINATH M, WU J. Heterogeneous Firms, Trade Liberalizationand Agglomeration[J]. Canadian Journal of Economics, 2011, 44(2): 541–560.

[26] UPWARD R, WANG Z, ZHENG J. Weighing China's Export Basket: The Domestic Content and Technology Intensity of Chinese Exports[J]. Journal of Comparative Economics, 2013, 41(2): 527-543.

[27] YU M J. Processing Trade, Tariff Reduction and Firm Productivity: Evidence from Chinese Firms[J]. Economic Journal, 2015, 125(585): 943-988.

自由贸易协定与全球价值链嵌入[①]

韩 剑 王 灿

引 言

20世纪90年代以来,国际分工出现重大转型,"本国生产、全球销售"的传统贸易模式逐步被"全球生产、全球销售"的价值链方式所替代,一种更加专业化、多样化、便利化的新型贸易体系逐渐重塑世界贸易新格局。分散化是这一生产模式的突出特征,各国通过对外投资和外包等方式将生产工序分布到全球各个国家和地区,极大地带动了中间产品和服务的进出口贸易,也是实现国内产业链条优化升级的有效手段。目前,世界范围内60%以上的贸易都集中在中间产品上,全球价值链呈现出以美国为核心的北美贸易区、以德国为主导的欧洲贸易区和以中国、日本为核心的东亚贸易区"三足鼎立"的局面,其中北美以"创新"主导,欧洲和东亚则以"制造"见长。

这一价值链分工和产业链条转移模式的出现,一方面加深了各国间的经济合作,另一方面也对现有的国际贸易规则提出了挑战。随着各国间的贸易投资依赖程度不断提高,生产服务网络不断深化,基于 WTO 的传统贸易规则已不能适应新时代的贸易格局,且多哈回合长期陷入停滞,出台更高标准、更高水平的"21世纪贸易规则"迫在眉睫。特别是进入新时期以来,庞大的区域贸易协定(RTA)复杂网络在全球范围内逐渐展开,遍布欧、亚、非各国,形成错综复杂的"意大利面碗"。根据 WTO 的统

[①] 基金项目:国家自然科学基金项目"企业异质性、固定成本约束与优惠自贸协定利用:基于 FTA 利用率的研究"(项目编号:71773048);教育部人文社会科学研究基地重大项目"长江三角洲全面建设小康社会中的开放发展研究"(项目编号:16JJD790025)。

计,1948—1994 年,全球向 WTO 报备了 124 个 RTA;但 1995 年乌拉圭回合结束以来,向 WTO 报备的 RTA 数量已超过 400 个。截至 2017 年底,总有效的 RTA 数量达 279 个,同时涵盖货物和服务的 RTAs 为 143 个。

RTA 的发展不仅在于数量增长,更在于质量提升。传统的 RTA 仅停留在关税、非关税削减等"边境上壁垒"层面,而现有的贸易协定越来越关注到"边境后壁垒"层面以及"跨边境互通互联",逐步涵盖服务贸易、知识产权、竞争政策、电子商务等后边境规则,并不断提升法律可执行程度;更有甚者,将反腐、政治体制、人权、文化等与贸易弱相关的内容纳入协定。目前,学术界对 RTA 的关注大都还停留在数量层面,对于其内容的异质性及条款深度的关注近期才有了少量成果(Hofmann et al.,2017;Osnago et al.,2016)。RTA 作为当前区域经济一体化的热点对经济全球化进程发挥着越来越重要的影响,世界主要国家都以不同方式组建有利于自身经济发展的 RTA,客观上已经形成了一种重要的国际竞争。就 RTA 本身而言,最直接的目标是拓展成员国之间的相互贸易,形成更大的市场规模来促进竞争,提高经济运行的效率和国际竞争能力。是否达到预期目标,应当可以从全球价值链的视角来进行深入的分析考证,进而得出更加符合实情和有益的结论。本文通过考察各国 RTA 签署对其融入全球价值链的影响,从数量、深度多维度考察,同时关注到国家差异及 RTA 条款的异质性,系统全面地进行实证研究,对已有文献是一个很好的补充,研究结论可为各国更好地融入全球 RTA 网络及全球价值链提供切实可行的政策参考。

一、理论机制分析

区域贸易协定作为促进产品进行区域化、国际化生产的有效工具,为全球价值链的多方位发展创造了可能性,并且随着 RTA 条款内容的逐渐深化,GVCs 的网络也更加完善。Hummels 等(2001)首先提出"垂直专业化率"指数衡量一国在全球价值链中参与分工的程度。Koopman et al.(2010)在此基础上提出测度一国全球价值链分工的 GVC 参与度指数和 GVC 位置指数。研究结果表明,参与产品内分工对发展中国家价值链地位的提升具有显著的推动作用(唐海燕和张会清,2009),也是全球产业链升级改造的重要途径(Feenstra et al.,1996;Amiti & Wei,2006)。显然,分工的逐渐细化有效延伸了各国在全球价值链中的参与长度,而此合作方式的有效性对政策质量相当敏感。Bernard et al.(2010)指出政府管制和企业执行等制度质量对美国跨国企业公司内贸易具有决定性影响。Costinot(2009)通过研究契约执行对劳动分工和贸易模式的影响,发现更好的制度环境下,绝对生产力水平高的国家专业化分工明细,能够拥有复杂行业的比较优势。因此,从国际分工的角度来看,深度 RTA 是确保价值链分工合作体系平稳运行的关键生产制度安排,也是促进产业分工不断细化的重要保障。

本质上,RTA 起到这一保障作用的根源在于最大限度地降低成员国的贸易成本。贸易成本指的是商品到达最终消费者手中所必须支付的除了生产产品的边际成本之外的所有成本(Anderson & Wincoop,2004)。贸易成本的降低对产业集聚和产业转移具有显著的促进作用,从而改变价值链的分布和结构(Hanson,1998)。其中,关税、非关税、运输、物流成本是起主要作用的关键因素。Bruhart(2001)发现产业集聚程度与非关税壁垒正相关;林理升和王晔倩(2006)发现运输成本引致制造业在沿海地区集聚。而签订区域贸易协定是降低各国双边贸易成本的有效途径(刘洪铎和蔡晓珊,2016)。根据 WTO 的测算,如果《贸易便利化协定》能够得到充分实施,WTO 成员的进出口贸易成本可以平均下降 14.3%,其中发展中国家成本降幅更大,进口货物平均通关时间有望缩短 1.5 天,出口货物通关时间将缩短近 2 天,出口贸易总量每年增长 9.9%。另外,随着信息网络的发展,电子商务也被逐渐纳入 RTA 的谈判中,足不出户便可实现商业往来,必将给 RTA 成员国带来更大的贸易便利。可见,深度 RTA 通过降低贸易成本极大地促进了世界范围内的中间品贸易量,从而加深了各国在全球价值链中的嵌入程度。

进一步,从宏观政策层面看,深化 RTA 条款是顺应新时代"制造业服务化"发展的必然趋势。目前的全球价值链是以跨国公司为主导、以服务外包为主要参与方式的生产性服务贸易网络。相较于传统的货物贸易往来模式,新型价值链体系中,服务贸易的重要性凸显,对于价值链整合起着"粘合剂"作用。研究指出,目前的价值链模式中,生产组装等制造工序只占到整个产品价值的10%,而其余90%均来自服务贸易(Carroll et al.,2015)。因此,通过生产性服务,制造业逐渐"服务化",服务业逐渐"自动化",现阶段生产效率的提高更多取决于两者的相互联系而不仅仅停留在各自的生产效率层面(Riddle,1986;程大中,2004)。因此,RTA作为各国生产贸易互联互通的重要助推器,需要在服务贸易等后边境规则领域发挥更多作用。刘洪愧(2016)指出不管是对于加总还是细分服务行业,RTA均能有效促进各成员国之间的增加值贸易关联。此外,随着制造业服务化的发展,知识产权保护也被更多国家所重视。知识产权保护水平的提高能够有效促进北方国家对南方国家的出口和直接投资并对东道国的扩张具有显著的正向影响(Branstetter & Saggi,2011)。在现有RTA深化的过程中,越来越多地将知识产权、资本流动等条款考虑在内,将给成员国之间进行经济技术交流提供充分的制度保障,吸引各国更高程度地融入全球价值链,带动产业结构优化和技术进步。

签署深度RTA也是各国降低不确定性风险的有效途径。在价值链生产模式下,相较于国内生产,各国面临着更高的履约保障成本和政策风险。传统的WTO多边规则下,由于各国劳工、就业等政策差异的不确定性,双边贸易往来面临很高的协调成本,而RTA的存在有效缩小了各国的谈判范围,在降低协调成本的同时也提高了成员国合作成功的概率(Ederington & Ruta,2016)。现有RTA逐渐加入环境保护条款,在倡导绿色发展的同时,带动全球价值链的健康发展。参与全球价值链,各国最大的不确定性在于政策风险的存在,全球性经济政策的不稳定将给价值链的构建带来很大冲击,Albagli(2011)认为,政策不确定性的普遍蔓延是经济萧条的一个最显著的特征。而RTA的逐渐深化赋予了双边贸易更加完善的争端解决机制和更加透明的政策监管,对各国贸易优势的提升和对外贸易的风险保障作用显著,能有效稳定全球生产服务网络。

二、全球FTA发展的数量及深度分析

20世纪90年代以来,全球RTA经历了爆发式的增长,主要情况如图1所示。

其中,仅16个是PSA(部分优惠贸易协定),29个是CU(关税同盟),剩余的234个都是FTA。因此,FTA构成了RTA的绝大部分(下文主要考察FTA)。从地理位置上看,欧洲参与度最高,其次是东亚和南美,大洋洲地区及西亚数量较少,欧盟、冰岛、瑞士是累积签署数量最多的地区,均在30个以上。从伙伴国的选择上来看,发达国家之间并不倾向于缔约FTA,而更愿意与发展中国家达成自由贸易区以实现服务外包等业务,另外,发展中国家也同时注重相互之间的价值链共享,南-南双边FTA数量不断增长。

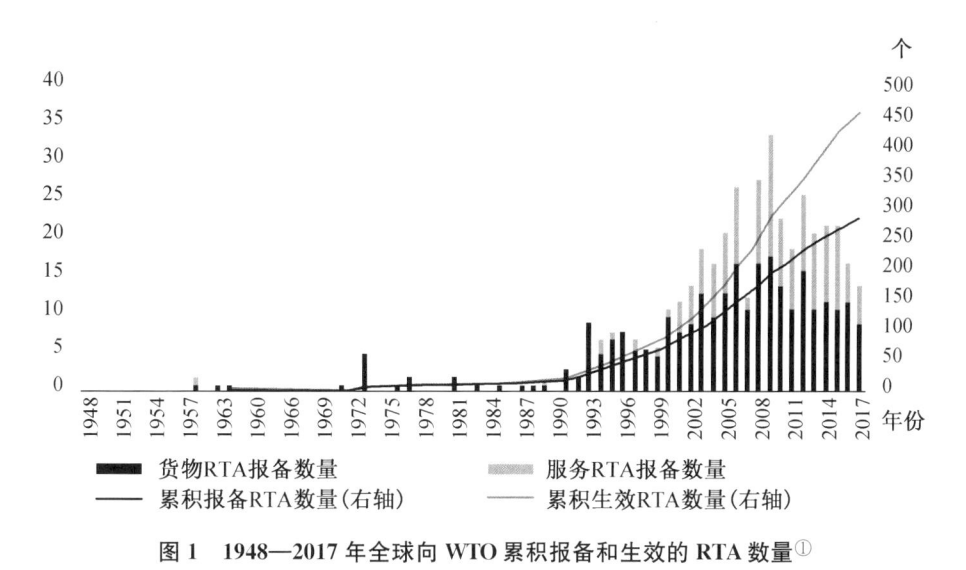

图1 1948—2017年全球向WTO累积报备和生效的RTA数量[①]

FTA的发展不仅在于数量增长,条款内容的逐渐深化才是其追求高标准、高水平的重要体现。按照Lawrence(1996)的定义,侧重于关税及其他直接影响市场准入边境措施的贸易协定只能称为"浅层"FTA,而"深层"FTA应当超越传统市场准入话题而包含投资、竞争政策、标准协调等新内容。因此,各类FTA由于其涵盖条款数量及内容的差异,深度有所不同。本文参照Horn et al.(2010)的方法,将现有FTA条款分类为"WTO+"和"WTO－X","WTO+"是指FTA和WTO中都涉及但是

---

① 资料来源:WTORTA数据库。

FTA中自由化程度更高的条款,包括制造业关税减让、农业关税减让、贸易便利化、出口税、SPS、TBT、国有贸易企业、反倾销、反补贴、国家援助、政府采购、TRIMS、GATS、TRIPS共14项基础条款;"WTO-X"则是指WTO中不包含而仅在FTA中涉及的新条款,包括反腐败、竞争政策、环境、知识产权、投资、劳动市场监管、资本流动等38个更加广泛的市场议题。在测算中,根据Hofmann et al. (2017)的赋值方法,0、1分别表示该FTA中不包含或包含此条款。进一步,考虑到法律可执行性,Horn et al. (2010)定义没有法律可执行性是指那些表述不清的、缔约方未明确承诺履行的、在争端解决中不大可能援引的条款。类似"双方应该合作……""双方要努力……""双方同意探索……"等模糊性用语并不具有实际可操作性。因此引入0、1、2三个数值,0表示未涉及,1表示提及但没有法律可执行性,2表示提及并有法律可执行性,某个FTA的深度即为所有条款数值加总。根据此方法,对各国FTA签署深度进行统计,2005—2014年全球主要经济体FTA平均条款深度见图2。

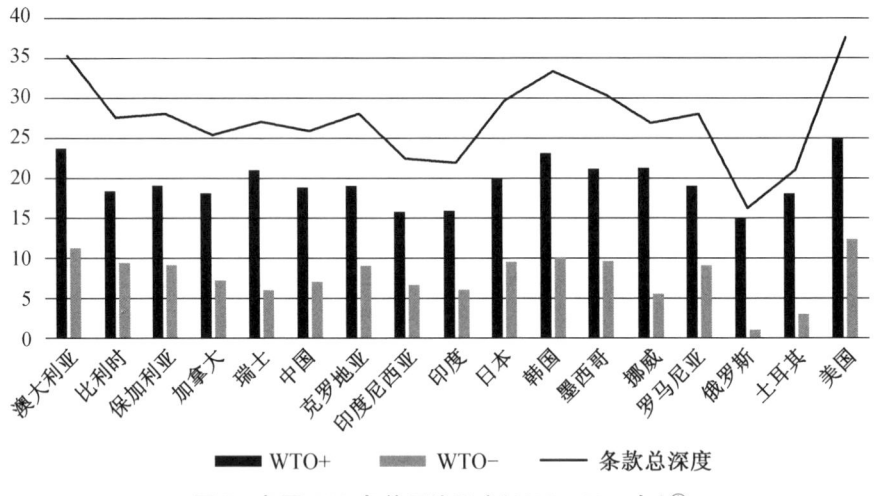

图 2　各国 FTA 条款平均深度(2005—2014 年)①

分区域来看,美国、澳大利亚、韩国、日本等发达国家FTA深度数值较大,条款

---

① 资料来源:根据FTADepth数据库整理所得。

内容多,自由化程度较高,而印度、印度尼西亚、土耳其等发展中国家 FTA 水平相对较低,我国处于相对平均水平。以中、日两国与东盟签署的自由贸易协定为例,"日本—东盟"FTA 内容较为完善,而早期"中国—东盟"FTA 条款大都落点在关税减让及海关程序层面,2015 年谈判升级后才在投资、知识产权、电子商务领域有了一定的文字表述,但未充分说明。进一步考察缔约伙伴,总体来看,发达国家之间、发达国家与发展中国家之间所签署的 FTA 水平较高,而发展中国家之间达成的贸易协定涉及条款数量较少,层次较浅。

具体条款方面,图 2 已显现出 WTO＋条款覆盖率远大于 WTO－X 条款,不管是发达国家,还是发展中国家,此现象都显著存在。因此,为进一步考察具体条款的差异,本文对 Hofmann et al.(2017)的"RTADepth"数据库中世界范围内所有 FTA 进行统计,具体计算出 WTO＋、WTO－X 共 52 项条款的覆盖率(见表1)。

表1 WTO＋、WTO－X 条款覆盖率

WTO＋			
制造业关税减让	100.00%	反倾销	76.82%
农业关税减让	99.57%	反补贴	64.81%
贸易便利化	93.56%	国家援助	68.67%
出口税	83.26%	政府采购	61.37%
SPS	69.10%	TRIMS	34.33%
TBT	72.53%	GATS	67.81%
国有贸易企业	55.79%	TRIPS	62.23%
WTO－X			
反腐败	14.16%	健康	7.30%
竞争政策	79.83%	人权	8.15%
环境	40.34%	非法移民	4.72%
知识产权	51.93%	毒品	8.58%
投资	60.52%	产业合作	15.88%
劳动市场监管	23.18%	信息社会	35.62%
资本流动	54.51%	矿业	8.58%

(续表)

WTO—X			
消费者保护	15.88%	洗钱	7.30%
数据保护	13.30%	核安全	3.00%
农业	27.90%	政治对话	14.59%
立法	6.01%	公共管理	19.74%
视听	9.44%	区域合作	29.61%
公民保护	1.29%	研发	21.03%
创新	12.02%	中小企业	16.31%
文化合作	12.88%	社会事务	11.16%
经济政策对话	19.31%	统计	17.60%
教育培训	17.60%	税收	11.59%
能源	17.60%	恐怖主义	4.72%
金融援助	11.59%	签证庇护	32.62%

资料来源：根据FTADepth数据库整理所得（此处的覆盖率计算不区分法律可执行性）。

WTO+条款中，关税减让是FTA最基础的内容，几乎所有的双边协议中都包含制造业、农业关税减让两个议题。贸易便利化条款的覆盖率也较为广阔，但目前大部分协议对此内容都只是文字上略有涉及，而未做过多阐述。出口税、反倾销、反补贴、TBT等基础条款也在绝大部分FTA中被提及。值得注意的是，GATS和TRIPS依然拥有较高的覆盖率，大部分FTA都重申了GATS和TRIPS下双方的基本义务和权利，且有相当比例的FTA在国民待遇和市场准入等方面超越了GATS的承诺。TRIMS是WTO+中覆盖率最低的条款，仅在30%左右，作为处理贸易活动中双边投资的传统条款，TRIMS所规定的数量限制和国民待遇较为粗略，在双边协议中并不被广泛使用。WTO—X条款中，反腐败、数据保护、立法、视听、健康、人权、毒品、核安全、统计、恐怖主义等与贸易直接相关性较小的话题覆盖率很低，只有欧盟等发达经济体将其纳入了部分协议的谈判中，发展中国家还鲜少对这方面有所涉足。而投资、竞争政策、知识产权、资本流动是 WTO－X 中覆盖范围较广的条款。此处的投资相较于 TRIMS，更进一步对投资准入等话题进行具体说明，并制定法律框架，协调简化程序，促进各国投资便利化和自由化。竞争政策在大多数 FTA 中都是独立成章，简要阐述促进竞争、建立维护竞争管理机构以及反垄断的重要性等。知识产权条款则加入更多 TRIPS 中未涉及的国际条约。资本流动条款也是 FTA 自由化程度提高的重要表现，主要是禁止新的资本限制，在政策层面保障资本的高效流动。另外，创新、研发、金融援助等条款在 FTA 中的覆盖率还相对较低，而随着生产信息技术的不断进步，创新对 FTA 构建的引导作用必须强化，重视研发、产业合作和相关技术人员引进对 FTA 升级至关重要。同时，金融援助是各国经济发展必要的政策支撑，在 FTA 构建中对此条款的关注程度还有待加强。

总体来看，21 世纪以来全球 FTA 经历了长足发展，数量增长迅速，质量也不断提升。条款覆盖内容从传统单一关税发展到涉及投资、竞争、知识产权等多元内容，欧盟、美国、日本等主要发达经济体 FTA 层次相对较高，发展中国家协议内容还有待深化。具体条款方面，"WTO－X"覆盖率远低于"WTO＋"，其中，投资、竞争政策、知识产权被提及频率相对较高，创新、研发及部分与贸易活动无直接相关性的条款在 FTA 中涉及相对较少。

三、变量选取与模型构建

（一）变量选取

基于上文的分析，本文采用回归模型研究自由贸易协定签署对各国全球价值链嵌入的影响，其中对于 FTA 的衡量采用签约数量和协议深度两个维度；各国全球价值链嵌入采用价值链参与度指数($GVCP$)、价值链长度指数($GVCL$)和最终需求距离($GVCD$)综合考察。

1. 被解释变量

(1) 全球价值链参与度指数($GVCP$)，由 Koopman et al. (2010)首先提出，运用 KPWW 模型将总出口按国家来源分解为国内和国外增加值部分，测算其占国家出口的比重以反映一国对全球价值链的贡献率和融入程度。

(2) 全球价值链长度指数(*GVCL*),衡量一国参与的全球价值链生产阶段数。Fally(2011)以各生产阶段贡献的增加值为权重,从垂直生产结构角度计算某产品在生产过程中所需经历的生产阶段数。

(3) 最终需求距离指数(*GVCD*),即"上游度"指数,衡量一国在全球价值链中所处的位置。根据Fally(2012)的定义,最终需求距离表示一国某部门产品在达到最终需求之前还需要经历的生产阶段数。

2. 解释变量

解释变量为各国签订FTA的数量和深度。一国签订的FTA数量(*Number*)横向度量该国在世界FTA网络中的辐射范围,签订的数量越多,表明一国在全球FTA网络中的影响力越大,位置越核心。FTA深度(*Depth*)纵向考察一国签订的自由贸易协定条款所涉及的条款内容,此处依然参照Hofmann *et al.*(2017)的做法,深度数值由各FTA涉及的条款数量加总所得,并将其标准化,数值越大,说明该FTA的深度越深,即缔约方在协议中涵盖的内容越广,FTA水平越高。

3. 控制变量

(1) 经济发展,采用GDP增长率衡量(*GDP*)。一国的经济发展是决定其国际地位、贸易生产模式及产业链条结构的基础因素。经济越发达的国家劳动专业化分工越精细,一国经济增长速度能够对全球经济贸易发展模式及资本流向起重要作用,决定其国际地位与政治话语权,对各国产业融合及全球价值链的参与方式也会带来相应影响。

(2) 外商直接投资,采用对外直接投资净流入占GDP的比重衡量(*FDI*)。跨国公司和FDI在全球价值链的形成过程中占据核心支配地位,伴随着对外直接投资的快速发展,跨国公司开始以不同国家的比较优势为基础在全球范围内优化配置资源,将产品生产的各个环节分配到最具优势或成本最低的区域进行,形成了跨越国界的全球生产网络。对外投资活动越频繁,产业结构变动越剧烈。引进外商直接投资对于本国技术水平和产业升级具有重要影响。

(3) 技术研发水平,采用一国R&D经费支出占GDP的比重衡量(*TECH*)。研发能力是决定各国技术水平和生产效率的主要因素,R&D 经费是其主要表现。在价值链生产模式中,技术水平的高低直接影响一国在产业链中所处的位置,处于上游的国家往往拥有更高的技术创新能力,生产的产品附加值更高,收益更大。这使得研发创新能力的提高成为一国提升全球价值链中国家地位的主要途径(4)人力资本水平,采用高等院校录取人数占总人数的比重衡量(HUC)。人才是国家经济发展、技术创新能力提升的有力支撑,人力资本水平反映了一国熟练劳动力的丰裕程度,人力资本水平高的国家更有可能嵌入到复杂的国际生产中,并在跨国生产链条中处于上游位置,提高垂直专业化的分工程度。

(二) 模型构建与数据处理

本文构建以下多元引力回归模型:

$$GVC_{it} = \beta_0 + \beta_1 Depth_{it} + \beta_2 Number_{it} + \beta_3 GDP_{it} + \beta_4 FDI_{it} + \beta_5 TECH_{it} + \beta_6 HUC_{it} + \varepsilon_{it}$$

其中,GVC 为各国 GVC 参与指数,i 为国家,t 为年份,β 为待估参数,ε_{it} 为随机误差项且服从标准正态分布。分别用 FTA 的深度、数量、国家经济发展水平、对外直接投资、技术研发水平及人力资本水平解释一国在全球价值链中的参与程度、参与长度及所处位置。

本文所使用的 GVC 指数均为笔者根据 WIOD 发布的最新世界投入产出表及对外经济贸易大学全球价值链研究院数据库(www.rigvc.uibe.edu.cn)相关数据测算而得。FTA 数据和控制变量均来自 WorldBank。基于 Hausman 检验的结果,本文采用固定效应模型。

四、FTA 对各国全球价值链嵌入影响的实证结果

(一) 总体回归结果

各国 FTA 签订对其全球价值链嵌入程度影响的回归结果见表 2,模型(1)~模型(6)分别考察主变量 FTA 深度和 FTA 数量的影响,并逐渐依次加入各控制变量。

结果表明,FTA条款的深度对各国全球价值链参与程度有显著的正向促进作用,而签订FTA的数量没有显著影响。即各类自由贸易协定中包括的条款内容才是各国深度融入全球生产的主要驱动力,协议条款覆盖范围越广,对各国参与全球生产的各方面保障程度越高。一方面,深度FTA由于涵盖更多的贸易投资相关政策措施,且能考虑到不同成员的需求差异性,极大程度上促进了发达国家对发展中国家的产品外包;另一方面,深度FTA有利于发展中国家突破自身的贸易保护壁垒,向发达国家进口更多的高技术中间产品,且得益于知识产权保护条款的存在,发达国家也能消除出口忧患。因此,深度FTA在促进各国价值链前后向参与率共同提升的情况下,能够有效促进各经济体对全球价值链的融入程度,深度参与全球生产分工体系。

控制变量方面,技术研发水平对各国价值链参与率的正向促进效应很明显,一国的技术创新能力越强,在全球生产体系中所拥有的话语权越高、技术优势越明显,更有利于深度融入价值链体系;而过度引进外商直接投资可能会降低一国的全球价值链参与度,跨国公司为维护其主导地位,对核心技术和资源进行封锁,对目标国家形成了一定的价值链俘获。经济增速和人力资本水平的影响程度有限,只通过了5%的显著性水平,说明一国经济增速和人力资本水平提高,对于本国融入价值链的深度有一定的影响但不是最有效的途径。

表2 FTA对各国全球价值链参与程度的回归检验结果

变量	模型(1)	模型(2)	模型(3)	模型(4)	模型(5)	模型(6)
DEPTH	0.023 8*** (3.809 0)		0.023 7*** (3.737 4)	0.022 0*** (3.484 3)	0.015 7*** (2.638 1)	0.011 8* (1.959 3)
NUMBER		0.000 05 (0.026 4)				
GDP			0.000 03 (0.064 3)	0.000 06 (0.119 0)	0.001 2** (2.312 2)	0.001 2** (2.419 9)
FDI				−0.000 2*** (−2.841 4)	−0.000 1** (−2.191 9)	−0.000 1** (−1.997 2)
TECH					0.091 1*** (10.079 2)	0.085 0*** (8.961 2)

(续表)

变量	模型(1)	模型(2)	模型(3)	模型(4)	模型(5)	模型(6)
HUC						0.000 7*** (2.400 4)
常数项	0.423 5*** (117.872 1)	0.435 2*** (130.645 6)	0.423 5*** (115.469 7)	0.426 0*** (113.931 6)	0.289 0*** (19.801 3)	0.251 1*** (12.573 1)
调整 R^2	0.962 9	0.961 5	0.962 9	0.963 7	0.971 6	0.968 8
F 值	233.103 5***	223.922 1***	226.937 7***	226.120 0***	265.444 9***	220.220 4***

注：括号内显示的为 t 值；***、** 和 * 分别表示通过 1%、5% 和 10% 的显著性水平检验。

表 3 是各国签订 FTA 对其全球价值链参与长度影响的回归结果，与参与深度的影响结果大致相同，FTA 有利于延伸各国在全球价值链中的参与长度，而签约数量对价值链参与长度的影响并不显著。FTA 的条款越深入，政策透明度越高，各国参与全球价值链的成本越大幅降低，且由于完善的争端解决机制的存在，国家风险得到有力保障，有利于促进各国精细化产业分工，提高自身产业优势，更多地加入全球价值链生产的各个环节中去，参与长度有效拉长。控制变量方面，外商直接投资流入和技术研发水平的影响依然显著，高技术水平国家参与的全球生产环节更多，生产链条长度更长。此时，引进外商直接投资对价值链长度仍是负面效应。而经济增速和人力资本水平在此机制中对价值链参与长度并没有影响。

表 3　FTA 对各国全球价值链参与长度的回归检验结果

变量	模型(1)	模型(2)	模型(3)	模型(4)	模型(5)	模型(6)
DEPTH	0.045 2*** (2.940 7)		0.049 5*** (3.184 1)	0.044 6*** (2.892 6)	0.028 2* (1.881 0)	0.014 1** (0.941 0)
NUMBER		0.004 8 (0.933 8)				
GDP			−0.002 2 (−1.643 4)	−0.002 1 (−1.602 0)	0.000 3 (0.229 1)	0.000 5 (0.040 2)
FDI				−0.000 5*** (−3.357 5)	−0.000 4*** (−2.790 6)	−0.000 4*** (−2.735 4)

(续表)

变量	模型(1)	模型(2)	模型(3)	模型(4)	模型(5)	模型(6)
TECH					0.196 4*** (8.590 7)	0.201 5*** (8.567 2)
HUC						0.000 2 (0.037 9)
常数项	4.283 1*** (483.937 4)	4.299 2*** (528.595 1)	4.286 0*** (476.182 4)	4.293 2*** (469.852 3)	3.990 3*** (108.116 6)	3.990 5*** (80.634 9)
调整 R^2	0.957 1	0.956 3	0.957 5	0.958 8	0.966 1	0.969 4
F 值	200.719 1***	196.390 0***	196.910 0***	197.976 4***	220.751 6***	244.490 5***

注:括号内显示的为 t 值;***、** 和 * 分别表示通过 1%、5%和10%的显著性水平检验。

在全球价值链的参与中,本文评估了参与的深度与长度后,最为关键的就是一国在价值链中所处的位置。位于价值链上游环节的国家主要负责生产原材料或者是在生产起始阶段投入使用的无形资产(如研发、设计),而处于下游环节的国家则主要进行加工产品的装配或者是专注于客户服务。表 4 回归结果表明,签订深度 FTA 有利于各国提升在全球价值链的上游度,签署数量的影响依然不显著。控制变量中,经济增速、引进外商直接投资及技术研发都对一国的价值链参与位置有明显影响,人力资本变量系数不显著。事实上,离最终需求端位置较远,是全球价值链的生产环节,离最终需求端位置较近,是全球价值链的服务营销环节。通过签订深度 FTA,发展中国家之间通过共享生产网络,加快学习以获得国内生产优势,逐渐成为他国中间产品的供应者,并向全球价值链的上游移动,拉长与消费终端的距离。而发达国家将其日益专业化的服务要素引进制造业价值链中,促进制造业价值链配置效率与经营效率的提升,向高附加值的研发环节攀升,也拉长了全球价值链最终需求距离。

表4 FTA对各国全球价值链最终需求距离的回归检验结果

变量	模型(1)	模型(2)	模型(3)	模型(4)	模型(5)	模型(6)
DEPTH	0.021 2*** (2.742 3)		0.020 1** (2.565 5)	0.016 5** (2.161 6)	0.008 4 (1.115 8)	0.001 5** (0.195 3)
NUMBER		0.001 3 (0.513 2)				
GDP			0.000 5 (0.796 4)	0.000 6 (0.915 4)	0.001 7*** (2.700 8)	0.001 7** (2.582 3)
FDI				−0.000 4*** (−4.941 0)	−0.000 3** (−4.471 3)	−0.000 3*** (−4.550 5)
TECH					0.090 1*** (7.835 7)	0.093 4*** (7.563 3)
HUC						−0.000 5 (−0.139 0)
常数项	2.140 8*** (481.102 9)	2.149 6*** (526.027 9)	2.140 1*** (471.598 4)	2.145 4*** (473.732 9)	2.000 9*** (108.193 5)	2.016 1*** (77.558 1)
调整R^2	0.962 9	0.957 9	0.958 7	0.961 2	0.966 8	0.967 9
F值	232.745 5***	228.074 3***	226.993 3***	236.426 7***	255.649 9***	244.890 3***

注:括号内显示的为t值;***和*分别表示通过1%和10%的显著性水平检验。

（二）不同收入水平国家的实证结果

为探究不同发达程度国家签订FTA对其全球价值链嵌入的影响,本文选取世界银行最新各国人均收入水平数据将41个研究对象分成两组,分别考察FTA深度对其全球价值链参与程度的影响,回归检验结果见表5。

可以总结得出,签署FTA的数量无论对高收入还是较低收入的国家,均不能显著影响一国参与全球价值链的程度,而FTA深度对两者的影响存在差异。在5%的显著性水平下,签署深度FTA只能对低收入国家价值链参与程度起到显著促进作用,而对高收入国家的影响并不显著。理论上来讲,不同发达程度国家签署FTA的理由不尽相同,发达国家由于本身的贸易开放程度已经较高,国内的政策也较为健全,与他国签署FTA主要致力于内部化跨境政策的溢出效应。而且,此类国家的发展战略已较早过渡到创新驱动层面,技术研发水平和人力资本对一国参与全球价值链的融入程度起到决定作用。而发展中国家由于自身贸易壁垒较高,国家政策尚不完善,签署FTA促进本国全球价值链嵌入的主要路径在于FTA有效降低各国间的贸易壁垒和交易成本,更能有效发挥FTA在双边贸易中的价值。因此,条款的深化对此类较不发达国家更有效用,影响更显著。

表5 高收入与低收入国家FTA对价值链参与程度的回归检验结果

变量	高收入国家 模型(1)	高收入国家 模型(2)	高收入国家 模型(6)	低收入国家 模型(1)	低收入国家 模型(2)	低收入国家 模型(6)
DEPTH	0.0003* (1.8584)		−0.0001 (−0.0712)	0.0008*** (3.6705)		0.0007** (2.9165)
NUMBER		0.0012 (0.4383)			−0.0022 (−0.6579)	
GDP			0.0011 (1.3109)			0.0009 (1.3405)
FDI			0.0001 (0.7939)			0.0005 (0.3506)
TECH			0.0707*** (6.2599)			0.0875*** (5.8778)
HUC			0.0022*** (5.7469)			−0.0003 (−0.0905)
常数项	0.4231*** (66.3960)	0.4289*** (99.8548)	0.0904*** (3.0739)	0.3929*** (71.3908)	0.4131*** (80.5276)	0.3259*** (12.8414)
调整R^2	0.9752	0.9747	0.9847	0.9111	0.9043	0.9209
F值	351.7034***	345.2564***	383.2939***	102.9996***	95.0432***	89.7024***

注:括号内显示的为t值;***、**和*分别表示通过1%、5%和10%的显著性水平检验。

(三)关键条款影响的实证结果

为了考察"WTO+"和"WTO−X"条款的影响差异性,在"WTO+"中选取贸易便利化(Customs)、TRIMS、GATS以及TRIPS四个关键条款,在"WTO−X"中选取知识产权、投资、创新及金融援助,研究具体关键条款对各国 GVC 参与程度的影响。

回归结果显示(见表 6 和表 7),总体来看,"WTO+"和"WTO-X"条款对各国 GVC 参与程度均能起到显著的正向促进作用,其中服务贸易(GATS)、知识产权(TRIPS、IPR)及金融互助(Financial Assistance)条款的签署对于加深一国在 GVC 中的融入程度十分有效,而投资、创新政策条款在此方面的影响不显著。结合前文的理论分析,深度 FTA 对于各国全球价值链参与程度的提高与知识产权条款的完善有很大影响,在跨国外包取代国内生产从而有效推动全球产业结构升级改造的过程中,发达国家的知识产权保护是有效保障。另外,随着制造业服务化的不断发展,各国生产性服务贸易往来日益紧密。同时,金融援助等政策逐渐开放,越来越多的国家成为全球价值链构建过程中的活跃元素,并不断加深着彼此间的贸易联系。

表 6 "WTO+"条款回归检验结果

变量	模型(1)	模型(2)	模型(3)	模型(4)	模型(5)
WTOplus	0.000 9*** (3.605 4)				
Customs		0.004 4 (1.580 5)			
TRIMS			−0.000 6 (−0.135 5)		
GATS				0.008 1*** (4.058 5)	
TRIPS					0.011 3*** (5.821 1)
常数项	0.422 7*** (106.049 3)	0.428 5*** (91.080 0)	0.435 4*** (219.794 1)	0.428 4*** (172.356 8)	0.422 9*** (152.452 5)
调整 R^2	0.958 7	0.957 5	0.957 2	0.959 0	0.960 8
F 值	232.135 8***	225.502 5***	223.933 3***	234.345 9***	245.366 7***

注:括号内显示的为 t 值;*** 表示通过 10% 的显著性水平检验。

表 7 "WTO-X"条款回归检验结果

变量	模型(1)	模型(2)	模型(3)	模型(4)	模型(5)
$WTO\ extra$	0.001 0*** (3.484 2)				
IPR		0.004 2* (1.941 1)			
$Investment$			0.002 9 (1.259 0)		
$Innovation\ policy$				−0.009 8 (−0.604 9)	
$Financial\ assistance$					0.022 6*** (6.351 1)
常数项	0.428 0*** (154.112 0)	0.430 4*** (137.109 9)	0.433 5*** (185.495 9)	0.435 4*** (233.055 9)	0.432 2*** (235.677 7)
调整 R^2	0.958 5	0.957 6	0.957 4	0.957 2	0.961 4
F 值	231.604 7***	226.306 2***	224.924 7***	224.153 2***	249.449 4***

注:括号内显示的为 t 值;*** 和 * 分别表示通过 1% 和 10% 的显著性水平检验。

五、结论与建议

本文实证研究了 41 个国家(地区)2005—2014 年 10 年间 FTA 签署对其全球价值链融入的影响,结果表明:第一,各国签订的 FTA 数量对全球价值链嵌入没有显著影响,而签署深度 FTA 能够有效促进一国在全球价值链的参与程度及长度并提升其价值链上游度水平;第二,过度引进外商直接投资对本国价值链升级具有一定的低端锁定效应;第三,FTA 深度对促进发展中国家在全球价值链中的参与程度更加有效,对发达国家的影响不显著,发达经济体融入全球价值链主要依靠的是技术研发和人力资本;第四,服务贸易和知识产权保护条款的签署对促进一国的 GVC 参与度有显著作用。

基于以上结论,本文对于未来我国 FTA 构建提出以下建议:第一,积极加入 FTA 签署,加快构建和延长国内价值链,主动高效对接 GVC,FTA 是各国融入全球价值链、加快区域一体化进程的重要因素,在中国－东盟自贸协定升级版的基础上重点推进区域全面经济伙伴关系(RCEP)的签订,并逐步向亚太自贸区(FTAAP)整合,从而加速亚太区域经济一体化的进程;第二,升级已有自贸协定,逐步完善升级服务贸易、投资和知识产权等核心条款已有的贸易协定,将"短板"填平补齐,进一步迈向高水平 FTA 是各国加入全球生产、共享价值链的首要任务;第三,理性选择伙伴国家,注重 FTA 深度而非数量,搭建以价值链为导向的高水平 FTA 网络。

参考文献

[1] 程大中. 中国服务业增长的特点、原因及影响——鲍莫尔-富克斯假说及其经验研究[J]. 中国社会科学, 2004(2): 18-32.

[2] 林理升, 王晔倩. 运输成本、劳动力流动与制造业区域分布[J]. 经济研究, 2006(3): 115-125.

[3] 刘洪铎, 蔡晓珊. 中国与"一带一路"沿线国家的双边贸易成本研究[J]. 经济学家, 2016(7): 92-100.

[4] 刘洪愧. 区域贸易协定对增加值贸易关联的影响——基于服务贸易的实证研究[J]. 财贸经济, 2016(8): 127-143.

[5] 唐海燕, 张会清. 产品内国际分工与发展中国家的价值链提升[J]. 经济研究, 2009, 44(9): 81-93.

[6] ALBAGLI E. Amplication of Uncertainty in Illiquid Markets[R]. AFA 2012 Chicago Meetings Paper, 2011.

[7] AMITI M, WEI S. Service Offshoring and Productivity: Evidence from the United States[R]. NBER Working Paper, 2006: 1926.

[8] ANDERSON J, VAN WINCOOP E. Trade Costs[J]. Journal of Economics Literature, 2004, 42(3): 691-751.

[9] BERNARD A B, JENSEN J B, REDDING S J, SCHOTT P K. Intra-Firm Trade and Product Contractibility[J]. American Economic Review, 2010, 100(2): 444-448.

[10] BLANCHARD E, MATSCHKE X. U. S. Multinationals and Preferential Market Access[J]. The Review of Economics and Statistics, 2015, 97(4): 839-854.

[11] BRANSTETTER L, SAGGI K. Intellectual Property Rights, Foreign Direct Investment and Industrial Development[J]. The Economic Journal, 2011, 121(555): 1161-1191.

[12] BRUHART M. Evolving Geographical Specialization of European Manufacturing Industries[J]. Weltwirtschaftliches Archiv, 2001(2): 215-243.

[13] CARROLL C, GERAETS D, WILLEMS A R. Reconciling Rules of Origin and Global Value Chains: The Case for Reform [J]. Journal of International Economic Law, 2015: 287-305.

[14] COSTINOT A. On the Origins of Comparative Advantage[J]. Journal of International Economics, 2009, 77(2): 255-264.

[15] EDERINGTON J, RUTA M. Non-Tariff Measures and the World Trading System[M]. Handbook of Commercial Policy, Vol. 1B, edited by K. Bagwell and R. Staiger. Amsterdam: North Holland, 2016.

[16] ESTEVADEORDAL A, BLYDE J, HARRIS J, VOLPE C. Global Value Chains and Rules of Origin [Z]. Paper Produced under The E15Initiative: Strengthening the Multilateral Trading System, Geneva: International Centre for Trade and Sustainable Development & World Economic Forum, 2013.

[17] FALLY T. Production Staging: Measurement and Facts [R]. Boulder, Colorado: University of Colorado Boulder Working Paper, 2012.

[18] FEENSTRA R C, HANSON G H. Globalization, Outsourcing and Wage Inequality[J]. American Economic Review, 1996, 86(2): 240-245.

[19] FRANCOIS J P. Trade in Producer Services and Returns Due to Specialization under Monopolistic Competition[J]. Canadian Journal of Economics, 1990, 23(1): 109-124.

[20] HANSON G H. North American Economic Integration and Industry Location [J]. Oxford Review of Economic Policy, 1998(14): 30-44.

[21] HOFMANN C, OSNAGO A, RUTA M. Horizontal Depth: A New Database on the Content of Deep Agreements[R]. Policy Research Working Paper, 2017: 7981.

[22] HORN H, MAVROIDIS P C, SAPIR A. Beyond the WTO? An Anatomy of

EU and US Preferential Trade Agreements[J]. The World Economy, 2010, 33 (11): 1565-1588.

[23] HUMMELS D, ISHII J, YI K M. The Nature and Growth of Vertical Specialization in World Trade[J]. Journal of International Economics, 2001, 54 (1): 75-96.

[24] KOOPMAN R, POWERS W, WANG Z. Give Credit to Where Credit Is Due: Tracing Value Added in Global Production Chain[Z]. NBRE Working Paper, 2010: 16426.

[25] LAWRENCE R Z. Regionalism, Multilateralism, and Deeper Integration[M]. Washington, DC: Brookings Institution, 1996.

[26] OSNAGO A, ROCHA N, RUTA M. Deep Trade Agreements and Global Value Chains[R]. Working Paper, World Bank, Washington, DC., 2016.

[27] RIDDLE D. Service-led Growth: The Role of the Service Sector in the World Development[M]. New York: Praeger Publishers, 1986.

服务业对全球价值链分工的影响

黄繁华　姜　悦

一、引　言

全球价值链(Global Value Chains, GVC)分工是当前国际分工的重要形式,它使得传统以产业或产品为界限的国际分工,逐渐演变为同一产品内不同生产环节或工序的国际专业化分工。当前,全球价值链分工不仅左右着全球贸易的规模和结构,而且在相当程度上决定了世界直接投资的格局和流向。

改革开放以来,我国通过对外贸易和利用外商直接投资,主动融入跨国公司主导的全球价值链分工体系,有力地促进了我国对外贸易发展和经济高速增长。然而,由于多种原因,当前我国所嵌入的全球价值链分工体系,总体上都处于价值链的低端,这不仅导致我国获取的全球价值链分工利益十分有限,而且容易遭受国际贸易摩擦和"逆全球化"事件的冲击。

当前,服务业一方面作为全球价值链的重要组成部分,对分布于不同国家的价值链节点起着联结和黏合作用;另一方面以中间投入品形式,影响着全球价值链上各个生产环节的运行和附加值高低。服务业已贯穿从产品的设计研发、生产组装、质量控制,到物流运输、到市场营销、品牌管理等全球价值链分工的各个环节。服务业特别是生产性服务业,已经成为决定全球价值链分工利益和分工地位的关键因素。目前,发达国家正是凭借本国发达的服务业,纷纷占据着全球价值链分工的高端地位,享有全球价值链分工的绝大部分利益。资料表明,2011年全球出口贸易中52%的增加值,是来自服务业(见图1)。像美国、英国等国家,借助于本国服务业支撑,使得在世界出口国内增加值中的比重,明显高于传统贸易统计的结果(见图2)。

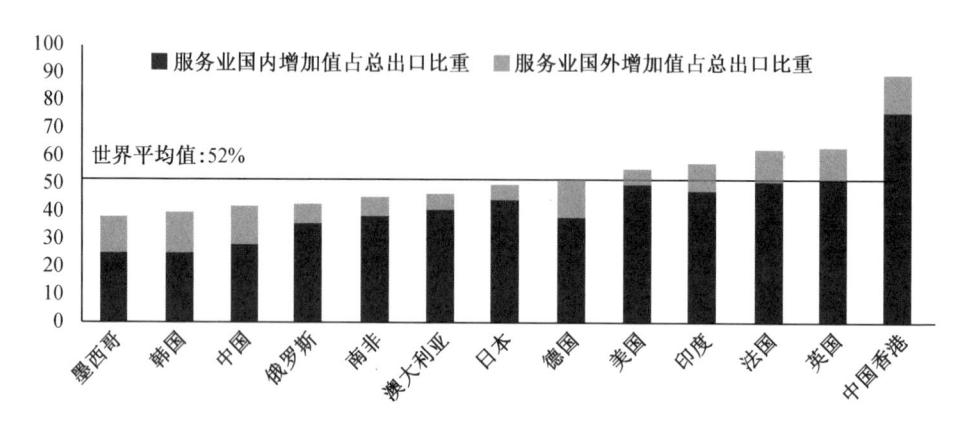

图1 主要国家(地区)出口增加值中服务业占比(2011,%)

数据来源:作者根据 WTO-TiVA 数据库整理

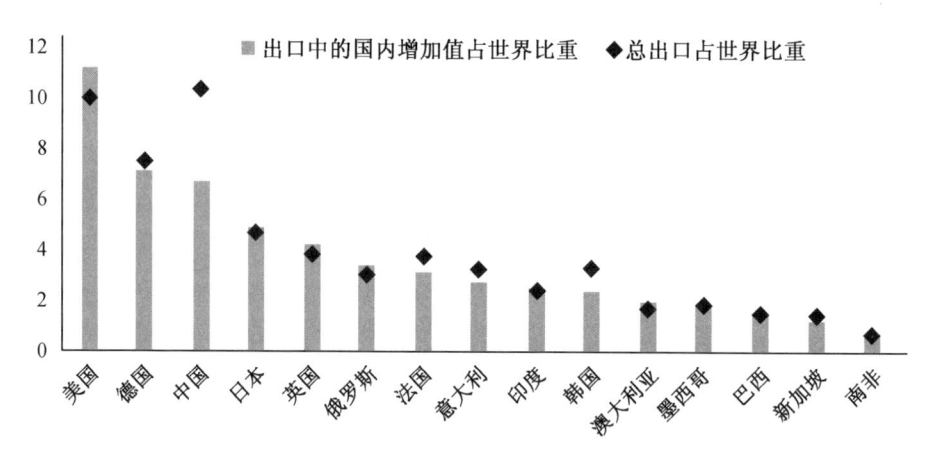

图2 主要国家(地区)国内出口增加值和总出口占世界份额(2011,%)

数据来源:OECD TiVA 数据库

全球价值链分工是国际分工新模式,也是当前国际经济研究领域的热点和前沿,近年来,围绕研究国际分工演变和全球价值链分工的成果众多。不过,其中直接探讨服务业对全球价值链分工影响的文献,相对较少。

在国外,Deardorff(1985)可能是最早用比较优势来解释服务业与国际分工的学者,尔后 Markusen(1989)借鉴 Dixit-Stiglitz 垄断竞争模型,考察了服务业作为中间投入品的差异性;Jones,Kierzkowski(2001)提出"生产区段"(Production Block)和"服务关联"(Service Link),论述了服务业对形成跨国分段式生产网络形成的重要性。Van Long et al.(2005)探讨构建了服务业与价值链生产的完全竞争模型;Nordas(2008)测算了 OECD 国家制造业出口中的国内服务增加值,并且发现生产性服务业效率越高的国家,制造业专业化水平越高;Sim(2004)建立了开放小国的国际生产分工模型,发现服务外包作为中间投入能够有效协调制造业生产活动;Rudrani et al.(2012)通过构建理论模型分析服务企业对外直接投资(OFDI)行为,研究结论表明生产率较高的企业倾向于从事 OFDI。Koopman(2010),Wang(2017)et al. 则主要是针对全球价值链分工的度量和测算,提出了具体方案。

在国内,顾国达和周蕾(2010)基于投入产出法,经研究发现我国服务业参与全球价值链分工程度相对偏低;唐海燕和张会清(2009)的研究显示,交通运输服务和金融服务能明显提高全球价值链分工地位;张艳、唐宜红和周默涵(2013)考察了我国服务贸易自由化对制造业生产率的效应;陈启斐和刘志彪(2013)分析了反向服务外包对中国制造业价值链提升的影响,认为反向服务外包有助于中国制造业全球价值链地位提高。姚战琪(2018)的研究发现,我国扩大服务业对外开放,将显著提高我国在全球价值链的分工地位。

本文拟在已有成果基础上,以我国参与全球价值链分工为背景,深入探讨服务业对全球价值链分工的影响和作用机理,并在此基础上,运用 OECD—WTO 增加值贸易面板数据,分别从全球价值链分工地位、全球价值链分工利益两个视角,实证检验服务业对当前全球价值链分工的影响。不仅如此,考虑到不同服务行业以及不同国家之间存在明显的异质性,本文还基于服务业异质性和国家异质性,展开进一步的实证计量分析和比较研究。

二、服务业对全球价值链分工的影响机制

服务业是现代经济的主要组成部分,是现代产业的重要标志。根据功能的不同,

联合国将服务业分为分配服务(如运输与储运、交通、批发与零售等)、生产者服务(如企业管理服务、金融、保险、房地产服务等)、消费者服务(如宾馆与餐饮服务、娱乐与消遣服务、个人服务等)、政府服务(包括公共服务和准公共服务产品)四个部分。据世界银行统计,2015年服务业占高收入国家GDP比重已达74%,占世界GDP的平均比重也有69%。当前,在新一代信息、人工智能等技术影响下,服务业内涵日益丰富、模式不断创新,正在成为引领现代经济增长和创新发展的主导力量。

根据国际经济学经典理论,国际分工格局主要取决于自然资源禀赋特征和技术水平上的差异。然而,在进入以全球价值链分工为代表的国际分工新阶段,一国参与国际分工已不再集中于某种产品的生产,而是更多地专注于产品价值创造过程中的某一工序或区段。因此,服务业不仅传统功能被大大强化,而且在全球价值链分工中被赋予了更多、更关键的职能。

服务业是全球价值链分工得以形成和发展的基础和前提。全球价值链分工最基本的特点,是将处于不同国家的价值链上不同生产环节,有机地链接起来。服务业中诸如交通服务、物流服务、通信服务等,在全球价值链的不同生产环节之间起着纽带和流通作用,没有这些服务行业,全球价值链的生产区段分散化不可能形成,更谈不上发展。随着全球产业链分工的不断深化,先进和高效的服务业既促进分散化生产链接成本和交易费用的降低,又推动全球价值链的不断重塑和优化。

目前,服务业正成为决定全球价值链上生产环节增加值和竞争力的关键因素。一方面,包括研发服务、商务服务、金融服务等在内的生产性服务,具有高知识含量、高技术含量、高附加值等特点,它不仅能提高生产制造环节的效率,而且通过丰富制造业的服务内容,能不断拓展价值链增加值的增长空间。实际上,服务业已经成为当前全球价值链分工的关键节点和主要增值环节。另一方面,服务全球化加快和国际经贸规则的重构,不断增添服务业在全球价值链分工中的功能。例如,通过提高信息服务水平,能更好地消除全球价值链上不同环节企业间的信息阻隔,有助于企业间信息共享与协同运作,提高企业经营水平和全球价值链的运作效率;通过提高物流服务效率,能推动企业间工艺流程分工合作的深化,改进和优化全球价值链空间布局,提升企业生产率和增加值。

针对日益激烈的国际竞争,服务业还推动着全球价值链分工不断进行商业模式创新。在信息技术影响下,近年来服务业网络化、智能型、平台化和跨界融合态势日益明显。发达国家生产制造企业纷纷将自己的研发、设计、仓储、营销等服务职能逐渐分离出去,通过将原先由公司内部承担的服务流程活动,以外包形式改由外部的专业服务公司提供,以提高自身核心竞争力。这些新型商业模式使得制造生产环节对外部服务市场的依赖程度更高。服务业正越来越成为向价值链生产制造活动注入技术、知识、信息等优质生产要素的"飞轮"。包括,通过研发服务外包,可以更充分地利用外部科技资源和研发力量;通过金融服务外包,能帮助企业缓解资金流动性约束,降低交易成本,实现企业技术创新的可持续发展。利用分销服务外包,可更精准地围绕目标顾客个性化需求,及时改进分销服务模式和渠道,不断扩大产品市场规模。

从总体上看,当前全球价值链分工的不同区段,所嵌入服务内容的重点,有所不同。其中,对处于上游的生产环节,引入的重点是研发服务和人力资源服务等;在价值链中游,重点是通过生产业态创新服务、商务服务、质量控制服务等,以促进企业核心竞争力的提升;在价值链下游,主要是物流服务、售后信息服务等,以提高产品市场竞争力。

关于服务业在全球价值链中的作用,世界银行在2017年7月发布的《全球价值链发展报告》中进行了归纳和总结。该报告指出,服务业在当前全球价值链中的功能,可以归纳体现在以下三个方面:第一,随着运输物流的发展和通信技术的变革,服务业作为纽带将跨国性的分段式生产环节联系起来,加快了全球价值链的形成;第二,服务作为企业外部要素投入(outsourced inputs),包括通过FDI和商务服务人员聘用以及数字化交易等,推动全球价值链的发展;第三,服务作为企业内部要素的投入(in-house inputs),促进制造企业参与到全球价值链分工中。[①]

因此,服务业对全球价值链分工的影响和作用机制,归纳起来主要体现在以下几个方面。

---

① Kelle, M. "Crossing Industry Border: German Manufactures as Services Exports", *The World Economy*, vol. 36, no. 12(2013), pp. 1494 – 1515.

第一,专业化分工和规模经济效应。无论是服务业还是全球价值链的形成和发展,都是生产分工深化的产物,而专业化分工带来的效率提升和规模经济效应,是驱动分工不断深化的内在根本动力。从制造企业角度看,通过外购服务作为生产的中间投入品,可保证企业将有限的内部资源,能更好地集中在体现核心优势的关键环节上,并在关键环节业务上赢得更可观的规模经济效益。从服务企业角度讲,从制造业内部有效剥离出去的生产性服务产品,可在专业化服务业企业得到更好的专业化生产,并获得更大的规模经济效应。

第二,竞争和效率提升效应。与传统生产模式和国际分工格局相比,全球价值链分工引入了更多国内外市场竞争。在市场机制作用下,市场竞争加剧必然驱动各种要素和中间投入品价格下降,从而降低全球价值链运行成本。市场竞争加剧还将刺激服务企业开发更多和更为优质的服务产品,从而提高全球价值链有关环节的增值能力。特别是对于广大发展中国家来说,通过对外开放和参与全球价值链分工,可以有机会引进和利用更多国外优质服务资源,包括先进的知识资本、技术资本和人力资本等,从而不断提升本国在全球价值链中的分工地位和获利能力。

第三,优势叠加和集聚效应。为了更好地抓住新一轮科技产业革命带来的机遇,世界各国纷纷加快本国就觉得转型升级,各种创新不断。服务业根据制造业价值链不同环节的需求,将服务的创新要素、创新模式不断融入制造业的全过程,这自然会形成制造业和服务业的优势叠加效应和集聚效应。有研究成果已发现,生产性服务业集聚与制造业升级之间,存在高度关联、协同与融合促进的内在关系。[①]

依据以上论述和分析,本文得到以下命题。

其一,服务业发展水平和该国全球价值链分工利益之间,存在正向的正相关关系;服务业发展水平越高,该国在全球价值链分工中的获取利益规模越大。

其二,服务业发展水平显著影响该国全球价值链分工地位,一国服务业水平发展越高,该国在全球价值链中所处分工地位越有利,向高端攀升的能力也越强。

---

① 刘奕、夏杰长、李垚:《生产性服务业与制造业升级》,《中国工业经济》2017年第7期,第24-42页。

其三,不同服务行业对全球价值链分工的影响,存有差异性,优化服务业结构将提高一国参与全球价值链的分工地位和分工利益;对于不同类型的国家,服务业对其全球价值链分工的影响,也不尽一致。

三、变量选取、计量模型及数据说明

为了全面和深入考察服务业对全球价值链分工的影响,本文选取全球价值链的分工利益和分工地位两个视角,来评估一国参与全球价值链分工的状况。前者表示一国在参与全球价值链分工中所获利益的大小,后者体现一国在参与全球价值链分工中,嵌入的价值链位置特征。这两者之间既有相关性,但是又不完全一致。一般来说,在全球价值链中所处的分工地位越有利,所获得的分工利益越多。

根据前面对服务业影响全球价值链分工的理论分析,同时参考 Johansson & Olaberria(2014)的研究方法,本文建立以下计量模型(1)。

$$GVC\_Index_{it} = \alpha_0 + \alpha_1 Service_{it} + \alpha_2 X_{it} + v_i + v_t + \varepsilon_{it} \qquad (1)$$

其中控制变量 X_{it} 的集合为:

$$X_{it} = \gamma_1 Hum_{it} + \gamma_2 K/L_{it} + \gamma_3 Tariff_{it} + \gamma_4 FDI_{it} \qquad (2)$$

在上面(1)式中,$Gain\_Index_{it}$ 分别用 i 国 t 年的全球价值链分工利益指数(GVC_c_{it})和分工地位指数(GVC_s_{it})来表示。本文参考和使用 Wang(2017)的测算方法,对其中全球价值链分工利益指数的测算,是直接用一国的出口国内增加值表示;对全球价值链分工地位指数的评估,是用一国在全球价值链分工中的前向生产长度和后向生产长度之比来表示;该分工地位指数越高,表明在全球价值链分工中,一国所处位置相对地越靠近上游,越处于相对比较有利的地位。运用 2014 年 WIOD 数据库数据,本文测算后发现,目前发达国家的全球价值链分工地位指数,普遍高于发展中国家。(1)式中的核心解释变量($Service_{it}$)是指一国的服务业发展水平,用经过平减指数修正过的服务业增加值占总产值比重表示。v_i、v_t 分别表示国家和年份特定效应,ε_{it} 表示随机扰动项。

借鉴其他有关全球价值链分工的研究成果(如:Dollar, 2017; Balswin, 2016;

Timmer,2014；Antras,2004 等)，并且考虑计量检验结果的稳健性，本文计量分析中还选取如式(2)所示的多个控制变量，具体如下。

(1) 要素禀赋结构(K/L_{it})。要素禀赋结构是影响一国产业结构和专业化分工模式的重要因素(Johansson,2014)，它必然也会影响该国参与全球价值链分工状况。本文使用各国资本和劳动的比值作为衡量一国要素禀赋结构的指标，其中 K 以 2010 年不变价美元计算的固定资产形成总额表示，L 以参加就业职工人数表示。

(2) 人力资本(Hum_{it})。很多研究表明，一国人力资本是决定该国比较优势和国际分工的重要方面(Grossman & Maggi,2000)。参考 Ngo(2004)等人对人力资本量化的方法，本文采用受高等教育(tertiary)人数占总人口的比重来表示。

(3) 外商直接投资(FDI_{it})。外商直接投资是当前全球价值链的形成与发展重要载体，是全球价值链分工中的主导力量。因此，分析全球价值链分工，理应引入外商直接投资作为控制变量。

(4) 贸易成本($Tariff_{it}$)。贸易成本是跨国公司进行全球价值链分工布局考虑的重要因素，并且在全球价值链分工中，许多贸易成本存在成本放大效应现象(Yi,2003；Koopman,2012；OECD,2014)。从理论上讲，贸易成本应该包括关税和非关税壁垒两部分，但是，限于数据可获得性，本文仅选择关税作为衡量贸易成本的指标。

应用模型(1)进行实证分析涉及的各个解释变量、被解释变量具体符号、含义、数据来源和说明，详见表1。表1中还包括了后面考虑服务业异质性所做的实证检验所需变量，如物流服务($Logs$)、信息服务($ICTs$)、金融服务($Fins$)、商务服务($Buss$)、研发服务($Rads$)等。

本文实证检验的数据样本区间，是 2000—2014 年来自 42 个国家的跨国面板数据[1]。其中，被解释变量的指标数据，采用 WIOD 数据库 2016 年的更新数据。考虑到不同变量水平值的明显差异和为了消除异方差，本文对解释变量和被解释变量数

---

[1] 澳大利亚、奥地利、比利时、加拿大、瑞士、塞浦路斯、捷克、德国、丹麦、西班牙、爱沙尼亚、芬兰、法国、英国、希腊、匈牙利、爱尔兰、意大利、日本、韩国、卢森堡、马耳他、荷兰、挪威、葡萄牙、斯洛伐克、斯洛文尼亚、瑞典、土耳其、美国、保加利亚、巴西、中国、克罗地亚、印度尼西亚、印度、立陶宛、拉脱维亚、墨西哥、波兰、罗马尼亚、俄罗斯。

据,全部按取对数处理。有关样本数据的描述性统计见表 2,从该表中可以看到,有关样本数据比较稳健。

表 1 变量定义和数据来源

	变量名	含义	单位和数据来源
因变量	GVC_c	全球价值链的分工利益指数采用出口国内增加值率表示	WIOD 数据库
	GVC_s	全球价值链的分工地位指数采用一国在价值链位置表示	%,WIOD 数据库
主要解释变量	Ser	服务业增加值占总产值比重	%,世界银行
	Logs	物流服务业增加值占总产值比重	‰,WIOD 数据库
	ICTs	信息服务业增加值占总产值比重	
	Fins	金融服务业增加值占总产值比重	
	Buss	商务服务业增加值占总产值比重	
	Rads	研发服务业增加值占总产值比重	
控制变量	K/L	要素禀赋结构,资本和劳动的比值	世界银行
	Hum	人力资本	%,世界银行
	FDI	FDI 流入存量	美元,UNCTAD,进行了平减处理
	Tar	关税税率	%,世界银行

资料来源:作者整理。

表 2 样本数据描述性统计

Var	Obs	Mean	Std. Dev.	Min	Max
LnGVC_c	633	3.341	0.375	1.398	4.202
LnGVC_s	645	0.017	0.012	0.000	0.063
LnSer	613	4.199	0.140	3.684	4.473
LnSp	599	6.126	0.865	3.440	7.784
LnSe_t	645	0.255	0.089	0.045	0.590

(续表)

Var	Obs	Mean	Std. Dev.	Min	Max
$LnSe\_m$	645	0.171	0.074	0.029	0.472
$LnLogs$	630	2.830	0.705	0.756	4.633
$LnICTs$	630	1.723	0.905	−0.642	4.035
$LnFins$	630	2.189	1.002	−0.654	5.591
$LnBuss$	585	2.086	0.898	−1.594	4.065
$LnRads$	630	1.001	1.089	−2.763	2.693
$LnSize$	630	26.656	1.715	22.689	30.417
LnK/L	630	9.234	0.873	6.212	10.782
$LnHum$	549	3.933	0.505	2.031	4.766
$LnFDI$	620	11.316	1.580	7.433	15.216
$LnTar$	605	0.612	0.652	−0.994	3.273

资料来源：作者整理。

四、服务业对全球价值链分工影响的实证分析

（一）服务业对全球价值链分工利益影响的实证分析

服务业内部行业众多，并且相互特性各异。本文这部分仅考察服务业作为整体对全球价值链分工的影响。应用模型(1)和有关样本数据，以全球价值链的分工利益指数作为被解释变量，将服务业发展水平作为核心解释变量，然后依次纳入其他控制变量进行回归分析；选择静态面板数据方法，对上述计量方程进行估计时采用固定效应模型，结果如表3所示。

首先，从表3中可以看到，从第(1)至第(5)列虽然在依次纳入其他控制变量后，服务业发展水平的系数估计值有所变化，但其与全球价值链分工利益之间的正相关关系，没有改变，且均在1%的水平下显著。这表明：提高服务业发展水平对增加全

球价值链分工利益,具有明显促进作用。这与理论分析所提出的命题,完全相符。

表3 服务业对全球价值链分工利益影响的回归结果

	(1)	(2)	(3)	(4)	(5)
$LnSer$	7.132*** (0.483)	2.143*** (0.440)	3.594*** (0.375)	2.243*** (0.375)	1.962*** (0.375)
$LnHum$		1.531*** (0.0755)	0.966*** (0.0724)	0.726*** (0.0727)	0.626*** (0.0730)
LnK/L			0.804*** (0.0524)	0.682*** (0.0503)	0.658*** (0.0500)
$LnFID$				0.216*** (0.0233)	0.170*** (0.0232)
$LnTar$					−0.314*** (0.0388)
$Cons$	−18.70*** (2.027)	−3.943** (1.696)	−15.16*** (1.579)	−9.822*** (1.563)	−7.369*** (1.615)
F	218.4	389.3	459.8	417.3	356.1
R^2	0.277	0.610	0.735	0.773	0.793
时间固定效应	Y	Y	Y	Y	Y
国家固定效应	Y	Y	Y	Y	Y

注:实证结果由stata14计算并整理得出。括号内是t值,***、**和*分别表示1%、5%和10%的显著性水平。

其次,就控制变量的影响而言,从第(2)至第(5)列的回归结果可以看到,人力资本的系数估计值为正,且在1%的水平下具有显著性。这意味着增加人力资本能够显著增加一国全球价值链分工利益。第(3)至第(5)列的回归结果表明,资本劳动比的系数估计值为正,且在1%的水平下显著,这说明在一国要素禀赋中,如果资本相对禀赋越多,该国在全球价值链分工中所获利益越大。从第(4)和第(5)列回归结果还可以看到,外商直接投资变量的系数估计值为正,且在1%的水平下显著。这表明扩大外商直接投资规模,有助于增加一国全球价值链的分工利益。也就是说,尽管外商直接投资对东道国的影响,当前在理论和实证研究领域还颇具争议,但就本文的回归结果而言,外商直接投资对于增加一国全球价值链分工利益,是产生正向的有利效应。第(5)列的关税税率变量的系数估计值为-0.314,且在1%的水平下显著,这说明增加关税负担,将显著地减少一国在全球价值链中分工利益。这与 Koopman(2012)的研究结论一致,Koopman(2012)指出,由于全球价值链分工下一个产品的生产流程,会经历多次跨国运输和被征关税,因此,应该通过减少关税来提升一国的全球价值链分工利益。

(二) 服务业对全球价值链分工地位影响的实证分析

本文继续应用模型(1)和有关样本数据,同样以服务业发展水平作为核心解释变量,然后依次纳入其他控制变量进行回归分析,以考察服务业对全球价值链分工地位的影响。具体计量分析结果,见表4。

从表4第(1)至(5)列可以发现,与实证检验服务业对全球价值链分工利益影响的结果类似,虽然在依次纳入其他控制变量后,服务业发展水平的系数估计值有所变化,但是,其与全球价值链分工结构之间的正相关关系,没有改变,且至少在5%的水平下显著。这说明提高服务业发展水平,将显著地提升该国的全球价值链分工地位。这与本文的理论分析所提出的命题,也是完全一致。

再看控制变量影响方面,第(2)至第(5)列的回归结果显示,资本劳动比的系数估计值为正,且在1%的水平下显著。换言之,提高一国要素禀赋中资本禀赋的相对值,会提升该国在全球价值链中的分工地位。第(4)和第(5)列的回归结果表明,关税的系数估计值为正,且至少在5%的水平下具有显著性,这与关税对全球价值链分工利益影响的实证结果相反。可能的解释是,由于增加关税提高了一国进口国外中间品的成本,并且促进了本国中间品的供给,从而导致该国价值链分工地位的上升。值得注意的是,从第(3)至第(5)列的回归结果可以看到,外商直接投资变量的系数估计值,没有通过显著性检验。这与前面外商直接投资对全球价值链分工利益影响的检验结果,不相一致。这意味着,外商直接投资虽然能为东道国带来全球价值链分工利益,但是,在提升东道国全球价值链分工地位上,外商直接投资的功能不显著。

表 4　服务业对全球价值链分工地位影响的回归结果

	(1)	(2)	(3)	(4)	(5)
$LnSer$	0.012 1**	0.010 7**	0.016 5***	0.023 4***	0.018 7**
	(0.004 91)	(0.004 85)	(0.006 01)	(0.006 50)	(0.007 43)
LnK/L		0.003 18***	0.003 81***	0.004 58***	0.004 07***
		(0.000 723)	(0.000 811)	(0.000 878)	(0.000 992)
$LnFID$			−0.000 634*	−0.000 543	−0.000 557
			(0.000 371)	(0.000 405)	(0.000 460)
$LnTar$				0.001 88***	0.001 83**
				(0.000 690)	(0.000 769)
$LnHum$					0.001 42
					(0.001 45)
$Cons$	−0.033 1	−0.056 9***	−0.079 6***	−0.118***	−0.097 6***
	(0.020 6)	(0.021 0)	(0.025 3)	(0.028 6)	(0.032 0)
F	6.034	12.77	9.374	9.000	5.983
R^2	0.110	0.132	0.124	0.128	0.186
时间固定效应	Y	Y	Y	Y	Y
国家固定效应	Y	Y	Y	Y	Y

注：实证结果由 stata14 计算并整理得出。括号内是 t 值，***、**和*分别表示1%、5%和10%的显著性水平。

五、基于服务业和国家异质性的进一步实证分析

（一）基于服务业异质性的进一步实证分析

根据不同服务行业的基本特性和数据的可获得性，本文从众多服务行业中选择了物流服务、信息服务、金融服务、商务服务和研发服务等，作为进一步考察服务业异质性影响的五个代表性服务行业。应用模型(1)，并且分别将物流服务、信息服务、金融服务、商务服务和研发服务作为核心解释变量，然后纳入人力资本、要素禀赋结构、

关税等控制变量,使用有关样本数据和进行固定效应回归,五个服务行业各自对全球价值链分工影响的实证检验结果,如表5和表6所示。

表5显示的是上述代表性服务行业各自对全球价值链分工利益影响的回归结果。从表5中可以看到,物流服务、信息服务、金融服务、商务服务和研发服务均与全球价值链的分工利益存在正相关关系,且均在1%水平上显著。这与服务业作为整体的实证检验结论一致,并且进一步显示了服务业对全球价值链分工利益影响的稳健性。但是,在对价值链分工利益影响的程度上,不同服务行业存在较大差异。其中,物流服务对全球价值链分工利益的正向效应最大,显示了物流服务在全球价值链中的重要性;商务服务包括企业管理咨询、法律服务等,对全球价值链分工利益产生正向效应的程度,排在第二位。然后分别是金融服务、信息服务、研发服务,全球价值链的运行和增值,离不开金融服务和信息服务,研发服务更营造核心竞争力的关键因素。

从表5可以看到控制变量的影响,结果表明:人力资本、要素禀赋结构、FDI和全球价值链的分工利益之间,都存在显著的正相关关系,关税与全球价值链分工利益呈显著的负相关关系,且所有回归结果在1%的水平上均显著。这与服务业作为整体的检验分析结果一致,这里不再重复。

表5 服务业异质性对全球价值链分工利益影响的回归结果

	(1)	(2)	(3)	(4)	(5)
$LnLogs$	0.661*** (0.026 1)				
$LnICTs$		0.451*** (0.022 2)			
$LnFins$			0.440*** (0.024 9)		
$LnBuss$				0.492*** (0.021 0)	
$LnRads$					0.372*** (0.025 4)

(续表)

	(1)	(2)	(3)	(4)	(5)
$LnHum$	0.550*** (0.046 7)	0.535*** (0.052 7)	0.582*** (0.055 7)	0.395*** (0.052 7)	0.517*** (0.060 9)
LnK/L	0.376*** (0.031 6)	0.544*** (0.034 6)	0.461*** (0.037 1)	0.434*** (0.033 2)	0.440*** (0.040 0)
$LnFDI$	0.055 9*** (0.015 7)	0.023 3 (0.018 7)	0.040 4** (0.019 8)	0.001 45 (0.018 0)	0.126*** (0.019 3)
$LnTar$	−0.199*** (0.026 0)	−0.190*** (0.029 4)	−0.202*** (0.031 2)	−0.174*** (0.028 1)	−0.213*** (0.033 4)
$Cons$	3.018*** (0.286)	3.032*** (0.324)	3.283*** (0.353)	4.481*** (0.331)	3.342*** (0.387)
F	920.1	712.5	619.9	809.6	530.0
R^2	0.907	0.883	0.868	0.903	0.849
时间固定效应	Y	Y	Y	Y	Y
国家固定效应	Y	Y	Y	Y	Y

注:实证结果由stata14计算并整理得出。括号内是 t 值,***、**和*分别表示1%、5%和10%的显著性水平。

表6展示的是五个代表性服务行业各自对全球价值链分工地位影响的实证分析结果。从表6中可以看到,不同服务行业对全球价值链分工地位的影响,差异性很大,这和服务业作为整体的检验分析结果不同,与前面不同服务行业对全球价值链分工利益影响的回归结论,也不一样,从而充分显示了服务业异质性对全球价值链分工地位影响的复杂性。

具体而言,信息服务和研发服务与全球价值链分工地位之间,呈正相关关系,且均在1%的水平上显著。其中,研发服务对全球价值链分工地位的提升效应,超过信息服务。物流服务、金融服务和商务服务的系数估计值,均无法通过显著性检验,也就是说,对全球价值链分工地位,物流服务、金融服务和商务服务的影响不明显。这和物流服务、金融服务和商务服务对全球价值链分工利益的影响,是不同。究其原因,可能既和物流服务、金融服务和商务服务在全球价值链上功能有关,也可能是因当前很多国家的物流服务、金融服务和商务服务被少数跨国公司所垄断,因而上述行业的应有作用达不到发挥。

在控制变量影响方面,人力资本、要素禀赋结构和关税与全球价值链分工地位间,均呈正相关关系,FDI的系数估计值不显著,这与服务业作为整体对全球价值链分工地位影响的回归结果一致,这里也不再重复。

表6 服务业异质性对全球价值链分工地位影响的回归结果

	(1)	(2)	(3)	(4)	(5)
$LnLogs$	−0.000 411 (0.000 770)				
$LnICTs$		0.002 10*** (0.000 576)			
$LnFins$			−0.000 790 (0.000 616)		
$LnBuss$				0.000 017 7 (0.000 600)	
$LnRads$					0.005 65*** (0.000 528)
$LnHum$	0.002 70* (0.001 38)	0.001 52 (0.001 37)	0.002 89** (0.001 38)	0.002 33 (0.001 51)	−0.001 11 (0.001 26)
LnK/L	0.003 19*** (0.000 933)	0.003 07*** (0.000 899)	0.003 24*** (0.000 918)	0.003 74*** (0.000 950)	0.001 46* (0.000 831)
$LnFDI$	−0.000 039 4 (0.000 464)	−0.001 03** (0.000 485)	0.000 176 (0.000 490)	−0.000 463 (0.000 515)	−0.001 50*** (0.000 401)
$LnTar$	0.001 44* (0.000 767)	0.002 18*** (0.000 763)	0.001 28* (0.000 772)	0.001 61** (0.000 805)	0.003 32*** (0.000 695)
$Cons$	−0.020 6** (0.008 44)	−0.009 24 (0.008 42)	−0.023 6*** (0.008 73)	−0.021 6** (0.009 47)	0.018 2** (0.008 04)
F	4.713	7.455	4.999	4.712	28.75
R^2	0.047 6	0.073 3	0.050 4	0.051 2	0.234
时间固定效应	Y	Y	Y	Y	Y
国家固定效应	Y	Y	Y	Y	Y

注:实证结果由stata14计算并整理得出。括号内是t值,***、**和*分别表示1%、5%和10%的显著性水平。

（二）基于国家异质性的进一步实证分析

世界上不同国家之间,不仅经济发展水平差异很大,而且服务业在各国经济发展中的地位和作用,也不完全一样,这自然会体现到服务业对全球价值链分工的影响上。因此,本文通过对样本国家进一步细分为发达国家和发展中国家两个子样本①,进一步探讨不同类型国家服务业对全球价值链分工影响的异质性。

应用模型(1)和不同类型国家的物流服务、信息服务、金融服务、商务服务和研发服务的样本数据等,所得的回归分析结果,如表 7 和表 8 所示。其中,表 7 显示的发达国家和发展中国家代表性服务行业对其全球价值链分工利益影响的回归结果,表 8 展示的是的发达国家和发展中国家代表性服务行业对其全球价值链分工地位影响的检验结果。

从表 7 可以看到,第(1)至(5)列显示的是发达国家的回归结果,第(6)至(10)列表示的是发展中国家实证检验结论。通过表中有关数据,可以看到无论是发达国家还是发展中国家,它们的物流服务、信息服务、金融服务、商务服务和研发服务,均与全球价值链的分工利益之间呈正相关关系,这与没有考虑国家异质性时的分析结果,一致。

进一步观察可发现,对于发达国家而言,物流服务对增加全球价值链分工利益的效应最大,然后依次是商务服务业、信息服务业、金融服务业和研发服务业;对于发展中国家来说,物流服务同样正向效应最大,然后分别依次是商务服务、信息服务、研发服务和金融服务,发达国家和发展中国家的行业排序,区别不大。但是,通过对比可以看到,发展中国家的物流服务、信息服务和研发服务对增加本国全球价值链分工利益的影响程度,超过发达国家。而对发达国家来说,金融服务和商务服务对其扩大全球价值链分工利益的效应,程度上超过发展中国家。

---

① 发达国家和发展中国家划分标准,是根据世界银行发布的标准。因此,本文注释 4 中的样本国家,前 30 个为发达国家,其余被列为发展中国家。

表 7 国家异质性对全球价值链分工利益影响的回归结果

	发达国家						发展中国家			
	(1)	(2)	(3)	(4)	(5)	(6)	(7)	(8)	(9)	(10)
LnLogs	0.520*** (0.026 1)									
LnICTs		0.311*** (0.021 0)				0.548*** (0.038 4)				
LnFins			0.311*** (0.022 2)				0.315*** (0.041 5)			
LnBuss				0.413*** (0.026 3)				0.255*** (0.042 5)		
LnRads					0.251*** (0.024 1)				0.336*** (0.036 7)	0.290*** (0.031 2)
LnSize	1.671*** (0.099 6)	1.760*** (0.116)	1.988*** (0.113)	1.449*** (0.125)	2.251*** (0.119)	2.096*** (0.163)	2.046*** (0.217)	1.940*** (0.235)	1.823*** (0.205)	1.813*** (0.207)
LnHum	0.177*** (0.044 1)	0.137*** (0.050 9)	0.131** (0.052 1)	0.097 3* (0.053 5)	0.080 1 (0.057 7)	0.068 7 (0.078 8)	0.042 5 (0.103)	0.093 8 (0.111)	0.033 8 (0.095 4)	0.045 3 (0.096 1)
LnK/L	0.033 9 (0.039 0)	0.001 61 (0.046 1)	0.071 5 (0.045 9)	0.067 8 (0.046 7)	0.191*** (0.049 2)	0.415*** (0.081 2)	0.145 (0.107)	0.225** (0.112)	0.140 (0.100)	0.226** (0.098 8)
LnFDI	0.015 1 (0.010 8)	0.006 09 (0.012 8)	0.025 6* (0.013 5)	0.026 2** (0.012 9)	0.005 11 (0.014 6)	0.025 3 (0.033 7)	0.047 4 (0.048 5)	0.150*** (0.045 3)	0.001 47 (0.050 2)	0.268*** (0.035 1)
LnTar	0.124*** (0.025 3)	0.180*** (0.028 5)	0.209*** (0.028 7)	0.152*** (0.029 2)	0.236*** (0.031 3)	0.097*** (0.034 2)	0.029 5 (0.044 7)	0.034 8 (0.047 2)	0.042 3 (0.040 8)	0.002 91 (0.042 1)
Cons	35.08*** (2.239)	36.35*** (2.647)	41.61*** (2.549)	28.66*** (2.887)	47.02*** (2.700)	42.96*** (3.660)	43.04*** (4.870)	40.79*** (5.329)	36.64*** (4.608)	37.86*** (4.673)

(续表)

	发达国家						发展中国家				
	(1)	(2)	(3)	(4)	(5)	(6)	(7)	(8)	(9)	(10)
时间固定效应	Y	Y	Y	Y	Y	Y	Y	Y	Y	Y
国家固定效应	Y	Y	Y	Y	Y	Y	Y	Y	Y	Y
F	1 038.7	767.2	731.6	781.2	598.0	549.9	309.7	274.6	355.2	357.3
R^2	0.952	0.936	0.933	0.941	0.919	0.957	0.927	0.918	0.939	0.936

注：实证结果由stata14 计算并整理得出。括号内是 t 值，***，**和*分别表示1%、5%和10%的显著性水平。

表 8 国家异质性对全球价值链分工地位影响的回归结果

	发达国家						发展中国家				
	(1)	(2)	(3)	(4)	(5)	(6)	(7)	(8)	(9)	(10)
$LnLogs$	0.000 517 (0.001 50)					0.001 09 (0.000 752)				
$LnICTs$		0.005 19*** (0.001 00)					0.002 33*** (0.000 595)			
$LnFins$			0.001 90* (0.001 07)					0.001 85*** (0.000 586)		
$LnBuss$				0.000 534 (0.001 35)					0.002 14*** (0.000 600)	

(续表)

	发达国家					发展中国家				
	(1)	(2)	(3)	(4)	(5)	(6)	(7)	(8)	(9)	(10)
LnRads					0.013 6*** (0.000 744)					0.001 72*** (0.000 482)
LnSize	0.013 40** (0.005 72)	0.026 8*** (0.005 57)	0.008 57 (0.005 46)	0.009 94 (0.006 43)	0.032 5*** (0.003 67)	0.005 53* (0.003 20)	0.007 30** (0.003 10)	0.008 03** (0.003 24)	0.007 47** (0.003 35)	0.008 23** (0.003 20)
LnHum	0.006 66*** (0.002 53)	0.006 11** (0.002 43)	0.006 88*** (0.002 52)	0.006 32** (0.002 76)	0.001 79 (0.001 78)	0.004 10*** (0.001 54)	0.004 52*** (0.001 48)	0.004 88*** (0.001 53)	0.003 74** (0.001 56)	0.003 87*** (0.001 48)
LnK/L	0.007 43*** (0.002 24)	0.010 8*** (0.002 21)	0.006 37*** (0.002 23)	0.007 15*** (0.002 40)	0.008 58*** (0.001 52)	0.002 78* (0.001 59)	0.003 96*** (0.001 53)	0.003 36** (0.001 54)	0.004 35*** (0.001 64)	0.003 30** (0.001 52)
LnFDI	0.000 220 (0.000 620)	0.000 555 (0.000 611)	0.000 659 (0.000 655)	0.000 307 (0.000 66)	0.002 3*** (0.000 450)	0.000 089 7 (0.000 661)	0.001 13 (0.000 695)	0.000 354 (0.000 624)	0.001 44* (0.000 821)	0.000 525 (0.000 542)
LnTar	0.001 73 (0.001 45)	0.003 61*** (0.001 36)	0.000 972 (0.001 39)	0.001 78 (0.001 50)	0.005 22*** (0.000 967)	0.000 073 2 (0.000 671)	0.000 316 (0.000 641)	0.000 276 (0.000 651)	0.000 193 (0.000 667)	0.000 480 (0.000 650)
Cons	0.272** (0.129)	0.596*** (0.127)	0.156 (0.124)	0.187 (0.149)	0.796*** (0.083 4)	0116 (0.071 7)	0.164** (0.069 8)	0.179** (0.073 4)	0.171** (0.075 4)	0.181** (0.072 1)
时间固定效应	Y	Y	Y	Y	Y	Y	Y	Y	Y	Y
国家固定效应	Y	Y	Y	Y	Y	Y	Y	Y	Y	Y
F	3.047	7.746	3.576	3.095	62.40	5.679	8.365	7.277	7.576	7.840
R^2	0.370	0.361	0.353	0.260	0.266	0.188	0.255	0.229	0.248	0.242

注：实证结果由stata14计算并整理得出。括号内是t值，***，**和*分别表示1%，5%和10%的显著性水平。

与表7相类似,表8中第(1)至(5)列显示的是发达国家代表性服务行业对全球价值链分工地位影响的回归结果,第(6)至(10)列展示的是发展中国家代表性服务行业对全球价值链分工地位影响的计量结果。

从表8中数据可以看到,信息服务和研发服务无论对发达国家还是对发展中国家,都能显著提升其全球价值链分工地位。其中,发达国家的研发服务正向效应,还超过信息服务。在发展中国家,信息服务、商务服务业、金融服务和研发服务都能提升其全球价值链分工地位,但是信息服务的积极效应,幅度最大。通过对比还可以发现,发展中国家的商务服务和金融服务对本国参与全球价值链分工地位的提升效应,超过发达国家;发达国家的信息服务和研发服务对其全球价值链分工地位的正向影响,强于发展中国家。

六、主要结论与政策启示

本文探讨了服务业对全球价值链分工的影响和作用机制,检验了服务业对全球价值链分工利益和分工地位的实际效应。在此基础上,论文基于服务业和国家的异质性,还展开了进一步的实证分析和比较研究。全文形成的主要结论和政策启示如下。

第一,在全球价值链分工中,服务业一方面作为全球价值链的重要组成部分,对分布于不同国家的价值链节点起着联结和黏合作用;另一方面以中间投入品形式,影响着全球价值链中各个生产环节的运行和附加值创造。在新一轮科技和产业革命的影响下,服务业正日益成为决定一国参与全球价值链分工地位和分工利益的关键性因素。鉴于此,我国应当加快服务业发展步伐,通过加大改革力度、增加要素投入规模、破解发展制约瓶颈、创新服务业发展模式等,尽快提升我国服务业特别是生产性服务业发展水平。要扩大服务业对外开放和加快服务业"走出去"步伐,尽快完善我国服务业有关制度安排和政策设计,使服务业在提高我国参与全球价值链分工水平中,发挥更多和更好的作用。

第二,本文实证分析表明,服务业发展水平既与全球价值链的分工利益间存在显著的正相关,又和全球价值链分工地位间存在显著的正向效应。即,提高服务业发展水平,不仅可以增加一国参与全球价值链的分工利益,而且能够提高参与全球价值链的分工地位,实现向价值链高端的攀升。通过计量分析还发现,发展服务业对全球价值链的分工利益影响,高于对分工地位的正向效应。这意味着,强调发展服务业对全球价值链分工的有利影响,不必局限于在全球价值链上向高端环节的攀升。因此,通过推动制造业和服务业深度融合发展,加快制造业和服务化商业模式创新,大力提升价值链上节点的增值能力,也应成为我国提高开放型经济水平的重要途径。

第三,服务业内部不同行业对全球价值链分工的影响,存在明显差异性。一方面,从对全球价值链的分工利益影响上看,研发服务、信息服务、金融服务、商务服务和物流服务业,对全球价值链的分工利益都产生显著的正向效应。其中,物流服务的积极影响最大,然后依次分别是商务服务、信息服务、金融服务和研发服务等。但是另一方面,从对全球价值链的分工地位影响上讲,只有研发服务、信息服务能够产生显著的积极效应,而金融服务、商务服务和物流服务,无法通过显著性检验。这意味着,我国要尽快提升全球价值链分工地位,相应对策可以有所侧重,应更多地依靠立足于本国自主创新和研发能力的增强,以及通过提高信息服务水平等来实现。

第四,本文计量分析还显示,服务业对不同类型国家参与全球价值链分工的影响,也存在明显异质性。其中,在对全球价值链的分工利益影响方面,发展中国家的物流服务、信息服务和研发服务对本国参与全球价值链的分工利益的积极效应,超过发达国家。发达国家的金融服务和商务服务,其产生的正向效应超过发展中国家。在对全球价值链分工地位影响方面,发展中国家的商务服务和金融服务的经济影响强于发达国家。而发达国家的信息服务和研发服务产生的促进作用大于发展中国家。这些所揭示的当前世界经济和全球价值链分工基本格局及规律,对于我国加快"一带一路"建设,采取防范对外开放各种风险的措施等,提供了理论参考依据。

第五,本文研究结果还表明,增加人力资本和减少关税负担,有助于扩大一国参与全球价值链的分工利益规模。提高一国要素禀赋结构,不仅将增加该国全球价值链分工利益,而且将提升该国全球价值链分工地位。增加利用外商直接投资规模,有利于增加一国在全球价值链的分工利益,但是,对该国的全球价值链的分工地位,影响不确定、不显著。为此,我国应继续加大对科研和人力资本的投入,进一步强化对全球优质要素资源特别是各种人才的吸引力;要通过更多地采取负面清单等方式,扩大和优化我国利用外资的规模与结构;要通过降低进口关税、提高贸易便利化水平、完善知识产权保护等,打造更好的一流营商环境,并且在新一轮科技革命和产业国际转移中,努力发展更多由我国主导的新的全球价值链分工体系。

参考文献

[1] 陈健,陈苔菁,赵迪. 中国服务业是如何参与全球价值链分工体系的?——增加值平均传递步长角度的考察[J]. 东南大学学报(哲学社会科学版),2018(1).

[2] 陈启斐,刘志彪. 反向服务外包对我国制造业价值链提升的实证分析[J]. 经济学家,2013(11).

[3] 洪银兴. 创新驱动攀升全球价值链中高端[J]. 经济学家,2017(12).

[4] 黄繁华,王晶晶. 服务业 FDI -吸收能力与国际 R&D 溢出效应——一项跨国经验研究[J]. 国际贸易问题,2014(5).

[5] 刘奕,夏杰长,李垚. 生产性服务业与制造业升级[J]. 中国工业经济,2017(7).

[6] 孟东梅,姜延书,何思浩. 中国服务业在全球价值链中的地位演变——基于增加值核算的研究[J]. 经济问题,2017(1).

[7] 姚战琪. 服务业开放度视角下中国攀升全球价值链研究[J]. 学术论坛,2018(4).

[8] 张艳,唐宜红,周默涵. 服务贸易自由化是否提高了制造业企业生产效率[J]. 世界经济,2013(11).

[9] ANTRÀS P, CHOR D, FALLY T, et al. Measuring the Upstreamness of Production and Tradeflows[J]. The American Economic Review, 2012, 102(3): 412-416.

[10] DEARDORFF A V. International Provision of Trade Services, Trade, and Fragmentation[J]. Review of International Economics, 2001, 9(2): 233-248.

[11] KELLE M. Crossing Industry Border: German Manufactures as Services Exports[J]. The World Economy, 2013(12).

[12] KOOPMAN R, POWERS W, WANG Z, et al. Give Credit Where Credit Is Due: Tracing Value Added in Global Production Chains[R]. National Bureau of Economic Research, 2010.

[13] MARKUSEN J R. Trade in Producer Services and in Other Specialized Intermediate Inputs[J]. The American Economic Review, 1989: 85-95.

[14] WANG Z. Measures of Participation in Global Value Chains and Global Business Cycles[R]. National Bureau of Economic Research, 2017:23222.

自贸区战略的质量评估

吴小康　韩　剑

一、引　言

进入 21 世纪以来,由于多哈回合谈判进展不畅,双边或区域贸易协定(Regional Trade Agreements,RTA)在全球范围迅速兴起。无论美欧等传统贸易强国,还是以中国和印度为代表的新兴贸易大国,都在积极寻求通过 RTA 进一步减少贸易壁垒。根据 WTO 的统计,1948—1994 年期间,全球向 WTO 报备了 124 个 RTA;但 1995 年乌拉圭回合结束以来,向 WTO 报备的 RTA 数量已超过 400 个。并且,RTA 在内容上也发生了很大变化。传统的 RTA 一般仅涉及关税和非关税壁垒削减,但新一代 RTA 已涵盖了服务贸易、知识产权、投资、政府采购、竞争政策等各种边境后规则,更有甚者将反腐、政治体制、人权、文化等与贸易弱相关的内容纳入协定。

中国在 2001 年加入 WTO 之后,也明确提出要加快实施自贸区战略,形成面向全球的高标准自贸区网络。2001 年之前,中国几乎没有签订任何 RTA,但截至目前中国已参与了 32 个 RTA 协定,其中 15 个已生效,10 个尚在谈判,7 个正在研究,共涉及 57 个国家和地区。作为 RTA 战略的新手,中国已经迅速在数量上追上了许多发达国家,但在质量上未能受到认可。一些研究认为,中国的 RTA 只重"网络",而不见"高标准",除了关税减让,其他内容只是对 WTO 的简单重复(Perlkmans et al.,2016)。

"重量而轻质"的形象让人们对中国形成如下两点认识。第一,中国奉行实用利己主义原则,只希望借助 RTA 实现本国贸易利润最大化,而无意为全球贸易规则升级提供公共产品,这与中国的贸易大国身份以及中国从全球贸易自由化中获得的收益不对称。第二,中国无法适应更高标准的贸易规则,因而会被排除于 21 世纪贸易体系之外(Baldman,2012)。奥巴马执政时期美国曾积极推进的迄今自由化程度最高的跨太平洋伙伴协议(Trans-pacific Partnership, TPP),中国就不在成员之列。

那么,中国 RTA 的质量真的都比较低吗? 这是一个实证问题,但迄今为止对中国 RTA 质量的评价或以中国某一个 RTA 来代表所有 RTA,或以 RTA 中某一项规则的自由化程度来反映 RTA 的整体质量,或简单地通过两国比较就得出结论。这些评价不仅没有数据基础,也不够系统,缺乏可信度。我们认为,要准确认识中国的 RTA 质量,需要对 RTA 内容进行更全面和深入的分析。

本文将通过量化方法来研究中国 RTA 的质量。以下四点保证了该方法的可行性。第一,大部分 RTA 的文本内容是公开的。第二,不同 RTA 在不同条款上的表述虽然存在差异,但其严格程度是可以量化的。近来 Horn et al. (2010)、Dür et al. (2014)、Hofmann et al. (2017)设计了许多 RTA 质量测度指标,可供借鉴。第三,截至目前,中国已经有 15 个 RTA 生效,样本规模足够大。第四,目前已经生效的 RTA 有 400 多个,并且中国的 RTA 伙伴与其他经济体之间也签订了许多 RTA,这使我们能够进行比较分析。

本文余下的内容安排如下:第二部分简单描述 RTA 的现状并介绍有关研究文献,第三部分说明 RTA 质量的评价方法和数据来源,第四部分分析中国 RTA 的整体质量,第五部分讨论具体条款的严格程度,第六部分总结全文。

二、中国已签订的 RTA 及相关研究现状

(一) 中国已签订的 RTA 及其特点

表 1 列出了中国至今签订的所有 RTA 的类型、签约日期、生效日期和 WTO 通报情况。中国签订的第一个 RTA 是亚太贸易协定,正式签约日期是 2001 年 4 月 12 日,甚至早于中国加入 WTO。与之后签订的 RTA 相比,亚太贸易协定有两个特点。第一,它是中国签订的 RTA 中唯一一个中国非发起成员的协定。亚太贸易协定的

前身是曼谷协定,创始成员是孟加拉国、印度、柬埔寨、韩国和斯里兰卡。第二,它是唯一一个部分优惠贸易协定。此后,中国内地先后与中国香港地区、中国澳门地区、东盟等签订 RTA。2005 年 1 月,中国与智利签订了第一个跨州 RTA;2008 年 4 月,新西兰成为中国第一个发达国家 RTA 伙伴。截至目前,中国一共签订并生效的自贸协定共 15 个。如果将货物和服务协定,原协定和升级协定分开计算,目前生效的协定共 21 个。在全球范围内,如图 1 所示,虽然中国 2000 年之后才开始签订自贸协定,但目前生效的 RTA 数量已与美国相当。

表 1　中国已签订的 RTA

协定	协定类型	签约日期	生效日期	WTO 通报
中国-东盟(服务)	EIA	2007/1/14	2007/7/1	GATS5 条
中国-智利(货物)	FTA	2005/11/18	2006/10/1	GAT24 条
中国-智利(服务)	EIA	2008/4/13	2010/8/1	GATS5 条
中国-巴基斯坦(货物)	FTA&EIA	2006/11/24	2007/7/1	GAT24 条
中国-巴基斯坦(服务)	EIA	2009/2/21	2009/10/10	GATS5 条
中国-新西兰	FTA&EIA	2008/4/7	2008/10/1	GATT24 条、GATS5 条
中国-新加坡	FTA&EIA	2008/10/23	2009/1/1	GATT24 条、GATS5 条
中国-秘鲁	FTA&EIA	2009/4/28	2010/3/1	GATT24 条、GATS5 条
中国-哥斯达黎加	FTA&EIA	2010/4/8	2011/8/1	GATT24 条、GATS5 条
中国-冰岛	FTA&EIA	2013/4/15	2014/7/1	GATT24 条、GATS5 条
中国-瑞士	FTA&EIA	2013/7/6	2014/7/1	GATT24 条、GATS5 条
中国-韩国	FTA&EIA	2015/6/1	2015/12/20	GATT24 条、GATS5 条
中国-澳大利亚	FTA&EIA	2015/6/17	2015/12/20	GATT24 条、GATS5 条
中国-格鲁吉亚	FTA&EIA	2017/5/13	2018/1/1	暂未通报
中国-马尔代夫	FTA&EIA	2017/12/7	暂未确定	暂未通报

数据来源:WTO 的 RTA 数据库。

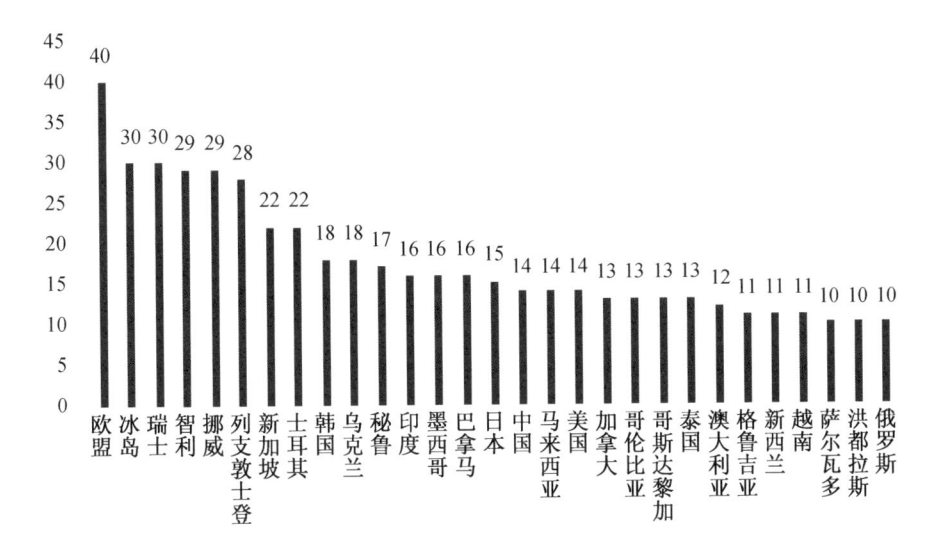

图1 全球主要经济体的累积 RTA 数量①

注：仅列出 RTA 数量超过 10 个的经济体。数据并不包括中国—格鲁吉亚自贸协定，因此中国共有 14 个 RTA 生效。

从地理位置看，中国的 RTA 伙伴主要集中在亚太地区，但近几年也开始扩展到亚洲以外地区，如智利、秘鲁、哥斯达黎加等。从协定伙伴的经济发展水平看，中国与发展中国家签订的 RTA 更多，但与发达国家的合作也开始增加，如新西兰、瑞士、澳大利亚等。从协定伙伴数量看，除了中国—东盟自贸区，其他 RTA 都是双边的。从贸易量看，按 2016 年的数据，在所有贸易协定伙伴国中，中国香港地区是中国内地最大的货物出口目的地，韩国是中国最大的货物进口来源国，中国香港地区是中国内地最大的进出口伙伴。

此外，中国还有 11 个 RTA 正在谈判，包括：区域全面经济伙伴关系协定（RCEP）、中国—海合会、中日韩、中国—斯里兰卡、中国—以色列、中国—挪威、中国—巴基斯坦自贸协定第二阶段谈判、中国—新加坡自贸协定升级谈判、中国—新西

---

① WTO 的 RTA 数据库 http://rtais.wto.org/UI/public PreDefRepByCountry.aspx

兰自贸协定升级谈判、中国—毛里求斯、中国—摩尔多瓦;11 个正在研究,包括:中国—哥伦比亚、中国—摩尔多瓦、中国—斐济、中国—尼泊尔、中国—巴新、中国—加拿大、中国—孟加拉国、中国—毛里求斯、中国—蒙古、中国—秘鲁自贸协定升级、中国—瑞士自贸协定升级。将已经生效的、正在谈判的和正在研究的协定加起来,中国参与的 RTA 数量达到 42 个,共涉及 55 个国家和地区。2016 年,中国对(从)RTA 贸易伙伴(除亚太贸易协定和格鲁吉亚)的出(进)口额占中国出(进)口总额的 35%(33%),中国与 RTA 贸易伙伴的进出口总额占中国贸易总额的 34%。随着协定数量的增加,这一比例将进一步提高。在前十大贸易伙伴中,目前还未与中国签订 RTA 的有美国、日本、德国、英国。

(二) 中国 RTA 战略和质量相关研究现状

中国 RTA 的研究文献不在少数,与本文最相关的有两类。第一类是对中国 RTA 战略的宏观分析,它们从伙伴国地理位置、经济水平等方面分析了中国 RT 战略的特点。Li et al. (2017)发现,中国签订 RTA 的主要目的是进一步促进出口,规避多边贸易协定的负面约束(例如获得市场经济地位),以及成为亚洲贸易网络的中心。孙忆(2016)分析了美国倡导的新一代高标准贸易规则对中国造成的制度压力,并指出中国正在建设自身的 RTA 网络以应对这一压力。袁波等(2017)总结了中国选择 RTA 伙伴的主要特点,认为中国采取的策略是以亚洲周边国家为主体逐步向全球拓展,以发展中国家为基础逐步向发达国家拓展。王中美(2018)认为,中国的 RTA 战略还存在许多尚未厘清的问题,包括应该遵循自由贸易理论还是战略性贸易理论,应该补充多边还是自成一系、应该接受规则还是创设规则,应该坚持互惠贸易还是推行竞争性开放等。以上这些文献大多从中国 RTA 伙伴的特征来剖析中国的 RTA 战略,缺少对协定内容的深度分析。

第二类是对中国 RTA 具体内容的分析。孙蕊和齐俊妍(2017a)评估了中韩贸易协定中方的服务贸易开放水平,发现中国对韩国的服务贸易开放水平和中国现有的服务贸易开放水平相比没有太多提高。孙蕊和齐俊妍(2017b)进一步考察了中国 14 个 RTA 服务贸易的开放深度和广度,发现开放广度有所扩大,但对新兴部门的开放准备不足;开放深度有所加强,但敏感或重要部门的限制依然严格。李海莲和韦薇

(2016)对中国 RTA 协定中的原产地规则水平进行了量化分析。刘彬(2016)研究了中国 RTA 的知识产权章节,发现中国的 RTA 呈现出对超 TRIP 义务的逐步接受趋势。这些研究关注了中国 RTA 中的某一项具体议题,但缺少对 RTA 内容的全面评估。尹向明(2019)分析了中国 RTA 中的金融条款,发现中国对协定伙伴国的金融开放程度基本与协定签订时国内整体金融开放水平保持一致。以上这些文献深入 RTA 的具体内容,评估了中国对 RTA 伙伴国在不同方面的开放程度,但并未对 RTA 的不同条款进行系统分析,无法从整体上客观评价中国 RTA 的深度。本文与这些文献在很大程度上形成互补,本文更重视评价 RTA 的总体深度,但无法在具体内容上做到面面俱到。例如,当我们检视各 RTA 的关税减让情况时,仅简单区分某项协定是否会实现大部分产品的零关税,但没有进一步讨论原产地规则对企业使用优惠关税的限制程度。

与现有文献相比,本文可能的创新之处在于,我们首次基于文本数据,按"WTO+"和"WTOX"52 项细分指标全面评估了中国 RTA 的质量水平。这使我们一方面能对中国 RTA 的质量有更客观的认识,另一方面能理解中国 RTA 在不同方面的开放程度,厘清中国可以和应该在哪些方面扩大开放程度。

三、RTA 质量评价方法的数据来源

(一) RTA 质量的评价方法

(1) RTA 质量的传统评价方法

评价 RTA 质量的传统方法是将不同协定分为单边优惠贸易协定(Preferential Trade Arrangements,PTA)、部分优惠贸易协定(Partial Scope Agreements,PSA)、自由贸易区(Free Trade Area,FTA)、关税联盟(Customs Union,CU)、共同市场(Common Markets)和经济联盟(Economic Union)。从单边优惠贸易协定到经济联盟,自由化程度和质量逐渐提高。单边优惠是指协定一方单方面给予另一方优惠,如发达国家给予发展中国家的普遍优惠(Generalized System of Preferences,GSP);部分优惠是指 RTA 优惠仅覆盖部分商品和服务,如 2009 年印度和尼泊尔签订的自贸协定;自由贸易区覆盖大部分商品和服务,协定成员之间基本取消关税和非关税壁垒,但每个成员对区域外国家仍制定独立关税。典型的自由贸易区包括北美自由贸易协定、东盟自由贸易区、欧盟自由贸易区等。关税联盟同样是联盟内部取消关税,但对外实行统一关税,如中美洲共同市场。共同市场在关税联盟的基础上允许要素自由流动,如曾经的欧洲共同市场。经济联盟在共同市场基础上进一步统一货币和财政政策,如欧盟。这一分类方法能够在一定程度上区分 RTA 的自由化程度,但无法进一步衡量同一类协定的差异。根据 Hofmann et al. (2017)的数据,各国目前已向 WTO 通报并仍在运行的 RTA 共有 279 个,仅 16 个是 PSA,29 个是 CU,剩余的 234 个都是 FTA。也就是说,绝大部分 RTA 都是 FTA,因此需要进一步分析不同 FTA 的自由化程度。

(2) Horn et al. (2010)的 RTA 质量评价方法

Horn et al. (2010)在对美国和欧盟的所有 RTA 进行文本分析时,将 RTA 的内容分为 WTO+和 WTOX 两个类别,前者代表 RTA 和 WTO 都涉及且 RTA 自由程度持平或更高的内容,后者代表 WTO 完全未涉及仅在 RTA 中出现的内容。其中,WTO+包括 14 项,分别是制造业关税减让、农业关税减让、贸易便利化、出口税/补贴、SPS、TBT、国有企业、反倾销、反补贴、国家援助、政府采购、TRIMS、GATS、TRIPs;WTOX 包括 38 项,分别是反腐败、竞争政策、环境、知识产权、投资、劳动市场监管、资本流动等(详细内容见附表 1)。WTO+和 WTOX 合计 52 项,每一项都以 1、0 区分,1 代表包括,0 代表不包括。Horn et al. (2010)同时注意到虽然有些协定包括了某项内容,但没有法律可执行性(legal enforce ability)。按照 Horn et al. (2012)的定义,没有法律可执行性的内容是那些表述不清的、缔约方未明确承诺履行的、在争端解决中不大可能援引的条款。例如,"双方应该合作……""双方要努力……""要特别关注……"之类的表述都是缺乏法律可执行性的,因为"合作""努力""关注"都是模糊性的词汇;而"双方应当允许资本自由流动""任何一方均不得就外资企业的建立、收购、扩张等行为设立业绩要求""到(具体日期)结束时,一方应加入以下国际公约:……"之类的表述都是法律可执行的。按照这个定义,Horn et al. (2010)进一步将所有内容区分为法律可执行的和法律不可执行的。在对美国和欧盟的对比研究中,Horn 等(2010)发现,虽然欧盟签订的 RTA 比美国覆盖更多 WTO+ 和 WTOX 内容,但欧盟在法律可执行上明显不如美国。

将 52 项条款的得分加总,即可得到 RTA 的整体质量:

$$depth_i^{AC1} = \sum\nolimits_{k=1}^{52} provisions_{ik}$$

其中,下标 k 代表条款,i 代表协定;上标 AC1 代表只考虑是否包括某项条款但不考虑是否有法律可执行性。Provisions 是虚拟变量,如果协定 i 包括条款 k,则 Provisions=1,否则为 0;depth 代表整体深度指数。如果同时考虑各条款是否有法律可执行性,则可得到另一项整体深度指数:

$$depth_i^{LE1} = \sum\nolimits_{k=1}^{52} provisions_{ik} \times legal_{ik}$$

其中,上标 LE1 代表同时考虑是否包含某项条款及是否有法律可执行性。legal 是虚拟变量,如果某协定 i 中的条款 k 有法律可执行性,则 $legal_{ik}=1$,否则为 0。

在 Horn 等(2010)的基础上,Hofmann 等(2017)进一步指出,并非所有条款对贸易自由化而言都是重要的,因此他们选取了其中 18 项核心条款来衡量 RTA 深度。这 18 项条款由 WTO+14 项条款和 WTOX 中的竞争政策、投资、资本流动和专利组成。以这 18 项条款为基础的 RTA 质量指数分别通过以下两个式子计算:

$$depth_i^{AC2} = \sum\nolimits_{k=1}^{18} provisions_{ik}$$
$$depth_i^{LE2} = \sum\nolimits_{k=1}^{18} provisions_{ik}$$

(3) Dür et al. 的质量评价方法

Dür et al.(2014)也提出了相似的深度评价方法。一种由 7 个二值指标之和表示,包括:(1) 除少数例外,是否将实现零关税;(2) 服务贸易是否有实质性条款;(3) 投资是否有实质性条款;(4) 标准是否有实质性条款;(5) 政府采购是否有实质性条款;(6) 竞争是否有实质性条款;(7) 知识产权是否有实质性条款。这里的"实质性"与"法律可执行性"有一定的相似性,如果协定明确规定对伙伴国服务商给予国民待遇,这个条款就是实质性的;如果协定只是表达了开放服务业或减少服务贸易壁垒的决心,这个条款就是非实质性的。将以上 7 个指标加总,即得到 RTA 的整体质量:

$$depth_i^{Dur1} = \sum\nolimits_{k=1}^{7} provisions_{ik}$$

上标 $Dur1$ 表示按 Dür et al.(2014)的方法衡量质量。另一种是对 48 个与 RTA 深度相关的问题进行潜在特质分析(类似于主成分分析)后估计出深度。这些问题基本上是对以上 7 个指标的具体化。例如,对竞争规则的评价以 6 个问题为基础:(1)协定是否包含竞争章节;(2)协定是否包含促进国家竞争机构建立的条款;(3)协定是否包含促进国家竞争机构协调的条款;(4)协定是否包含促进共同国家竞争机构建立的条款;(5)协定是否包含有关垄断和卡特尔的条款;(6)协定是否包含有关并购的条款。我们以 $depth_i^{Dur2}$ 来表示通过潜在特质分析估计的 RTA 深度。

(4) Horn et al.(2010)和 Dür et al.(2014)RTA 质量评价方法的一致性

虽然以上 6 个指标在方法上有一定差异,但它们之间的相关性很强。Hofmann et al.(2017)参照 Horn et al.(2010),统计了全球所有 RTA 的深度,数据截至 2017 年 3 月 15 日。Dür et al.(2014)则制定了贸易协定设计项目(Design of Trade Agreements Project,DESTA)数据库,数据截至 2017 年 11 月。剔除所有 PSA,Hofmann 等的 RTA 深度数据库共有 266 个 RTA;DESTA 数据库则一共包括 648 个 RTA。匹配两个数据库,我们得到 209 个 RTA。以这 209 个 RTA 为基础,表 2 列出了 6 个深度指数的相关系数。虽然这些指数采用不同的方法计算,但它们的相关系数均在 0.55 以上,并且都在 1%水平上显著。尤其是 Dür et al.(2014)的两个指数,相关系数高达 0.926。另外,$Depth^{LE1}$、$Depth^{LE2}$ 和 $Depth^{Dur1}$ 的相关性高于 $Depth^{AC1}$、$Depth^{AC2}$ 和 $Depth^{Dur1}$ 的相关性,因为 $Depth^{Dur1}$ 中的"实质性"与"法律可执行性"的含义相近。

表 2 不同深度指数的相关系数

	$Depth^{AC1}$	$Depth^{AC2}$	$Depth^{LE1}$	$Depth^{LE2}$	$Depth^{Dur1}$
$Depth^{AC2}$	0.784				
$Depth^{LE1}$	0.681	0.799			
$Depth^{LE2}$	0.689	0.901	0.927		
$Depth^{Dur1}$	0.586	0.680	0.573	0.637	
$Depth^{Dur2}$	0.591	0.735	0.599	0.683	0.926

注:样本规模为 209。所有相关系数都在 1%水平上显著。

(二) 本文数据来源

本文的数据主要来源于 Hofmann et al. (2017) 的 RTA 内容数据库和 Dür et al. (2014) 的 DESTA 数据库。以下几点需要说明。第一，Hofmann et al. (2017) 的 RTA 内容数据库中不包含中国—澳大利亚自贸协定、中国—韩国自贸协定、中国—格鲁吉亚自贸协定，我们按其方法补充数据。第二，DESTA 数据库不包含中国—格鲁吉亚自贸协定，由于 Dür et al. (2014) 未公布 $Depth^{Dür2}$ 的具体测算方法，我们只能补充 $Depth^{Dür1}$。第三，对于 CEPA、CAFTA、中国—秘鲁自贸区，我们未统计其升级协定。第四，Dür et al. (2014) 将货物协定和服务协定分开统计，因此 CAFTA 和中国—巴基斯坦自贸区的货物和服务协定也分开统计①，但 Hofmann et al. (2017) 的 RTA 内容数据库将货物与服务协定视为一个协定。第五，中国—马尔代夫自贸协定已于 2017 年 12 月 7 日结束谈判，但尚未生效，协定文本也暂未公开，故无法统计。

四、中国 RTA 整体质量分析

(一) 中国 RTA 整体质量描述

从统计结果来看，中国 RTA 的质量呈现如下几个特点。第一，中国 RTA 的质量基本稍高于全球平均水平。与美国和日本相比，中国签订的 RTA 深度指数稍低；但与印度和墨西哥相比，中国 RTA 深度明显更高，尤其是按 Dür et al. (2014) 等的两个指数来看。第二，RTA 深度水平呈现逐渐提高的趋势。早期中国内地与澳门地区、香港地区、东盟和巴基斯坦签订的 RTA 深度指数均远低于全球平均水平，但此后签订的 RTA 基本都与全球平均水平相当甚至更高。当然，例外情况也存在，例如中国与格鲁吉亚自贸协定的深度明显低于同期其他自贸协定的深度。第三，与不同国家(地区)签订的 RTA 之间存在一定差异。在所有 RTA 中，深度水平最高的是中国—瑞士自贸协定和中国—韩国自贸协定，最低的是中国内地—中国澳门地区协定

---

① 中国—秘鲁货物和服务亦分开签订，但 DESTA 数据库未分开统计二者。

和中国内地—中国香港地区协定。平均而言,中国与发达国家(地区)RTA 的深度高于中国与发展中国家(地区)RTA 的深度,但中国—澳大利亚自贸协定是例外。第四,中国的 RTA 表现出一定的"法律膨胀现象",即考虑法律可执行性的深度低于不考虑可执行性的深度。

表3 中国内地 RTA 的整体深度指数[①]

	$depth^{AC1}$	$depth^{AC2}$	$depth^{LE1}$	$depth^{LE2}$	$depth^{Dur1}$	$depth^{Dur2}$
中国澳门地区	7	6	5	5	2	−1.109
中国香港地区	7	6	5	5	2	−1.109
东盟货物	7	7	4	4	2	−0.109
东盟服务业					3	0.688
智利	31	13	8	8	3	0.272
巴基斯坦货物	11	11	8	8	3	0.805
巴基斯坦服务业					4	1.227
新西兰	21	15	18	15	4	1.227
新加坡	16	11	14	14	4	1.227
秘鲁	25	14	14	14	5	1.481
哥斯达黎加	26	15	12	12	5	1.124
冰岛	22	16	12	12	5	1.175
瑞士	20	16	12	12	6	1.678
韩国	27	16	13	14	6	1.480
澳大利亚	15	15	17	11	5	1.175
格鲁吉亚	12	11	11	11	4	

---

① 数据来源:$depth^{AC1}$、$depth^{AC2}$、$depth^{LE1}$、$depth^{LE2}$来自世界银行 RTA 深度数据库,中国—韩国、中国—澳大利亚、中国—格鲁吉亚三个协定的数据系作者按 Horn 等(2010)的方法整理;$depth^{Dur1}$、$depth^{Dur2}$来自 DESTA 数据库,该数据库将中国—东盟服务业与中国—东盟制造业协定、巴基斯坦货物和巴基斯坦服务协定分开统计,中国—格鲁吉亚协定的 $depth^{Dur1}$ 系作者按 DüR 等(2014)的方法统计,$depth^{Dur2}$ 则由于无法获得原始数据而无法计算。

(续表)

	$depth^{AC1}$	$depth^{AC2}$	$depth^{LE1}$	$depth^{LE2}$	$depth^{Dur1}$	$depth^{Dur2}$
全球平均(2000年后)	20.26	13.8	12.37	11.15	3.46	0.74
美国平均(2000年后)	20.55	15.73	16.18	13.64	6.27	1.94
日本平均(2000年后)	20.79	4.12	12.64	11.79	5.60	1.45
印度平均(2000年后)	14.43	10.57	9.57	8.57	2.82	0.31
墨西哥平均(2000年后)	22.00	14.86	11.14	10.43	2.31	0.04

注:中国—马尔代夫自贸协定已于2017年12月7日结束谈判,但尚未生效,协定文本也暂未公开,故无法统计。

(二) 中国 RTA 质量与伙伴国同其他国家 RTA 质量的比较

考虑到 RTA 质量与参与国经济发展水平密切相关,要更加客观地评价一国 RTA 的质量水平,应该以该国发展水平相当的国家的 RTA 作为比较对象。或者,更可取的做法是,比较中国参与的 RTA 与 RTA 伙伴国同其他国家签订的 RTA。为此,我们建立如下计量模型:

$$depth_{cj} = \beta_0 + \beta_1 China_{cj} + \lambda_c + \varepsilon_{ij}$$

其中,下标 C 代表中国内地 RTA 的伙伴国(地区),包括香港地区、东盟、智利、巴基斯坦、新西兰、新加坡、秘鲁、哥斯达黎加、冰岛、瑞士、韩国、澳大利亚、格鲁吉亚(由于澳门地区只有中国内地一个 RTA 伙伴国(地区),因此回归中剔除澳门地区); j 代表中国 RTA 伙伴国的伙伴国(地区);$China_{cj}$ 是一个虚拟变量,如果 C 国(地区)的伙伴国(地区)是中国,$China_{cj}$ 等于 1,否则为 0。λ_c 是 C 国(地区)固定效应,因此 β_1 反映的是组内差异,即 C 国(地区)与中国签订的 RTA 深度与 C 国(地区)同其他国家(地区)签订的 RTA 深度的差异。标准误聚类在 C 国(地区)层面。如表 4 所示,不论用哪种方法来度量深度，$China_{ij}$ 的估计系数都为负，但在统计上都不显著，说明中国与其伙伴国（地区）签订的 RTA 的深度与伙伴国（地区）同其他国家（地区）签订的 RTA 深度之间在统计上无显著差异。

表 4　中国 RTA 与伙伴国（地区）同其他国家（地区）RTA 总体深度的差别

	(1) $depth^{AC1}$	(2) $depth^{AC2}$	(3) $depth^{LE1}$	(4) $depth^{LE2}$	(5) $depth^{Dur1}$	(6) $depth^{Dur2}$
china	−0.109 (0.132)	−0.132 (0.082)	−0.148 (0.132)	−0.113 (0.122)	−0.309 (0.492)	−0.073 (0.213)
N	100	100	100	100	114	114

注：* $P<0.1$，** $P<0.05$，*** $P<0.01$。所有模型都加入了 C 国（地区）固定效应。括号中是按 C 国（地区）聚类的稳健标准误。

五、中国 RTA 细分条款的质量分析

本节从 WTO＋覆盖情况、WTO＋法律可执行情况、WTOX 覆盖率、WTOX 法律可执行情况、Dür 等（2014）各条款得分等角度来分析中国 RTA 细分条款的质量。表 5a 列出了各 RTA 在 Horn et al.（2010）的 52 项细分条款的情况，1 代表包含条款，0 代表不包括，* 代表同时具有法律可执行性；表 5b 列出了各 RTA 在 Dür et al.（2014）等 7 项条款的情况，1 代表包括，0 代表不包括。表 6 为中国 RTA 降税情况。

（一）WTO＋覆盖情况

在 14 项 WTO＋内容中，覆盖率与世界平均水平相当的是制造业关税减让、农产品关税减让、贸易便利化、出口税、SPS、TBT、反倾销、反补贴、GATS、TRIPS、TRIMS，覆盖率相对较低的是国有贸易企业、国家援助、政府采购。

关税减让是 RTA 的基本内容，中国参与的所有 RTA 都涵盖了制造业关税减让和农产品关税减让两个主题。但要注意的是，仅以是否包括来评价关税减让是不够的。虽然所有协定都包括关税减让，但不同协定在减让幅度、约束税率和原产地规则

表 5a 中国内地 RTA 具体内容的深度，按 Horn et al. (2010)

	中国澳门	中国香港	东盟	智利	巴基斯坦	新西兰	新加坡	秘鲁	哥斯达黎加	冰岛	瑞士	韩国	澳大利亚	格鲁吉亚	全球平均	全球平均
WTO+																
制造业关税减让	1*	1*	1*	1*	1*	1*	1*	1*	1*	1*	1*	1*	1*	1*	1.97	1.98
农业关税减让	1*	1*	1*	1*	1*	1*	1*	1*	1*	1*	1*	1*	1*	1*	1.96	1.98
贸易便利化	1*	1*	0	1*	1*	1*	1*	1*	1*	1*	1*	1*	1*	1*	1.64	1.77
出口税	0	0	0	0	1*	1*	0	1*	1*	1*	1*	0	1*	1*	1.55	1.57
SPS	0	0	0	0	0	1*	1*	1*	1*	0	1*	1*	1*	1*	0.91	1.14
TBT	0	0	0	0	0	1*	1*	1*	1*	1	1*	1*	1*	1*	1.03	1.32
国营贸易企业	0	1*	1*	1*	0	1*	1*	1*	0	1*	0	1*	0	0	0.94	1.10
反倾销	1*	1*	1*	1*	1	1*	1*	1*	1	1*	1	1*	1*	1*	1.23	1.41
反补贴	0	0	0	0	0	1*	1*	0	1*	1*	0	0	1*	0	1.02	1.24
国家援助	0	0	0	0	0	0	0	0	0	1*	1	1	1*	0	1.12	1.18
政府采购	0	1*	0	0	0	1*	1*	1*	1*	0	0	0	0	0	0.84	1.02
TRIMS	0	0	0	0	1*	1*	0	1*	1	0	0	1*	1*	1*	0.63	0.76
GATS	1*	1*	0	0	0	1*	1*	1*	1*	1*	1*	1*	1*	1*	0.99	1.21
TRIPs	0	0	0	1*	0	1*	0	1*	1*	1*	1*	1*	1*	1*	1.10	1.37

（续表）

WTO X	中国澳门	中国香港	东盟	智利	巴基斯坦	新西兰	新加坡	秘鲁	哥斯达黎加	冰岛	瑞士	韩国	澳大利亚	格鲁吉亚	全球平均	全球平均
反腐败	0	0	0	0	0	0	0	0	0	0	0	0	0	0	0.11	0.16
竞争政策	0	0	0	0	0	0	0	0	0	1	1	1	0	1	1.10	1.01
环境	0	0	0	1	0	1	0	0	0	1	0	1	0	1	0.30	0.35
知识产权	0	0	0	1	1*	1*	0	0	1*	1*	1*	1*	1*	0	0.75	0.93
投资	0	0	0	1	1*	1*	1*	0	1*	1*	0	1*	1*	0	0.75	0.96
劳动市场监管	0	0	0	1	0	1	0	0	0	0	1	0	0	0	0.29	0.33
资本流动	0	0	0	0	0	0	0	1*	1*	0	1*	1*	0	0	1.03	1.22
消费者保护	0	0	0	0	0	0	1*	0	0	0	0	1	0	0	0.12	0.12
数据保护	0	0	0	0	0	0	0	0	0	1	0	0	1	0	0.10	0.12
农业	0	0	0	0	0	0	0	0	0	0	0	0	0	0	0.20	0.22
立法	0	0	0	0	0	0	0	0	0	0	0	1	0	0	0.11	0.07
视听	0	0	0	0	0	0	0	0	0	1	0	0	0	0	0.05	0.05
公民保护	0	0	0	0	0	0	0	0	0	0	0	0	1	0	0.01	0.01
创新	0	0	0	0	0	0	0	0	0	0	0	1	0	0	0.03	0.04
文化合作	1	1	0	1	0	0	0	0	0	0	0	1*	0	0	0.10	0.08

| 自贸区战略的质量评估 | 527

(续表)

	中国澳门	中国香港	东盟	智利	巴基斯坦	新西兰	新加坡	秘鲁	哥斯达黎加	冰岛	瑞士	韩国	澳大利亚	格鲁吉亚	全球平均	全球平均
经济政策对话	0	0	0	1	0	0	0	0	0	0	1	0	0	0	0.11	0.09
教育培训	0	0	0	1	0	0	0	0	0	0	0	0	0	0	0.11	0.08
能源	0	0	0	0	0	0	0	0	0	0	0	0	1*	0	0.19	0.20
金融援助	0	0	0	0	0	0	0	0	0	0	0	0	0	0	0.10	0.09
健康	0	0	0	0	0	0	0	0	0	0	0	0	0	0	0.08	0.08
人权	0	0	0	0	0	0	0	0	0	0	0	0	0	0	0.01	0.02
非法移民	0	0	0	0	0	0	0	0	0	0	0	0	0	0	0.10	0.09
毒品	0	0	0	0	0	0	0	0	0	0	0	0	0	0	0.04	0.05
产业合作	0	0	0	1	0	0	1*	0	0	0	1	0	1*	0	0.12	0.08
信息社会	0	0	0	0	0	0	0	0	0	0	0	0	0	0	0.04	0.05
矿业	0	0	0	1	0	0	0	0	0	0	0	0	0	0	0.07	0.09
洗钱	0	0	0	0	0	0	0	0	0	0	0	0	0	0	0.02	0.03
核安全	0	0	0	0	0	0	0	0	0	0	0	0	0	0	0.04	0.02
政治对话	0	0	0	0	0	0	0	0	0	0	0	0	0	0	0.02	0.03
公共管理	0	0	0	0	0	0	0	0	0	0	0	0	0	0	0.07	0.07
区域合作	0	0	0	1	0	0	1*	0	0	0	1	0	0	0	0.06	0.07
研发	0	0	0	0	0	0	0	0	0	0	0	1	0	0	0.13	0.12

(续表)

	中国澳门	中国香港	东盟	智利	巴基斯坦	新西兰	新加坡	秘鲁	哥斯达黎加	冰岛	瑞士	韩国	澳大利亚	格鲁吉亚	全球平均	全球平均
中小企业	0	0	0	1	0	1	0	0	0	0	0	1	0	0	0.07	0.08
社会事务	0	0	0	1	0	0	0	0	0	0	0	0	0	0	0.15	0.12
统计	0	0	0	0	0	1	0	0	0	0	0	0	0	0	0.21	0.06
税收	0	0	0	0	0	0	0	0	0	0	0	0	0	0	0.11	0.06
恐怖主义	0	0	0	0	0	0	0	0	0	0	0	0	0	0	0.04	0.04
签证庇护	0	0	0	0	0	1*	1*	1*	1	0	0	1	0	0	0.36	0.42

表 5b 中国内地 RTA 具体内容的深度,按 Dür 等 (2014)

	中国澳门	中国香港	东盟	智利	巴基斯坦	新西兰	新加坡	秘鲁	哥斯达黎加	冰岛	瑞士	韩国	澳大利亚	格鲁吉亚	全球平均
零关税	1	1	1	1	1	1	1	1	1	1	1	1	1	1	0.829
标准	0	0	1	1	1	1	1	1	1	1	1	1	1	1	0.913
投资	0	0	1	0	0	1	1	1	1	1	1	1	1	1	0.440
服务	1	1	0	1	0	1	1	1	1	1	1	1	1	1	0.468
政府采购	0	0	0	0	0	0	0	0	1	0	1	1	0	0	0.313
竞争	0	0	1	0	1	1	1	1	1	1	1	1	1	0	0.369
知识产权	0	0	0	0	0	0	0	0	1	0	1	1	0	0	0.274

数据来源:同表 3,* 代表具有法律可执行性

| 自贸区战略的质量评估 |

表6 中国 RTA 降税情况

	立即取消	分阶段取消	部分减让	暂不减税	立即取消	分阶段取消	部分减让	暂不减税
中国内地-香港地区	10.3*	90.7*			100			
中国内地-澳门地区	10.3*	90.7*			100			
中国-东盟（货物）								
中国-智利（货物）	37.2	60.0		2.8	74.6	23.5		1.9
中国-巴基斯坦（货物）	35.5[b]	34.5[c]	15	15	35.6[b]	19.9[c]	28.1	16.4
中国-新西兰	24.1	73.0		2.9	63.6	36.4		
中国-新加坡	18.4	35.3			100			
中国-秘鲁	61.2	33.3	0.06	5.4	62.7	28.1	1.18	8.1
中国-哥斯达黎加	65.3	31.4		3.3	62.9	28.1	0.1	8.9
中国-冰岛	95.6	0.3		4.1	96.1			3.9
中国-瑞士	22.8	69.4	2.1	5.8	88.9		7.9	3.2
中国-韩国	20.1	70.5	1.6	7.8	49.9	42.2	0.9	7.0
中国-澳大利亚	29.2	67.5	0.2	3.12	91.6	8.4		
中国-格鲁吉亚	90	3.1		7.1	95.5			4.5
中国-马尔代夫								

注：部分减税包括关税配额情况，例如中国—澳大利亚自贸协定规定中国对澳大利亚部分产品实行国别关税配额，配额内关税为0，配额外实行MFN税率。

a：根据协议，中国内地于2004年1月起对源自香港地区和澳门地区的273种产品实行零关税。根据当年数据，在7445种产品中，中国内地对495种产品实行MFN零关税，因此立即取消关税比例为(495+273)/7445。

b：实际上是3年内降至0。

c：实际上是5年内降至0%～5%。

上存在很大差异。首先,中国参与的 RTA 中,双方都承诺将实现 90%以上产品的零关税。按照减税程度和减税时间,可以将不同协定的关税减让计划分为四种类型:(1) 协定生效日立即采用零关税;(2) 分阶段逐步实现零关税,例如三年、五年或十年内逐步降低关税至零;(3) 部分减让,即按一定比例调低关税,但在协定有效期内将不会调至零;(4) 暂无减税计划的例外情况,即继续实行 MFN 税率。中国参与的 RTA 在关税减让上有以下几个特点。第一,除中国—巴基斯坦自贸协定在协定有效期内双方仍有 15%左右的产品未纳入减税计划,其他协定的例外比例均在 10%以下。另外,除中国—巴基斯坦协定的部分减让比例较高外,其他协定的部分减让比例都在 5%上下。第二,中国与发达国家的 RTA 中,中国的关税减让幅度相对伙伴国的减让幅度更小。例如中国—澳大利亚自贸协定中,澳大利亚对 91.6%的产品立即实行零关税,中国仅对 29.2%的产品立即实行零关税;但中国与发展中国家的 RTA 中,双方减让幅度大致相当。例如中国—秘鲁自贸协定中,双方立即实行零关税的产品比例都在 60%左右。这主要是因为发达国家的 MFN 关税水平明显低于发展中国家。第三,在所有 RTA 中,中国—冰岛自贸协定是关税减让幅度最大的,双方立即实行零关税的产品比例都高达 96%。

零关税是实现货物贸易自由化的必要条件,但非充分条件。决定企业能否享受到优惠关税的还有原产地规则(Rules of Origin, RoO)。不同于关税同盟,FTA 成员的外部关税可以不一致,非成员的企业因而能从区域内税率最低的国家搭便车进入区域内其他国家,分享 FTA 的利益。为了遏制这种行为,几乎所有 FTA 都包括 RoO 限制,即只有在 FTA 区域内生产的产品才能享受优惠。根据 Estevadeordal et al. (2008)的统计,现行 FTA 中至少有 200 多种不同的 RoO,其中 NAFTA 就包含 80 多种。RoO 可拆解为判定标准和实施程序两个部分,前者进一步分为产品特定规则(Product-specific RoO)和制度性管理规则(Regime-wide RoO)。产品特定规则是整个 RoO 规则中最关键的,包括完全获得标准和实质性改变标准。实质性改变标准又分为税则改变、区域价值或附加值百分比、技术标准和特定制造加工程序。制度性管理规则是对产品特定标准的补充,一般包括微量/容忍条款、累积条款、吸收原则和微小加工处理条款等。累积条款又包括双边累积、对角累积和完全累积等。RoO 实施程序则规定了取得原产地资格的程序、需要提交的文件以及相关管理机构等。RoO 规则决定了企业使用关税优惠的难易程度。鉴于 Horn et al. (2010) 的指标未涉及 RoO，因此本文也不会详细分析中国 RTA 的 RoO 限制程度。根据李海莲和韦薇(2016)，在中国参与的 RTA 中，限制程度较小的是中国—东盟、中国—新加坡自贸协定，而限制程度较高的是中国—冰岛、中国—瑞士自贸协定。RoO 限制程度与关税减让幅度呈现一定相关关系，关税减让幅度更大的协定 RoO 限制程度通常更大。

在贸易便利化方面，除了中国内地—中国香港地区、中国—东盟 RTA 外，其他协定都包括这一内容。由于 WTO 下的《贸易便利化协议》已经于 2017 年 2 月正式生效，因此未来中国的 RTA 必将包括这一内容。与《贸易便利化协议》相比，目前中国签订的 RTA 对贸易便利化的规定相对更简单，但在未来签订的 RTA 中，无疑将以《贸易便利化协议》为基准。

中国 RTA 在出口税上的覆盖率也不算低。虽然出口税和进口关税是勒纳对称的，但各国对出口税的使用率远不及进口税。GATT1994 第 11 条就进出口数量限制进行了规定，但并没有关于出口税的特别条例，因此许多国家通过 RTA 来约束出口税。使用出口税较多的通常是发展中国家，例如阿根廷、中国和越南等。中国很少直接征出口税，而是通过增值税和出口退税的税差来间接征收出口税。中国征出口税的主要目的有两个：一是压低国内资源和中间投入的价格提高国际价格，降低国内下游企业的生产成本，提高国内增加值；二是保护国内关键资源，例如稀土。在中国签订的所有 RTA 中，我们都未发现"出口退税"或"出口税"之类的词汇，但很多 RTA 都包含"出口限制和进口限制"的相关条例，例如中韩自贸协定的第二章第五节第 2.8 条规定"任一缔约方不得对自另一缔约方进口的货物或出口至另一缔约方境内的货物实施或保持任何禁止或限制措施"。这样的表述实际上包含了对出口税的禁止。在最近签署的 RTA 中，除了中国—新加坡和中国—瑞士自贸协定外，其他协定都有类似说明。随着中国对出口退税使用的减少，未来的 RTA 应该大多会包含出口税。

在 SPS、TBT、反倾销、反补贴方面，除了早期签订的几个 RTA 外，中国参与的大部分 RTA 都包括了这些内容，并且通常以独立章节存在。基本上所有协定都明确指出要以《实施卫生与植物卫生措施协定》《技术性贸易壁垒协定》《反倾销协定》《补贴与反补贴措施协定》为依托。另外，部分条款存在明显的中国特色。近年来，由于中国的市场经济地位不被承认，在反倾销调查中经常被采用第三国价格为判定标准，因此中国也试图利用 RTA 来扭转这一不利局面。中国—东盟贸易协定规定东盟必须承认中国是市场经济国家，而中韩贸易协定更明确规定"缔约双方确认在反倾销调查计算倾销幅度时不使用第三国替代价值的方法，包括在确定正常价值和出口价格时不使用替代价格或替代成本"，中国—格鲁吉亚贸易协定也限定"任一缔约方在反倾销调查中计算倾销幅度时，不得为确定正常价值使用基于第三国的替代价格的方法"。

在 TRIPS 方面，除了早期签订的几个 RTA，大部分协定都重申了缔约双方在 TRIPS 下的义务和权利，而其他超越 TRIPS 的知识产权相关内容将在 WTOX 部分讨论。在 GATS 方面，大部分协定都重申了 GATS 下的基本义务和权利。并且，许多协定在开放程度上超越了 GATS。根据 MirouDoT et al. (2010)的统计，在 155 个 GATS 服务业细分产业四种服务贸易模式(跨境交付、境外消费、商业存在、自然人流动)中，中国—新西兰自贸协定在市场准入上有 17.6% 超越 GATS 的承诺，在国民待遇上有 17.1% 超越 GATS 的承诺，中国—新加坡自贸协定在市场准入上有 19.7% 超越 GATS 的承诺，在国民待遇上有 19.2% 超越 GATS 的承诺。根据孙蕊和齐俊妍(2017)对中韩自贸协定服务贸易章节的研究，中韩自贸协定也包括一定的超 GATS 内容，例如合作拍摄电影、影视剧、纪录片及动画片共同制作。在 TRIMS 方面，中国 RTA 的绝对覆盖率较低，但世界平均水平也不高。Horn et al. (2010)的研究发现，欧盟的所有 RTA 都未包括 TRIMS。根据 Hofmann et al. (2017)的统计，TRIMS 在所有 WTO+议题中的覆盖率是最低的。TRIMS 主要处理与贸易有关的投资活动，主要内容是取消数量限制和给予 WTO 成员国民待遇。RTA 协定不包括 TRIMS，不代表协定在投资领域开放水平低，可能是因为 TRIMS 对投资限制措施的规定比较笼统，也可能是成员国使用双边或多边投资协定对投资问题另作规定。在 WTOX 的投资部分，我们进一步分析超越 TRIMS 的投资问题。

覆盖率偏低的是国有贸易企业、国家援助、政府采购三个领域。三个领域本质上都涉及竞争的公平性。GATT1994 第 17 条和《关于解释 GATT1994 第 17 条的谅解》规定各成员不能歧视对待国有贸易企业和私营企业,此外再无相关限定,因此多边层面的国有企业规则比较宽松。在入世之前,中国给予国有贸易企业垄断经营权,但入世后全面放开了外贸经营权并增加了国有贸易企业进出口购买程序的透明度,因此中国的 RTA 在国有贸易企业上理应不会过于保守,但许多 RTA 根本没有提及国有贸易企业,即便是中国与澳大利亚签订的自贸协定。与国有贸易企业问题不一样,中国在国家援助/补贴上确实无法做出更自由化的承诺。中国一直将补贴作为调节经济发展差距和促进企业技术进步的重要工具,因此短时间内很难达到欧美等发达国家对补贴的限制水平。在政府采购上,只有中国与冰岛、瑞士、韩国和澳大利亚的协定涉及相关内容,并且实质条款较少,这与中国尚未加入《政府采购协定(GPA)》有关。中国已于 2007 年底启动加入 GPA 谈判,目前中国共提出 6 份出价,第 6 份已接近于 GPA 的要求,且大大超出中国政府采购法的覆盖范围,但仍未能获准加入协定。

(二) WTO+法律可执行情况

那些被纳入 RTA 的 WTO+议题中,大部分具有法律可执行性,但也有特殊情况。例如,在反倾销和反补贴问题上,中国—巴基斯坦、中国—哥斯达黎加、中国—冰岛三个自贸协定做出的规定就没有法律可执行性。《中国—哥斯达黎加自贸协定》第八章第四节第八十七条规定:"WTO《关于实施 1994 年关税与贸易总协定第 6 条的协定》和 WTO《补贴与反补贴措施协定》所采取的措施不适用本协定第十四章(争端解决)的规定。"在政府采购问题上,中国—瑞士、中国—韩国、中国—格鲁吉亚三个协定对政府采购做出的规定也不具有法律可执行性。例如,《中国—韩国自贸协定》第十七章第 17.13 条规定"认识到政府采购在各自经济中的重要性,缔约双方应致力于促进缔约双方在政府采购领域的合作活动"。这条规定仅仅强调了政府采购的重要性,而没有对政府采购的双边规则做出更细致的规定。另外,由于中国没有加入《政府采购协定(GPA)》,因此自贸协定第十七章第 17.17 条只能规定"缔约双方同意在中国完成加入世贸组织 GPA 谈判后,尽快开展政府采购谈判,以期在互惠基础上达成双边政府采购协定"。

（三）WTOX 覆盖情况

与 WTO+ 相比,中国参与的 RTA 在 WTOX 议题中的覆盖率普遍较低。在反腐败、立法、视听、公民保护、金融援助、健康、人权、非法移民、毒品、洗钱、核安全、政治对话、公共管理、统计、税收、恐怖主义共 16 个议题上,中国参与的协定无一覆盖。这一方面是因为这些新的议题与贸易的直接关联较小,另一方面是因为这些议题涉及国内和国际政治,但中国主张将贸易与政治区分开来。虽然这些议题在全球其他贸易协定中覆盖率也不高,但显然不可小视它们的重要性。其中的部分议题已经在一定程度上构成了中国与其他国家签订 RTA 的阻碍因素。例如,中国与加拿大一直未能启动贸易协定谈判,其中一个原因就是加拿大要求将人权纳入谈判。中国—瑞士贸易协定也曾因为未设计人权问题而引发瑞士国会辩论和批评。另外,在数据保护、农业、能源、矿业、区域合作、社会事务共 6 个议题上,中国均仅有 1 个协定涉及。

其他 18 个议题中,覆盖率稍高的是知识产权、投资、环境、签证庇护、竞争政策、资本流动、产业合作等 7 个议题。在知识产权方面,除了 TRIPs 提及的公约,中国在近来的贸易协定中还加入了许多其他公约,例如中韩贸易协定中的《专利合作条约》《国际承认用于专利程序的微生物保存布达佩斯条约》《商标注册用商品和服务国际分类尼斯协定》《世界知识产权组织版权条约》等。另外,中韩自贸协定的第 15.16 条专门对实用新型专利保护进行了说明,这在其他 RTA 协定中很少出现,因为大部分发达国家都没有关于实用新型专利保护的明确法案。投资与 TRIMS 的主要区别是,后者主要处理与贸易有关的投资问题,包括业绩要求和本土含量要求等,前者进一步对投资准入、投资利润转移等问题进行规范。中国与新加坡、新西兰、秘鲁、哥斯达黎加、冰岛、韩国、瑞士、澳大利亚的 RTA 都单设投资一章,但在投资自由化方面取得最大进展的是中国—澳大利亚自贸协定。在这份协定中,中澳双方明确给予对方最惠国待遇,澳大利亚大幅降低了中国赴澳投资的审查门槛。双方还签订了《投资便利化安排谅解备忘录》,旨在对中国赴澳投资企业的相关人员给予一定的签证便利化安排。同时,协定还纳入了投资争端解决机制,为提供充分的权利救济途径和有力的制度保障。在环境方面,中国与瑞士、韩国、格鲁吉亚的自贸协定都将环境作为单独章节,但相较其他章节篇幅明显更小。从具体内容来看,并无太多实质性的条款,主要涉及:重申《多边环境协定》的重要性、不应为贸易和投资削弱环境法律法规、加强环境合作等。在竞争政策上,从中国—冰岛自贸协定开始,除了中国—澳大利亚自贸协定,其他协定都设置了竞争政策一章。从内容来看,相关规定仍然比较笼统,大多只是强调促进竞争和反垄断的重要性。产业合作是中国自贸协定的一个特色。全球范围将产业合作纳入自贸协定的不多,但中国与智利、新加坡、冰岛和韩国的自贸协定都提及产业合作[①]。在中韩自贸协定中,双方承诺将在纺织、林业、旅游等产业展开合作,并共建中韩产业园。在资本流动方面,由于中国对资本流动的限制,RTA中允许资本自由流动的条款不多。在全部协定中,只有中国与秘鲁、哥斯达黎加、韩国、澳大利亚签订的自贸协定对资本自由流动进行了说明。

(四) WTOX 法律可执行情况

WTOX 内容不仅覆盖率低,而且法律可执行程度不高。在上文分析的 7 个覆盖率较高的 WTOX 议题中,知识产权、投资和资本流动的法律可执行度稍高,其他 4 个议题则偏低。例如,在中韩贸易协定中的环境议题上,协定明确加入了"争端解决不适用"条款,但韩国—美国 FTA 规定环境适用于争端解决。

(五) Dür *et al.*(2014)各分类指标

Dür *et al.*(2014)的分类指标与 Hofmann 的数据基本一致,但在少数指标上有一定出入。如表 5b 所示,中国的 RTA 在零关税、投资、服务三个领域的取值都是 1,与前文分析一致。另外,在标准上中国的大部分 RTA 取值也是 1。在知识产权上,许多 RTA 的取值为 0,这与前文不太一致。例如,中国—新西兰和中国—冰岛自贸协定在表 5ATRIPS 和知识产权两项都是 2,但在 DESTA 数据库中取值为 0。最后,在政府采购和竞争两个领域,中国的大部分 RTA 取值都为 0,与前文一致。

---

① 在其他自贸协定中,虽然未明确提及产业合作,但缔约双方已经展开了实际产业合作,例如 2014 年 7 月中瑞镇江生态产业园开园、2016 年广州空港经济区中澳新自由贸易产业园动工。

(六) 中国 RTA 细分条款深度与伙伴国同其他国家 RTA 细分条款深度比较

按照第四节的方法,我们也比较了中国 RTA 细分条款与伙伴国同其他国家 RTA 细分条款的深度。如表 7 所示,按 Hofmann 数据库的覆盖率来看,*China* 系数显著为正的是:反倾销、反补贴、文化合作、产业合作、中小企业;显著为负的是:政府采购、反腐败、竞争政策、资本流动、数据保护、毒品、政治对话。按 Hofmann 数据库的法律可执行情况来看,*China* 系数显著为正的是:反倾销、反补贴、产业合作;显著为负的是:政府采购、竞争政策、资本流动、健康、政治对话。按 Dür 深度指数看,*China* 系数显著为正的是服务;显著为负的是政府采购和竞争政策。比较中国 RTA 与伙伴国同其他国家的 RTA,虽然加总的深度指数无统计上的差别,但某些细分条款存在差别。在反倾销、反补贴、产业合作、服务等议题上,中国 RTA 的深度明显更大;但在政府采购、竞争政策、资本流动、政治对话等议题上,中国 RTA 的深度明显不足。

表 7 中国 RTA 与伙伴国同其他国家 RTA 具体内容的差别

Hofmann 数据库	覆盖率	法律可执行情况
制造业关税减让		0.014(0.015)
农业关税减让		0.014(0.015)
贸易便利化	−0.071(0.085)	−0.085(0.107)
出口税	−0.181(0.170)	−0.197(0.189)
SPS	−0.165(0.156)	0.132(0.203)
TBT	−0.038(0.138)	0.013(0.182)
国有贸易企业	−0.122(0.187)	−0.065(0.178)
反倾销	0.133**(0.059)	0.189(0.151)
反补贴	0.209**(0.072)	0.241*(0.126)
国家援助	−0.216(0.158)	−0.173(0.172)
政府采购	−0.439**(0.146)	−0.449***(0.123)
TRIMS	−0.022(0.160)	−0.192(0.164)

(续表)

Hofmann 数据库	覆盖率	法律可执行情况
GATS	−0.071(0.095)	−0.092(0.138)
TRIPs	−0.060(0.145)	−0.028(0.136)
反腐败	−0.151***(0.042)	−0.008(0.009)
竞争政策	−0.330**(0.135)	−0.065(0.042)
环境	0.009(0.182)	−0.073**(0.030)
知识产权	0.034(0.179)	0.099(0.150)
投资	−0.004(0.123)	−0.077(0.131)
劳动市场监管	−0.085(0.152)	−0.094(0.054)
资本流动	−0.409**(0.146)	−0.384**(0.144)
消费者保护	−0.199(0.125)	0.015(0.069)
数据保护	−0.232***(0.064)	−0.062(0.035)
农业	0.007(0.126)	−0.054*(0.026)
立法	−0.029(0.026)	−0.024(0.026)
视听	0.048(0.110)	−0.013(0.010)
公民保护	−0.024(0.026)	
创新	0.056(0.131)	−0.016(0.012)
文化合作	0.399**(0.155)	0.062(0.090)
经济政策对话	−0.060(0.126)	
教育培训	0.155(0.179)	−0.007(0.007)
能源	−0.009(0.170)	0.003(0.100)
金融援助	0.034(0.107)	−0.035(0.028)
健康	0.016(0.110)	−0.016(0.011)
人权	0.041(0.101)	
非法移民	−0.029(0.026)	−0.024(0.026)
毒品	−0.080*(0.043)	

(续表)

Hofmann 数据库	覆盖率	法律可执行情况
产业合作	0.334*(0.166)	0.180(0.127)
信息社会	−0.217(0.142)	0.070(0.091)
矿业	0.094(0.135)	−0.041(0.025)
洗钱	−0.032(0.027)	
核安全	0.068(0.103)	
政治对话	−0.162***(0.036)	
公共管理	−0.050(0.136)	−0.097(0.056)
区域合作	−0.054(0.168)	0.046(0.104)
研发	0.144(0.145)	−0.050**(0.023)
中小企业	0.291*(0.160)	−0.035(0.022)
社会事务	0.001(0.110)	−0.049(0.054)
统计	−0.093(0.059)	−0.024(0.026)
税收	−0.005(0.123)	
恐怖主义	0.041(0.101)	
签证庇护	−0.004(0.150)	0.028(0.168)
Dur 指数		
零关税	0.133(0.077)	
标准	−0.057(0.068)	
投资	0.075(0.169)	
服务	0.158*(0.085)	
政府采购	−0.378***(0.118)	
竞争	−0.372**(0.150)	
知识产权	0.077(0.122)	

注：* $p<0.1$，** $p<0.05$，*** $p<0.01$。所有模型都加入了 C 国固定效应。括号中是按 C 国聚类的稳健标准误。

六、结论和启示

基于 RTA 文本数据,本文系统评估了中国 RTA 的质量。本文先利用一系列加总指数,从总体上分析了中国 RTA 的质量,有如下发现。第一,在所有 RTA 中,中国签订的 RTA 质量属于中等偏上水平。与美国和日本等发达国家相比,中国签订的 RTA 深度指数稍低;但与印度和墨西哥等发展中国家相比,中国签订的 RTA 质量明显更高。第二,不同 RTA 之间深度存在差别。新近签订的 RTA 平均比早期签订的 RTA 质量高。中国—瑞士自贸协定和中国—韩国自贸协定质量最高,中国内地—中国澳门地区协定和中国内地—中国香港地区协定质量最低。第三,中国签订的 RTA 与中国 RTA 伙伴同其他国家(地区)签订的 RTA 相比,在总体质量上无系统差别。

然后,本文分析了 RTA 具体规则的自由化程度,发现如下:第一,在 WTO+ 议题中,中国在关税减让、贸易便利化、SPS、TBT、反倾销、反补贴、TRIMS、GATS、TRIPs 上基本与世界平均水平持平甚至更高;但在国有贸易企业、国家援助、政府采购上,中国 RTA 的开放程度低于全球平均水平。第二,在 WTOX 议题中,中国在知识产权、投资、环境、签证庇护、竞争政策、资本流动、产业合作上的覆盖率与世界平均水平相当,但法律可执行率较低;在其他与政治等非经济因素相关的议题上,中国 RTA 覆盖率明显不足。第三,与中国 RTA 伙伴同其他国家签订的 RTA 相比,中国 RTA 在反倾销、反补贴、产业合作、服务等议题上的深度明显更大;但在政府采购、竞争政策、资本流动、政治对话等议题上的深度略显不足。

以上结论的启示如下。其一,中国的 RTA 策略并非只重量而不重质。除了实现关税减让目标,中国也十分注重向高标准的国际贸易规则看齐。各国对国际贸易规则的可接受程度与其经济发展水平密切相关,尤其在国有企业和竞争规则等关乎发展的贸易规则上,发展中国家还无法适应发达国家的高标准。因此,以美欧等发达经济体为参照系来评价中国 RTA 的质量是不客观的。如果与同等发展水平的国家相比,中国的 RTA 质量显然更高。中国 RTA 之所以在国有贸易企业、国家援助、政府采购、竞争政策等规则上的覆盖率低，是因为调整这些规则需要与国内经济体制改革步调一致。

其二，认为中国无意为全球提供贸易规则提供公共产品的论断是不恰当的。中国并没有全盘接受 WTO 体系下的多边贸易规则，而是结合自身发展水平不断探索更高标准的贸易规则。如果将 RTA 视为高标准贸易规则的试验平台，那么中国在 WTO+ 和 WTOX 规则上的表现足以说明，中国也在通过试验为全球贸易规则升级提供公共产品。并且，中国还尝试建立发展相容的贸易规则，例如中国—新加坡和中国—韩国自贸协定将产业园合作纳入协定。贸易规则需要改革，但不应该仅仅是为发达国家服务。与其将人权、政治对话等与贸易弱相关的问题与所谓高标准贸易规则混为一谈，不如更多地关注基础设施、国内交通等被易被忽视的影响贸易参与能力的问题。

其三，认为中国没有能力接受 21 世纪国际贸易规则的判断是比较武断的。一方面，国际贸易新秩序的建立不应只以发达国家为中心，如果中国无法适应国际贸易新秩序，那么 RTA 质量差于中国的其他发展中国家也必然不能适应新规则；另一方面，中国 RTA 质量的逐渐提高表明，如果获得足够的调整时间，中国也能逐步接受更高标准的贸易规则。恰如在中国加入 WTO 之前，也曾有许多学者质疑中国融入多边贸易体系的基础和能力，但过去近二十年来中国一系列的贸易制度改革以及提前兑现入世承诺的表现打消了各种质疑。

当然，本研究并不意味着中国无须再提高 RTA 的质量。即便中国目前的 RTA 质量领先于大多数发展中国家，作为世界第一贸易大国，中国仍需主动试验更高标准的贸易规则，以应对发达国家主导的全球贸易规则升级。首先，拉低中国 RTA 整体质量水平的主要是国有贸易企业、国家援助、政府采购等问题。这些问题在根本上涉及国内制度改革，如果中国短期内无法完成全面改革，不妨尝试将 RTA 作为试验场，以对外开放的成效探索国内改革的可行性。其次，中国没有必要一味遵从现有 RTA 范本，而应该充分总结自身贸易和经济发展的成功经验和规则，并将其推广至全球。

附表1　Horn *et al.*(2010)和 Dür *et al.*(2014)RTA 的具体指标

Horn *et al.*(2010)WTO+	
制造业关税减让	除少数例外,大部分制造业产品零关税;消除非关税壁垒
农业关税减让	除少数例外,大部分农产品零关税;消除非关税壁垒
贸易便利化	提供有关贸易便利化的信息;在互联网上发布新的法律和法规;培训
出口税	消除出口税。例如:取消出口关税及与出口有关的费用
SPS	确认 WTO 关于 SPS 协定的权利和义务;统一 SPS 措施。
TBT	确认 WTO 关于 TBT 协定的权利和义务;提供信息;统一条例;相互承认
国有贸易企业	GATT 第十七条。根据 GATT 规定建立或经营国有企业,肯定 GATT 的规定;不歧视生产和销售条件;提供信息
反倾销	依据 WTO 协定保留反倾销权利和义务(GATT 第六条)
反补贴	依据 WTO 协定保留反补贴权利和义务(GATT 第六条)
国家援助	评估反竞争行为;每年报告国家援助的价值和分配情况;提供信息。
政府采购	逐步自由化;国民待遇和/或非歧视原则;在互联网上发布法律和条例;规范公共采购制度
TRIMS	FDI 有关本土含量和出口业绩要求的规定
GATS	服务贸易自由化
TRIPs	统一标准;国民待遇;最惠国待遇;TRIPs 包含的公约:巴黎公约、伯尔尼公约、罗马公约、IPIC 条约
Horn *et al.*(2010)WTOX	
反腐败	针对国际贸易和投资的刑事犯罪认定进行法规协调和合作。
竞争政策	一般性竞争政策的章节/条款,可能包括:关于反竞争性商业行为的处理方法;统一竞争法;建立或维护独立的竞争管理机构等等
环境	制定环境标准;执行国家环境法律;对违反环境法行为实施制裁;法律法规出版物
知识产权	加入 TRIPs 协定未涉及的国际知识产权条约
投资	信息交流;制定法律框架;协调和简化程序;国民待遇;建立解决争端机制

(续表)

Horn et al. (2010)WTOX	
劳动市场监管	规范劳动力市场；肯定国际肯定劳工组织(ILO)的承诺
资本流动	资本流动自由化；禁止新的限制
消费者保护	统一消费者保护法；信息交换和专家交流；培训
数据保护	信息交换和专家交流；联合开展相关项目
农业	对开展现代农业工程提供技术援助；信息交换
立法	国际立法在国家立法中的使用，主要出现在关税同盟中
视听	促进该行业；鼓励合作生产
Horn et al. (2010)WTO+	
公民保护	统一规则
创新	参与框架计划；促进技术转移
文化合作	展开联合行动，推动地方文化
经济政策对话	意见交流；联合研究
教育培训	提高总体教育水平
能源	信息交换；技术转移；联合研究
金融援助	指导金融援助管理的一套规则
健康	疾病监测；发展卫生信息系统；信息交流
人权	尊重人权
非法移民	遣送非法移民的协定；防止和控制非法移民
毒品	吸毒成瘾者的治疗和康复；联合预防消费毒品项目；减少药物供应；信息交流
产业合作	协助开展现代化项目；提供信贷融资
信息社会	信息交流；传播新技术；培训
矿业	信息和经验交流；联合开展项目
洗钱	统一标准；技术和管理援助
核安全	制定法律法规；监管放射性物质的运输
政治对话	各方在国际问题上的立场趋于一致

(续表)

Horn et al. (2010)WTO+	
公共管理	技术援助；信息交换；联合项目；培训
区域合作	促进区域合作；技术援助项目
研发	联合研究项目；研究人员交换；发展公私合作
中小企业	技术援助；融资援助便利化
社会事务	社会保障制度的协调；工作环境不歧视
统计	统计方法的统一和/或发展；培训
税收	协助进行财政体制改革
恐怖主义	信息和经验交换；联合研究
签证庇护	关于国际人员移动的信息交换；起草法案；培训
Dür et al. (2014)指标	
零关税	是否大部分产品实现零关税？
服务	服务贸易是否有实质性条款？
投资	投资是否有实质性条款？
标准	标准是否有实质性条款？
政府采购	政府采购是否有实质性条款？
竞争	竞争是否有实质性条款？
知识产权	知识产权是否有实质性条款？

数据来源：作者根据 Hofmann et al. (2017)附表 A 和 Dür et al. (2014)表 1 翻译。

参考文献

[1] 李海莲,韦薇.中国区域自由贸易协定中原产地规则的限制指数与贸易效应研究[J].国际经贸探索,2016(8).

[2] 刘彬.论中国自由贸易协定的"超TRIPS"义务新实践[J].厦门大学学报(哲学社会科学版),2016(5).

[3] 申远,汪鑫,申俊龙.中国(上海)自贸区负面清单管理模式创新效应分析[J].河海大学学报(哲学社会科学版),2017,19(04):54-58.

[4] 孙蕊,齐俊妍.中国区域服务贸易开放广度与深度——基于14个自由贸易协定中方减让表的评估[J].国际经贸探索,2017,33(4).

[5] 孙蕊,齐俊妍.《中韩自贸协定》中方服务贸易减让表评估——基于五级分类频度法和STRI指数方法[J].中国经济问题,2017(3).

[6] 孙忆.国际制度压力与中国自贸区战略[J].国际政治科学,2016(3).

[7] 王中美.试论中国FTA战略的几个基本问题[J].世界经济研究,2018(9).

[8] 尹向明.从国际经贸协定看中国金融服务开放[J].金融理论与实践,2019(6).

[9] 袁波,宋志勇,白光裕,等.对我国当前自贸区建设区域布局的思考与建议[J].国际贸易,2017(7).

[10] BALDWIN R. WTO 2.0: Global Governance of Supply Chain Trade[R]. Center for Economic Policy Research Paper, 2012(64).

[11] DÜR A, BACCINI L, ELISIG M. The Design of International Trade Agreements: Introducing a New Dataset[J]. The Review of International Organizations, 2014, 9(3).

[12] ESTEVADEORDA A, SUOMINEN K. Gatekeepers of Global Commerce: Rules of Origin and International Economic Integration[R]. Inter-American Development Bank, 2008.

[13] HOFMANN C, OSNAGO A, RUTA M. Horizontal Depth: A New Database on the Content of Preferential Trade Agreements[R]. World Bank Policy

Research Working Paper 7981, 2017.

[14] HORN H, MAVROIDIS P C, SAPIR A. Beyond the WTO? An Anatomy of EU and US Preferential Trade Agreements[J]. The World Economy, 2010, 33(11).

[15] LI C, WANG J, WHALLEY J. China's Regional and Bilateral Trade Agreements[C]//John Whalley, Manmoban Agarwal and Jing Wang eds. The Economies of China and India Cooperation and Conflict, Volume 1. World Scientific, 2017.

[16] MIROUDOT S, SAUVAGE J, SUDREAU M. Multilateralising Regionalism: How Preferential Are Services Commitments in Regional Trade Agreements?[R]. OECD Trade Policy Papers, 2010(106).

[17] PELKMANS J. Tomorrow's Silk Road: Assessing an EU-China Free Trade Agreement[R]. Foreign Trade Association and Centre for European Policy Studies, 2016.

"一带一路"国内段节点城市创新空间差异及溢出效应

张 娜 吴福象

引 言

"一带一路"倡议的首要经济逻辑就是超越自然经济地理限制,实现区域均衡发展和国内经济一体化。在中国政府发布的《推动共建丝绸之路经济带和21世纪海上丝绸之路的愿景与行动》中,圈定了"一带一路"重点涉及的18个省以及多个节点城市。节点城市作为人员、货物、信息、技术、文化等各种"流"的交汇点,是"一带一路"建设的落脚点、具体合作项目的主要发生地和五通合作的支撑点。基于节点城市在"一带一路"建设中的关键作用,学者们对节点城市的能源合作、交通物流、旅游空间合作等方面开展了研究,但是在创新空间效应方面的研究尚较缺乏。

近年来区域经济协同发展以及经济空间格局优化成为中国经济发展关注的重点,学者们对创新空间问题也开展了研究。张玉明和李凯(2008)运用区位基尼系数和莫兰指数,得出了我国省际区域创新产出呈现非随机分布,即省级区域创新存在空间相关性的结论;符淼(2008)研究得出区域的专利数据存在着空间相关,经济增长、人口流动、外商直接投资和高校教育对区域创新具有正面影响;李婧等(2010)应用莫兰指数研究发现我国区域创新存在明显的空间相关性;李国平和王春杨(2012)运用了探索性空间数据分析方法研究发现我国省域创新活动在空间上存在一定的溢出效应;白俊红、蒋伏心(2015)研究表明区域创新绩效具有较强的空间溢出效应,R&D人员和R&D资本的区际流动,能够提升区域创新的整体绩效;王承云和孙飞翔(2017)研究了长三角地区城市创新空间溢出问题,认为创新环境、创新综合投入和创新规模是影响长三角城市创新空间差异的主要因素。敬莉等(2015)研究发现"丝绸之路经济带"地级市之间的经济关联模式由低向高转变。

综上所述,对创新空间溢出的研究取得了较为丰富的成果,但在以下方面还值得进一步研究:一是距离内涵需要由单一空间距离向多维空间距离的扩展;二是现有研究多以省际区域为研究单位,城市作为区域经济发展和合作的重要载体,有必要利用城市数据来探讨空间溢出效应问题;三是"一带一路"倡议的提出及实施,必然带来中国经济地理格局的重塑,在此背景下,研究"一带一路"城市的创新空间问题是必要的。

一、研究方法

1.1 空间自相关

选取最具代表性的 Moran's I 指数度量空间相关性,Moran's I 指数又包括全局指数和局部指数。

全局指数用来验证整个研究区域某一要素的空间模式,全局溢出 Moran's I 指数定义如下:

$$Moran's\ I = \frac{\sum_{i=1}^{n}\sum_{j=1}^{n}w_{ij}(Y_i-\overline{Y})(Y_j-\overline{Y})}{s^2\sum_{i=1}^{n}\sum_{j=1}^{n}w_{ij}}$$

$$s^2 = \frac{1}{n}\sum_{i=1}^{n}(Y_i-\overline{Y})^2, \overline{Y}=\frac{1}{n}\sum_{i=1}^{n}Y_i \tag{1}$$

其中,n 是地区总数,Y_i 是 i 地区的观测值,w_{ij} 是空间权重矩阵。Moran's I 取值为 $[-1,1]$,Moran's I >0 表示空间呈现正相关性,即水平较高或较低的区域在空间上趋于集聚,其值越大,空间相关性越明显;Moran's I <0 表示空间呈现负相关性,其值越小,空间差异越大;Moran's I $=0$,不存在空间相关性,空间呈随机性。

局部空间自相关反映某一要素的区域空间差异的变化趋势。局部空间 Moran's I 指数定义如下:

$$I_i = \frac{X_i - \overline{X}}{S^1} \sum_{j=1}^{n} w_{ij}(X_i - \overline{X})$$

$$S^1 = \sum_{j=1, j \neq i}^{N} X_j^2/(N-1) - \overline{X}^2 \qquad (2)$$

其中，$\overline{X}$ 表示 X_i 的平均值，W_{ij} 为空间权重矩阵。局部空间自相关常用 Moran's I 散点图来呈现直观的空间自相关效果，Moran's I 散点图的四个象限，分别对应四种类型的局部空间关系。第1象限(高—高)代表了高观测值的区域单元周边同样是高观测值区域；第2象限(低—高)代表了低观测值的区域周边是高观测值的区域；第3象限(低—低)代表了低观测值的区域单元周边同样是低观测值区域；第4象限(高—低)代表了高观测值的区域单元周边是低观测值的区域。

1.2 空间计量模型

1.2.1 空间滞后模型(SLM)

该模型分析了区域是否存在空间溢出效应，即区域的空间相关来自实质性相关，可以通过加入滞后因子来解释，表达式为：

$$y = \lambda W_y + X\beta + \varepsilon$$

$$\varepsilon \sim N(0, \sigma^2 I_n)$$

将上式合并可以写成：

$$A_y = (I - \lambda W)_y = X\beta + \varepsilon \qquad (3)$$

1.2.2 空间误差模型(SEM)

空间误差模型表示空间依赖性有时也会通过误差项来体现，其表达式：

$$y = X\beta + \mu \qquad (4)$$

其中随机项 μ 的生成过程称为：

$$\mu = \rho W\mu + \varepsilon, \varepsilon \sim N(0, \sigma^2 I_n) \qquad (5)$$

其中 W 为空间权重矩阵，该模型表示不包含在 X 中但是会对 y 有影响的遗漏变量存在空间相关性，ρ 为空间自相关系数，λ 为空间自回归系数，ε 为服从正态分布的随机误差项。

1.3 空间权重矩阵

本文采用多维距离视角，构造以下四类矩阵进行测量。

(1) 地理距离权重矩阵(W_1),用两地之间最近公路里程的倒数表示;(2) 经济距离权重矩阵(W_2),用两地人均 GDP 年均值绝对差值的倒数表示;(3) 地理经济距离空间权重矩阵(W_3),用两地之间最近公路里程的倒数和该地人均 GDP 年均值占所有地区人均 GDP 年均值比重的乘积来表示;(4) 地理经济距离嵌套权重矩阵(W_4),$\varphi W_1+(1-\varphi)W_2$,$\varphi$ 取值范围为$[0,1]$,本文参照邵帅等(2016)的研究,将 φ 取值为 0.5。

二、变量选取和数据说明

Czarnitzkiet et al.(2007)认为相比其他指标而言,运用专利申请量衡量研发产出时遇到的问题会少得多。因此,本文选取万人专利申请数作为衡量创新水平的指标。将专利申请数(PA)作为因变量,考虑到节点城市作为各自区域经济发展高地以及人员、货物、信息等各种"流"的交汇点,将经济发展水平、政府的科教投入、人力资本、信息化、基础设施建设和交通通达性作为自变量,建立空间回归计量模型。其中经济发展水平(ED)用地区人均 GDP 衡量;政府的科教投入(SE)用科学教育投入占政府财政支出的比重衡量;人力资本水平(Hum)用每万人科技人员数衡量;信息化水平($Infor$)用地区电信和邮政业收入之和衡量;基础设施建设($Infra$)用人均道路面积衡量;交通通达性(Tra)用年货物运输量衡量。

研究的空间单元选取《愿景与行动》圈定的"一带一路"重点涉及的节点城市,包括了内陆城市西安、兰州、西宁、重庆、成都、郑州、武汉、长沙、南昌、合肥;沿海城市上海、天津、宁波、舟山、广州、深圳、湛江、汕头、青岛、烟台、大连、福州、厦门、泉州、海口、三亚,其中三亚的专利数据缺失,不在研究之列,共计 25 个城市。使用 25 个城市 2001—2015 年的面板数据,由于创新产出与投入之间具有滞后性,本文选取滞后期为 1 年。全文数据来源于 25 个节点城市的统计年鉴(2002—2016)和《中国城市统计年鉴》(2002—2016)。变量的描述性统计如表 1 所示。

表 1 变量的描述性统计

变量	观测值	均值	标准差	最小值	最大值
$lnPA$	350	2.298	1.306	−1.505	5.694
$lnED$	350	10.455	0.707	8.567	11.915
$lnSE$	350	−1.829	0.304	−2.749	−1.201
$lnHum$	350	3.539	0.973	1.142	5.535
$lnInfor$	350	−0.812	0.153	−1.204	−0.29
$lnInfra$	350	2.319	0.533	0.854	4.159
$lnTra$	350	9.606	0.982	7.274	11.609

三、实证结果分析

3.1 "一带一路"国内节点城市创新空间相关性分析

3.1.1 "一带一路"国内节点城市创新空间全局相关性分析

根据前文构建的四个权重矩阵,对矩阵进行标准化处理,使用 Stata 软件测算全局 Moran's I 指数,具体见图 1。结果表明:(1) 运用地理距离权重矩阵(W_1)和地理经济距离空间权重矩阵(W_3)得到的莫兰指数很小甚至为负,这一结果和大多数从地理角度研究空间效应的研究结果相一致,即随着地理距离的增加,创新的溢出水平逐渐降低;(2) 运用经济距离权重矩阵(W_2)和地理经济距离嵌套权重矩阵(W_4)均表现出了显著的正相关性,在 W_2 的矩阵权重下 Moran's I 指数在 0.125~0.198 波动,P 值均通过了 5% 或者 10% 的显著性水平;在 W_4 的矩阵权重下 Moran's I 指数在 0.054~0.117 波动,P 值均通过了 1%、5% 或者 10% 的显著性水平,这一结果支持了经济、社会等环境因素对于创新外溢具有显著影响的观点;(3) 运用四个矩阵得到的数值不同但是趋势基本相同,即"一带一路"国内节点城市创新空间全局相关性呈现出动态变化的特征,近年来整体呈上升趋势。

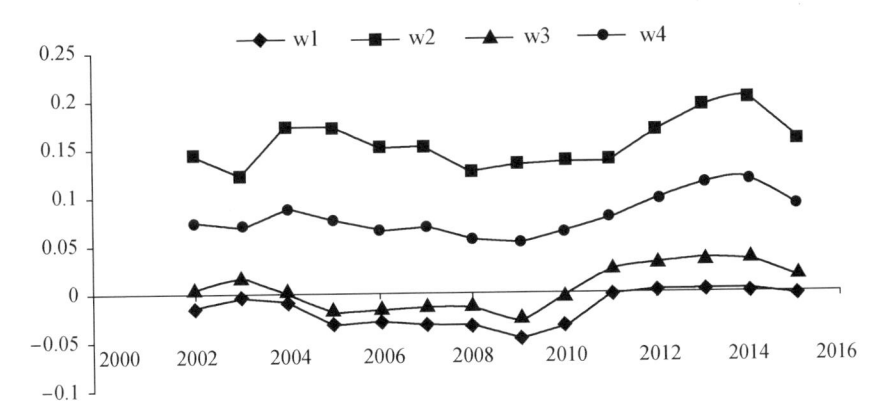

图 1　"一带一路"国内节点城市创新空间全局莫兰指数图

3.1.2 "一带一路"国内节点城市创新空间局部相关性分析

选择 2002 年、2006 年、2011 年和 2015 年四个年份,测量"一带一路"国内节点城市创新空间的局部相关性。考虑到地理和经济的双重作用,选取地理经济距离嵌套权重矩阵(W_4)的测量结果进行分析。由图 2 和表 2 可知:(1) 四个年份的 *Moran's I* 散点图在第 1 和第 3 象限的城市数量都多于第 2 和第 4 象限,说明存在局部空间相关性;(2) 第 1 象限的城市表现稳定,2002 年、2006 年和 2011 年三个年度都是东部沿海城市,到了 2015 年,中部有两个城市进入了第 1 象限,显示出中部城市的创新水平和空间聚集显著增强,说明了国家大力实施的中部崛起政策推动了中部地区纽带作用的发挥;(3) 西部地区多集中在第 3 象限,西部地区的创新水平相对东部地区仍存在较大差距,在低值区域聚集。

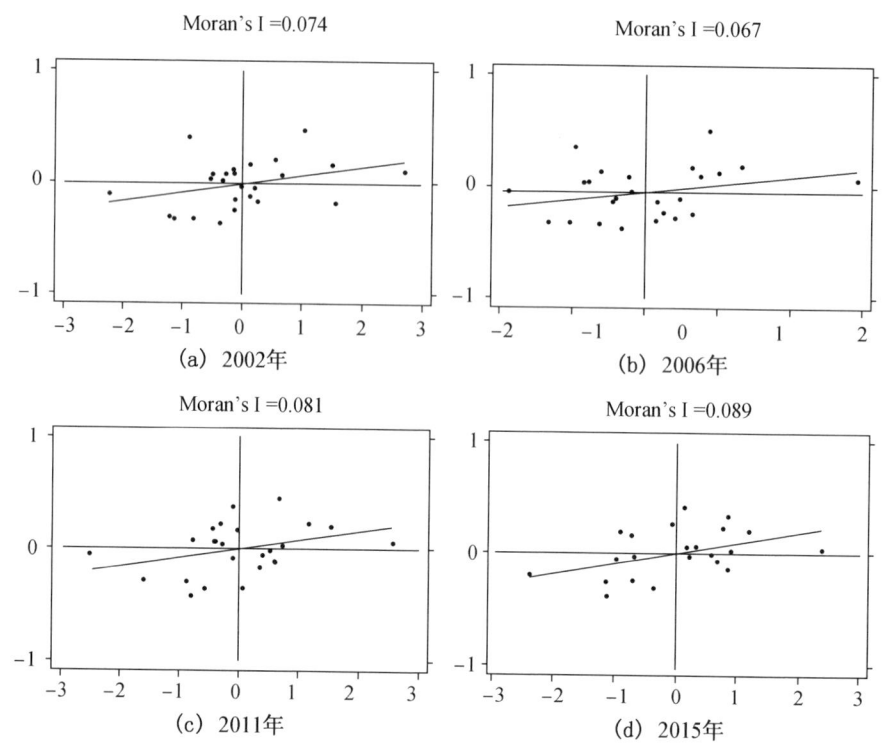

Moran's I =0.074　　　　　　　　Moran's I =0.067

(a) 2002年　　　　　　　　(b) 2006年

Moran's I =0.081　　　　　　　　Moran's I =0.089

(c) 2011年　　　　　　　　(d) 2015年

图 2　W_4 矩阵下"一带一路"国内节点城市创新空间 Moran's I 散点图

表 2　2002—2015 年"一带一路"国内节点城市创新水平的 Moran's I 散点图整理

年份	2002	2006	2011	2015
第一象限	上海、天津、宁波、大连、深圳、广州	上海、天津、宁波、大连、深圳、广州	上海、天津、宁波、深圳、广州	上海、天津、宁波、深圳、广州、舟山、厦门、合肥、武汉
第二象限	烟台、福州、泉州、舟山、郑州、南昌、合肥	泉州、舟山、湛江、郑州、合肥、南昌	大连、福州、泉州、舟山、长沙、郑州、南昌、合肥	大连、福州、郑州
第三象限	湛江、汕头、海口、重庆、长沙、兰州、西安、西宁	烟台、福州、海口、重庆、西安、兰州、西宁	烟台、湛江、海口、重庆、兰州、西安	烟台、湛江、汕头、海口、重庆、长沙、南昌、兰州、西宁
第四象限	厦门、青岛、成都、武汉	厦门、青岛、汕头、成都、武汉、长沙	厦门、青岛、汕头、成都、武汉、西安	青岛、泉州、成都、西安

3.2 空间回归及空间效应分解分析

空间计量模型在进行估计之前需要进行模型选择,一般使用 LM 检验,检验原则为:首先对比空间滞后和空间误差模型的 LM 检验,显著性较好的模型为合适模型,在 LM 检验无法判别时对比两个模型的稳健 LM 检验。根据表 3 中 LM 检验结果,可以看出 LM 空间滞后模型检验和 LM 空间误差模型检验均拒绝原假设,因此无法判断最优模型,进一步对比稳健 LM 检验,可以看出,稳健 LM 空间滞后模型拒绝原假设,而稳健的空间误差模型在 10% 的水平上接受原假设,因此本文选择空间滞后模型作为最优模型进行分析,空间误差模型作为稳健性指标进行对比分析。同时,通过 Hausman 检验来判断采用固定效应还是随机效应,检验结果表明固定效应模型更加合适,因此以下只报告固定效应的回归结果。

表 3 空间误差模型和空间滞后模型的检验结果

检验	经济距离权重矩阵(W_2)		地理经济距离嵌套权重矩阵(W_4)	
	SLM	SEM	SLM	SEM
$LM(lag)$	12.422[0.000]		23.505[0.000]	
$Robust\ LM(lag)$	39.469[0.000]		47.333[0.000]	
$LM(Err)$		29.571[0.000]		26.014[0.000]
$Robust\ LM(Err)$		2.523[0.112]		2.186[0.139]

注:中括号内为 P 值。

根据表 4 中的估计,在两种空间权重矩阵下,模型的 ρ 值通过 1% 的显著性检验,意味着被解释变量 $lnPA$ 存在空间关联,忽略这一关联将会导致模型估计的偏误,两种空间权重矩阵结果基本一致,说明了结果具有稳健性。

表 4 空间回归模型估算结果

变量	经济距离权重矩阵(W_2) SLM	SEM	地理经济距离嵌套权重矩阵(W_4) SLM	SEM
$lnED$	0.560*** (7.24)	0.742*** (12.01)	0.458*** (5.75)	0.747*** (12.19)
$lnSE$	−0.073 (−0.85)	−0.027 (−0.33)	−0.099 (−1.72)	−0.039 (−0.48)
$lnHum$	0.306*** (3.64)	0.399*** (5.00)	0.253*** (3.03)	0.406*** (5.01)
$lnInfor$	0.026 (0.46)	0.109* (1.96)	0.001 (0.02)	0.098* (1.75)
$lnInfra$	0.261*** (3.55)	0.297*** (3.95)	0.240*** (3.33)	0.300*** (3.99)
$lnTra$	0.402*** (5.96)	0.48*** (7.16)	0.361*** (5.40)	0.487*** (7.34)
ρ	0.239*** (3.78)		0.356*** (5.38)	
λ		−0184*** (1.77)		−0.248* (1.69)
R^2	0.885	0.875	0.889	0.875

注：*,**,*** 分别表示在10%、5%、1%的水平上显著；括号内为 z 值。下表同。

由于反馈效应的存在，系数并不能代表边际弹性，当某一个因素发生变化时会对本地技术创新产生影响，同时也会影响临近地区并经过反馈效应对本地区产生影响，这一空间效应可以分为直接效应和间接效应。为捕捉这一效应，根据 SLM 模型对自变量进行空间效应分解，结果见表5，运用两种空间权重矩阵分解的结果基本一致，说明了结果具有稳健性。

表 5　空间效应分解结果

变量	经济距离权重矩阵(W_2) 直接效应	间接效应	地理经济距离嵌套权重矩阵(W_4) 直接效应	间接效应
$lnED$	0.564*** (7.50)	0.171*** (3.70)	0.462*** (5.95)	0.269*** (4.53)
$lnSE$	−0.074 (−0.86)	−0.024 (−0.81)	−0.101 (−1.18)	−0.062 (−0.19)
$lnHum$	0.311*** (3.94)	0.095*** (2.75)	0.259*** (3.28)	0.151*** (2.79)
$lnInfor$	0.024 (0.42)	0.006 (0.30)	−0.001 (−0.02)	−0.004 (−0.10)
$lnInfra$	0.268*** (3.61)	0.082** (2.48)	0.248*** (3.39)	0.146*** (2.59)
$lnTra$	0.407*** (5.95)	0.125*** (3.09)	0.366*** (5.39)	0.216*** (3.46)

空间回归模型估算结果显示经济发展水平($lnED$)、人力资本($lnHum$)、基础设施建设($lnInfra$)和交通通达性($lnTra$)对"一带一路"国内段节点城市创新水平具有显著的正影响；空间效应分解结果显示这四个变量均表现出一定程度的正向溢出。

从直接效应和间接效应的分解来看，以地理经济距离嵌套权重矩阵(W_4)的回归结果说明。经济发展水平($lnED$)的直接效应为0.462，间接效应为0.269，经济发展水平作为区域创新最基础的条件，对本地创新产生显著影响，同时由于我国区域间存在经济增长的正向溢出效应，通过对其他区域经济发展的正向溢出进而提升其创新水平。人力资本($lnHum$)的直接效应为0.259，间接效应为0.151，说明了人力资本不仅对本地创新具有促进作用，也会通过人才流动以及高值地区向低值地区的辐射产生正向溢出效应。基础设施($lnInfra$)的直接效应为0.247，间接效应为0.146，基础设施一方面通过降低创新成本提升创新水平，另一方面作为一种投资促进经济增长进而提升创新水平；基础设施又通过促进区域经济合作进而对其他区域产生正的溢出效应。交通通达性($lnTra$)的直接效应为0.366，间接效应为0.216，交通通达性能够降低知识交流和货物运输成本,通过促进区域间要素的流动对本地和外地创新均产生积极的正面影响。

政府的科教投入($lnSE$)和信息化水平($lnInfor$)在空间滞后模型下的估计结果不显著,其可能原因是:政府的科教投入更多的是进行教育投入特别是高等院校建设,然而当前我国中西部地区人才流失严重,大量优秀人才在得到培养以后向东部地区流动;在通信技术发达的今天,以电信和邮政为代表的区域信息化水平差异并不明显。

四、结　论

本文基于新经济地理学理论与方法,研究了"一带一路"国内段节点城市创新空间差异的格局演变和影响因素。主要结论如下:"一带一路"国内段节点城市的创新空间差异较大,但近年出现下降趋势,创新空间相关性逐步增强,经济相关性大于地理相关性;通过 Moran's I 散点图可以观察到东部沿海地区形成了一条由天津、上海、宁波、深圳、广州等城市组成的创新活跃带;中部城市创新水平提升明显,合肥和武汉进入高—高聚集区;西部城市创新水平相对落后,重庆、兰州、西宁等城市长期在低—低聚集区;空间回归模型结果表明经济发展水平、人力资本、基础设施建设和交通通达性对本地创新具有显著的正向作用,从直接效应和间接效应的分解来看,这四个因素也表现出了显著的正向溢出效应,能够不同程度地促进其他城市的创新水平。

参考文献

[1] 白俊红,蒋伏心.协同创新、空间关联与区域创新绩效[J].经济研究,2015,50(7).

[2] 符淼.省域专利面板数据的空间计量分析[J].研究与发展管理,2008,20(3).

[3] 敬莉,赵伟光,贾晓佳."一带"国内段区域关联与经济增长的空间溢出效应[J].山东大学学报(哲学社会科学版),2016,1(1).

[4] 李国平,王春杨.我国省域创新产出的空间特征和时空演化——基于探索性空间数据分析的实证[J].地理研究,2012,31(1).

[5] 李婧,谭清美,白俊红.中国区域创新生产的空间计量分析——基于静态与动态空间面板模型的实证研究[J].管理世界,2010(7).

[6] 潘文卿.中国区域经济发展:基于空间溢出效应的分析[J].世界经济,2015,38(7).

[7] 邵帅,李欣,曹建华,等.中国雾霾污染治理的经济政策选择——基于空间溢出效应的视角[J].经济研究,2016,51(9).

[8] 王承云,孙飞翔.长三角城市创新空间的集聚与溢出效应[J].地理研究,2017,36(6).

[9] 张玉明,李凯:省际区域创新产出的空间相关性研究[J].科学学研究,2008,26(3).

[10] CZARNITZKI D, EBERSBERGER B, FIER A. The Relationship Between R&D Collaboration, Subsidies and R&D Performance: Empirical Evidence from Finland and Germany[J]. Journal of Applied Econometrics, 2007, 22(7).

[11] GROENEWOLD N, LEE G, CHEN A. Interregional Spillovers in China: The Importance of Common Shocks and the Definition of the Regions[J]. China Economic Review, 2008, 19(1).

"一带一路"建设与中国制度型开放

戴　翔　张二震

一、问题提出

2008年全球金融危机冲击之后,经济全球化发展出现了一些新形势、新变化和新问题,其中最为突出的表现主要体现在两个方面:一是全球经济增长动能不足,发展空间受限;二是全球经济治理规则体系亟待调整和完善。从某种意义上说,上述两个方面是"一枚硬币的两面",因为全球经济治理规则体系未能与时俱进,已经成为制约经济全球化发展的重要因素。正因如此,构建以规则为导向的开放型世界经济即所谓制度型开放,据此为世界经济培育新动能、拓展新空间,已然成为推动新阶段经济全球化发展的必然趋势。在世界经济走到十字路口的关键阶段,中国作为"日益走近世界舞台中央、不断为人类做出更大贡献"(王伟光,2017)的开放型经济大国,理应为适应和引领新一轮经济全球化发展而有所作为。在此背景下,2013年9月7日,习近平总书记访问哈萨克斯坦在纳扎尔巴耶夫大学发表了题为《弘扬人民友谊　共创美好未来》的演讲,同年10月3日,他在印度尼西亚国会又发表了《中国愿同东盟国家共建21世纪"海上丝绸之路"》的重要演讲,标志着"一带一路"倡议的正式提出。应该说,"一带一路"倡议是在经济全球化发展新阶段、新形势下,中国贡献给世界的经济全球化中国版本,它是包括政治、经济、文化、宗教、外交等全方位的"语境"创新,是对全球经济治理规则体系的完善和补充。截至目前,已有"150多个国家和国际组织同中国签署共建'一带一路'合作协议""在各方共同努力下,'六廊六路多国多港'的互联互通架构基本形成,一大批合作项目落地生根"(习近平,2019a)。"一带一路"

倡议得到越来越多的国家和地区的认可,一定程度上说明了中国倡导的诸如"共商、共建、共享"等治理规则和方案,正日益成为迎合乃至引领世界经济制度型开放的新趋势。

这就提出了一个十分具有理论意义和实践价值的课题:"一带一路"建设与中国制度型开放是否具有内在的逻辑关系?为此,我们需要进一步明晰如下几个方面的问题,制度型开放的本质内涵和特征是什么?中国倡导建设"一带一路"所贡献的规则体系是否契合了制度型开放的内在要求?高质量的制度型开放能否为"一带一路"建设提供制度保障?以及如何以"一带一路"建设为抓手,加快推动中国制度型开放?本文力图对上述几个基本问题进行粗浅探讨。

二、制度型开放:本质内涵及特征

2018年年底中央经济工作会议指出:"要适应新形势、把握新特点,推动由商品和要素流动型开放向规则等制度型开放转变"(施红,2019);2019年初国务院总理李克强在政府工作报告中也强调指出:"进一步拓展开放领域、优化开放布局,继续推动商品和要素流动型开放,更加注重规则等制度型开放,以高水平开放带动改革全面深化"(李克强,2019)。虽然制度型开放的概念在2018年才被中央首次提出,但有关制度型开放问题的讨论实际上在学术界早已有之(林毅夫,2018;张幼文,2000;王燕梅,2004;刘庆林,2004)。尽管学术研究对制度型开放概念提及较早,但究竟什么是制度型开放,目前学术界尚未给出一个统一规范的定义和阐释。结合2018年年底中央经济工作会议以及2019年李克强总理在政府报告中的表述,制度型开放显然是相对于商品和要素流动型开放而言的。因此,如果说商品和要素流动型开放主要是指商品和要素的流入和流出的话,那么所谓制度型开放显然就是指规则等制度的"进出口"。当然,规则等制度的"进出口"不似商品进出口以满足生产和消费需求,而是旨在尊重各方意愿前提下形成区域性乃至全球多边规则,并以此为遵循和导向,构建一个公开透明的开放型世界经济体系。已有研究指出,如果不求苛刻,从历史性事件作为时间节点划分的话,那么第二次世界大战后至2008年全球金融危机冲击前的世界经济,基本可以看作是以商品和要素流动型为主的开放。而2008年全球金融危机冲击之后的世界经济,已开始逐步进入制度型开放的新阶段(戴翔,2019;滕文生,2019)。毋庸置疑,第二次世界大战后美国实际上是全球经济规则的引领者、设计者和输出者,从这一意义上看,此间世界经济的开放在某种程度上也具有制度型开放的属性和内涵,由于其经济规则主要体现在边境措施的"门户开放"层面,因此,与当前经济全球化纵深发展下所提制度型开放存在明显差异。概括而言,制度型开放具有如下几个方面的重要特征。

第一,制度型开放具有"境内开放"的典型特征。商品和要素流动型为主的开放,在内容上侧重表现为商品、资本、人员、技术等方面的跨境流动,而为了促使上述"内容"的跨境流动,所采取的开放举措主要在于降低关税和非关税壁垒,即通过所谓的"边境开放"实现贸易和投资自由化发展。这正是第二次世界大战结束后成立的GATT及其后身WTO的主要任务和制度框架安排的重点所在。在WTO等国际组织的协调和推进下,世界各国普遍降低了关税和非关税壁垒。但这种制度框架并没有延伸至各国国内,或者说对不同国家内部的规则制度等相互之间的协调和衔接问题,并没有做出特别要求和安排。制度型开放由于本质上是规则等制度的输入和输出,因而从开放举措上看实际上属于"境内开放"。因为无论是制度的输出还是输入,都意味着国内制度安排要能够实现与国际通行规则相协调、相一致,从而将开放边界从简单的降低关税和非关税壁垒的边境措施,拓展到了国内规则体系等制度的"开放"。比如,制度输出实际上就是将国内已经制度化的规则体系,通过输出的方式将其变为国际通行规则;而制度输入实际上就是要通过"开放倒逼改革",形成与国际经贸活动中通行规则相衔接的基本规则和制度体系。可见,无论是制度的输入还是输出,本质上都是管理和规制境内经济活动的政策举措与国际标准的对接,开放的政策举措已经从"边境"拓展延伸到了"境内"。

第二,制度型开放具有"政策协调"的内在特性。虽然查德·库伯(Richard N. Copper,1970)的研究早就指出,在世界各国具有相互依赖的经济格局下,实现国际经济政策协调是有益的。而且二战后在以美国等为首的发达国家构建的国际经济体系中,也确实存在一定程度的宏观经济政策协调,但就所涉及的具体领域看,仍然局限在货币、汇率、贸易等对外经济交往直接相关的宏观经济政策,并没有细化拓展至内部经济政策及其相关规则体系,比如营商环境、劳工标准等"纯粹"国内因素。即便如此,自20世纪90年代以来,国际经济政策的协调力也在不断趋于弱化(万红先,2006)。与之相比,制度型开放所要求的"政策协调"内在特征,已经远远超越了传统的货币、汇率、贸易等政策领域,已经细化和拓展至国内经济政策和规制的方方面面,比如一国对服务经济活动的管理和规制、经济活动的事中事后的监管、国有企业的竞争中立、对投资者的保护、合同执行效率、知识产权保护,等等。实际上,制度型开放不仅在协调的领域上更加具有宽泛和细化的内在要求,对协调程度的要求也不断提高。更确切地说,制度型开放的"政策协调"更加强调规则等制度标准的统一和兼容,而不仅仅局限为避免出现经济危机或者为应对出现经济问题时,各国之间再采取的简单政策协调举措。总之,相比以往开放经济条件下宏观经济的国际协调,制度型开放无论是从领域的广延性需求角度看,还是从程度的深化性需求角度看,都更加具有协同、兼容乃至一致的内在特性。

第三,制度型开放具有"规则导向"的突出特点。众所周知,战后的国际经济体系是在美国等发达国家的推动下建立起来的,现行体系虽然在促进战后贸易和投资自由化进而世界经济的繁荣发展方面做出了重要贡献(张二震等,2017),但总体而言,其主要代表和反映了发达经济体的利益诉求,对发展中和转型经济体的利益关注不足。由于现行国际经济体系实际上具有"霸权主义"和"一言堂"的内在本质,因此在对国际事务的处理包括对贸易争端的解决中,发达国家的利益优先就成了一种必然。由于规则导向并不明确,至少可以说执行约束并未有充分保障,即便是WTO制度框架下的边境开放措施,都会遭到发达国家的践踏和挑衅。比如,美国特朗普政府抛开WTO相关规则与共识,用国内法取代国际法,用优势和霸权欺凌一切,就是最好的证明。更不用说尚没有国际组织和制度框架约束的国内相关政策举措了。从上述意义来说,现行国际经济体系的治理模式"规则导向"和法制化的成分还远远不够,"霸权主义"和"一言堂"的现象还比较明显。经济全球化从商品和要素流动型开放转向制度型开放,实际上就是要构建更加公平和合法的"规则导向"开放型世界经济。毫无疑问,现行国际经济体系中的"边境开放"包括前述的所谓宏观经济政策的国际协调,也属于"规则导向"的制度安排,但由于其在广延性和深化性上发展不够,从而为"霸权主义"和"一言堂"提供了空间和肆意作为的土壤。构建制度型开放的世界经济会促使世界各国不仅在经济上形成相互依赖关系,而且在规则等制度上形成标准化的更加兼容和统一关系后,"规则导向"的治理特点将会更加明显和突出。

三、"一带一路"建设推动制度型开放

习近平总书记在党的十九大报告中就曾强调,要以"一带一路"建设为重点,并且在多种场合强调和重申推动"一带一路"建设,旨在"推动构建公正、合理、透明的国际经贸投资规则体系……参与全球治理和公共产品供给,携手构建广泛的利益共同体"(习近平,2017)。那么,依托"一带一路"建设,为何有助于推动中国制度型开放?对此,我们可以从制度型开放双向流动的视角做一具体分析。从中我们将不难发现,"一带一路"建设对制度型开放的作用和要求,与前文分析的制度型开放本质内涵和特征都是高度契合的。"一带一路"建设对制度型开放的推动作用,可以从如下几个方面加以理解。

第一,从战略机遇角度看。"一带一路"建设为推动中国制度型开放提供了历史性的战略机遇。2008年国际金融危机冲击之后,世界经济格局出现了深刻变化,当前,世界变局也到了一个关键时刻和转折点。在全球经济处于深度调整期间,由于全球公共产品供给不足,或者说由于全球经济治理体系的滞后,全球经贸规则的调整和完善未能与时俱进,从而难以为经济全球化进一步健康持续发展提供必要的制度保障,甚至在某种程度上成为制约因素。典型表现就是美国等发达国家将经济全球化发展进程中出现的很多问题,错误地归咎于经济全球化本身,进而采取了保护主义、单边主义、霸凌主义等措施。本质地看,经济全球化发展过程中积累的很多问题,很大程度上是因为全球经济治理能力的缺失,是因为全球经济规则未能跟上经济全球化发展新形势的新需要。所以,从上述意义看,全球经济规则亟待调整和完善,也就是说,提供包括更为完善的全球经济治理规则和制度等"公共产品"的供给,是新阶段经济全球化发展的内生需求。学术界普遍认为,新时代全球经济治理面临着新议题、

新动向(郭晴,陈伟光,2018)。在经济全球化走到"十字路口"的关键阶段,中国发展开放型经济虽然面临巨大挑战,但从全球经济规则亟待调整和重塑的现实需求角度看,中国转向制度型开放同时也面临着巨大的机遇。尤其是从以往作为全球经济规则的简单和被动接受者,向积极参与者乃至引领者角色的转变为中国提供了历史性战略机遇。在此背景下,习近平总书记倡议的"一带一路"建设,其实就是中国向国际社会提供的公共产品,是对全球经济治理规则和体系的补充和完善。正如习近平总书记在"一带一路"国际合作高峰论坛开幕式上的演讲中指出,中国倡导的"一带一路"建设不是另起炉灶、推倒重来(习近平,2017),而是对现行国际经济体系的有益补充和完善,旨在实现互利共赢和共同发展。

第二,从引领理念角度看。基于竞争效率的所谓自由化、私有化、开放化,是推动第二次世界大战后经济全球化的基本市场逻辑,而这一基本逻辑的背后,则是代表传统资本主义利益的"弱肉强食""赢者通吃""优胜劣汰""适者生存"的功利哲学思维模式和理念。建立在这一基础之上的全球经济治理模式和规则体系,自然会对强者更加有利,形成了以强者利益为导向的国际经济秩序。由此所决定的制度安排和治理框架无疑对第二次世界大战之后市场经济的全球扩张起到了重要推动作用,但由此也带来了不平衡、不协调和不可持续等问题。尤其是在当今世界经济已经形成了"你中有我,我中有你,你我中有他,他中有你我"的相互依赖、相互交织共生格局下,现行国际经济体系及其治理规则体系背后的思维模式和理念,已经表现出明显的局限性。与此形成鲜明对比的是,中国倡议的"一带一路"建设,是以习近平总书记提出的"人类命运共同体"这一先进理念为引领的。中国意识到在全球化和信息技术的推动下,人类处于命运共同体之中,以邻为壑,转嫁风险的做法最终只能损人害己。正因为如此,中国主张建立合作共赢的新型国际关系,在谋求自身发展的同时建设开放型经济,促进共同发展,在维护自身利益的同时兼顾各方利益,持续推动世界各国在贸易和投资领域的便利化。正是基于上述意义,秉持"人类命运共同体"先进理念倡导建设"一带一路",更能够在价值和情感层面得到他国的认同,所倡导的全球经济治理规则和体系也才能真正获得国际社会的认可和接受。2016 年 11 月 17 日,"一带一路"倡议被首次写入第 71 届联合国大会的决议;2017 年 3 月 16 日,联合国安理会通过第2344号决议,首次载入构建"人类命运共同体"的重要理念;截至2019年4月第二届"一带一路"国际合作高峰论坛召开,世界上已有"150多个国家和国际组织同中国签署共建'一带一路'合作协议"(习近平,2019a)等一系列实践表明,"人类命运共同体"先进理念及以此为引领和构建的更加包容和互利共赢的新型合作模式,正在得到越来越多的国家和国际组织的认可。这也就意味着,以"一带一路"建设为重点可以更好地传播和践行"人类命运共同体"的先进理念,从而在"输出"层面更好地推动中国制度型开放。

第三,从范式贡献角度看。2017年习近平总书记在"一带一路"国际合作高峰论坛开幕式上的演讲中曾明确指出:"从现实维度看,我们正处在一个挑战频发的世界。世界经济增长需要新动力,发展需要更加普惠平衡,贫富差距鸿沟有待弥合。地区热点持续动荡,恐怖主义蔓延肆虐。和平赤字、发展赤字、治理赤字,是摆在全人类面前的严峻挑战"(习近平,2017)。众所周知,现行国际经济秩序是由美国等发达国家在二战后主导建立的,其中的不公平、不公正的天生缺陷,正是导致全球治理出现诸如发展赤字等各种问题的根源所在。面临经济全球化新形势和新发展,源自美国等发达国家的霸权主义、单边主义、贸易保护主义、逆全球化等,不仅难以适应新兴和发展中经济体的利益诉求,更有悖于经济全球化发展的客观规律和历史进程。对此,2019年习近平总书记在中法全球治理论坛闭幕式上的讲话中进一步强调:"面对严峻的全球性挑战,面对人类发展在十字路口何去何从的抉择,各国应该有以天下为己任的担当精神,积极做行动派、不做观望者,共同努力把人类前途命运掌握在自己手中"(习近平,2019b)。共建"一带一路"正是中国为补充和完善全球治理规则和体系,推动构建"人类命运共同体"提供的中国方案。其中,"共商、共建、共享"的基本原则就是中国倡导的全球治理新模式。"共商"体现的是一种平等参与,"共建"体现的是一种联动发展,"共享"体现的是一种包容增长。可见,本着"共商、共建、共享"的基本原则,中国贡献的全球经济治理新方案,更加符合时代发展的潮流,更加有助于构建开放、包容、平衡、普惠、共赢的开放型世界经济,因此也必将得到越来越多的国家、地区以及国际组织的认可和采纳。

第四,从标准对接角度看。"一带一路"建设旨在实现沿线国家之间的互联互通,即实现政策沟通、设施联通、贸易畅通、资金融通、民心相通。或者也可以说,实现上述"五通"是全球治理新模式得以践行的根本基石所在。如何才能在"一带一路"沿线国家之间实现互联互通?毫无疑问,其首要前提就是推动各个领域的标准对接,不仅包括经济领域的技术标准对接,同时也包括治理规则体系中的标准对接,这一点也是政策沟通和民心相通的核心要义所在。如果标准不统一,所有国家都各自为政,那么沿线国家之间的互利合作就会面临很多人为障碍,就会不利于商品和生产要素的自由流动,不利于不同生产环节和阶段的协调和对接,不利于充分调动有关各方的参与积极性。反过来,如果能够实现标准的统一和对接,那么就更加有助于在各个领域实现互联互通,就能够有效降低交易成本和磨合成本,减少商品和要素跨境流动面临的不必要壁垒和障碍。比如,在基础设施领域,"一带一路"沿线国家大多存在基础设施水平参差不齐、网络规模明显不足、结构不合理、线路技术等级低、设施设备老化严重、运营管理水平低下等问题,大通道通行能力不足。而且,由于各国铁路、公路等技术标准和运行规范不一,再加上双边或多边跨境、过境运输规则或缺失、或繁杂、或执行不力,导致通道运行效率偏低,"设施虽联、通行不畅"现象较为突出。面对这一问题,在推动设施联通过程中,中国一方面按照自身标准帮助沿线国家修建铁路、公路、桥梁、隧道等重要设施,另一方面积极利用现有双多边平台加强与有关各方的制度协调,如此实现技术和规则等制度标准的输出。当然,在推动沿线国家标准对接过程中,中国不宜刻意寻求"一带一路"建设过程中的绝对主导权,要在充分尊重的基础上进行共商,并且注重吸收沿线国家既有标准的合理因素,共同推动建立适应"一带一路"发展实践的新兴标准体系。

四、制度型开放助力"一带一路"建设

"一带一路"建设有助于推动中国制度型开放,反过来,中国高质量的制度型开放对"一带一路"建设也能够提供保障作用,从而助力"一带一路"建设。甚至可以说,"一带一路"建设离不开高质量制度型开放的保驾护航。从规则等制度角度理解其对"一带一路"建设的作用,实际上就是"开放倒逼改革"的作用机制,即在建设"一带一

路"的扩大开放过程中,中国需要通过深化改革实现与全球通行国际经贸规则相衔接,尤其是对标高标准的国际经贸规则,而必须对自身体制机制进行调整和完善,以更好地满足"一带一路"建设之需。

第一,"一带一路"建设需要对标高标准国际经贸规则。虽然中国领导人多次在许多重要国际场合强调和重申,"一带一路"建设不是推倒重来,不是另起炉灶,而是对现有国际秩序的修正和完善。但作为现行国际经济规则的制定者和领导者,美国一直对中国的和平发展和崛起反应过度,更是将中国倡议的"一带一路"建设视为对其全球领导地位的威胁和挑战。美国前总统奥巴马曾直言不讳:"作为美国总统,我的首要考虑是确保更多勤劳的美国人民能有机会获得成功。这就是为什么我们要确保美国而不是像中国这样的国家来书写 21 世纪的世界经济规则"(袁莎,2017;张鑫,2015)。正是基于这一考虑,近年来美国除了在地缘政治上大做文章外,还一直通过巩固和重构国际经贸规则以试图巩固和维持其全球经济规则的主导地位,避免中国通过"一带一路"建设提升国际经济规则的话语权。反映在政策层面,即表现为美国大力推动《跨太平洋伙伴关系协议》(TPP)和《跨大西洋贸易与投资伙伴协议》(TTIP)的谈判,以引领新时期更加全面和高标准的投资和贸易规则。美国在谈判中将中国排除在外,着力构建以其为主导的排他性的地区经济安排,对中国推进"一带一路"建设产生了不可忽视的负面影响。尽管特朗普上台以后迅速废除了 TPP,但这并不代表美国不支持区域自由贸易协定谈判,更不代表美国不再将国际贸易规则作为谋取现实利益的手段。特朗普只是希望各级各类的自由贸易协定谈判要体现"美国优先"原则,能够更好地服务于美国的国家利益。从这个意义上讲,随着执政议程的推进,特朗普领导下的美国不排除重启亚太区域的自由贸易协定谈判,并同中国重新开展国际和区域贸易领域的制度竞争。上述变化无疑对中国倡导的"一带一路"建设带来了一定的挑战和压力。从经济全球化发展大趋势看,高标准的国际经贸规则确实是未来的主流趋势。因此,面对来自外部的压力,主动适应乃至引领这一趋势,以高标准的国际经贸规则作为参照而倒逼自身改革,对于提升中国制度型开放水平和层次,具有积极意义。也唯有如此,才能以经济全球化发展大势的顺应者和引领者角色,更好地倡导和推动"一带一路"建设,才能更好地以此为依托,做到对现有国际秩序修正和完善。

第二,"一带一路"合作机制现存问题需要高质量制度型开放。一个不容否认的特征事实是,由于"一带一路"沿线国家在基本国情、发展水平、利益需求、文化制度等方面存在较大差异,真正实现政策沟通等领域的互联互通,建立统一性的合作机制仍然存在着较大的困难和挑战。虽然中国一直在积极倡导沿线国家之间加强战略对接和规则统一,为"一带一路"合作提供强有力的机制保障,但客观而言,"一带一路"合作机制仍然具有相当程度的松散性和非正式性,致使"一带一路"沿线国家均以自身的国家利益作为政策出发点,很难构建起超越个体和双边层面的广泛政治共识。虽然在双边和多边层面,"一带一路"建设已经达成了很多原则性的协议和战略合作框架。然而,由于没有具备有约束力的监督和惩戒机制,之后的政策执行效果究竟如何仍然存在很大的不确定性。此外,一个非常突出和重要的问题是,既然中国倡导的"一带一路"建设是对现行全球经济治理规则和体系的补充和完善,那么必然涉及与其他国际合作机制和区域合作机制的对接问题。比如在国际层面上,"一带一路"建设中的体制机制和规则制度安排,如何与现行的国际货币基金组织、世界银行、二十国集团等合理的体制机制和制度框架进行有效对接,目前仍然是一个悬而未决的问题;在区域层面同样如此,突出表现为"一带一路"也没有明确如何同亚洲开发银行、上海合作组织、亚太经合组织、亚欧会议、中亚区域经济合作等现有地区多边机制之间究竟处于何种关系,以及如何做到相互之间的有益补充。这些问题的存在无疑对中国转向制度型开放提出了更高的要求,顺利推动"一带一路"建设,中国在迈向制度型开放进程中,亟须不断提升全球经济治理能力和水平,提升制度型开放质量。

第三,应对国际社会舆论压力需要中国高质量制度型开放。虽然中国倡导的"一带一路"建设,有着"人类命运共同体"这一更为先进的理念作为引领,有着更能体现开放、包容、平衡、普惠、共赢的"共商、共建、共享"原则作为基本遵循,但这并非意味着"一带一路"倡议不存在质疑之声,尤其是来自国际社会的猜测和质疑(刘传春,2015)。实际上,自"一带一路"倡议提出以来,国际社会对中国的战略意图和"一带一路"本身就有着广泛讨论,其中不乏有许多客观理性的观点,但从国际社会层面看仍然存在大量的猜忌、曲解和误读,甚至是一种有意为之的曲解和误读。已有研究也指出,对于"一带一路"建设的提出,国内外均存在不少曲解和误解(裴长洪、于燕,2015)。概括起来,国际社会舆论压力大体包括三种基本论调。一是认为中国倡议的"一带一路"建设,是中国谋取政治影响的经济工具。不少西方言论将中国提出的"一带一路"类比为"冷战"期间美国提出的"马歇尔计划"(张薇,2019)。二是认为中国倡议的"一带一路"建设,是中国对抗美国亚太再平衡的地缘战略,以进一步拓展中国的外交回旋空间(韦宗友,2018)。三是认为中国倡议的"一带一路"建设,是中国输出内部过剩产能的政策工具,甚至认为中国推进"一带一路"旨在为国内低端产品和污染密集型产业寻求出路,是将"一带一路"沿线国家当成中国的原料供应所和商品输出地,是典型的"新殖民主义"(周文等,2015;李向阳,2017)。以上主要论调不仅来自作为现行国际秩序主导者的发达国家,也包括来自"一带一路"沿线国家的担忧。上述论调不管是有意还是无意曲解,但是作为一种国际舆论,无论如何对于中国推动"一带一路"建设,进而依托"一带一路"推进制度型开放产生不良影响。而为了消除这种有意或者无意的曲解,中国在制度型开放中需要树立起"榜样"的力量,高质量的制度型开放让各种误解、质疑和猜忌在实践行动面前不攻自破。

五、对策建议

综上分析可见,制度型开放已经成为新阶段经济全球化的必然趋势。而"一带一路"倡议,一方面有助于推动中国制度型开放,另一方面也对高质量制度型开放提出了实践需求。对此,我们要抓住"一带一路"建设的重要契机,实现其与中国制度型开放的良性互动。当然,以"一带一路"建设推动中国制度型开放,并非意味着只要我们积极参与"一带一路"建设,就能够自然而然地顺利踏上制度型开放之路。基于前文分析所指出的制度型开放本质内涵,以及"一带一路"建设对中国制度型开放的可能作用,以"一带一路"建设为抓手,更好地推动中国制度型开放,进而反过来助力"一带一路"建设,需要着力在如下几个方面实现新突破。

第一,进一步提升"一带一路"框架下制度供给水平。以规则等制度为表现的全球经济治理体系和框架,若想维持其生命力的长久性和可持续性,就必须在代表性和有效性之间寻找到平衡点。所谓代表性是指所提供的规则制度等公共产品能够迎合国际社会多数成员的利益偏好,从而得到尽可能广泛的拥护和认可;而所谓有效性所提供的规则制度等公共产品能够提供及时和高质量服务,以解决经济全球化发展过程中出现的共同治理难题。代表性体现了民主原则,要求各国在参与经济全球化及其治理过程中的权利和利益,能够在规则等制度中得到相对公平的分配。对此,在"一带一路"建设过程中,一定要践行习近平总书记强调指出的"坚持国家不分大小、强弱、贫富,都是国际社会平等成员,坚持世界的命运必须由各国人民共同掌握,维护国际公平正义"(习近平,2016)的基本原则。有效性强调效率原则,要求治理规则等制度体系能够克服集体行动困境,顺利推进特定领域的治理进程。毋庸置疑,从规则等制度安排和供给角度看,"一带一路"是具有广泛代表性的,其中的"互联互通""共商、共建、共享"等无不反映了沿线国家的利益诉求,甚至得到了世界其他地区和国家的认可、接受和响应。但不容忽视的是,犹如前文分析指出,"一带一路"合作机制很多具有松散性和非正式性,因而其治理有效性可能有待加强。为此,中国必须在"一带一路"框架下加强贸易、投资、金融、人文等诸多领域内不同机制之间的对接与整合,以此提升所输出规则制度的权威性和执行力。此外,在推进"一带一路"建设过程中,还要及时地根据新形势、新任务和新特点,创设新的有针对性的制度安排,为"一带一路"建设的有效推进提供必要机制保障。

第二,注重基于"一带一路"建设需要的高标准国际通行规则的对接和衔接。"一带一路"建设作为新阶段经济全球化的中国版本,至少包括两层含义。一是作为新阶段经济全球化合作机制和模式,在规则等制度层面上的治理机制必须能够体现时代性和前沿性;二是"一带一路"建设不是一个封闭的区域经济合作模式,而是一个开放的系统。对此,习近平总书记也在多种场合予以强调和重申。比如,2015年3月28日习近平总书记在博鳌亚洲论坛开幕式上的主旨演讲《迈向命运共同体 开创亚洲新未来》中指出,"一带一路"建设不是封闭的,而是开放包容的;不是中国一家的独奏,而是沿线国家的合唱;"一带一路"建设不是要替代现有地区合作机制和倡议,而是要在已有基础上,推动沿线国家实现发展战略相互对接、优势互补。2015年9月22日习近平总书记在华盛顿州当地政府和美国友好团体联合欢迎宴会上演讲指出,

"一带一路"是开放包容的,我们欢迎包括美国在内的世界各国和国际组织参与到合作中来。因此,从上述意义看,中国依托"一带一路"建设推动制度型开放,必须要积极主动地对接和"输入"高标准国际通行规则。尤其是要密切跟踪其他区域经济谈判和合作协议中的高标准变动趋势和方向,通过变革和优化,形成与高标准全球经济规则相衔接的体制机制。这不仅是体现"一带一路"建设具有开放性一面的需要,也是体现"一带一路"建设具有引领性和前沿性一面的需要。

第三,加强对"一带一路"的话语解释和国际舆论宣传。面对诸如上文分析指出的国际社会舆论,即一些有意或者无意的猜忌、曲解和误读,中国在推进"一带一路"建设过程中,除了要树立好"榜样的作用"之外,做好国际上的宣传舆论工作也至关重要,或者说,针对国际社会对"一带一路"存在的误解和偏见,中国必须加强对国际舆论的宣传引导,讲好"一带一路"建设中的中国故事,为实现中国与沿线国家乃至世界各国的互利共赢营造良好的舆论环境。制度型开放能否得以顺利推进,从规则等制度型输出的角度看,不仅取决于其是否具有先进性和有效性,同时还取决于外部世界对其认知情况。一个好的故事还需要讲好,才能引起听众更大的兴趣,才能博取更多的听众。尤其面临来自国际社会的误解和偏见,中国更加需要在话语主体、话语内容和话语传播三个层面,加强推进"一带一路"的话语解释与舆论宣传。在宣传和舆论主体上,我们要打造和利用对外宣传的多元主体,比如充分调动政党、媒体、企业、高校、智库、社会组织、华人华侨等主体参与国际宣传和营造国际舆论的积极性。在宣传和舆论内容上,要讲述具体实践和一例例精彩故事向国际社会传递中国追求和平、合作、开放、共赢的理念、原则和行动,而不是仅仅停留在理论层面的"宏大叙事"。在宣传和舆论传播上,一方面,中国要围绕"一带一路"倡议的实施建构相应的理论阐释体系,以增强其中的逻辑性、理论性和说服性;另一方面要善于利用国际主流话语传播平台如国际性论坛、机制、会议等,宣扬中国主张,传递中国声音。

第四,进一步深化和高质量推动"一带一路"建设。从补充和完善全球经济治理规则角度看,"一带一路"建设最为根本和核心的任务就在于要着眼于克服和平赤字、发展赤字、规则赤字等经济全球化面临的共同难题和困境,让"一带一路"沿线国家乃至世界各国,能够在稳定、和平的环境中拥有更多的发展机会和获得感。虽然20世纪80年代以来的全球价值链分工，带动了世界经济的繁荣发展，但从世界各国参与国际分工的实践情况看，由于存在着机会不均等和地位不平等问题，一些发展中国家在全球价值链分工体系中不断边缘化，甚至被排除在国际分工体系之外。即便是融入全球价值链分工体系的发展中国家，由于面临着低端嵌入和低端锁定等地位不平等问题，所获利益也极其有限。从这一实践特征出发并以问题为导向，中国倡导"一带一路"建设，应进一步深化和推动高质量的"一带一路"建设。一方面，从合作领域看，就是要紧紧围绕政策沟通、设施联通、贸易畅通、资金融通、民心相通五大领域，不断深化合作层次。另一方面，从合作的主体范围看，就是要动员更多的国家和国际机构参与到"一带一路"建设中来，努力构建起更为广泛的国际共同体，为"一带一路"建设注入强劲而不竭的动力。如此，才能够为更多国家融入国际分工体系提供机遇，才能推动经济全球化朝着机会更加均等和地位更加平等方向发展。在解决经济全球化"发展的问题"中，不断提升中国制度型开放水平和能力。

参考文献

[1] 戴翔.制度型开放:中国新一轮高水平开放的理论逻辑与实现路径[J].国际贸易,2019(3):4-12.

[2] 郭晴,陈伟光.中国参与全球经济治理机制与战略选择的探讨[J].国际经贸探索,2018(3):4-11.

[3] 李克强.政府工作报告——2019年3月5日在第十三届全国人民代表大会第二次会议上[N].人民日报,2019-03-06(02).

[4] 李向阳."一带一路"面临的突出问题和出路[J].国际贸易,2017(4):4-9.

[5] 林毅夫.中国改革开放40年经济发展态势与新时代转型升级展望[J].西部论坛,2018(6):1-6.

[6] 刘传春.人类命运共同体内涵的质疑、争鸣与科学认识[J].毛泽东邓小平理论研究,2015(11):85-90.

[7] 刘庆林.建国以来我国对外贸易制度创新的路径分析[J].山东社会科学,2005(5):44-47.

[8] 裴长洪,于燕."一带一路"建设与我国扩大开放[J].国际经贸探索,2015(10):4-17.

[9] 施红.2019年经济工作怎么干——中央经济工作会议精神解读[J].党课参考,2019(3):6-25.

[10] 滕文生.构建人类命运共同体是世界发展的历史必然[N].人民日报,2019-1-11:90.

[11] 万红先.西方国家宏观经济政策的国际协调[J].求是,2006(4):59-61.

[12] 王伟光.当代中国马克思主义的最新理论成果——习近平新时代中国特色社会主义思想学习体会[J].中国社会科学,2017(12):4-30.

[13] 王燕梅.我国制造业的对外开放与国家经济安全[J].中国工业经济,2004(12):40-45.

[14] 韦宗友.战略焦虑与美国对"一带一路"倡议的认知及政策变化[J].南洋问题研

究,2018(4):59-71.

[15] 习近平.齐心开创共建"一带一路"美好未来——在第二届"一带一路"国际合作高峰论坛开幕式上的主旨演讲[J].中华人民共和国国务院公报,2019(13):6-8.

[16] 习近平.为建设更加美好的地球家园贡献智慧和力量——在中法全球治理论坛闭幕式上的讲话[N].人民日报,2019-3-27(03).

[17] 习近平 2017.携手推进"一带一路"建设[N].人民日报,2017-5-15(03).

[18] 习近平.在庆祝中国共产党成立 95 周年大会上的讲话[J].党的文献,2016(4):3-10.

[19] 袁莎.话语制衡与霸权护持[J].世界经济与政治,2017(3):85-107.

[20] 张二震,戴翔.完善全球经济治理与中国新贡献[J].世界经济研究,2017(12):9-14.

[21] 张薇.政治话语的批评架构分析——以美媒对"一带一路"的报道话语为例[J].贵州社会科学,2019(6):94-101.

[22] 张鑫.以深化改革积极应对 TPP[N].中国社会科学报,2015-10-27(08).

[23] 张幼文.加入 WTO 与中国开放型市场经济[J].社会科学,2000(9):14-18.

[24] 周文,方茜."一带一路"战略的政治经济学思考[J].马克思主义研究,2015(10):62-72.

[25] COOPER R N. The Economics of Interdependence: Economic Policy in the Atlantic Community[J]. Economica, 1970, 37(146): 216-285.

图书在版编目(CIP)数据

南大长三角发展研究.第一卷/洪银兴,刘志彪,范从来主编.—南京:南京大学出版社,2022.8
ISBN 978-7-305-24884-9

Ⅰ.①南… Ⅱ.①洪…②刘…③范… Ⅲ.①长江三角洲－区域经济发展－研究 Ⅳ.①F127.5

中国版本图书馆 CIP 数据核字(2021)第 161570 号

出 版 发 行	南京大学出版社		
社　　　址	南京市汉口路 22 号	邮　编	210093

出 版 人　金鑫荣

书　　名　南大长三角发展研究(第一卷)
主　　编　洪银兴　刘志彪　范从来
责任编辑　徐　媛

照　　排　南京南琳图文制作有限公司
印　　刷　徐州绪权印刷有限公司
开　　本　787 mm×960 mm　1/16　印张 36.75　字数 620 千
版　　次　2022 年 8 月第 1 版　2022 年 8 月第 1 次印刷
ISBN 978-7-305-24884-9
定　　价　168.00 元

网址:http://www.njupco.com
官方微博:http://weibo.com/njupco
官方微信号:njupress
销售咨询热线:(025) 83594756

* 版权所有,侵权必究
* 凡购买南大版图书,如有印装质量问题,请与所购
　图书销售部门联系调换